부동산정의론

—출발선이 공정한 나라—

천국에 계신 아버지(鄭台焄)와 어머니(金錦安)께 바칩니다

부동산정의론

—출발선이 공정한 나라—

머리말

   이 책은 평론가로서의 사회비판서적이자 학자로서의 대학교재용 저술로, 이론에만 치우지 않은 체험적이고 사실에 근거한 진리를 찾는 점에 있다. 따라서 '불평등 해소'와 '부동산 정의'를 구현하는 데 목적을 둔다. 세계인은 대한민국에 "삶의 의미를 값지게 하는 게 무엇인가"고 묻는다. 이에 우리 국민은 '물질적 풍요'를 최우선 순위에 둔다는 답이다. 그렇다면 명실상부한 선진국민이면서 삶의 질이 높을까. 그러하지는 않다. 빈부격차는 세계에서 으뜸가는 국가이다. "엄마, 치킨 먹고 싶다"고 철없는 아이는 울부짖는다. "'아빠 찬스'로 취업하고 결혼하고 싶다"고 MZ세대는 흐느낀다. "파지 한 수레에 담배 한 갑도 못 산다"고 노인은 한숨을 내쉰다. 이 속에서 조물주 하나님이 하사한 토지에 대해 거저 가지고도 세금을 회피하려는 계급과, 노동이 가미되지 않는 이러한 재산이 있다면 보유세를 내고자 하는 계급이 상존한다. 후자는 다시 딛고 일어설 사다리조차 없어 희망을 잃고 포기했다. 그 포기도 '완전포기'로 발돋움했다. 이를 보듬을 태초의 휴머니즘조차 없다. 세계경제대국 10위권이 무색한 빈곤세대, 청년세대, 노인세대에 대한 배려가 없는 우리들의 자화상이다.

   풍요 속 빈곤이다. 불평등과 부정의가 판치는 속 빈곤에 허덕이는 세상을 많이도 목도할 수 있다. 부자나라인 국가는 이를 방기放棄하고 있다. 이승을 넘어 저승까지 가지고 갈 듯한 부와 신분의 세습화는 질풍노도와 같다. 어느 시대를 막론하고 약간의 불평등은 존재하였으나, 작금의 우리 사회는 걷잡을 수 없이 날로 심화되고 있다. 부자는 그에 걸맞게 존경받는 사회여야 하나, 귀족이면서도 토지분배에 있어 귀족과 대항한 노블레스 오빌리주Noblesse Oblige의 선구자 그라쿠스Gaius Sempronius Gracchus가 없다.

주택보급률이 100%를 넘어선 지가 근 20년이 돼가도 집 한 채만으로 백만장자가 득실거리는 반면, 절반에 가까운 가구는 집이 없다. MZ세대 중 '다이아몬드수저'나 '금수저'인 상위 20%의 기초자산은 8억원 이상, '똥수저'나 '흙수저'인 하위 20%는 약 1~2천만원으로 불공정한 출발을 한다. 이러한 간극은 부모의 부와 신분까지 세습되는 데에서 기인한다. 토지소유는 상위 1%가 57%, 상위 10%가 98%가 차지하고 있다. 가난한 사람이 계속 가난할 수밖에 없는 것은, 토지를 많이 가진 탐욕스런 부자들이 생산물의 상당 부분을 지대로 가져가기 때문이다. OECD국가 중 노인복지 꼴찌에, 빈곤으로 인한 노인자살률이 세계에서 최고로 높다. 더구나 사람보다 동물복지가 앞선, 서민층 노인에 대한 복지는 거의 전무한 실정이다. 이러한 기저에는 도둑놈이 많은 정치권의 고등사기꾼이 큰 몫을 차지한다. 따라서 세계에서 가장 탐욕스럽고 잔인한 국가가 되었다.

권력이나 부를 가졌다고 하여, 이는 혼자만이 잘나서가 아니다. 이 사회의 구성원과 인프라infrastructure가 받쳐주었단 사실이며, 대기업도 산업화가 태동할 때 국가의 지원과 민초들의 저축 등에 힘입은 바 있다. 이를 망각하고는 정글 속 물소buffalo를 포식하는 사자와 같은 언동이 넘친다. 경제성장에 따라 국민이 잘 살아야 하나, 임금으로의 분배가 잘 이루어지지 않고 있다. 부의 독재로, 그 성장의 과실은 대기업이 착취에 가까울 정도로 다 가진다. 공정한 분배인 응분의 대가가 주어지지 않고 있음에, 중산층이 붕괴되고 가계부채는 늘었다. 소득 불평등과 사회계층의 극심한 양극화는 가장 큰 근본적 원인이 임금불 평등, 기득권의 추악한 이기심, 더 나아가 토지의 독점에 있다. 더구나 부동산문제로 인한 상대적 박탈감이 팽배해 있다.

　이러한데도 일종의 기본소득이라고 할 수 있는 재난지원금에 대해 전 국민을 상대로 지급할 때, 그렇게도 주구장천 보편적 복지를 외면 하던 부유층들이 이를 덥석덥석 받는 야누스적 행각도 있었다. 땅값 상승률은 아파트보다 훨씬 높은 물가상승률의 13배 가깝게 상승했다. 단군 이래 최악의 부동산정책 실패에 문제가 있긴 하지만, 이로 인한 집값이 상승하면 세금도 증가하는 건 지극한 상식이다. 이러함에도 대기업 소유의 언론들은 세금상승분에 대하여 재산과세 대비 보유세 비중이 OECD국가들과 비교하면 현저히 낮음에도 불구하고, 북한의 김씨 왕조가 핵폭탄이라도 발사한 양 '세금폭탄'이란 선동을 일삼으며, 공인중개사에게 지급해야 할 중개수수료 따위가 많다는 등의 '이 중성 찬가'를 부르며 꽃방석에 앉아 그들만의 꽃놀이패를 던지고 있 다. 인구 대비 미국 다음으로 기독교인이 많다는 대한민국에 '긍휼의 미학'은 없다. 쥐꼬리만큼의 나눔도 없는, 종교에서 삶의 의미도 찾지 않는다. 오로지 약자를 짓밟고, 더구나 새로운 기득권층으로 등극한 이들은 우리의 분단체제를 이용한 그들만의 이익 앞에 국민은 안중에 도 없다. '공용수용'이란 이름하에 공익이 아닌, 특정민간업자에게 이 익을 넘기는 '사익을 위한 그들만의 카르텔'을 형성하기에 급급하다. '공익'이란 가면 뒤에 숨은 이익공동체로 인한 '추악한 약탈Ugly loot'을 일삼아도 제어를 못하고 있다. 이는 대한민국이란 국가는 존재해도, 정부는 없다는 것과 진배없는 일탈이다.

특정지역 활거주의와 공무원들의 무능으로 예산의 누수도 많다. 이들은 1960~70년대 박봉일 때의 공무원연금제도가, 고임금인 지금도 그 잣대로만으로 온갖 복지혜택에다, 은퇴 후에도 노인세대 상위 10%대 귀족층으로 군림하고 있다. 반면 서민들에 대한 복지는 후진국을 면하지 못하고 있다. 정치권 큰 사기꾼大盜들이 지배하면서 부정의를 정의로 둔갑하는 불공정한 사회에다, 지성부재의 사회가 돼버렸다. 따라서 저자는 저항할 수밖에 없었다. 그러나 세상은 바뀌지 않았다. 2011년 '공정사회'를 어떻게 이룰 것인가에 대해 고민하게 됐다. 이에 시민사회단체를 결성하고는 토지 정의 내지 공공성이 미진한 현실에서, 오랜 세월에 걸쳐 피부로 부딪히며 더 깊은 연구를 하게 되었다. 이러한 시도는 개인적 과제이자, 함께 살 수밖에 없는 인간으로서의 시대적 사명이기도 했다. 따라서 치열하게 고민하고, 자판을 두들기는 '손가락만의 정의와 저항'이 아닌 이 사회의 부정의와 처절하게 싸운 삶의 궤적에서 실천적 정의론자이자 헌법학자로서의 양심적 결과물이다.

2018년 9월이 되자 서울 강남을 필두로 갑작스럽게 부동산값이 치솟기 시작했다. 구상이야 더 훨씬 일찍이 하였지만, 이때부터 본격적인 저술에 돌입했다. 분명한 것은 대한민국 헌법 제23조 제2항, 제119조 제2항, 제122조에서 출발하였다는 점이다. 이러한 헌법적 가치에서 구약성서, 자연법사상, 학벌이 얕고도 두각을 나타낸 정치경제학자인 헨리 조지Henry George와 프랑스혁명과 미국 독립전쟁에 영향을 끼친 토머스 페인Thomas Paine을 비롯하여 21세기 프랑스 경제학자 토마 피케티Thomas Piketty가 있다. 또한 소득불평등 해소와 경제민주화에 있어 저자와는 대척점에 선 '자비가 없는 냉혈주의자'로 각인된 신자유주의자 프리드리히 하이에크Friedrich Hayek, CH와 밀턴 프리드먼

Milton Friedman 등의 영향도 컸다. 또 다른 원천은 둔재이나, 학부에서부터 두 차례의 박사과정을 비롯하여 중도하차까지 합한 6개 학문의 수학이었다. 어쩌다가 보니 특이하게도 학부에서부터 박사과정까지의 통상적인 시간인 8~9년의 2배인 17년의 세월과, 다양한 분야에 걸친 끊임없는 인문학 연마와 탐구가 더했다.

시험 한 번 잘 치른 덕에 무덤까지 우려먹는 우리나라만의 학벌사회는, 한 번 등극한 위치에서 여타 선진국과는 달리, 더 이상의 연구나 독서에 매진하는 노력은 없다. 이 또한 불평등을 초래하고 있어 탈피해야 할 사안이다. 실례로 여·야 약 20여 명이 최고의 학벌 아래 제20대 대통령 예비후보에 나섰다. 이들 중 대다수가 인문학 소양 부재와 철학의 빈곤에서, 국민으로 하여금 실소를 자아내는 허우적거림도 목도하게 했다. 또한 그러한 학벌만으로 더러는 탁상에서만 앉아 정의와 공정을 논하는 책 장사에 나선다. 이에 초야 아닌 초야에 묻힌 저자는 체험적 학자로서, 이러한 학자들에게 감히 도전장을 내밀고자 한 강렬한 욕구를 분출하기에 이르렀다. 따라서 실질적인 일에 나아가 옳음을 구한 실사구시 학문을 추구했다. 이 책의 각주에서 토한 이 사회의 불평등 구조와 싸운 여정과 깊은 연구, 각 매체에 기고한 체험담 및 논설과 칼럼도 본문과 연결돼 소개되고 있어 소홀히 넘길 수 없지 않을까 싶다.

실업계고 출신으로 사회에 첫발을 내디뎠다가, 과외는커녕 재수 따위도 사치였을 뿐 간신히 대학에 붙고는 기자로 재출발하는 전철을 밟았다. 이른바 똥수저로서 특유의 정의감에 쓰러지기도 한, 평범한 대한민국 '아재'인 저자가 불공정과 부정의에 부딪힌 삶의 궤적에서 나온 지혜와 더불어, 오랜 연구기간과 긴 자료수집기간을 떠나 저술하는 데만 근 2년이란 시간이 더 소요되었다. 저술에 앞서 다양한 직업군과의 대화와 토론도 꽤 있었다. 독립신문에서부터 민족해방 전후 문헌과 2021년 말까지의 최신 자료를 토대로 한 이론적이고 경험적 연구를 제공하려는 목적도 있다. 사회과학서적의 성격상 도표는 풀어 썼으며, 국적 없는 어려운 용어는 우리말로 순화하거나 쉽게 쓰고자 노력했다. 그러나 여느 비판서나 교과서와 달리 실제에 근거하여 사실을 구한, 즉 실사구시에 애썼다. 한편으로는 평론가이도 한 저자의 날카로운 비판도 더한다.

미약하나마 이 사회의 '불평등 해소'와 '부동산에 대한 정의'를 어떻게 세울 것인가에 대한 답을 제시했다. 그 답은 5부 15장으로 구성된 이 책의 본론인 2·3·4부에서 설파했다. 이른바 좌우이념을 뛰어넘는 혜안이 혼재해 있다. 따라서 경제민주화와 부동산 문제만은 좌우이념 논리로 접근할 사안이 아님과, 토지만은 공개념화할 수밖에 없는 사유도 밝혔다. 그렇다고 사회주의나 공산주의로 가자는 것도 아닌, 현행헌법에서 답을 찾는다. 이를 위한 개정도 불필요한, 문제는 사기꾼 중에서도 고등사기꾼이 난무하면서 후진성을 탈피하지 못하는 대한민국 정치에 있다는 점을 밝힌다.

여덟 차례 여덟 권의 초고를 끝낸 후, 2021.10.11에서야 완전 탈고하고는 출판사를 섭외했다. 그 와중에 만 17살 나이로 한국전쟁을 맞아 학도병으로 끌려가야 했고, 다시 해병대로 입대해야 했던 사랑하고 존경하는 아버지의 임종(10.28)을 맞아 출간이 차질을 빚었다. 반면 다시금 원고를 재검토하는 시간을 가질 수는 있었다. 고마운 것은 의뢰한 출판사마다 거절하지 않았으나, 조건은 각기 달랐다. 교과서로 출간하자는 제의도 있은 반면, 경제서적만을 출간하는 출판사에서 만은 퇴짜를 맞았다. 돈 버는 책만 출간하기 때문이라는 이유였다. 따지고 보면 실상은 돈과 정신적 삶을 향유할 수 있는 책인데도 말이다. 끝내는 두 출판사의 경합이 있었다. 굴지의 출판사를 제치고 애초부터 솔직함과 의리를 발휘한 경진출판의 양정섭 사장의 손을 들게 했다. 이러함에는 박찬현 작가의 공도 컸다.

이 책이 나오게 됨에는 이제야 은퇴를 하였지만, 이 책의 원천적 힘을 가한 강경근(헌법)·석종현(행정법) 교수가 있었다. 저자가 요하는 자료를 알뜰하게 챙겨준 김명엽(민법) 교수, 한국토지공법학회를 비롯하여 한국교회법연구학회의 임원이자 목회자인 권영돈(기초법)·김성곤(신학) 박사와 윤진숙(법철학)·이상현(형법) 교수의 성원도 있었다. 천학비재淺學非才한 저자에게 항상 격려를 아끼지 않는 제정구기념사업회 제정호 이사와 한국 민주화의 대부인 신문명정책연구원 장기표 원장과 사회이론가이자 정책연구자인 김홍석(사회학) 박사, 그리고 개인적으로 부동산정책에 있어 갑론을박을 펼침에 공감한 고故 박원순 전 서울특별시장께도 감사한다. 여기까지 오게끔 저자에게 많은 학문적 앞길을 밝힘에 길을 터준 천국에 있는 선행연구자를 비롯한 스승들께도 감사하지 않을 수 없다. 또한 저자의 기존 독자층은 물론 많은 지인과 선후배들에 대한 감사함과, 부디 이 책이 후학들의 길잡이가 됨과 동시에, 다시금 강조해도 더함이 없는 소득불평등 해소와 함께하는 부동산 정의에 있어 도움이 되기를 바라는 마음이다.

욕심을 부린다면, 부동산정책 입안자들을 비롯하여 저자가 이 책으로 강의할 대학의 법학과와 부동산학과 및 교양과목, 이 사회의 공정과 정의로움에 목마른 일반 독자, 공정과 공익을 논하는 건설업계 및 공인중개사, 조물주 하나님의 가르침에 애쓰는 목회자나 전도사, 특히 기성세대의 폭거로 서러움에 차고도 이 나라의 미래를 책임질 MZ세대에 바치고자 한다. 그리고 번듯한 옥토를 갈아엎지 아니하고도 미래세대와 함께하는 지방정치를 꿈꾸는 이와, 이 나라의 고등사기꾼집단인 여의도 정치권에 자신 있게 탐독을 권한다. 인문학 부재의 탈출을 돕게 하는 측면도 있기 때문이다.

우리는 누구나 덧없는 삶을 살고 있다. 따라서 이 사회의 구성원 모두가 출발선이 공정하고도 '더불어 함께하는 삶'이었으면 한다. 또한 약자를 보듬는 자세로 '우리네 삶이 끝나는 그 날'까지, 스피노자 Benedict de Spinoza(1632~1677)가 인간의 선한 본성을 깨닫고 신을 사랑한 것만큼이나 사랑으로 감싸주는 사회를 기대한다. 끝으로 저자 또한 모두를 사랑함과 이 사회의 부정의에 끝없이 맞서며, 더 깊은 연구와 함께 수정·보완으로 판이 거듭되기를 소원하면서 많은 이들과 함께 하고자 한다.

2021.12.29
관악산 기슭 연구실에서
저자 정종암(鄭鍾岩)

차례

제5부 불평등 해소와 출발선의 공정

제 **1** 부

들어가며

제1장 출발선이 불공정한, 똥수저는 살 수 없는 나라

삼라만상의 절기상 추석이 지난 가을이면 어김없이 실체 없는 으악새가 구슬프게 운다. 그러나 그 가을만이 아니다. 훨훨 날지 못하는 '인간의 새'는 춘하추동 사계절을 울고 울어 지치고 또 지쳤다. 그 인간의 새는 소득불평등과 집값의 급상승으로 인해, 이 땅의 희망을 잃은 우리네 이웃이다. 땅은 인간의 노력에 의한 것이 아닌, 조물주 하나님이 인간에게 무상으로 공여한 것이다. 그러한데도 매일 오르내리는 뉴스판에서는 이전투구의 아수라장만이 보인다. 가을이면 정기국회 중이서인지 정부에서 각종 데이터를 쏟아내기에 바쁘다. 따라서 출처를 검색할 필요도 없기에 이 계절만은 저자도, 기자들도 편한 편이다. 그러면 사기공화국의 통곡하는 현장으로 초점을 맞춘다.

젊은 MZ(1980~2000년대 초 출생자)세대는 삼포三抛를 넘고 오포五抛를 넘어 '모든 것을 완전 포기하는' 완포세대完抛世代가 되었다. 이들은 주택

구입전선에서 낙오됐다. 주식이나 비트코인 등으로 만회를 노리지만 만만치가 않다. 이는 부동산정책의 실패로 인한 탓이다. 또한 이 나라의 산업화와 민주화에 모든 것을 바친 노인들은 구부정한 허리로 냉대에 찬 생활비 구걸에 나섰고, 그래도 모자라면 담보물 부족과 낮은 신용 탓에 금융권이 아닌 대부업계 문을 두드려도 소용이 없다. 그러나 공직이나 교직 등에서 은퇴한 높은 연금 수혜자인 노인은 생활비도 남아돌면서 골프장 행렬이고, '부모찬스'를 만난 MZ은 수십억원의 퇴직금에 희희낙락거린다. 물려받은 재산 또는 부의 세습화로 부를 키우는 젊은 층은 출발선부터 일반대학을 넘어 로스쿨과 의과대학에 용트림하고 있다. 소위 부모찬스로 고가의 부동산을 편법으로 취득하거나 자신의 소득을 넘어 부모의 부동산을 담보로 금융기관에서 차용까지 한다. 저소득층은 보기 힘들다. 개천에 용은 없다. 출발선부터 불공정하다. 그렇다면 부모찬스에서 벗어난 MZ이나 생활전선에 나선 노인이 국가에 충성하지 않고, 이 사회의 이웃을 위해 살지 않았을까. 국가의 명에 따랐고, 사기꾼도 아니었다. 편법과 탈법이 난무하는 속 기회주의에 능하지 않았을 뿐이다. 대한민국에는 정의는 실종됐고, 도둑놈만 잘사는 나라가 되어 버렸다. 반면 한번 꼬꾸라진 삶은 다시 짚고 일어설 사다리조차 없다. 실적이 없어도 임금삭감은커녕 공기업 임원의 성과급 속, 10~30대 자살률과 전체 자살률이 OECD 국가 중 단연 1위를 기록한다. 부모의 도움으로 생활하는 20세 이상 성인이 300만 명이 넘는 캥거루족 신세로, 30대 비혼율이 42.9%에 취업 자리는 없고 급상승하는 부동산값에 넋을 잃고 결혼기피에다, 자살과 은둔사태로 변하니 어찌 '완포세대'라고 하지 않을 수 있겠는가. 이러한 근원적 문제는 사기꾼 중에서도 '대한민국 최고의 고등사기꾼집단'인 정치권에 있다.

우리들의 부동산 현장을 보자. 땅 한 평 없고, 인간의 기본적인 주거인 집이 없는 이가 공히 44%를 상회한다. 이 땅의 스물아홉 청춘은 일용근로자로 나서 고층아파트 외벽에서 외줄을 타고 청소를 하다가 황천黃泉을 가는 속에서, 중국의 청춘은 우리나라에 와서는 89억원짜리 아파트를 매입하는 기염을 토했다. 국민은행 통계에 따르면 2021년 10월 서울 아파트의 평균 매매가격은 12억1,639만원으로 2017년 5월(6억708만원)과 비교하면 100% 넘게 상승했고, 전국적으로는 같은 기간 63%나 상승했다. 수도 서울의 집값 중간매매가는 12억원에 육박했다. 주거용 집 한 채로, 절반의 가구가 백만장자의 반열에 섰다. 우리는 '백만 불의 사나이'나 '백만장자'라고 줄곧 비교한다. 그 돈이 12억원에 조금 못 미치는 금액이다. 이 정도면 '백만장자의 천국'으로 불러도 손색이 없다. 미합중국 대통령 조 바이든Joe Biden이 부인과 함께 하이킹을 즐기는 2017년에 매입한 그 광활한 별장이 270만 달러로, 우리 돈으로 약 32억원이다. 이 정도면 강남아파트 한 채 값에 불과하다. 일률적으로 비교하기는 다소 어려운 점이 있지만, 말문이 막힐 만하지 않는가.

분양가상한제 부활 1년이 지난 2021년 9월 서울 강동 역세권 인근 3.3m^2(1평)당 평균분양가 2.356만원으로, 되레 17%나 분양가가 인상되는 결과를 초래했다는 통계까지 나온다. 한편 7월 서울 아파트의 경우 3.3m^{2}당 중위매매가는 4,125만원으로, 1년 전인 2020년 7월과 비교하면 23.6% 상승했다. 서초·강남·송파·강동이 포함된 동남권이 6,924만원으로 가장 높았고, 종로·중구·용산 등 도심권이 5,223만원이다. 실업률을 낮추기 위한 정부의 꼼수정책을 한번 보자. 월 30만원에도 못 미치는 노인들의 학교 앞 교통요원은 말할 것도 없거니와 많은 중장년 실업자가 지원하게 하는, 각 지방자치단체의 공공근로일 5시간 근무에 최저임금으로 9개월간 종사하게 한다. 그 기간 합산 수익이 1,080만원이면 공공기관 임직원의 연차수당에도 미치지 못한다. 이 정도면 아파트 한 평을 사는데 4년이 걸린다는 계산이 산출된다. 고물가에다 집을 사기는커녕, 세간살이 실은 탈脫서울의 트럭 안에서 속도 모르는 아이는 "엄마, 삼겹살 먹고 싶다"고 울부짖지만, 벙어리 냉가슴을 앓는다.1)

흙수저A dirt spoon보다 못한 '똥수저Poop spoon'로 태어났거나 금수저Gold spoon보다 더한 초기득권층인 '다이아몬드수저Diamond spoon'로 태어났어도, 출신과 관계없이 인간은 평등해야 한다. 그러나 전자는 상대적 박탈감을 느낀다. 후자는 무법천지를 일삼기에, 법 앞에 평등은 없다. 법은 서민만 지킨다. 일용직근로와 택배일로 전전하다가 끝내는 절도 혐의로 조사를 받던 중 이틀간 도주한 배고픈 똥수저는, 힘없는 아버지가 사주는 설렁탕 한 그릇에 자수하는 촌극이 벌어졌다. 반면 고관대작의 다이아몬드수저는 고액퇴직금에다 도덕불감증이 더해도 당당한 사회가 되어 버렸다. 1988년 서울올림픽이 끝나자마자 발생한 교도소 탈주범 지강헌을 소환하지 않더라도 그가 절규한 '유전무죄 무전유죄有錢無罪 無錢有罪'는 고착화됐고, 정적政敵만 잡아넣는다. '부의 흑역사dark history of wealth'는 변함이 없고, 공정과 상식과 정의는 상존하지 않는다. 이를 바로 세우고 지켜야 자들이 도둑이나 사기꾼으로 전락했다. 가진 자가 힘이고 법이다.

국가는 왜 존재하나? 국가는 일반 의지의 이념적 통일체로서 주권자이지만, 정부는 국가의 도구로서 주권자의 의지의 표현인 법률을 집행하는 관리집단이다. 따라서 정부는 그 관리집단으로서 주권자에 의하여 위임된 권력을 주권자의 이름하에 행사하게 되어 있다. 그러나 주권자의 의지를 방임하거나, 그 의지를 사적으로나 자의적으로

마음대로 사용하면 국가권력의 오·남용이 된다.[2] 이러함은 사회계약을 무효화하고, 국가의 해체를 가져오는 대변혁을 초래할 수 있다. 그러면 민중은 자기보호를 위해 저항하게 된다. 부동산 대책 26전 26패에다 기득권층 간의 커넥션에 손을 놓고 있는 상태에 있다. 단군 이래 어떠한 전쟁에서도 이러한 패배는 없었다. 이건 정부가 무능과 의지박약意志薄弱으로, 기득권층의 폭거에 부채질만 하고 있는 꼴이다. 자연으로부터 자유를 부여받은 인간은 평등해야 하나, 법 앞의 평등이 존재하지 않는다. 법 앞의 평등equality before the law이란 관념은 플라톤의 『국가』에서 정의 이념과 신 앞의 평등이라는 종교사상에서 연원한다. 헌법에서도 "모든 국민은 법 앞에 평등하다"고 제11조 제1항에서 규정하고 있다. 법의 정립·집행·적용에 있어 평등해야 된다는 원칙이다. 여기서 평등이란 절대적 평등이 아닌 '같은 것은 같게, 같지 않은 것은 같지 않게' 하는 자의恣意적 금지 또는 합리적인 차별을 의미하는 상대적 평등을 일컫는다. 따라서 누범자를 과중처벌하거나 불로소득이 횡행하는 투기세력이나 고소득자에게 누진세를 부과하는 것은 합리적인 차별대우로 법 앞의 평등에 반하지 아니한다. 그런데도 생계형 범죄나 단순한 잡범에게는 냉혹하면서도 소위 '높으신 분'에게는 관대하기 짝이 없는 '법 앞의 불평등'이 난무한다. 헌법상으로는 세계적 인류의 보편성을 띤 실질적 평등을 강조하고 있으나, 현실은 이를 따르지 못한 채 힘센 자에 의한 억지논리로 표류하고 있다.[3]

땅에 대한 탐욕의 광란은 끝이 없다. 외국인, 그것도 상호주의에 어긋난 중국인까지 포함된 우리나라 토지소유현황 등을 보자. 2020년 12월말 기준 국토교통부가 발표한 토지소유현황에 따르면, 우리나라 10가구 중 6가구는 땅을 가진 것으로 집계됐다.[4] 개인토지소유가구는 2019년 1,379만보다 2.4%(34만 가구) 증가한 1,413만 가구로, 이는 주민

등록세대 총 2,309만 가구의 61.2%에 달한다. 토지기본현황으로는 개인소유 토지가 75.9%인 4만6,398km²로 가장 많은 비중을 차지했다. 법인은 11.4%인 6,965km², 종중 등의 비법인은 12.7%인 7,754km²로 나타났다. 용도지역별로는 농림지역 4만9,083km²4(8.9%), 관리지역 2만3,902km²(23.8%), 녹지지역 1만1,489km²(11.4%), 주거지역 2,405km²(2.4%) 순이다. 지목별로는 임야가 63.3%인 6만3,558km²이고, 전, 답, 과수원, 목장용지인 농경지가 19.7%인 1만9,825km²다. 학교, 도로, 철도 등 공공용지가 10.1%인 1만149km², 대지는 3.2%인 3,243km²로 조사됐다. 전체 주민등록인구 5,183만 명 중 1,805만 명이 땅을 소유하고 있다.[5]

국토교통부로부터 제출받은 '2019년 개별공시지가의 단위면적당 1,000분위 자료'를 한 민간연구소가 분석한 결과 전 국토 면적 3,353만 1,209필지의 총 공시가액은 5,519조원이고 단위면적당 공시지가 상위 0.1% 면적이 총 공시가액의 17.8%, 1.0% 면적이 52.8%, 10.0% 면적은 90.1%를 차지하는 것으로 집계됐다.

또한 아파트 평당 매매가도 급상승이다. 부동산 플랫폼 다방을 서비스하는 스테이션3가 한국부동산원의 공동주택 실거래가격지수에 따르면, 2017년 2월 서울 아파트 중위 매매가가 3.3m²당 2,007만원이었던 게 2021년 7월 4,125만원으로 나타났다. 1년 전인 2020년 7월과 비교하면 23.6% 상승했다. 서초·강남·송파·강동구 등이 포함된 동남권이 6,924만원으로 가장 높았고, 종로·중·용산구 등 도심권이 5,223만원으로 그 뒤를 이었다. 서울 빌라 중위 매매가격마저 2021년 7월 기준 2,038만원이다.

외국인의 부동산 취득에 대해 2019년 기준 약 1만7천 건에서 2020년 약 2만1천 건 정도로 1년 사이에 18.5%가 증가하다가, 2021년 8월 기준 주택만 7만7,692가구로 5년 전 대비 47.9%나 증가했다.6) 국토교통부가 2021년 1~5월 전수조사한 2000년 말 기준 외국인 보유 토지현황에 따르면, 외국인 보유 토지면적은 2억2,827만m²로 전체 국토의 0.2%에 달하는 것으로 여의도 면적의 약 79배를 외국인이 소유하고 있는 것으로 나타났다. 이들이 보유한 토지의 공시지가는 2011년 24조9,958억원에서 2020년 31조4,962억원으로 26% 증가했다. 국가별로는 중국, 미국, 캐나나가 상위를 차지하고 있다. 이를 반영하듯, 지하화되지 않은 전봇대나 지하철 안에는 "외국인 주택자금 대출환영"이라는 전단지가 나부낀다. 2020년 6월 기준, 이에 신이 난 2,394명이 외국인들이 6,650채나 임대주택으로 등록하고는 절망한 청년과 노인들에게서 거두어들이는 임대수입에 재미를 붙였다. '영끌', '빚투'에다 '묻지마 갭투자'에 피해를 본 자금력이 취한 이들이 자기 나라 땅에서 외국인에게 세를 사는 촌극이 벌어졌다. 이렇게 외국인의 왕 노릇에도 자금출처나 자금조달계획을 밝히기가 어려우나, '상호주의'란 단어 앞에 무기력할 뿐이다. 또한 그 중에서 '왕 중의 왕'인 왕서방은 의료선진국인 우리나라에서 30억원어치나 보험급여혜택까지 누리는 호사를 부린다.

중국이나 베트남 같은 사회주의 국가 부동산소유제도에는 개인소유가 없기 때문에 우리 국민은 매입할 수 없는 게 문제이다. 그런데도 중국인에게 소유권을 주고 있단 게 말이 안 되는 처사로, 상호호혜원칙에 따라 제한해야 함에도 손질을 않고 있어 청와대 청원까지 가는 사태를 낳고 있다. 상호주의로, 즉 부동산 거래신고 등에 관한 법률 제7조는 "국토교통부장관은 대한민국 국민, 대한민국의 법령에 따라 설립된 법인 또는 단체나 대한민국 정부에 대해 자국自國 안의 토지의 취득 또는 양도를 금지하거나 제한하는 국가의 개인·법인·단체 또는 정부에 대해 대통령령으로 정하는 바에 따라 대한민국 안의 토지의 취득 또는 양도를 금지하거나 제한할 수 있다. 다만, 헌법과 법률에 따라 체결된 조약의 이행에 필요한 경우에는 그러하지 아니하다"고 규정하고 있다. 대통령령으로 외국인의 국내 토지 취득에 대해 상호주의적 금지나 제한을 할 수 있다. 단지 동법 제9조에서 군사기지 및 군사시설보호구역, 문화재보호구역, 자연환경보전, 야생생물보호 및 관리 등만 외국인의 토지취득 허가제를 도입하고 있어, 국토교통부의 조속한 조치가 필요하다.

여기서 국·공유지 비율에서 캐나다는 연방정부 41%, 각 주정부 48%로, 국공유지 비율이 89%를 차지하고, 싱가포르 81%, 이스라엘 86%, 대만 69%, 미국 50%, 스웨덴 40%인 국가보다 현저히 낮은 게 또 다른 문제로 대두되고 있다. 또한 소득불평등에 있어 국세청에서 제출받은 2017년 귀속 종합소득자료를 분석한 결과, 서울의 상위 0.1%의 연소득은 35억6천만원으로 전국에서 가장 높았다. 상위 0.1% 소득이 하위 10%소득의 3천56배에 달했다. 이러한 불평등은 부의 세습화로 이어진다. 이 세습화는 부에 대한 세습화뿐만 아니라, 지위와 신분의 세습화까지 이어지는 현실에 처해 있다. 지위나 신분의 세습화는 특히 우리나라만의 심각한 문제로 대두되고 있는 실정이다. 예컨대, 개천에서 용이 탄생하는 시대는 지났다는 것이다. 이러한 근본적인 원인의 기저에는 토지문제이다. 이로 인하여 소위 똥수저와 다이아몬드수저로 나뉜 '수저계급론'이 팽배해 있다.

루소의 말을 빌리지 않더라도, 인간은 자유롭게 태어났다. 그러나 도처에서 쇠사슬에 묶여 있다. 그 노예상태인 쇠사슬의 불평등은 사유재산제도에 있고, 탐욕에 찬 기득권층에서 기인한다. 소소유小所有만은 인정하나 노동을 높이 평가하는 쁘띠 부르주아petti bourgeoisie적인 홉즈와 달리, 루소는 인간의 자연 상태自然狀態, natural state는 '만인의 만인에 대한 투쟁'이 아니라, '우정과 조화'가 지배하는 자연 상태를 회복할 것을 주장했다. 따라서 인간은 서로 간에 평등한 게 정상적이나 그러하지 아니하니, 이 불평등의 난제를 어떻게 해소할 것인지가 큰 문제로 대두되었다.

이건 동족 간의 전쟁과 마찬가지다. 아니, 전쟁 상태이다. 도둑놈과 정치권 고등사기꾼이 아수라장을 만드는 이쯤에서, '한국판 오스카 쉰들러'는 나타나지 않는 도덕 불감증의 사회로, 빈자는 착취된 삶을 영위하고 있다. 이국 간의 전쟁터에서도 '긍휼矜恤의 미학'이 싹텄다. 제2차 세계대전 중 나치정권의 당원이었던 쉰들러는 홀로코스트 Holocaust, 유대인 대학살에서 이국異國 국적자인 유대인을 구출해냈다. 3시간이 넘는 흑백영화 한 편을 보자. 오스카르 쉰들러Oskar Schindler(독, 1908~ 1974)라는 체코 태생 독일 사업가의 일대기를 그렸다. 〈쉰들러 리스트〉는 1993년에 미국의 '스티븐 스필버그'가 감독하고, 2016년 〈인천 상륙작전〉에서도 맥아더 역을 맡아 우리에겐 친근하게 다가오는 '리암 니슨'이 주연한 영화에 잠시 눈을 돌려보자.

1939년, 독일에게 점령당한 폴란드의 한 도시에 평범한 인간으로서 최소한의 휴머니즘을 지키며 정의실현과 숭고한 인류애를 실천하는 암울한 시대와 맞선 위대한 용기를 일궈낸 그곳에, '쉰들러'란 한 사내가 있었다. 그는 나치당원으로서 인건비도 없는 점령지 유대인의 노동력을 발판으로 유대인계 회계사와 주물공장을 경영한다. 기회주의적이고 황금에만 눈이 어두웠던 사업초기와 달리, 죄 없이 죽어나가는 유대인을 보며 양심의 가책을 느꼈다. 끝내 그는 인류애로서 아우슈비츠 수용소로 옮겨지기 전, 유대인을 구하기 위한 '리스트'를 작성해 1,100명이나 구출했다. 사재까지 털어 온갖 선물로 그의 조국 독일

병사들을 매수하면서까지 살려냈다. 하나의 생명을 구함은 세상을 구하는 법을 일깨웠다. 그가 유대인의 목숨을 구한 수수께끼 같은 실화를 다룬 영화는 감동 그 자체였다. 그의 조국 독일이 패망하던 날, 그는 유대계 종업원들 앞에서 "여러분은 자유의 몸이 되었다. 이제 나는 쫓기는 몸이 될 것이다"고 했지만, 그 숭고한 인류애에 대한 보상으로 오늘날에도 유대인들은 그를 추모한다. 홀로코스트에서 살아남은 이들이 그에게 건넨 선물인 반지를 만지며 "어쩌면 더 살릴 수 있었는데, 더 구할 수 있었는데…,"고 절규하는 인간존중의 모습에서 우리는 무엇을 본받아야 하나?[7] 삶의 종착역에서는 세속적 부나 권력을 가졌다고 인색하며 악마들보다, 베푸는 삶에 의해 주어진 명예가 최고임을 깨닫게 한다. 약자에게 안하무인과 경거망동하는 우리네 갑질甲-들의 삶과는 비교된다. 예루살렘에 묻힌 '쉰들러'처럼 탐욕을 거둔 개과천선하는 삶의 아름다움에 눈시울을 적신다. 이처럼 이족異族 간에도 인류애가 먼저였으나, 동족同族 간인 작금의 대한민국에는 그들만이 잘살면 된다는 '악마의 꽃The devil's flower'이 난무한다. 타인의 관념에는 생각조차 없기 때문이다. 따라서 걷잡을 수 없는 집값의 급상승에도, 이를 제어할 역량을 갖춘 정부도 없다. 홀로코스트와 함께 동시대를 살다간, 그 반대편의 사고였던 또 다른 사내도 보자. 독일의 유대인계 정치철학자인 한나 아렌트Hannah Arendt(1906~1975)의 '악의 평범성Banality of evil'에 대한 보고서인 『예루살렘의 아이히만』에서 자신의 범법행위에 대한 정당성을 주장한 아돌프 아이히만Otto Adolf Eichmann (1906~1962)이 있었다. 사유하지 않음으로써 발생한 악의 평범성, 어떠한 자라도 그 자리에 가면 그럴 수밖에 없다는 주장이다. 아르헨티나에 도피했다가 모사드에 의해 체포돼 이스라엘로 압송된 나치전범 재판에서 아이히만은 "나는 잘못이 없다. 내 조국이 지시하는 대로 명령에 따랐을 뿐, 한 인간이었고 관리자였다. 주어진 사명에 충실하지 않았다면 양심의 가책이 있었지만…,"고 항변했다. 타인의 입장에서 사유하지 않는 무사유인 '악의 평범성'이다. LH 임직원들의 신도시예정지 투기판이나 경기도 성남 대장지구 부동산개발 비리의혹, 그리고 아파트를 싹쓸이하는 등의 행태에서 이를 묵인하거나 동조하는 사건은 무엇을 의미하나? 공동체에 대한 배려심이 없는 윤리의 부재에 있다. 공공의 이익보다 내 자신에게만 집중하는 '그들만의 준거'가 있다. 즉 사익에 앞선 나머지 악행을 저지르고도, 타인의 관점에서 사유하지 않는 나는 괜찮다는 것이다. 따라서 악의 평범성이 생성되면서 도덕불감증으로 이어진다. 그러나 유대인에게서 칭송을 받았던 쉰들러나 도피할 수밖에 없었던 아이히만은 독일 국적을 가진 같은 시대를 산 다 평범한 인간이었다. 깨닫지 못하는 무지에 대해서는 분노하지 않을 수 없다. 그러한 나머지 '인류 태초의 인간성', '공정'과 '정의', '공익'이나 '공공성'은 중요한 키워드로 작용한다. 이것은 시대적 최고의 화두이자 인류의 존망을 가르는 문제이기도 한다.

따라서 불로소득 환수조치와 부자세(자본세) 부과가 필요하다. 부자들이 그 위치까지 진입하기까지는 혼자가 아닌, 주변(사람, 사회, 국가)이 받쳐주었기에 가능한 면도 있기 때문이다. 더구나 성서적 희년의 목적은 빈곤의 세습화를 방지하며, 원래대로의 비교적 평등하게 분배된 땅의 상태가 유지할 수 있는 것이었다. 현대에 이르러서는 이러한 문제를 해결하기 위하여 토지재산권은 공공복리를 위하여 사회성 공공성에 입각한 많은 제한을 수반하는 상대적인 권리라는 인식이 대두되었다. 이처럼 우리사회에 현존하는 토지문제의 갈등을 해소하기 위한 대안적 방법으로서 토지공개념을 중심으로 하는 토지정책을 헌법적 관점에서 해결하려는 시도는 사회문제 해결을 위한 공공의 역할이라는 점에서 아주 중요하다고 할 수 있다.

그동안 우리의 구조적인 문제점을 해결하기 위한 토지관련 법제나 정부의 토지정책도 그 시행과정에서 부작용이 적지 않았다. 이를 해결하기 위한 토지의 공공성을 강조한 토지공개념은 1976년 정부정책에서 논의되기 시작했고, 1987년 개정헌법에서 이에 대한 근거가 포함되었다. 88서울올림픽 등을 거치면서 사회적 부의 증대로 인하여 서울 등 수도권에서 토지 및 아파트 가격의 상승으로 인한 부동산투기 열풍이 불었고, 이로 인해 야기되는 사회적 부의 편중, 사회적 불평등의 심화 등의 문제에 대응하고자 하였다.

이로써 1987년 개정 헌법을 바탕으로 1989년 소위 토지공개념 3법, 즉 토지초과이득세법, 택지소유상한에 관한 법률, 그리고 개발이익 환수에 관한 법률 등이 제정되었다. 그러나 김영삼·김대중 정부에 들어서 유명무실화되었다. 2018년 3월 대통령에 의해 제안된 헌법개정안에는 토지투기규제 법률의 제정을 위한 헌법적 근거를 마련하기 위하여 토지공개념을 강화하려는 내용이 담기기도 하였으나, 실현되지는 못했다. 이는 정치가 문제였고, 공감대 형성 부족에서 기인한다.

성경적 평등인 토지제도에서부터 중세 교부들의 '공의', 왕토사상, 재산권에 대한 자연법 사상가들의 사상적 배경, 그리고 재산권으로 인한 불평등과 빈곤을 해소하려는 고전파경제학자들의 그 이념과 사상이 근대 헌법으로 체회體化되었다. 이러한 토지관련 역사성과 토지사상을 섭렵한 공론화이면, 토지공개념 실시에 있어 반발도 상쇄할 수 있다고 본다. '토지공개념'이란 단어만 나와도 "사회주의나 공산주의로 가잔 말이냐?"에 부딪친다. 이러한 반발은 정부의 철학의 부재에서 나온다. 또한 역사성과 토지사상에 대한 부재가 한몫 더하기 때문이다.

대한민국정부 수립 후 제헌헌법에서 가장 통제경제적이면서 토지에 대해서도 가장 '공의'적 관념으로 경자유전의 토지개혁을 가능케했다. 박정희 정부의 정책입안자도 경제개발계획에서 이러한 공공성을 염두에 두지 않았음을 훗날 후회하기도 하였다. 따라서 토지공개념이 자본주의 시장경제와도 크게 배치되지 않음이 밝혀진다. 이념상좌우논쟁이 아닌, 그 당위성에 국민적 합의가 쉽게 도출될 수도 있다. 토지에 대해 소유권과 개발권을 분리하여 개인에게 소유권은 인정하되, 개발권은 공공에 귀속시키고 있는 유럽 선진국의 사례에서 보듯이 우리도 이를 분리할 필요성이 대두된다.

이러한 토지의 공공성公共性, public nature을 강조하기 위한 법과 제도에는 늘 사상적인 기반이 있었다. 예를 들면 전국의 주택 및 토지를 유형별로 구분하여 개인별로 합산하여 그 공시가격 합계액이 일정기준금액을 초과하는 경우, 그 초과분에 대한 과세는 헨리 조지Henry George(1839~1897)의 토지사상이 종합부동산세의 탄생에 커다란 이론적 역할을 하였다. 그는 그 원인이 소득분배의 불공정으로부터 기인한다고 생각했고, 소득분배 불공정의 원인을 토지소유의 불공평이라고보았다. 즉 토지는 상속이 되고, 생산에 대한 기여가 없으면서도 토지소유권에 기하여 사회적 잉여분을 확보할 수 있기 때문에 소득분배불공평을 심화시킬 수 있다고 주장하였다. 그래서 토지에 대한 권리를이용권과 소유권으로 구분하고 소유권의 사유를 인정함과 동시에 이용권을 사회가 공유하는 새로운 토지소유형태를 구상하였고, 이것이토지공개념의 모태가 되었다. 또한 21세기에 와서는 토마 피케티Thomas Piketty(1971~)를 통해 부유세 중과에 따른 현실 적용 가능성에 대하여토지재산권의 사상과 그 공공성에 관한 관점에서 파악하고, 이를 우리 실정에 걸맞게 헌법상 새로운 경제질서로서의 방향 설정이 필요하다. 토지소유에 관한 관념이 바뀌어야 한다. 즉 절대적 소유권에서 상대적 소유권으로의 변화, 토지소유와 이용과의 관계에서 소유 우선보다 이용 우선에 두는 공론화가 필요하다.

토지재산권에 있어 공공성 실현은 현행헌법 및 관계 법률로서도 법적 근거가 상존함으로 굳이 헌법을 개정할 필요가 없다. 정치권이 걸핏하면 헌법을 바꾸자함은 올바른 처사가 아니다. 최상위의 법인 헌법을 쉽게 개정하는 것은 후진국에서나 볼 수 있는 일이며, 지중해를 제패한 고대 스파르타Σπάρτα의 법을 제정했던 전설적인 입법자 리쿠르고스Lycourgos8)가 환생한다면 비웃음을 사는 처사에 지나지 않는다. 설사 개정할 필요성이 있을 경우라도 하위법률의 제·개정으로 가능한 일이다. 따라서 현행헌법만으로도 가능한바, 헌법 개정으로 혼란을 야기할 필요도 없다는 점이다. 이익집단의 또 다른 이전투구는 걷잡을 수 없다는 것이다. 따라서 토지공개념이 자본주의 시장경제질서를 해치지 않는다는 점이 후술에서 밝혀진다. 이에 토지 및 집값의 고공행진에 의한 불평등으로 출발선부터 불공정할 수밖에 없는 근본원인을 찾아 대안 제시로, 공정한 세상을 실현하는 데 기여하고자 한다. 어떠한 부동산정책을 내놓아도 백해무익百害無益임이 문제인 정부에서 더욱 심하게 드러났다. 철학빈곤의 부동산정책과 집권층의 부덕성에, 땅과 집이 없는 서민과 청년들은 울부짖고 있다. 따라서 창조주 하나님이 하사한 땅을, 일부계층이 독차지하려는 함은 크나큰 죄악이다. 태초에 무주물이었음을 깨달아야 한다. 그 종착역은 더불어 함께하는 삶의 기치 아래 소유를 투자나 투기가 아닌 주거로만의 1가구 1주택에 한하고, 공시지가의 현실화와 투기세력에 대한 징벌적懲罰的 과세 및 토지공개념 실시밖에 없다. 이러한 점에서 토지와 관련된 사상가들이 토지에 관한 공공성을 강화하기 위한 법제에 어떠한 영향을 미쳤으며, 토지의 공공성과 토지로부터 발생하는 개발이익의 공유화에 대한 사회적 합의가 필요하고, 이 원칙을 기반으로 토지의 이용, 계획, 보유, 개발, 처분, 관리 각 단계별로 공공성을 실현할 수 있는 법과 제도를 정밀하게 설계해야 한다는 입법론적 기반을 제공하고자 한다.

우리는 해외여행에서 넓은 국토를 가진 국가에서의 끝없이 펼쳐지는 대평원을 가진 국가도 아니다. 우리의 국토는 좁고, 인구는 많다. 공유인 이 좁은 땅마저 특정세력만의 전유물이 되게 하여서는 안 된다. 부동산의 독점과 마구잡이 개발을 방치한다면 우리의 미래세대에는 어쩌란 말인가. 우리네 삶도, 땅도 리필refill이 안 되는데도, 천년을 살 것처럼 날뛰면서 조물주 하나님이 하사한 국토를 아수라장으로 만들어서야 되겠는가에 대한 문제를 제기한다.

제2장 추구하는 방향과 이익 공유에서
배제되는 우리는

토지는 인간의 생활과 밀접한 관계에 있다. 환경자원의 하나이기도 하며, 개개인의 행복과도 관계가 있다. 의식주와 함께 아주 중요한 기본적인 문제이나, 토지문제가 심각하게 대두된 지가 오래이다. 이는 탐욕에 기인하는 것으로, 인간으로서의 원초적인 휴머니즘의 결여에서 근원적인 문제가 발생하고 있다. 농업문명이 발달하면서 소유권 개념이 탄생하였다. 근대적 토지재산권이 법률행위의 주체로서 인간을 추상적인 인격체로 파악하였으나, 구체적이고 현실적인 인간은 결코 평등하지 못하다는 사실이다. 토지에서 소유권의 편재현상이 두드려졌다. 즉 자본주의를 근간으로 하는 근대사회에서의 소유권은 절대적 권리였으며, 근대 시민국가에서는 토지의 특수성이 고려되지 않은 채 사유재산으로서 사적 지배 및 소유의 객체가 되었다. 그 결과

소유권에 기초한 토지의 이기적 이용, 무분별한 개발, 투기, 토지이용권과 토지재산권의 대립, 환경 파괴 등 심각한 토지문제가 야기되고 있다.

근대적 토지재산권이 성립하는 과정에서 중요한 역할은 근대 초기 계몽사상과 자연법사상이자, 로마법의 계수였다. 프랑스 인권선언 제17조에서는 소유권 절대사상을 명백하게 규정하였다. 따라서 토지재산권에 대한 공공성 문제는 급속도로 발전하는 오늘날에 있어 절체절명絶體絶命의 사명에 가깝다. 토지재산권에 대한 '공공성' 문제가 그만큼 중요하다는 점이다. 개인의 자유와 존재에 대해 우월성을 인정하는 정의로운 사회이면서, 동시에 그 결과 생기는 특권을 상쇄하기 위해 보다 유능한 자들이 지니고 있는 자원을 보다 약자의 처지를 개선하는 데에 활용되는 배분적 정의가 실현된 사회이어야 한다. 물론 모든 사람에게 요구되는 기본적으로 평균적 정의를 바탕으로 한다. 우리 헌법은 정의사회의 이념을 구현하기 위해서 경제생활 영역에서는 수정자본주의 원리를 채택하여 사회적 시장경제질서를 확립하였다.

대체적으로 신자유주의 신봉자들이 인정하지 않으려는 우리 헌법 제119조 제2항은 성장과 분배를 위한 조항으로, 자유시장경제의 원칙 하에 사회정의와 경제민주화를 지향하고 있다. 이러한 경제정의에 대해, 토마 피케티는 소득불평등의 근본원인으로 한마디로 돈이 돈을 버는 자본수익률이 경제성장률보다 늘 높다는 이론을 제시한다. 즉 자본이 스스로 증식해 얻는 소득이 노동으로 벌어들이는 임금 등의 소득을 상회하기 때문에, 소득격차가 점점 더 벌어진다는 것이다. 지금 우리나라에서는 이런 일이 심각하게 벌어지고 있다. 출발선부터 부와 지위의 대물림으로 부모찬스를 못 만난 청춘은 좌절하고 있지 아니한가. 경제가 발전하면 발전할수록 빈부격차가 줄어든다는 점을 피케티가 부인한 게 현실로 드러나고 있다. 즉 스스로 증식한 자본소득을 절대 잡을 수 없는 게 부자들의 자본이다. 이러한 부가 세습되면서 오늘날의 불평등을 가속화시키고 있다. 따라서 극소수의 최고소득에는 현 수준보다 훨씬 더 높은 세율로 과세하는 것과 '누진세' 징수가 대안인 점에, 우리 헌법상 경제민주화와 조세정책에 있어 비교·검토할 필요성이 있다.

이승만 정부에 버금가는 토지정책의 일환으로, 노태우 정부가 토지공개념 3법을 1988년 하반기에 제정한 바 있다. 이 제도는 토지정책의 역할에는 단순하게 토지를 효과적으로 이용하고 개발하는 것만이 아니라, 개인 간은 물론 계층 간에 있어 부와 소득의 분배구조를 수정하는 기능까지 포괄한다는 의지의 표명이었다. 즉 토지에 대한 수급격차를 완화하고, 개발이익을 환수하여 사회적 형평성을 제고시키며, 토지소유의 편중을 완화하는 것이 목적이었다. 그러나 얼마 못가 헌법불합치 또는 위헌결정을 받았다. 이 제도에 대하여 다시금 불을 지핀 2018년 헌법 개정안에서는 이를 제125조 제2항 후단으로 대치하면서 "국가는 경제주체 간의 상생과 조화를 통한 경제의 민주화를 위하여 경제에 관한 규제와 조정을 할 수 있다"고 규정한 바 있다. 오히려 그것보다는 도덕성 재무장Morality rearmament과 함께, 토지나 주택으로 인한 불로소득의 원천차단이나 이를 환수하여 공유화할 필요성이 있다. 그러나 기득권층의 각종 사회비리 및 권력남용과 관련한 행위에 대한 법적 구속력 강화에 있지만, 되레 집권층의 중추세력은 그들만의 이익집단이 된 채 이른바 '내로남불'이라는 신흥종교에 의한 '적과 동지'란 분열에만 열중했을 뿐이다. 끝끝내 이게 어려우면 강력한 사회운동이 조직화되면서 저항권이 발동될 수도 있다.

토지는 그 소유자가 누구인가를 불문하고, 공공복리를 위하여 가장 효율적으로 이용되지 않으면 아니 된다. 이를 위하여 국가에 의한 토지재산권에 대해 적절한 규제가 가해져야 한다는 관념 내지 원칙이 세워져야 한다. 즉 토지재산권의 공공성 내지 사회적 구속성이다. 헌법 제23조 제1항 제2문과 동조 제2항과 제34조 제1항·제119조·제120조·제122조·제123조 등에서 그 헌법적 근거를 찾을 수 있다. 심지어 민법 제2조와 많은 관련 법률에서도 규율規律하고 있다. "인구증가나 기계사용에 의한 이익은 토지의 독점적 소유자에게 거의 흡수되기에 빈부의 차가 커지고, 지대는 상승하여 이자나 임금은 하락한다"면서 토지공유의 방법으로 모든 지대를 조세로 징수하자는 헨리 조지의 강한 조세정책이 필요하다. 소득이 있는 곳에 세금이 따르는 법이고, 더구나 노동이 가해지지 않은 불로소득에 대해서는 그의 주장이 '관념의 허상'이 아니다. 개인은 자신의 노동생산물을 사적으로 소유할 권리가 있는 반면, 사람이 창조하지 아니한 것, 즉 자연에 의해 주어지는 토지와 환경은 모든 사람에게 공평하게 귀속돼야 한다는 것이다. 이는 자본주의에 반대한 칼 마르크스Karl Heinrich Marx(1818~1883)는 토지와 자본을 구분하지 않고 양자를 모두 공유화할 것을 주장한 반면, 헨리 조지는 토지와 자본을 구분하여 그 중 토지만을 공유상태에 근접하게 만드는 제도인 지대조세제를 주장한 점은 설득력이 있다. 따라서 시장경제와 가격의 기능과 사유재산을 부인하지 않았다는 점이다.

누누이 강조해도 근본적인 원인은 인간으로서의 원초적인 휴머니즘의 결여에서 문제가 발생하고 있다. '선한 사마리아'같은 약자를 업신여기지 않고 탐욕을 절제하는 긍휼矜恤의 자세가 결여되어 있다. 최고의 덕목인 선善, good이 지배하는 세상은 멀어져 가고, 악惡, evil으로 도치된 세상에 살고 있다. 특히 부동산문제에 있어서는 밀림 속 양육강식이 존재한다. 따라서 공익 내지 공공성에 있어 먼저 선이 지배하는 세상의 지배하는 지향과, 공익 내지 공공성에 있어 먼저 이러한 자세를 가져야 한다는 점이다. 헌법상으로도 현대 국가의 이념인 자유주의와 함께 공화주의共和主義, Republicanism를 채택하고 있다. 사익보다는 공공선을 위해 함께 노력하고, 이를 통해 함께 국가를 발전시키는 본연의 자세가 견지되어야 한다. 자원으로서의 토지가 갖는 사적 재화이자 공적 재화로서의 성격도 함께 고려하여, 국민 전체가 공평하자는 것이다. 어떠한 부동산 대책도 임시방편일 뿐, 별다른 효과가 없다. 종착역에 가서는 토지공개념 제도를 실시하는 수밖에 없다. 그 시행에 있어 현행헌법과 관계 법률만으로도 문제가 없기에, 국민적 합의와 정부의 개혁의지가 급선무다.

따라서 토지재산권 문제로 인한 처한 현실과 역대 정부의 토지정책을 검토·분석하고, 토지재산권에 대한 역사적 범위를 인류의 태초에서부터 잡는다. 이에 토지소유권 사상가들의 이념과 철학이 현대 토지재산권제도에 어떻게 접목되는지 찾고자 한다. 우리 헌법상 정의, 헌법 제23조 제2항, 헌법상 '경제' 조항인 제122조 등에서 규율하는 사유재산권 중 토지에 관한 재산권과, 다시 등장하는 토지공개념을 심도 있게 살펴보면 그 대안이 밝혀진다.

이제 본격적으로 논의될 그 중심적 내용은 다음과 같다. 무엇보다 중요한 것은 '탁상에서의 손가락 놀림'이 아닌, '저자의 오랜 세월에 걸친 고민과 부딪히고 할퀸 실천적 삶의 기조'를 바탕으로 한 오랜 연구 끝이다. 토지를 포함한 부동산으로 인한 불평등에 대한 해소책이 있음을 밝힌다. 즉 답이 없지 않다는 방법론이 있다. 이론적 타당성을 부여하기 위한 선행연구자료, 방송과 신문, 정부통계발표자료, 헌법재판소 결정과 대법원 판례 및 방대한 관련서적 등의 분석을 통한 문헌적인 연구도 많았다. 그 중에서 역사적 연구방법으로는 토지재산권에 대한 사상적 배경을 고대^{ancient}, 중세^{medieval}, 근대^{modern}, 현대^{modern} times에 이르기까지 연역적으로 분석하여 토지재산권의 공공성에 관한 연구를 하였다.

앞서 본 바와 같이 제1부에서는 국가기관 등이 발표한 자료를 바탕으로, 토지재산의 불균형으로 인한 토지재산권에 대한 공공성이 왜 강조되는가에 관하여 서술하였다. 또한 저자의 직·간접적 체험이 어우러졌다. 제2부에서는 토지소유권과 공공성의 규범적 인식 하에서 토지의 특성과 토지재산권의 특수성, 그리고 토지재산권의 토지의 시원성始原性을 인류 태초의 토지법이라 할 수 있는 '성경적 토지제도'에서부터 출발한다. 이어서 소수를 위한 로마의 토지제도에 처절하게 저항했던 중세 교부들의 토지재산권에 대한 '공의', 왕토사상과 근대 사회의 개인주의와 자유주의에서 자연법사상을 토대로 한 그 사상적 배경을 다루고, 조지스트 패러다임의 토지제도, 근대 자유주의 소유권에 대해서도 검토하고 논증하였다. 토지소유에 대한 인류 태초의 역사성과 사상적 배경인 토지문제의 규범적 인식을 가지면, 국민적 합의를 이끄는 데 설득력이 배가된다는 점이다. 자유경제질서를 무너뜨리거나, 좌우문제가 아님을 알 수 있다. 따라서 태초에서부터 현대에 이르기까지 토지에 대한 공공성에 대한 당위성을 밝혀내고자 하였다.

제3부에서는 토지재산권에 대한 토지의 공평과 헌법상 공공성에 관하여 주안점을 두고 이론을 검토하였다. 헌법상 경제질서에 따른 공공성의 의미에 대한 해석론, 그리고 헌법 제119조 제2항에서 언급하는 경제민주화에 대한 해석과 실현방법인 '헌법상 경제정의'와 이에 더한 토마 피케티의 '새로운 경제정의관'에 따른 차등별 부유세 중과세 및 이른바 문재인 헌법 개정안에 관하여 논증하였다. 따라서 정부수립 후 현재까지의 토지정책에 있어 공공성의 변천과정과 이를

검토하고자 함은 필수적으로 자리매김했다. 제4부에서는 토지재산권에 대한 토지 정의에 관한 헌법 규정 및 헌법상 의미, 공공필요에 관하여 검토한다. 토지공개념을 시행할 수밖에 없는 배경 및 토지공개념의 개념에 대하여 헌법재판소의 시각 등을 검토하였다. 토지공개념의 실천방안으로 지대개혁에 따른 헨리 조지의 지대세(단일세) 도입과 이에 대한 공유화방법론과 공시가격 실거래가로의 현실화에 의한 산정, 투자나 투기가 아닌 주거에 주안점을 두는 1가구 1주택에 한하고, 불로소득 환수에 의한 공유화 등을 제시한다. 이에 토지정책에 대한 방안도 제시하였다. 그린벨트 내 값싼 토지부터 우선적인 매입으로 비축하면서 탈세의 원천차단과 부유세와 노동이 가미되지 않은 토지에 대한 지대세 부과 등으로 토지소유에 따른 불평등 해소와 빈부격차를 줄일 수 있는 대안을 제시한다.

제5부는 이 책의 마무리 부분으로, 토지문제는 그동안 우리나라 토지정책이 급격한 산업화와 도시화, 소득증가에 따라 필요불가결한 산업용지, 주거용지와 사회기반시설 용지 등을 적시에 효과적으로 공급하는 데 무엇보다 역점을 두어 왔으나, 이로 인해 우리사회는 심각한 상대적 박탈감과 계층 간 위화감에 따른 사회적 갈등이 심해졌다. 이러한 문제점을 해결하기 위하여 이 책의 제3부와 제4부에서 제시한 법과 제도의 기반이 되는 토지에 관한 법철학적 배경과 토지의 공공성을 위한 제도 도입과. 이를 바탕으로 토지의 공개념 실현을 위한 가장 근본적인 대안으로서 토지소유에 관한 관념의 전환, 보유세 및 부유세의 강화, 토지에 관한 세제개편과 정의로운 조세개혁 등을 제시한다. 이에 먼저 그린벨트 내 싼 부지부터 우선적 매입을 강구하고자 한다. 또한 토지재산권의 공공성을 실현할 수 있는 대안을 제시하여, 토지의 공공성을 강화하는 법 정책적 방안을 제시하였다.

'공공성'은 싫증날 정도로 언급될 만큼 중요하고, 지금 우리 사회는 구석구석에서 공공성의 위기를 맞고 있기 때문이다. 이른바 성남 대장동사태와 LH투기사태는 공공성 약화에서 기인함을 목도하고 있다. 각종 개발사업에서 민간의 과도한 이익추구는, 공공의 이익이 실종됨으로써 선량한 국민들로 하여금 상대적 박탈감을 안겼다. 따라서 공공성 강화는 절실하다.

토지공개념, 변죽만 울릴 것이 아니라, 그 시행에 있어 현행헌법과 관계 법률만으로도 문제가 없다는 결론이 도출된다. 국민적 합의와 정부의 개혁의지가 급선무다. 토지공개념에 대해 무조건적 반대만 하는 세력까지도 수용할 수 있는 방안을 찾는다. 토지소유에 대한 인류 태초의 역사성과 사상적 배경인 토지문제의 규범적 인식을 가지면, 국민적 합의를 이끄는 데 설득력이 배가된다는 점이다. 자유경제질서를 무너뜨리거나, 이념 문제가 아님을 알 수 있다. 탈세의 원천차단과 부유세와 토지에 대한 지대세 부과 등으로 토지소유에 따른 불평등 해소에 따른 대안을 제시하였다. 또한 '부익부빈익빈富益富貧益貧' 현상을 깨고 '함께 더불어 잘 사는 사회'로의 기여로, 병들고 가난한 빈곤층貧困層을 해소하는, 독일과 같은 길을 제시한다. 이로써 백년대계의 부동산정책에 기여하면서 '공정하고 정의로운 사회', '출발선이 공정한 나라'로 나아가는 데 있어 견인차 역할이고자 한다. 오랫동안 연구하고, 체험하고 겪었던 실사구시의 실타래를 풀어나가고자 한다. 그러면 이제 본격적으로 긴 논의에 들어간다.

註

1) 정종암, 『보통 사람들의 아름다운 도전』(정치평론집), 도서출판 종암, 2012, 255쪽.
2) 심재우, 『저항권』, 고려대학교 출판부, 2000, 75~76쪽.
3) 정종암, 「지강헌의 무덤 속 '홀리데이'는 아직도 울릴까?」, 『서울일보』(오피니언), 2014.9.29.
4) 2017년 통계에서는 사유지가 51.3%인 51,517km²로 가장 많은 비중을 차지하고, 국·공유지는 국토 면적(9만5483km²) 중 국유지는 30%(2만8566km²) 수준에 불과한 것으로 나타났다. 세대별 토지소유현황으로는 총 2,163만 세대(주민등록세대) 중 60.9%인 1,317만 세대가 토지를 소유하고 있으며, 상위 500만 세대의 소유비율은 2012년보다 1.3% 감소된 53.9%로 나타났으나 토지소유의 불평등은 국유지를 제외한 절반 이상을 전체 인구의 1%가 차지하고 있고, 서울시 인구의 1% 정도가 전체면적의 3분의 2를 소유하고 있다. 다시 말해 약간 감소하긴 했으나 상위 1%(약 50만 명)가 전체 개인소유 토지의 53.9%, 상위 5%가 80% 넘게 차지하고 있어, 여전히 토지편중현상이 심화되고 있는 것으로 드러나고 있다.
5) 2020년 12월말 기준 전국지적공부에 등록된 면적 조사에 따르면 총 39,192,000필지로, 면적은 100,41km²로 전년도에 비해 여의도 면적의 약 4배인 약 11.3km²가 증가하였다. 이는 간척사업과 공유수면 매립 등 각종 개발사업에 기인한다. 참고로 이 책의 1부에서 제시되는 각 통계자료는 국토교통부, 통계청, 국민은행, 정기국회 감사 자료 등에 따르며, 출처는 각주가 아닌 본문에다 밝혔다.
6) 「외국인 소유주택 5년 새 48%늘어」, 조선일보, 2021.9.18.
7) facebook.com/jeongjongam(2017.9.30). 저자는 이 영화를 두 번이나 관람했다. 그리고 이 책에서 인용하는 영화는 또 한편이 본론에 있다. 프랑스 소설 두 편과 함께 인용하였다.
8) 스파르타의 법은 국왕이 법 위에 있는 '법에 의한 지배'가 아니라 '법의 지배'를 받는, 즉 왕을 비롯한 신분고하를 가리지 않는 모두가 법의 지배를 받는 사회를 추구하였다. 그 법에 관한 명확한 근거는 존재하지 않으나, 그가 제정한 법의 존속연한을 300년으로 잡는 설(이조차 부정확)이 있다. 저자가 '익힌 고대사'와 '법제연구'에서의 탐구에 갈음컨대, 스파르타의 법제는 헬레니즘시대까지 존속하였다는 점이다. 그러나 이 시대의 종점이 언제까지인가에 대해서는 설이 난무하기에, 로마제국이 BC30년에 탄생한 것으로 비춰볼 때 300년이 아니거나, 약 800년간 존속하였음에 무게를 둔다. 고대로마에도 계수된 그의 법제가 다소 불편하더라도 개정하지 않는 숙명으로 받아들인 채, 가장 오래토록 존속되었다. 과두정寡頭制, oligarchy으로서 '왕과 집정관', '원로원', '민회'로 나누어져 서로를 견제하는 민주체제의 유지였다.

제 2 부

토지소유권과 공공성의 규범적 인식

원래 땅은 전 인류의 공동재산이다. 땅, 즉 토지가 경작이 돼 개인의 소유는 되는 것은 개선된 가치이지, 땅 그 자체는 아니다. 따라서 땅에 대한 사소유자는, 그 땅의 지대ground rent를 공동체에 빚을 지고 있는 셈이다. 토머스 페인Thomas Paine(1837~1809)1)이 『토지 정의Agrarian Justice』 (1797년)에서 주장하나, 이건 너무나도 상식이다. 땅을 탐함은 인류 전체의 천부적인 유산인 공공의 이익을 강취하려는 행위로서, 소득 불균형과 불평등을 초래한다.

이에 이 책의 본격적인 서술에 있어, 토지소유권과 공공성의 규범적 인식 하에 토지의 특성 및 특수성을 먼저 설파하고, 문제가 되고 있는 토지에 대한 기원과 중세 교부의 토지 관념에 대해 논하지 않을 수 없다. 이와 더불어 근·현대 토지사상과 그 제도에서 공공성이 대두됨에 따른 토지공개념의 당위성부터 찾고자 한다. 토지재산권의 공공성과 그 개념에 이어 근대 자연법 사상가들의 소유권에 대한 사상적 배경, 현대의 소유권확립에 있어 계획주의 및 시장주의와 더불어 마르크스주의, 그리고 조지스트의 토지관을 보고자 한다. 뿌리 없는 역사는 있을 수 없다. 현대와 맞닿아 있는 인류와 토지의 시원성始原性부터 찾으면 오늘날 절실하게 대두되는 공공성에 대한 함의를 쉽게 찾을 수 있지 않을까 싶다. 따라서 토지의 역사성과 그 사상 및 제도가 현대적 토지재산권으로 어떻게 옮겨져 왔는지 알 수 있다. 따라서 토지재산권의 공공성을 찾을 수밖에 없는 현실에 직면하게 되어, 토지에 대해서 구조적인 문제를 해결할 수 있는 제도적 방안의 근거가 되겠다. 이러한 점에서 토지의 특성과 토지재산권의 특수성을 보자.

제3장 토지의 특성과 토지재산권의 특수성

1. 토지의 특성

가장 일반적인 의미의 토지는 지구의 표면 중에서 바다, 호수, 하천과 같은 상당한 면적의 수면을 제외한 부분을 말한다.[2] 그러나 토지란 가장 넓게는 경작이 불가능한 것조차 따지지 않고 지구의 자연 전체, 그리고 우주까지도 포함한다. 원래 토지는 인간의 노동이 가미되거나 자본의 투자가 없는 자연 상태였으나, 인류의 역사가 진화함에 따라 인간과 가장 밀착되어 있는 자원으로 변질되었다. 개인의 소유물이면서도 국토의 일부분이고, 인간생활의 터전이며, 본원적 요소이다. 그러나 그 성질, 기능 및 가격 형성에 있어서 다른 재화와는 구별되는 특수성을 갖고 있다. 이러함에도 부동산 문제는 전 국민의 관심이 집중되어 있다. 부동산 가격을 잡으려는 정부의 대책이 수시로 발표되는 것도, 다른 나라에서는 찾아보기 어려운 광경일 것이다. 우리나라 부동산(토지와 주택)은 1970년대 이후로, 정부의 강력한 투기억제 정책을 펼 때 잠깐 주춤하였고, 1990년대는 그나마 안정적인 편이었으나 대체적으로 상승일변도였다. 더구나 문재인 정부에서는 단군 이래 최고도의 부동산 광풍으로, 절반 가깝게 집이 없는 국민들의 희망마저 앗아갔다. 이러한 투기억제를 위한 정부의 정책은 실패의 연속이다. 전 국토에 걸쳐 부동산가격이 변함없이 상승하고 있기 때문이다. 따라서 국민과 더불어 시민단체와 전문가들은 투기세력을 못 잡는다고 비판한다. 부동산에 대한 과도한 투기수요를 막기 위해서는 중과세를 하고 개발이익을 철저히 환수해야 하는데도, 정부가 내놓은 정책으로는 턱없이 부족하고 고위층의 도덕불감증까지 앞서고 있다. 하지만, 토지문제의 근본적인 원인은 공급부족에 있다. 이 원인이 전부는 아니나, 토지가 한정돼 있기 때문이다. 토지와 주택은 항상 부족하며 가격 또한 항상 상승일변도인 현상에 대해, 토지에 대한 특수성을 알고는 발상의 전환이나 문제의 인식이 필요하다. 창조주의 선물인 토지는 인간이 생존함에 있어 기본이자, 생산의 기반이기에 일반적인 상품과는 다른 특성을 가지고 있기 때문이다. 따라서 토지소유권의 특수성을 이해하기 위해 먼저 토지 자체의 특성을 보자.

첫 번째로 중요한 것은, 토지는 인간의 노력과는 무관하게 자연이 베풀어준 것이라는 천부성天賦性을 가진다는 점이다. 이에 원칙적으로 특정 개인이 소유할 수 없고, 모든 인류가 공동소유여야 한다. 자본주의란 현실 때문에 개인소유私所有를 인정하더라도, 소유권에는 일반재화와 달리 엄격한 제한이 가해져야 한다. 그러나 토지가 사적 소유가 될 수 없다고 하여 사적 이용의 대상이 안 되는 것은 아니다. 개인에 의한 배타적 토지사용이 불가피할 때에는 예외적이다. 예컨대, 개인 생활에 있어서의 보호를 위해 주거용 토지의 배타적 사용을 인정하는 경우, 생산 활동의 보호를 위해 생산용 토지의 배타적 사용을 인정하는 경우가 있다. 또한 인간도 자연의 일부라는 관점에서 자연과의 조화가 필요하다는 점이다.3)

둘째, 용도의 다양성이다. 모든 인간생활에 있어서의 활동은 대부분이 토지에서 발생하며, 그 용도는 인간생활에 있어서의 종류만큼이나 다양할 수밖에 없다. 지적법에서는 토지의 사용방법 또는 현재 이용 상황에 따라 농경지, 산림지, 대지, 공장용지, 공공용지 등 모두 24가지 지목으로 나눈다. 이 중에서 하나의 지목을 가지게 된다. 이처럼 다양성과 함께 그 용도는 자주 바뀐다. 예컨대, 끝없는 도시화에 따라 농지에서 주거용으로 바뀌고, 주거용이 상업용지로 바뀌는 모습을 흔하게 볼 수 있다. 토지의 유용성 역시 매우 다양하기에, 어느 측면을 주로 이용 또는 강조하는가에 따라 토지의 개념이 다르게 인식되기도 한다.4) 경제학적 측면에서 볼 때, 토지의 유용성에 따라 크게 생산요소로서의 토지, 재산으로서의 토지, 소비재로서의 토지로 구별된다. 생산요소로서의 토지는 인간이 필요한 여러 가지 재화와 용역을 생산하는 데 있어, 토지가 자원으로 이용될 경우의 토지를 일컫는다. 예컨대, 농업용 토지의 경우에 비옥도가 우선이지만, 높은 수익 때문에 넓이와 위치가 중요하다. 재산으로서의 토지는 재산보유의 한 형태 또는 재산증식의 수단으로 이용되면서 토지시장과 금융기관을 밀접하게 연결하는 고리로서의 토지를 말한다.

재산용 토지의 가장 전형적인 형태가 투기용 토지이다. 이들은 생산물 창출보다는 가만히 가지고 있다가 매도하면, 큰 이익을 남길 것인가에 대해 더 많은 신경을 쓰는 전형적인 투기수법이다. 소비재로서의 토지는 생산에 이용되거나 자산으로 이용되지 않으면서도, 직접적으로 산이나 공원과 같은 그 자체로서 많은 사람들에게 혜택을 제공하는 토지이다. 이 주종의 토지는 현장자원이다. 따라서 소비재용 토지가 제공하는 사회적 편익은 주로 환경을 보전함에 따른 이익이다. 실수요와 가수요로서의 토지에 있어, 지가가 상승하면 생산요소용 토지에 대한 수요(실수요)는 감소하는 데 반해, 재산으로서의 토지에 대한 수요(가수요)는 증가한다. 지가가 상승하면 시세차익도 커진다. 이는 토지의 수익성이 높아지기 때문이다. 즉 실수요는 지가와 반대방향으로 움직이는 데 반해, 가수요는 지가와 같은 방향으로 변하는 경향이 있다. 지가의 변동에 수요가 변하는 정도도 다르다. 대체적으로 재산용 토지에 대한 수요는 지가의 변동에 따라 대단히 민감하게 변하는 데 반해, 생산요소용 토지에 대한 수요는 지가의 변동에 크게 영향을 받지 않는 경향이 있다. 예컨대, 지가가 크게 상승하면 실수요는 크게 감소하지 않지만, 가수요는 상당히 많이 변한다. 재산으로서의 토지와 생산요소용 토지가 겹쳐 있는 경우가 많은 탓에, 실수요에 가수요가 추가됨으로써 땅값이 상승하게 되고, 이 결과가 생산요소용 토지의 양이 위축하게 돼 정부가 시장에서의 토지거래에 노골적인 간섭으로 투기에 철퇴를 가하는 명분이 된다.[5]

셋째, 토지의 공급에 있어서의 고정성이다. 즉 공급고정성에 있다. 달리 말해 일반재화는 수요가 늘어나면 공급도 함께 늘어나나, 토지는 수요가 늘어나도 공급이 고정되는 특성이 있다. 토지는 마모되지 않을뿐더러 사람이 만들 수도 없기 때문에 그 공급이 줄어들지도, 늘어나지도 않고 일정하다. 이는 사람이 만드는 일반재화나 자본의 공급이 가변적인 것과 매우 대조적이다. 물론 주거용, 상업용, 공업용, 농업용 토지 등 특정 용도의 토지에 초점을 맞출 경우, 토지의 공급은 가변적인 것처럼 보인다. 그러나 특정 용도 토지의 공급 증가는 반드시 다른 용도 토지의 공급 감소를 수반하기에 일반재화나 자본의 공급이 늘어나는 것과는 성격이 다를 뿐 아니라, 그 경우에도 전체 토지나 특정 위치에 있는 개별 토지의 공급이 고정돼 있다는 사실에는 변함이 없다.[6]

토지는 인간의 노력에 의해 만들어진 것이 아니라, 대자연이 인간에게 무상으로 공여한 것임을 강조하는 사람들은 토지공급의 고정성을 강조하는 경향이 있다. 물론 수면매립이나 간척사업 등으로 국토면적을 어느 정도 넓힐 수는 있다고는 하지만, 이런 증가는 단기간에 공급이 어려울뿐더러 자연적 조건에 의해서 크게 제약된다.[7] 따라서 우리 헌법재판소도 "농경지 같은 경우는 농업환경의 변화와 국토의 효율적인 이용이라는 측면에서 일률적인 전면금지로 대응할 것이 아니라, 농지이용과 거래의 규제문제로 접근하고, 임야에 대하여는 자연공원 또는 녹지지역의 지정으로 녹지 환경보전의 문제를 해결할 수 있으며, 가용용지를 확대하면서도 자연환경을 보전하고 미화할 수 있는 것이다"[8]고 결정한 바 있다.

토지의 공급성 때문에 토지에 대한 투기는 다른 물건에 대한 사재기에 비해 훨씬 심각한 해악을 경제에 끼친다. 그 물건이 새롭게 생산될 수 있는 것이라면, 투기로 인해 가격이 폭등할 때 공급이 늘어나기 때문에 시간이 지나면서 가격폭등은 진정되고, 투기도 자연적으로 소멸한다. 사실 공급을 늘릴 수 있는 물건의 경우, 투기에 의해 가격이 급등하는 것이 반드시 나쁘다고만 할 수는 없다. 왜냐하면, 가격의 급등이 수요에 비해 공급이 부족한 초과수요상태를 해소해주기 때문이다. 그러나 토지처럼 공급을 증가시키는 것이 불가능한 물건의 경우, 상황은 전혀 달라진다. 투기가 가격폭등을 부르고, 가격폭등이

다시 투기를 부르는 악순환이 발생하는 것이다.9)

공급의 고정성은 시장경제의 최대 장점인 경쟁의 의미를 퇴색시킨다. 경쟁은 특혜 및 특권을 없애거나 분산시키는 긍정적 역할을 한다. 독·과점기업이 큰 이윤을 올리는 이유는 경쟁이 제한되어 있기 때문이다. 그러므로 경쟁의 도입은 그런 독·과점 이윤의 소멸을 가져온다. 그러나 공급이 고정되어 있는 경우에는 이 이론이 통하지 않는다. 한정된 토지를 두고 경쟁이 벌어지면 당연히 토지소유자의 경제적 이익은 불어난다.10) 이러한 성격의 소득을 경제학적으로는 지대地代, rent라고 한다. 토지의 천부성과 공급의 고정성은, 인간이 토지를 어떻게 다루어야 좋을지 교훈을 주고 있다. 토지는 일반재화나 자본처럼 개인에게 절대적·배타적 소유권을 인정해줄 것이 아니라, 모든 사람이 평등한 권리를 누리도록 해야 한다. 누구도 만들지 않았고, 비용이 지불되지도 않았으며, 한번 차지하면 영원히 특별한 이익을 누릴 수 있는 물건을 만든 사람이 있고, 비용도 지불되었으며 차지한다고 하여 특별한 이익을 누릴 수도 없는 일반재화나 자본과 똑같이 취급하는 것은 부당하며,11) 토지 정의에도 반하는 행위이다.

토지가 유한하며, 다른 상품과 같이 생산할 수 있는 것이 아니라는 것은 주지의 사실이다. 간척사업으로 확장되고 있으나 미미한 현실로, 토지는 한정돼 있다. 이러한 토지의 속성으로 인하여 오래 전부터 토지재산권에 대하여는 여러 제약이 가해져 왔다.12) 그래서 토지를 공개념화하자는 것이다. 토지에 대해서만은 모든 사람들이 공평하고 평등하게 가져야 한다. 일부에서는 이렇게 주장되는 사상을 '평등지권 사상', '시장친화적 토지공개념'이라고도 하거나, 토지평등권, 토지평등주권, 토지권 평등사상 등으로 칭하기도 한다. 이러한 용어는 문언의 혼란성만 야기할 뿐, 별 의미가 없다. 이에 대해서는 후술하고자 한다.

넷째, 토지는 영속성을 갖는다. 토지는 장기에 걸쳐 각종 재화와 용역을 제공할 수 있는 내구성을 가진다.[13] 토지는 물리적으로 마모되지도 않고, 경제적으로 감가되지도 않는다. 인간이 만든 일반재화나 자본 가운데, 어느 정도의 내구성을 가지는 것은 있지만, 무한한 영속성(내구성)을 갖는 것은 단 하나도 없다. 또 시장에서 거래되는 상품 가운데 사용하고 있는데도, 가치가 하락하지 않는 것은 토지 외에는 없다. 따라서 토지에 생성된 건축물이나 개발의 형태만 변경될 수 있어도, 토지 자체는 영속적으로 존재한다. 공유가 아닌 사유제 하에서는 토지가격이 경기변동에 따른 단기적인 상승과 하락이 있을지언정, 하락하기는커녕 오히려 장기적으로 상승하는 경향이 다분하다. 토지는 무한한 내구성을 갖고 있기 때문에 재활용이 가능하다. 토지를 재활용하더라도 품질이 예전에 비해 뒤떨어지는 일은 없다. 성장하는 지역에서는 보통 토지의 품질은 재활용할 때마다 좋아진다.[14][15]

토지시장이 매우 불안정하기 때문에 장기적인 안목에서 국토가 효율적으로 이용되게끔 위해서는, 정부가 백년대계에 입각해서 토지이용의 결정에 중요한 역할을 해주어야 한다. 정부가 국가이용계획을 세우고, 이에 따라 토지의 용도 결정에 깊숙이 개입되는 것은 타당성이 있으나, 그 과정에서 정부의 계획이 부정부패의 온상이 됨으로 인해 토지에 대한 사유재산권의 정당성뿐만 아니라, 다른 재산권의 정당성도 크게 훼손시키고 있다. 예컨대, 어떤 지역에 5년 후 공항이나 역이 들어선다고 가정했을 경우 5년 후 지가가 상승하는 것이 아니라, 당장 지가가 상승함을 심심찮게 볼 수 있는 현상이다.[16] 특히 우리나라는 사회에 만연된 토지관련 부정부패가 토지에 대한 사유재산권의 정당성뿐만 아니라, 다른 재산권의 정당성도 크게 훼손시키고 있으며, 자본주의시장경제를 불신하는 사회적 풍조를 조성하는 데에 일조하였다. 그래서 영국, 독일, 프랑스, 스웨덴 등 유럽 여러 선진국에서는 토지의 소유권과 보다 더 수익이 높은 용도로 토지를 이용할 권리인 개발권을 분리하여 개인에겐 소유권만 인정하고, 개발권은 공공에 귀속시키고 있다.17) 우리나라도 토지소유권자가 자신의 토지를 개발하고자 할 때에는, 정부 차원에서 소유권과 개발권을 분리할 필요성이 있다.

다섯째, 토지는 비이동성을 갖고 있다. 공급만 고정되어 있는 것이 아니라, 위치도 고정돼 있다.18) 이는 일반재화나 자본이 쉽게 이동하는 것과는 매우 대조적이다. 다시 말해, 일반재화나 자본은 필요에 따라 얼마든지 이동시킬 수 있으며, 따라서 위치는 특별한 의미를 갖는다. 반면, 어느 지역에서 토지는 수요가 증가할 경우, 그 수요를 충족시키는 데 필요한 토지를 다른 곳에서 운송해 공급할 수는 없다. 공급과 위치에 대한 고정성은 토지만이 갖는 뚜렷한 특성이다.19) 설악산과 금강산이 아무리 아름답다한들, 서울 한복판에 옮길 수가 있겠는가? 없다. 인구대비 토지가 엄청나게 부족하더라도, 그리고 땅값이 비싸도 땅을 수입할 수 없는 노릇이다.

비이동성은 토지시장을 국지화하고 소규모화로 불완전경쟁시장20)을 만드는 요인이 된다. 이 시장에서는 우리나라 자동차시장을 소수의 대기업이 분할하고 있기에 그들만이 합심해 값을 자기들에게 유리하게 조작할 수 있다. 예컨대, 어느 기업이 공장을 확장하기 위해서 토지를 매입한다고 하자. 새로 구입할 토지가 멀리 떨어져 있을수록 관할하기도 어렵고 물류비용이 많이 들어가기 때문에, 당연히 이 기업은 현 공장부지와 인접한 토지를 매입하려고 할 것이다. 다시 말해 기업이 공간을 늘린다는 것은 대부분의 경우, 바로 주변에 산재한 자투리땅을 주워 모으는 일이 된다. 그렇다면, 매입대상이 될 토지의 수는 빤하게 정해져 있고, 토지소유자도 소수의 몇 사람으로 국한된다. 결국 기업주는 소수의 토지소유자와 협상해야 한다. 이 중에서 한 사람이라도 전략적으로 버티기를 할 경우에는 엄청난 대가를 지불해야 한다. 실제로 토지의 경우에 이러한 사태가 비일비재하게 발생한다.21)22)

고정성 때문에 발생하는 토지의 개별성은 토지가치의 개별성을 낳는다. 승용차나 빵의 가격은 원칙상 전국 어디서나 동일하지만, 토지가치는 개별토지마다 다르다. 서울 명동의 수억을 호가하는 땅과 강원도 오지의 땅의 값이 같을 수가 있겠는가? 당연히 같을 수가 없다. 위치는 필지별 토지가치의 차이를 발생시키는 최대의 원인이다.

이와 같이 개별토지들이 상호간 이질성을 가지기에, 일반재화를 분석할 때 사용하는 수요공급이론을 그대로 토지의 분석에 활용함은 곤란하다. 이 이론은 개별상품들의 상호동질성을 전제하기 때문이다. 거래되는 상품이 이질적인 시장에 이 이론을 적용할 수 없다. 그러나 이 이론을 토지의 분석에 그대로 적용해도 문제가 안 되는 경우가 있기는 하다. 개별토지별로 시장이 하나씩 성립된다고 보고, 각 개별토지의 수요곡선과 공급곡선을 토지가격의 결정을 설명하는 경우인데, 우리나라 전체 토지를 정확하게 분석하려면 약 3,800만 개의 그래프가 필요한데도 불구하고, 이를 하나의 수요곡선과 하나의 공급곡선으로 설명해 버리는 경제학자들도 있다.

어느 한 필지에서 이루어지는 경제행위가 주변의 다른 필지에 바로 영향을 끼치는 것이다. 예컨대, 도심에 소재한 어느 토지에 고층빌딩이 들어서면 인근 지역의 교통이 혼잡해지는 경우인 외부효과external effect,

外部效果가 발생한다.23) 외부효과란 어떠한 경제 주체의 행동이 제3자에게 의도하지 않은 혜택을 주거나 손해를 끼치면서도, 이에 대한 대가를 받거나 지불하지 않을 때에 발생하는 효과로써, 긍정적positive이거나 부정적negative이게 되는 것으로 지속가능성sustainability 측면에서는 긍정적인 외부효과를 증가시키며, 부정적인 외부효과를 감소시키기도 한다. 이러한 외부효과가 발생할 경우 시장은 스스로 문제를 해결할 수 없고, 정부가 개입해야 한다. 이는 토지의 근접성에 기인하는 외부효과의 문제를 해결하고, 토지이용의 공간적 조화를 도모하기 위한 것이다. 시장의 기능이 둔화되기에, 정부가 개입해 규제하게 된다.

여섯째, 토지는 공공의 가치성에 있다. 사적인 이용으로 타인의 권리를 침해할 우려가 크기 때문에 법규의 제한을 받으며 공공성을 갖는다. 근대 경제학(영국의 신고전학파)의 창시자 마셜A. Marshall(1842~1924)은 토지의 가치를 결정하는 요인으로 토지의 생산력, 공공서비스, 주변 토지의 용도로 인한 영향을 꼽았다. 오늘날 농토를 제외한 토지의 대부분의 가치는 공공서비스의 영향을 많이 받고 있다. 특히 도로, 수도, 전기, 지하철, 소방서, 파출소, 학교 등 기본 공공서비스 및 공공시설들의 공급 여부에 따라 토지의 가치는 거의 결정된다. 이러한 나머지 경제학에서는 이런 공공서비스 및 공공시설의 사회적 가치를 추정할 때, 곧잘 땅값을 준거로 삼는다. 기본공동서비스와 공공시설의 공급에는 통상 막대한 비용이 소요되며, 이에 대한 공급비용의 대부분은 일반국민의 세금으로 충당돼 세금이 땅값을 높은 수준으로 유지시키는 것이다. 이에 마셜은 지가가 사회 전체의 노력에 의해서 창출된 가치라고, 이를 공공가치public value라고 불렀다. 토지의 경우, 그 특성상 불특정 다수에게 현저한 영향을 미치지 않고 조용히 이용하기가 매우 힘들다. 그래서 "내가 내 땅, 마음대로 이용하는데

남이 무슨 상관이냐?"는 사고는 곤란한 점이 있다. 아무리 내 땅이라도 화장터나 종중묘지[24]로 이용한다면 혐오감을 줄 수 있고, 공장을 건립한다면 공해를 발생시킬 수 있기 때문이다. 토지이용에는 외부효과를 수반하게 되며, 공공재를 공급하는 중요한 원천이기 때문에 소유자 마음대로 이용할 경우, 다른 사람과 사회에 직접적인 피해를 줄 수 있어 사익과 공익이 충돌하기 쉽다는 점이다.[25] 또한 토지소유자는 아무런 개인적 노력이나 비용을 투입하지 않고도 많은 경제적 이익을 얻게 될 수 있다. 이러한 경제적 이익도 공공가치로서 우발이익windfall 또는 개발이익이라 칭하기도 한다. 이러한 공공의 가치는 일종의 불로소득으로서 강력한 환수조치가 필요하다. 이러한 가치마저 땅을 가진 자에게 귀속된다면 빈부격차는 물론 소득양극화를 초래하기에 정의의 관점에서 어긋나기 때문이다.

이러한 토지의 특성을 검토해 보면, 인류의 생존에 있어 지구 역사 이래, 자연적으로 존재하는 것으로서 인공적 생산물이 아니기에 소유의 대상이 될 수 있는지에 관한 문제가 존재한다. 위치와 면적, 그리고 수량이 일정하여 공급량은 한정되어 있기 때문이다. 이러한 나머지 수요가 증가한다고 하여 마구잡이로 공급을 증가시킬 수도 없기에, 토지는 시장경제에서 매우 중요한 영향을 끼치고 있다. 토지는 소모되거나 마멸되지 않아 물리적인 측면에서는 파괴될 수 없다. 토지가 중요한 위치에 있을수록 그 희소가치가 상승하며, 토지의 이용결과가 인접토지에도 영향을 준다(외부효과). 토지는 지형, 지세, 지반은 동일한 것이 없어 개별적이다. 그 특성 또한 전부 달라 물리적으로 같은 토지는 있을 수 없으므로, 현재의 토지이용에 대한 결과가 미래의 토지이용에 영향을 미친다. 전술한 바와 같이, 이러한 토지의 특성 때문에 토지는 불로소득이란 특성도 가진다. 그러나 토지는 창조주가 전 인류에게 내린 천부적인 자원이다. 토지는 일반재화와 달리 인류에게 그냥 주어진 것이다. 더구나 토지 자체의 특수성은 토지는 다른 재화나 물건에 비하여 강한 사회적·공공적 성질을 가지고 있다는 점을 그 중요한 내용으로도 볼 수 있다.26) 우리 헌법재판소도 토지의 이러한 성격에 대해 "그 수요가 늘어난다고 하여 공급을 늘릴 수가 없기에 시장경제원리를 그대로 적용할 수가 없다. 고정성, 인접성, 공공성, 인접성, 환경성, 상린성, 영토성 등 여러 가지 특성을 지녔다"27)고 결정하여 일반재화나 물건과는 다른 특성으로 본다.

토지는 이러한 특질을 가진 소유권이 성립하면, 근대적 토지소유권의 성립을 인정하게 된다.28) 후술하겠지만, 생산의 3요소 중 하나인 토지가 일반재화나 자본처럼 사적으로 소유하는, 즉 사소유私所有는 절대적이지는 않다는 점이다. 달리 말해, 토지는 인간이 창조하지 않은 조물주 하나님의 창조물이다. 또한 그 량이 한정돼 있고, 전 인류의 생활에 있어 없어서는 안 될 재화인바, 일반재화와는 다른 토지만의 특수성에 있다는 점이다. 그러나 모든 사람이 평등한 권리를 누리도록 해야 하나, 그러하지 아니하고 불평등으로 인한 혼란을 야기한다. 그러면 토지재산권의 특수성은 어떠한지 본다.

2. 토지재산권의 특수성

토지재산권은 그 소유자가 토지를 전면적으로 지배하여, 그 토지를 사용·수익·처분할 수 있는 완전한 권리이다. 즉 토지를 객체로 하여, 그 토지의 사용가치 및 교환가치를 전면적으로 향유할 수 있는 완전물권이다. 우리 민법 제211조는 소유권의 내용에 대하여 "소유자는 법률의 범위 내에서 그 소유물을 그 소유물을 사용·수익·처분할 권리가 있다"고 규정하고 있다. 이에 토지재산권의 내용도 역시 사용·수익·처분할 수 있는 권리임을 밝히고 있다. 이는 로마법상의 Dominium 또는 Proprietas[29])에서 유래한 것이다. Proprietas는 Usus[사용권], Fructus[수익권], Abusus[처분권] 등 세 가지의 권리가 하나로 결합된 권리인데, 모든 재산권 중에서도 가장 전면적이고 견고한 권리로서 일반 이익을 위한 경우를 제외하고는 제한될 수 없는 절대적인 지배권이라고 이해되었다.[30]) 1804년 나폴레옹 1세 때 제정·공포되고 1807년 개칭된, 소유권의 절대성絶對性을 인정하는 프랑스민법전인 나폴레옹 법전Code Napoléon[31])에서도 기원한다. 이와 같은 토지소유권에 관한 개념의 정의는 근대적 토지재산권 개념에 터 잡고 있다. 그러나 토지소유권의 내용은 시대적 변천에 따라 많은 변화를 겪어 왔으며, 현재에도 다른 어떠한 재산에 대한 소유권보다도 더 큰 변화를 겪고 있다.[32]) 이와 같은 재산권 규정이, 오늘날 대륙법계 각 나라의 민법전에는 예외 없이 있다. 이를 일반적으로 근대적 소유권이라고 한다. 그것이 토지를 객체로 하는 경우에는 근대적 토지소유권이라고 일컫는다. 여기서 근대적 재산권이란 자본주의적 소유권을 의미하는 것이며, 근대적 소유권이 봉건적 소유권 등 다른 소유권에 대하여 가지는 특질은 그것이 자본주의에 대응하고, 이에 적합한 소유권이란 점에서 찾을 수 있다. 대체적으로 대륙법계 국가의 근대적 소유권의 특질이 있다.

토지재산권의 절대성·자유성은 지주제적 토지소유의 법적 기초를 이루고, 지주제의 확립에 크게 기여한 것은 사실이나, 토지 그 자체가 가지는 물적 특수성으로 인하여 자본제적 토지소유에로의 전환에 대해서는 '저지沮止[33])하는' 요인이 될 뿐 아니라, 토지문제 발생의 정신적 기반이 된다. 그러므로 절대성·자유성 등의 특질을 가진 토지소유권의 성립만으로는 '진정한 근대적 토지소유권'의 성립이라고 할 수 없다.[34] 토지재산권을 구성하는 3개 요소, 즉 사용권·수익권·처분권이 사적 주체와 공적 주체라는 두 주체 중 어느 쪽에 귀속되는가에 따라 토지소유제도를 분류해 보면, 수학적으로는 여덟 가지의 제도가 가능하다. 이 유형 중에서 검토의 가치가 있는 제도는 토지사유제와 토지공유제, 그리고 이들 두 제도의 중간적인 제도로서 토지가치 환수제와 토지공공임대제이다.

토지사유제는 토지소유권의 세 구성요소를 모두 사적 주체에게 부여하는 제도로, 일반적으로 토지배분이 시장에 의해 이루어지고, 각 토지사용을 토지소유자가 결정한다. 토지공유제는 이러한 요소를 모두 사적 주체가 아닌 공적 주체가 가지는 제도로, 지방자치단체나 정부가 주체가 된다. 토지가치환수제는 토지사유제와 같이 토지의 사용과 처분은 사적 주체가 결정하되, 토지가치만은 정부가 징수하는 제도로, 지가기준 징수가 아니라 지대를 기준으로 징수하는 '지대조세제'라고도 한다. 토지공공임대제는 토지공유제와 같이 토지의 처분과 수익은 정부가 갖되, 토지사용은 토지사유제처럼 사적 주체에게 맡기는 제도로, 사적 주체는 토지를 사용하는 동안 정부에 토지사용료를 납부하며, 사용을 중지할 때에는 정부에 토지를 반납한다.[35] 이러한 소유권 구성요소의 귀속처歸屬處에 따른 네 가지 유형은, 현실적으로 채택하는 국가는 거의 없다. 토지의 공유제를 채택하는 국가에서도 폭넓게 사적 소유를 인정하고 있다.

근대사회에 있어서 토지재산권은 첫째로 봉건적 구속으로부터 해방되었다는 의미에서 자유성이 보장되었고, 둘째로 봉건영주의 상급소유자에 의한 제한으로부터 이탈되었다는 의미에서 절대성이 보장되었다. 이와 같은 자유로운 토지재산권의 확립은 한편으로는 그 당시 사회에서의 지배적인 지위를 차지하고 있었던 독립자영농민층에게 있어서는 그 소유지상에서의 생산=토지이용을 통하여, 그들의 생존·독립·자유를 직접적으로 기초지우는 것임과 아울러 다른 한편으로는 그들의 분해를 통하여 자본주의적 생산관계가 자유롭게 발전해 나가기 위한 기점이기도 하였다. 토지재산권의 자유성·절대성은 이러한 의미에서는 상당히 전진적인 사회적 기능을 담당하였고, 그 한도 내에서는 토지소유권의 절대불가침의 관념도 존재 의의를 가지고 있었다. 그러므로 토지에 대해서도 절대성·전면적 지배권성·통일성·탄력성·항구성 등의 특질을 가진 소유권이 성립하면 일단 근대적 토지소유권의 성립을 인정하게 된다.[36] 우리 헌법재판소도 토지거래허가제 사건에서 같은 취지로 판단하고 있다.[37]

이러한 토지재산권은 다양한 종류의 자본을 소유하게 한다. 경제의 농업적 특성 때문에 토지에서 나오는 부는 모든 부와 특권의 일차적인 원천이었다.[38] 원래 사유재산에는 그 성립 때부터 이기적 측면과 사회적 측면이 내재돼 있었다. 그런데 근대 시민사회의 성립 초기에는 재산에 대한 소유가 시민생활의 기초이며, 소유권의 보장이 기본적 인권의 중핵을 이루고 있었기에, 여기에서는 사유재산이 가지는 사회적 측면은 전혀 무시되거나 경시되었던 게 사실이다. 그러나 자본주의경제가 발전되어 감에 따라 그 사회적 측면이 강조되기 시작하여, 소유권도 사회적 존재라는 점에서 사회성·공공성에 의한 사회적 제약을 받게 되었다. 그런데 토지재산권의 경우에는 소유권의 사회성·공공성에 더하여, 토지 그 자체의 사회성·공공성으로 인하여, 사회공공의 입장에서의 사회적 제약이 더욱더 강조되고 있다. 현대사회에 있어서는 상품교환사회의 발전에 수반하여 토지의 상품화도 진전되고, 그에 따라 토지소유권의 상품소유권으로서의 기능도 확대되게 된다. 그리고 토지의 물적 특수성으로 한정된 토지이용을 둘러싼 경쟁과 대립이 격심해지게 되면, 지가의 상승은 그만큼 현저해진다. 이러한 토지투기로 인해 지가상승은 주택난을 초래하고, 공업용지 확보를 어렵게 할 뿐 아니라, 공공시설의 확충까지 어렵게 만들어 사회적 악이 되어 버렸다.

19세기 말에 이르러 산업자본주의가 고도화함에 따라, 근대 시민법 체계의 자유로운 소유권의 원칙은 현실적으로 사회적 및 경제적 강자인 도시노동자나 소작농의 생활이익을 압박하여 버렸던 것이다. 자본주의적 소유 하에서는 소유권의 불가침이나 자유를 강요하는 사상은 타인의 노동의 지배와 착취의 자유를 공인하고, 타인의 생활을 위협하는 자유를 옹호하는 것이 된다는 것과 같은 현상이 실현되었던 것이다.[39] 개인주의와 자유주의 법사상을 수정하여 보다 나은 복지사회 건설을 위해, 20세기적 사회본위의 단체주의적 법사상團體主義的 法思想[40]이 대두되었으며, 모든 인간에게 인간다운 생활을 향유시키는 것을 이상으로 토지소유권의 사회화사상이 대두되었다. 소유권의 사회화현상은 사법이론에서의 상린관계, 권리남용금지, 신의성실의 법리와 함께 자본주의적 독점단계 초기에 출현하여 시민생활의 균형적 이익을 도모하기 위한 법적 수단으로 대두되게 된 것이며, 이를 통하여 토지재산권의 공적 제한에 대한 근거를 마련하게 되었던 것이다. 예링Rudolph von Jhering(1818~1892)의 법사회학적 목적론이나 기에르케 Otto von Gierke(1841~1921)의 단체주의적 법이론은 소유권의 사회적 색채를 짙게 하였고, 제1차 세계대전 전부터 민법학자들에게 영향을 주어 소유권의 사회화 사상을 이룩하게 했던 것이다.[41] 토지소유권은 자유, 무제약적 권리[42]에서 공공의 이익을 위하여 소극적, 예외적으로 제약을 받거나 의무를 수반하는 실정법적, 상대적 권리로 변화하였다.

1919년에 제정된 바이마르헌법 제153조 제1항은 "소유권은 헌법에 의해 보장된다. 그 내용과 한계는 법률로 명시한다. 토지의 분배 및 이용은 남용을 방지하도록 국가에 의해서 감시되며, 모든 독일인에게 건강한 주거를 확보하고, 아울러 모든 독일인의 가족 특히 자녀가 많은 가족에게 그의 수요에 상응하는 주거 및 농업자산가를 확보한다는 목적을 향해 노력하도록 국가가 감시한다". 그리고 동법 동조 제2항은 "주거의 수요 충족을 위해 식림櫃林 및 개간의 촉진을 위해, 또는 농업의 향상을 위해 취득할 필요가 있는 토지를 수용할 수 있다"고 규정하고 있다. 이는 토지소유권의 내용을 법률로 정하도록 하고, 국가의 감시에 복종하는 실정법적 권리로 이해하고 있다.43) 이는 토지의 경작과 이용은 토지소유자의 공동체에 대한 의무이다.44)

1949년에 제정된 본Bonn기본법과 독일연방공화국 기본법45) 제14조 제1항에서 "소유권은 보장된다. 내용과 한계는 법률에 의하여 정하여진다" 하고, 동조 제2항에서는 "소유권은 의무를 수반한다. 그 행사는 동시에 공공복리에 봉사하여야 한다"고 하여 소유권의 의무성을 규정하고 있다. 또한 동법 제15조 제1항에서는 "토지는…, 사회화의 목적을 위하여 보상의 종류 및 정도를 규정한 법률에 의하여 공유재산 또는 다른 공공복리로 옮겨질 수 있다"고 규정한다. 한편 독일이 통일되기 전, 서독의 연방헌법재판소는 "토지는 늘릴 수 없는 것이기 때문에, 그 이용을 자유로운 힘에 맡겨서는 아니 되며, 개인의 자의에 맡기는 것도 적당하지 않다. 올바른 법과 새로운 질서 사회는 토지에 관하여 다른 재산권에 대해서보다 더욱 강하게 전체의 이익을 관철할 것을 요구하고 있다. 토지는 경제적으로나 사회적으로 다른 재산과 동

렬에 두어질 성질의 것이 아니다"고 판시46)하여 토지재산권에 대해여 엄격한 사회적 구속성에 따를 것을 선언하고 있다.

우리 헌법도 제헌헌법부터 현재에 이르기까지 토지소유권은 재산권에 포함되어 제23조 제1항에서 "모든 국민의 재산권은 보장된다. 그 내용과 한계는 법률로 정한다"고 규정하고 있으며, 동조 제2항은 "재산권의 행사는 공공복리에 적합하도록 하여야 한다"고 선언하고 있다. 다시 우리 민법은 제2조에서 "권리의 행사와 의무의 이행은 신의에 쫓아 성실히 하여야 한다"고 규정하고, 제211조는 "소유자는 법률의 범위 내에서 그 소유물을 사용·수익·처분할 권리가 있다"고 규정하고 있다. 본 조항은 '자유로' 행사할 수 있는 권리라고 한 것(구 민법 제206조)을 '자유로'를 삭제해 규정함으로써, 소유권, 특히 토지재산권의 사회적 구속성의 일반적 경향에 따르고 있다. 어떠한 재산권보다 이러한 특성으로 인하여 강한 사회적 구속성을 가진다.

그러면 왜, 토지의 기원에 따른 역사성과 그 사상적 배경을 서술하고자 하는가에 대하여는, 역대 정부가 이러한 점을 간과한 채 토지공개념 시행에 있어 좌초되는 우를 범했다는 사실을 지적하고 올바른 방안을 제시하기 위해서다. 이는 여태껏 토지공개념 시행에 있어 논거에 의한 부재로, 국민적 합의나 반대정파에 대한 설득력이 부족하였기 때문이다. 토지에 관한 역사성과 그 사상을 숙지하고 설파하면 설득력이 배가될 수 있는데도, 무조건적 "토지공개념이 좋은 제도다. 실시하자"는 조로는 국민적 합의가 힘들다는 점이다. 정부나 정책입안자가 토지재산권에 대한 세제개편이나 정의를 부르짖기 전에, 소위 토지철학이 없는 속에서 어쩌겠다는 것인가. 다음에서 논함은 흔히들 말하는 사상적 이분법에 찬 좌우문제, 달리 말해 국가의 정체성을 뒤흔드는 사회주의 내지 공산주의 사상인 토지국유화로 가자는 것이 아님을 깨닫게 된다. 따라서 토지의 공공성 문제가 자연스럽게 대두됨을 알 수 있다. 이를 헌법학적 관점에서 논증하는 데 있어, 더구나 토지재산권에서 필수적 사안임에 새롭게 시도하고자 한다.

제4장 소유권의 기원과 '공의' 관념

이를 논하고자 하는 이유는 전술하였다. 토지는 인간이 만든 물건이 아님은 불변의 진리다. 인류가 탄생하기 이전에 이미 신[神]이 만들어 인간에게 준 것이다. 다시 말해 토지가 인간에 앞서 존재하였다. 인간은 주어진 토지를 이용하였을 뿐이었지, 토지를 만들지 않았다는 사실이다. 토지가 인류 탄생 이전에 존재하였고, 인간의 노동에 의해 창조되지 않았음에도 로크[John Locke]와 같은 근대의 자연법론자들은 토지에 대한 소유권을 천부인권이라고 한다.[47] 반면 역사학자들은 소유권의 개념이 '역사상의' 사람들 사이에서 알려지지 않은 때는 없다고 추정한다. 인류는 곧 생계수단에 알맞은 소유권의 개념을 갖기 시작했다는 점이다. 즉 의식주와 다른 생필품 등 생계를 유지하는 데 요구되는 것이면 무엇이든지 만들어야 하였기에, 그들 사이에서 노동을 분업하는 방식으로 상응한 것이다. 아주 오랜 옛날, 아시아에서는 소작농들이 마을에서 생필품을 생산하는 공동의 방식을 받아들이면서 토지공동소유를 형성했다. 개인이나 혈육이라기보다는 오히려 친족이 세운 지도자와 함께 결속된 생산의 기본단위가 마을이었다. 그러한 나머지 누구도 기본적인 생계수단인 토지에 대해서 '이것은 내것'이라고 생각하거나 언급하지 않았다. 오히려 모든 사람은 토지를 모든 사람이 사용하기에 '우리의 것'으로 이해하였다.48)

농업문명이 발달하면서 소유권 개념도 자라나지만, 농업사회단계에서는 그 성장에 뚜렷한 한계가 있었다. 사회질서를 위협하는 수준의 소유권 강화를 억제하는 압력이 작용했기 때문이다. 농지는 경작하는 농부가 있음으로써 가치를 발휘할 수 있는 재산이다. 따라서 농부는 자기가 경작하는 땅의 주인이 아닐 수 없다. 대지주가 소작농을 마음대로 갈아치울 수 있는 절대적 소유권은 인구증가로, 노동력이 넘쳐나게 되는 먼 후세의 일이다. 개간할 땅이 넉넉한 데 비해, 노동력이 아쉬운 게 초기농업사회에서는 보통이었다. 그렇다고 농부가 경작지에 대한 배타적 소유권을 주장할 처지도 아니었다.

원래 몽골인은 한 곳에 정주하면 그 토지가 더러워진다고 생각하고는, 우리가 오래 사용된 건물을 지저분하게 느끼는 것과 마찬가지의 감각을 토지에 대하여 가지고 있는 사람들이다. 이들은 원래 경제적으로는 유목을 기조로 하고, 기본적으로 토지소유권의 관념이 없던 사회였다. 몽골의 전통적인 유목사회에서 토지의 사유가 인정되지 않았던 것은, 아직도 토지사유제를 도입함에 있어 하나의 커다란 사회적 장애마저 되고 있다. 그러나 토지의 사적 소유가 인정되지 않는 사회는 몽골만이 아니다. 북아메리카 인디언 사회도 그랬었다.49) "어떤 토지에 울타리를 두르고 '이것은 내 땅이다'고 선언할 생각을 가졌고, 또한 다른 사람들이 그것을 믿을 만큼 단순하다는 사실을 발견한 최초의 사람은 시민사회의 진정한 창립자였다. 그 말뚝을 뽑아 버리거나 도랑을 메우면서 '그런 사기꾼의 말을 듣지 마시오. 이 땅에서 나는 온갖 곡식과 과일들은 모두 만인의 것이며, 대지는 어느 누구의 소유물도 아니라는 사실을 잊어버리면, 여러분은 신세를 망치게 됩니다'라고 동포들을 향해 외친 자가 있다면, 그 사람은 얼마나 많은 범죄와 전쟁과 살인으로부터 얼마나 많은 참상과 공포로부터 인류를 구제해주었을 것인가?" 이는 사회적인 불평등의 기원이 사유재산제도에 있음을 암시한 루소의 말로서, 후세에 자주 인용되는 명구名句이기도 하다.50) 그러나 그 무렵에 사태는 이미 더 이상 이전의 모습을 유지할 수 없는 데까지 이르렀을 가능성이 크다…, 인류가 자연 상태의 마지막 지점에 도달하기까지에는 상당한 진보가 이루어져 다양한 생활기술을 획득하고, 많은 지식을 축적하여 그것을 시대에서 시대로 전달하고 증가시켜 와야만 했다…, 인간이 가진 최초의 감정은 자기의 생존에 관한 것이었다. 그리고 최초의 배려는 자기보존에 대한 것이다. 땅에서 나는 생산물은 인간에게 필요한 모든 것을 제공했다.51) 소유권은 문명과 함께 태어났다. 소유권은 우리들의 일상생활에서 흔하게 사용되고 있는 것이고, 실제로 사회의 가장 기본적인 개념이라 할 수 있다. 역사적으로도 소유의 존재가 노예제사회, 봉건사회, 자본주의 체제, 사회주의 체제를 결정해 왔음을 알 수 있다.52) 문명 초기에는 원시공산제原始共産制가 존재했을 거라는 인류학자들의 추론이다. 미개사회에서는 소유권 개념이 미약하다는 사실이 확인되어 왔다. 시대의 변천으로 현대에 와서는 소유권 제한이 대두되면서 "공공복리의 적합성, 소유권이 남용되면 안 된다"는 법사상이 정립되었다. 이러함에 있어서 역사적 변천에 따른 소유권의 기원에서부터 토지의 역사관인 성경적 토지제도와 교부들의 토지철학에 대하여 살펴

고자 한다. 토지에 대하여 공공성을 주장하지 않을 수밖에 없는 이유
가 생성됨을 알 수 있다.

1. 구약의 토지제도

구약성서의 법은 구약성서 가운데 토라Torah53)에 613개의 율법 조항
이 있다. 이 법들은 계약법Covenant Code(출애굽기20: 20~23; 19), 십계명
Decalogue(출애굽기20: 2~17, 신명기5: 6~21), 제의적 십계명Ritual Decalogue(출
애굽기34: 14~26), 신명기법Deuteronomic Law(신명기12~26장), 성결법Holiness
Code(레위기17~25장), 제사에 관한 규정Rriestly Procedures(레위기1~7; 11~16)
으로 나눈다. 먼저 구약성서상 토지에 관하여 "모든 만물은 여호와에
속한 것이다"고 한다.54) 모든 만물의 소유권의 원천은 여호와께 있다
는 것이다. 즉 인간에게 인정되지 않았다. 그러나 예외적으로 사소유
권의 객체가 없었던 것은 아니다.

토지법과 관련하여 가장 분명한 준거로 인정되는 구약성서의 규정
은 레위기 25장 8절부터 34절에 있다.55) 특히 토지의 규례規例에 대해
서는 "토지를 영영히 팔지 말 것은 토지는 다 내 것임이라. 너희는
나그네요 우거寓居하는 자로서 나와 함께 있느니라. 네 기업基業의 온
땅에 그 토지의 무르기를 허락할지니 만일 너희 형제가 가난하여 그
기업의 얼마를 팔았으면, 그 근족近族이 와서 동족이 판 것을 무를 것이
요. 만일 그것을 무를 사람이 없고 자기가 부요富饒하게 되어 무를 힘이
있거든 그 판 해를 계수計數(수를 계산함—저자 주)하여 그 남은 값을
산 자에게 주고 그 기업으로 돌아갈 것이니라. 그러나 자기가 무를
힘이 없으면 그 판 것이 희년禧年이 이르기까지 산 자의 손에 있다가

희년에 미처 돌아올지니, 그가 곧 기업으로 돌아갈 것이니라"(25장 23~28)고 규정하고 있다.56) 영구적인 매매는 허용되지 않았으며, 매매의 경우에도 매도인이나 매도인 자신이 능력이 없는 경우에는 심지어 근족이 다시 무를 수 있도록 하고 있다. 이는 곧 토지에 대한 소유권은 여호와에게만 있을 뿐, 인간에게는 소유권이 주어지지 않고 사용·수익 등 관리권만 주어진다는 것이다. 여기서 희년제도란 설사 무르지 않더라도 매도할 때에는 매도일로부터 50년The Fifty Years이 되는 해, 즉 안식년이 일곱 번 반복되는 해(동양식 계산법으로는 50년) 7월 10일에 본래 주인에게 되돌려 주는 성경적 토지법을 말한다. 달리 말해, "희년은 모든 사람을 하나님의 형상으로 회복시키기 위한 프로젝트로 이해할 수 있다. 모세가 하나님께 받은 시내산57) 율법의 정점에 위치한 희년, 안식일과 안식년을 포함하고 있는 희년의 목표는 모든 사람에게 실질적 자유를 부여하는 것"이다.58)

앞서 본 바와 같이, 토지에 대한 재산권은 매매할 수 없는 창조주 하나님의 것이다. 그러나 땅을 분배받은 최초의 자와 그 가문의 경제적 궁핍의 타개책인 경우에는 예외적으로 소유권 매매를 허용한다. 여기서의 예외 규례에 대해서는 하나님에 대한 전속이냐, 아니면 땅을 분배받은 최초의 자와의 중층적 소유를 인정할 것인가에 대해서는 의견이 엇갈린다. 대천덕 신부는 성경적 토지법에 대해,59) 레위기 25장 23절에서 토지 매매금지와 토지 신유神有를 천명하고 있으며, 기업이란 말이 여러 구절에서 등장하고, 또 희년 규정과 토지 무르기 규정이 레위기 25장에 들어 있다. '유업', '산업', '업', '분깃' 등으로도 번역된 기업이란 용어는 제비뽑기를 통해 이스라엘 각 지파별로, 가족별로 분배되었던 땅을 일컫는 말이다. 이 단어가 하나님께서 당신의 백성에게 토지사용권을 공평하게 분배하시려는 뜻이다. 위 레위기

25장 23절 말씀은 이 기업을 영영히 팔 수 없음을 선포한 것이다.

레위기 25장 14절부터 17절에는 기업을 판다는 말이 나오지만, 그 말은 영영히 파는 것이 아니라 한시적 매매, 즉 임대였다고 한다. 이에 대해 성경에서는 '임대하다lease' 또는 '세놓다rent'라는 단어가 나오지 않는다며, 그것은 '팔다sell'는 단어가 '임대하다' 또는 '세를 놓다'란 말로 대신 쓰인다는 이유이기 때문이다. 즉 레위기 25장에 따르면, 토지소유자가 원한다고 해도 토지를 팔 수 없고, 기껏해야 토지를 희년 전까지 임대해줄 수 있을 뿐이다. 하지만 성경에는 '임대'란 단어 자체가 없다. '판다'는 단어가 '임대 한다'는 뜻이기 때문이다. 따라서 오늘날 인정되고 있는 소유권을 완전히 양도하는 토지매매와 같은 제도가 성서에는 존재하지 않았기에, 이러한 영구적인 소유권의 양도는 불법이었다.60)

토지문제에 대해, 더 나아가 레위기 25장 23절부터 28절에서는 "토지를 영영히 팔지 말 것은 토지는 다 내 것임이라. 너희는 나그네요 우거하는 자로서 나와 함께 있느니라. 너희 기업의 온 땅에서 그 토지 무르기를 허락할지니 만일 너희 형제가 가난하여 그 기업의 얼마를 팔았으면, 그 근족이 와서 동족이 판 것을 무를 것이요. 만일 그것을 무를 사람이 없고 자기가 부요富饒하게 되어 무를 힘이 있거든, 그 판 해年를 계수하여 그 남은 값을 산 자에게 주고 그 기업으로 돌아갈 것이니라. 그러나 자기가 무를 힘이 없으면, 그 판 것이 희년이 이르기까지 산 자의 손에 있다가 희년에 미쳐 돌아올지니 그가 곧 기업으로 돌아갈 것이니라"라고 한다. 토지의 소유에 대해 적용되는 희년법의 기본원칙들을 말하고 있다. 그것은 토지가 야훼의 소유물이므로 인간이 사유재산을 차지하듯이 토지를 제 것으로 차지할 수 없다(수22:29)는 것이다.

가나안에 도착한 이스라엘 백성들에게 하나님은 그의 약속의 땅을 여호수아를 통해 균등하게 안배하였다…, 그러나 분배받아 살던 땅이 시간의 흐름에 따라 가진 자는 점점 더 많이 가지게 되고, 없는 자는 점점 더 많이 갖게 되고, 없는 자는 점점 더 가난해지는 불균형 현상이 일어났다. 이러한 불균형을 50년에 한 번씩 시정할 필요가 생겼다. 이스라엘에서는 분배받은 토지는 영구히 판매가 금지되어 있다는 것이 토지에 대한 기본원칙이다. 토지는 하나님의 것이기 때문에, 인간이 토지를 소유하는 것은 하나님의 소유권을 침해하는 행위인 것이다. 다만 목숨 부지를 위해 사용하고 관리할 뿐이다.[61]

토지, 즉 땅은 그 당시 유일한 생산수단이자, 이를 잃었을 때에는 소작농, 농업노동자나 노예로 전락할 수밖에 없는 구조였다. 최초로 땅을 분할할 때에 균등하게 분배되었지만, 흉년이나 질병 등의 불행이 겹쳤을 경우에 처한 사람들은 부득이하게 땅을 팔 수밖에 없었다. 이 때 땅을 판 당사자는 일시적인 어려움에서 벗어날 수 있었으나, 그 후에는 땅이 없는 채로 어려운 생활일 수밖에 없었다. 만약 땅이 영구적으로 팔린다면, 판 당사자나 그 자손들도 소작농이나 노예로 살게 된다. 고로 희년의 목적은 빈곤의 세습화를 방지하며, 원래대로의 비교적 평등하게 분배된 땅의 상태가 유지할 수 있는 것이었다.[62] 성경에서 자주 언급되는 '토지를 판다'고 할 때란, 각 가족에게 할당된 평등한 토지사용권, 즉 기업을 한시적으로 넘겨주는 것으로, 오늘날의 매각이 아닌 임대에 해당한다. 구약성서상의 완전한 토지소유권은 하나님에게 있다. 그러나 토지분배를 받은 최초의 자는 매매가 허용되지 않는 불완전한 소유권을 가지며, 매수자에게는 사용·수익권만 인정되는 토지임차권을 갖는 것으로 이해할 수 있다.

앞서 논한 안식년과 희년의 사상을 현대사회와 견주어 보자. 고대 근동지방에서 생성된 세계 최초 함무라비법전은 귀족이나 특정계층에만 종이나 노예의 신분이 될 때 4년 만에 해방될 수 있도록 했지만, 모든 사람들에게 평등하게 적용되었다는 점에서 다르다. 즉 안식년마다 그러한 신분에서 자유롭게 해방시켜 주는 것이었다. 희년에 토지를 다시 주인에게 돌려주는 것은, 궁핍과 노예 신분이 단절되도록 하는 가난한 이웃을 위한 하나님의 사회복지정책이다. 설사 안식년과 희년이 아니더라도, 근족이 그 값을 물어주면 언제든지 신분과 땅을 회복할 수 있었다. 안식년과 희년에 나타나는 토지사상은 이스라엘 백성들이 걸어야 할 하나님의 길이 무엇인지도 보여주고 있다. 이는 사회적 약자에 대한 배려와 개인의 존엄성에 대한 존중, 하나님 앞에서의 공동체의 평등사상을 통한 자유와 기쁨과 은혜가 넘치는 나라인 것이다. 현시대 같으면 가히 혁명적이었다고 할 수 있으나, 인류 공영에 있어서는 너무나도 상식적인 사안이다. 그러나 고대 근동사회에서 산출한 가장 완벽한 사회·윤리적 장치였다고는 할 수 있다. 헨리 조지가 빈곤의 원인을 성경적 토지법에서 찾았을 것으로 추정된다. 그 후 많은 사람들이 성경적 토지법을 주목하게 되었으나, 그 실천적 의지에서는 박약했다. 즉 궁휼의 미가 향유되지 않았다. 그러나 그러한 연유 등으로 오늘날의 토지공개념이 여기서 촉발되었다는 점에서는 의문의 여지가 없다.

헨리 조지 사상의 기저에는 땅(토지)은 하나님의 것이며, 만민에게 어떠한 방식으로든 이에 대한 권리를 부여함으로써 빈곤은 하나님의 정의를 실천함으로써 추방될 수 있다는 점에서 출발한다. 오늘날, 불평등과 빈곤의 근본 원인은 토지의 독점에 있다는 것이다. 즉 노동이 가해지는 생산 활동을 통하여 얻는 수입보다 토지를 소유함으로 더 많은 수입을 얻는다면, 사람들은 생산 활동에 참여하지 않고 토지를 독점하려고 한다는 것이다. 그렇게 되면 토지가격은 더욱 상승되고 생산의 기회는 더욱 줄어들므로 사회는 더욱 빈곤해지고 또한 빈부의 차이는 심화된다는 것이다. 현실적으로 이러한 사태에 직면해 있다. 따라서 토지가치에만 세금을 부과하는 단일세單一稅, The Single Tax가 가장 손쉬운 해결책이라고 확신하였다.

2. 신약의 토지제도

구약성서에서의 두 원칙은 천지창조사상과 희년사상으로 현출되어진다. 이러한 구약의 토지에 대한 소유권 사상은 신약에 있어서 종교적으로 보다 성숙한 형태로 나타났다. 신약시대의 기독교는 형제애와 인간애에서 기원하는 사랑의 공동체를 모태로 당시의 지배세력인 로마의 소유권, 예컨대 절대적이고 배타적인, 그래서 개인주의적이고 자유적인 소유권과 대칭시켰다.63)

신약은 구약의 율법에 내용을 첨가하지 않았고, 그렇다고 하여 율법을 고치지도 않았으며, 단지 예레미야 31장 31절64)과 에스겔 36장 27절,65) 요엘 2장 28절66)에서 이야기하는 바와 같이 율법을 다른 시각에서 다루고 있을 뿐이다. 이 구절들을 통해 하나님께서 그 분의 백성이 지키지 못한 율법을 폐지하시는 것이 아니라, 그 율법들을 그들의 마음에 쓰시며 그 분의 영을 그들 안에 두시고, 그들 위에 임하게 하셔서 외부의 강제 없이 지킬 수 있게 하겠노라고 약속하신다. 구약성경을 보면, 여호와의 율법은 정부의 규제와 왕의 행위로 시행되거나 폐지된다. 왕은 '여호와의 율법'을 시행할지, '바알의 법'을 시행할지 결정하는 주체였다. 반면에 신약성경에서는 영원한 하나

님의 나라가 도래하기 전까지 개개인이 율법을 지킬 수 있는 성령의 능력을 갖게 되리라고 기대한다.[67]

기독교의 원시공동체의 자유스러운 집산주의集産主義, collectivism가 오늘날의 현실과는 달리, 사람들은 공산주의가 아니라는 것에 대해서는 확실히 하고 있다. 즉 주요 생산수단을 국가의 관리 하에 집중 통제하려는 것을 이상으로 삼는 집산주의는 공리주의적 혹은 쾌락주의적인 목적을 지닌 것이 아니라, 하나의 확고한 종교적인 목적을 갖고 있었다. 즉 그것은 공동체로부터 기독교의 은총과 이웃 사랑의 실현을 위한 하나의 수단으로 만들려고 한 것이다. 신약성서상에서 하나님의 모든 자녀는 같은 형제들이다. 그러한 관점 속에 기독교의 평등사상이 내재해 있다. 경제적인 영역 밖에서 그의 가치를 부정하려고 한 것을 명확히 한 것이다. 물론 사람들은 그것이 소비의 공산주의이었기 때문에 생산이 아니었으며, 그것은 개개인의 자유스러운 주도권을 양도했다는 것에 잊지 않았다.[68]

또한 마태복음 5장에서부터 7장에는 예수의 가르침인 '산상수훈'이 있다. 이의 핵심구절 중 하나인 6장 33절에서 예수님은 개개인이 그때 그때 갖게 되는 경제적 필요에 목을 매지 말라고 경고하신 뒤 "너희는 먼저 그의 나라와 그의 공의[69]를 구하라. 그리하면 이 모든 것을 너희에게 더하시리라"고 말씀하였다. 여기서 그 '나라'는 분명히 사회문제를 집단적으로 해결하는 것을 가리킨다.[70] 그러나 교회에서 '의'라는 단어는 습관적으로 영적인 의미로 사용돼 왔으며, 실상은 '공의'를 가리킨다는 사실 또한 은폐되어 왔다. 그러나 실제로 이러한 산상수훈을 들은 이들 가운데는 예수님을 기름 부음 받은 왕이나 메시아 혹은 그리스도로서 율법을 집행할 분으로 믿는 이들도 있었다.[71] 하지만 예수님은 율법 집행자의 역할을 거절하였고, 대신에 "무엇이든지 남에게 대접을 받고자 하는 대로 너희도 먼저 남을 대접하라"(마7: 12)고 촉구하였다. 이러한 이유는 로마치하에서의 지주권력층은 구약 율법이 집행되게끔 결코 용납할 수 없는 일이었고, 토지와 권력을 함께 잃게 될 것이기 때문이었다.

바르나바$Βαρνάβας$, Barnabas72)는 예수께서 자신이 무엇을 해야 할지를 여쭈시며 율법을 지키라고 말씀하시자, 평생 율법을 지켰노라고 대답했다. 다시 예수께서는 그에게 모든 것을 처분해 가난한 자들에게 주라고 딱 잘라 말씀하셨다. 율법대로 하자면, 그는 '레위인'이기 때문에 토지에 대한 권리를 전혀 가질 수 없고, 단지 예루살렘의 영구주택에 대한 권리만 있을 뿐이다. 그는 자기 땅의 일부를 처분해 그 판매한 값을 예루살렘의 그리스도인들에게 주고는, 자신과 바울의 첫 번째 전도 여행비용을 조달한 뒤에 처분함은 물론, 바울과 마찬가지로 노동자로 사도의 사명을 감당했다(고전 9: 6). 이를 본받아 대문호 레오 톨스토이Leo Tolstoy(1828~1910)는 자신의 노예를 해방시켰고, 자신의 토지를 나누어 주었으며, 남은 반평생을 성경적 경제제도에 대해 연구하는 데 바쳤다. 그러나 러시아는 그의 메시지를 거부하고 공산주의로 나아갔다. 삼민주의를 제창한 손문孫文(1866~1925)도 중국에서 성경적 경제제도를 확립하고자 하였으나, 그의 조국도 공산화되었다. 하지만, 그의 후계자인 장제스蔣介石(1928~1949)73)는 타이완臺灣에서 성경적 경제제도를 정착시켰다. 이로써 국가 부채를 공제한 후 계산한 소득인 1인당 순소득은 거의 두 배이며, 빈부격차는 우리나라나 미국보다 심하지 않은 상황에 있다.74)

3. 중세 교부들의 '공의'와 그라쿠스의 농지개혁

교부教父의 토지 관념인 '공의公義, right' 문제는 각 연구나 논문에서 간과하거나 등한시되었다. 이에 그들이 추구한 토지재산권 사상을 보자. 여기서 먼저 보건대, 공의와 정의는 개념 해석을 조금 달리한다. 즉, 공의는 선과 악을 분별하는 창조주 하나님이 내린 각 개인의 올바른 정신 또는 태도를 말한다고 볼 수 있다. 반면 정의正義, justice는 창조주 하나님이 인간에게 부여한 핵심적 가치라고 본다.

국내에서 출간된 성경사전75)에 의하면 "'공의'는 공평한 도리"이며, "'공의를 행하는 것'은 가난하고 궁핍하고 환난을 겪는 자의 권리를 지켜 준다는 뜻으로, 즉 선악의 제재制裁를 공평하고 의롭게 하는, 하나님의 적극적인 품성으로 해석한다. 그들의 권리를 인정함과 도움이 되며, 공정하게 거래하는 것이다. 또한 부자에게 호의를 보여 부당하게 행하지 아니하며, 굶주리고 헐벗은 자들을 돌보는 것"을 의미한다. 로마서 6장 23절은 하나님의 공의와 정의의 관계를 "죄의 삯은 사망이요 하나님의 은사는 그리스도 예수 우리 주 안에 있는 영생이니라". 죄를 지었으면 죽어야 마땅하단 게 '공의'로 보는 듯하다. 또한 구약성서를 보자. "그는 공의와 정의를 사랑하심이여 세상에는 여호와의 인자하심이 충만하도다"(시33: 5), "이는 부르짖는 빈민과 도와 줄 자 없는 고아를 내가 건졌음이라"(욥29: 12), "의인은 가난한 자의 사정을 알아주나 악인은 알아 줄 지식이 없느니라"(잠29: 7)고 하고 있음을 비추어볼 때, 현대적 의미에서는 동의어로 쓰인다. 더구나 잠언서 21장에서는, 즉 "공의와 정의를 행하는 것은 제사를 드리는 것보다 여호와께서 기쁘게 여기시느니라(3절). 또한 13절에서는 귀를 막고 가난한 자가 부르짖는 소리를 듣지 아니하면 자기가 부르짖을 때에도

들을 자가 없으니라"고 하고 있다.

'공의'나 '정의'이란, 이 개념은 태초의 하나님 법에서 출발하여 현대사회까지 체화體化되어 왔다. 그러나 오늘날 이러한 성경적 개념이 인간의 탐욕 등으로 올바르게 이행되지 않기에, 불평등과 소득 불균형에 신음하고 있는 것이다. '공의'와 '정의'란 개념의 관념觀念은 시대의 변천에 따라 방대한 정책과 학문의 토대가 되었다. 그만큼 주요한 개념이기에 짚고 넘어가는 것이다. 얼핏 보면, 이 책에서도 공의와 정의에서 출발하여 공의와 정의에서 끝난다.

앞서 언급한 교부란 2세기 이후부터 기독교신학의 주춧돌을 놓은 이들을 일컫는다. 교부라는 호칭은 후대에 붙인 경칭이며, 이들에 관련된 신학을 기독교에선 교부학 또는 교부신학이라고 부른다. 종교철학에서는 교부철학으로 나누어 연구하고 있다. 교부는 2세기에서 8세기에 걸쳐 기독교의 이론을 확립하고, 또한 이단과의 열띤 논쟁을 벌여 사도전승을 바탕으로 한 (로마) 가톨릭주의(가톨리시즘Catholicism) 수호에 앞장섰다.76) 대표적인 인물이 아우구스티누스Sanctus Aurelius Augustinus Hipponensis(354~430)77)와 크리소스토무스John Chrysostom(크리소스톰), 그리스어 Ἰωάννης ὁ Χρυσόστομος(349~407)78)로 볼 수 있다. 교부철학의 대표자인 아우구스티누스는 신神의 국가civitas terrena와 악마의 국가civitas diaboli를 대립시키고, 신에 의하여 창조된 인간이 아직도 죄악에 차 있는 것은 인간이 그 주어진 의지의 자유를 남용했기 때문이라고 설명하고 교회에 의한 죄악의 정화를 인간의 영원한 과제라고 보았다. 그는 교회도 국가와 함께 '지상의 국가Country of the earth'에 속하여 신의 국가의 완전성을 그대로 구비하고 있는 것은 아니나, 그 고귀한 사명에 의하여 악으로써 악을 판단하는 국가와의 사이에는 비교할 수 없는 가치의 차별이 있다고 보았다. 교회는 인간을 영구한 영靈으로 인도하는 사명을 가지고 있는 데 대하여, 국가는 지상의 평화를 유지하는 수단으로 보았다.

그는 법을 삼분하여 영구법永久法, les aeterna, 자연법les naturalis, 임시법les temporalis으로 나누어 영구법은 신의 이성이나 신의 의지에 의한 신의 세계계획이라고 하고, 자연법은 인간의 심령과 이성에 새겨진 것으로 인간의 양심이며 심령에 의하여 규정된 질서라고 보았다. 그는 정의正義를 사랑caritas하는 것과 같은 것으로 보았고, 유일한 신을 신봉하는 것이 곧 정의라고 생각하였다. 이 점에서 정의관正義觀은 종교적 정의관이었다고 하겠다. 스콜라철학의 최대의 조직자인 토마스 아퀴나스는 아우구스티누스의 이론을 아리스토텔레스의 체계에 따라 통합한 중세의 '기독교적 아리스토텔레스'라고 일컬어지며, 아리스토텔레스 이론을 기독교적 견지에서 새롭게 해석하려고 하였다. 토마스 아퀴나스는 "법은 공동체의 관리자에 의하여 공동선共同善, common good을 목적으로 하고, 또 공포되어진 이성의 질서에 불과하다lex est quadam rationis ordinatis ad bonum commune ab eo quicuram communitatis habet, promulgata"고 하여 법의 목적이 공공복리에 있음을 강조하고 있다.79) 이러한 정의관이 우리 헌법상 제9장 경제편의 경제질서, 헌법 전문의 3·1운동정신과 4·19민주이념으로 체화되었다. 실상은 정의justice, dikaion란 개념은 고대 그리스에서 생성되었다. 즉 고대 그리스의 수학자이자 철학자로 유명한 피타고라스의 정리를 발견한 피타고라스Pythagoras, 그리스어 Πυθατόραs에서 출발하여, 소피스트sophist, 소크라테스, 플라톤, 아리스토텔레스에게까지 이어져 현시대에도 적용되고 있다. 이로써 법은 정의로 동격화(즉, Law=Justice)시키고 있다. 이러한 법이, 그대로 응용되거나 그 어떤 룰rule이 지켜지지 않았기 때문에, 농업이 발달함에서부터 토지재산권에서 문제를 야기하기도 한다. 이에 로마 교황청의 토지 불평등에 반기를 들면서 토지재산권에 있어 교부들이 '공의'를 펼치기 시작했다.

로마법의 소유권 개념은 공동의 사업으로 식민지 약탈자들과 지역 지도자들을 연합시킴으로써 식민정책의 급속한 군사적 성공을 강화했다. 개인적 토지소유권의 용이한 취득을 위해 주민들의 노동생산물을 착복하기 쉬운 제도를 만들기에 안성맞춤이었다. 그러나 로마는 토지가 적어도 대토지latifundium(라티푼디움: '광활한 토지'를 뜻하는 대토지소유제도—저자 주)80)가 개인적으로 소유되지 않았던 때도 있었다. 속주에서 유입되는 노예의 노동력을 바탕으로 대토지소유제 농장은 권세나 재력이 있는 유력자有力者, an influential man가 운영했다. 이는 대외적으로 값싼 노예를 손아귀에 쥘 수 있었기에 가능한 일이었다. 반면 그리스는 이와 정반대였다. 비싼 탓으로 일반 가정에서는 고작 1~2명의 노예를 둘 수 있을 뿐, 대규모농장제도가 구축될 수 없었다. 또한 로마는 노예시장이 넘치고 넘친 나머지, 속주의 영지 일부를 공유지로 몰수해 그들 시민이나 라틴동맹의 시민을 정착시켰다. 정복으로 인하여 부를 축적한 로마인들에게는 각지에 대규모농장이 생겼으나, 이에 토지를 잃은 농민들은 도시로 유랑하거나 궁핍에 시달리는 형국이었다. 오죽했으면 로마 네로 황제시대를 살다간 『박물지Natural History』를 저술한 플리니우스Gaius Plinius Secundus(23~79)가 "대토지제가 로마를 멸망시켰다"고 하였겠는가.

중세 성직자들의 일탈을 보자. 그리스도교는 로마 가톨릭과 그리스 정교로 갈라지며, 11세기 말에는 십자군전쟁이 발발한다. 11세기 대변혁운동 이전에는 동방교회나 서방교회는 "마지막 시간은 이 세상, 즉 물질적 세계에 있는 것이 아니다. 정신적 세계에 있고 인간의 역사적 시간에 있는 것이 아니라, 영원에 존재한다"고 가르쳤다. 세속적

종말론이란 교리가 지상의 도시와 신의 도시 사이의 대비를 가르친게 주된 논점이다. 아우구스티누스 그가 사용한 세속이란 '세상' 그리고 '세상의 시간'을 동시에 의미한 것으로, 세속은 구원의 희망은 없고, 영혼과 정신의 영역을 위해서 포기될 수 있을 뿐이다. 당시의 교회가 기원후 천년동안은 그의 정신과 영혼의 영역이 아니었기에, 3세기에 이르러 천년왕국사상은 처음으로 의문시되기 시작한 혁명적인 천년왕국운동에는 반대했다.81) 그리고 11세기 말 이전에는 서양 기독교국가의 성직자들—주교들, 사제들과 수도사들—도 원칙적으로 교황권보다 훨씬 더 황제, 왕, 그리고 봉건영주들의 권위와 능력 아래에 있었다. 일례로 대부분의 교회재산은 바로 황제, 왕, 그리고 봉건영주들에게 속해 있었다. 교회 밖의 소유자로서 황제와 왕, 봉건영주들은 그들의 가까운 친인척 중에서 교구장을 맡는 주교인 주교좌主敎座는 주교좌와 다른 성직에 속하는 사제직에 임명하였는데, 이때 주교자와 성직인 공직(聖職祿에 따른 봉직이나 녹봉 등의 이익—저자 주)이 그들 소유의 토지 및 영지에 있었기 때문이다. 이러한 교회 공직은 보통 교회 공직에 수반하는 토지로부터의 수익과 노역을 제공받는 권리를 가졌기 때문이다. 한 교구를 관장하는 주교좌는 보통 대규모의 봉건 토지재산이었고, 여기에 속하는 장원의 영주가 농업경제의 행정을 맡았으며, 군사적 의무를 수행하며, 그리고 노역을 제공하는 농민들을 관장하였다. 주교좌 내부의 더 작은 공직도 촌락의 수익이 많아서 이익이 남는 재산이었다. 성직 수여권자는 농산물을 분배받을 자격과 수익에 대한 지분이 있었다. 교회의 정치경제적 복속에 더하여 교회는 주된 역할을 하는 평신도들의 통제에 복종하였다. 즉 황제와 왕들이 교회 공의회Public council와 평의회council를 소집하였으며, 교회법을 선포하고 주교와 성직자들이 정부의 권자나 조직에 편입되었다.82) 10~

11세기에는 농업과 상업이 발달함에 따라 더 나은 기술을 사용하게 된다. 따라서 농노제에서 노예제로 대체되는 시기였다. 미숙련된 노동자나 토지가 없거나 아주 협소한 토지밖에 없는 농민들은, 중세사회에서 가장 충동적이고 불안정한 요인을 형성하였다. 그리고 이러한 곤경을 해결하려는 메시아적 지도자의 지도 하에 구원운동의 집단을 형성하는 것이었다.

교회와 그리스도교 국가들이 권력을 이용한 부의 축적 수단으로 토지를 독점함으로 인하여 엄청난 재난을 세상에 가져다주었다. 토지소유에 탐닉하던 로마가 무너졌고, 유럽인들의 아프리카 식민지 개척도 땅을 독점하려는 시도였다. 이러한 식민지지배로 인하여 비교적 공평했던 아프리카의 토지제도가 무너지면서 아프리카인들을 극도의 빈곤으로 전락케 하였다. 이에 로마 교황청의 토지 불평등에 반기를 들면서 토지재산권에 있어 교부들이 '공의'를 펼치기 시작했다.

로마 건국 시, 유산으로 물려받은 토지인 세습지heredium83) 혹은 부지를 분배했으나 한 가족을 부양하기도 충분하지 않은 토지였다. 그러한 나머지 세습지는 공유지로 보유하면서, 양도할 수 없는 단지 약간의 자작 농지를 제공했다. 이러한 땅은 자본축적을 위한 수단인 상품화가 될 수 없어 빈곤에 허덕일 수밖에 없었다. 전쟁과 정복을 위해 이 공유지가 점차 확장되자, 귀족 가문들이 처음에는 관습법과는 달리 불법적으로 그들이 정착한 부동산을 공유지로부터 분할해 상속했다. 절대적 소유권의 힘을 통해 '모든 면에서 부를 착취할 만한' 독점권의 영역을 받았다. 이에 토지를 잃거나 궁핍에 시달리던 농민들의 저항이 일어나곤 했지만, 막강한 군사력에 의해 제압되기에 급급했다. 자신들이 생산하였지만, 굶주린 경작자 그들의 몫까지 약탈당하자 양식을 구걸하려 도시로 몰려드는 사태까지 발생했다.84) 절대적이고 배타적인 토지소유권에 대한 로마법의 이론과 실체는 1천년 이상 시험해 보았지만, 전반적인 문제가 많았음이 밝혀졌다. 공의롭고 인간다운 대안을 제시할 때가 온 것이다. 이미 주어진 대안들이 주후 100~750년의 교리와 위대한 기독교 철학자들의 목소리인 새로운 사상이 제시되기에 이르렀다.85) 이러한 사상이 제시되기 전 "로마인이여! 그대들은 세계의 주인이라고 외치지만, 한 평의 땅에 대한 권리도 없다. 짐승도 자기 보금자리는 있으나, 이탈리아 군인에게는 물과 공기밖에 없다"86)면서 호민관 가이우스 그라쿠스Gaius Sempronius Gracchus(BC163~BC121)는 영국인들에게 그의 형 티베리우스 그라쿠스Tiberius Sempronius Gracchus(BC168~BC133)가 정치적 혼란 속에서 살해당하자, 토지개혁(분배)법을 주장했었다. 사실상, 대다수를 불모로 한 소수에 의한 부의 축적을 합법화한 소유권 개념을 발전시킨 게 로마법이라고 할 수 있다.

기원전 133년, 그러한 티베리우스 그라쿠스가 라티푼디움Latifundium(노예제로 인한 대규모 농장 경영의 대토지소유제)에 제동을 걸면서 제안한 농지법legge agraria에 의해, 유력자(유산자)들이 과도하게 점유한 공유지를 부분적으로 재분배하고자 했다. 그는 관행을 무시하고 평민회에 법안제출에 앞서 원로원의 자문을 구하지도 않고, 가난한 시민과 빈농에게의 호소와 지지로 농지법을 강행했다. 이에 반대하는 동료 호민관을 면직시키고, 농지분배 3인위원회를 구성하였으며, 아탈로스 3세Attalos III Philometor Euergetes(재위 BC138~BC133)가 유증(이로써 그는 독립 왕국이었던 페르가몬의 역사에 마침표를 찍었다)한 페르가몬 영토에서 생긴 수익 일부를 농지분배 자금으로 전용하여 원로원의 대외정책 및 재정에 대한 권한에도 타격을 입혔다. 그와 지지자는 끝내는 반대파인 원로원 세력에 의해 살해당하는 공화정시대 사상 최초의 정치폭력까지 발생하였다. 그러나 이로부터 10년 후인 기원전 123년, 그의 동생 가이우스 그라쿠스가 호민관에 선출돼 그 법을 부활시키고 대규모 식민시를 건설하여 이탈리아의 토지부족 문제를 해결하고자 하였으며, 도시빈민을 위한 곡물법^{legge granulare}을 최초로 제정했다. 기원전 121년, 그는 호민관 선거에서 낙선하고 추종자와 함께 정적들이 동원한 정치폭력으로 희생되었다.

그 당시 '그라쿠스 형제의 농지법'을 간략하게 보고자 한다. "첫째, 사유재산 보호는 로마의 법제시스템의 초석으로 사유지는 대상으로 하지 않는다. 둘째, 국유지를 개인이 사용하기 위해서는 땅을 임차하거나 매입하는데, 매매는 허용하지 않는다. 셋째, 국유지의 임차면적은 한 명당 제한이 있고, 한 세대 당 제한이 있다. 신청자는 시민으로서 재산등급에 구애받지 않는다. 넷째, 임차한 국유지는 상속할 수 있으나, 양도할 수 없다. 다섯째, 현재 한 명 제한하거나 혹은 한 세대 제한 이상의 국유지를 임차한 자는 초과한 수치만큼의 면적을 국가에 반환한다. 여섯째, 국가는 반환된 면적을 비율에 따라 등급을 나눠 보상한다"로, 이 법에서 사실상 그간 행해지던 국유지의 사유화를 인정했다. 로마시민 자체가 지주계급이었고, 원로원은 사유지도 가질 수 있음은 물론이었거니와 국유지 임차도 가능하여 대지주가 되었다. 이렇게 매집된 토지가 대농장이 되고, 그 자본의 힘으로 생산이나 가격 경쟁력에서 자영농을 압도하니까 자영농의 경쟁력이 떨어질 수밖에 없었다. 민중이 귀족에게 공격을 가한 것도 법률이 인정하는 것보다 큰 재력가가 대부분 귀족인 탓에, 그 여분의 토지를 몰수하여 부를 축적하는 수단을 없애기 위한 것이었다. 또한 빈번한 전쟁에 차출되는 바람에 자영농은 농장경영조차 힘들어, 끝내는 무산자로 전락하면서 양극화현상이 시작된다. 이 법으로 인해 감정이 폭발한 로마인들은 군대를 동원해 진압할 때까지 흐르고 있었다, 심지어 개척한 속주의 분배 대상이 되는 토지에 개척민을 보내도 반응이 신통치가 못했다. 반환된 농지를 등급으로 나눠 보상한 데 대한 기득권층의 기반을 건드렸고, 무산자들이 땅을 임차해도 자본재 초기 구입에 있어 투자할 금전이 없었던 탓으로, 국가는 이를 지원할 이중적 재원 마련에 시달리다가 그 개혁은 실패로 돌았으나, 개혁의 기초를 마련했다는 점에서 그 의의가 있다. 제3차 포에니전쟁에서는 선봉에 선 귀족이면서도 귀족층의 기득권에 대항한 그라쿠스 형제의 '노블레스 오빌리주(프 noblesse oblige, 영 nobility obliges)'는, 약자를 짓밟으면서 탐욕의 이빨을 드러내는 오늘날 우리나라의 기득권층이나 부패한 정치권에 시사하는 바가 크다.

이후 '카이사르 농지법'은 그라쿠스 농지법과 거의 동일하나, 추가되었거나 다소 상이한 점은 "첫째, (허용하지 않았던) 양도를 임차시점에서 20년이 경과한 후에는 인정한다. 둘째, 임차를 신청할 권리는 3인 이상의 아들을 둔 무산자로 제한한다. 다만, 폼페이우스와 함께 동방원정을 한 병정들에게도 부여한다. 셋째, 부정임차지 반환에 관한 사항은 모두 원로원이 결정한다. 법안 제출자인 카이사르는 참여하지 않는다"였다. 국유지에 한해서는 대지주인 원로원계급을 몰아내겠다는 의도가 깔려 있으나, 무산자의 절반이상이었던 중산층이 재탄생할 수 있는 기반을 마련한 카이사르의 이 개혁은 대지주인 원로원의 경제기반에 타격을 주었고, 양극화로 인한 사회 붕괴를 막아냈다. 그 이후에도 '아우구스투스의 개혁'이 있었으나, 농지법에 대한 개혁은 없었다.

그런데 이러한 농지법은 로물루스Romulus[87)]가 건국한 이래 왕정시대(BC753~BC509)부터 실시되었었다. 국유지의 분배와 식민지의 한계에 관한, 로마가 새로운 영토를 복속하면 그것을 일정한 범위에서만 시민들에게 분배하는 법률로, 초기에는 사유지의 재분할의 목적은 아니었다. 공화정이 되자 빈부격차가 커짐에 따라 로마의 집정관인 카시우스 베켈리누스Spurius Cassius Vecellinus가 가난한 평민들을 위하여 토지법을 제안(기원전 486년)했다가 귀족들과 돈 많은 평민들의 격렬한 반대에 부딪혀 유죄판결을 받아 처형당했다.

농지법은 토지를 겸병한 대지주에 대한 빈민의 사회적 평등을 주장하는 무기가 된 건 사실이다. 그 후, 그라쿠스 형제와 호민관에 의해 개정돼 기원전 44년의 '안토니아 법'을 마지막으로 농지법은 폐지되고, 국유지가 배분된 자에게는 그 토지를 사유지로 인정받게 되었다. 17~18세기의 유토피스트(유토피아를 갈망하는 '토마스 모어' 같은 사람들 —저자 주)들이 농지법의 부활을 하였으나, 그들은 고대 로마 법률의 하나인 리키니우스Licinius(313년 그리스도교도들에게 관용을 베풀고 재산을 반환하겠다는 칙령을 내린 로마 황제—저자 주)적인 의미에서, 이 법을 통해 사회정의를 실현할 수 있다고 믿었던 것이다. 이러한 농지법이 약 300년 동안 로마를 노예상태로 만들었더라도, 원래 민중이 이 법률과 그 밖의 시도를 통해 귀족의 야심을 억제하지 못했더라면, 로마는 훨씬 더 일찍 쇠사슬에 묶여버렸을 것이다.

이러한 불합리함 등에 처절하게 맞선 초기 기독교 철학자들이 펼친 '공의' 등의 토지소유권 사상을 간과하고서는 '재산권'과 '소유권', 더 나아가 토지재산권을 논하기가 어렵다. 이 점에 대해서 연구한 작금의 토지개혁가 내지 토지공개념 연구자는 보이지 않는 편이다. 따라서 이러한 이들의 개혁적 주장에는 반발에 부딪치는 우를 스스로 범하고 있다. 그 '공의'가 현재는 물론 인류의 역사가 존재하는 한 유효하나, 잘 지켜지지 않기 때문에 토지 불평등이 자행되고 있는 한 원인이기도 하다.

교부의 기준88)에서 보면, 소유권은 역사를 통해 내려오는 분업과 생존의 현실적 수단에 있어서 성장의 여러 단계와 함께 형태가 변하는 사회학적인 현상이다. 또한 이 현상은 개인 간의 계약과 관계를 규정하고 묵인하고 금지하는 확실한 인간의 법으로 지배된다. 그래서 노예제의 경제이든, 봉건제나 자본주의 경제체제이든 상관없이 사회가 부를 생산하는 방법으로서의 기능 가운데, 소유권을 인정하고 유지하는 방법과 법적 소유권의 의무와 권리를 정의하는 것도 법과 관습이다. 그러나 소유권에 대한 이러한 순전히 실제적, 사회적, 그리고 법률적 관점이 전부는 아니다. 철학적이며 도덕적인 관점으로 불릴 수 있는 다른 접근법이 있다. 4세기 후반, 요한네스 크리소스토무스가 "그러면 '내 것'과 '내 것이 아닌' 의미는 무엇인가"라고 물었다. 후세들은 이를 '세상에 수많은 전쟁에 끌어들인 논쟁'이라고 부르기도 한다. 이는 소유권을 이해함에 도덕·철학적 접근법을 말한 것이었다. "지주가 '이 토지는 내 것'이라고 주장할 때, 단지 그의 고조부모처럼 먼 조상으로부터 물려받았다는 이유로 그는 정당하게 그 토지 전부를 절대적이고도 영구히 소유한다는 뜻인가?" 이는 소유권에 관해서 실제 법률적 현상으로 질문하고 있는 것이 아니다. 소유권의 윤리적, 도덕적 철학이 어떠한 것인지를 묻고 있는 것이다.89) 러시아 혁명을 불러일으킨 원인도 결국은 잘못된 토지제도로 인한 것이다

11세기 말 이전에는 서양 기독교국가의 성직자들—주교들, 사제들, 그리고 수도사들—은 원칙적으로 교황권보다 훨씬 더 황제, 왕, 그리고 주도하는 봉건영주들의 권위와 능력 아래에 있었다. 교회 밖의 소유자로서 황제와 왕, 봉건영주들은 자주 그들의 가까운 친인척 중에서 교구장 주교가 상주하는 교구인 주교좌主敎座와 다른 성직에 속하

는 사제직에 임명하였는데, 이때 주교좌와 녹봉 또는 성직록聖職祿에 따른 성직인 공직benefices이 그들 소유의 토지 및 영지에 있었기 때문이다. 이러한 교회 공직은 보통 교회 공직에 수반하는 토지로부터의 수익과 또한 노역을 제공받는 한 교구를 관장하는 주교좌는 보통 대규모의 봉건토지재산권이었고, 여기에 속하는 장원의 영주가 농업경제의 행정을 맡았으며, 군사적 의무를 수행하며 또한 노역을 제공하는 농민들을 관장하였다. 주교좌 내부의 더 작은 공직도 촌락의 수익이 많아서 이익이 남는 재산이었다. 성직 수여권자는 농업생산물을 분배받을 자격과 수익에 대한 지분이 있었다. 교회의 정치경제적 복속에 더하여 교회는 주된 역할을 하는 평신도들의 통제에 복종하였다. 즉 황제와 왕들이 교회 공의회와 평의회를 소집하였으며, 교회법을 선포하고 주교와 성직자들이 정부조직에까지 앉았다.90)

이에 토지문제에 있어 초기 교부들의 사상은 "신은 모든 사람이 공동사용을 위해 땅을 창조했다. 소유권제도가 생겨난 것은 원죄의 결과다. 그러기에 사유재산제도는 자연법의 제도가 아니고, 자연 상태에 반하는 계약 상태라고 하였다. 그러나 아우구스티누스는 모든 재화의 절대적인 소유권자는 신神만이고, 사람은 절대적 소유자밖에 될 수 없다. 이에 반하는 소유권의 남용은 금지된다"고 하였다.91) 이로써 토지에 대한 처분의 금지·제한 등 각종의 봉건적 규제를 취할 수 있었다. 또한 가난한 자들을 향해 부자들이 게으르다고 질타하는 것이 옳은 것인지에 대해 문제시한다. 부자의 후손들이 엄청난 재산으로 즐김에 불의하다고 본다. 반면 빈곤한 후손들은 빈곤을 극복하고자 최선을 다하지만, 아주 깊은 비참함에 잠겨 있어야만 했던 것이다…, 모든 가난한 자들이 가난한 것은 일하기 싫어하기 때문이 아니다. 부유한 상속인은 유산을 통해 재산을 물려받는다. 아마도 큰 수고

없이 단순한 상속권으로, 상속자는 적당히 필요한 것 이상의 수많은 재산을 물려받는다. 이러한 재산에 약간의 노동을 들일지라도, 소유권에 관한 윤리의 본질은 여전히 궁핍한 자들과 함께 공유해야 함을 요구한다. 소수의 부자가 아무리 합법적으로 재산을 취득했을지라도, 궁극적으로 소유권의 올바른 관점은 그는 "하나님의 절대주권에 복종하는 것이다"고 말한다. 즉 소유할 수 있는 인간의 권리는 지존하신 소유자의 목적에 부합해야 한다는 것이다.

그렇다면, 교부의 토지재산권에 대한 '공의'는 과연 무엇인가에 대해 되새김질이 필요하겠다. 이러한 교부들의 토지사상의 기본 바탕은 물론 성서에 기초했다고 볼 수 있다. 이에 기초한 토지사상을 연구함으로써 토지재산권제도가 재화를 소수나 어느 한 집단이 소유하는, 즉 소유권의 절대화가 아닌 공동사용에 목적이 있음을 알 수 있는 것이다. 교부들은 "합법이냐, 불법이냐"가 아닌 "공의롭냐, 불의하냐"에 기준을 두고 소유권에 대한 본질과 의미를 둔다. 로마법에서 비롯된 현대의 소유권은 대다수 약자를 보호하기보다는, 소수의 부유한 자들의 권익을 보장해주고 있었기 때문이다. 그러한 나머지 초대 교부들은 로마법의 소유권 법제(사유재산 집중)에 강력하게 반발하면서 자신들의 삶의 철학부터 달리했다. 다시 말해, 말과 행동의 일치를 보였다.

그리스도들에게는 하나님 말씀에 따른 신앙윤리를, 일반을 향해서는 자연법사상에 따른 정당한 삶을 누리기를 촉구했다. 특히 크리소스톰은 부를 '불의의 재물'이라면서 "하나님은 태양, 공기, 토지, 물, 하늘…, 등을 확실하게 공동의 것으로 만드셨다. 그것의 혜택은 모두에게 형제로서 동등하게 분배되는 것이다"고 강변했다.[92] 교부들의 사유재산 문제에 있어, 더욱 공의롭고 인간다운 사회질서를 세우기 위한 선언과 설득은 감탄하지 않을 수 없다. "인간이 이 땅에 왔음도 동지요, 누구나 이 땅을 떠나 하나님의 나라로 가는 것도 동지"임을 깨닫게 하면서, 인류의 연대책임을 강조하고 있음에 교부들의 철학적 의미가 크다고 할 수 있겠다.

제5장 토지공개념의 당위성에 대한 사상과 제도

1. 토지재산권의 공공성과 개념

봉건사회에 대한 전례가 없는 해체 위기를 제공한 것은 자본주의였다. 사회계약론을 주창한 홉스와 로크는 자본주의가 초래한 봉건사회의 해체를 예견한 사상가들이었다. 이들은 사회계약론을 통해 봉건사회를 대체할 수 있는 부르주아적 지배체제를 형성하고자 했다. 이러한 새로운 위기에 대응하기 위해 홉스는 국가를 성서에 등장하는 괴동물인 절대권력 리바이어던(Leviathan93)에 비유하며 위기를 극복하려 했고, 토지에 대한 사소유권을 지지[94]한 로크는 자본주의를 추진하려고 고무하고 격려하는 개개인의 개인적 욕망을 체제내부화하려고 했던 것이다.

사실컨대, 로크의 '시민통치론'이 홉스의 '리바이어던'을 벗어나거나 대체할 수 없는 이유는 구성원리 중 하나로 정치공동체(국가)의 성립 이전에 사람들은 자연적인 권리로서, 생명·자유·재산이란 소위 불가양도의 천부인권을 가지고 있었다는 로크 자신의 자연권이론 자체에 있었다. 로크의 천부인권론은 물론 납세액에 의한 제한선거로 구성된 대의정부, 곧 부르주아 국가의 정당화를 위한 최선의 이론이지만, 문제는 이런 종류의 정부가 실제로는 국민의 천부인권은 말할 것도 없고 부르주아의 소유권조차도 실질적으로 보장할 수 없다는 데 있었다.[95]

로크보다 80년 후에 태어난 루소가 그를 '현자賢者'로 불렀을 만큼, 로크는 근대 사소유권의 불가침성과 천부인권을 주장하여 여타 사상가들에게 이어졌다. 로크는 이른바 토지공개념의 창시자라고도 볼 수 있다. 그의 사상은 미합중국의 독립혁명과 프랑스혁명에도 지대한 영향을 끼쳤다. 자유사소유권은 중세의 신분구속적 부담부소유권에 대해 주창되어, 근대 자본주의 사회의 근간이 된 소유권임은 앞서 살펴보았다. 근대를 이끈 신흥유산계층이 있었기에 근대 자유사소유권이, 그 계층의 이익보호에 안성맞춤인 소유권이었다고 볼 수 있다. 전술한 바에서 보듯이, 로크를 비롯한 사상가들의 사상이 바탕으로 하여 근대 초기에는 재산소유가 시민생활의 기초였음이다. 로크의 사상의 영향도 받은 헨리 조지Henry George는 '토지사소유제의 부정의성'에 대해, 이를 철폐하라는 주장에 대한 의문은 정의의 문제이다. 정의감은 관습이나 미신이나 이기심에 의해 왜곡되기도 하지만, 인간 심리의 근본을 이룬다. 그리고 인간의 열정을 불러일으키는 논쟁은 "현명한 것인가"보다는 "옳은 것인가"라는 문제 때문에 발생한다. 많은 이의 관심을 끄는 논쟁은 흔히 이와 같이 윤리적인 모습을 취하는 데는 이유가 있다면서, 이는 인간심리의 법칙에서 유래되며 우리가 이해할 수 있는 진리 중 가장 심오한 진리에 대한 막연한 본능적 인식에 바탕을 두고 있다. 그 진리란 정의로운 것만이 현명한 것이며 옳은 것만이 지속될 수 있다는 것이다.[96]

근대적 사소유권은 계약자유의 원칙과 결합하여 자본으로서의 작용을 하게 돼, 급격한 자본주의의 발전과 경제적 번영을 가져와 삶의 질을 높이는 데 기여했다. 이러한 특징으로 인하여 토지사소유권은 토지를 자원으로 파악한 게 아니라, 일종의 상품이나 재화로 이해되었다. 이로써 토지의 자금화를 촉진할 수 있는 토지소유권의 개념 구성과 더불어 이를 제도화하였다. 즉 자본주의 경제를 옹호했던 애덤 스미스에 의하여 노동가치설에 입각한 사소유권을 인정하여 자본주의 경제발전이 소유권에서 이바지하였다는 점이다.[97] 위 언급한 사상가들이 주창한 근대 자본주의와 생산수단에 있어 사소유권 사상은, 자본주의 경제의 견인차 역할을 한 것은 주지의 사실이다. 또한 이를 바탕으로 근대 민법의 기본원리가 확립되었음이다. 이러한 원리는 현대 사법이념의 변화에 따라 수정되었고, 이와 더불어 그 사상은 현재도 유효하며, 향후에도 자본주의가 더욱더 발전하는 데 기여할 수 있지 않을까 싶다.

19세기 말에 접어들자 산업자본주의의 고도화에 따라 근대 시민법 체계의 자유로운 소유권의 원칙은 현실적으로 사회적 및 경제적 약자인 도시노동자나 소작농의 생활이익을 압박해 버렸던 것이다. 이에 인간다운 생활을 위한 이들의 투쟁은 사회적 불안을 야기하였고, 지주나 기업들의 권리남용이 확산되었다. 자본주의적 소유 아래에서는 소유권의 불가침이나 자유를 강요하는 사상은, 타인의 노동의 지배와 착취의 자유를 공인하고 타인의 생활을 위협하는 자유를 옹호하는 것이 된다는 것과 같은 현상이 실현되었던 것이다.[98] 근대적 토지재산권은 그 주체를 추상적 인격자person로 보았으나, 현실적인 구체적 인간mensch은 결코 자유롭지 아니하고 평등하지 않다는 것을 깨닫게 되어, 현대에 와서는 개인의 양심만 갖고는 되지 않는 곳에 사회의 양심이 발동되지 않을 수 없었던 것이다.99) 개인주의와 자유주의 법사상을 수정하여 보다 나은 복지사회를 건설키 위해 개인주의적 법사상에 기초하는 것이 아닌 20세기적 사회본위의 단체주의적團體主義的 법사상은, 모든 사람에게 사람다운 생활을 향유시키는 것이 이상인 토지소유권의 사회화 사상으로 대두되었다.100) 이러한 사상은 사법이론에 있어 상린관계, 권리남용금지, 신의성실의 법리와 함께 자본주의의 독점단계 초기에 출현하여 시민생활의 균형적 이익을 도모하기 위한 법적 수단으로 대두하게 된 것이며, 이를 통해 토지소유권의 공적 제한에 근거를 마련하게 되었던 것이다. 달리 말해 자본주의의 급속한 발전에 따라 빈부격차는 더욱더 심화되고, 자본가와 노동자·금수저와 흙수저 간의 계급대립 격화와, 인간은 자유롭고 평등해야 하나 그러하지 아니하다는 현실에 처해 있다. 즉 계약의 자유는 사회적 및 경제적 강자에 의한 계약의 강제로, 이러한 자유는 강자들의 몫이 되고 약자들은 점차 계약의 자유에서 멀어져 갔다. 또한 소유권 절대의 원칙은 소유자의 이용자에 대한 지배권의 성격을 갖게 되었다. 평등은 자유란 이름하에 따로 떨어지는, 즉 유리遊離되는 현상을 가져왔다. '법률적으로 평등하다'는 기회는 공염불에 불과하며, 법률적·형식적인 자유와 경제적·실질적인 불평등 상태였다. 이를 직시한 국가가 실질적인 자유와 평등을 위해 적극적으로 개입할 수밖에 없게 되자, 이와 함께 여러 폐해와 결함의 근원이 된 근대 사법의 3대 원칙에 대한 반성과 함께, 개인주의에서 단체주의로 전환한 공공복리의 원리가 현대법의 기본원리로 확립되어 헌법과 민법 등에서 그 수정을 가하게 된 것이다.

예링Rudolph von Jhering(1818~1892)101)의 법사회학적 목적론이나 기에
르케Otto von Gierke(1841~1921)의 단체주의적 법사상은 소유권의 사회적
색채를 짙게 하였다. 그들은 제1차 세계대전부터 민법학자들에게 영
향을 줘 소유권의 사회화 사상을 이룩하게 했던 것이다.102) 토지재산
권은 자유, 무제약적 권리에서 공공의 이익을 위하여 소극적, 예외적
으로 제약을 받거나 의무를 수반하는 실정법적, 상대적 권리로 변화
하였다.103)

1919년에 제정된 바이마르헌법 제153조 제1항과 제155조 제1~2
항104)에서도 토지재산권의 내용을 법률로 정하도록 하고, 국가의 감
시에 복종하는 권리를 두고 있다. 바이마르헌법은 전 세계적으로도
지대한 영향을 끼치고도 실제적인 효력을 갖지 못한 경향이 있으나,
제1차 세계대전 이후 높은 실업률과 물가상승으로 인한 헌정질서의
정상적인 유지가 어려운 속에서 너무나 이상적인 헌법이었기 때문이
라고 여겨진다. 그러나 그 당시 독일인들이 고뇌하고 경험한 민주주
의에 대한 실험과 헌법 현실이, 오늘날의 우리 법체계에도 지대한
영향을 미친 헌법으로 존립하고 있다.

또한 본Bonn기본법과 독일연방공화국기본법105) 제14조 제1항에서
"재산권과 상속권은 보장된다. 그 내용과 한계는 법률에 의하여 정하
여진다"고 하며, 동조 제2항에서는 "재산권은 의무를 수반한다. 그
행사는 동시에 공공복리에 이바지하여야 한다"고 하여 소유권의 의무
성을 규정하고 있다. 이어서 동법 제15조 본문은 "토지, 천연자원 및
생산수단은, 사회화를 목적으로, 보상의 종류와 범위를 규정한 법률
로써 공유재산화共有財産化 또는 기타 유형의 공동경제화할 수 있다"고
규정하고 있다.

사유재산제에 바탕을 둔 급속한 자본주의의 발전에 따른 경제적 불평등이 심화되면서 사유재산권 존중의 원칙에 수정을 가할 필요성이 제기되자, 우리나라에서도 이에 우리 헌법 제23조 제1항에서 "모든 국민의 재산권은 보장된다"라고 규정하고 있다. 그러면서도 본 조항 단서에서 "그 내용과 한계는 법률로 정한다"라고 하여 잘 드러나고 있다. 우리 헌법재판소도 "헌법 제23조 제1항의 재산권이란 사적 유용성 및 원칙적 처분권을 내포하는 재산가치가 있는 구체적 권리를 말하며,106) 재산가치 자체도 재산권의 보호영역에 포함시키고107) 있다"고 보호범위를 폭넓게 해석하여 결정하고 있다. 그리고 이 조항의 단서에 대하여 헌법재판소는 "기본권 형성적 법률유보의 형태를 띠고 있으므로, 헌법상 재산권의 구체적 모습은 그 내용과 한계를 정하는 법률에 의하여 실현되게 된다"고 결정하여 '재산권의 내용과 한계'를 두고 있음을 실천하고 있다. 또한 우리 헌법 제23조 제2항에서는 "재산권의 행사는 공공복리에 적합하도록 하여야 한다"108)라고 규정함으로써, 소유권의 공공성에 대해서도 인정하고 있음을 여실히 보여주고 있다.

　특히 우리 헌법 제23조 제2항에서는 재산권 행사의 공공복리적합의무를 규정한 것으로, 사소유권의 행사에도 역시 공공복리적합의무가 요청되고 있다. 이와 같이 오늘날 자본주의 제국에서의 사소유권은 앞서 살펴본 바와 같이, 로크의 천부인권으로서의 소유권의 근원적인 법적 성질은 인정함과 동시에 강한 사회성과 공공성을 인정하는 방향으로 수정되어 오늘에 이르고 있다고 볼 수 있겠다. 이는 사소유권 폐지의 사회주의도 용인하지 아니하며, 개발이익의 사회로의 환수를 적극적으로 실천해 나갈 것을 요구하는 개량주의 토지소유권 사상109)도 그대로 수용하지 아니하며, 자본주의 고유의 사소유권의 근본을 인정하면서 동시에 그 사소유권에 사회성, 공공성을 강하게

부인하여 자유사소유권의 남용을 방지하고자 있다고 해석된다.110)
그리고 근대사회는 중세 봉건사회의 신분구속적인 사회체제를 극복
한 사회로서, 개인주의와 자유주의가 주장되어 이성에 의한 인격의
자유로운 전개를 보장하였다. 이를 바탕으로 근대 민법의 기본원리
가 확립되었다.

근대 민법의 기본원리는 개인의 이성에 의한 인격의 자유로운 전개
를 가능하게 할 수 있도록 다음과 같은 세 가지 원칙으로 구체화되었
다. 사유재산권 존중의 원칙은 사유재산제 보장으로 인격의 자유로운
전개를 위한 재산적 기반을 보호하는 원칙(소유권 절대의 원칙)으로
국가 및 법에 우선하는 자연권으로 파악한다. 사적 자치의 원칙(계약
자유의 원칙)은 개인이 자신의 법률관계의 형성을 적극적인 인격의
자유로운 전개를 가능하게 하는 원칙이고, 과실책임의 원칙(자기책임
의 원칙)은 소극적으로 인격의 자유로운 전개를 보호하는, 즉 개인은
자신의 고의나 과실로 인한 결과에 대해서만 손해배상책임을 진다는
원칙이다.111)

이러한 근대 민법의 기본원리도 무제한 제약을 받지 않는 것은 아
니다. 현대적 민법에서는 소유권 절대의 원칙은 소유권의 상대 또는
제한의 원칙으로, 계약자유의 원칙은 계약공정의 원칙으로, 과실책임
의 원칙은 무과실책임의 원칙으로 수정을 가하였으며, 국민의 모든
자유와 권리는 국가안전보장·질서유지 또는 공공복리를 위하여 필요
한 경우에 한하여 법률로써 제한할 수 있으며, 제한하는 경우에도
자유와 권리의 본질적인 내용을 침해할 수 없다. 즉 사회질서 유지를
위해서는 최소한의 제한은 가능하다.

이러한 기본원리를 바탕으로 한 고전적 원리는, 현대 사법이념의
변화에 따라 다음과 같이 수정되었다. 즉 종래의 개인주의적·자유주

의적 법사상은 경제적·사회적 민주주의 또는 단체주의적 법사상으로 말이다. 이에 따라 근대 사법이념인 개인의 이익·행복의 추구는 '공공복리'라는 이념으로 대체되었고, 공공복리의 실천원리로서 거래안전·사회질서·신의성실·권리남용금지가 제시되었다. 이러한 현대 민법의 지도원리는 근대 민법의 3대 원리로 수정하여, 소유권절대의 원칙을 제한하는 법률과 계약자유의 원칙을 제한하는 강행법규의 제정도 증가하고 있다. 또한 과실책임의 원칙에도 수정이 가해져 무과실책임론이 대두되고 있다. 이러한 변화는 우리 헌법 제10조, 제23조 제2항, 제37조, 제119조 등,[112] 그리고 우리 민법 제3조, 제103조, 제105조, 제211조, 제750조 등[113])에서 구체적으로 구현되고 있다.

그러면 토지재산권의 개념에 있어 소유와 소유권에 대해서 보자. 소유所有란 물건이나 재산에 대한 인간의 지배를 말한다. 영어로는 'posession', 'ownership', 'possess', 'belongings'로 쓰인다. 자신의 것으로 가지는 물건이라고 할 수 있는, 실정법상으로는 대상을 전면적 또는 일반적으로 지배하는 것이다. 즉 인간이 재산을 지배하고 자신이 마음대로 할 수 있는 상태에 있을 때가 그 대물적對物的 지배가 소유이고, 사적 소유 또는 그 이익보호를 위한 법적 관념 내지 법적 표현이 소유권이다. 소유권所有權, possessive rights, dominion, ownership은 특정인과 특정 물건과의 관계로서 대물적 지배권이고, 실정법상의 개념으로는 유체물有體物을 소유하고 있는 권리를 말한다. 여기서 소유와 소유권을 구분하여 후자는 법률상 개념으로, 전자는 경제학상의 개념이라고도 한다.[114] 인간이 생존하는 데 있어 필요한 외계의 물자에 대한 지배라고 볼 수 있기에 구분할 필요성도 있겠다.[115] 오늘날 인간이 향유하고 있는 가장 원초적인 기본권의 하나로서 보장되고 있는 소유권은 논리적인 것이 아니라, 역사적·경험적인 범주에 속한 것이다.[116] 소유권은 인간과 물건 간의 귀속관계를 나타내는 중심적인 개념이자, 소유권이 인정된다는 것은 사유재산제도가 법적으로 인정된다는 것을 의미한다고 하겠다. 즉 소유권을 소유자가 법률의 범위 내에서 자유로이 그 소유물을 사용·수익·처분할 수 있는 물건으로 보는 것은 이러한 의미의 표현이다.

그러면 앞으로 논할 토지재산권은 사적 권리인 토지에 대한 소유권을 말한다. 여타 소유권 중에서 가장 중요한 위치를 차지하고 있다. 이러함으로 인해 인간의 끝없는 욕망이 발현된다. 이러한 나머지 공공복리란 점을 빌려 소유권을 제한하기도 한다. 따라서 민법은 수직적이고 절대적인 토지소유권을 규정함과 동시에, 헌법에서도 토지소유권은 재산권의 내용에 포괄시키고 있다.[117] 예컨대, 우리 헌법 제23조 제1항에서 "모든 국민의 재산권은 보장된다. 그 내용과 한계는 법률로 정한다"고 규정하고 있다. 우리 민법 또한 제211조에서 "소유자는 법률의 범위 내에서 그 소유물을 사용 수익 처분할 권리가 있다"고 규정하고 있으며, 우리 민법이 계수繼受한 독일 민법[118] 제903조 전단에서 "물건의 소유자는, 법률 또는 제3자의 권리에 반하지 아니하는 한, 물건을 임의대로 처리할 수 있고 또 타인의 어떠한 간섭도 배제할 수 있다"고 규정하고 있음은 당연한 것이다. 그렇다면 고대 중국과 조선 이전의 토지제도는 어떠했는지 동양적 관점에서의 왕토사상에 대하여 간략하게 보자.

먼저 중국 서경書經－100 하서夏書 (1) 제1편 우공禹貢에서 보면, 우禹가 치산치수治山治水와 행정적인 체계를 확립하는 정책으로 토지를 오복五服으로 나눈 업적을 서술하고 있다. 우별구주禹別九州하고 수산준천隨山濬川하여 임토작공任土作貢하다. 즉 우禹 임금이 전국을 아홉으로 나누고 산천을 따라 내를 파서 토지를 맡겨 토산물을 세금으로 징수하였다.

중국은 이 시대부터 근대 국가로의 전환과, 민생안정은 물론 행정구역 재편과 조세租稅, taxes체계가 정립되었다고 볼 수 있다. 그 세부적인 사항을 보자. 오백리전복五百里甸服으로 도읍지를 중심으로 하여 사방 500리의 땅을 전복甸服이라 하였고, 백리납총 이백리납질百里納總 二百里納銍로 100리의 안은 부세(일종의 토지세 같은 지대—저자 주)로 볏단을, 두 번째의 100리 안은 이삭을 바치게 하였다. 삼백리납갈복三百里納秸服으로 세 번째의 100리 안은 짚과 수염을 딴 낟알을 바치게 하였고, 4백리속 오백리미四百里粟 五百里米로 넷째의 100리 안은 찧지 않은 낟알만을, 다섯째 100리 안은 쌀을 바치게 하였다. 오백리후복 백리채五百里侯服 百里采는 전복 밖의 사방 5백리 땅은 후복侯服이고, 첫 100리 안의 땅은 경대부卿大夫들이 봉함을 받은 땅이다. 이백리남방二百里男邦으로 두 번째 100리는 남작男爵들이 봉함을 받는 나라이며, 삼백리제후三百里諸侯는 나머지 3백리 안의 땅은 제후諸侯들이 다스리는 땅이다. 오백리수복五百里綏服을 후복 밖의 5백리를 수복綏服(어루만져 편안하게 함—저자 주)라 하고, 삼백리규문교 이백리분무위三百里揆文敎 二百里奮武衛로 첫 3백리 안의 땅은 교화를 원칙으로 삼았으며, 나머지 2백리 땅은 무위武衛를 떨쳐 나라를 지키게 하였다. 오백리요복五百里要服은 수복 밖의 5백리를 요복要服이라 하였다. 삼백리이 이백리채三百里夷 二百里蔡로 첫 3백리 안의 땅은 이족夷族들이 살게 하였고, 나머지 2백리 땅은 가벼운 죄인을 귀양을 보내는 채蔡이다. 오백리황복五百里荒服은 요복 밖의 5백리를 황복荒服이라 하였다. 삼백리만 이백리류三百里蠻 二百里流로 첫 3백리는 만족蠻族을 거주하게 하였고, 나머지 2백리는 중죄인을 귀양 보내는 유형지인 류流이다. 동점우해 서피우류사東漸于海 西被于流沙라 하여 동으로는 바다에 닿았고, 서로는 유사流沙까지 닿았다. 삭남기 성교흘우사해朔南曁 聲敎訖于四海라 북녘부터, 남녘까지 명성과 교화가 온 세상에 퍼졌다. 이로써 우석현규

고궐성공高厥成功[告厥成功]이라 우禹는 검은 구슬로 만든 홀인 현규玄圭를 바치고, 모든 일이 이루어 졌음을 아뢰었다. 중국도 왕토사상王土思想을 토대로 한 전한시대의 대토지 소유의 상한제인 한전限田정책이나, 전한을 이어받은 신新의 왕망王莽이 추진한 정전제井田制 등이 있었다.

우리나라는 유럽이나 서구와 달리 사상가들의 토지사상이 정립되어 있지 못한 면이 없잖아 있다. 하지만, 고대 3국시대의 토지는 물론 국민까지 국왕에게 예속되어 있었다는 점이다. 신라에서는 "모든 토지는 왕토王土 아닌 것이 없고, 모든 국민은 왕의 신하가 아닌 것이 없다"[119]고 하였다. 즉 천하의 땅은 왕의 토지이고, 모든 국민은 왕의 신하라는 전제적인 왕토사상이 있었다. 달리 말해 "천하의 토지는 왕王의 토지土이다"는 사상思想이 지배한 전근대적인 토지사상이다.

개개인이 명분에 따라 자신의 역할을 지키는 봉건적 원리를 국가와 사회편성의 원리로 삼았던 중세 봉건사회에서 국왕이 양반사대부를 자신과 같은 지배층으로 인정하고 있는 한, 국법國法이 적용되는 국토에서 양반사대부의 수조권을 통한 농민에 대한 지배는 자연스럽게 허용되는 것이었다. 이 사상은 이런 현실을 바탕으로 수립되고 있던 사유思惟 형태였으며, 농민의 항거와 국가의 집권화정책에 따라 수조권을 통한 토지의 지배가 해체됨으로써 그 실질적인 적용 대상을 잃어버리고 관념화했다. 통일신라 말, 최치원崔致遠이 쓴 여러 비문의 내용을 보면 "실제로 그 땅은 개인 땅이지만 국가의 공전이다"고 동시에 적고 있다.[120] 왕토사상에 분식이 되어 가지고 한 말이기 때문에, 그건 관념적인 말이다.

토지에 대한 개인소유를 인정하면서 동시에 왕토사상을 강조하고 있다. 이 사상은 때로는 지주적 토지소유의 모순을 타개하고 소농민의 토지소유를 보장하려는, 조선 후기 실학자들의 주장에 정당성을 부여하는 근거로 쓰이기도 했다. 오늘날 토지공개념 논의와도 통한다고 할 수 있겠다. 이러한 왕토사상이 "토지 국유론자國有論者에게는 토지 국유론의 근원이 되어 왔으며, 특히 우리나라에서는 토지국유화론을 가장 줄기차게 오랫동안 뒷받침하여 온 유별나게 특징적이고 역사적 근거로 인용되어 왔다"면서 "토지는 모두 국왕의 소유이고 보유할 수 있는 권리만을 개인이 가지는 것으로서, 그것에는 보유기간의 제한이 있는 것도 있고, 전혀 제한이 없는 것도 있다. 그래서 왕토사상을 획일적으로 토지국유론의 근거로만 보는 것이나, 또는 모든 토지는 국법의 적용을 받아야 한다는 법적 픽션fiction으로의 이론 구성은 무리가 있지 않을까?"고[121] 의문을 제기한다. 그러나 토지공개념 실시를 줄기차게 주장하는 일부 학자들이나 조지스트들도 '국유화까지는 요구하지 않는 점'은 간과한 듯하다.

2. 근대 자유주의 소유권 사상

근대의 자유토지사소유권自由土地私所有權은 인간의 토지에 대한 배타적, 절대적, 지배권을 그 내용으로 하는 소유권이다. 즉, 이는 봉건적 토지소유제에서의 인적 지배관계가 완전히 배제된 소유권[122]으로, 자유소유권이라고도 불러진다. 다시 말해, 중세의 신분구속적 부담부 소유권에 대한 저항적 이데올로기로서 주장돼, 근대 자본주의 사회의 근간이 된 소유권이다. 근대에 와서 신흥 유산시민계층의 확산으로 인한 이들의 이익을 대변하는 데 있어 적합한 권리로서, 존 로크John Locke와 칸트Kant, 그리고 헤겔Hegel 등의 사상적 배경이 있었기에 가능했다고 볼 수 있다. 또한 헌법의 이론과 사상에서는 아직도 자연법론이 주장되고 있다. 그 적절한 예는 기본권성에 있어서 국가주권의 주체인 국민공동체 사상 같은 것이다. 헌법의 근원인 근본규범은 민족사와 세계사 속에서 형성된 자연법으로 볼 수 있다. 전 국민의 의식과 정신 속에서 내면적으로 형성되고 존재하는 근본규범의 증명은 용이한 것은 아니다.123) 고대와 중세, 그리고 근대의 다양한 자연법사상이 모두 근거 없는 주장이고 내용 없는 표식화標式化에 지나지 않는 것이다. 따라서 그러한 자연법 내지 정의가 존재한다고 누구도 증명할 수 없다124)는 주장도 있다.

이는 근대 시민혁명사상은 물론, 이들 사상가에 의해 주장된 근대 자연법사상이었다. 그것은 바로 자유, 평등, 박애였다. 이 중에서도 가장 중요하게 강조된 자유와 함께 평등, 박애의 사상이 근대 시민혁명의 사상적 기초이기도 했다. 따라서 근대의 자유토지사소유권은 토지에서의 인간 이성의 자유로운 실현을 위한 소유형태였다.

이러한 자유토지사소유권은 근대 자연법론 사상가들에 의해서 천부인권으로서 신성불가침한 권리로 주장되었으며, 근대 시민혁명의 법문서인 세계인권선언, 미국독립선언 등에서 법적으로 선언되고 확인되었다.125) 이에 자유, 평등, 박애정신에 의한 법의 정립과 그 실천방안으로, 근대 자유토지사소유권의 모순과 발전방향 및 나아갈 길을 모색하고자 한다. 이러한 근대 자본주의 사회의 자유소유권에 따른 자연법사상을 살피지 않고는, 근대의 연장선에 있는 현대사회를 논하기가 어렵기 때문이다. 따라서 다음 장에서는 헌법상 '공공성'의 의미와 현실, 경제정의와 그 현실을 논할 것이다. 토지의 공공성에 따른 우리나라 토지정책의 전개과정과 그 정책에서의 한계가 드러나, 토지공개념으로 갈 수밖에 없는 당위성에 대해 고찰하고자 한다.

2.1. 근대적 토지재산권의 원리

중세 봉건사회를 무너뜨린 후 태동한 근대사회는 개인주의와 자유주의라는 당시의 시대사조를 바탕으로 개인을 봉건적 구속으로부터 해방하고, 모든 사람을 평등하게 다루며, 그의 자유로운 활동을 보장하는 것을 지도원리로 하여 출발되었다. 즉 인격절대주의를 배경으로 하는 개인주의적 법의 원리에 의하여 법체계가 세워졌다고 할 수 있다. 이러한 지도원리에 입각하여 토지소유관계는 모든 봉건적 구속을 벗어난 근대 개인의 절대적 소유권[126]으로 지향하였다. 여기서 언급되는 '중세中世, Middle Ages'란 기독교 초기시대부터 프로테스탄트 개혁 사이의 기간 또는 고전시대classical antiquity와 르네상스를 칭하는 신인본주의new humanism 사이의 기간을 뜻하겠다. 원래는 가톨릭 반개혁주의자反改革主義者들이 즐겨 사용하였고, 로마의 멸망에서부터 근세 주권적 국민국가 출현 사이를 뜻하기도 하였다. 따라서 시대적 구분에서 봉건주의feudalism로 중세의 사회경제적 형성으로 동일시하고 있다. 중세 봉건주의는 근대 자본주의와 대조된다. 봉건주의가 전통주의와 가톨리시즘Catholicism(서양문명의 근간을 이룬 로마 가톨릭교회의 독점적인 명칭—저자 주)과 연결돼 있고, 근대 자본주의가 개인인격주의와 프로테스탄티즘Protestantism과 연결돼 있는 것과 같다.[127] 따라서 종래의 부담부 소유권은 부담이 없는 자유롭고 완전한 개인소유권으로 될 수 있게 되었다. 소련의 붕괴로 공산주의가 몰락한 이후 21세기는 자본주의의 최전성기를 맞이했다.

이러한 역사적 배경은 막스 베버Max Weber(1864~1920)의 "자본주의는 신교의 도덕관념에서 나왔다"고 보는 프로테스탄티즘 윤리와 자본주의 정신에서 찾을 수 있다. 신교Protestant churches적 윤리이자 자본주의의 바탕이라는 이 이론은 종교개혁 이후 캘비니즘Calvinism, 즉 태어날 때부터 구원 여부가 정해졌다는 예정설에서 출발한다. 또한 근대 토지재산권이 성립하는 과정에서 중요한 역할을 한 것 중의 또 하나는 근대 초기 계몽사상과 자연법사상이다. 또 다른 하나는 근세 초기에 있어서의 로마법의 계수였다. 로마법의 계수는 근대적 토지소유권의 법이론 구성을 가능하게 하였고, 근대적 토지재산권의 토지에 대한 전면적·포괄적 지배권으로서, 물건에 대한 완전한 권리였다.128)

1789년 프랑스 인권선언 제17조129)에서는 소유권 절대사상을 명백하게 규정하였다. 이를 프랑스헌법이 이를 채용하였으며, 그 후 근세 각국의 헌법에서 다소의 표현상의 차이는 있어도 채용·규정한 소유권은 불가침이고 신성한 권리인바, 법률에 의해 공공의 필요를 위하여 정당한 보상에 의하지 않고는 박탈될 수 없다고 하여 소유권은 불가침이고 신성한 권리임을 천명하였다. 프랑스대혁명은 봉건주의와 봉건사회를 폐기하는 게 하나의 목적이었다. 그 법령decree은 "국민의회는 중세체제를 전적으로 폐기한다"고 『역사를 위한 변명』(원서명, Apologie pour l'histoire: ou metier d'historien)을 저술한 제2차 세계대전 시, 프랑스의 늙은 군인이자 레지스탕스였던 역사학자 마르크 블로크Bloch, Marc Leopold Benjamin(1886~1944)가 말했듯이, "어떻게 어떤 체제의 현실성을 부인할 수 있겠는가. 그것은 파괴하는 데 있어 그 많은 비용과 희생을 바쳤을 경우에…," 그의 아이러니는 선도적인 영국의 마르크스주의자 역사가인 크리스토퍼 힐Christopher Hill(1952~)이 후에 지적한 바에 의해서 정당화되고 있다. 즉 봉건주의가 16세기에 농노제도가 끝났을 때 끝났다는 견해를 반박하기 위해 그는 "만약에 봉건주의가 농노제도와 함께 폐기되었다면 1788년 프랑스는 봉건국가가 아니었고, 따라서 봉건국가를 전복시켰다는 의미의 혁명이라면, 부르주아지혁명이라는 것은 존재하지 않았다고 할 수 있다. 만약 농노제도와 함께 프랑스의 봉건국가가 폐기됐다면, 혁명의 대상인 봉건국가는 1788년에는 존재하지 않았기 때문이다"고 하였다. 이러한 서양사 시대의 구분의 오류는 근대사회에서 '새로운' 사회로의 연결을 추적하는 노력의 기초가 되게 했다. 서양사회가 봉건주의로부터 자본주의시대로 전개되었다는 믿음은 다음과 같은 함의를 자주 동반한다. 즉 어떤 사회질서의 기본적 구조는 경제적인 것이고, 법은 '이데올로기적인 상부구조ideological super structure'의 일부라는 함의다. 이러한 사고방식과 주장의 중요한 점은 서양법 전통은 당연히 지배의 도구로서, 그 지배가 경제적·정치적 지배이든 지배구조를 제외하면 이해될 수 없다는 주장이다. 반대로 서양법 전통은 서양사회의 기본적 구조를 구성하는 중요한 부분으로 봐야 한다. 그 전통은 서양사회의 경제적 발전과 정치적 발전의 반영이자, 이를 결정하는 요소이다. 법과 봉건계급의 억압 사이에 되풀이되는 투쟁이 있었다. 이러한 투쟁은 법과 도시 거물세력 간, 법과 왕의 지배권 간의 투쟁, 자유도시로 도망간 노예까지도 도시법 아래에서 그들의 자유를 주장하게 되었다.130)

또한 소유권절대의 원칙을 천명한 1789년 프랑스 인권선언 제17조131)에 이어 1791년 미국 수정헌법 제5조132)에서 재산권을 보장하게 됨에 따라, 세계 각국의 모든 입헌국가에서 이를 본받아 헌법에 재산권 보장을 규정함으로써 재산권의 절대성을 천명하게 되었다. 1776년 버지니아권리장전 제1조133)와 프랑스민법 제544조도 소유자는 법률 또는 규칙에 의하여 금지된 사용·처분·수익이 아닌 한, 절대 무제한적으로 물건의 사용 및 수익과 처분하는 권리로 규정하였다.

이 책에서 본격적으로 논해지는 토지공개념에서의 '공공복리에 의한 토지소유권의 제한'이라함은 삶의 터전으로서의 토지에 대한 혁명적 사상이 아니라, 진정한 토지사상으로서 인식하기 위한 노력의 하나가 그에 대한 헌법적 접근일 것이다. 봉건적 지주사회에서 보여준 지배의 도구로서의 토지가 아닌, 그리고 그에 유사한 결과를 가져오는 투기의 대상으로서의 토지를 위한 헌법적인 의미 부여인 것이다. 재산권財産權, right of property은 신성불가침한 권리로서의 자연권적인 기본권이면서, 동시에 공권력적公權力的 힘이 지니는 특권이다. 그러면서 재산권은 극히 넓은 방식으로 인식되고 적용되지만, 세부적으로는 넓은 예외에 따르고 있다고 한다.134)

우리 헌법도 제23조에서 "모든 국민의 재산권은 보장되며 그 내용과 한계는 법률로 정하고"(제1항), "재산권의 행사는 공공복리에 적합하도록 해야 하며"(제2항), "공공의 필요에 의한 재산권의 수용·사용 또는 제한 및 그에 대한 보상은 법률로써 하되 정당한 보상을 지급해야 한다"(제3항)라고 규정하고 있다. 또한 제22조 제2항에서 저작자·발명가·과학기술자·예술가 등의 무체재산권을, 제9장의 경제조항에서 광업권·농지소유권 등 특수재산권의 보장과 제한을 규정했으며, 제13조 제2항은 소급입법에 의한 재산권의 박탈을 금지함으로써 재산권 보장의 철저를 기했다. 제23조 제1항의 규정은 각 개개인에게 그 재산을 소유하고 상속하게 할 뿐만 아니라, 사용·수익·처분할 수 있는 자유를 보장한다는 의미다. 이러한 의미에서의 재산권 보장은 국가에 대한 소극적·방어적 자유권으로서의 주관적 공권의 성격을 가진다. 한편 재산권의 내용은 법률로 정해지지만, 법률이 사유재산제도 그 자체를 부인할 수는 없다. 즉 사유재산제를 보장한 이상, 입법에 의하여도 기존 재산권을 함부로 침해할 수 없으며, 일정한 한계가 있다는 것이다. 시민사회의 당초에는 재산의 소유가 시민생활의 기초이고, 그 침해를 당하는 것은 생명 그 자체의 파괴를 가져온다는 조건

하에서 소유권의 보장이 생활의 보장을 의미한다. 따라서 봉건세력으로부터 시민생활의 해방은 소유권의 해방을 필수 불가결한 것으로 하고 있었다. 소유권의 불가침성이나 자유의 존중이 시민혁명에 있어서 본질적인 것이었다.[135]

우리 헌법재판소는 "토지소유권이 그 핵심인 재산권이라는 관념은 그것이 생겨난 이후 오늘에 이르기까지 끊임없이 변천되어 온 역사에 기초를 두고 있으므로, 헌법에 규정된 재산권 보장의 성격을 명백히 파악하기 위하여서는 토지소유권 관념에 대한 역사적 이해가 필요하다. 역사적으로 볼 때, 고대사회에서 토지에 대한 소유권 개념은 부락주민 전체의 총유總有라는 관념으로 인식되었다. 그러나 중세 봉건제도의 확립과 함께 토지소유권의 개념은 토지에 대한 관리처분권과 그 이용권으로 구분하는 분할소유권分割所有權의 관념이 형성되어, 관리처분권은 봉건 영주에게 귀속되고 그 이용권은 지세나 소작료를 부담하는 조건으로 예속영민隸屬農民에게 귀속되는 것으로 변천되었다. 봉건 영주는 토지영유권을 토대로 그들에 대하여 병역동원이나 노무차출 등으로 신분구속적身分拘束的인 지배를 할 수 있었고, 그들은 토지를 경작할 수 있게 해준 영주의 은사恩赦에 대한 보답으로 각종의 의무와 무거운 세금부담을 감내하였다. 봉건사회가 붕괴되고 난 후 성립한 근대 시민사회는 근대 초기의 계몽사상 및 자연법사상과 로마법의 영향으로 모든 사람을 평등한 인격자로 관념화하고, 그의 이윤추구 욕구를 바탕으로 한 자유스러운 사회활동(계약자유)과 여러 가지 제약이나 부담이 따르지 않는 소유권, 즉 절대적인 소유권의 보장을 요구하였다. 그것을 배경으로 개인주의·자유주의 및 자본주의의 급속한 발달과 함께 생산과 부의 비약적인 증대와 경제번영을 이룩하였던 것이다. 그리하여 근대 초기 자본주의 하에서의 토지소유권의 개념은 개인적 재산권으로서 타의 제약을 받지 않는 절대적 사권絶對的私權으로서 존중되게 되었으며, 토지소유권의 불가침성·자유성·우월성을 의미하는 토지소유권의 절대성은 1789년 프랑스 인권선언 제17조에서 '소유권은 신성불가침'이라는 규정으로 극명하게 표현되었던 것이다"고 천명136)하였듯이 소유권 변천의 역사를 잘 말해주고 있다.

또한 앞서본 바와 같이 근대 시민혁명 이후의 인권선언과 헌법은 개인적 자유의 전국가성을 강조하는 데에 역점을 두어, 태어나면서부터 자유롭고 평등한 인간의 생래적 권리들을 규정하고 이러한 권리들이 최대한 존중되어야 할 것임을 선언하였다. 인신의 자유는 물론이고, 정신적 자유와 재산권의 불가침 등을 그 주된 내용으로 하였다. 근대 입헌주의 헌법에서 볼 수 있었던 이러한 자유권은 국가권력으로부터의 자유라고 하는 자연법사상을 그 기반으로 하고, 사적 자치를 위한 개인주의·자유주의를 그 이념으로 하고, 생명·자유·재산의 권리를 최고의 가치로 하였다는 데에 그 특징이 있다. 하지만, 자유권은 20세기에 와 파시즘과 공산주의 등 전체주의가 대두되자 전면적으로 유린되기에 이르렀다. 그러나 2차 세계대전 이후에는 개인주의와 자연법사상이 부활하여 자유권의 자연권성이 다시 강조되었을 뿐 아니라, 사회정의와 실질적 평등의 실현을 위하여 자유권에 대한 사회적 제약성이 강조되고 있다.137) 우리나라는 일본 제국주의에 의한 토지조사사업138)이 근대적 토지재산권을 확립하는 데 공헌을 하였다139)고 일반적으로 평가되고 있다. 이에 대해서는 견해를 달리한다.140) "일제가 우리나라를 동화시킨다는 야망으로 자신들의 근대적인 법체계를 고스란히 이식했던 것이다"고 일부 학자들은 강변하고 있다. 대한제국 황제인 고종은 이미 서구적 근대화 작업에 착수했었고, 일제에게 근대화된 법체계를 계수하겠다고 요구한 적도 없다. 그 당시

시대적 조류에 따라, 근대적 법체계의 자연적인 계수가 가능했었다. 당연 법체계는 일제 그들도 로마법과 게르만법을 계수한 것이다. 우리 또한 일제에 의해 병탄되지 않았어도, 서구적 법체계를 계수할 수 있었다는 점이다.

따라서 사유재산권의 개념 등 근대 법체계가 일제의 민법 덕분에 우리가 사유재산도 누릴 수 있다 함도 궤변에 지나지 않는다. 1919년, 임시정부를 수립하고 공화제를 근간으로 헌법까지 제정했단 점이다. 이에 일본 제국주의의 시혜론 내지 식민지 근대화론에 편승할 일이 아니다. 일제에 의해 천착된 근대적 토지소유제도는 불안정했다. 국유지 처리에서의 물권적 성격의 경작권을 인정하지 않았고, 이를 소유권 위주로 처리한 데서 문제가 있다. 일제의 강권에 의해 당시 농민들이 외적 여건상 자포자기 상태로 포기한 농지도 있었다고 추정할 수 있다. 점유한 토지를 우리 농민에게 소작시켜 소작료로 강취하였다. 더구나 대한제국법상 외국인에 불과한 일본인이 토지를 점유함은 위법이었음에도 불구하고, 일본인 그들만의 토지점유를 합법화하는 법률적 제도를 확립하는 것이 목적이었다. 따라서 일제에 의해 우리나라의 근대적 토지소유권을 확립했다는 견해들은 패배주의와 식민지 근대화론에 편승한 결과에 지나지 않는다.

일제의 침탈에서 벗어난 대한민국은 경자유전의 원칙에 따라 생산자인 농민에 대한 토지 재분배를 단행함으로써, 대다수 국민을 근대적 사소유자로 만들고 국민적 통합으로 획기적인 농지개혁을 단행하였다는 점이다. 따라서 자연법사상이 어떻게 태동되었고, 그 사상이 근대 민법의 원리로 포섭되면서 현대 수정자본주의로 흘러갔는지는 후술한다. 삼라만상의 모든 존재 가운데에서 사소유의 대상으로 할 것인가에 대한 많은 논란의 존재는, 아마도 인간과 토지가 아닐까 싶다. 이에 그로티우스 이후의 각 사소유권 사상가들의 주장에 대하여 보고자 한다.

2.2. 근대 자연법 사상가들의 사소유권 확립

토지재산권의 자연법사상에서의 자연법사상이란, 자연법을 보편적이고 항구적인 기준으로 인정하고 실정법의 비판이나 개정의 근거로 삼으려는 사상이다. 자연법이론은 서양법 전통의 형성기에는 단연 우세하였다. 만약 자연법에 합치하지 않으면 법으로서의 효력을 결여하게 되고, 법으로 간주되지 않게 된다. 이 시대의 법철학뿐만 아니나, 실정법 자체에 대해서도 제정법이든 관습법이든 간에 자연법에 맞아야 한다. 이러한 이론은 기독교신학과 함께 아리스토텔레스의 철학에 기초를 갖고 있었으며, 또한 자연법의 기초는 교회권력과 세속권력 사이의 투쟁의 역사에서 기초를 갖고 있었다. 이에 미합중국에서는 어떠한 실정법도 다음과 같은 헌법적 요구에 맞아야 한다는 것이다. 즉 이러한 요구는 '적정절차due process', '평등한 보호equal protection', '기본적 자유freedom', '사생활권privacy' 같은 것으로, 이에 맞지 않으면 법의 효력을 상실한다. 실로, '법의 적정절차due process of law'라는 것은 14세기 영국법에서의 구절이었고, 이는 자연법을 의미하는 것이었다. 즉 자연법이론은 헌법 조문에 의해서 실정법으로 인정된 것이다. 로마 황제 플라비우스 그라티아누스Flavius Gratianus(359~383)는 신의 법divine law과 인간의 법human law이란 개념 사이에 자연법natural law 이란 개념을 삽입해 법학에 있어서의 각 구별(신법, 자연법, 교회법, 관습법 등)을 최초로 체계적으로 탐구하고 정리하였다. 신의 법은 성경Holy Scripture의 계시에서처럼 신의 의지가 계시로 나타난다. 역시 자

연법도 신의 의지를 반영한다. 그러나 자연법은 신의 계시와 인간의 이성과 양심에서 모두 발견된다.[141]

토지재산권의 자연법사상에서의 그 사상이란 16~17세기부터 전개된 사회사상의 하나로, 근대사회의 형성에 있어 중요한 사상적 역할을 했다. 그로티우스, 홉스, 로크, 루소 등으로 정도의 차이는 있으나, 자연법사상[142]을 주장했다는 점에서는 공통점이 있다. 근대 자연법 사상가들에 의한 자유, 평등, 사소유권은 불가양不可讓의 천부인권으로 인정되었다 함은 전술한 바와 같다. 이는 근대사회의 중심세력인 유산자有産者, bourgeois들로 하여금, 그들의 자유와 경제활동을 최대한 보장하기 위해 주장된 사상이었다. 그리하여 근대사회는 자유로운 사회였으며, 사유재산권이 보장된 사회였다. 이러한 사상가들이 주장한 사상의 주체였던 시민은 이념적으로는 모든 사람이었으나, 현실적으로는 무산자無産者, proletariat는 제외되었다. 고로 근대 시민사회는 이념적으로는 모든 사람이 시민이었지만, 구체적인 근대 시민권의 향유는 유산자계급에 집중되었었다.

근대 자유토지소유권은 근대 자연법 사상가들에 의해 주장되었으나, 자유사소유권을 천부인권으로 주장하는 자가 있는 반면, 이 권리를 주장하였지만 국가의 강력한 규제 하에 둬야 한다는 주장자도 있다. 또한 사소유권을 인정할 것인가, 아니면 사소유권을 부인할 것인가에 대하여 확실한 결론을 못 내린 사상가도 있었다. 그러나 결국에는 천부인권으로 인정하여 근대 시민사회, 즉 경제적으로는 근대 자본주의 사회가 열리게 되었다. 무엇보다 천부인권을 주장한 근대 자연법론자自然法論者들의 자연법사상은 근대 초기에 왕국王國의 토지와 신민臣民 모두를 소유하고 있었던 무소불위無所不爲의 절대전제군주 하의 절대왕정을 극복하고, 가장 이상적인 사회를 이루고자 하는 이상주의

사상이었다.143)

국제법과 자연법의 아버지인 그로티우스Hugo Grotius(1583~1645)에 의해 최초의 영향을 끼친 사소유권은 인정되기 시작했다. 그는 인간학적인 전제에서 출발하는 실존적 자연법론자인 홉스와 함께 이념적 자연법론자에 속한다. 그는 정당한 이성의 명령을 자연법으로 이해하고 소유에 있어서는 공동소유가 원칙이지만, 인간은 욕망에 의해 더 많이 차지하기 위하여 서로 간의 쟁투로 인한 평화를 유지하기 위하여서는 사유재산제가 요청된다고 하였다. 인간의 자유의지에 귀속시킨 실정법과 사물의 질서에 근거를 둔 자연법을 구분하였으며, 실정법 혹은 실정법의 구성요소들이 종종 변화를 겪으며 장소에 따라 상이하다는 것이다. 그러므로 자연법만이 체계적으로 취급될 수 있어, 앞서 언급한 대작을 저술한 주된 목적도 인간의 자유의지에 기원을 두었던 모든 것을 제거한 후에 자연적이고 변치 않는 법철학을 다루고자 하는 것이었다.

또한 사유재산제에서의 사소유권은 인간의 명시적 및 묵시적인 합의에 의해 성립되며, 물건이나 권리 등을 타인보다 앞서서 차지하는 선점先占에 의하여 한 사람이 독점하면 다른 공동소유자들이 그 선점에 동의한 것으로 합의를 추정하여 그 선점에 소유권을 인정하였다.144) 토지는 본래 신에 의하여 주어진 공동의 재화이지만, 토지사소유권은 신에 의하여 주어진 게 아니라, 선점에 대한 개인 간의 동의Zustimmung에 의하여 주어진다고 하였다. 사소유권의 원천은 신에 있지 아니하고 인간의 본성인 사교성에 있다면서 선점에 의한 사소유권은 인정하였지만, 그 사소유권을 불가침의 천부인권과 사소유권의 한계까지도 주장하지 않았다145)는 점이 특이하다.

로크John Locke(1632~1704)는 영국의 철학자·정치사상가로서 경험주의 철학을 확립하고 근대 인식론의 기초를 이루었으며, 의회민주주의를 옹호한 계몽사상가다. 그가 주장하는 사소유재산권私所有財産權의 근거는 자연 상태와 사회 상태로 구별하고, 자연 상태를 평화적이고도 목가적인 사회로 상정하였다. 자연 상태에서는 자연법에 따라 모두가 재산을 소유하며, 사회계약에 의하여 자연 상태에서 인정된 천부적인 사소유권과 인간의 권리를 보호하기 위하여, 인간은 국가를 생성하여 사회 상태로 진입하였다는 것이다. 사회 상태에서의 국가의 임무는 자연 상태에서의 인간의 천부적인 권리를 보호하는 데 있다. 이에 반하여 국가가 인간의 천부적인 자연권을 보호하지 아니할 때에는, 그 폭군을 제거할 수 있는 저항권이 인간에게 유보되어 있다고 한다. 이러한 로크의 자연 상태와 사회 상태의 구별, 사회계약에 의한 국가 성립의 인정, 사회계약에 의하여 자연권을 보호함이 국가의 목적이지만, 저항권을 유보하여 폭군방벌론暴君放伐論146)을 주장한 것은, 당시의 절대전제주의에 의한 절대왕정의 폭정을 제거하고 시민에 의한 근대 시민사회를 열기 위한 사회사상이었다. 이러한 그의 자연법사상은 근대 시민혁명의 사상적 기초가 되었으며, 그 당위성과 정당성을 옹호한 혁명적이고 저항적인 성격을 띤 사상이었다.147)

이러한 저항권 사상은 중세에도 있었다. 하지만 근대적 의미에서의 저항권抵抗權, right of resistance은 근세 초기의 폭군방벌론을 거쳐 17~18세기에 가서야 대두된 자연법사상과 사회계약설, 그리고 로크의 사상을 바탕으로 성립하였다. 미국의 독립전쟁과 프랑스혁명 등에 큰 영향을 끼쳤으며, 20세기 파시즘의 대두로 그에 항거하는 저항운동이 다시 전면에 부각되었다. 1940년대 초반, 독일 점령 하의 프랑스 파리에서 '레지스탕스Résistance'라는 지하신문이 발행되고 레지스탕스라는 저항운동이 확산되었다. 심지어 대한제국148)을 병탄倂呑한 일본 제국주의 하에서도 우리나라의 이육사, 이상화, 윤동주, 한용운 등 민족저항시인들의 저항운동149)으로까지 발전하는 데 영향을 끼쳤다고도 볼 수 있다. 로크에 있어서는 자연 상태에서의 소유권은 법선재적으로vorrechtlich 존재하였다. 그 상태에서는 어느 누구에게도 재화에 대한 사소유권은 인정되지 않았지만, 자연권으로서의 소유권은 우주와 같이 불가변적인unwandelbar 것이다. 그러나 자연 상태에서도 인간은 자기 신체에 대해서는 그의 소유권, 즉 사소유권이 인정되고 자기보존권Recht auf Selbsterhaltung이 인정되었다. 이러한 자연 상태에서의 자연권인 소유권을 계속 유지하기 위하여 사회계약을 체결하여 국가를 만들어 사회 상태에서도, 국가로 하여금 이러한 사소유권을 보호하도록 하였다는 이론 구성을 하였다.

로크는 자연 상태에서의 자연권으로서의 소유권과 사회 상태에서의 노동에 의한 사소유권의 개념을 구분하고 있으나, 그 보호에 있어서는 양자가 천부적인 불가침의 권리로 파악하고 있다. 그러나 자연 상태에서의 소유권은 공동소유권이며, 사회 상태에서의 사소유권은 절대적·배타적인 단독소유권이다. 그가 천부인권으로 불가침적으로 보호하고자 한 사소유권이론은 사회 상태의 사소유권을 자연 상태에서의 소유권과 마찬가지로 자연권으로 보호하려고 함에 있었다고 볼 수 있다.150) 이처럼 사소유권의 보호를 국가의 목적으로 이론 구성을 하였다. 그는 자연 상태에서 인간이 태어날 때부터 가지고 있는 권리를 자연권이라 하고, 소유권property은 생명life, 자유liberty, 재산estate을 포괄하는 넓은 개념으로 사용하였다. 그러나 단순히 보통의 재산(소유권)의 의미로만 사용하는 경우도 있다.151)

그리하여 로크는 사소유권은 자기 노동으로부터 나온다는 노동가치설을 주장하게 된다. 인간은 이 세상의 재화에 대하여 사소유권

privateigentum을 갖지만, 자기의 신체에 대해서도 사소유권을 갖고 있으므로, 신체에 의한 노동의 산물에 의해서 역시 사유권이 인정된다. 그리하여 자기 신체에 의한 노동의 결과로서 재화에 대한 선점Aneignung을 하게 되면, 그 선점한 물건에 대한 사소유권이 생성된다고 하였다. 이러한 노동인 선점에 의한 사소유권 인정설이 바로 로크의 노동에 의한 사소유권을 인정하는 노동가치설이다. 더 나아가 로크는 노동의 산물만이 사소유권의 대상이 되는 것을 넘어 노동의 전제 내지 노동의 조건에도 사소유권이 인정된다고 하였다. 예컨대, 경작하기 위한 토지에도 그 토지가 노동할 수 있는 터전이 전제되므로, 사소유권이 인정된다. 그리하여 노동에 의한 사소유권의 인정은 확장되어 갔다는 것이다.

그리고 로크의 노동에 의한 사소유권이 성립된 사상은 그로티우스와는 달리 다른 사람의 동의에 의하여 사소유권이 인정되는 것이 아니라, 전술한 바와 같이 선점함으로써 바로 사소유권을 취득한다는 점이다. 이러함은 로크의 사소유권 사상이 극히 개인주의적인 사상임을 보여주고 있다. 그는 노동에 의한 사소유권의 발생을 주장하면서 동시에 사소유권의 한계를 주장하였다. 사소유권은 무제한의 천부인권이 아니라, 선점은 다른 사람의 생존을 위하여 필요한 만큼 충분히 남겨둬야 하며, 자기 자신이 필요로 하는 정도 이상의 사소유권의 취득은 인정되지 아니하며, 자기가 노동하여 취득한 범위 내에서만 사소유권이 인정될 수 있다고 한다.152) 노동으로써 생겨진 토지의 소유권은 토지의 공유보다 더 우월하지 않으면 안 된다. 모든 것에 가치의 차이를 낳게 하는 것은 사실상 노동이기 때문이다.153) 여기서 중요한 점은 비록 로크가 이러한 노동에 의한 소유권을 주장하였지만, 무제한의 소유가 아니었다. 타인에게도 그의 노동에 의해 이러한 소유가 가능할 수 있도록 하는 배려의 사상이 전제되어 있었기에, 이러한 노동소유권이 도덕적으로도 용인될 수 있었다는 점이다.

　로크의 이러한 사상은 타인을 위한 배려가 강조되는 사상이다. 근래의 자유지상주의 사회사상가libertarian 노직Robert Nozick(1938~2002)154)이 "인간의 자유는 사적 소유권에 근거하며, 그 사적 소유권은 인간의 노동에 의하여 취득하게 된다"고 하는 노동소유권의 점에서는 로크와 마찬가지이다. 따라서 로크의 사소유私所有는 타자에 대한 배려가 있어야 하고, 타자에 대한 배려는 그 타자로부터의 자기소유에 대한 승인을 의미한다. 그러나 로크는 타인의 생존을 위하여 무제한의 소유를 제한하는 도덕적인 견해를 피력하였으나, 노직은 그것을 시장시스템에 맡겨두면 족하다고 한다. 달리 말해 노직은 로크의 소유권 사상을 자유시장경제의 원천으로 보면서 존 롤즈John Rawls의 복지국가 내지 공정으로서의 정의에 맞서 자본주의적 사적 가치를 우선하는 '권원이론權原理論, entitlement theory'을 주장했다. 이는 프리드리히 하이에크Friedrich Hayek(1899~1992)와 거의 같은 맥락이다.

　이러한 로크의 사소유권 사상은 자본주의를 옹호한 사상이었다. 노동하지 않고 인정되는 중세의 상급소유권의 부당성을 지적하면서, 이러한 분할소유권을 극복하고자 하는 혁명적이고 저항적인 사상이었다. 그리고 노동에 의한 사소유권 사상은 사소유권을 천부의 자연법적인 권리로 파악하고자 하는 소유권이론의 사상적 기초가 되었으며, 사회주의자도 공리주의자도 받아들인 소유권 사상이 되었다. 사람의 인격은 소유와 더불어 신장된다고 한바, 이는 재화를 소유해야 인격의 자유의 전개가 가능하기 때문이라는 파악이다. 또한 로크의 천부인권으로서의 노동에 의한 사소유권 사상은 자유주의liberalism적·시민citizenry적 소유권으로서 근대의 사소유권 인정의 기본이론으로 받아들여졌다. 명예혁명에 의한 권리장전, 버지니아 권리장전, 미국독립선언, 프랑스 인권선언,155) 바이마르헌법156)을 비롯한 오늘날 각국의 헌법상의 재산권, 즉 소유권 보호에 관한 규정에서 반영되고 있다.157) 그러나 '노동에 입각한 자연권'이라는 로크의 소유권 사상은 이상에서 언급한 점과 달리, 리카도와 마르크스를 거쳐 자본주의 착취이론으로 변질돼 유산자에 대한 저항이론으로 변환된 아이러니를 갖고 있는 점도 무시할 수가 없다.

1776년 『국부론The Wealth of Nations』을 저술한 스코틀랜드 출신 애덤 스미스Adam Smith(1723~1790)158)는 자본주의 경제사상으로 근대 시민사회를 이끈 경제사상가이다. 즉 진보적 부르주아(중산계급)의 위대한 사상가이며, 고전파 정치경제학의 창시자로 사회진보에 위대한 공헌을 한 그의 업적은 너무나 크다. 그는 12세 연상인 동향 출신의 철학자이자 경제학자이며 역사가였던 『인성론』을 저술한 데이비드 흄David Hume(1711~1776)과의 지적 교유로, 흄의 자서전에 "흄은 인간이 도달할 수 있는 완벽한 지혜와 덕의 이상에 가장 가깝게 다가갔던 인물"이라고 호평했다. 엥겔스는 "영국의 산업혁명은 와트Watt159)의 발명만이 아니고, 애덤 스미스 사상의 표현이기도 하다"고 한다. 가부장적인 물질적 재화의 생산방법이 가지는 불활발·정체·세대의 천편일률성에 결정적인 타격을 주었다. 한편, 아담 스미스의 학설은 자본주의 경제가 기능한 메커니즘을 창조하고, 또한 경제정책의 기초를 형성할 것을 촉진하기도 하였다.160) 애덤 스미스는 노동에 의한 자유사소유권을 옹호하면서, 사소유권은 노동에 의하여 성립하며, 그 노동소유권은 신성한 불가침임을 인정하였다. 그러나 노동하지 않은 자본가의 사소유권의 취득을 설명함에는 문제가 발생하였다. 반면 자본은 자본가에 의해서 '축적된 노동gespeicherte Arbeitdes Kapitalisten'이라는 이론에 의한 자본가의 사소유권 취득의 근거를, 역시 노동가치설로 인정할 수 있게 되었다는 점이다. 그러면서 노동생산물은 노동의 자연적인 보상 또는 임금을 구성한다. 토지소유와 자산축적에 앞서는 사물의 원초적인 상태에서는, 노동의 모든 생산물은 노동자의 것이 된다.

토지가 사유재산이 되자마자, 지주는 노동자가 거기서 생산하거나 채집할 수 있는 거의 모든 생산물에 대한 몫을 요구한다. 그의 지대는 토지에 사용되는 노동생산물에서의 첫 번째 공제가 된다. 토지를 경작하는 사람이 수확을 할 때까지 자신의 생활을 유지할 수 있는 재력을 가지고 있는 일은 드물다. 그의 생활유지비는 일반적으로 주인, 즉 그를 고용하는 농업경영자의 자산에서 선先지급되는바, 그의 노동생산물에서 자기의 몫을 받을 수 없다면, 즉 자기의 자산이 이윤과 함께 회수되지 않는다면 그를 고용함에 있어 아무런 관심도 없을 것이다. 이러한 이윤이 토지에 사용되는 노동생산물로부터의 두 번째 공제가 된다는 것이다. 거의 모든 다른 노동생산물도 이와 같은 이윤의 공제를 면할 수가 없다. 모든 노동자의 대부분은 일의 원료와 그것이 완성될 때까지 투입되는, 그들의 임금과 유지비를 선불해줄 주인을 필요로 한다. 주인은 노동생산물에서, 즉 그들의 노동이 원료에 투하되어 부가되는 가치 속에서 자신의 몫을 얻게 된다.161) 이 몫이 바로 그의 이윤인 것이다.

이러하듯이 자유의 체제에 따라 국가는 세 가지의 의무를 다음과 진다. 첫 번째 의무는 사회를 폭력과 공격으로부터 보호하는 것이다. 두 번째 의무로서는 사회구성원을 정의롭지 못한 것과 억압으로부터 보호하는 것이다. 세 번째 의무는 공공기관과 공공사업이 개인에게 결코 부담이 되지 아니하도록 국가 스스로 계획하고 시행해 나아가는 것이라고 하였다. 그러한 나머지 개인의 완전한 경제활동의 자유를 보장할 것을 주장하고, 그것을 가능하게 하는 것이 사소유권이라고 한다.162) '보이지 않는 손invisible hand'에 의해서 시장의 질서는 유지될 것이라고 한 그는 이기심이 좋을 수도 있다는 주의다. 작은 이기심이 좋을 수도 있다는 것이었다. 여기서 '보이지 않는 손'이란 그의 저서 『도덕감정론』(1759)에서 나온 개념으로, 자원배분의 효율성을 이루는 시장기능을 말한다. 개개의 모든 이해利害는 궁극적·자연적으로 조화를 이룬다는 승자독식을 거부하는 사상이다. 고로 건강한 이기심은 이익의 극대화로 연결한다. 국부를 증가키는 건강한 이기심을 옹호한 그는, 사소유권의 인정을 전제로 중상주의를 호되게 비판하지 않았나 싶다.

다음으로, 비판철학의 정수를 선보였다고 볼 수 있는 칸트Immanuel Kant(1724~1804)는 프로이센에서 마구馬具(말갖춤) 제조업자의 아들로 출생했다. "철학을 배울 것이 아니라, 철학을 하는 것이다"라는 그의 유명한 말은 오늘날에도 자주 회자된다. 서양 근대 사상이 지향한 도덕적 이상을 집대성기도 했다. 토지는 모두 공동소유로 이에 노동을 기하여 사소유로 한다는 로크의 이론과 달리, 공동체구성원의 의사에 기초하여 소유가 인정된다는 타인, 즉 인간의 의사를 존중한다는 점이다. 이와 같은 칸트의 인간 의사의 자유사상은 그 후 사비니 Friedrich Carl von Savigny(1776~1861)163)와 독일과 자유법론자에게 전수되었으며, 독일의 판덱텐Pandekten 법학에 영향을 줘 인간의 의사의 자유와 자유의사의 활동을 강조하게 되고, 그것은 동시에 자유로운 사소유권의 인정과 강화로 발전하게 되었다.164)165)

이로써 이러한 자유사소유권은 노동가치설, 인간의 자유, 인간의사의 자유, 자본주의 경제의 발전에 따라서 서양제국의 확실한 소유제도로 정착하여 오늘에 이르고 있다. 물론 자유사소유권이 낳은 부작용도 적지 않기는 하다. 특히 자유토지사소유권은 자본주의 자유국가의 근간이 되는 소유제도로 발전되어 오늘날에 이르고 있다. 이러한 자유소유권은 존 로크에 의해서 천부인권으로 인정되고, 근대 시민혁명의 결과를 담은 법 문서에서 명시적으로 밝히고 있다. 그리고 근대 민법전에 입법되어 지금까지 자본주의 자유시장경제의 중핵中核으로 기능하고 있다. 그러나 이러한 사소유권을 인정은 하나, 그로티우스와 같이 천부성은 인정하지 않는 사상가도 있다. 토지에 대한 사소유권을 인정하고 사회계약에 의하여 국가가 형성되었다고 주장한 존 로크와 같이 사소유권은 자유로운 소유권이 아니라, 국가의 강력한 규제 하에 둬야 한다는 천부인권성天賦人權性만을 부인한 사상가들이다.166)

이러한 근대 자연법론자로는 스피노자Benedict de Spinoza(1632~1677)와 '독일 국민에게 고한다Reden an die deutsche Nation'라는 명연설자인 피히테 Johann Gottlieb Fichte(1762~1814), 그리고 헤겔과 홉스가 대표적이다. 이들 중 토지에 대한 사소유권은 인정하나, 천부성은 부인하는 네 사상가 중 헤겔과 홉스에 대해서 보자.

헤겔Georg Wilhelm Friedrich Hegel(1770~1831)은 18세기 막바지에 성장한 그의 소명은, 18세기의 몰락과 19세기의 여명을 목격한 동시대의 독일인과 유럽인들이 몸소 체험한 거대한 변화를 이해하는 것이었다. 그는 근대 문화에 대한 수많은 염려와 과학과 인간의 관계에 대한 근심들 속에서, 국가의 역할에 대한 사상, 역사를 이해하는 방식에 대한 생각, 그리고 근대 예술의 가능성에 대한 생각 속에서 항상 중심적으로 논의되는 이른바 근대성 자체를 사유의 대상으로 삼은 최초의 철학자라고 할 수 있다.167)

그는 실정적인 가르침, 역사에 근거한 가르침들에 필연성의 성격을 부여할 수 없다고 느끼는 것이 이성의 특징이다. 그리고 이성은 그 가르침들에서 이성적 진리의 또 다른 특징인 보편성을 부과하거나 발견해 낼 수조차 없다고 느낀다. 그런데 '신의 존재 증명ex consensu gentium'들 중 소위 인종학적 신의 존재 증명은 항상 하나의 위치를 가졌으며, 그 증명은 사람들에게 어느 정도 위안을 가져다주었다. 사람들은 무시무시한 지옥에서조차 거기서는 많은 사람들이 같은 운명을 가지고 있다고 생각함으로써, 종종 어떤 위안을 얻는다고[168] 하였다. 헤겔은 사람은 '정신을 가진 존재'로서 자기의 신체를 소유하며 이것으로부터 물건의 소유로 나아간다. 그리고 스스로의 노동으로 취한 것이 그의 소유가 된다고 하여 노동가치설을 따르고 있다. 또한 그의 물건에 대한 소유가 사회로부터 승인되어야 자연의 소유로 인정되고, 그러한 자연의 소유의 표지는 다른 사람을 그 물건으로부터 배제하는 것으로서 물건에 대한 자신의 의지를 표시하는 것이다. 이러한 소유의 표지의 완벽한 방법은 점유라고 하였다. 또한 점유는 타인과의 관계에서 소유로 되며, 그 소유로부터 권리가 발생하고, 소유의 보편성이 '권리'라고 한다. 여기서의 보편성은 모든 사람이 각각 타자의 점유를 서로 승인하여 모든 사람이 물건을 소유하는 상태를 의미한다. 그러므로 점유에 대한 상호승인에 의하여, 모든 사람이 각각 물건의 소유를 할 수 있음을 설명한다.[169]

반면 영국의 철학자이자 정치사상가 홉스Thomas Hobbes(1588~1679)[170]는, 그의 저서 『리바이어던Leviathan』에서 인간을 투쟁적이고 이기적인 존재로 파악하였다. 또한 그는 사회계약론의 창시자로서 인간의 능력은 평등하고 서로가 서로 간에 적이 된다고 한다. 이러한 인간 간의 다툼은 경쟁, 불신, 과시誇示란 이 세 가지가 그 원인이라고 하고, 인간은 언제나 죽음의 위험에 처해 있다. 이러한 전쟁 상태에서는 "법도,

부정도, 소유도, 지배도 없다"고 하였다.171) 두 차례 내전의 와중에서 생명의 위협을 느끼고 프랑스로 망명한 그의 자연 상태State of Nature란 국가와 제도가 없는 상태에서의 개인 간 상호불신에 의한 전쟁 상태 State of War이고, 무정부 상태Anarchy가 전쟁 상태란 것이다. 여기서 전쟁 상태란 실제 전쟁을 하는 상태가 아니라, 전쟁을 막을 장치(국가, 리바이어던)가 없다는 것을 말한다. 고로 사회계약을 통해 국가가 성립됨으로써 자신의 생명을 보존하고 유지한다. 이러한 자연 상태를 벗어나기 위한 게 사회계약이다. 즉 리바이어던(절대군주, 국가)에 양도함으로써 사회계약을 체결한다. 공공의 힘이 없는 자연 상태에서는 전쟁 상태임은, 오늘날 국제정치의 현실(전쟁 가능성)에 살고 있음과 유사하다. 따라서 강력한 질서 하에 인간들 간의 전쟁 상태는 없어지고, 개인 간 노동 분화가 일어난다. 국가가 사회계약을 통하여 개인을 보호함으로써 모든 분야가 윤택해진다는 논리이다. 즉 끝내는 질서유지를 위해서는 강력한 리바이어던만이 해결책이라는 것이다.

만약 앞서 살펴본 바와 같이 로크의 '시민통치론' 이후 영국의 역사가 내란, 폭도, 혁명 등 홉스가 만인의 만인에 대한 전쟁 상태로서 규정한 자연 상태를 알지 못하였다면, 이는 천부인권론, 시민저항권, 대의민주주의론 등이 무난히 실현된 성공의 결과라기보다는 영국이라는 국가의 틀 안에서 자본주의 시장경제가 급속히 발전하고, 이와 더불어 국민의 대다수가 시민 내지 부르주아에 편입되고 대의정부 구성에 실질적으로 참여할 수 있게 된다. 이로써 그가 그렇게나 두려워했던 시민전쟁civil war 일반의 소지를 점진적이나마 미연에 해소할 수 있었기 때문이었다. 실제로 18~19세기에 영국은 대외적으론 지상 최대의 '리바이어던'이 통치하는 강국이면서, 동시에 대내적으론 존 로크의 전통을 이어받은 공리주의자들에 의한 최소 정부(야경국가)이론과 생명·자유·재산이란 천부인권을 대전제로 하는 자본주의시장 경제학이 대세를 이루고 있었던 것이다.172)

홉스는 인간의 행동이 내적 의지인 격정에 의해서 지배된다고 믿고, 이 격정은 이성을 무용지물로 만들 수 있는 것이라고 보았다. 따라서 자연 상태에서의 인간들은 자신들의 내적 의지에 따라 이익을 위해 끝없는 투쟁일 것이라는 사고였다. 그리고 그는 자연 상태에서의 인간의 삶은 "예술도 없고, 학문도 없고, 사회도 없다. 무엇보다도 나쁜 것은 계속적인 공포와 난폭한 죽음의 위험이 존재한다는 것이다. 그리고 인간은 고독하고 가난하고 더럽고 잔인하며, 그 목숨도 짧다". 즉 그는 자연 상태를 만인에 대한 만인의 투쟁으로 보았던 것이다. 바로 인간에 대한 이러한 관점에서 그의 사회계약설이 출발하였다.173)

이로써 그는 인간은 이기적인 존재이지만, 자연 상태에서 죽음의 공포로부터 해방되기 위한 최소한의 협력하는 마음, 즉 사회성Geselligkeit이 있다고 파악하였다. 이러한 전쟁 상태를 자연 상태로 파악하고, 이러한 전쟁 상태를 회피할 가능성은 죽음의 공포와 이성이며, 이러한 죽음의 공포로부터 평화를 찾아야겠다는 이성에 의한 사회계약이 법과 국가를 만든 원천이다. 죽음을 피하고 평화를 갈망하는 이성의 작용으로 도출한 법은, 평화를 추구함으로써 이루어지는 그 법이 자연법이다. 홉스의 자연법 내용으로는 사회계약에 의하여 국가가 성립되고, 국가는 투쟁적인 자연 상태를 극복하여 평화의 사회 상태를 이루기 위하여 시민들의 권리를 위임받으며, 국가는 사회 안정을 위하여 무소불위의 권력을 행사할 수 있다 하면서도, 시민의 저항권은 부인하였다. 홉스에게서의 사회 상태의 소유권은 사소유권이었지만, 강력한 국가의 통제와 규제 하에 있는 권리였다. 이러한 홉스의 사상에 기초하여 네덜란드의 스피노자174)와 칸트의 사상의 많은 영향을 받은 독일의 피히테도 인간을 이기적인 존재로 이해하고, 사회평화를 위해 사회계약을 체결하였다고 이해하면서, 사소유권을 인정은 하였으나 국가의 규제 하에 둬야 한다175)는 것이다.

또 다른 사회계약론자인 프랑스의 루소(1712~1778)는 앞에서 본 홉스나 로크와 달리, 그가 상정한 자연 상태에서의 인간은 매우 자유롭고 순수하다. 그 상태에서는 어린 아이와도 같은 인간의 성질이 점차 변질되면서 사회계약을 하지 않으면 안 되는 상황에 처한다. 자연 상태에서 사회계약을 할 수밖에 없는 상황에 이르게 되었는지는 불명확하나, 물질문명의 발달과 사치스러운 문화와 법, 그리고 제도를 비판적으로 보면서 이러한 상황이 도래하기 전, 즉, 자연 상태에서의 인간을 최선책으로 본 것이다. 그가 상상한 자연 상태에서의 인간의 모습은 서로에게 평등한 모습이었다. 그의 저서 『인간불평등기원론』(1775)에서 "종교가 믿으라고 명하는 바에 따르면 하느님 자신이 만물을 창조하신 직후에 인간을 자연 상태에서 벗어나게 하셨으니, 인간이 불평등한 것은 하느님께서 그렇게 되기를 원하셨기 때문이라고 한다. 만약, 인류가 홀로 버려져 있었다면 어떻게 되었을까 하는 문제에 대해 인간과 인간을 둘러싼 존재들의 본성만을 근거로 하여 추측하는 것은 종교도 금하고 있지 않다. 이것이야 말로 내게 주어진 질문이며, 이 논문에서 검토하고자 하는 것이다"고 말한다. 자연 상태에서의 인간은 고립된 상태로 생활을 영위하고 자기 보존의 본능밖에 없는 자연인이다. 이러한 자연 상태 하에서는 불평등이란 있을 수 없으며, 자연인은 완전히 자유롭고 평등하다. 그러나 무릇 인간은 평등하게 태어났음에도 불구하고, 도처에서 불평등에 시달리고 있다는 것이다. 이러한 인간의 그 불평등의 기원은 '사유재산의 소유에 있다'고,

소유권 등장에 대한 혹독하게 비난했다. 그는 (원시적인) 자연 상태로 돌아자고 한다. 여기서 루소가 진정 원한 것은 맹수와 온갖 벌레가 홍수를 이루는 자연으로 다시 돌아가자는 것은 아니다. 루소의 이 말에 대한 뜻을 칸트가 말했듯이 "현재 처한 상태에서 자연 상태로 되돌아보자는 것"이거나 "불평등이 있을 수 없는 태초의 인간성으로 돌아가자는 의미"이다. 불평등이 만연한 제도와 사회로서는 안 되기에 타임머신을 타고서라도 '인간이 태초에 품었던 내재된 본성으로의 회귀'를 설파했다. 즉 '원초적 휴머니즘Basic humanism'176)이 다시금 더해질 때야말로, 탐욕이 없는 공존공생의 평등한 인류의 지상낙원이 올 수 있다는 것이다.

그리고 그는 부유한 자가 가난한 자를 대상으로 유혹해 거짓계약을 맺었기 때문에 진정한 사회계약을 맺어야 함을 피력하며, 네덜란드에서 『사회계약론』(1762)을, 다시 프랑스에서 이상적 시민을 교육하는 방법론인 『에밀』(1762)까지 저술하였다. 농업과 야금治金의 발달은 사유재산을 낳고 불평등과 빈곤을 심화시키며, 지배와 복종이 확대되면서 폭력이 횡행하게 된다. 따라서 이러한 무질서상태에서 벗어나기 위해 사회계약을 맺고 국가의 성립을 인정한다. 이는 허위의 사회계약이나, 그것으로써 국가권력이 승인되고 사유私有를 지키며, 불평등을 영속하게 하는 법이 확정된다. 그리고는 합법적인 권력의 자의적인 권력에의 이행이며, 이어 전제주의가 출현한다. 이러한 바탕 하에서 불평등은 최고조에 이른다. 이에 그것과는 반대로 사람들로 하여금 일단 상실한 자연 상태를 다른 기초 위에 회복토록 하는 사명감을 자각케 한다. 최후의 전제주의 단계가, 그가 현실로 본 프랑스 절대왕정의 사회였다. 따라서 전제주의로부터 자연 상태의 회복에 관해서는 사회계약론에서 설파한다.

루소는 토지소유권에 대하여, 공동체가 형성될 때 그 모든 구성원은 있는 그대로의 자기 자신과 자기가 점유한 재산까지도 포함한 자기의 모든 힘을 공동체에 양도한다. 이 행위에 따라 재산의 점유자가 달라지고, 점유의 성질이 바뀌어 주권자의 손에서 소유로 되는 것은 아니다. 그러나 국가(공동체)의 힘은 개인의 힘과 비교할 수도 없을 만큼 강력하기 때문에, 국가의 점유는 훨씬 더 확고하고 안전한 것이다. 그렇다고 하여 국가의 점유가 더 정당하다는 것은 아니며, 적어도 외국인에 대하여는 더욱 그러하다. 모든 인간은 태어나면서부터 자기가 필요로 하는 모든 것에 대한 권리를 가지고 있다. 자기 몫이 정해지면 인간은 그것에만 만족해야 하며, 공동체의 재산에 대해서는 그 이상의 아무런 권리도 가질 수 없는 것이다. 이것이 바로 자연 상태에서는 그토록 약하던 선점권先占權이 사회화 상태에서는 모든 사람의 존중을 받게 되는 까닭이다. 이 권리는 가장 강한 자의 권리보다는 실제적이지만, 소유권이 확립된 후가 아니면 진정한 권리가 될 수 없다. 이 권리에 있어서 우리가 타인의 물건을 존중하는 것은 그것이 타인의 것이라서가 아니라, 내 것이 아니기 때문이다. 더 나아가 루소는 기본적인 계약은 자연적 평등을 파괴하는 것이 아니라, 자연에 의하여 인간들 사이에 주어진 육체적 불평등 대신에 도덕적이고 법률적인 평등을 가지고 온다는 점과 인간은 체력이나 재능에 있어서는 불평등할 수 있지만, 계약과 권리에 따라 모두 평등하게 된다는 점이 모든 사회조직의 기초가 된다고 한다.177) 생산자(농민, 소상공인)의 소유권을 복원하는, 노동하는 자가 토지 등 생산수단을 소유해야 하는 토지개혁인 일종의 경자유전원칙을 세웠다. 따라서 이러한 사상가들의 사상에 의해 현대적 소유권이 형성되었다.

2.3. 자연 상태, 사상가들의 저항권

앞서 언급한 홉스, 로크, 루소의 공통점은 사회계약설(론)을 주장했다는 것이다. 이를 다시 정리하여 설명코자 한다. 첫째, 국가 성립 이전의 자연 상태로 규정하였고, 둘째, 모든 인간은 천부인권(자연권)을 가지고 있다는 점이고, 셋째, 각 개인이 지닌 자연권의 제도적 보장을 위해 국가가 형성되었다는 점으로, 이는 개인주의에 기초했다. 넷째, 인간은 이성적 존재임을 전제함으로써 인위적 계약에 의해 국가가 형성되었다는 점이고, 다섯째, 국가권력(통치권)은 인위적 산물이라고 했다. 이러한 공통점을 지닌 세 사상가는 약 '세기 반'이라는 시공을 초월하여, 서양의 근대 정치의 질서에 큰 영향을 끼쳤다. 그 시대는 물론, 현대에서도 신대륙 발견의 콜럼부스 같은 존재였다고 칭해도 과하지 않을 듯하다.

세 사상가의 차이점은 첫째, 인간의 본성에 대하여는 홉스가 이기적이며 악하다며 무질서와 결합된 성악설의 입장에 선다. 로크는 악하지도 착하지도 않는 일체의 경험이전의 백지 상태와 같다는 백지설白紙說에 섰으며, 루소는 선천적으로 착하다는 성선설의 입장이다. 둘째, 자연 상태에 대하여는 홉스는 만인에 의한 만인의 투쟁이라고 한다. 로크는 자유롭고 평등한 상태이고, 이에 반하여 루소는 가장 행복한 최선의 상태이자 사적 소유(신분, 재산 등)로 종속적 관계다고 한다. 셋째, 홉스는 자기보존을 위해야 하며, 자연권 모두를 국가에 전부 양도하고 절대적 복종인 군주주권론(절대군주제)을 주장하였다. 로크는 자연권을 일부 양도하는 제도적 보장으로 신탁위반 시에는 저항권을 인정하고, 입헌군주제와 대의민주제로써 2권분립론을 주장하였다. 루소는 가장 행복한 최선의 상태로, 일반 의지(자신의 의지)에 의해 국가를 형성하는 국민주권론(직접민주제)을 주장하였다. 넷째, '인민'을 홉스는 권리양도라는 계약에 의한 부류를 의미한다. 로크는 일정한 재산을 갖고 있는 유산자를 의미한 데 반해, 루소는 재산과 관계없이 모든 민중을 의미한다. 앞서 본 바와 같이 '자연으로 돌아가라'는 자연 상태는 불평등과 차별이 없는 상태를 의미한다. 로크가 '자유'를 강조한 사회계약자라면, 루소는 '평등'을 강조한 사회계약자라 할 수 있다는 점에서 서로 간 상이점이 있다. 결론적으로 홉스의 리바이어던(국가)이 설사 이상적인 국가는 아니었을지라도, 근대적 권리의 단초를 제공했다고 볼 수 있다.

그러면 저항권抵抗權에 대해서 보자. 인간은 자연 상태의 폭력을 극복하기 위해 국가를 창설했으나, 다시금 그 국가권력의 폭력을 극복하기 위해 저항권이란 것을 발견해냈다. 저항권의 역사는 이론적으로나 실제적으로나 국가권력이 남용되기 시작했을 때부터 대응권력으로서 존재해 왔다. 동양에서는 맹자의 역성혁명론易姓革命論이 있었고, 서양에서는 중세 폭군방벌론暴君放伐論이 헌법적 제도로서 일반화돼 있었다. 저항권은 법치국가의 존립과 운명을 같이한다. 그것은 법치국가 헌법을 쟁취, 유지, 회복하는 수단이기 때문이다. 즉 법치국가 헌법이 아직 마련되지 않은 곳에서는 그것을 '쟁취'를 위한 수단으로서, 법치국가 헌법이 이미 쟁취돼 있는 곳에서는 그 '유지'를 위한 수단으로서, 또한 법치국가 헌법이 파괴되었을 때에는 그것을 다시 '회복'하기 위한 수단으로서 작용하는 헌법적 구성 원리에 속한다.[178] 군사독재정권을 무너뜨린 우리도 지금은 이른바 '내로남불'에 의한 이데올로기의 노예상태에 있다고 해도 과언이 아니다. 국가의 범죄행위, 그것도 우리 사회의 고등사기꾼집단인 '엘리트층 간의 커넥션'에 의한 범죄행위로 선량한 국민들이 소외감을 느끼거나 상대적 박탈감에 병들고 있어도, 정부가 통제능력을 잃었다. 즉 국가는 있되, 정부는 없어 보인다는 점이다. 인간은 이러한 범죄를 방지하거나 일소하기 위해 국가를 세운 것이다. 그러나 제몫을 못하는 권력에 대한 통제수단으로서의 저항이 일어나고 있다. 더 가다가는 절대군주정의 앙시엥 레짐 angène régime을 무너뜨린 프랑스대혁명의 전초전 같은 상황에 직면할지도 모른다.

반反가톨릭주의자였던 홉스는 중세의 정치적 혼돈상과 가톨릭이 지배하던 종교의 타락을 극복하고자 새로운 정치체제를 주장한다. 이른바 '군주복종계약론'이다. 정치적 질서가 만들어지지 않은 자연 상태는 약육강식이 존재하는, 만인이 만인에게 적인 구약성서 욥기에 등장하는 바다의 괴물인 리바이어던Leviathan이라고 했다. 달리 말해, 그는 자연 상태에서 만인의 만인에 대한 투쟁 상태에서 벗어나기 위해 만들어낸 실체가 합일된 인민들의 계약에 의한 합의체인 리바이어던, 즉 국가란 공권력인 괴물의 탄생이 필요했다는 점이다. 즉 절대왕정에 의해 천부적 자연권이 보장된다는 것이다. 복종계약론의 특징은 민중의 권리나 자유가 배제된 무조건적인 군주에게의 복종을 강조한 것으로, 이 이론에 따르면 국민은 저항할 수 없고 비판을 할 수 없다. 그러나 평범한 인민들이 권력을 창조하는 소중한 존재라는 사실과 민주적이고 계약론적 사고의 중요성이다. 그러하면 일례로 오늘날에 있어서, 소위 '갑을관계'에 의한 부당함에까지 합리적인 저항마저 할 수 없는 것은 아니다. 영국의 합리주의 전통을 이어 받은 근대의 정치철학자인 로크의 '사회적 계약론'은, 국민이 자신의 천부적인 권리를 자발적으로 군주와의 계약을 통해 군주에게 일부 이양한다는 것이다. 자연 상태는 일단 평화롭고 자유로운 상태이나, 최소한의 질서유지를 위해 정치체제가 필요함에 이를 위해 인민들이 권리를 양도했다고 본다. 따라서 홉스와 달리, 군주의 폭정에 대해서는 저항할 수 있다.

다음으로, 직접민주주의의 선구자인 루소의 평등계약론이다. 이는 모든 인민이 평등하게 천부적인 정치적인 권력을 갖고 있을뿐더러, 대등한 비율의 권리를 갖고 정치질서 형성을 위해 합의한다는 것이다. 따라서 인민은 자신들에 의해 직접 만들고 관여하는 정치권력이기 때문에 저항권은 필요가 없다는 것이다. 즉, 그 자체만으로도 저항권이기 때문에 저항권이 필요하지 않다고 한 듯하다. 이로 말미암아 루소가 저항권을 주장하지 않았다고 보는 대체적인 견해가 아닌가 싶다. 인민이 국가의 권력에 복종함은 '일반 의지'만의 복종이다. '일반 의지'란 말뜻이 애매모호하나, 로크의 저항권까지 부정하지는 않았다는 점, 그리고 정당하지 못한 권력까지의 복종은 아니라고 여겨진다. 이러한 권력이 주권을 침탈하거나 위협할 때에는 사회계약은 파기되고 새로운 권력을 세워야 한다. 또한 루소가 명시적으로 인정하거나 부정한 적은 없다는 점에 미루어볼 때, 그 '일반 의지'는 '인민의 중심'이라고 볼 수 있는 것으로 저항권을 부정하였다고도 볼 수 없는 측면도 있다. 군주제에서 민주주의로 전환하게 된 프랑스혁명의 사상적 기초가 되었음은 주지의 사실이고 보면, 저항권을 인정하지는 않았다는 점에는 무게를 두기는 어렵다.

더 나아가 프랑스혁명은 봉건주의 및 귀족의 특권과 투쟁하기 위해 가상의 옛 질서를 사용한바, 그것은 자연 상태란 고전적인 질서로의 복귀를 내세우는 것이었다. 레닌의 추종자들이 중심이었던 러시아의 볼셰비키Bolshevik(반대파는 표 대결에서 밀린 온건파인 멘셰비키Men'sheviki)들은 1917년 10월 사회주의혁명 때, 소유권이 확립되기 이전의 원시 부족의 계급 없는 사회로 돌아 가자고도 하였다.[179] 이러한 점은 10월 혁명으로 권력을 잡고 소련을 이끈 마르크스주의의 그 원천적 설계는

로크의 노동이론labor theory에 있었다. 이러하듯이 로크의 소유권 사상
은 마냥 자본주의에게만 유리하지 않았음이다.

2.4. 사유재산에 대한 유토피아의 현대적 의의

『유토피아Utopia』(1516)를 저술한 영국의 토마스 모어Thomas More(1467~
1545)는 대법관을 지낸 법률가, 저술가, 사상가, 정치가, 휴머니스트이
자 기독교의 성인Saint이다. 근대 최초의 사회주의자라고도 불리기도
하는, 그의 비극적 최후로 인해 '영국의 소크라테스'로 비유되기도
한다. 또한 네덜란드의 인문주의자 에라스무스Desiderius Erasmus(1468~
1536)는 그의 친구인 모어에 대해 "누구보다도 순결한 영혼을 가진
사람이었다. 영국은 과거에도, 그 이후로도 그와 같은 천재성을 다시
발견할 수 없을 것이다"는 말을 남길 정도였다.

플라톤Plato(BC427~BC347)의 이상국가가 그의 『유토피아』를 거친 베
이컨의 『뉴 아틀란티스New Atlantis』(1627), 이탈리아 태생인 캄파넬라의
『태양의 도시City of the Sun』(1623)와 함께 르네상스시대의 3대 유토피아
작품으로 간주한다. 그 속에서 극소수의 법률로 만사가 순조롭게 운
영되고 덕이 존중되는 가운데, 자유와 평등이 실현되는 영원한 사회
를 그리고 있다는 게 대체적인 시각이다.

그리스어로 '그 어디에도 존재하지 않는 곳'을 뜻하는 '유토피아'를
혹자는 뜬금없이 들먹이느냐고 할 수도 있겠으나, 이상향이라고만
치부하는 것은 기우杞憂에 불과하다. 길을 잃은 청년과 노인이 되는
게 무서운 소득 간, 계층 간 불평등으로 인한 미래가 불안한 디스토피
아Dystopia에 살고 있으면서도 말이다. 설령 유토피아적인 면만은 제외
하고라도, 전제정치를 극도로 혐오했던 모어가 추구한 사회의 불합리

한 모순을 타파하고 사유재산에 의한 인간의 불평등에 관한 진보적 사상 등에 대해 논하지 않을 수 없다. 따라서 그의 저서가 공상(이상)소설이기 전에, 현실적인 사회비판서임에 무게를 두고자 한다. 모든 사회악이 결국 근본적으로는 사유재산제도에 있다고 비판했다. 유토피아 세계의 일정한 부분도 실현 불가능한 일이 아니다. 그러하기에 이상향인 '유토피아적'으로만 볼 수 없다는 점을 분명히 하고자 한다. 그가 추구한 기본소득제도, 공공주택, 6시간 노동정책, 경제적 평등 등의 사상은 마르크스의 『자본론』과 헨리 조지의 『진보와 빈곤』 등으로 연결되었다. 21세기인 오늘날에도 활발하게 논의될 정도로 파격적이고 혁신적이다. 앞서 논한 자연법 사상가들에게도 영향을 끼쳤다는 점이다. 즉 소수의 탐욕으로 인한 토지의 독차지로 인한 소득 불균형에 대한 고민 등은 토마스 모어에게서부터 시작되었다. 그는 소유물은 평등하고 정당한 분배에 있고, 공동체의 질서와 평화를 위해서는 최소한의 권력과 최소한의 통제에 그쳐야 한다고 설파했다.

『유토피아』의 원제는 라틴어로 『최상의 공화국과 새로운 섬 유토피아에 관하여De Opitimo Reipublicae Statu deque Nover Insula』이다. 영어로는 'On the Best Republic and New Island Utopia'로 번역할 수 있겠다. 그렇다면 유토피아는 영어인 'and'는 우리말로 등위접속사 '-와', '-과', '그리고'의 앞뒤 내용을 연결하는 의미를 뜻한다. 그리스어로는 '없다'란 의미인 'ou(no)'와 '장소'를 뜻하는 'topos(place)'의 합성어로 '그 어디에도 없는 곳'이란 뜻에만 고정돼, 이상적이고 실현 불가능한 사회로 묘사한다. 그러나 원제에서의 앞부분, 즉 '최상의 공화국'과 '디스토피아Dystopia'에 주목할 필요성이 있다. '안티 유토피아Anti-Utopia'와 동의어인 디스토피아는 그리스어에 유창했던 존 스튜어트 밀이 처음으로 '나쁜 장소'를 가리킨 뜻으로 언급했다. 오늘날의 상황에도 맞는 말이 아닐 수 없다. 'dys'란 '나쁜'과 'topos'란 '장소'가 결합된 단어로, 공동체 또는 사회community or society를 지칭한다.

유토피아는 실제로는 보수적이었던 토마스 모어 자신이 원하는 영국의 이상적인 국가를 상정한 것이며, 그 당시 만연된 종교개혁마저 거부하면서 그 시대의 영국사회를 풍자했다. 대법관을 역임했지만 헨리8세의 캐서린과의 이혼을 인정하지 않아서 처형을 당하였다. 이혼을 인정하지 않던 가톨릭적인 입장에서 자신의 신념을 꺾지 않았기 때문이었다. 사유재산을 부정하는 입장이었으나, 사유재산제도 자체의 철폐까지는 주장하지 않았다. 즉 사유재산제 폐지가 아니고, 현명한 대처로 현실적 기반에 둔 현실적이고도 실용적 주장이었다. 실제로는 영국이 사유재산제를 철폐하고 사회주의 국가가 되는 것은 원치 않았다. 산업혁명産業革命, Industrial Revolution이라는 엄청난 변화 속에서 가난한 농민들의 몰락을 지켜봐야 했던 그가 당시 영국사회를 고발하고, 제도적인 문제점들을 지적했다. 곡물생산보다 유리한 양모생산을 위해, 귀족들이 공유지를 사유화해 그 땅에서 농사를 짓던 농민들을 몰아내고 경지를 목장으로 전환한 인클로저운동enclosure movement이 있었다. 이로써 '공유지의 비극The tragedy of the commons'이 초래되었다. 이로 인한 소유와 분배의 불공정과 사유재산제도를 비판했다. 15~16세기 귀족들이 보다 많은 수익을 내기 위해 소작농민을 몰아내고, 양을 키워 양모를 대량생산하기 위해 혈안이었다. 그 당시 영국에서는 봉건질서의 해체가 일어났던 시기로, 자본주의 사회로의 이행기였다. 이때 부르주아의 부상과 프롤레타리아로 변모하는 농민의 격심한 빈곤화를 체험했다. 농업위주의 장원제도가 쇠퇴하고 귀족들의 사유화가 된 공유지에서, 농사를 짓던 많은 농민들이 빈민이나 거지로 전락해 극단적인 생활고에 시달리던 불행한 시대에 분노했다. 결과적으로 생활의 터전을 잃어버린 농민들은 일자리를 찾아 도시로 몰리면서 또 다른 도시의 빈민으로 전락했으며, 이들의 저임금은 산업혁명의 원동력이 되었다. 18세기 후반부터 약 100년 동안 영국과 유럽에서 일어난 생산기술과 그에 따른 사회의 변화로 인한 산업혁명의 시대로 보나, 영국에서는 그가 살던 시대에 인클로저운동으로 인한 산업혁명이 시작되었다. 그는 "양이 사람을 먹어치운다"고 비판했다. 그 당시 72,000여 명이나 되는 크고 작은 도둑이 처형되었다. 처형되어야 할 군상은 이들이 아닌 영주나 그 용병이었음에도, 그 운동으로 인한 과실果實을 농민이 아닌 이들이 차지하자 '식인종 같은 양떼'로 형상화한 것이다. 이러한 점에서 마르크스로부터 자본의 본원적 축적을 탁월하게 묘사한 증인이자 비평가라는 호평이 이어졌다.180) 그 당시 사회가 어떤 측면에서는 미개화未開化된 사회였고, 인류가 동물에게 생활터전을 내주는 하나의 재앙이었다. 이는 자본주의의 속성을 날카롭게 지적한 표현으로, 그러한 재앙은 부의 편중으로 인한 불평등이 심화되는 오늘날에도 자주 회자된다. 양떼에게 생활의 터전을 빼앗긴 소작농들이 짐승보다 못한 열악한 환경 속에서 생명을 유지했듯이, 오늘날에도 이러한 부가 편중되는 탐욕에 짓눌려 '개犬 팔자 상팔자'란 조어造語 속에 하루하루를 마지못해 연명하는 생활로 이어지는 빈곤층이 있기 때문이다. 실제로 대한민국 1,500만 두 애견愛犬보다 못한 삶이 청년층과 노인층에서 이어지고 있다.

산업혁명이 인류에게 큰 변화를 가져오게 함은 혁명적이었으나, 자본주의가 등장하면서 부르주아와 프롤레타리아라는 새로운 신분계층이 형성되는 계기가 되었다. 이렇게 형성된 자본주의 체제가 가져온 그 과실果實은 빈익빈부익부와 부의 양극화로, 이는 지구가 존속하는 한 인류에게 영원한 숙제를 남길지 모르는 상황에 놓여 있다.

생산량은 폭발적으로 증가했지만, 그 과실은 고르게 분배되지 않았던 것이다.

사적 소유 관계가 존재하는 곳, 돈(물질)이 모든 가치의 척도가 되는 곳, 이러한 곳에서 정당하고 행복한 정치는 도저히 있을 수 없다. 국가의 복지에 이르는 유일한 길은 소유의 평등을 도입하는 길이다. 소유물을 어떤 식으로든 평등하고 정당하게 분배하고 모든 사람에게 행복을 안겨주는 유일한 수단은, 사적 소유를 모두 철폐하는 것이다. 이는 모어가 추구한 공산제적 공동의 삶이었다.

인류 최초의 사회주의자라고도 할 수 있는 플라톤도 "모든 것은 공동의 것이다"고, 그의 저서 『국가The Republic』에서 선언했었다. 내세의 이상향이 아닌 현세의 이상국가를 본격적으로 제시한 인물은 플라톤이었다. 철학자가 통치하는 공화국을 이상국가라면서 '재산의 공유'가 공평하고 정의로운 사회의 토대라고 주장한다. 소유권의 이러한 사상적 기초가 되는 성경적 지침에서 출발하였다고 볼 수 있다. 그러나 인간들은 하나님의 가르침을 표피적으로만 부르짖을 뿐, 이를 외면하기에 이러한 지배와 피지배, 불평등, 그리고 산업이 발전해도 빈곤의 악순환이 벌어지고 있다.

모어의 비판은 그러한 산업혁명이 꽃피던 19세기에도 프랑스의 정치가이자 작가인 생시몽Heri de Saint-Simon(1675~1755), 차등적 분배와 소규모 공동체 구성을 주창한 프랑스의 푸리에Joseph Fourier(1768~1830)와 영국 태생 미국의 사회개혁가·정치가·노예해방 주창자인 로버트 오언Robert Dale Owen(1771~1858), 그리고 마르크스와 엥겔스는 물론 조지 헨리에게서 자본의 탄생을 해석하는 중요한 연구대상이 되면서 사회주의社會主義, socialism는 과학으로까지 발전한다. 여기서의 사회주의는 마르크스 이전의 모든 사회주의 사상가들이 매우 본질적 가치가 있는 이념들을 낳았다는 점이다. 즉 근대 사회주의는 산업혁명 이후 자본주의 생산양식이 야기한 부정·불평등·피해 및 자유방임적 시장경제에 대한 비판에서 비롯되었고, 생산수단과 평등의 관점 등에서 각 사회주의자들이 견해를 달리하고 있다. 요즘의 '한국적만'의 사회주의나 공산주의와는 다르다.

모어가 추구한 유토피아도 공공의 이익을 담는 정치체제인 공화국을 선호한다. 사익이 아닌 '공공의 이익'을 진지하게 수행하자고 유럽의 각국에 권유한다. 실현 불가능한 꿈만이 아니라, 도달할 수 있는 이상을 내포한 측면이 많다. 현실적으로 완전하게 동떨어진 것이 아닌 새로운 사회체제에 구상이었다. 플라톤의 『국가』에서의 이데아 사상은 통치자, 수호자, 생산계급이 각각의 직에 따른 역할에 충실함으로써, 전체적으로 사회가 정의롭게 유지하자는 것이다. 플라톤의 이상국가의 계보를 이어가는 그의 사상은 사유재산과 부(돈)의 가치를 개인보다 평등실현의 도구로 삼는다. 개인의 능력에 따른 극소수 인간이 독점함으로써 공정이 위태롭다는 것이다. 사유재산은 사회악의 권원으로 보면서, 인간의 불평등을 해소하기 위해 평등의 가치를 실현하였다. 친구였던 에라스무스가 붙여준 '사계절의 사나이'[181]란 별칭을 얻은 그에게 로마 교황청이 사후 400년이 지난 1935년, 성인聖人의 반열에 올렸다. 그러나 인간이 산업혁명 당시의 양들보다 대접을 못 받는 사회는 지금도 존재한다. 따라서 언젠가는 이루어야 할 전 인류의 과제는 요원할까. 모어 자신도 자연의 질서는 창조주에 종속되며, 자연의 법칙에 순종하는 창조물을 통치한다고 했겠다.

3. 계획주의와 시장주의 패러다임의 토지제도

토지에 대한 패러다임paradigm182)은 대략적으로 계획주의, 시장주의, 조지스트 패러다임, 마르크스주의, 그리고 새롭게 등장한 토마 피케티 이론으로 나눌 수 있겠다. 이러한 패러다임은 현실에 대한 인식과 가치관의 차이, 방법론적 논리의 차이에 따라 의견이 달라진다. 여기서 피케티 이론은 우리 헌법상 경제민주화의 연장선에서 파악코자 이 책의 제3부에서 논하고자 한다. 이에 다음에서는 토지의 이용에 있어 공적 계획인 계획주의와 시장주의를 토대로 설명코자 한다.

3.1. 계획주의와 조지스트의 토지관

계획주의計劃主義, Planningism는 사회의 운영이나 사회적 문제 해결問題解決, problem-solving에 있어 공적 계획, 특히 정부의 계획적 개입의 필요성 및 중요성을 강조하는 사상이다.183) 첫째, 계획주의는 공익184)을 위해서는 어느 정도 사익의 희생이 필요하고, 사유재산권에 대한 공적 제한도 어느 정도 필요하다는 입장을 취한다. 공익의 명분 아래 상충된 여러 가치들 사이의 조화를 지향하며, 특히 효율과 형평의 조화를 매우 강조한다. 둘째, 계획주의자는 개인이 합리적으로 생각하고 행동하지 못할 경우가 많다고 간주한다. 따라서 개인이 합리적으로 선택하고 행동하기 위해서는 분명하고 일관성 있는 목적 및 선호를 가져야 하며, 현실에 대한 정확한 지식을 바탕으로 올바른 신념을 가져야 한다. 이러한 신념을 갖기 위해서는 정확하고 충분한 정보가 필요한데도 토지의 경우, 정보가 불확실한 측면이 많으며 있는 정보마저 특정인들의 독점으로 정보의 비대칭성이 나타난다. 이들의 논리는 비합리적 선호나 비합리적 신념 탓으로 개인들이 합리적으로 선택하고 행동하지 못한다면, 정부가 나서야 한다는 것이다.

셋째, 계획주의의 토지관은 토지이용을 시장에 맡겨서는 국토이용의 효율을 달성할 수 없다는 믿음에서 출발한다. 계획주의는 여러 가지 토지문제 중에서 난개발을 심각하게 본다. 난개발은 각 개인이 공익을 무시한 채 개인의 이익만을 추구한 전형적인 결과인바, 오직 계획에 입각한 토지이용만이 난개발과 환경파괴를 근원적으로 해결할 뿐만 아니라, 부동산투기나 지가의 오름세를 잡는 데 기여할 수 있다는 것이다. 토지의 영속성 때문에 현세대가 국토를 어떻게 이용하느냐에 따라 미래세대의 이익이 좌우될 수 있기에, 토지이용을 시장에 맡기면 미래세대의 이익이 무시되기에 잘된 계획을 통하여 미래세대의 이익을 보호해야 한다는 것이다.185)

계획주의는 토지이용을 시장에 맡겨서는 국토이용의 효율을 이룰 수 없다는 확고한 믿음에서 출발한다. 토지는 다른 자원과 구별되는 특성으로 인하여, 계획주의는 토지를 특별 취급하는 경향이 있다. 내 땅이라도 마음대로 매연을 내뿜는 공장을 건립한다면 주변의 불특정 다수에게 소음과 대기오염을 입히고, 주택건축도 이웃의 조망권이나 일조권을 침해하게 된다. 이러한 피해를 막기 위해서 토지의 계획적 이용이 꼭 필요하다고 한다. 예컨대, 한강이나 팔당댐의 환경오염문제가 있다고 보자. 시장주의자는 환경세나 부과금과 같은 경제적 인센티브 방법으로 이러한 행위를 직접적으로 통제하려 하나, 계획주의자는 계획적 토지이용 및 규제를 통한 간접적 통제를 더 선호하는 편이다. 경제적 인센티브가 최대한의 효과를 가지도록 환경세나 부과금을 부과하자면 엄청난 비용이 드는데, 시장주의자는 이런 사실을 간과하는 경우가 다반사다. 이러한 행위를 적발하고 피해의 정도를 제대로 파악하려면 엄청난 인력과 장비는 물론, 환경세나 부과금의 부과 및 징수에 소요되는 행정비용도 적지 않다. 많은 경우 토지이용계획이나 토지이용규제가 훨씬 더 저렴하면서도 효과적인 방법이라고 한다. 토지문제들 중에서 특히 난개발 문제를 심각하게 보는 경향이 있다. 난개발이야말로 각 개인이 공익을 무시한 채 사익만을 추구한 전형적인 결과이다. 그렇다고 계획주의가 부동산투기나 지가상승을 도외시하는 것은 아니다. 다만, 여러 가지 토지문제들 중의 하나에 불과하다. 부동산세의 강화나 개발이익의 환수만으로 토지문제가 말끔히 해소되지 않는다고 본다. 높은 부동산세를 징수하고 개발이익을 잘 환수한다고 난개발 및 환경파괴의 문제가 사라지는 것도 아니다. 토지세를 잘못 부과하다가는 오히려 난개발을 부추길 수도 있다. 오직 계획에 입각한 토지이용만이 난개발과 환경파괴를 근원적으로 해결할 뿐만 아니라, 부동산투기나 지가상승을 잡는 데에도 기여할 수 있다고 계획주의자는 주장한다. 녹지나 공원, 공공시설을 위한 토지등을 충분히 확보하고 건물들 사이의 조화, 그리고 건물과 자연과의 조화를 잘 구현하는 토지이용계획에 따라 토지를 개발한다면, 마치 개발이익을 사회적으로 환수한 것과 동일한 결과를 얻을 수 있다. 토지투기도 어느 정도 차단할 수 있을 것이다. 물론 계획은 강력한 공권력의 뒷받침이 있어야 하며, 계획에 부합한 개인의 토지이용만이 허용되어야 한다. 토지에 관한 한 계획주의의 기본은 "계획 없이 이용 없다"는 말로 요약된다고 볼 수 있겠다. 토지이용에 관한 한 계획이 개인적 결정에 우선한다는 뜻에서 '계획고권'이라고도 한다.[186]

지구는 하나다. 기후변화로 인한 가장 큰 피해를 입고 있는 열대기후국가가 배출하는 온실가스는 전 세계 비중의 3%밖에 되지 않는 미미한 수준이다. 이는 산업혁명이 시작된 이래 온실가스를 배출해

온 선진국이 기후변화의 큰 책임이 있음에도, 개발도상국들에게 직접적인 피해를 입히고 있는 실정이다. 거대 인구를 자랑하는 인도와 중국은 물이 부족한 상태로 양국 간 이로 인한 전쟁이 발발할 수 있는 상황이며, 두 국가는 물 부족으로 인하여 심각한 환경오염국가로서의 악명이 높다. 중국은 이를 상쇄하려고 티베트를 강탈하는 국가가 되면서 인도와 마찰을 빚고 있다. 전 세계 이산화탄소 배출량의 25%를 산소로 생산하는 지구촌의 허파인 한반도보다 32배나 넓은 아마존이 인간의 탐욕으로 인해 불타고 있다. 급격한 경제성장화로 인한 중국과 미국 간의 무역전쟁의 탓도 크다. 식량전쟁의 일환으로 이들 국가에 육류와 곡류를 제공하기 위한 빈한한 국가의 무분별한 농지개간이다. 여기에다 미국은 환경에 대한 규제가 느슨한 국가로의 공장이전은 물론, 2020년에 만료되는 교토의정서를 대체할 195개국 참가인 신新기후체제의 근간이 되는 국제조약인 파리협약Paris Agreement까지 2019년 11월에 탈퇴하여 세계 환경에 대한 책임을 회피하고 있다. 엄청난 배출국인 우리나라도 이러한 책임에서 자유로울 수 없다.

대부분의 자원을 수입해 사용하면서도 엄청난 낭비를 하고 있다. 우리의 지구와 각국의 국토를 후세에게 아름답게 물려주어야 하는 책무는 지구촌 누구라도 예외일 수 없다. '환경적으로 건전하고 지속가능한 발전Environmetally Sound and Sustainable Development'이어야 한다. 스스로 자원을 아끼고 환경을 가능한 파괴하지 않는 범국민운동이라도 펼쳐, 후세에게 고스란히 이 국토를 물려줄 수 있어야 한다. 그러한 환경적인 삶이 아름답다는 혜안도 가질 필요가 있다.[187] 하나뿐인 우리의 지구는 영원해야 한다. 현세대와 미래세대가 함께 향유할 수 있도록 난개발을 막고, 환경보전에 입각한 계획이어야 함은 당연한 이치이다. 인류공영人類共榮의 당연한 책무이기도 하다.

그러면 조지스트는 어떤 방법을 취하는지 보자. 미국의 사상가이자 정치가이면서 경제학자, 그리고 환경론자인 헨리 조지Henry George(1839 ~1897)188)의 사상을 신봉하면서 이를 현실에 접목하고 전파하려는 조지스트는 사유재산권을 존중하고 시장의 원리를 인정한다는 점에서 시장주의와 일맥상통하지만, 토지문제에 있어서 시장주의와 첨예한 대립을 보이며, 토지사유화로 인한 폐해를 차단해야 한다는 주장이다. 미래세대에게 환경의 중요성을 깨우치며 19세기 말을 살다간 헨리 조지가 지하에서 통곡할 일이다. "바보들아! 길은 지대의 환수로 자연환경을 살리면서, 그 기술발전을 통해 모든 사람들이 혜택을 보도록 하자"고 말이다. 토지가치세는 토지공급도 줄이지 않는다. 그 세금이 조세피난처로 갈 염려도 없다. 따라서 세무공무원의 확충도, 지능적인 경제사범과의 숨바꼭질도 필요가 없다. 모든 세금을 대체하기에, 노동과 자본이 자유로워져 실업이나 가난 등의 불평등에서 벗어날 수 있다. 생각건대, 토지와 주택이 소득과 자본의 분배가 더 공평한 과세방법일 수 있다. 자연과 환경이 인간의 진보와 상충관계라는 관념을 버려야 한다. 토지로 인한 공공투자의 이익이나 불로소득을 노리는 투기꾼들에게서 이를 환수함은 도시의 공룡화로 인한 환경파괴도 막을 수 있는 길이다. 이러한 나머지 지구촌의 영원한 존속과 미래세대를 위해서는, 인간과 환경의 조화인 헨리 조지의 토지사상을 배척할 일이 아니다.

자본과 토지라는 생산요소의 사유를 바탕으로 하는 자본주의, 두 생산요소의 공유를 바탕으로 하는 사회주의를 각각 정正 반反이라고 한다면, 헨리 조지의 경제사상은 이를 지양하는 합合으로서 자본소유, 토지공유土地公有의 '제3의 이데올르기'이다.189) 이러한 지공주의地公主義는 자본주의와 사회주의를 거부한다. 자본주의는 토지와 자본의 사유를 원칙으로 하고, 사회주의는 양자의 공유를 원칙으로 하지만, 이는 모두 인간의 상식에 어긋난다. 자본주의가 토지의 사유私有, proprietary를 인정하는 것이 옳기 때문이 아니라, 어쩔 수 없이 현실을 긍정한 것이다. 이러한 자본주의 체제에서는 토지의 사유로 생기는 빈부격차, 토지투기 따위의 문제가 끊임없이 생긴다고 본다.190) 반면, 사회주의는 자본을 사회화함에 인간의 이기적인 본성을 외면하는 지나친 이상주의이다. 자본의 사유화를 막는다면, 아주 이타적인 사람을 제외한 대부분은 자본을 생산하려고 하지 않을 것이기 때문이다. 또한 지공주의는 자본의 사유와 토지의 공유를 바탕으로 한다. 즉 자신이 노력하여 생산한 것에 대해서는 생산자의 사유를 인정해 효율성을 달성하되, 노력과 무관하게 창조주가 하사한 토지는 사유대상에서 제외하여 형평성을 갖자는 것이다. 헨리 조지의 토지사상을 지공주의라고 부르는 이유는 바로 이 점에 있다고 볼 수 있다.191) 토지에서의 모든 소득을 세금으로 징수한다면 부동산 투자로 인한 재산축적과 시장가치의 하락으로 저성장이 도래하기에 현실적 적용은 어렵다고 치부하는 시장만능주의자가 있으나, 토지 국유화나 사회주의 발상도, 자본주의를 거부하는 것도 아닌 아주 '이상적인 자본주의'가 아닐까 싶다. 우리나라는 OECD 기준 노인 빈곤율이 43.8%로 회원국 평균 13.5%의 3배가 넘는다. 따라서 빈곤의 공포에서 벗어나게 하고, 출발선이 공평하지 않는 불평등 해소와 경제민주화로 가는 길은 토지공개념화에 있다.

토지를 공유192)한다고 하여 토지의 단독사용을 금지하는 것은 아니다. 한편 지공주의는 진정한, 아주 이상적인 자본주의를 지향한다고 할 수 있다. 노력한 결과에 따른 소유는 인정하되, 동시에 개인의 노력이나 기여와는 무관한 것을 소유를 인정하지 않는 제도여야 한다.193) 자본주의는 사유재산제를 근간으로 하는 체제인바, 진정한 사유재산제 위에 서 있는 진정한 자본주의라고 하겠다.[194] 시장주의자가 주로 토지시장에서의 수요와 공급에 초점을 맞추어 토지문제를 다루는 반면, 조지스트는 경제성장, 실업, 물가 등의 거시경제적 변수와 토지이용을 한 데 묶어 다루고 있다. 토지문제를 보는 시장주의 시각이 미시경제적 차원에 치중되어 있다면, 이들의 시각은 거시경제적 차원에 치중되어 있다고 할 수 있다. 자본이득만을 노리고 부동산 매입에 전념하는 데 대하여 시장주의자는 투자라고 하나, 조지스트는 투기라고 보는 면에서 차이점이 있다.[195]

2007년 서브프라임 모기지 사태subprime mortgage crisis는 미국의 초대형 모기지론 대부업체들의 파산으로 시작돼, 국제금융시장에의 신용경색으로 연쇄적인 경제위기를 야기하였다. '서브프라임 모기지'란 저低 신용자인 고객에게 고금리로 빌려주는 비우량 주택담보대출이다. 신용등급이 상급인 프라임prime과 중위급인 알트에이Alt-A가 아닌, 저소득층이나 신용이 낮은 하위급인 서브프라임subprime은 큰 문제가 될 수 있다. 물론 중위급까지도 이 문제를 비껴갈 수 없는 상황이 초래할 수도 있다. 문재인 정부는 '주택을 담보로 돈을 빌릴 때 인정되는 자산 가치의 비율'인 LTD Loan To Value ratio를 장기융자와 장기저리에다 60~70%선도 모자라 90%까지 완화하겠다는 것이다. 소위 영끌(주식이나 부동산 매입에 있어 영혼까지 끌어 모은다는 의미—저자 주)이라는 신조어가 탄생했듯이, 가령 10억원의 아파트를 사는데 자기돈 1억원만 있으면 된다는 결론이다. 현재 우리나라는 부동산으로 인한 자산 가치가 단군 이래 최고도로 급상승된 상황이다. 그만큼 거품을 안고 있다. 더구나 부동산이 대출의 담보로 가장 많이 활용되는 우리나라에서는 이자율이 좀 높이 책정되는 날이면, 과잉대출로 인한 부동산가격이 급격하게 하락할 수 있다. 즉 부동산거품이 붕괴될 수도 있는 상황에

와 있지 않냐 싶다.

3.2. 시장주의와 마르크스주의 토지관

앞서 설명한 계획주의와는 달리 시장주의市場主義, Marketism는 가격체제에 의해 자원의 배분과 생산량이 조절되는 시장원리에 따라, 공공서비스를 생산·공급하자는 태도를 취한다. 달리 말해, 국가가 시장에 개입하지 아니하고 자율에 맡긴다는 점이다. 예컨대, 정부가 토지시장에 있어 시장주의에 입각하여 각종 규제를 완화하겠다는 것이다. 지나친 시장주의와 금융팽창을 조절하지 못하면 경제침체의 원인이 되기도 한다. 달리 말하면, 시장주의란 시장을 이상적인 사회 모형으로 보고, 시장원리를 사회구성 및 운영의 주된 원리로 삼고자 하는 사상이다. 가격경제 체제에서 자유경쟁에 의한 경제체제인 시장원리에 의해 생산과 공급이 이루어지는 시장으로, 이러한 시장원리에 반하는 정책이 반反시장주의다. 시장이 한정된 자원을 효율적으로 이용하도록 유도함으로써, 결과적으로 다른 어떤 체제보다도 인류에게 최대한 물질적 풍요를 안겨주는 탁월한 제도라고 믿기 때문에, 이상적인 사회 모형으로 생각하는 첫 번째 이유다. 개인의 자유를 중시하며, 시장은 사람을 차별대우하지 않는 매우 공평한 제도로 군림한다. 둘째, 개인의 합리성이다. 인간은 합리적으로 자신의 이익을 추구하는 존재라고 생각한다. 부동산가격을 비롯한 모든 시장에서 가격은 구매자와 판매자들이 합리적 판단 아래 자유스럽게 거래한 결과로 인한 합리적 선택의 결과다. 시장에서 독점이 문제가 되는 이유는, 국민의 이익이 아닌 특정인의 이익을 위해서 가격이 조정 또는 조작되기 때문이다. 그러한 나머지 시장주의는, 특히 정부와 결탁한 독점적 영향력을 배격하면서, 정부의 역할이 최소화되는 '작은 정부' 혹은 '최소 정부'를 강력하게 요구한다. 그런데 우리나라 대기업들이 토지투기로 엄청난 불로소득을 얻어도 이를 탓하는 시장주의자가 드물다는 점이 문제다. 이게 바로 인간성 실종이다.

셋째, 시장주의의 토지관은 토지공급의 고정성을 부정하며, 토지나 부동산이 그런 특성을 가지지 않도록 해야 한다. 기본적으로 투기가 가격을 안정화시키는 기능을 수행하며, 토지의 특수성을 부인하는 탓으로 지가억제 및 토지투기 근절이 토지정책의 주된 목표가 될 수 없다고 주장한다. 결론적으로 이들은 대체적으로 토지의 특수성을 부인하며, 특별하게 취급할 이유가 없다고 보았으며, 국토의 효율적 이용을 위해서는 토지이용을 최대한 시장에 맡겨 자유롭게 거래되도록 허용해야 한다는 것이다.

넷째, 시장주의자의 시장 논리는 시장을 이상적 모형으로 삼기 때문에, 시장의 원리를 최대한 활용해 사회문제들을 해결할 것을 촉구한다. 시장의 논리는 거래를 통한 상호이익 증진의 원리, 경쟁의 원리, 경제적 인센티브의 원리이다. 시장주의에서 가장 중요한 제도적 요소는 사유재산권이며, 이것이 완전히 확립되면 제도나 법률 등 시장경제가 원활한 작동을 위해 필요한 나머지 것들은 자연스럽게 뒤따르게 된다고 본다.196) 시장주의가 부동산시장에서만 국한된 것이 아니나, 이러한 시장주의 토지관과 같은 듯하면서도 달리하는 조지스트의 토지관을 보고자 한다.

이들의 토지관은 시장원리와 사유재산권을 적극 옹호하지만, 토지의 사유화는 극구 배격한다. 이미 사유화되어 있는 토지에 대해 사유재산권을 박탈하는 것에도 반대한다. 헨리 조지 역시 사유화된 토지를 몰수하여 국유화하는 것은 결코 최선책이 될 수 없다고 주장한다.

이에 대한 그의 해명이 의미심장하다. 그러한 조치는 토지에 대한 모든 사람의 동등한 권리를 표방한다는 대의명분은 있을지 모르나, 우선 토지 몰수는 사회정의에 저촉될 우려가 있고, 국유화는 사회에 필요 없이 큰 충격을 줄 우려가 있다. 또한 불필요하게 정부의 기능을 확장할 우려가 있다는 것이다. 그렇다면 조지스트는 토지국유화를 극구 찬동할까? 당연히 토지국유화까지는 취하지 않는다.

토지의 사유화는 사유재산권을 침해하는 제도에 지나지 않기 때문에, 노예제와 같다. 두 제도가 형태는 달라도, 모두가 강탈행위를 정당화한다. 이러한 두 제도는 타인의 자연권을 침해한다는 점에서 공통될 뿐 아니라, 토지사유제는 인간의 노예화를 초래한다. 인간이 타락한 능력을 이용해 만들어낸 제도로서, 힘센 자와 교활한 자가 노동을 하라는 하나님의 말씀을 어기고 자기 책임을 타인에게 뒤집어씌울 수 있도록 하는 쌍둥이 제도라고 볼 수 있다. 도덕 수준이 동일하다면, 토지를 사유재산으로 인정하는 노예제도보다 사람을 사유재산으로 인정하는 노예제도가 인간적으로 더 낫다는 점에 의문이 없다고 생각한다.[197]

그러나 이러한 노예제도에 대하여 다시 생각해 볼 필요가 있다. 억압과 착취의 대상인 노예제도는 미국의 남북전쟁(1860~1865)[198]에서 북부의 승리로 끝났지만, 불완전한 노예해방이었다. 흑인노예들은 여전히 백인우월주의로 인하여 차별되었다. 심지어 건국헌법에서조차도 노예제도가 인정되었음에서 알 수 있다. 그때로부터 약 1세기 후 존슨 대통령이 1964년의 민권법Civil Rights Act에서 차별을 금지하였으나, 그래도 불만이었던 흑인들은 1960년대까지도 폭력적 행동으로까지 맞섰다. 지금도 미국사회에서의 흑인에 대한 차별은 여전한 편으로 대부분이 빈곤층이다.

대천덕 신부는, 토지를 매매하는 사람들은 장물 거래를 하고 있는 셈이다. 자기 토지가 없는 사람은 생필품을 구입할 돈을 구하기 위해 토지를 소유한 사람에게 비굴하게 일자리를 구걸하여야 하며, 그 과정에서 완전히 무방비 상태로 토지소유자의 처분에 맡겨지게 된다. 노예라면 차라리 죽을 때까지 자기 주인에게서 의식주를 제공받을 권리가 있지만, 그가 자유인이라면 아무도 그를 돌봐 주어야 할 책임이 없기 때문에 사정이 노예보다 더 나쁘다. 모든 사람은 노동할 권리, 건강하게 살아갈 권리, 또는 이런저런 권리가 있다면서 정작 토지에 대한 권리는 인정하지 않는 것은, 대놓고 말하자면 그 사람이 노예라고 선언하는 것과 다름없다[199]고 한다. 노예제[200]에서 자행되는 잔혹한 행위는 개인의 의식적인 행위라는 점에서 더 충격적이고 분노를 일으킨다.[201]

이러하듯이 토지 사유화는 토지투기와 지가상승의 원인이자 경제 불황과 실업의 원인이기도 하지만, 더 근본적인 원인은 시장의 기본 질서를 파괴하는 요인이라고 보기 때문이다. 토지의 사유화에 반대함과 동시에 토지에 대한 사유재산권을 인정한다면, 토지에 대한 사유재산권을 표면상 인정하되, 토지이용으로부터 발생하는 순이익, 즉 지대를 몰수하자는 것이다. 조지스트는 토지보유세를 대폭 강화하는 반면, 다른 조세들은 대폭 감면을 요구함과 건물에 대한 조세에도 반대한다. 이유는 건축 활동을 위축시키면서 건물가격을 높인다는 것이다. 토지에 대한 양도소득세는 장기적으로는 전가되며, 거래세나 취득세는 토지거래를 위축시키기에 반대한다. 이러면서 토지보유세와 함께 개발이익환수제도 및 개발부담금제도 실시를 주장한다.[202]

『21세기 자본』이란 책을 출간한 토마 피케티Thomas Piketty(1971~)는 지난 300년 동안 20개국 이상의 경제학적·역사적 자료를 수집한 결과, 자본소득이 노동소득보다 훨씬 크다는 사실을 발견하였다. 헨리 조지는 토지소유자의 불로소득을 지적하며 토지세를 주장한 반면, 그는 자본세를 주장하였다. 21세기는 땅을 가진 자보다 자본을 가진 자가 왕 노릇하는 시대다. 거대한 자본을 가지고 공장을 짓고 노동자를 고용하여 생산을 한다. 그 공장에서 거둔 이익 중 일부는 노동자에게 지급되고 나머지 수익은 자본주가 가져간다고 한다. 그는 돈이 돈을 버는 속도(자본수익률)가 사람이 노동해서 돈을 버는 속도(경제성장률)보다 빠르기 때문에, 자본주의가 발전하면 할수록 빈부격차가 심해진다고 결론 내리고는 자본세를 최고 85%까지 인상하자는 것이다. 이 정도로 인상하여도, 회사를 운영하고 연구개발에 투자하는 데는 부족하지 않다고 한다. 그의 주장이 실현 여부를 떠나 우리에게 많은 시사점을 준다. 헨리 조지나 토마 피케티 주장의 공통점은 노동 생산성을 가장 중하게 여기며, 불로소득의 원천적인 차단과 함께 이에 대한 세금을 징수하여 공적으로 사용하자는 주장에 눈여겨 볼 필요성이 있다.

그런데 마르크스의 시각은 앞서 설명한 계획주의자나 지공주의자들과는 또 다른 면이 있다. 즉 '인간을 인갑답지 못하게 만드는 것이 자본주의의 가장 큰 문제점'이라고 지적하고 있다. 이는 한마디로 함축된 마르크스의 가치관이다. 각 개인이 이기적으로 행동하더라도 '보이지 않는 손'에 의해 사회 전체의 이익 역시 자동적으로 증진된다는 것이 경제학의 핵심적 주장이다. 경제학에서 말하는 합리성이란 것도 결국에는, 각자 자신의 이익을 극대화한다는 의미에서의 합리성이므로, 이기주의를 정당화하여 그 자체가 사람들을 이기적이고도 비협조적으로 만든다고 한다.203) 개인의 자유가 으뜸인 시장주의자는, 자본주의 시장이 개인에게 자유를 풍부하게 제공하며 개인의 자유를 가장 잘 보장해주는 제도라고 찬양한다.

그러나 마르크스주의자는 자본주의 사회의 많은 사람들이 돈의 노예, 상품의 노예로 전락하고 있다고 본다. 돈에 죽고 돈에 살다보니 '나'란 존재는 없어진다…, 자본주의 시장이 풍부하게 제공하는 자유는 알맹이가 없는 피상적 자유에 불과하다. 시장주의자의 주장대로 확실히 사람들은 시장에서 풍부한 선택의 자유를 만끽한다. 그러나 상품에 대한 폭넓은 선택의 자유는 인간 잠재력의 개발이나 발휘에 결정적 요소는 아니다. 이러하듯 사람들에게 원하는 일의 자유로운 선택과 마음껏 잠재력을 발휘할 수 있게 해주는 자유야 말로, 진정한 자유라고 할 수 있다. 그러나 자본주의 체제는 노동의 상품화와 토지를 비롯한 생산수단의 사유화에 문제가 있다면서, 앞서 언급한 진정한 자유를 충분히 제공하지 못하는 나쁜 체제라고 볼 수 있다는 것이다.

시장주의는 토지에 대한 사유재산권이 잘 보장되어야만 토지의 효율적 이용이 가능하다고 주장한다. 반면에 마르크스주의는 이러한 주장을 부정한다. 국유화 또는 공유화된 토지가 효율적으로 잘 이용되는 사례는 매우 많다. 예컨대, 미국 맨해튼 일대의 토지가 시유지라도 매우 효율적으로 개발되고 이용되고 있으며, 싱가포르는 국유화돼 있어도 세계에서도 높은 생활수준이다. 문제는 사유화의 여부가 아닌, 어떻게 국가가 토지를 관리하느냐이다.[204] 우리나라도 장기적인 측면에서 보면 불가능한 일은 아니다. 그린벨트 내 저렴한 사유지 매입이나 토지은행제도[205]를 적극 고려해 볼 수 있다. 이에 대해서는 다시 상세하게 논하고자 한다.

4. 토지사상에 대한 검토

전술한 바와 같이, 소유권의 기원과 중세 교부들의 소유권 관념에
이어 토지에 대한 근·현대 사상과 제도를 설파한 이유가 있다. 지금
우리나라는 토지로 인한 불평등이 세계에서 유례를 찾을 수 없을 정
도로 심하다. 문재인 정부 들어서 집값이 역대 최고치로 상승하였다.
이러한 집값도 끝내는 지가상승으로 이어진다는 점이다. 흔히들 세계
최강인 미국의 군사력을 1,000조 군사대국이라고들 한다. 현 정부에
서 그 2배인 2,000조대가 인상됐다는 경제실천정의연합(경실련)의 통
계발표를 접하고는 어안이 벙벙하지 아니한가. 더는 방치하면 국가의
존망이 걸린 문제로 대두될 수 있다. 따라서 토지공개념 실시만이
최상의 해법이다. 개발독재시대의 경제개발계획 입안자마저 훗날 회
고록에서 토지의 공공성에 대해 미흡했음에 후회를 하는 실정이다.
땅, 즉 토지에 대한 역사를 보자. 성경적 지식을 차용하지 않더라도,
토지는 창조주가 인간에게 내린 선물이다. 그렇다면 인간 누구나 공
유해야 함이 마땅하다. 그러나 인간의 탐욕 앞에서 허물어졌다. 이는
창조주에 대한 일종의 배반이다. 이를 바로잡기 위해 중세의 교부들
이 토지소유권에 대하여 '공의'를 부르짖었고, 근대에 와서는 로크를
비롯한 자연법 사상가들은 신성불가침의 권리로 주장하기에 이른다.
이러한 사상에서 토지에 대한 공공성이 벌써 대두되었음을 알 수 있
다. 현대에 와서는 계획주의와 시장주의자 간의 토지관이 대립하게
되었음도 살펴보았다. 이제 토지공개념 실시는 시대적 요청이다. 그
러나 무조건적으로 '토지공개념을 실시하자'고 했을 때는 반발이 클
수 있다. 따라서 국민적 합의가 필요하다. 그 반발을 상쇄하기 위해서
는 전술한 내용에서 그 당위성을 찾을 수 있다.

전술한대로 토지에 대한 공공성 문제는 이러한 역사성과 사상을 간파하고 논리를 편다면, 소위 '좌우이념' 또는 '사회주의'나 '공산주의' 문제로 대두되는 상황을 둔화시킬 수 있다는 점이다. 즉 이러한 이념적 문제가 아님을 알 수 있다. 뿌리 없는 역사는 없다. 지금까지 설파한 그 뿌리, 즉 시원성始原性과 자연법사상에서 토지공개념의 토대 내지 사상적 기초를 찾을 수 있음을 보았다. 부동산가격의 급등으로 출발선부터 공정하지 못한 현실은 훗날 사회적·국가적 파멸을 가져올 수 있다. 이를 피할 수 있는, 따라서 토지에 대한 역사성과 사상적 배경 등에서 토지공유화로 갈 수밖에 없는 근본적인 논거를 제시하였다. 그러면 토지, 더 나아가 토지재산권에 관한 공공성이 필요함을 알 수 있겠다. 이러한 점은 후술하고자 한다.

註

1) 미국독립혁명과 프랑스대혁명에 기여한 세계 최초의 국제혁명가로, 우리나라에서는 크게 알려지지 않았다가 요즘 기본소득을 논할 때 언급되는 영국 태생 미국인이다.

2) 김윤상, 『토지정책론』, 한국학술정보, 2003, 24쪽. 여기서 놀라운 점은 140여 년 전, 헨리 조지가 그의 저서 『진보와 빈곤』에서 '우주'까지 소유권으로 언급했다는 점이다. 지금 우주에서 발생하는 쓰레기 청소용역업까지 생기기 직전에서 보면, 그의 통찰력은 가히 대단하지 않을 수 없다.

3) 김윤상, 앞의 책, 25~26쪽 참조. 대체적인 우리나라 조지스트들의 견해다. 이들의 견해에 총론적으로는 찬동하는 편이나, 토지공개념을 실시해야 하는가에 대한 사상적 배경이 없다. 역사성과 조세징수방법론 등에서는 찬동 못하는 부분이 있다. 물론 헌법학적 관점과 경제학적 관점에서의 차이점일까 싶다.

4) 이정전, 『토지경제학』, 박영사, 2011, 114쪽.

5) 이정전, 앞의 책, 116~123쪽.

6) 전강수, 『토지의 경제학』, 돌베개, 2017, 36쪽.

7) 우리 국토가 조금씩은 증가했다. 이는 환경에 미치는 부정적인 요소에도 불구하고, 바다 등을 매립했기 때문이다. 국토교통부 발표(2019.6.29)에 의하면, 2018.12.31 기준 전 국토의 지적공부 등록면적은 $100,378km^2$로, 1년 동안 여의도 면적 $2.9km^2$의 약 5배인 $14km^2$가 증가했다. 2009년 대비 임야 및 농경지(전, 답, 과수원)는 $1,730km^2$로 2% 감소했고, 주거 및 생활기반 시설(대지, 창고용지, 공장용지 등) 토지, 교통기반 시설(도로, 철도 등) 토지의 경우는 각각 $890km^2$, $608km^2$가 증가한 것으로 나타났다. 또한 1960년 기준 $98,431km^2$이었던 점과 비교하면 60년 만에 약 2% 정도가 증가했음을 알 수 있다.

8) 헌재 1998.12.24, 90헌바16.

9) 전강수, 앞의 책, 37~38쪽 참조.

10) 이정전, 앞의 책, 131~133쪽.

11) 전강수, 앞의 책, 38쪽.

12) 김남진, 「토지공개념의 사상적 기초」, 『사법행정』, 1991.11, 7~8쪽 참조.

13) 이정전, 앞의 책, 134쪽.

14) 전강수, 앞의 책, 42~43쪽 참조.

15) "재활용할 때마다 좋아진다"는 말은 토지의 생산력, 즉 자연적 현상에 따른 질이 아니라, 급속도로 팽창하는 도시화에 따른 주변 환경이 좋아짐이다. 예컨대, 굳이 중앙이 아닌, 지방이라도 혁신도시 같은 경우를 생각해 볼 수 있겠다.

16) 정부에서는 이러한 투기세력에게 불로소득을 안기는 사태를 막기 위해 신도시 건설

이나 GTX 건설 등을 여러 곳에 건설할 것처럼 하거나 후보지 발표를 연기하기도 한다. 또한 연말에 발표할 것처럼 하다가 1년 후 발표하기도 한다. 그러나 개발계획에 참여했던 이들이나, 이들에게서 계획이 누설돼 투기꾼들에게 일확천금을 안겨주는 등 사회문제를 야기한다.

17) 이정전, 앞의 책, 138~140쪽.

18) 위치는 전략지정학적 측면에서도 부동산 가치를 결정짓는 세 가지 조건에서 비롯된다. 그 조건이란 첫째도 위치, 둘째도 위치, 셋째도 위치다. 실제로 중국이 타이완을 본토의 관할권 내에 반드시 되돌려한다는 이유 중 하나다. 타이완은 제1열도선상에서 거의 정중앙에 있다(Peter Navarro, 이은경 역, 『웅크린 호랑이』, 레디셋고, 2017, 114쪽). 반면, 미국은 그 선 안에 가두려고 한다. 이에 중국은 서태평양 쪽으로 진출하고 싶으나 번번이 발목을 잡히는 셈이다. 휴전선에서 대한민국의 수도는 가까운 거리에 있다. 이를 빌미로 북한의 전쟁광들이 그들의 수도 격인 평양이 멀기에 협박하는 꼴이 이러한 이치와 같다. 부동산의 가치는 그 어떠한 것보다도 최우선의 자리를 차지하고 있다.

19) 전강수, 앞의 책, 39쪽.

20) 경제이론에서 완전경쟁시장은 다수의 수요자와 다수의 공급자가 있어야 하며, 모든 생산자의 재화는 동질적이며 대체 가능해야 하고, 자유로운 시장의 진입과 퇴거가 자유로워야 한다. 또한 경제주체 모두가 정보를 완전하게 가지고 있어야 함에, 이러한 네 가지 요소 중 하나라도 충족하지 못할 시는 이론상으로만 존재는 시장이다.

21) 이정전, 앞의 책, 141~142쪽.

22) 새롭게 도로를 개설하거나 기존 도로를 확장함에 있어 고가의 보상 요구 또는 문중재산 운운하면서 전략적인 버티기, 즉 알박기(예컨대, 터무니없는 땅값 요구로 개발업자에게서 금전을 뜯어내려는 행위) 행태를 볼 수 있다. 이러함을 중국에서도 볼 수 있다. 이로써 정사각형이 되어야 할 건물이 삼각형인 경우도 있으며, 공사 진척도가 거의 100%에 육박됨에 마지못해 응하는 경우가 있다.

23) 전강수, 앞의 책, 40~42쪽 참조.

24) 우리나라는 이러한 행태에 대해 혐오시설로 간주하여 목숨 걸고 조성을 반대한다. 그러나 지중해 쪽 그리스나 터키를 여행하다 보면 더러는 망자가 살던 동네, 더 나아가 한 도심 속에도 공동묘지가 있음을 볼 수 있다. 이건 삶과 죽음의 조화, 그리고 함께 더불어 사는 휴머니즘이 아닐까? 우리나라도 이러한 장례문화를 받아들이면 국토의 효율적인 이용에도 이득을 가져올 것이다. 산자生者와 망자가 함께하는 공존의 사고의 전환이 필요하다.

25) 공익을 위해 진심으로 사익을 버릴 수 있는 자세여야 함에도, 이에 대한 조화가 쉽지 않다. 부패한 국가일수록 더 그러하다. 특히 우리나라는 세계 10위권 경제를 가진 국가이면서도 정치후진국임을 면하지 못하기에 OECD국가 중, 부패가 아주 심한 국가군에 속하면서 선진국 진입에 어려움을 겪고 있다. 국회의원이나 공위공직자들의 도덕불감증을 없애고, 공익을 빙자하여 사익을 추구하는 행위를 원천적으로 봉쇄할 수 있는 시스템이 필요하다. 특히 우리나라는 세계 10위권 경제를 가진 국가이

면서도 정치후진국을 면하지 못하기에 OECD국가 중, 부패가 아주 심한 국가에 속하면서 선진국 진입에 어려움을 겪었다. 아직도 그 부패가 만연하나, 2019년 개도국 포기와 함께, 우리나라의 신청에 따라 2021년 7월 2일자 UNCTAD(유엔무역개발회의)는 57년 만에 처음으로 선진국으로 승격시켜 그룹B 32개국 안에 포함됐다.

26) 이정전, 앞의 책, 144~147쪽; 전강수, 앞의 책, 43~44쪽 참조.

27) 정권섭, 「토지기본법 제정에 관한 소고」, 『법학연구』 3, 경상대학교 법학연구소, 1992.3, 35쪽.

28) 헌재 1989.12.22, 88헌가 13.61; 권오승, 「토지소유권의 법적 성질과 그 제한」, 『법과 토지』, 한국법학교수회, 삼영사, 1982, 43쪽.

29) 라틴어로는 소유권, 재산권, 특성 등을 뜻하는 propriëtas 프로프리에타스로, ius utendi fruendi abutendi 사용권, 수익권, 처분권로 쓰기도 한다.

30) 이태재, 『서양법제사개설』, 진명문화사, 1989, 50·163쪽; 권오승, 앞의 책, 40쪽 재인용.

31) 소유권절대의 원칙, 계약자유의 원칙, 과실책임주의 등은 근대민법近代民法의 기본원리로서, 각 나라 민법전의 모델이 되었다. 제544조: 재산은 법령에 의해 금지된 방식으로 사용되지 않는다면 가장 절대적인 방식으로 물건을 즐기고 처분할 수 있는 권리를 말한다. 제545조: 공익을 제외하고는, 그리고 정당한 이전 보상을 받지 않고는 아무도 그의 재산을 포기하도록 강요받을 수 없다. 제546조: 사물의 재산권은 부동산이건 동산이건 관계없이 자연적이든 인공적이든 모두 그것이 생산하는 모든 것에 대해 권리를 부여하며, 또한 그와 연관된 모든 것에 대해 권리를 부여한다.

32) 김상용·정우형, 『토지법』, 법원사, 2004, 62쪽.

33) '저지沮止' 또는 '저지沮止하는'을 '조지阻止' 또는 '조지적阻止的'으로 일부 저서에서 표현하나, 국적불명으로 명백하게 틀린 말이다. 일본에서는 이렇게 칭해지나. '조지적'을 '저지하는'으로 본문과 같이 바로 잡는다.

34) 권오승, 앞의 책, 40·43쪽 참조.

35) 김윤상, 『토지정책론』, 한국학술정보, 2003, 31~32쪽.

36) 권오승, 앞의 책, 42~43쪽.

37) "토지의 수요가 늘어난다고 해서 공급을 늘릴 수 없기 때문에 시장경제의 원리를 그대로 적용할 없고, 고정성·인접성·본원적 생산성·환경성·상린성·사회성·공공성·영토성 등 여러 가지 특징을 지닌 것"으로서 자손만대로 향유하고 함께 살아가야 할 생활터전이기 때문이다. 헌재 1989.12.22, 88헌가13.

38) 찰스 아빌라Charles Avila, 김유준 역, 『소유권: 초대 교부들의 경제사상』, 기독교문서선교회, 2008, 24쪽.

39) 조천수, 「서독에 있어서의 소유권의 제한」, 『입법조사월보』, 1972.8, 85쪽; 권오승, 앞의 책, 45~46쪽 재인용.

40) 현대의 법률사상 하에 있어서는 소유권은 벌써 절대불가침의 권리일 수는 없다. 사회공공의 이익을 위해서는 소유권은 양보를 강요당하는 것이다. 그러나 소유권이 양보당하는 경우에 보상을 요구할 수 있느냐 어떠냐는 별개의 문제이다. 헌법 제20조는 "공공필요에 의하여 재산권을 수용·사용 또는 제한함은 법률이 정하는 바에 의하

여 정당한 보상을 지급하여야 한다"고 천명하고 있다. 그러므로 보상에 관하여는 소유권을 수용·사용 또는 제한하는 법률에서 규정하는 것이 보통이며 원칙적으로 보상을 지급하여야 하고, 당해 특별법에서 타인의 소유권을 수용·사용 또는 제한하면서 보상하지 아니 한다거나 정당한 보상을 받을 수 없도록 규정한다면 이는 위헌임을 면치 못하는 것이다.

근대 민법의 기본원리 내지 3대 원칙은 개인을 봉건적인 구속으로부터 해방하고, 사회적·경제적 활동의 자유를 보장했으며, 이로써 근대사회는 확립되고 자본주의 경제조직은 급격한 발전을 이뤘다. 근대 물질문명과 문화의 발달은 개인주의적 법원리 내지 3대 원칙에 힘입은 바가 크다. 그러나 19세기 말 이래, 자본주의의 발달은 새로운 국면에 부딪치게 됐다. 자본주의가 발전함에 따라 사람들 사이의 빈부격차는 점점 심해지고, 노동자와 자본가의 계급 대립은 더욱 격화해졌으며, 구체적인 인간은 결코 자유·평등한 인간이 아니라는 것이 명백해져 갔다. 즉 계약의 자유라는 이름 아래 경제적 강자에 의한 계약의 강제가 있게 돼, 계약의 자유는 가진 자들의 무기가 되고 가지지 못한 자들은 점점 계약의 자유를 잃어갔다. 단적인 예로, 노동자와 기업가의 관계나 소작인과 지주와의 관계에서 볼 수 있다. 또한 소유권 절대의 원칙은 소유자의 이용자에 대한 지배권의 성격을 갖게 되고, 봉건제도 하에서의 신분의 고하 高下처럼 부에 의한 계급(예컨대, 흙수저와 금수저 논란 등)이 심화되고, 평등은 자유의 이름으로 유리流離되는 현상을 가져왔다.

법률적으로 평등하게 주어진 기회는 실제적으로는 공허한 것이 되어 버렸으며, 법률적·형식적인 자유와 경제적·실질적인 불평등 상태였다. 이러함에 국가가 현실적인 불평등을 직시하고 실질적인 자유와 평등을 이루기 위해 적극적으로 개입할 수밖에 없다는 사상이 확산됐고, 이와 더불어 여러 가지 폐해와 결함의 근원이 된 근대 사법의 3대 원칙에 대한 반성과 함께 그 수정을 가하게 된 것이다. 그래서 사람다운 삶을 실현한다는 것은 단순히 개인의 행복이나 이익의 추구가 아니라 사회적인 공동의 행복과 이익을 추구하는 이른바 '공공복리'가 현대 사법의 이념으로 돼 종래의 개인주의적·자유주의적인 법사상을, '경제적·사회적 민주주의' 또는 '단체주의적인 법사상'으로 수정하려는 것으로 이른바 민법의 3대 원칙은 이것에 의해 제한을 받게 됐다. 거래의 안전·사회질서·신의성실·권리남용금지 등이, 민법의 근본이념 및 공공복리의 실천원리로서 3대 원칙보다 고차원적인 기본원리로 승격돼 기존 근대 민법의 3대 원칙은, 이들 실천원리의 제약 내에서 비로소 승인되는 것으로 된 것이다.

「사적 자치원칙의 오·남용에 대한 우려」, 한국아파트신문, 2017.3.1; 전윤철, 「소유권이론의 변천과 그 현대적 개념」, 법제처 법제 참조.

41) 정권섭, 『토지소유권 제한에 관한 연구』, 해양출판사, 1975, 13쪽.

42) 인간이 국가로 결속되기 이전의 자연 상태에서는, 자신은 물론 자신의 재산을 취급할 수 있는 권리를 일컫는다.

43) 김상용·정우형, 앞의 책, 68쪽.

44) 권오승, 앞의 책, 47쪽.

45) 독일연방공화국헌법이다. 분단과 냉전의 산물이었던 1989년 11월, 베를린장벽이 무너지면서 이듬해 동서독이 통일된 이후에도 '헌법'이란 칭을 사용하지 않고, '기본

법'(구속력은 전 독일인에게 미침)이란 칭을 그대로 사용하고 있다.

46) 1967.1.12, Bver FG, Bd. 21, S. 73, u. a. SS. 82~83; 권오승, 앞의 책, 48쪽 재인용.

47) 김상용, 『토지 정의론』, 피엔시미디어, 2017, 12쪽.

48) 찰스 아빌라, 김유준 역, 앞의 책, 40~41쪽.

49) 加藤雅信, 김상수 역, 『소유권의 역사』, 범우사, 2005, 25~33쪽.

50) 루소의 『인간불평등기원론』 제2부에 나오는 말이다.

51) 장 자크 루소, 이태일 역, 『사회계약론 외』, 범우사, 2003, 253~254쪽.

52) 찰스 아빌라, 김유준 역, 앞의 책, 7쪽.

53) 구약성서의 첫 다섯 편인 창세기·출애굽기·레위기·민수기·신명기를 일컫는다. 일명 모세오경으로, 유대교에서는 아주 중요한 문서이다.

54) 출애굽기 19장 5절에서는 "세계가 다 내게 속하였나니, 너희가 내 말을 잘 듣고 내 언약을 지키면 너희는 열국列國 중에서 내 소유가 되겠다"고 규정하고 있다. 그리고 시편 제24편 1절에서는 "땅과 거기 충만한 것과 세계와 그 중에 기거하는 자가 다 여호와 것이다"라고 되어 있다.

55) 헨리 조지가 약 17개월간에 걸쳐 『진보와 빈곤』이란 대작을 저술하기 전, 구약성서 레위기에서 먼저 착상하지 않았을까 생각된다. 물론 로크의 자연법사상의 영향을 받은 등은 별론으로 하고라도.

56) 이를 현대적 문법에 맞게 띄워 쓰기로 고치고, 용어를 다음과 같이 풀이한다. 먼저 '기업'이란 '기반이 되는 사업 또는 대대로 계승되는 사업과 재산'으로 해석된다. '희년'이란 오십년 마다 돌아오는 유대교에서의 절기를 말한다. 그리고 '기업을 무르다'는 뜻은 la' G(가알)이란 말로서, 의미는 '되사다', '구속하다', '근친의 역할을 행하다'로 해석하고자 한다.

57) "시내산山에 연기가 자욱하니 여호와께서 불 가운데 거기 강림하심이라. 그 연기가 옹기점 연기 같이 떠오르고 온 산이 크게 진동하며"(출19: 18), "뭇 백성이 우뢰와 번개와 나팔소리와 산의 연기를 본지라, 그들이 볼 때에 떨며 멀리 서서"(출20: 18) 하나님께서 직접 산이 임재하실 때, 산꼭대기가 불로 활활 타올라 붙었다고 기록되어 있다. 바로 남은 그 흔적인 검은 색의 산으로, 현재 사우디아라비아(The real Mt., Sinau in Saudi Arabia)에 있는 모세의 진짜 시내산이다.

58) 김근주, 『희년』, 홍성사, 2019, 248쪽.

59) 대천덕, 전강수·홍종락 역, 『토지와 경제정의』, 홍성사, 2016(9쇄), 239쪽.

60) 윤철홍, 『소유권의 역사』, 법원사, 1995, 5·7쪽.

61) 이용수, 「구약성서에 나타난 희년제도」, 서울신학대학교 석사논문, 1993, 14쪽 참조.

62) 이재율, 「헨리 조지의 토지가치세와 성경적 토지제도」, 『신앙과 학문』 11(2), 기독교학문연구소, 2006, 176쪽.

63) 윤철홍, 앞의 책, 5·8~9쪽 참조.

64) 나 여호와가 말하노라 보라 날이 이르리니 내가 이스라엘 집과 유다 집에 새 언약을 세우리라.

65) 또 내 신을 너희 속에 두어 너희로 내 율례를 행하게 하리니…,

66) 그 후에 내가 신을 만민에게 부어 주리니 너희 자녀들이 장래 일을 말할 것이며 너희 늙은이는 꿈을 꾸며 너희 젊은이는 이상을 볼 것이며.

67) 대천덕, 전강수·홍종락 역, 앞의 책, 77~78쪽.

68) 윤철홍, 앞의 책, 11쪽.

69) 제임스 왕이 고용한 성서번역자들이 공의justice라는 단어가 아닌 '의righteousness'라는 애매모호한 단어를 사용했다. 대천덕, 전강수·홍종락 역, 앞의 책, 78쪽.

70) '나라'는 '다스림', '통치'로도 번역할 수 있다. 하나님의 나라는 하나님의 통치를 의미하거나, 하나님의 인도에 따라 움직이며 하나님께 순종하는 무리를 의미한다.

71) 대천덕, 전강수·홍종락 역, 앞의 책, 78~79쪽.

72) '바나바'라고도 불리는 그는 신약성서의 사도행전에 나오는 키프로스 태생 유대인이다. 그의 히브리 이름은 요셉이며, 바나바는 사도들이 '위로의 아들'이라는 뜻으로 지어준 애칭이기도 하다. 사도 파울로스(사울)가 부활한 예수의 목소리를 듣는 경험으로 회심(기독교라는 독립종교가 등장하기 전이므로 개종이 아니다)했다는 사실을 사도들에게 알려줘 교류할 수 있도록 하였다. 또한 안티오키아 교회에서 같이 목회하는 등 바울이 사도로 성장하는 데 큰 도움을 주었다. 이들의 관계는 '마가라'는 헬라 이름을 가진 청년 요한을 데려가는 문제로 논쟁을 벌여 깨졌고 각기 다른 길을 걸어간다. 그렇지만, 이는 복음 전도가 두 갈래로 나뉘어 더욱 확장되는 계기가 된다(ko. wikipedia.org 참조).

73) 중국의 정치가이자 군사지도자인 장제스는 중국 국민당 정부의 주석을 지냈으며, 1949년 이후에는 타이완臺灣의 국민정부 주석으로, 대한민국과도 우호적인 관계를 유지하였다.

74) 대천덕, 전강수·홍종락 역, 앞의 책, 80~81쪽 참조.

75) 아가페 편집부, 『아가페성경사전』, 아가페, 2004 참조.

76) ko.wikipedia.org 등 참조. 교부란 또 다른 의미는 사도들을 이어 그리스도교를 전파하며 신학의 기본적인 틀을 형성한 교회의 지도자들을 일컫는다. 서방교회 4대 교부(4인)와 동방교회 4대 교부(4인)가 있다. 아우구스티누스는 전자, 크리소스토무스는 후자에 속한다.

77) 영어식으로는 '세인트 어거스틴St. Augustine'으로 칭하며, 루터와 칼뱅 같은 종교개혁가들에게 큰 영향을 주었다. 크리소스톰과 함께 대표적인 교부철학사상가이다. 기독교 신학자이자 주교로, 로마가톨릭 및 서방기독교에서 교부로 존경받는 인물이다. 여기서 주의할 점은 발음이 유사한 '아우구스투스Augustus'는 로마 최초의 황제이자 제정로마의 기반을 닦은 자로, 교부철학의 대성자인 본문의 인물과는 다르다. 기원전 31년 클레오파트라-안토니우스 연합함대를 악티움해전에서 꺾은 '옥타비아누스'가 그 아우구스투스이다. '존엄한 자'라는 의미이자 로마제국의 상징인 '아우구스투스'라는 칭호를 받고, 자신이 헌법을 초월한 우월함과 새로운 질서의 서막을 드러낸 그 칭호는 훗날 로마 황제를 지칭하는 징표로 굳어졌다.

78) 동로마 황제 아르카디우스와 그의 아내에게서 박해를 받고 유배지 폰투스(흑해 연안

아나톨리아 지방의 옛 왕국으로 1세기 중반 로마에 의해 멸망)에서 죽었다. 그의 사후 '황금의 입을 가진'이라는 뜻의 그리스어인 크리소스토무스라는 별칭이 붙었다. 초기 기독교의 교부이자 제37대 콘스탄티노폴리스 대주교이자 설교자였다.

79) 김철수, 『법과 사회정의』, 서울대학교 출판부, 91~92쪽 참조.

80) 대토지소유제란 기원전 2세기부터 발달한 제도로, 국유지를 유력자가 사유화함에서 비롯되었다. 고려 말~조선 초에, 세력가들이 사사로이 차지한 대토지소유 형태의 농장農莊과 유사하다. 만약 노예제도가 없었다면 고대 그리스나 로마가 존재했으며, 번영을 구가했을까 하는 아이러니도 상존한다. 이러한 노예제도가 전형적인 발전을 보인 고대 그리스의 도시국가에서의 문명이 성립하고, 번성했던 시기인 476년 서로마 제국까지의 고전시대(유럽에선 이 시기를 '고전고대시대'라 칭함)에서는 노예는 일반 적으로 인간으로 간주하지 않는 잔학상을 보였다. 고대 그리스에서는 아리스토텔레 스에 따르면, 노예를 '일종의 살아있는 재산'이나 '살아 있는 도구'로서 '생명이 없는 노예'인 도구와 대비되었고, 또한 고대 로마에서는 그 도구를 본래의 도구는 '전혀 말을 못하는 도구'로, 가축은 '반쯤 말하는 도구', 노예는 '말하는 도구'라 하여 셋으로 나누었다. 더구나 로마법은 노예를 소유의 객체인 '물'로 하여 노예 신분을 "자연에 반하여 한 인격체가 타인의 소유 권한에 예속되는 만민법상의 규정"이라고까지 하였 다. 그 노예제도에 있어, 고대 로마보다 고대 그리스가 자유로웠다. 밖에 나가 수익을 창출할 수 있었고, 똑똑한 노예는 정복지에서 그곳을 다스리는 왕까지 탄생시켰기 때문이다.

81) 헤롤드 버만, 김철 역, 『법과 혁명』 I, 한국학술정보, 2013, 97쪽.

82) 헤롤드 버만, 김철 역, 앞의 책, 250~251쪽 참조.

83) 세습지는 세속주권이 인정되는 교황국가의 영토의 성격을 띠며, 여기서 발생하는 수입원은 교황에게 지급되는 것과, 성직자에게 지급하는 물질적인 봉직인 성직록聖職 祿, beneficium, 빈민구제와 자선을 위해 쓰였다. 그중에서도 빈민구제책이 우선시되었다 고 볼 수 있다. 성직록이란 '베네피치움beneficium'은 서양역사에서의 은대지제도恩貸地制 度인 이 제도는 8세기 프랑크 왕국에서 처음 실시된 토지보유형태로써, 군주나 영주領 主는 토지 임차인의 '이익을 위해in beneficium' 관대한 조건으로 자유민에게 영지領地를 임차해준 것에서 유래한다고 볼 수 있다.

84) 찰스 아빌라, 김유준 역, 앞의 책, 52~54·68~70쪽 참조.

85) 김지은, 『포로와 토지 소유』, 한들출판사, 2005, 184~188쪽.

86) 헨리 조지, 김윤상 역, 『진보와 빈곤』, 비봉출판사, 2018, 385쪽. 로마 귀족의 아들로 태어난 가이우스 그라쿠스는 그의 형과 마찬가지로 문학·웅변·철학을 강조하는 새로 운 그리스문화를 섭렵한 고대 로마의 토지개혁사상가였다. 로마시민들에게의 기본식 량 공급을 위한 제도 확립과 로마 기사들의 금융조합이 세금을 징수하도록 했다. 징병되는 농민에게 부과하던 장병들의 피복비를 국고에서 부담하도록 했다. 그는 정치적 소신인 토지분배법을 사수하다가 끝내 목숨을 잃었다. 개혁안을 제시하다 학살이 자행된 벤티누스 언덕에서 자살로 생을 마감한다. 그러나 그가 만든 법률은 대부분 살아있어 미완의 계획도 후세대의 정치적 토대가 되었다.

87) '로물루스'가 기원전 753년에 건국했다고 하지만, 고대 로마의 시조로 추앙받는 인물은 트로이전쟁 당시, 프리아모스 왕의 다섯 사위 중 하나인 '아이네이스'란 트로이의 장수였다. 전쟁에서 패한 그들은 이오니아 해를 거쳐 이탈리아로 건너가 로마를 건설한다. 카이사르도 직계후손으로 알려져 있으며, 물론 이탈리아는 아이네이스를 시조로 받아들임에 주저하지 않는다.

88) 여기서 교부의 기준은 '전래의 교회antiquitas ecclesiae에 관하여 저술로 인해 인용되는 자', '정통교리doctrina orthodoxa를 세운 자', '성스런 삶을sanctitas vitae 꾸린 자', '교회로부터 인정받은approbatio ecclesiae 자'로 두고 있다. '교부'란 교회의 승인이 있어야 했기에, 그 시대가 아니라 후대에 와서 붙여졌다. 교부敎父란 누구이며, 왜 교부라 부르는지에 대해서는 가톨릭과 개신교는 같은 뿌리를 가진다. 루터에 의해 종교개혁이 일어나기 전까지 기독교는 하나였다. 아니, 둘이었다. 동방정교회까지 합하면. 동방정교회는 엄밀한 의미에서 가톨릭과 그리 다르지 않다. 그리고 그다지 문제되지는 않는다. 가톨릭이든 개신교도든, 종교개혁 이전과 교회의 뿌리로 돌아가려면 두 주제를 살펴야 한다. 하나는 신약성경이고, 다른 하나는 교부다. 교부는 말 그대로 '교회의 아버지'라는 의미를 가지고 있다. 여기서 아버지는 '스승'이란 의미다. 이러한 나머지 본문에서 전술한 바와 같이 교부의 기준을 둔 것이다. 기독교회가 형성된 것도 이러한 교부들을 통해서이다. 기독교 교리의 연구는 이 교부연구와 직결된다. 기독교의 고전적 형태는 이 교부시대에 완성을 보았다. 교부신학의 가장 기초를 이루는 것은 헬라적 사고형인 형이상학적 사고형이다. 이와 같은 수직적 형이상학적 초역사적 기독교 이해는 교부시대의 기독교의 고유한 특징이라 할 수 있다. 그리고 사도적 교부시대 이후로 17세기 고전적 프로테스탄트주의 시대에 이르기까지의 정통적 기독교는 모두 이 '교부'들의 기독교 신앙을 통해 형성되었다. 찰스 아빌라, 김유준 역, 앞의 책, 33~40쪽 참조 등.

89) 찰스 아빌라, 김유준 역, 앞의 책, 37~39쪽.

90) 헤롤드 버만, 김철 역, 앞의 책, 250~251쪽 참조.

91) 이태재, 「소유권 사상의 변천이 법률제도에 미친 영향」, 『법학』 9(2), 서울대학교, 1967, 142쪽.

92) 찰스 아빌라, 김유준 역, 앞의 책, 134~140쪽 참조. 여기서 재산의 일부를 소유한 자들은 재산의 동일한 부분의 실제 법적 소유자라고 주장하는 다른 사람들의 권리가 주장될 때, 자신의 지배권을 변호하거나 옹호했다. 왜냐하면, 소유물 그 자체가 소유권의 첫 번째 증거였기 때문이다. 그것은 소유권을 입증하고자 하는 비소유자의 책임이었다. 그리고 자신이 그러하지 못하면, 재산은 현재 소유자의 소유물로 남았다. 실제로 크리소스톰은 토지의 부에 대한 사용권은 만인의 평등한 권리로서, 모든 사람이 숨을 쉴 수 있는 권리처럼 매우 분명한 것이라고 주장한다. 그것은 그들의 생존 사실과 창조주의 평등하고도 평등케 하는 선물로서 선언되는 권리다. 즉 자연적이며 양도될 수 없는 권리로 모든 사람이 세상에 거하며 세상에 살아있는 한, 모든 사람에게 부여된 것으로, 다른 사람에게 부여된 것으로 다른 사람들의 동등한 권리에 의해서만 제한될 수 있다. 우리들 가운데 누구도 땅을 만들지 않았기 때문이다. 모든 사람은 동등하게 주님과 '함께하는 종들'이기에, 우리는 우리와 함께 하는 천지만물을 소유하

려고 하는 자들의 권리를 종결시켜야 한다는 것이다.

그에게 있어 절대적 소유권은 무의미할 뿐이다. "우리는 그리스도로부터 만물을 받았다. 우리가 가진 존재 그 자체와 생명과 호흡과 빛과 공기와 땅은 모두 그 분으로 말미암은 것이다…, '우리는 나그네들이자 순례자들이다'. 그래서 '내 것'과 '남의 것'에 관한 모든 것은 단지 말장난에 불과하며 실체는 존재하지도 않는다. 내가 그 집이 너의 것이라고 말한다면, 그것은 실체도 없는 말이다. 그 공기, 땅, 물질은 창조주의 것이기에, 그것을 구성하고 있는 너 자신은 물론, 다른 만물도 그러하다"고 강조했다. 이는 하나님만이 참된 소유자이시기 때문이다. 찰스 아빌라, 김유준 역, 앞의 책, 145~148쪽 참조.

93) 구약성서 〈욥기〉에서 리바이어던은 영생동물이며, 거대한 바다 괴물로 표현하고 있다. 여기서는 이 괴물이 군주, 즉 국가를 의미한다. 홉스는 엘리자베스가 스페인 무적함대와 자웅을 겨루던 시절에 태어나 구순(92세)을 넘겼으며, 이 방대한 대작을 불과 몇 개월 만에 저술한 해박한 지식에 놀랍다.

94) 토지는 신이 내린 자연 상태에서는 모든 인류에게 주어진 공유이나, 만약 그 위에 새로운 투자를 가공했을 때는 각 개인이 소유할 수 있다는 논리다. 이 소유는 무제한 적 제공이 아닌 경작이 가능한 범위 내에서의 노동이 가미된 가치만을 인정한다는 것이다.

95) 전병운, 「홉스 리바이어던」, 『철학사상』 별책 7(13), 서울대학교 철학사상연구소, 2006, 9·12~13쪽.

96) 헨리 조지, 김윤상 역, 『진보와 빈곤』, 2018, 339쪽 참조.

97) 김상용(2017), 앞의 책, 48쪽.

98) 김상용, 『토지법』, 법원사, 2004, 67쪽; 조천수, 「서독에 있어서의 소유권의 제한」, 『입법조사월보』, 국회도서관 입법조사국, 1972.8.9, 85쪽.

99) 김상용(2004), 앞의 책, 67~68쪽; 전윤철, 「소유권이론의 변천과 그 현대적 개념」, 『법제월보』, 1970.9, 58쪽.

100) 김상용(2004), 앞의 책, 68쪽 참조.

101) 『로마법의 정신』, 『법의 목적』, 『권리를 위한 투쟁』을 저술한 예링은 법은 사회적 목적을 위해 창조된 것이며, 권리는 법적으로 보호되는 이익이라는 법의 사회적 실용 성을 강조한 목적법학을 제창한 독일의 법학자로서, 권리는 단순한 사상이 아닌 '살아 있는 힘'으로 이해한다. 권리를 위한 투쟁은 자신에 대한 의무와 함께 사회공동체에 대한 의무로 본다.

102) 정권섭(1975), 앞의 책, 13쪽.

103) 김상용(2004), 앞의 책, 68쪽.

104) 바이마르헌법 제153조 제1항: 소유권은 헌법에 의해 보장된다. 그 내용과 한계는 법률로 정한다. 동법 제155조 제1항: 토지의 분배 및 이용은 국가가 감독하고 그 남용을 막으며 또한 모든 독일인에게 건강한 주거를 제공하며, 모든 독일의 가족 특히 다수의 자녀를 가진 가족에게 그 수요를 충족하는 주거와 가산을 가지게 하여야 한다. 장래 제정할 가산법에 있어서는 특히 출정군인을 고려하여야 한다. 동법 동조

제2항: 토지의 취득이 주거의 수요를 충족시키기 위하여 개척을 장려하기 위하여 또는 농업의 발달을 위하여 필요할 때에는 수용할 수 있다. 세습재산은 폐지한다.

105) 독일연방공화국 기본법(독일 통일헌법인 기본법을 말한다)은 통일된 그때인 1990년에 통일헌법 제정이 추진되었으나, 동독 인민의회가 동독의 전체 주州가 독일연방(서독)에 가입하는 것으로 결정하여 통일된 독일의 헌법이 되었다. 2차 세계대전 시 독일의 군국주의와 국가사회주의 헌법을 청산하고, 1949년에 제정된 독일연방(서독) 헌법이 독일연방공화국 기본법으로 된 것이다. 이로써 전 독일인에게 구속력을 가진다. 머리말, 전문, 146개 조로 구성돼 있다. 우리 헌법도 제정 시 모방한 바 있고, 헌법의 이론과 해석에 있어 독일에서의 학설과 판례에 큰 비중을 두고 있다.

106) 헌재 1996.8.29, 95헌바36.

107) 헌재 2002.8.29, 2000헌가5.

108) 헌재 1994.6.30, 92헌바23; 헌재 2002.8.29, 2000헌가5.

109) 존 로크John Locke가 사적 소유권의 발생에 대하여 최초로 체계적으로 이론을 전개한 것으로 "토지와 자연에 대하여 그것은 인류에게 공유로 주어지는 것이며, 자연 상태에 있는 동안에는 다른 사람을 물리치고 그것들 중 어느 것을 사적으로 지배 하는 일은 어느 누구도 할 수 없다". 또한 "자연이 제공한 모든 사물의 소유권은 최초의 노동을 제공자에게 있다"는 것은 로크와 리카도의 노동가치설의 핵심이기도 하다. 그리고 로크는 토지와 자연에 대하여 "그것은 인류에게 공유로 주어진 것으로서, 자연 상태에 있는 동안에는 다른 사람을 물리치고 그것들 중 어느 것을 사적으로 지배 하는 일은 없다"라고 했다. 또한 성 시몬Saint Simon은 "사유재산제야말로 만천하의 악의 근원이며, 인간의 역사는 유한계급과 노동계급이 대립하는 항쟁사이다"라고 한다. 존 스튜어트 밀J. S. Mill 또한 개량주의적 토지소유권 사상가로서 "토지는 인간의 노동에 의하여 만들어진 것이 아니라, 자연의 일부이므로 토지를 특정개인이 배타적으로 소유하는 것은 정의롭지 못하다"고 했다.

110) 김상용(2017), 앞의 책, 63쪽 참조.

111) 곽윤직, 『물권법』(제7판), 박영사, 2003, 62~63쪽.

112) 허영, 앞의 책, 166~169쪽.

113) 김상용(2004), 앞의 책, 69쪽.

114) 유해웅, 『토지법제론』(제5판), 부연사, 2012, 29쪽.

115) 북한에서는 근본적으로 사람과 물자와의 관계를 말한다. 소유권에 관하여 재산을 자기 의사에 따라 점유하거나 이용, 처분할 수 있는 상태 혹은 가능성을 표현한 것이라고 하며, 소유관계는 다른 모든 재산의 기초를 이루는 것이라고 설명한다. 그리고 소유권은 그 어떤 추상적인 것으로 존재하는 것이 아니라 구체적인 형태로 존재하며, 그 형태는 국가소유형태, 사회협동단체소유형태, 개인소유형태가 있다고 한다. 손희두·박정원, 『정책연구개발사업 연구과제최종보고서』(북한법령용어사전 I), 한국법제연구원, 2002, 160쪽.

116) 윤철홍, 앞의 책, 167쪽.

117) 유해웅, 앞의 책, 29~30쪽 참조.

118) 2006년 4월 19일(발효는 25일), 연방법무부가 관장하는 업무범위에 관련한 연방법의 수정에 관한 제1차 법률(BMJBerG 1)의 제123조에 의해 독일민법의 개정이 있었다.

119) 『詩經』券13 小雅 北에 '普天之下 莫非王土 率土之濱 莫非王臣'란 구절이 있다. 이러한 왕토사상은 현실적으로는 어디까지나 관념적인 소산물이었지, 국가의 모든 토지와 모든 국민이 국왕에게 예속된 것은 아니었다. 농민들은 개인적으로 토지를 소유하고 경작하여, 국가에 대하여 조세租稅·공부貢賦·역역力役을 부담하였다. 또한 봉건제에서의 국왕은 신하들에게 토지에서 생산된 일부를 차지할 수 있는 권리인 수조권收租權을 주었다, 이러한 권리가 왕토사상의 이념적 근거가 되었다.

120) 윤내현, 『고조선 연구』, 일지사, 1994, 39쪽.

121) 김상용(2004), 앞의 책, 93쪽 참조.

122) 김상용, 『토지 정의론』, 피엔씨미디어, 2017, 20쪽.

123) 김영추, 『민주주의론』, 형설출판사, 1991, 19쪽 이하·30쪽 이하·66쪽 이하. 자연법론에서는 인간생활이 정당한 법질서에 의해 인간답고 행복한 삶이 될 수 있는가를 문제 삼아 왔는데, 이것이 정의의 상태인 것이고, 따라서 자연법은 바로 이러한 상태의 실현을 목적으로 삼는다. 그런데 한스 켈잰Hans Kelsen은 "사람들은 정의에 관한 자기의 견해만이 정당하고 절대적으로 타당한 것이라고 주장한다. 만인은 자유로워야 한다든가, 평등하게 취급되어야 한다는 등의 소원에 기초를 둔 요청을 합리적으로 정당화한다는 것은, 자기기만이고 하나의 이데올로기이다. 그 전형적인 이데올로기의 하나가 자연에서 유래한 어떤 지상목적이 인간행위를 결정적으로 지배하는 하나의 규범으로서 존재·기능한다고 주장하는 자연법이다"고 비판한다. Hans Kelsen, *General Theory of the Law and State*, Routledge, 2005, pp. 8~10; 김영추, 「헌법질서와 경제정의」, 『헌법학연구』 3(3), 1997, 14쪽.

124) Gustaw Radbruch, Rechtsphilosophie, 1932; 4 Aufl. 1950(황산덕, 『법철학강의』, 1975) 재인용.

125) 김상용(2017), 앞의 책, 21쪽.

126) 절대적 자유소유권이란 의미는 첫째, 봉건적 제 권리에 의한 제한에서 이탈하였다. 둘째, 소유권자의 자유의사에 의한 목적물의 전면적 지배가 국가에 의하여 최고도로 존중되어 강력하게 보장된다. 셋째, 소유권 이외의 물건의 내용은 일정의 제한된 범위 내의 것인 데 반해 소유권은 전면적이라는 것이다. 김상용·정우형(2004), 앞의 책, 65쪽 각주 참조.

127) feudal중세적은 원래 구체적인 명사인 fief(feod)에서 유래한 것으로, 11세기 이래로 기술적·정치적·경제적 의미, 그리고 법적 의미를 갖고 있다. 그러나 추상명사인 feudalism은 전체적인 사회경제체제를 칭하는 탓에, 18세기에 겨우 발명된 언어다. Bloch, *Feudal Society*(Chicago, 1961, I. p. xvi) 참조.

128) 전유철, 「소유권이론의 변천과 그 현대적 개념」, 『법제월보』, 1970.9, 58쪽; 김상용(2017), 앞의 책, 65쪽.

129) 프랑스 인권선언 제17조: 소유권은 불가침이고 신성한 권리이므로 법률에 의해 공공의 필요를 위하여 정당한 보상에 의하지 않고는 박탈될 수 없다.

130) Christopher Hill, "A Comment", in Rodney Hilton(ed.), *The Transition from Feudalism to Capitalism*, London, 1976, p. 121; 해롤드 버만, 김철 역, 앞의 책, 130~133쪽.

131) 프랑스 인권선언 제17조: 소유권은 신성불가침의 권리이므로, 법에서 규정한 공공의 필요성에 의해 명백히 요구되는 경우 이외에는 누구도 소유권을 박탈할 수 없다. 또한 그러한 경우라 해도 소유자가 사전에 정당하게 보상을 받는다는 조건을 갖추어야 한다.

132) 미국 수정헌법 제5조: 누구든지 적법절차에 의하지 않고는 재산을 박탈당하지 않으며, 정당한 보상 없이 사유재산을 공용을 위하여 수용되지 아니한다.

133) 모든 사람은 태어날 때부터 자유롭고 독립하고 있는 일정한 권리를 가진다. 이들 권리는 인민이 사회를 조직함에 있어서 계약에 의해서도 인민의 자손으로부터 박탈할 수 없다. 그러한 권리란 재산을 취득·소유하고 행복과 안녕을 추구·획득하는 수단을 수반해서 생명과 자유를 향유하는 권리이다.

134) 강경근, 「토지공개념의 헌법상 문제」, 『사법행정』, 1991.11, 35~36쪽.

135) 조천수, 「서독에 있어서의 소유권의 제한」, 『입법조사월보』, 국회도서관 입법조사국, 1972.8.9, 84~85쪽; 김상용(2004), 앞의 책, 66쪽.

136) 헌재 1989.12.22, 88헌가.

137) 권영성, 『헌법학원론』, 법문사, 1999, 363쪽.

138) 일제가 1910~18년까지 우리나라에서 식민지적 토지제도를 확립할 목적으로 실시한 대규모 조사사업을 말한다. 실제로는 이보다 앞서 조선이 아닌 대한제국 시절인 1907년부터 시작되었다. 그때 본격적인 식민지정책의 일환으로, 국유지와 민유지로 나누어 국유지부터 점유(후에 민유지도 국유지에 편입)하였다. 그들 자본의 토지점유에 적합한 토지소유의 증명제도를 통한 지세수입地稅收入을 증대시켜 원활한 식민통치를 위한 조세수입 체제를 확립하였다. 조선총독부가 지주로 지세와 소작료를 강취해 재정수입을 거두고, 미개간지를 무상으로 점유하기 위함이고, 더 나아가 늘어나는 우리나라로의 일본국 이주자들에게 토지를 불하해 식민통치에 대한 제도적 지원을 통해 일본제국주의자들의 편의에 의한 실시였다. 소위 '식민지 근대화론'에 편승하는 사고는 위험하지 않을 수 없다.

139) 김상용, 「한국의 토지소유권의 성립에 관한 연구」, 『한국지적학회지』 18(2), 47~57쪽; 정권섭, 「토지소유권의 사법적 규제」, 『법과 토지』, 한국법학교수회, 1982, 215~216쪽.

140) 이른바 식민지 근대화론 주장자들의 공저인 『반일 종족주의』는 "일제 식민지배 하에서는 강제징용과 식량수탈, 위안부 성노예화 등 반인권적·반인륜적 만행은 없었다"며 "많은 젊은이들이 돈을 좇아 조선('대한제국'이란 표현조차 없다)보다 앞선 일본에 대한 로망을 자발적으로 실행했을 뿐"이라는 논리다. 우리 사회의 반일정서를 '반일 종족주의'로 '민족'이 아닌 '종족' 등으로 평가절하하고, 이러한 것이 극단적으로 현출된 사례가 일본군 위안부 문제라는 주장을 펴고 있어 끝없는 논란을 야기한다. 우리나라의 경제적 및 정치적 성장에 있어, 그 힘의 원천을 일본 제국주의 식민시대에서 찾고자 하는 사상이다. 여태까지 굳어져 온 내재적 발전론(수탈론)을 뒤집은(부정

하는) 것이다.

공동저술자의 또 다른 면을 보자. "당시(일제 치하) 조선의 농민, 특히 소작농이 가난을 벗어나지 못한 것은 결국 농업생산성이 낮았고, 토지에 비해 인구가 넘쳐나다 보니 소작농에게 불리한 지주제가 강고하게 존속하고 있었다는, 전통사회 이래의 함정에서 벗어나지 못했기 때문이다. 산미증식계획이 쌀의 증산을 어느 정도 가져왔다고 해도, 이러한 틀을 깰 정도로 영향을 미치지는 못했다. 지주제의 문제는 해방 후 이루어진 농지개혁을 통해 해소된다. 그리고 낮은 생산성과 과잉인구의 문제는 고도 성장기를 거치면서 이농이 급속히 진행되고, 농촌의 일손부족으로 기계화 등이 이루어지면서 비로소 해결되게 된다. 그런데 한국사 교과서의 서술은 일제시기 농민의 궁핍을 엉뚱하게도 일제가 쌀을 수탈했기 때문이라고 강변하고 있다. 그 영향으로 형성된 일반인들의 통념도 이와 크게 다르지 않다. 쌀을 '수탈'한 것이 아니라 수출한 것인데도 말이죠. 생산과 수출이 크게 늘고 가격도 불리해지지 않았다면 소득이 올라가는 것은 경제의 상식인데, 이를 뒤집어서 억지를 부리는 셈이다. 교과서가 '수탈'이나 '반출'이라는 표현을 포기하지 못하는 것은, '수출'이라는 표현으로 바꾸자마자 자신의 일제 비판의 논리가 혼란에 빠진다는 점을 잘 알기 때문이라고 생각한다. 그들은 거짓말이라도 만들어내 일제를 비판하는 것이 올바른 역사교육이라고 착각하고 있는 것이다. 이러한 엉터리 논리로 이루어지는 교과서의 일제 비판에 대해 과연 세계인의 공감을 얻어낼 수 있겠습니까?" 등 친일적 행태인 식민지 근대화론을 펴고 있다. 이영훈, 『반일 종족주의』, 미래사, 2019, 53쪽 이하 참조.

141) 헤롤드 버만, 김철 역, 앞의 책, 63~64·393쪽 참조.

142) 모든 인간에게 공통으로 부여된 권리 인간의 사회에도 자연의 법칙이 있다. 이를 자연법이라고 하며, 이에 따라 인간에게 보장된 권리이다. 자연권은 인간이 자연 상태에서의 기본적인 권리로서, 그 중에서도 생명·자유·재산의 권리가 핵심적인 이러한 자연권 사상은 계몽사상의 기반이 되었다. 자연법에서는 인간이 갖는 본능, 본성을 중시한 경제적 제반 사실, 관습, 작위적인 실정법과 대립시킨다. 즉 근대 이전의 왕권, 교회권에 있어서, 개개인의 인간 이성을 강조하는 데에 중점을 두었다. 이 자연법사상은 고대 그리스, 중세 로마에서도 존재했음을 볼 수 있다.

143) 김상용(2017), 앞의 책, 25~26쪽 참조.

144) 강태성, 「후고 그로티우스와 존 로크의 소유권 사상」, 『영남법학』 2(1), 영남대학교 법학연구소, 1985, 341~343쪽; 김상용(2017), 앞의 책, 26~27쪽.

145) 김상용(2017), 앞의 책, 27쪽. 근대 사상가 중 사유재산제를 최초로 부정한 이는 "모든 악의 근원이 사유재산제도에 있다"고 한 영국 사상가인 토머스 모어Thomas More (1478~1535)가 아닐까 싶다. 정치가이자 성인聖人, saint이었던 그는 『유토피아』를 저술했다.

146) 국가권력이 불법적으로 행사되면 그 복종을 거부하거나 저항할 수 있는 국민의 권리로, 반항권反抗權 내지 저항권抵抗權, right of resistance이라고도 할 수 있겠다. 우리 헌법 전문에서 그 근거를 찾을 수 있다. 1960년 4·19혁명, 1979년 부마민주화항쟁, 1980년 광주민주화운동, 1987년 6·10민주화항쟁, 2016년 촛불시위(혹여 '혁명'이라 칭하는 것에는 더 검토가 필요하며, 과실을 한쪽만이 취한 등의 이유) 등이 하나의

예라고 볼 수 있다.

147) 김상용(2017), 앞의 책, 27~28쪽.

148) 대한제국大韓帝國은 1897년 10월 12일부터 1910년 8월 29일까지 13년간이나 엄연히 존속한 국가로, 고종 34년부터 일제에 의한 국권상실 때까지의 우리나라 국호다. 그런데 일부 학자나 정치인들이 이를 간과하고는 예컨대 "우리 '조선'이 일제에 의하여 국권을 상실했다"는 조로 말하는 게 대다수다. 이러한 면을 언급할 때, 앞의 예에서처럼 '조선'이 아니라 '대한제국'이라 칭하는 게 옳다. 이를 무지에서거나 간과함은 위험천만한 발상이다. 뼛속 깊은 중화주의사상과 친일주의는 민족의 존립을 위해서도 위험하다. 왜, 중국이 그들의 역사상 한漢(BC206년 건국)을 전한과 후한으로 구분하는 이유가 있다. 또한 후대의 중국은 대한제국 정도의 존속기간(서기 8~23)이었던 왕망의 신新나라를 무시하지 않는다. 유방이 세운 한漢을 무너뜨린 왕망은 끝내 수포로 돌았지만, 토지의 국유화와 노비매매를 금지한 인물이다. 그러나 그에게서의 정권을 유수劉秀가 빼앗아 후한을 건국하게 된다는 사실이다.

149) 저항권을 다룬 서적도 국내에서는 유일하게 헌법학자(심재우, 『저항권』, 고려대학교 출판부, 2000)가 저술한 한 종류만 있다. 아직도 독보적인 존재로, 헌법학적 사고가 없으면 해독하기 힘들다. 대한제국 시절인 1906년, 최익현은 74세의 노구로 국권침탈을 노리는 일제에 대항해 의병을 일으키며 다음과 같은 〈창의시〉를 남기고 대마도에서 순국했다. "백발로 밭이랑에서 분발하는 것은/ 초야의 충심을 바랐음이라/ 난적은 누구나 쳐야 하니/ 고금을 물어서 무엇하리" 저항권에 대한 개념도 다의적인 면을 보인다. 이 개념은 헌법학적 사고에서 찾아야 하고, 저항문학이나 저항시는 제2차 세계대전 시 프랑스의 '레지탕스'에서 찾고자 한다. 그러나 우리나라에서의 '저항권'은 대한제국 말기에서 시원을 찾겠다는 건데, 즉 최익현을 비롯하여 황현, 한용운에게서부터이다. facebook.com/jeongjongam(2014.9.8).

150) 김상용(2017), 앞의 책, 27~28쪽.

151) 존 로크, 이극찬 역, 『시민정부론』, 연세대학교 출판부, 2007, 12쪽.

152) 김상용(2017), 앞의 책, 28~29쪽.

153) 존 로크, 이극찬 역, 앞의 책, 64쪽 참조.

154) 미국의 자유주의 철학자이자 현대 정의론의 대가인 존 롤즈를 맹비판한, 그는 로크의 자연법사상을 차용하여 논하기도 하였다. 『무정부·국가·유토피아』란 저서가 사후 15년 만인 2017년 국내에 소개되었다. 프리더먼과 하이에크와 함께 '신자유주의자 3인방'이다.

155) 1789년 프랑스 인권선언 제2조: 소유권은 인간의 자연권이며 시효로 소멸되지 아니한다.
제17조: 하나의 불가침이고 신성한 권리인 소유권은 합법적으로 확인된 공공필요성이 명백히 인정되고 또한 정당한 보상을 지급한다는 조건 하에서가 아니면 침해할 수가 없다.

156) 제1차 세계대전에서 패한 후 독일이 제정한 나치정권 이전까지의 헌법이다. 이 헌법은 사회민주주의에 기반을 둔 생존권적 기본권을 규정한 민주주의 헌법의 전형

으로 평가받는다. 다른 나라의 헌법 제정에도 많은 영향을 끼쳤다. 본문에서 서술한 내용과 관련된 대표적인 그 헌법 조항은 다음과 같다.

제157조: 노동은 공화국의 특별한 보호를 누린다. 공화국은 표준적인 노동 입법을 제공하여야 한다. 제163조 제2항: 모든 독일인은 경제적 노동을 통해 자신의 생계를 확보할 기회를 보장받는다. 제163조 제3항: 만약 적합한 일자리가 제공되지 못하는 경우, 모든 독일인은 재정지원을 받을 수 있다.

157) 김상용(2017), 앞의 책, 30~31쪽.

158) 애덤 스미스의 "모든 부가가치가 노동 일반에서 나온다"고 주장한 노동가치설은 마르크스의 잉여가치론에 큰 영향을 끼치는 등에 있어, 경제학의 아버지로 불리어지고 있다.

159) 단위시간당의 작업량을 나타내는 일률의 단위(W)로, 증기기관을 발명해 영국의 산업혁명에 기여한 스코틀랜드 출신의 제임스 와트James Watt(1736~1819)의 이름을 딴 용어를 말한다.

160) 애덤 스미스, 유인호 역, 『국부론』 II, 동서문화사, 2018, 1116쪽.

161) 애덤 스미스, 유인호 역, 『국부론』 I, 동서문화사, 2018, 83~84쪽.

162) 김상용, 『토지소유권 사상』, 민음사, 1995, 82쪽.

163) 독일의 법학자이자 역사법학의 창시자이며, 로마법 연구를 통해 민법학 및 국제사법학에 지대한 공헌을 한 인물이다. 그의 『점유권론』은 후학들에게 많이 읽혀지고 있다.

164) 김상용(2017), 앞의 책, 33쪽. 판덱텐(독일어 Pandekten)은 로마법대전의 학설휘찬으로, 독일연방공화국 민법Bürgerliches Gesetzbuch 즉 '베게베(약칭 BGB)는 1881년부터 제정 작업을 시작하여 1900년 1월 1일에 발효되었다. 이를 계수한 우리나라, 일본, 타이 등 대륙법계 국가에서 채택하고 있다. 이 체계를 따라 총칙, 물권, 채권, 친족, 상속 편으로 나누는 우리 민법도 같은 맥락이다.

165) "네 의지의 준거가 항상 보편타당한 입법의 원리가 되도록 행하라"로 어떤 전제와 관계없이 반드시 행해야 한다는 것이다. 이것이 칸트 실천철학의 정언명령定言命令이다. "만에 하나 무엇이 되고자 하면 먼저 그 무엇을 행하라"처럼, 어떤 목적 달성을 위한 수단의 조건부명령인 가언명령假言命令이 아니다. 칸트 윤리학의 이러한 최고원리를 독일에서는 초등학교 때부터 가르치고 있다.

166) 김상용(2017), 앞의 책, 34~35쪽 참조.

167) 테리 핀가드Terry Pinkard, 전대호 외 1인 역, 『헤겔』, 길, 2015, 976쪽 이하 참조.

168) G. W. F. 헤겔, 정대성 역, 『청년 헤겔의 신학론집』, 그린비, 2018, 284쪽.

169) 김상용(2017), 앞의 책, 39~40쪽.

170) 홉스는 루소와 칸트와 함께 약간의 차이는 있으나, 공히 사회계약설을 주창한 사상가다. 자연 상태에서 자유와 평등을 누리던 개인이 그 주체적 의지로 쌍방 간 계약 하에 사회를 형성함과, 모든 자유권을 국가에 위임하는 대신에 생명과 재산의 보호를 받는다. 그리고 시민에게는 혁명권이 있다는, 즉 사회와 국가의 기원에 관한 이른바 사회계약설을 주창한 자들이다.

171) 김상용(2017), 앞의 책, 35~36쪽.

172) 전병운, 「홉스 리바이어던」, 『철학사상』 별책 7(13), 서울대학교 철학사상연구소, 2006, 12~13쪽.

173) 조긍호·강정인, 『사회계약론 연구: 홉스·로크·루소를 중심으로』, 서강대학교 출판부, 2012, 70쪽.

174) 네덜란드 출신의 철학자이자 범신론의 대표적 사상가로 "내일 지구의 종말이 올지라도, 오늘 한그루의 사과나무를 심겠다", "진정으로 신을 사랑하는 자는 신에게 자신을 사랑해 달라고 하지 않는다", "국가를 통치하는 데 있어 이론가, 즉 철학자보다 적합하지 않은 사람은 없다고 생각한다", "철학을 한다는 것은 사는 방법을 배우는 것이다" 등 숱한 명언을 남겼다.

175) 김상용(2017), 앞의 책, 36~37쪽 참조.

176) 오늘날 겪고 있는 전쟁이나 폭력·가진 자의 착취·탐욕과 경쟁 등이 당연하다는 현대적 본성에서 벗어나, 조물주 하나님의 법이 존재하던 시대, 정신적 자연으로 돌아가자는 것이다. 이게 우리 인간의 고유의 본성이다. 거기에는 경쟁도 없고, 불평등도 없다. 궁휼이란 꿀이 흐르는 그 정신세계인 자연 상태로의 '사고의 전환'이다. 이는 인류의 도덕적 회복이 선결되어야 한다. 인류에게는 고래로 수많은 혁명으로 변혁이 있었다. 이러하듯이 모든 인류가 공존하는 대혁명이면 가능하다. 유토피아적도 아니다. 'Basic humanism' 내지 'Original humanism'이라는 저자의 생철학이자, 현대 인류가 나아갈 방향이다. 이러하지 않으면 여행지인 우리 지구의 멸망도 초래할 수 있다.

177) 루소, 『사회계약론』 제1편 참조. 여기서 나쁜 정부 하에서는 이러한 평등도 외견상일 뿐, 허망한 것에 지나지 않는다. 나쁜 정부는 가난한 자는 계속 비참한 상태에 머무르게 하고, 부자는 항상 약탈자로서의 유지에만 급급하다. 일례로, 정권을 탈취(쟁취)한 세력은 자기들만의 자리를 보전함과 공유해 할 이익을 선점하면서 반대세력의 일자리마저 빼앗는 못된 정부는 현시대에도, 정치후진국이자 민주주의를 가장한 비민주국가에서 심심찮게 볼 수 있다. 실상, 법률이란 항상 유산자(또는 정권탈취세력)에게는 유익하거나 제멋대로 적용하고, 무산자(또는 반대세력)에게는 불리한 것이다. 이러함은 군부독재국가만이 아니라, 이른바 교묘한 신독재국가의 현대적 법률적 용에서도 발생하고 있다. 따라서 루소는 "사회화 상태는, 모든 인간이 다 같이 재산을 소유하고, 그 누구도 지나치게 많은 소유가 않을 때에만 인간에게 유익한 것이 된다"는 결론이다.

178) 심재우, 앞의 책, 서문-1 참조.

179) 헤롤드 버만, 김철 역, 앞의 책, 70~71쪽.

180) 헤롤드 버만, 김철 역, 앞의 책, 70쪽 참조.

181) 토마스 모어가 주인공이 된 '사계절의 사나이'란 이름을 따 1966년(폴 스코필드 분), 영국에서 영화화됐다. 친구와 처자가 왕과 결탁하기를 원하나 신념을 굽히지 않았다. 상대역은 헨리8세(로버트 쇼 분)로, 위증한 리처드 리치에게 "영혼을 파는 자는 세상을 다 얻어도 덧없는데, 고작 웨일즈 법무장관이냐. 당신들이 내 피를 보려는 건, 왕의 칭호가 아니라 왕의 결혼(재혼)을 승인하지 않았기 때문이다"라는 대사는

숙연하게 만든다. 교수형으로 잘려나간 짧은 목은 딸 마가렛이 죽을 때까지 보관한다.

182) 패러다임paradigm이란 어떤 한 시대 사람들의 견해나 사고를 지배하고 있는 이론적 틀이나 개념의 집합체를 말한다. 미국의 과학사학자이자 철학자인 토머스 쿤Thomas Kuhn의 저서『과학혁명의 구조The Structure of Scientific Revolution』(1962)에서 새롭게 제시하여 널리 통용된 개념이다. '사례·예제·실례·본보기' 등을 뜻하는 그리스어 '파라데이그마paradeigma'에서 유래한 것으로, 언어학에서 빌려온 개념이다. 즉 으뜸꼴·표준꼴을 뜻하는데, 이는 하나의 기본동사에서 활용活用됨에 따라 파생형이 생기는 것과 마찬가지다. 이런 의미에서 쿤은 패러다임을 한 시대를 지배하는 과학적 인식·이론·관습·사고·관념·가치관 등이 결합된 총체적인 하나의 틀 또는 개념의 집합체로 정의한다.

183) 계획주의의 큰 특징은 공익정신이다. 계획주의는 공익이라는 것이 존재한다고 본다. 그것은 불특정 다수의 이익일 수도 있고, 국민이 합의한 사회적 기본가치일 수도 있다. 공리주의에 의하면, 다수이익의 보호가 최대 다수의 최대 행복을 달성할 가능성을 높인다. 개인의 합리성을 굳게 믿는 시장주의가 토지이용문제를 각 개인의 입장에서 보는 반면, 집단적 합리성을 추구하는 계획주의는 사회 전체의 입장에서 토지를 바라본다. 국민 전체의 입장에서 보면, 우리의 국토는 우리가 만들어낸 것이 아니다. 거저with nothing, free 선조로부터 대대로 물려받은 선물이자 우리 민족의 터전이며, 미래세대에게 물려주어야 할 유산이다. 토지는 영속성을 가지기 때문에 현세대가 국토를 어떻게 이용하느냐에 따라, 미래세대의 이익이 크게 손상될 수도 있다. 토지이용을 시장에 맡기면 미래세대의 이익이 무시되기 십상이다. 혹여 미래세대의 이익을 고려하는 토지이용자가 있다고 하더라도, 자신의 직계자손의 이익까지만 생각하지 남의 자손의 이익까지 생각하면서 토지이용을 선택하는 사람은 별로 없을 것이다. 이와 같이 시장에서는 모두들 자신의 이익만 생각하고 토지를 거래하기 때문에 시장에서 결정된 지가에는, 미래세대의 이익이 충분히 반영되지 못한다. 그렇다면, 미래세대의 이익을 누가 대변할 것인가? 정부가 해주어야 한다고 많은 학자들의 주장에 부응하여 계획주의는 세밀한 계획을 통해서 미래세대의 이익을 보호해야 한다는 것이다([jjrhee.net]). 이정전의 블로그(토지문제에 대한 4가지 패러다임) 참조.

184) 공익公益, public interest은 공공의 이익, 즉 사회구성원 전체의 이익을 말한다. 공익이란 불특정 다수인不特定多數人을 위한 보편적·배분적인 이익이라고 일단 정의해 볼 수 있다. 최근에 와서는 존 롤즈John Rawls의 정의론justice theory에 입각한 공익의 개념이 강조되고 있으며, 특히 1970년대에 대두된 선행정론new public administration에서는 두드러지게 나타나고 있다. 그의『정의론』에서는 최대 다수의 최대 행복을 내용으로 하는 공리설功利說을 배격하고, 공익이 다수자나 사회 전체를 위하는 것이라 할지라도, 소수자나 개인의 자유와 권익을 희생시켜서는 안 되며, 오히려 정부의 행정(→공공행정)은 불리한 입장에 놓인 계층이나 소수자의 복지를 우선적으로 배려해야 공익을 실현하는 게 되며, 또 정의로운 사회가 이루어질 수 있다고 주장한다. 이러한 견해는 규범설과도 일맥상통하는 점이 없지 않다. 이종수·윤영진,『새 행정학』(개정판), 대영문화사, 1997, 34~35쪽.

185) 이정전, 앞의 책, 80~90쪽.

186) 이정전, 앞의 책, 80~90쪽.

187) 하나뿐인 지구地球. 우리는 과연 후대에게 좋은 환경을 물려줄 수 있을 것인가. 2005 년 10월 1일에 서울의 청계천이 불완전하지만, 시멘트 제방에 묻혔다가 수십 년 만에 그런대로 물이 흐르는 생태하천으로 되살아났다. 과거정권과 같이 각종 규제완화와 개발정책으로 일관하기에, 환경시민단체는 '환경비상시국'을 선언하기에 이르렀다. 분명컨대, 완전한 생태하천 복원은 아니다. 그래도 청계천 복원까지는 좋았다고 보자. 그 이후가 문제다. 청계천 복원에 있어 '친환경親環境'과 '인간 중심人間中心의 문화'란 탈을 쓰고 있지 않을까. 주상복합건물과 대단위 쇼핑몰의 고층화로 숨이 찬 청계천이 될 것으로 보인다. 용적률 1,000%에 132m의 건축이 가능하게끔 제한을 완화했다. 이에 벌써부터 청계천 주변에 부동산 투기 붐이 일고 있다. 차후에 교통난과 고층화로 인한 환경파괴는 물론, 가진 자들의 불로소득에 기여하는 부동산투기 등은 어떻게 막을 것인지 대안은 없어 보인다.

지난 시대, 개발독재와 성장위주의 도시정책에서 '인간 중심의 정책'으로의 패러다임이어야 하는 것이다. 경제만을 살리기 위해 온갖 정책과 개발을 남발하고 있지 않는가. 전국 방방곡곡 개발정책을 내놓지 않은 곳이 없을 정도다. 깨끗한 환경을 미래세대에 물려줄 의지는 보이지 않는다. '국토의 균형발전'이란 미명 하에 자행되는 일이 비일비재하다. 무조건 엇박자다. 또 하나의 수도를 획책하여 헌법재판소의 판결을 기다리는 작금에도, 인구와 경제력이 폭발할 정도인 수도 서울에 공장 신설과 증설을 하겠다는 발상을 보면 어안이 벙벙하다. 이뿐인가. 경기활성화를 위해 태국 등지의 동남아 국가와의 비교에서도 경쟁력 없는 골프장도 200개 넘게 신설하겠다는 것이다. 이러함은 환경에 치명적이다. 근시안적 발상이 아닐 수 없다. 정부와 서울시만이 아닌, 다른 지자체는 어떠한가. 시市세수입을 올리기 위해 환경에는 관심도 없이 각종 개발을 부추기고 있다. 이에 개발업자들의 로비와 각종 편법이 동원되고 있음에도 수수방관이다. 가히 '개발천국'이요, '환경파괴천국'을 연상케 한다. 후세들이 개발할 공간이나 남을까 의문이다. (…중략…) 개개인의 국민들은 어떠한가. 자신들의 쓰레기조차도 전국 산야의 아무데나 버리고 있다. 자기만 편하면 된다. 뒷사람은 먹든 굶든, 나는 모른다는 식이다. 1950~1960년대 이전, 강원도 산간 지역의 화전민火田民을 보는 듯하다. 그들은 자기 먹을 것을 챙기기 위해 불을 지르고는, 뒷사람을 위해 조림造林을 않았기 때문이다. 졸고, (환경시론)「서울의 청계천과 하나뿐인 지구」, 녹원환경신문, 2005.11.25.
    *저자의 칼럼은 법치주의 실현과 사회정의, 그리고 실사구시의 차원에서 본문과 연관되는 현실감 있는 내용에 대해서는 이하 부문마다 몇 편을 각주한다.
188) 단일세Single tax라는 토지가치세를 주창한 이로, 일명 지공주의라고 하는 조지주의 Georgism라고 불리는 경제학파의 형성에 영향을 끼쳤다. 지공주의는 헨리 조지의 토지 사상을 말하는 일종의 별칭으로, 태초에서부터 모든 사람에게 토지에 대한 권리를 평등하게 주어졌다는 사상이다. '토지공개념土地公槪念'의 뿌리가 되는 사상이자 토지철학이다. 그는 21년 연배인 칼 마르크스와의 논쟁에서 '자본과 토지를 구분하지 않는 마르크스주의'와 각을 세우기도 하였고, 교황에게 공개서한을 보내 교황의 회칙에 대한 교황청의 과오도 비판했다.
189) 김윤상, 앞의 책, 339쪽

190) 이정전, 앞의 책, 92쪽.

191) www.aladin.co.kr. [jjrhee.net] 이정전의 블로그(토지문제에 대한 4가지 패러다임) 참조.

192) 자본주의는 토지와 자본을 사유화한다. 반면에 사회주의는 이 둘을 공유화(국유화)한다. 그러나 이른바 지공주의는 토지는 공유할 수 있되, 자본은 사유화한다는 점이다. 칼빈의 경제사상에도 자본주의 요소와 사회주의 요소가 공존한다는 양면성에 빗대, 지공주의라고도 한다. 지공주의란 토지사용의 대가를 사회가 갖고(즉 공유), 노동과 자본 사용의 대가는 개인이 갖는 주의(즉 사유)임은 주지의 사실이다. 이러함에도 '토지공개념'이란 말만 나와도 무조건적으로 사회주의나 공산주의 사상이라고 몰아붙이는 경향이 사회 일각에서 대두되고 있는 게 안타까움을 더한다.

193) 이러함이 사회정의에도 부합되며, 삶의 질을 배가시키는 길잡이가 될 수 있다. 그러나 우리나라는 세계 어느 나라에서보다도 유독 사인이 땅에 대한 노력도 없이 욕심이 많다. 반면, 이웃 중국과 달리, 역사적으로도 개인이 아닌 국가적으로는 남의 땅을 빼앗는 경우는 드물었음이 아이러니하다.

194) 김윤상·박창수, 『땅은 누구의 것인가』, 살림출판사, 2016, 108~110쪽.

195) 이정전, 앞의 책, 92~93쪽.

196) 이정전, 앞의 책, 70~80쪽 참조.

197) 이로써 미 공화당원이었던 제16대 대통령 링컨(일리노주 출신으로 1861~1865년 재임) 이후 공화당을 '링컨당', '노예해방당'이란 조어가 붙고는 그 후로도(1885년까지) 6번이나 집권했다. 또한 위스키를 재배하던 농장주들이 세금(일명 위스키반란)을 거부한 4개 주에 대해, 군대를 동원하여(군 지휘자는 재무부장관이었던 '알렉산더 해밀턴') 연방주의 땅인 행정부의 권위를 세운 조지 와싱턴(버지니아 출신, 1789~1797년 재임, 당시 총 인구는 300만 명에 불과) 초대대통령이었다. 민주당 버락 오바마 Hussein Obama, 공화당 도널드 존 트럼프Donald John Trump(1946~)에 이어 2021년부터 민주당 조 바이든Joe Biden(1942~)이 제46대 현직 대통령이다.

198) 대천덕(1918~2002)은 중국 산동성 제남에서 장로교 선교사의 아들로 태어나, 중국과 우리나라에서 성장기를 보냈다. 미국 데이비슨대학과 프린스턴대학에서 공부한 후, 중국과 우리나라 평양에서 어린 시절을 보냈다. 제2차 세계대전당시 양심적 병역거부의 실천을 위해 병역대신 선원으로 대체복무를 하였다. 선교에 대한 의견차이로 장로교회와 대립을 보여 성공회로 교파를 옮겼으며, 1949년 성공회 사제서품을 받았다. 1957년 성공회대학교의 전신인 성 미가엘 신학원의 재건립을 위해 한국에 입국하여 1964년까지 학장으로 있었다. 1965년 강원도 태백에 성공회 수도원인 예수원을 설립하여 '빈부의 격차가 없는 평등사회'를 실천하고자 하였다. 그가 타계한 후, 현재까지 예수원에 남아 생활하는 유족으로는 벤 토리Ben Torrey(한국명 대영복) 신부가 있다. 그의 아내 현재인Jane Grey Torrey은 2012년에 사망하였다. 그의 아들은 아버지와 달리, 성공회 신부가 아닌 동방 정교회 전통을 잇는 교회인 사도적 교회Apostolic Church의 사제이다. 벤 토리 신부는 예수원 내 삼수령 수련원 원장으로 북한 선교를 위한 '네 번째 강 프로젝트'를 진행 중이다.

199) 김윤상·박창수, 앞의 책, 174~175쪽 참조.

200) 이정전, 앞의 책, 98~99쪽. [jjrhee.net] 이정전의 블로그(토지문제에 대한 4가지 패러다임) 참조.

201) 토마 피케티는 '부와 소득과 불평등'에 대해서 연구하는 프랑스의 경제학자이다. 하버드대학교 출판부 101년 역사상 한 해 동안 가장 많은 수가 팔린 『21세기 자본론』(2013)의 저자다. 지난 300년간의 부의 집중과 분배에 관한 그의 연구와 저작들의 주제의식을 역설한 것으로써, 자본의 수익률이 경제성장률보다 높아질 경우 불평등 또한 그에 비례해 늘어난다고 주장했다. 불평등 문제를 해결하기 위해 국제적으로 동시에 부에 대해 매기는 세금a global tax on wealth을 신설할 것을 제의했다. 이 책이 자국어 번역본으로 출간된 첫 번째 나라가 한국이다. 47개국에서 출간되었다.

202) 기독교인문학연구소, 『칼빈의 경제사상』(종교개혁 500주년 기념시리즈33, 2017년 11월호).

203) 이정전, 앞의 책, 100쪽; 이정전, 『시장은 정말 우리를 행복하게 하는가』, 한길사, 2002, 79쪽.

204) 이정전, 앞의 책, 101~107쪽 참조.

205) 토지은행제도, 즉 토지비축제도란 정부와 같은 공적인 주체가 투자하여 미래의 용도를 위해 미개발된 토지를 저렴하게 매입 후 확보하여 공공자유보유 혹은 공공임대보유 형태로 소유하고 있다가 민간토지수요 증가 시 비축했던 토지를 공급 또는 판매하는 방식이다. 이 제도 자체는 현재가 아닌 미래를 위한 것이며, 개발된 토지가 아닌 미개발 토지를 낮은 가격에 매입하는 것으로 변화하는 부동산시장의 예측할 수 없는 미래를 대비하는 측면에서 바람직하다. 원래의 목적은 서민과 중소기업의 계층별 양극화 문제를 해소함과, 공공주택의 수급조절, 땅값 안정 등의 문제를 해소하기 위한 목적으로 추진된다. 장점은 토지를 저렴한 가격으로 공급할 수 있다는 것, 즉 그 공급한 토지를 공공사업에 필요한 공공시설용지로 사용할 수 있다는 것이다. 또한 개발된 토지를 정부가 보유하기 때문에 무계획적인 개발을 막을 수 있으며, 개발된 토지의 이익을 사회에 환원할 수 있다. 하지만 토지를 비축하기 위해 막대한 토지매입비가 필요하고, 매입, 비축, 매각, 임대 등의 업무를 정상적으로 수행하기 위해서는 토지관리 행정이 크게 요구된다는 단점도 있다. 안정화를 추구한다는 점이 최대의 장점으로 작용함에 이에 대한 법이 제정돼, 부분적으로 시행되고 있으나 아직은 미흡한 게 현실이다.

제 3 부

헌법상 경제질서와 토지재산권의 공공성

제6장 함께하는 우리 헌법상 경제질서

1. 헌법규범과 경제헌법

일반적으로 헌법은 국가의 법체계 안에서 근본법인 동시에 기초법이라고 한다. 이러한 헌법의 특성은 헌법질서가 보통 경제정의의 문제를 규정대상으로 하는가의 문제와 관련된다. 그러나 헌법의 규정대상은 대상인 소재의 성질에 의해 이론적으로 규정되기보다는, 헌법 제정권자인 전 국민의 의지와 결단에 의해 국가의 근본적 사항으로 결정된 사항이 현실적으로 대상이 된다. 무엇이 헌법 제정권자의 중요한 관심 사항인가는 민족의 역사와 문화 및 세계사적 시대사상時代思想의 영향을 강하게 받을 것이다. 우리 헌법의 경우, 여러 복합적 요인의 작용결과 헌법에서 질서와 정의의 문제를 규정하게 된 것이다.[1] 또한 법은 도덕과 더불어 가장 핵심적인 사회규범의 하나이기에, 당연히 사회질서의 형성기능을 갖게 된다. 법철학과 형법학자인 라드브르흐Radbruch, Gustav Lambert(1878~1949)에 의하면 법의 이념으로서 일반적으로 정의와 법 목적法目的, 그리고 법적 안정성Rechtsicherheit을 들 수 있다. 그는 정의의 이념이 절대적이고도 단일한 것이지만, 법의 목적은 그 주안점에 따라 개인주의를 비롯하여 단체주의와 문화 업적주의의 목적 등 세 형태가 있다. 그런데 이러한 세 목적 중에서 어느 것을 선택할 것인가는 각자의 세계관에 의존하므로, 각자는 주관적 정의관正義觀을 따라 투쟁이 전개·지속될 수 있다. 여기에 국가와 법은 어떤 가치관을 법규범으로 할 것인가를 결정하여 질서를 유지해 나가게 된다.2) 따라서 헌법의 근본이념 내지 기본가치로서의 정의가 무엇인가가 문제된다. Platon(Plato)은 그의 저서 『국가』에서 "통치자·군인 및 생산자계급의 각자가 자기의 소질에 따라 자기 계급의 직분에 충실하고 다른 계급의 직분에 간섭하지 않음으로써, 각자의 도덕이 잘 조화를 이루게 되면 여기에 행복의 이상향이 도해할 것"라고 하면서, 이를 정의正義의 상태로 보았다. Aristoteles는 정의의 사회적 성격을 중시하면서 "정의로운 것은 사회적 질서이자 평등한 것"이라고 보았다. 그는 평균적 정의ausleichende Gerechtigkeit와 배분적 정의austeilende Gerchtigkeit로 나누었다. 전자는 매매대금의 지불이나 불법행위의 손해배상에서 볼 수 있고, 후자는 가치에 따라 재화를 비례적으로 배분하는 것이다. 그리고 고대 로마의 법학자인 Ulpianus는 "정의란 각자에게 그의 것(suum cuique)을 주는 항상 불변하는 의지"라고 하였다.3) 따라서 주권국민主權國民의 근본 결단에 의해서 창출되는 헌법에서는 국가와 사회공동체의 근본적 이념과 기본적 가치를 확정하여 선언한다. 헌법에 의해서 확정되고 선언된 정의는 우리나라는 공동체 안에서는 최고의 기본적 정의인 것이다. 헌법 전문에서도 '정의와

인도, 그리고 동포애'로서 민족의 단결을 공고히 한다고 하여 정의의 공동체적 기능을 밝혀놓고 있다.4)

인간의 경제생활은 대부분 공동생활로서의 사회생활의 형태로 이루어지기 때문에, 공동생활의 조직과 작용에 관한 경제질서가 필수적으로 요구되는 것이다. 사회경제 내지 국민경제의 조직과 운영에서 질서가 결여될 경우, 공동경제의 이념이나 가치의 실현은 어렵게 되고 경제주체 간의 관계는 비능률과 투쟁이 지배하게 된다. 공동경제의 질서를 형성하기 위해서는 실력 또는 규범이 요구된다. 실력주의적 질서 형성은 규범주의가 정착되지 못한 낙후된 공동체의 질서형성의 한 방법이라 할 수 있다. 규범주의적 질서 형성에서는 공동체 구성원의 자유로운 합의 내지 동의에 의하여 공동체의 이념과 가치가 확정되어 있는 경우, 법적 또는 도덕적 규범이 설정되고, 그에 따른 질서가 형성되는 것이 보통이다.5)

또한 국민경제의 운영에서 공동체의 공공이익을 위한 정책과 입법의 추진보다도 경제주체들로 구성되는 시장의 자율에 맡기는 것이 효율적인 때가 많다고 한다. 애덤 스미스는 "모든 사람이 자리自利, self-interest에 따라 행동하도록 방임하고 상이한 개인과 기업이 상호간 활발한 경쟁을 하는 경우에는, 이들 당사자들은 소비자가 원하는 재화와 서비스를 합리적으로 생산·공급할 것"이라고 믿었다. 따라서 경제주체들이 이러한 경쟁의 규범을 지키는 한, 국가가 개인이나 기업의 자유 활동이나 사유재산에 간섭하거나 제한을 가할 필요가 없다는 것이다. 18세기 프랑스의 중농학파들은 자연법의 작용으로 사리私利와 공공이익은 충돌되지 않고 조화를 이룬다고6) 낙관하였다. 그들의 낙관의 근저에는 인간의 이성에 대한 신뢰가 있었던 것이다. 그러나 이러한 경제자유주의자 애덤 스미스 등의 낙관은 빗나갔다. 이제 자본주의의 불균형적인 발전과 번영이 체제의 토대를 파괴하기 시작하였다. 근대 시민국가에서 헌법에 성문화한 형식적인 자유와 권리의 선언은, 경제사회적 현실에서는 실질적으로 '가진 자들'만의 자유와 권리에 불과하다는 것7)이다.

근대 국민국가 입헌주의 헌법은 국가영역의 정치질서를 정한 규범이다. 경제질서는 국가 영역과 분리된 사회영역의 사법적 규율에 맡겨 공법인 헌법에는 이를 규정하지 않았다. 현대 입헌국가헌법은 사회 영역을 국가 영역과 상호 교차적 구분관계에 있는 것으로 보아서, 경제질서를 국가 영역의 공법적 규율에 적용시키는 경제헌법의 성격을 갖는다.8) 경제질서가 국가공동체의 근본적인 문제에 속하기 때문에, 헌법은 어떤 형태로든 경제질서에 관한 표현을 담고 있다. 경제에 관한 규범을 경제헌법經濟憲法, constitution of economy9)이라고 하는데, 대부분의 헌법에는 특정 경제질서에 관한 명문의 언급이 없기에, 이러한 경우 경제헌법으로부터 특정한 경제질서에 관한 헌법적 결정을 이끌어 낼 수 있는지가 문제된다.10)

이에 국가와 경제와의 관계는 시대와 사회의 변천에 따라, 그 정도와 양상을 달리한다.11) 그러나 오늘날에는 경제질서의 모습이 그 국가의 정치질서의 모습과 직결된다는 의미에서 국가와 경제와의 관계는 불가분의 관계에 있다고 할 수 있다. 특히 국가가 직접 경제의 주체로 등장하지 않는 경우, 즉 경제가 국가와 분리돼 사회의 고유한 영역으로 간주되는 경우에는 국가적 조직의 유지는 전적으로 조세에 의존할 수밖에 없다. 따라서 이러한 특징을 가지는 근대 국가는 원칙적으로 조세국가租稅國家, Steuerstaat12)를 의미한다고 할 수 있다. 이러한 조세국가에서는 국가와 사회의 구별을 전제로 한, 국가적 조세권과 사적인 경제적 자유의 이원주의二元主義가 성립된다. 하지만 이러한 경우에도 반드시 조세가 국가적 조직의 유지를 위한 재정적 기초만을 의하는 것이 아니라, 사회적·경제적 정책의 동기에 의해 활용되기도 한다. 이러한 때, 국가와 경제를 연결시킬 수 있는 새로운 경제원리로 등장한 것이 경제활동의 자율에서 초래될 수 있는 사회적 불평등과 부의 일방적 편재로 인한 자유주의적 경제질서의 파괴를 방지하고, 국민경제의 입장에서 그 건전한 발전을 위한 조건으로서의 사회적 정의의 관념이라고 할 수 있다.13) 이와 같이 국가와 경제와의 관계는 국가와 사회의 구별을 전제로 한 관계이지만, 오늘날의 국가에 있어서 경제가 차지하는 중요성에 비추어 볼 때 양자의 일체성이 강조될 수밖에 없다고 하겠다.14)

2. 헌법상 경제질서의 형태

경제질서經濟秩序, Wirtschaftsordnung15)란 인간이 경제활동을 영위함에 있어서 사회적으로 지켜야 할 규율로서, 즉 어떠한 사회에서 실제로 기능하고 있는 경제운용방식 또는 한 국가의 기본적인 경제구조를 말한다.16) 헌법 제119조에서 "대한민국의 경제질서는 개인과 기업의 경제상의 자유와 창의를 존중함을 기본으로 한다. 국가는 균형 있는 국민경제의 성장 및 안정과 적정한 소득분배를 유지하고, 시장의 지배와 경제력의 남용을 방지하며, 경제주체 간의 조화를 통한 경제의 민주화를 위하여 경제에 대한 규제와 조정을 할 수 있다"고 규정하고 있다. 경제상의 자유를 보장함과 창의를 존중하고, 이를 최대한으로 발휘시킴으로써 국가경제의 발전과 국민생활의 자주성을 도모하게 한다. 극단적인 자유방임주의가 초래한 폐단인 독과점의 적절한 규제와 조정으로 국가경제에 대한 합리적인 관여 가능성 및 국민의 경제적 자유의 한계를 지움으로써 평등사회의 수립을 기하려 하고 있다. 즉 자유시장경제의 원칙과 사회정의와 경제민주화의 실현을 목표로 둔다.17) 헌법 제119조 제1항에서는 대한민국의 경제질서가 '개인과 기업의 경제상의 자유와 창의를 존중함'을 기본으로 함을 천명하고 있다면서, 이는 우리의 기본적 경제체제가 개인과 기업의 '자유롭고 공정한 경쟁'을 바탕으로 형성되고 기능하는 시장경제체제를 기본으로 한다. 그런데 우리 경제질서의 기본은 이러한 시장경제이지만, 본 항에서 "…, 경제상의 창의를 존중한다"는 규정이나 동조 제2항에서 일정한 목적을 위하여 국가의 규제와 조정을 할 수 있다는 규정으로 미루어 볼 때, 전체적으로 우리의 경제질서는 시장경제가 기본인 혼합경제체제를 바탕으로 하고 있다는 것이다.18)

경제질서의 기본형태에 대해, 다음과 같이 세 가지로 분류하는 학자도 있다. 첫째, 자유시장경제Freie Marktwirtschaft 질서는, 경제재의 생산과 분배를 완전히 또는 대부분 자유경쟁에 위임함으로써 경제재·경제력 및 경제기구가 자주적으로 조정되는 경제체제라고 할 수 있다. 즉 경제재의 생산과 분배가 수요자와 공급자의 자유로운 시장 참여와 경쟁에 의해 성립하고, 국가의 관여는 최소한의 질서유지만을 하는 경제질서를 말한다. 둘째, 계획경제Planwirtschaft 질서에 있어, 계획경제는 경제재의 생산과 분배를 전반적으로 또는 대부분 개인인 기업가에게 맡겨 두나, 경제과정을 중앙적인 계획과 조정에 의하여 결정하며, 그렇게 함으로써 자유시장의 법칙에서 이탈하는 경제헌법체제를 의미한다. 이 유형도 동등한 모든 근사한 경제 분야의 사기업들이 공법적인 또는 사법적인 결사로 강제적으로 결합되어지며, 그 구성원들이 다소간에 강한 영향력을 가지고 규율하고 통제하는 경제헌법 체제인 협동적協同的 관리경제管理經濟, 개별기업을 공법적 공동소유로 이전하거나 또는 개인의 경제적 근거 하에 존속하고 있는 개별기업이나, 그러한 기업결사에서 노동자의 경제적인 경영참여권에 의하여 관리되는 경제헌법적인 종속체제인 공동경제共同經濟, 그리고 국가가 중앙집권적인 행정기구로서 경제과정을 완전하게나 또는 전반적으로 총체적인 계획에 따라 개별기업에까지도 규율하는 경제헌법적인 계획경제체제인 중앙관리경제中央管理經濟, Zentral-verwaltungschaft로 나누어 볼 수 있다.

셋째, 혼합경제mixed economy 질서에서 혼합경제의 유형은, 경제재의 생산과 분배를 원칙적으로 자유경쟁의 원칙에 따르게 하지만, 경제 내적인 독점이나 경쟁의 제한이 수반되는 경제체제인 경제 내적 구속을 수반하는 경제질서, 자유경제의 법칙 하에서 경제재를 생산·분배하는 것을 원칙으로 하되, 국가가 공익을 위하여 개입권을 행사함으로써 경제과정을 촉진·감시하고 교정하는 경제제도인 국가에 의한 통제統制경제, 그리고 경제재의 생산과 분배가 원칙적으로 자유경쟁의 원칙 하에서 행하여지되, 경제에 대한 국가의 통제가 정당한 권한일 뿐만 아니라, 사회적 정의를 실현하고 건강한 사회질서와 경제적 약자를 보호한다는 한도 내에서는 국가의 의무로 되어 있는 경제헌법체제인 사회적 시장市場경제와 같은 상이한 유형이 많다.19)

우리 헌법은 정의사회의 이념을 구현하기 위해서 경제생활 영역에서는 수정자본주의 원리를 채택하여 사회적 시장경제질서20)를 확립하였다. 여기서 수정자본주의란 자유방임적이고 고전적인 자본주의 원리에 따라 시장과 경제현상의 자율성을 최대한으로 존중하면서도, 필요한 경우에는 국가가 시장과 경제현상을 규제하고 간섭할 수 있도록 하는 경제원리를 말한다. 따라서 수정자본주의는 고전적인 자본주의가 남겨놓은 빈자와 부자 간의 대립, 빈익빈 부익부 현상의 심화 등의 경제적 부정의에 대한 문제점을 시정하고 극복함으로써 사회의 평화와 안정을 이루기 위해 창안된 경제원리이지만, 그 방법면에서는 어디까지나 사유재산제와 경제활동의 자유경쟁을 전제로 하는 것이기에, 생산수단을 국유화하고 경제활동을 국가가 계획하고 통제하는 공산주의 경제원리와는 상극적인 것이다.

이와 같이 학계의 다수 견해와 헌법재판소의 결정21)은 한국 헌법상의 경제질서를 사회적 시장경제로 파악하면서, 사유재산제와 자유경쟁을 기본원리로 하는 시장경제질서를 근간으로 한다. 이는 사유재산, 사적 자치, 자기책임 등에 기초하며 재화 배분을 시장경쟁에 맡기는 것이지,22) 자유방임적 경제질서는 아니다.23)

국가주의 혼합경제는 자본주의 시장경제에서 경제적 자유와 실질적 평등을 위한 제도, 가치를 수용하는 사회적 시장경제 등을 대표로 한다. 현행헌법에 있어서 경제질서와 관련이 있는 규정을 일별하면 "경제에 관한 제9장과 재산권 일반을 보장한 제23조 제1항, 직업선택의 자유를 규정한 제15조, 지적 재산권을 보장한 제22조 제2항 등은 경제질서에 관한 직접적인 규정이라고 할 수 있다"고 한다. 또한 이에 대하여 모든 영역에 있어서 각자의 기회균등과 국민생활의 균등한 향상을 강조한 헌법 전문, 근로의 권리에 관한 제32조 제1항, 근로자의 근로3권을 규정한 제33조, 중대한 재정·경제상의 위기에 있어서 대통령의 긴급재정경제처분·명령권을 규정한 제76조 제1항 등은 경제질서에 관한 간접적인 규정이라고 할 수 있다24)25)고 경제질서와 관련한 규정을 더욱 폭넓게 보고 있다. 이를 다음에서 분설한다.

3. 경제헌법의 구조와 헌법적 근거

3.1. 헌법 제119조의 의미와 경제민주화

우리 헌법이 어떤 경제체제를 표방하고 있는가의 문제는 반론도 있지만, 사회적 시장경제질서를 취하고 있다. 그 헌법적 근거로써 헌법 제119조 제1항은 자유시장경제의 원칙을 선언하고 있고, 동조 제2항은 사회적·경제적 약자의 보호를 위한 사회적 정의의 요청에 따라 자유방임적 자본주의가 아니라, 자유시장원리를 원칙으로 하면서 자본주의 경제질서와 사회주의 경제질서 간의 조화의 한 형태로써 경제의 규제와 조정이 인정되는 수정자본주의에 입각한 사회적 시장경제질서를 우리 경제헌법의 기본원리로 삼고 있다. 그리고 헌법 제120조 이하의 경제조항은 사회적 시장경제질서를 구체화하는 내용으로 파악한다는 주장이다.26) 이러한 경제조항에 관하여 작금의 경제학자들은 대체적으로, 사회주의가 가미된 헌법으로도 볼 수 있다는 시각이다. 따라서 30여 년 전만하여도 학설과 헌법재판소는 조심스럽게 진단했으나, 2000년대 들어서 헌법학계의 다수와 헌법재판소는 우리 헌법상 경제질서를 '사회적 경제질서'로 보고 있다. 이에 찬동한다. 단지, 자본주의 시장경제질서를 기본으로 하면서 사회적 시장경제질서가 가미된 경제조항으로 보고자 한다.

이에 사회적 시장경제를 '사유재산제와 자유경쟁을 기본원리로 하는 시장경제질서를 근간으로 하면서 사회정의를 실현하기 위하여 경제에 관하여 규제와 조정을 가하는 경제질서'임이 학계의 다수 견해임과 헌법재판소의 결정이라면서, 이러한 '사회적 시장경제'는 독일에서의 '사회적 시장경제'와 같은 기술적인 의미에서의 특정경제정책의 개념이 아니라, 사회적 법치국가의 헌법에 상응하는 경제질서, 즉 혼합경제질서 또는 수정자본주의적 경제질서와 같은 의미로서 이해되고 있다. 기본권에 의한 경제적 자유의 보장은 개인과 사회로 하여금 경제적 자유의 행사를 가능하게 함으로써 자유경쟁과 시장경제질서를 결과로 가져오며, 국가는 경제에 대한 규제와 조정을 허용하는 헌법 규정을 근거로 하여 국가경제정책을 추진할 수 있으므로, 개인과 국가가 경제영역에서 함께 활동함으로써 헌법의 범주 내에서 현실적으로 형성되는 사회현상인 경제질서를 '사회적 시장경제질서'로 파악할 수 있다는 것이다. 그러나 이를 '규범적 의미'로 파악하는 경우에는 헌법으로부터 사회적 시장경제질서의 헌법적 보장을 도출한다 하더라도, 국가경제정책의 위헌성을 판단하는 규범적 심사기준을 제공할 수 없다. 규범적 성격이 사회적 시장경제질서에는 결여되어 있기 때문이다. 이 질서는 경제적 기본권과 과잉금지원칙, 헌법상의 경제조항, 사회국가원리 등으로의 '개념적 전환'을 통해서만 비로소 헌법적으로 구체화되고 규범적 효력을 가진다. 그러므로 국가경제정책의 위헌 여부는 사회적 시장경제질서와 같은 사회현상에 의해서가 아니라, 단지 헌법의 규범에 의해서만 심사될 수 있다[27]고 한다.

우리 헌법재판소도 헌법상 경제조항의 성격에 관하여 "우리 헌법은 전문 및 제119조 이하의 경제에 관한 장에서 균형 있는 국민경제의 성장과 안정, 적정한 소득의 분배, 시장의 지배와 경제력 남용의 방지, 경제주체 간의 조화를 통한 경제의 민주화, 균형 있는 지역경제의 육성, 중소기업의 보호육성, 소비자보호 등 경제영역에서의 국가 목표를 명시적으로 규정함으로써, 우리 헌법의 경제질서는 사유재산제를 바탕으로 하고 자유경쟁을 존중하는 자유시장 경제질서를 기본으로 하면서도 이에 수반되는 갖가지 모순을 제거하고 사회복지·사회정의를 실현하기 위하여, 국가적 규제와 조정을 용인하는 사회적 시장경제질서로서의 성격을 띠고 있다"[28]고 결정하고 있다.

또한 우리 헌법 제119조 제1항은 "대한민국의 경제질서는 개인과 기업의 경제상의 자유와 창의를 존중함을 기본으로 한다"면서, 경제헌법의 질서는 자본주의 시장경제질서[29]를 원칙으로 하는 헌법 원리를 규정하고 있다.[30] 같은 조 제2항에서 "국가는 균형 있는 국민경제의 성장 및 안정과 적정한 소득의 분배를 유지하고, 시장의 지배와 경제력의 남용을 방지하며, 경제주체 간의 조화를 통한 경제의 민주화를 위하여 경제에 관한 규제와 조정을 할 수 있다"는 규정은 경제헌법의 질서는 혼합경제질서, 즉 실질적 국민주권이 경제영역에서 실현되는 시장경제질서를 지니며, 이는 사회적 시장경제질서[31]를 포괄한다.[32] 이는 헌법 제119조 제1항에서 우리나라의 기본적 경제질서가 시장경제체제임을 천명하면서도, 같은 조 제2항에서 균형성장·국민경제의 안정·적정한 소득분배·경제민주화 등을 이유로 국가가 통제할 수 있게 하고 있다. 이러한 통제, 즉 국가의 개입은 '헌법 제9장 전체'라고 보아도 과언이 아니다. 이를 두고 시장주의에 맞들인 일부 경제학자들은 시장경제에 있어 간섭의 대상으로 보기에, 사회주의[33] 헌법의 색채가 짙다고들 한다. 그러나 전술한 바와 같이, 헌법학자들은 헌법이 추구하는 경제질서는 사회적 시장경제social market economy라고 한다.

사회적 시장경제는 독일의 관료이자 경제학자인 루트비히 에르하르트Ludwig Erhard(1897~1977)가 창시자로, 시장을 방임 내지 방기하는 게 아니라, 경제성장의 과실을 나눔에 있어 국가가 적극적으로 개입해야 한다는 경제사조를 말한다. 그는 '라인강의 기적'을 일으킨 인물이기도 하다. 따라서 국가의 경제정책은, 시장경제가 올바른 궤도를 유지하도록 위해 경제과정에 대한 국가의 적극적인 영향력의 행사가 불가피하다는 그 사고에 바탕을 두고 있다. 이 조항에서 말하는 경제정책적 목표는 개인의 경제적 자유에 기초한 분권적인 사경제적私經濟的 경제질서에 대한 헌법적 선택의 필연적인 결과이다. 또한 본 조항에서 "국가는…, 적정한 소득의 분배를 유지하고…,"라고 하여, 적정한 소득분배를 국가정책의 목표로서 규정하고 있다. 이러한 소득분배정책은 헌법상 근로3권의 보장에 근거하여, 경제과정에서 직접 노사단체 간의 집단적 협약의 형태로 이루어지는 1차적 소득분배에 관한 것이 아니다.34)

1차적 분배에 의하여 형성된 소득 및 재산의 구조는 불만족스럽고 수정의 필요성이 있기 때문에 소득과 재산의 재분배가 시도되어야 하며, 국가는 소득 재분배를 통한 계층 간의 사회적 조정을 통하여 사회정의를 회복하고자 한다. 제2항은 "국가는…, 시장의 지배와 경제력의 남용을 방지하며…, 경제에 관한 규제와 조정을 할 수 있다"고 규정하여, 독과점규제란 경제정책적 목표를 제시하고 있다. 경쟁질서의 확립과 유지는 자연적으로 발생하는 사회현상이 아니라, 국가의 지속적인 과제이다.35) 독과점규제란 국가목표는, 시장경제가 제대로 기능하기 위한 전제조건인 가격과 경쟁의 기능을 유지하고 촉진하고자 하는 것이다. 국가의 경쟁유지정책에 의하여 실현되며, 경쟁유지정책은 공정하고 자유로운 경쟁의 촉진을 그 목적으로 하고 있다. 그러면 경제민주화란 무엇인가? 경제민주화Economic democratization36)는 경제자유화economic liberalization의 반대어로서, 경제정책의 새로운 방향성을 설정하는 차원에서 이에 대한 정치적·사회적 논의가 활발히 전개되고 되고 있는 상황이다. 그 개념 및 내용이 불명확·부정확하다는 점 등을 이유로 비판이 만만치 않은 상황이지만, 향후 우리 경제가 경제민주화를 실현하는 방향으로 나아가야 한다는 점에서는 국민적 공감대가 형성되어 있다고 볼 수 있다.[37] 경제민주화는 일반적으로 민주주의 원리가 국가영역뿐만 아니라, 경제영역에 대해서도 확대되어야 한다는 의미에서 '경제영역에서 근로자의 공동결정'에 대한 요청으로 이해되고 있다.[38] 또한 경제활동에 관한 의사결정권이 한 곳에 집중되지 아니하고 분산됨으로써 경제주체 간에 견제와 균형이 이루어지고 시장기구가 정상적으로 작동되는 상태이며, 동조는 우리나라의 경제질서가 경제민주화를 지향하고 있음을 강조하고 있다.[39]

경제민주화를 경제학적 측면에서 해석하는 견해가 있다. 즉 경제민주화란 '경제'와 '민주화'란 합성어로, 개념상 약간의 충돌이 일어날 수 있다. 전자는 시장을 전제로 하고 시장에서는 소비자들이 경쟁력 있는 기업을 선택함으로써, 그렇지 못한 기업은 도태되는 차별화시스템을 본질로 한다. 반면 후자는 1인 1투표권을 전제로 한 정치적 평등을 본질로 한다. 따라서 경제민주화를 문언 그대로 해석하여 '경제영역에서의 민주화 달성'이란 의미로 이해할 경우 시장기능은 훼손될 수밖에 없다. 경제민주화는 헌법상 경제질서의 일부를 구성하는 개념이므로, 전체적인 틀 속에서 그 개념을 정립하는 노력이 필요하다는 주장이다. 그리고 헌법 제119조 제1항에서는 "자유시장질서를 기본으로 한다"고 규정하고 있다. 동조 제2항에서는 "경제주체 간의 조화를 통한 경제의 민주화를 위하여 경제에 관한 규제와 조정을 할 수 있다"는 규정이다. 두 조항 중 어느 쪽에 무게를 두느냐에 따라 우리나라가 추구해야 할 경제질서가 달라진다. 제2항에 기초한 경제민주화는 대기업정책들에 대한 평가 역시 달라진다. 조문의 구성상 제1항이 원칙이고, 제2항이 보완규정임을 쉽게 알 수 있다[40]는 주장이다. 이에 대해서는 후술하는 경제학자이자 정치가인 김종인의 견해와는 배치된다. 그러나 경제민주화를 강조하는 정치권에서는 제2항이 원칙이고, 제1항의 경제적 자유는 경제민주화의 범주 내에서만 의미를 가진다고 본다. 이유는 헌법 제1조41)에 근거한다는 것이다. 따라서 경제영역에서 민주주의 이념을 추구하는 '경제민주화'가 '경제적 자유'보다 당연히 우선되어야 한다는 것이다. 우리 헌법은 포퓰리즘류類의 민주주의 남용을 경계하고 있다. 헌법이 추구하는 민주주의는 국민 다수의 결정이라고, 모든 것이 정당화되는 가치중립적 민주주의가 아니다. 다수의 결정으로도 결코 바꾸지 못하는 것이 '있는 가치'인 구속적 민주주의다. 또한 경제민주화정책을 추구하는 방법에도 한계가 있다. 정책의 목적이 정당해야 하며, 경제적 자유를 최소한으로 제한하는 수단이어야 한다. 추상적 공익을 위한다는 명분으로 제한해서도 안 된다며, 국가권력의 남용을 통제하기 위한 헌법상 법치국가원칙(헌법 제37조 제2항, 제12조, 제13조 등)을 든다.42)

그런데 사실상, 경제민주화란 정부수립 때부터 우리 헌법의 근간을 이루어 왔다. 제헌헌법 제84조는 "대한민국의 경제질서는 모든 국민에게 생활의 기본적 수요를 충족할 수 있게 하는 사회정의의 실현과 균형 있는 국민경제의 발전을 기함을 기본으로 삼는다. 각각의 사람의 경제상 자유는 이 한계 내에서 보장된다"라고 규정했다. 또한 기업이 산출하는 이익을 근로자도 균점할 권리가 있음을 명시하고(동법 제18조), 공공성을 가진 기업은 공영화해야 한다(동법 제87조)고 규정했다. 지금 보더라도 매우 진보적이고 개혁적이며 구체적인 헌법 규정이다. 그동안 개헌을 통해 그 표현이 다소 바뀌었지만, 지금까지도 여전히 헌법의 근간을 형성하고 있다.43)

헌법 제119조의 구조에 있어서는 제1항에서 경제적 '자유'를 기본으로 경제영역에서의 사회적·인위적 규제, 그 중에서도 국가에 의한 규제를 배제하면서 개인의 선택의 자유를 보장하고 있다. 제2항에서는 '평등'과 '효율'을 위한 국가의 규제와 조정을 허용하고 있다. 여기서 '평등'은 경제생활 조건의 평등을 의미하고, '효율'은 장기간에 걸친 자원배분의 효율과 경제재는 물론, 자유재도 효율의 대상으로 보는 균형 있는 국민경제의 발전으로 이해한다.[44] 제1항은 자유시장경제원칙을, 제2항은 부의 편중 등으로 인한 부작용을 막기 위해 국가가 개입한다는 원칙이다. 따라서 제2항의 경제민주화는 자유시장경제체제에서 발생하는 과도한 빈부의 격차를 어느 정도까지는 줄이자는 목적에 있다. 즉 거대한 경제세력이 시장을 지배하는 구조를 차단하자는 것이다. 후술한 토지공개념에 있어, 부의 분배와 토지소유로 인한 경제적 과실을 독점하는 것을 막음으로써 불평등을 해소하려한 헨리 조지가 이를 정식으로 언급하였다고 보여진다.

그러나 헌법 제119조 제2항의 '경제민주화'란 유독 경제민주주의를 의미하는 것만은 아니다. 경제민주주의란 각국마다 개념의 정의가 다르고, 그 체제나 이상은 완전고용과 이에 버금가는 사회보장을 복지사회 실현에 있다. 이러한 이상에 다가가는 경제정책으로의 이행을 '경제민주화'라고 할 수 있기 때문이다. 따라서 이 개념은 경제영역에서 활동하는 국민 간의 사회적·경제적 불균형을 조정하고, 경제영역에서의 사회정의를 실현해야 할 포괄적 국가과제를 의미한다. 헌법재판소도 경제민주화의 의미에 대해 "헌법 제119조 제2항에 규정된 '경제주체 간의 조화를 통한 경제민주화'의 이념도, 경제영역에서 정의로운 사회질서를 형성하기 위하여 추구할 수 있는 국가 목표로서 개인의 기본권을 제한하는 국가행위를 정당화하는 헌법규범이다"[45]라고 결정하고 있다. 이 의미에 대해 헌법재판소의 또 다른 결정은 "헌법 제119조 제2항은 국가가 경제영역에서 실현하여야 할 목표의 하나로서 '적정한 소득의 분배'를 들고 있지만, 이로부터 반드시 소득에 대하여 누진세율에 따른 종합과세를 시행하여야 할 구체적인 헌법적 의무가 조세입법자에게 부과되는 것이라고 할 수 없다…, 적정한 소득의 분배를 무조건적으로 실현할 것을 요구한다거나 정책적으로 항상 최우선적인 배려를 하도록 요구하는 것은 아니라 할 것이다"46)고 한다. 다시 말해, 경제민주화란 경제정책적 목표는 헌법에 명시적으로 언급된 모든 구체적인 경제정책적 목표와 과제에 대한 상위 개념으로서, 경제영역에서 발생하는 폐해와 부작용이 헌법에 명시적으로 규정된 구체적인 경제정책적 목표에 의하여 해결될 수 없는 경우, 비로소 기능하는 일반적·보충적 목표로서 작용한다.47)

그러나 국가에게 언제나 빵을 달라는 '구걸식求乞式 생활'이 아니고, 자율적인 생활 설계에 의해서 자립적인 생활을 꾸려나가게 뒷받침해주는 가장 효과적인 방법은 국민에게 자유롭고 창의적인 경제활동을 보장하는 것이기 때문에, 경제생활에 관한 기본권을 존중하는 일이야말로 최선의 사회복지정책이다. 그것은 또한 정의사회로 나아가는 지름길이도 하다. 바로 이러함에 부동산투기 억제정책을 이유로 하는 여러 가지 토지의 공기능 강화정책 내지 부동산정책의 헌법적·경제질서적 한계가 있다. 따라서 우리 헌법재판소가 구舊국토이용관리법상의 토지거래허가제에 관한 규정이 위헌은 아니라고 결정48)한 것은 헌법이론상 많은 비판의 여지가 있다49)고 하나, 이는 토지공개념을 최초로 인정하는 판결로서 의의가 있다. 토지소유권이 어떠한 재산권보다 사회성과 공공성을 띠기에 아주 합당한 결정이라고 여겨진다. 바로 토지공개념도 이를 반영하는 토지공개념 사상으로서, 그 실천은 규제적 성격을 띨 수밖에 없다는 점이다. 투기로 인한 불로소득층 발생에 의한 사회 불안 탈피와 정의로운 소득분배, 그리고 출발선의 공평함을 위해서도 합당하다. 또한 국가는 경제민주화를 위해 수정자본주의 원리(사회적 시장경제질서)에 따라 헌법상 간섭이 허용이 되고 있음이다.

그러나 기업 활동의 자유에 대한 국가의 개입은, 법치국가적 절차에 따라 최소한50)에 거쳐야 하고, 국민경제의 공공이익이 증대 시에는 국가의 개입은 필요하지가 않다는 것이다. 이에 대해서는 동의할 수 있으나, 그리고 제119조 제2항의 국가의 개입 방향은 국가만이 할 수 있는 국가의 고유기능으로 이해하기보다는, 개인과 기업의 자율적 책임에 의해서도 실현될 수 있는 성질로 보기도 한다. 더구나 개인이나 국가가 공동체 구성원으로서의 자율적 책임 내지 규범에 관심과 의지가 강한 경우에는, 국가의 규제나 개입은 불필요하다는 것을 '헌법이 예정하는 것이다'라는 일부 견해가 있으나, 이 경우에도 동의하기가 어렵다. 글로벌 시장경제의 도래와 과거와 달리 우리나라도 세계적인 거대기업의 등장으로 국가의 힘을 다수 차지하고 있는 오늘날, 신자유주의에 대응하기 위해서라도 국가의 규제와 개입이 더 절실하지 않을까 싶다. 신자유주의적 세계화가 경제발전에 이바지했다고 하지만, 낙수효과는 없었다. 더구나 자본주의 체제를 바꾸려고 하는 것도 아니지 않는가. 더 나아가서는 우리 기업의 풍토에서는 자율적 책임을 기대하기 어렵다는 점이다. 또한 헌법은 제119조 제2항에 의한 일반적 목적을 위한 규제 이외에 제120조 이하에서는 규제의 대상을 특정·육성을 위한 계획(제123조 제1항), 지역경제의 육성과 중소기업의 보호·육성(제123조 제2항, 제3항), 대외무역의 육성·규제·조정(제125조), 사영기업의 예외적인 국공유화·경영통제(제126조) 등을 두고 있다.

생각건대, 헌법 제119조 제1항은 "…, 기본으로 한다"고 규정함으로써 시장경제원리를 원칙으로 하고 있으며, 동조 제2항의 국가의 경제에 관한 규제와 조정은 제119조 제1항의 기본원칙에 대한 예외적 규정으로 해석하야 한다. 이 경우에도 "…, 할 수 있다"는 표현으로 가능적 조항으로 규정되어 있음으로, 국가는 예외적으로 엄격한 요건을 충족하는 경우에 한하여 경제에 대한 개입을 할 수 있다51)고 보아야 한다는 것이다. 그러나 헌법재판소의 합헌 결정은 바람직하며, 헌법상 사회적 시장경제질서 하에서의 국가적 개입은 필요하다.

이러하듯, 헌법 제119조는 완전자유방임주의를 배제하고 사회적 시장경제를 표방한 조항이다. 따라서 어느 정도는 계획경제를 예견할 수는 있다. 기업의 창의 존중과 경제주체 간의 조화, 적정한 소득분배, 국민경제의 성장과 안정 및 경제민주화, 정의로운 사회질서 형성에 있다. 사실 국가의 통제를 줄이고, 시장에 맡기는 원리가 경제를 이룬다는 시장경제도 허점이 많다. 특정 기업이 시장을 독점하거나 과반 이상을 차지하는 과점이 발생하면, 정부가 나서서 기업을 규제하기도 한다. 그러나 현행헌법인 9차 개헌 때, 특정기업의 독과점으로 인한 시장 붕괴와 다른 플레이어들이 죽어나가는 걸 방지하기 위한 '독과점 규제 조항'은 빠졌다. 2021년 9월에 접어들자 국민의 메신지와 검색 포털을 독점하고 있는 독점기업인 카카오와 네이버의 주가가 폭락했다. 시장경제국가에서 대부분 채택하고 있는 독과점 규제가 장단점이 있긴 하나, 지금 이 사태를 국가가 수수방관할 수 없는 노릇 아닌가.

그렇다면 자본주의 시장경제만 선이고, 사회적 시장경제 내지 계획경제는 악으로만 존재할까. 1940년대 케인즈 이론을 비판한 신자유주의新自由主義, neoliberalism 선구자 프리드리히 하이에크Friedrich Hayek, CH(1899~1992)는 공산주의는 망한다는 가설을 제시했다. 그의 바람대로 노환의 병상에서 1989년 소련의 붕괴를 지켜보았다. 그의 경제철학을 한마디로 말하면 "국가는 심판자 역할만 하라. 시장은 스스로 움직이게 놔둬라"이다. 1970년대부터 '자본의 세계화globalization of capital'에 기반으로 한 신자유주의는 노동문제, 부동산문제까지도 정부의 간섭을 '치명적 자만'이라고 비판한다. 우리나라에서는 김대중 정부에서부터 부각됐다. 대체적으로 세금인하와 정부의 지출을 줄이고, 규제의 축소 내지 완화와 공기업의 민영화 등에 기조를 두는 레이거노믹스Reaganomics와 대처리즘Thatcherism 모두 복지국가 실패 이후 등장한 신자유주의 이념에 기초를 둔 자유지상주의자들은 온정주의나 부의 재분배는 반대한다. 그 이유는 공리주의적인 '부의 재분배'는 높은 세금이 일과 투자에 대한 의욕을 상실케 하여 생산성 감소가 이어지고, 부자의 부를 빈자에게 재분배하는 것은 부자가 자기 돈을 마음대로 유용할 자유를 침해하는 행위라고 한다. 이는 "'전 인류의 공유물에 대한 탐욕에 의한 착취'이며, '신노예新奴隷의 길'을 예속화하는 길"이 아닐까 싶다. 그나마 분배에 있어 신자유주의자 최대의 무기인 '사적인 자선'의 잠재력을 얼마나 발휘할지는 모르지만, 이 또한 구구한 변명에 불과하다.

미국 시민운동가 줄리어스 레스터Julius Lester(1939~)의 『자유의 길 From Slaveship to Freedom Road』에서, 그의 변과 로드 브라운이 그린 이 책의 그림에서 한번 보자. "병든 사람과 죽은 사람은 헌신짝처럼 바다에 내던져졌다. 그들은 가슴이 뛰지도 않았고, 눈물을 흘리지도 않았고, 소리쳐 울부짖지도 않았다"고 형상화했다. 아프리카에서 아메리카로 향하는 망망대해의 좁은 선상에서 노예들이 차곡차곡 눕혀진 킬링필드Killing Fields의 해골 같은 형상과 쇠사슬로 묶인 처절한 삶을 보고도, 눈물이라도 있을까란 의구심마저 드는 신자유주의의 냉혹함에서 이 예화를 든다. 흑인노예를 채찍으로 부리면서 착취한 백인처럼, 오늘날의 신자유주의 시대의 자본가가 '그들만의 만찬'을 가진 채 자유롭게 살 수 있는 구조이다. 하이에크의 자유주의사상 연구서인 『자유의 길Hi, Eck. Road to freedom』 등에 심취된 논자나 일부 경제학자들은 우리 헌법 제119조 제2항을 인정하지 않으려는 경향이 있다. 더구나 오늘 날에 와서는 이에 대해 이른바 '김종인의 경제민주화'를 비판하기에 이르렀다. 이 조항마저 없었다면 그나마 경제정의는 어떻게 되었을 까? 더구나 문재인 헌법안에서는 경제민주화 조항은 이보다 더 구체 적이었다는 사실에, 또 어떤 비판이 오갈지 모르겠다. 또한 "개인주의 자들은 이성의 한계를 절감하기에, 결과적으로 자유주의자가 된다", "통제 받지 않는 정부는 악이다. 어느 누구도 무제한적 권력을 행사할 자격이 없다", "사유재산제도는 부자와 빈자를 가리지 않고, 그들의 자유를 보장해주는 가장 중요한 수단이다"는 하이에크의 사상을 추종 하는 경제학자들은 토지공개념에 대해서도 대체적으로 반대 입장이 다. 그러나 경제학자가 아닌 헌법학자로서의 헌법적 가치에서 두기에 찬동하기는 어렵다. 그러면 "작금의 경제민주화의 현실은 어떠한가?" 에 대해 보고자 한다.

3.2. 경제민주화의 현실과 규제질서

앞서 언급한 바와 같이 경제민주화란 제헌헌법에서부터 태동되어, 1987년 민주화항쟁의 결과로 경제영역에서 공정성과 형평성의 달성 인 정의사회 실현이라고 여겨지는 이 조항이 현행헌법에 규정되었다. 그러나 경제민주화는 요원한 불길인지도 모른다. 1997년 외환위기 이후 지금까지 소득증가의 둔화, 소득분배의 악화, 비정규직의 양산, 계급구조의 고착화, 자살률의 급증, 출산율의 급락 등 경제적·사회적 으로 암울한 일만 겪어 왔다.[52) 우선, 우리 사회의 소위 상위 1%들의 대표적인 망언부터 보자. 이명박 정권 초, 어느 내각 여성후보자에게 부동산투기를 질타하자 "나는 땅을 사랑했을 뿐, 부동산투기는 아니었다"[53]라고 강변했다. 이뿐만이 아니다. 박근혜 정권의 외곽 실세 최순실의 딸은 "돈 가진 것도 실력이다. 돈 없는 너희들 부모를 원망하라", 그리고 교육부 고위공직자는 "민중은 개돼지일 뿐, 우리나라도 신분제를 부활시키면 좋겠다". 또한 이른바 조국사태에서의 그의 딸의 불공정성도 이와 다를 바 없다. 따라서 현 정부에서도 상·하위 간 소득격차는 더욱더 벌어지며, 집값은 역대 최고치를 기록하는 등 불평등은 더욱 심화되고 있다. 청춘들은 비싼 등록금[54]과 생활비로 아르바이트에 파죽음이다. 가진 자의 불공정 행태와 망언은 이러한 청춘들에게 좌절을 안긴다. 문화융성의 길이란 자기만의 사고 하에 목포의 문화재 거리의 부동산을 마구잡이로 매입한 국회의원의 구설수도 있었다. '조물주 위에 건물주'란 조어가 회자되고 있는 실정에, 재벌들의 '일감몰아주기'도 도를 넘었다. 헌법에서 설파하는 경제민주화의 핵심은 소득 재분배와 독점규제다.[55] 전자는 조세나 사회복지를 통해 정책적으로 소득분포를 고르게 하는 것이다. 자본주의에서 소득격차는 자연스러운 현상이지만, 경제적 불평등이 심화되면 시장경제에 부정적인 영향을 미치며 사회문제가 될 수 있다. 특히 자본주의 경제체제에서는 구조적으로 소득분배에 불평등이 발생하게 되므로, 국가는 이를 해소하기 위한 정책을 시행하게 된다. 국가는 소득 재분배(복지)를 위해 조세제도와 사회보장제도 등을 활용한다. 조세제도를 통한 소득 재분배는 고소득층에게 더 많은 세금을 징수하고, 저소득층에게는 상대적으로 적은 세금을 징수하거나 면제해주는 방식이다.

사회보장제도는 국민이 질병이나 재해, 실직 등에 봉착해도 최소한의 인간다운 생활을 보장할 수 있도록 하는 제도를 말한다. 국민연금이나 고용보험, 의료보험 등의 사회보험과 국민기초생활 보장제도와 같은 공공부조가 대표적인 예다. 후자인 독점규제는 경제 분야에서의 공정성을 지키는 방법이다. 독점은 하나의 산업부문이 단독기업에 의해 지배되는 현상이다. 자본주의 경제체제에서 독점과 과점으로 자본이 소수그룹에 집중되면 경제력의 차이로 인해 각 경제주체 간 공정한 경쟁이 어려워진다. 따라서 국가는 사업자의 시장지배적 지위의 남용과 과도한 경제력 집중을 방지하고 공정거래를 촉진하기 위한 정책들을 추진하고 있다. 이를 위해 공정거래위원회가 독점 및 불공정거래에 관한 사안을 담당한다.56)

이러함에도 우리나라 경제학자들의 대체적인 시각은 다르나, "정부의 개입과 재분배정책은 대체적으로 경제성장에 있어 긍정적인 영향을 미친다. 그러나 우리나라는 경제 불평등과 임금의 양극화, 그리고 기회의 불평등이 계속적으로 악화되면서 성장 동력이 망가졌다. 이에 국가의 재분배 기능을 강화해 복지와 사회안전망을 확충하고, 교육제도를 개선하는 등 사람 중심의 투자에 힘써야" 한다. 또한 "구체적인 로드맵을 제시하지 않은 채 공공부문 일자리 창출이라는 구호만 내세웠다. 일자리를 통한 성장정책을 발전시키려면 공공일자리보다는 부가가치 생산과 성장을 주도하는 좋은 일자리가 만들어져야 한다"는 지적이다.57)

경제민주화로 재벌과 극소수 부자들의 횡포를 차단하고, 그들 중심의 경제구조를 중소기업과 대다수 국민이 동참하는 구조로 바꿔야 한다. 기존 진보적인 학자들은 재벌과 최고위층의 문제를 특권적 재벌일가에 의해 지배되는 '봉건적 자본주의'라고 진단한다. 따라서 재벌 해체 또는 축소를 해법으로 제시하지만, 그들의 견해가 이른바 보수와 별반 다르지 않다. 국가의 개입을 배격하는 시장의 자연성과 민간의 자유로운 활동을 중시한다는 신자유주의의 폐해가 드러나고 있다. 그들이 지향한다는 공정한 시장질서는 현실과 동떨어져 있다. 자기밖에 모르는 노골적인 이윤추구와 금융투기, 비정규직 증가와 삼포를 넘어 모든 것을 '완전 포기I totally give up'하는 완포세대 청년의 출현, 민주화와 산업화에 기여했지만 대한민국 노인으로 편입되는 게, 지옥 같은 노인빈곤층에 대한 무대책 등이 삶을 옥죄고 있다. 이 나라를 거의 지배하는 것과 마찬가지인 거대재벌은 정상적인 경쟁의 사회로 나아가야 함에도, 그러하지 못하다. '하나의 국가를 지칭하듯 공화국에 준하는' 소위 삼성공화국 같은 재벌 내부의 부당한 지배구조나 내부거래, 중소기업에 대한 탄압과 착취 등이 자행되고 있다. 대기업과 중소기업 간 상생은 없다. 중소기업에 대해 대기업은 대금 결제를 지연하거나 단가를 후려치기도 하고, 어렵게 개발한 기술 탈취까지 마다하지 않는다. 따라서 '중소기업 보호·육성'이란 헌법적 가치도 온데간데없다. 더구나 독점규제 및 공정거래에 관한 사무를 관장하고, 하도급을 받는 중소기업에 대한 보호, 대규모유통업자와 납품업자 간의 공정한 거래 유지 등을 담당한다는 공정거래위원회公正去來委員會, Korea Fair Trade Commission도 거대기업에 대해 제몫을 못하고 있는 실정이다. 오히려 거대기업과 공정위가 밀실에서 담합하는 태도를 보인다. 거대기업이 정치권력화가 된 오늘날에 있어, 우리나라 기업의 생태계인 중·소기업이 거대기업에 휘둘려서는 안 되는 상생관계 유지에 힘써야 한다. 이에 근간 공정경제 3법 중 상법과 독점규제 및 공정거래에 관한 법률(공정거래법)의 개정과 금융그룹감독법 제정을 서두르고 있다. 이 중에서 대기업의 경제력 집중 방지와 기업 간 정보교환행위 담합 등에 관한 과징금 강화를 위한 공정거래법은 개정

(2021.12.30 시행)하였으나, 이를 위해서는 무엇보다 정부의 강력한 대책이 앞서야 한다.

반면에 문재인 정부에서는 귀족노조와의 담합 또는 두둔으로 인하여 '기득권 공동체'가 된 꼴이다. 코로나-19사태에도 불구하고 불법집회를 개최해도 공권력을 비웃는다. 이러함은 리쇼어링re-shoring이 힘들게 하는 요인이기도 하다. 2018년 10월 통계청에 따르면, 그해 7월 전체 취업자 2,706만4,000명 중 5인 미만 사업장에 취업한 구직자는 988만7,000명으로 전체의 36.5%를 차지했다. 5인 미만 근로자인 사업장이 500만 명이 넘는다. 실제로는 최저임금에도 못 미치는 근로자가 다수를 차지하는 이 수치는, '그들만의 카르텔'을 형성하는 약 110만 명의 민주노총 귀족노조보다 약 5배에 가깝다. 2021년 7월 1일부로 5인 이상 50인 미만 사업장에도 저녁이 있는 삶의 추구인 양, 노동단축으로 인한 52시간 근로제도 채택으로 인한 되레 임금이 삭감되는 소기업 근로자의 볼멘소리는 안중에도 없다. 구직을 단념한 청년도 많은 수를 차지하고 있다. 따라서 똥수저나 흙수저 청년들은 완전히 길을 잃었다. 그 길을 더 나아가면 낭떠러지이나, 다시 타고 올라올 사다리조차 없기 때문이다.

정상적인 경쟁사회로 나아가기 위한 대·중·소기업 간 격차와 저변에 산재한 불평등 해소의 방향은 세계 보편적 의미의 경제민주화, 즉 산업민주주의industrial democracy이다. 대기업과 중소기업 간 임금격차와 복지격차를 넘어서려면 프랑스대혁명이 제시한 세 번째 핵심 가치인 형제애fraternity, 즉 '공동체적 사회연대의 정신'의 깃발을 전면에 거는 정치세력이 등장해야 하며, 그 정신을 핵심으로 하는 시민운동과 노동운동, 협동조합 운동 등이 새롭게 성장해야 한다.[58] 저임금, 저소득의 중소·영세기업 노동자들이 고임금, 고소득의 대기업 노동자들과 하나의 가족처럼 상부상조하는 업종별 연대와 지역별 연대, 전국적 연대정신이 필요하며, 1원 1표 또는 1주 1표가 아니라 1인 1표제의 민주주의 원칙이 관철되는[59] 산별노조와 노동이사제, 그리고 복지국가로 나아가야 한다. 그것이 자유liberty와 평등equality, 형제애fraternity라는 3대 가치가 경제생활과 일상생활에서 확보되는 실질적 민주주의, 실질적 숙의민주주의의 민주공화국이다.[60]

김종인은 "정치민주화를 이루긴 했지만, 그때까진 소득분배가 제대로 이뤄지지 않았다. 일부 기업에 노동조합이 결성되긴 했지만, 약한 힘으로 경영진에 맞서기 어려운 구조였다. 그렇게 살면서도 그 무렵까지만 해도 매년 생활수준의 향상으로 소득에 대한 불만이 거의 없었으나, 1987년 민주화선언으로 정치민주화가 이뤄져 노동조합이 활발히 작동하기 시작했다. 이로써 정치민주화 다음으로 경제민주화가 필요했다"[61]고 강조하고 있다. 30여 년이 흐른 지금도 그는 "대통령 선거의 해인 2017년 시대정신은 단언컨대, 경제민주화일 것이다. 2012년 18대 대선에서 정치권이 경제민주화 이슈를 주도했다면, 지금은 국민이 경제민주화를 요구하고 있다. 금수저 또는 다이아몬드수저와 똥수저 또는 흙수저라는 '수저계급론'으로 계층격차를 자조하는 국민들이, 연인원 1,500만 명이 운집한 광장의 촛불 민심이 경제민주화를 시대정신으로 소환했다"고 한다.[62] 최근 우리 사회에서 논란이 되고 있는 것은 정부가 원래 고유의 과제로 해야 할 것까지 전부 '복지'라고 부르는 것 같으나, 교육은 복지 이전에 정부가 마땅히 해야 할 과제다. 이런 것 까지 포함해 복지비용이 많다고 해선 안 된다. 보육문제도 마찬가지다.[63]

우리 사회가 정치후진국까지는 면하지 못하고 있지만, 어느 정도는 정치민주화가 이루어졌다고 볼 수 있다. 이제는 경제민주화의 기본은 어느 특정 경제세력이 지배하지 않는 명실상부한 '경제민주화'다. 새로운 수준의 발전을 위해서 반드시 필요하다. 경제민주화란 게 사회정의이다. 혹여나 차제에 헌법 개정이 있다면 경제민주화란 개념보다 '경제정의'라고 칭하는 게 국민감정에도 맞을 뿐 아니라, 쉽게 받아들여질 것이라고 판단된다. 경제민주화는 공정한 경쟁, 참여경제, 분배정의를 달성하는 데 있지 아니한가. 자본이 아닌 사람을 존중, 즉 자본보다 사람이 우선하는 사회야말로 진정한 경제민주화의 길이다. 민주주의와 자본주의의 공생원리인바, 공정한 경쟁과 기회의 평등, 분배의 정의를 실현할 합리적 대안도 필요함은 당연하다.

그런데 이른바 '문재인의 청와대 헌법안'[64]이 2018년 3월 21일자로 발표된 바 있다. 현행헌법 제119조 제2항 후단 "국가는…, 경제주체 간의 조화를 통한 경제의 민주화를 위하여 경제에 관한 규제와 조정을 할 수 있다"를 제125조 제2항 후단으로 대치하면서 "국가는 경제주체 간의 상생과 조화를 통한 경제민주화를 위하여 경제에 관한 규제와 조정을 할 수 있다"고 규정하고 있다. 그러면 현행헌법과 차이점이 있을까? 한마디로 말해 없다는 점이다. 청와대는 그 당시 '상생'이란 용어만을 추가하면서 '조화'보다 더 강한 의미인 '상생'을 추가함으로써 임금격차와 양극화 등에 대한 불평등을 해소해야 한다는 의미를 담았다는 변을 설파했다. 상생은 한자어로 표기하면 '相生'이고, 영어로 표기하면 'win-win' 또는 'co-existence'이 되겠다. 뜻은, 즉 사전적 의미는 명사로서 "둘 이상이 서로 북돋우며 다 같이 잘 살아간다"로 풀이된다. 반대어는 '상충相衝, contradiction'으로 "서로가 맞지 않아 이해충돌이 생기는 것"을 뜻하겠다. 한자어로 '調和', 영어로는 'harmony' 또는 'balance'로써 그 뜻이 "둘 이상에서 음양의 조화처럼, 어긋나거나 부딪치지 아니하고 서로가 골고루 잘 어울리게 하는 것"이다. 따라서 현행헌법 동조 동항에서의 '조화'만으로도 충분하다.

'상생'이란 의미는 '조화' 속에 포함되거나 이중어 또는 동의어에 불과하다. 달리 말해 '언어의 유희'에 지나지 않는 유치한 발상이며, 무지함과 더불어 개정을 쉽게 할 수 없는 헌법을 누더기로 만드는 것과 같다. 더 가관은 이렇게 함으로써야 비로소 소위 골목상권이 보호되고 전통시장이 되살아나며, 중소기업이나 영세사업자를 보호하는 등 경제민주화정책이 활성화될 가능성이 높다는 논리 또한 철학의 빈곤에 지나지 않는다. 그리고 경제민주화는 정부와 이 사회의 중앙정치인과 고위공직자들의 솔선수범에 달렸고, 현행헌법 조항으로서도 충분하기 때문이다. 따라서 헌법상 경제민주화 달성을 위해 범국민적인 노력이 더 필요한 때다. 강자만이 살아남을 수 있는 적자생존의 원리가 지배하는 시장만이 되어서는 안 된다. 이제는 국민이 '경제민주화=경제정의'를 봇물처럼 더욱더 요구할 때임이 시대적 요청이 아닐까 싶다.

3.3. 경제규제 질서와 조화

우리 헌법상 소위 경제헌법 조항이라고 볼 수 있는 헌법 제119조 제2항에서부터 제127조까지의 조항이 가히 규제일변도인지 보고자 한다. 사적 재산을 보호하지 않는 복지국가만의 실현, 특정계층 편들기, 좌우 이념적 편향에 없는 것인지 살펴볼 필요가 있다. 일부 경제학자와 시장주의자들은 헌법 제119조 제2항 후단(대기업 및 부자 규제)과 제123조 제2항(대도시 규제)을 편 가르기 조항으로 본다. 그리고 제119조 제2항 전단(빈자 보호), 제123조 제2항(지역보호육성), 제123조 제3항(중소기업 보호육성), 제123조 제4항(농어촌 보호), 제125조(수출산업 보호)에 대하여도 편들기 조항으로 본다. 이는 헌법 제11조의 차별금지 원칙에 반한다는 논거를 들기도 한다.

누구나 법 앞에 평등해야 한다. 즉 법 앞의 평등equality before the law이다. 이러한 관념은 플라톤의 『국가』에서 정의 이념과 신 앞의 평등이라는 종교사상에서 연원한다. 우리 헌법도 "모든 국민은 법 앞에 평등하다"고 제11조 제1항에서 규정하고 있다. 법의 정립·집행·적용에 있어 평등해야 된다는 원칙이다. 여기서 평등이란 절대적 평등이 아닌 '같은 것은 같게, 같지 않은 것은 같지 않게' 하는 자의적恣意的 금지 또는 합리적인 차별을 의미하는 상대적 평등을 일컫는다. 따라서 누범자를 과중처벌하거나 고소득자에게 누진세를 부과하는 것은 합리적인 차별대우로 법 앞의 평등에 반하지 아니한다.65)

대부분의 국가는 별도의 장을 두지 않음과 달리, 되레 '경제의 장'의 그 조항이 늘어난 것은 사실이다. 그 주요 조문의 연혁을 본다. 먼저 제헌헌법은 6개조(제84조~제89조)로, "대한민국의 경제질서는 모든 국민에게 생활의 기본적 수요를 충족할 수 있게 하는 사회정의의 실현과 균형 있는 국민경제의 발전을 기함을 기본으로 삼는다. 각인의 경제상 자유는 이 한계 내에서 보장된다"(제84조), "광물 기타 중요한 지하자원, 수산자원, 수력과 경제상 이용할 수 있는 자연력은 국유로 한다"(제85조), "중요한 운수, 통신, 금융, 보험, 전기, 수리, 수도, 가스 및 공공성을 가진 기업은 국영 또는 공영으로 한다…, 대외무역은 국가의 통제 하에 둔다"(제87조), "국방상 또는 국민생활상 긴절한 필요에 의하여 사영기업을 국유 또는 공유로 이전하거나 또는 그 경영을 통제, 관리함은 법률이 정하는 바에 의하여 행한다"(제88조).

제5차 개헌(제3공화국) 때는 11개조(제111조~제118조)로 "대한민국의 경제질서는 개인의 경제상의 자유와 창의를 존중함을 기본으로 한다"(제111조 제1항), "국가는 모든 국민에게 생활의 기본적 수요를 충족시키는 사회정의의 실현과 균형 있는 국민경제의 발전을 위하여 필요한 범위 안에서 경제에 관한 규제와 조정을 한다"(제111조 제2항), "국가는 대외무역을 육성하며 이를 규제·조정할 수 있다"(제116조). 그리고 "대통령의 자문에 응하기 위하여 경제·과학심의회의를 두었다"(제118조).

제7차 개헌 때는 2개조 2개 조항(제117조 제2항, 제120조 제2항 신설)66)으로 "국토와 자원은 국가의 보호를 받으며 국가는 그 균형 있는 개발과 이용을 위한 계획을 수립한다"(제117조 제2항), "국가는 농민·어민의 자조를 기반으로 하는 농어촌개발을 위하여 계획을 수립하며, 지역사회의 균형 있는 발전을 기한다"(제120조 제1항)고 규정하고 있다.

제8차 개헌(제5공화국) 때는 9개조 16개 조항(제120조~제128조)으로, 제120조 제3항에서 "독과점의 폐단은 적절히 규제·조정한다"를 신설하고, "국가는 중소기업의 사업 활동을 보호·육성하여야 한다"(제124조 제2항), "국가는 건전한 소비행위를 계도하고 생산품의 품질 향상을 촉구하기 위한 소비자보호운동을 법률이 정하는 바에 의하여 보장한다"(제125조), "국가는 국가표준제도를 확립한다"(제128조 제2항)고 규정하고 있음이다.

제9차 개헌인 현행헌법에서는 9개조 18개 조항(제119조~제127조)이다. 이러함은 이해관계에 따른 압력단체의 로비나 압력에서 기인한다. 달리 말해 입법자들이 헌법의 존엄성을 간과한 채, 하위법인 일반법률과 달리 쉽게 개정할 수 없는 점에 대해 무지 또는 무시가 더했기 때문이다. 이러한 헌법 개정에서조차 공정성을 외면한 일탈은 정치후진성의 면모를 자인한 셈이다. 만약에 지금 헌법 개정을 한다면 예전과 마찬가지로 각계의 탐욕으로 인한 압력으로, 헌법의 존엄성이 무시될 게 뻔한 정치꾼들의 야합이 대두된다. 더 놀라운 것은 현행헌법 제119조 제2항 등을 두고도 신자유주의를 신봉하는 경제학자들이 무시 또는 반대의 목소리를 높이는 판국인데도, 문재인 헌법안에서는 10개조 21개 조항에다가 국가의 개입을 더 강화했단 점이다.

다시 보건대, 헌법 제119조 제2항은 "국가는 균형 있는 국민경제의 성장 및 안정과 적정한 소득의 분배를 유지하고, 시장의 지배와 경제력의 남용을 방지하며, 경제주체 간의 조화를 통한 경제의 민주화를 위하여 경제에 관한 규제와 조정을 할 수 있다"고 규정하고 있다. '균형성장'은 본 조항의 모태인 제헌헌법 제84조를 비롯하여 제5차 개헌인 제3공화국헌법 제111조 제2항, 제8차 개헌인 제5공화국헌법 제120조 제2~3항에 다 있었다. 또한 전술한 각 헌법 조항에서 '사회정의'란 개념을 사용하였으나, 이는 현행헌법에서 '적정분배'로 바뀌었다. 제5공화국헌법 제120조 제2~3항의 '독과점 폐해'란 개념을 '시장지배와 경제력남용방지'로 쓰게 된다. 그 외 '경제안정'과 '경제민주화'는 현행헌법에서 신설된 개념이다. 헌법 제119조 제2항은 이러한 개념을 명시함으로써 규제와 조정을 통하여 정부가 개입해야 할 목적을 둔 조항이라고 볼 수 있다.

그리고 시장경제를 숭상하는 자유시장주의 입장에서는 국가의 개입 등의 규제 내지 통제로, 사회주의 색채가 가미되었다고 볼 수 있다. 경제규제에 있어, 헌법 제122조는 "국가는 국민 모두의 생산 및 생활의 기반이 되는 국토의 효율적이고 균형 있는 이용·개발과 보전을 위하여 법률이 정하는 바에 의하여 그에 관한 필요한 제한과 의무를 과할 수 있다"고 규정한다.[67] 그리고 자원[68] 보호, 균형 있는 개발·이용에 필요한 계획 수립(제120조 제2항), 법률이 정하는 바의 일정기간

채취·개발 또는 이용의 특허(제120조 제1항), 농지소작금지(제121조 제1항), 농지임대차(제121조 제2항) 등을 규정하고 있다. 우리 헌법재판소는 경제규제에 대해 "…, 독과점의 폐단은 적절히 규제·조정한다(제120조 제2항). 농지소작제도는 금지하나, 농업생산성의 제고와 농지의 합리적인 이용을 위한 임대차 및 위탁경영의 인정(제122조), 건전한 소비행위를 계도하고 생산품의 품질향상을 촉구하기 위한 소비자보호운동(제125조) 등이 있다"고 결정[69]하고 있다.

국가는 지역의 균형발전을 위한 지역경제를 육성할 의무를 지며(헌법 제123조 제2항), 농·어업의 보호 육성을 위한 농어촌종합개발과 그 지원 등에 필요한 계획의 수립·시행(제123조 제1항), 농어민과 중소기업 자조조직 육성과 그 자율적 활동과 발전을 보장(제123조 제3항, 제5항)하고 있다. 우리 헌법재판소도 "헌법 제123조 제5항은 국가에 농어민 자조조직 육성의무와 자조조직의 자율적 활동·발전 보장의무를 규정하는데, 이러한 국가의 의무는 자조조직self-help organization이 제대로 활동하고 기능하는 시기에는 그 조직의 자율성을 침해하지 않도록 하는 후자의 소극적 의무를 다하면 되겠지만, 그렇지 않는 경우라면 적극적으로 이를 육성하여야 전자의 의무까지도 수행하여야 함으로, 수인을 요구할 수 있는 범위를 넘어 기본권의 본질적 내용을 침해하지 않도록 하여야 한다"고 같은 취지로 결정하고 있다.[70] 그리고 대외무역을 육성하며 이를 규제·조정할 수 있다(제125조).

헌법 제121조 제1항은 건국헌법에 근거하여 이미 완성된 농지개혁을 전제로, 농지개혁에 의하여 달성된 성과를 유지할 목적으로 단지 경자유전의 원칙과 농지소작제도 금지[71]를 담고 있다. 이는 국가가 사인私人의 토지를 박탈하는 조치인 농지개혁은 사인으로부터 박탈한 농지를 공동경제로 이전하는 것이 아니라, 사유재산의 형태로 사인간에 새롭게 분배하는 것을 목표로 함으로, 사회화가 아니다.72) 헌법 제122조에서 "국가는 국민 모두의 생산 및 생활의 기반이 되는 국토의 효율적이고, 균형 있는 이용·개발과 보전을 위하여 법률이 정하는 바에 의하여 그에 관한 필요한 제한과 의무를 과할 수 있다"고 규정하고 있다. 이는 우리의 국토를 효율적이고 균형 있게 이용·개발할 의무를 국가에 부과함을 뜻한다. 헌법재판소도 "국토는 모든 국민의 복리 증진을 위한 유한한 자원이며 공통기반임에 비추어 그 이용에 있어서는 공공복리를 우선시키고, 자연환경을 보호함과 아울러 지역적 여러 조건을 충분히 고려하여 토지가 합리적으로 이용되고 적정하게 거래되도록 함으로써, 양호한 생활환경의 확보와 국토의 균형 있는 발전을 도모함을 그 기본이념으로 하는 것이다. 또한 토지는 수요가 증가한다고 하여 공급을 늘릴 수 없기 때문에, 시장경제의 원리를 그대로 적용할 수 없을 뿐 아니라 개인의 자유로운 이용과 처분에 맡기는 것도 적당하지 아니한 것이다"며 같은 취지로 결정73)하고 있다.

특히 국토의 이용·개발과 관련하여 토지공개념과 그 제도화가 문재인 정부가 들어선 후 다시 공론화되고 있다. 토지의 공개념이란 토지는 소유자가 누구이든, 그것이 가지는 기능·적성 또는 그것이 위치하는 지역에 따라 공공복리를 위하여 가장 효율적으로 이용되지 않으면 아니 되며, 이를 위하여 국가에 의한 적절한 규제가 가해져야 한다는 관념 내지 원칙, 즉 토지소유권의 공공성 내지 사회적 구속성을 말한다.74) 이를 실현하기 위한 일련의 법률로서, 개발이익환수에 관한 법률·국가균형발전특별법 등이 있다.75) 토지공개념의 제도화에 관련하여 토지거래허가제의 위헌 여부에 관하여 헌법재판소는 "토지거래허가제는 사유재산제도의 부정이라고 보기는 어렵고, 다만 그 제한의 한 형태라고 보아야 할 것이다. 생산이 자유롭지 아니한 토지에 대하여 처분의 자유를 인정하지 아니하고, 이를 제한할 수밖에 없음은 실로 부득이한 것이며, 토지거래허가제는 헌법이 명문으로 인정(헌법 제122조)하고 있는 재산권 제한의 한 형태로서 재산권의 본질적인 침해라고 할 수 없는 것이다"고 결정했다.[76]

그리고 2018년 3월 6일자, 헌법 개정안 중 경제조항의 주요 내용을 참조·인용해 보면 다음과 같다. 첫째, 경제민주화 내용을 강화책(제125조 및 제130조)으로, 경제민주화는 경제주체 간의 조화뿐만 아니라 상생을 통해서도 실현될 수 있다면서 '상생'을 추가하였다(제125조 제2항). 아울러 골목상권 보호와 재래시장 활성화 등 소상공인의 보호가 주요 현안이 되고 있는 상황을 고려한다면서 중소기업의 개념에 포함되어 있던 소상공인을 별도로 분리하여 보호·육성 대상으로 명시하였다(제130조 제1항 및 제2항). 또한 양극화 해소, 일자리 창출 등 공동의 이익과 사회적 가치의 실현을 위한 상호협력과 사회연대를 바탕으로 경제활동이 이루어지는 사회적 경제의 활성화를 위해 국가에 사회적 경제의 진흥의무를 부과하였다(제130조 제1항). 둘째, 국토와 자원의 지속가능성 확보 의무 강화(제126조)로, 국가가 국토와 자원의 이용·개발과 보전을 위하여 필요한 계획을 수립할 때 미래세대의 이용가능성 등을 고려해 국가의 계획 수립 목적에 지속가능성에 관한 내용을 추가하였다(제126조 제1항). 동시에 해양자원, 산림자원, 풍력 등도 지하자원, 수산자원, 수력과 마찬가지로 원칙적으로 국가의 보호를 받으면서 제한적으로 특허될 수 있는 자원과 자연력에 포함시켰다(제126조 제2항). 셋째, 토지공개념 강화(제128조 제2항)에 대해 해석상 인정된다 할 수 있으나 개발이익환수 등 토지공개념과 관련된 정책에 대해 끊임없이 논란이 있었다면서, 사회적 불평등 심화를 해소하기 위해 토지의 공공성과 합리적 사용을 위하여 필요한 경우에만 법률로써 특별한 제한이나 의무를 부과할 수 있도록 명시하였다. 넷째, 농어업의 공익적 기능을 명시(제129조)로, 식량의 안정적 공급과 생태 보전 등 농어업이 갖는 공익적 기능을 명시하고 이를 바탕으로 농어촌의 지속가능한 발전과 농어민의 삶의 질 향상을 위한 지원 등에 대한 계획을 수립·시행토록 하였다. 다섯째, 소비자권리 강화책(제131조)으로, 기업에 비해 상대적으로 취약한 소비자의 권리를 국가가 보장하도록 하고(제131조 제1항), 국가가 보호하는 소비자보호운동을 보다 폭넓은 개념인 소비자운동으로 변경하였다(제131조 제2항). 여섯째, 기초학문의 장려에 노력함을 명시(제134조제1항)로, 기초학문 분야를 강화하기 위해 국가에 기초학문 장려의무를 부과한다는 것이다. 그런데 경제의 장에 미포함이면서도 경제와 직·간접적으로 관련되어 있는 조항도 상당수 개정되는 것으로 되어 있으나, 특이한 점은 경제관련 조항의 광범위한 개정을 포함하였다.77)

3.4. 헌법상 경제정의의 검토

우리 헌법상 경제질서는 사회적 시장경제질서를 취하고 있다. 1919년, 헌법적 차원에서 최초로 바이마르공화국헌법에 규정된 사회적 시장경제질서는 사회국가라는 국가적 유형78)에 대응하는 경제질서다. 이는 사유재산제의 보장과 자유경쟁을 기본원리로 하는 시장경제질서를 근간으로 하되, 사회복지·사회정의·경제민주화 등을 실현하기 위하여 부분적으로 사회주의적 계획경제(통제경제)를 가미한 경제질서이다. 자본주의도 아니고, 사회주의도 아닌 제3의 질서로서 고안돼, 법치주의를 토대로 경제적 자유와 정치적 안정, 그리고 사회적 공정성의 동시 조화적 보장을 지향한다. 사유재산제 보장과 자유경쟁을 원칙으로 하는 시장경제질서의 유지, 사회정의(또는 경제민주화)를 추구하고 있다.79) 헌법 제119조 제1항과 제2항의 관계는 '원칙과 예외의 형식(Grundsätze und Formen von Ausnahmen: Principles and Forms of Exceptions)'인 성장과 분배를 위한 조항이며, 자유시장경제의 원칙 하에 사회정의와 경제민주화를 지향하고 있다. 그러나 헌법 제119조 제1항과 제2항을 원칙과 예외의 관계로 파악하게 되면, 우리 헌법의 경제질서는 수긍하기 어려운 자유시장경제로 표현하는 것이 더 적합하게 될 것이다.80) 이와 유사한 견해를 취하는 헌법학자가 아닌 경제학자도 있다. 즉 "헌법 제119조 제1항과 제2항을 별개로 보는 사람들이 있다. 그러나 두 조항이 함께 가지 않으면 시장경제가 이뤄지지 않는다. 시장경제의 효율성을 극대화하되, 시장경제가 지속적으로 안정적인 발전을 위해서는 제1항과 제2항이 함께 작동하지 않으면 안 되게 되어 있다. 여기서 경제민주화란 뜻은 어느 특정경제세력이 국가를 지배하지 않도록 하자는 것이다. 재벌 등 특정세력이 국가나 국민은 어찌되든 간에 자기 욕심만 채우면 되겠는가. 이러한 국가는 오래가지 못한다. 자본주의 역사를 보아도 그렇다"면서 "강자만이 살아남고 약자는 다 쓰러지는 적자생존의 원리가 지배하는 시장만 가지고는 사회가 온전히 유지될 수 없다. 우리나라는 정치체제로는 자유민주주의, 경제체제로는 시장경제를 추구한다. 시장은 경쟁을 전제로 하는 데 비해, 민주주의 정치질서는 평등을 전제로 한다. 양자를 조화롭게 부합되도록 하려면 정부가 보완적인 기능을 다해야 한다"81)는 것이다.

마지막으로 헌법 제122조 규정은, 그 효력에 있어 이미 헌법 제23조 제2항 및 제3항, 제119조 제2항에 의하여 허용되는 범위를 넘지 않기 때문에, 그 자체로서는 독자적 의미를 가지지 못한다.82)고 한다. 그리고 문재인 정부 들어와서 재점화시킨 토지공개념은 헌법 제23조 제2항 및 제3항에서 헌법적 근거를 찾으나, 헌법 제23조 제2항과 제122조가 확실한 근거조항이 된다. 제23조 2항은 모든 부동산이고, 제122조는 토지에 국한한다. 따라서 제122조가 명실상부한 토지공개념의 근거가 되며 독자적 의미를 가진다. 제23조 제2항 및 제3항에서 부여된 사항을 제122조가 재확인시키고 있음에 불과하다고는 볼 수 없다.

4. 토마 피케티의 새로운 경제질서

프랑스 경제학자 토마 피케티Thmas Piketty(1971~)의 저서 『21세기 자본Capital in the Twenty First Century』83)이 근간 화제가 되고 있다. 몇 년 전, 마이클 샌델Michael Sandel(1953~)의 『정의justice란 무엇인가』란 저서처럼 떠오르는 격이다. 두 저서의 공통점은 사회정의84)로, 1980년대 이래 맹위를 떨쳐온 신자유주의에 대해 3세기에 걸친 방대한 실증자료를 통해 반박하고 있기 때문이다. 규제완화와 부자감세의 대결 속에, 정부가 할 일을 제대로 못하는 경우도 많다. 그렇다고 정부의 손발을 묶을 수도 없다. 너무 묶어도 약육강식의 정글이 되고 만다. 피케티는 경제를 방치하면 불평등이 심해지고, 그리고 강력한 누진소득세 덕에 불평등이 줄어들었던 시기가 자본주의의 황금기였다고 입증하고 있다.

그는 "분의 분배는 오늘날, 가장 널리 논의되고 또한 가장 많은 논란을 일으키는 문제 중 하나다. 19세기 마르크스의 민간자본 축적의 동회dynamics로 부와 권력이 필연적으로 그 어느 때보다 소수의 손에 집중될 것인가? 아니면 20세기 러시아 태생 미국의 경제학자이자 통계학자인 사이먼 쿠즈네츠Simon Kuznets(1901~1985)의 더 발전된 단계에서는 성장, 경쟁, 기술적 진보에 따라 균형을 잡아가는 힘 덕분에 불평등이 줄어들고 계층 간의 조화로운 안정성이 확보될 것인가 문제된다. 그리고 18세기 이후 부와 소득이 어떻게 진화해 왔는지에 관해 실제로 무엇을 알고 있으며, 그로부터 21세기를 위해 교훈을 이끌어낼 수 있는가?…, 우리는 현대의 경제성장과 지식의 확산 덕에 마르크스적인 종말은 피해갈 수 있었지만, 자본과 불평등의 심층적인 구조가 바뀐 것은 아니었다. 적어도 제2차 세계대전 이후 낙관적이었던 만큼의 변화는 발생하지 않았다. 자본의 수익률이 생산과 소득의 성장률을 넘어설 때, 자본주의는 자의적이고 견딜 수 없는 불평등을 자동적으로 양산하게 된다. 19세기에 이런 상황이 벌어졌으며, 21세기에도 그렇게 될 가능성이 상당히 높은 것으로 보인다. 이러한 불평등은 민주주의 사회의 토대를 이루는 능력주의의 가치들을 근본적으로 잠식한다. 그럼에도 불구하고 경제의 개방성을 유지하고 보호주의적이며 국수주의적인 반발을 피하면서, 민주주의가 자본주의에 대한 통제력을 공동의 이익이 사적인 이익에 앞서도록 보장할 수 있는 방법들이 없는 것은 아니다"면서 역사적 경험에서 이끌어낸 교훈들에 바탕을 두고 정책들을 자신의 저서에서 제안한다고 밝히고 있다.[85] 자본이란 기업과 국가 또는 전 세계경제의 계정 그 어느 것을 보더라도, 생산과 소득은 자본소득과 노동소득의 총액으로 나눠질 수 있다. 즉 '국민소득＝자본소득＋노동소득'이다.

통상 자본이라 할 때 경제학자들은 개인의 노동력과 기술 및 능력으로 구성된 인적 자본人的資本, human capital을 말하지만, 피케티는 이를 제외한다. 즉 자본이란 시장에서 소유와 교환이 가능한 비인적 자산非人的資産, nonhuman assets의 총계로 정의한다는 점이다. 이러한 자본에는 온갖 종류의 부동산과 금융자본, 그리고 기업과 정부기관들이 사용하는 공장, 사회기반시설, 기계류, 특허권 등의 사업자본professional capital을 포함시키고 있다. 자본을 정의할 때, 인적 자본을 제외하는 이유는 여러 가지다. 그 중 분명한 한 이유는, 인적 자본은 다른 사람이 소유하거나 시장에서 거래될 수 없다는 사실이다. 적어도 영구적인 소유권을 사고 팔 수는 없다. 이것이 인적 자본이 다른 형태의 자본들과 크게 구분되는 점이다. 물론 일종의 노동계약을 통해 사람의 노동력에 대해 대가를 주고 쓸 수 있지만, 현대의 모든 법률제도에서 그러한 계약은 시간과 범위에 제한을 둔다. 그러나 노예사회에서라면, 분명 그렇게 하지 않아도 된다. 노예사회에서 노예의 소유주는 다른 노예에 대해, 심지어는 그 노예의 자식이라는 인적 자본에 대해서도 완전한 소유권을 주장할 수 있다…, 비인간적 자본은 개인 혹은 개인들로 구성된 집단이 소유하고, 시장에서 영구적으로 양도와 거래가 가능한 모든 형태의 부富, wealth를 포함한다. 현실적으로 자본은 개인들이 소유(민간자본Private capital)하거나 정부 및 정부기관들이 소유(공공자본Public capital)할 수 있다. 교회나 재단처럼 특수한 목적을 추구하는 법인들이 소유한 중간적 형태의 공동재산도 있다. 또한 자본은 불변의 개념이 아니며, 각 사회의 발전단계와 지배적인 사회관계를 반영한다.[86]

피케티는 경제성장, 자본과 노동 간 소득 배분, 개인 간의 부와 소득 배분이라는 통합적 관점에서 분배와 계층 간 불평등 문제를 다루었다. 특히 세습자본가와 상위 1% 계층이 부의 불평등을 증가시키는 주된 요인이란 사실을 역사적으로 증명하려 노력했다. 여기서 그가 말하는 자본은 경제학에서 말하는 생산요소로서의 자본이 아니다. 그냥 '재산'일 뿐이다. 자본의 수익률 역시 경제학에서 말하는 한계생산성과 같은 자본의 가격도 아닌, 그냥 '재산의 수익률'일 뿐이다. 자본소득은 임대료, 배당은 물론 자본이익까지 포함하는 개념이다.

4.1. 토지소유로 인한 불평등과 지대론

피케티는 '1910~2010년 사이 프랑스의 소득불평등과 자본소득자들의 몰락이란 진단'에서 "불평등의 역사가 길고 평온한 강처럼 흘러오지 않았다. 그 역사에는 많은 우여곡절이 있었고, 자연적 균형 상태를 향해서 가는 거스를 수 없는 규칙적인 경향은 확실히 존재하지 않았다. 어느 국가에서든 이 역사는 항상 혼란스럽고 정치적이었으며, 급격한 사회변동의 영향을 받았고, 경제적 요인들뿐만 아니라 무수한 사회적, 정치적, 군사적, 문화적 요인들에 의해 추동되어 왔다. 사회경제적 불평등—사회집단 간의 소득과 부의 격차는—언제나 다른 영역들에서 전개되는 다른 발전들의 원인이자 결과다. 이런 분석의 모든 차원은 서로 복잡하게 뒤얽혀 있다. 따라서 부의 분배의 역사는 한 국가의 역사를 더욱 전체적으로 하나의 방법이다"[87]고 한다. 따라서 소득은 언제나 노동소득과 자본소득의 합으로, 임금은 노동소득의 한 형태다. 분명 노동소득에는 임금을 받지 않는 소득도 포함된다. 자본소득 역시 노동과 관계없이 자본의 소유로부터 얻은 모든 소득이 포함된다. 관념적으로는 노동소득의 불평등이 심하고 자본소득의 불평등이 낮은 사회, 혹은 그 반대의 사회를 상상할 수 있고, 마찬가지로 두 구성요소 모두가 매우 불평등하거나 혹은 매우 평등한 사회를 상상할 수 있다.

결정적인 요소는 이 두 차원의 불평등 사이의 관계다. 높은 노동소득을 얻는 개인은 어느 정도로 높은 자본소득을 얻을 수 있을 것인지가 문제다. 이 관계는 통계적 상관관계이며, 다른 모든 조건이 동일하다면 상관관계가 클수록 전체적인 불평등도 커진다. 자본소득이 높아서 자본소유자가 일할 필요가 없는 사회에서는, 실제로 이 상관관계가 마이너스 값이 된다는 점이다. 그렇다면, 오늘날의 상황과 앞으로는 어떻게 전개될 것인가에 대하여 보자.

많은 재산을 가진 자가 중간 정도의 재산을 가진 자보다 더 높은 수익률을 얻을 경우, 자본소득의 불평등이 자본의 불평등 자체보다도 클 수 있다는 점이다. 이것은 불평등을 배가시키는 강력한 메커니즘이 될 수 있으며, 특히 이제 막 시작한 21세기에는 더욱 그러하다. 부의 계층구조의 모든 단계에서 평균수익률이 같다면 정의상 두 불평등은 일치한다. 자본은 언제나 노동보다 불평등하게 분배된다. 즉 자본과 관련된 불평등이 항상 노동과 관련된 불평등보다 크다는 것이다. 노동소득 상위 10%가 일반적으로 전체 노동소득의 25~30%를 받는 반면, 자본소득 상위 10%는 항상 전체 부의 50% 이상을 소유한다. 90%를 소유하는 사회도 없는 게 아니다. 더욱 놀라운 점은 임금분포에서 하위 50%에 속하는 사람들이 전체 노동소득에서 상당한 몫을 받는 반면, 부의 분포에서 하위 50%에 속하는 사람들은 자본을 전혀 혹은 거의 소유하지 않는다는 것이다. 이들은 항상 전체 부의 10% 이하를, 일반적으로는 5% 이하를 소유한다. 이는 가장 부유한 10%가 차지하는 몫의 10분의 1 수준이다. 즉 노동관련 불평등은 일반적으로 그리 심하지 않기에 거의 합리적으로 보이나, 자본과 관련한 불평등은 항상 극심하다는 것이다.[88]

이러하듯이 피케티는 소득불평등의 근본원인으로 자본수익률이 경제성장률보다 늘 높다는 이론을 제시한다. 즉 자본이 스스로 증식해 얻는 소득[89]이 노동으로 벌어들이는 임금, 보너스 등의 소득을 상회하기 때문에 소득격차가 점점 더 벌어진다고 설파하고 있다. 실제로 그가 제시하는 통계자료를 보면, 소득에서 자본이 차지하는 비율이 1914~1945년에 급격히 떨어진 이후 다시 증가해 최근에는 19세기 수준의 턱 밑까지 도달했다는 것이다. 이 기간 동안 잠시 상대적으로 평등이 높게 유지되었던 것은, 단지 전후복구를 위해 각 나라가 의도적으로 부유층의 상속된 부에 상당한 정도의 과세를 했기 때문이었다고 지적한다. 부와 소득의 계층 간 이동mobility을 인식하지 못하고 있다. 그리고 불평등은 출발선이 아니라, 최종적인 결과에 의해 결정된다. 이를 간과하고 있다. 즉 싱가포르 자산정보업체 '웰스엑스'의 최근 보고서에 따르면, "10억 달러(약 1조400억원) 자산가인 '빌리어네어'는 세계 인구의 0.0003%인 2,325명이나, 이들 가운데 남성의 87%, 여성의 35%가 자수성가했다고 한다. 또한 이 보고서는 그가 훌륭한 교육을 받았다고 생각하기 쉽지만, 35%는 대학을 나오지 못했다"고 밝혔다.90) 이는 자본주의가 반드시 세습되는 것은 아니라는 증거다. 그러나 이건 우리나라의 상황이 아니다. 그러면 "부의 분배는 양극화되고, 상속재산으로 자본이 집중되는 '세습자본주의'의 시대가 도래할 것인가?"에 대해서 보자.

우리나라는 1997년 이후 불평등이 악화되기 시작하여, 그 속도가 매우 빠르게 진행되고 있다. 반면 OECD 국가 중에서는 성장률이 가장 높은 나라 중 하나이나, 불평등은 가장 심할 나라일 뿐 아니라, 혁명적인 변화가 없는 한 반전될 가능성이 없을 정도로 이미 고착화되었다. 고도성장과 공평한 분배라는 기적은 사라지고, 우리 경제는 저성장과 불평등 악화라는 두 가지 재앙의 나락으로 떨어지고 있다.91) 끝없는 불평등의 악순환을 피하고, 자본축적의 동학動學92)에 대한 통제권을 되찾기 위한 이상적인 정책은 자본에 대한 누진세다. 글로벌 누진세란 부를 노출시켜 민주적인 감시가 이뤄지도록, 이는 은행시스템과 국제자본의 흐름을 효과적인 규제를 위한 필수조건이다. 이러한 자본세는 경제의 투명성과 경쟁의 힘을 유지시킴과 동시에 사익에 앞서 '공공의 이익'을 증진할 것이다. 전 세계적 차원에 못 미치는 국가적 차원 혹은 다른 차원으로 한발 물러선 다양한 형태의 자본세도 대안이 될 수는 있다. 하지만, 진정한 전 세계적 차원의 자본세가 유토피아적 이상이라는 데는 의심의 여지가 없다.[93]

그러나 이상에는 못 미치지만, 이러한 과세를 채택할 의지가 있는 국가(특히 유럽)부터 지역이나 대륙적 차원에서 자본세를 채택할 수 있을 것이다. 즉 "극소수의 최고소득에는 현 수준부터 훨씬 더 높은 세율로 과세하는 것과 누진적인 '글로벌 자본세Global capital levy'가 그것이다"는 전망은, 세계적으로 숱한 논쟁의 뿌리인 부의 불균형에 관한 경제학적이고 역사적인 분석보다는 파격적이고도 이상적인 대안 제시다. 노동소득보다 자본소득으로 부가 집중되는 메커니즘은 재능이나 노력보다는 태생에 따라 삶과 사회가 좌우되도록 할 것이며, 이는 민주사회의 근간인 능력주의를 근본적으로 잠식할 것으로 전망한다.[94] 이에 대해 또 다른 비판이 없는 것은 아니다. 즉 보편적 복지보다는 선별적 복지가 경제 전체의 생산성과 효율적인 소비를 촉진시켜 경제성장을 이끌 수 있다는 점을 강조했다는 시각이다. 보편적 복지를 추구한 남유럽국가들이 글로벌 금융위기 이후 재정위기에 빠져 유럽경제 전체를 파탄에 빠뜨렸다는 점도 2015노벨상위원회의 결정에 어느 정도 영향을 미쳤을 것이라는 관측도 나온다. 또한 "'앵거스 디턴Angus Deaton(1945~)'[95]에 대한 노벨상위원회의 판단은 불평등 해소의 대안이 복지확대가 될 수 없다는 점을 웅변하는 듯한 느낌"[96]이라는 진단도 있다. 하지만, "피케티가 마르크스주의자다. 아니다"라는 철지난 이념상 비난보다 다시 분배문제를 경제중심으로 잡고, 그 해결책으로 국제공조체제 속에서 글로벌 자본세를 주장한 것으로, 충분한 가치를 갖고 있다. 물론 일부 한국의 경제학자는 피케티가 좌파경제학자로 보는 경향이 없잖아 있으나, 마르크스주의자도, 사회주의자도 아니다.

그리고 우리 사회 역시 이념적 사고와 맹목적인 믿음보다는 자료를 통해 경제를 이야기하고, 다른 의견을 근거에 의해 반박하는 성숙한 토론문화가 정착되어야 할 필요성이 있다. 장기적인 불황을 이겨내는 방법으로 우리는 항상 '새로운 성장 동력'을 부르짖었다. '분배와 복지'를 말하면 '포퓰리즘'이라거나,97) 심지어는 북한정권과 김일성 주체사상을 무비판적으로 추종하는 종북從北으로 몰아세우는 경향이 있다. 그러나 분명한 것은 분배를 통해 모두가 경제적으로 평등한 사회를 만드는 것, 불평등을 최소화하는 것이 21세기 대한민국이 추구해야 할 길이다. 피케티는 자본주의를 방치하면 빈부의 격차가 점점 더 확대될 것이라고 한다. 자본주의와 민주주의는 전혀 다른 개념이다. 지금까지 많은 경제학자들이 자본주의가 곧 민주주의라는 전제 아래 부의 불평등 문제를 등한시했다. 하지만, 자본주의란 자본의 활동이 이윤과 가치를 발생시키는 체제를 의미할 뿐이다. 사회에 투하된 화폐가 움직여 더 많은 화폐로 회수될 때 그 화폐를 '자본'이라고 부른다.98)

부동산이나 주식 같은 실질자산에 투자하는 것만으로도 인플레이션이라는 세금은 충분히 완전하게 회피할 수 있다. 인플레이션이 0%에서 2%가 된다고 하여도 대규모 자산이 매우 높은 수익률을 올리는 것을 막을 수 없다는 것은 의심의 여지가 없는 사실이다.99) 인플레이션이 금융전문가 및 중개인의 중요성을 강화시킨다는 점에서, 간신히 부자라고 불릴 만한 사람들에 비해 매우 부자인 사람들의 지위를 상대적으로 향상시키는 경향이 있다. 예컨대 1,000만 유로나 5,000만 유로를 가진 자는 하버드대를 위해 일하는 전문투자가와 같은 자를 고용할 능력이 없지만, 금융전문가 및 증권업자들에게 수수료를 지급하고 인플레이션의 영향을 완화시킬 수는 있다. 반대로 투자할 돈이 단지 1만 유로나 5만 유로인 자에게는 중개인이 앞의 경우와 동일한 투자전략들을 제시하지는 않을 것이다. 즉 이들과 금융자문 간의 계약은 더 짧을 것이다. 이와 같은 규모의 효과는 부동산 투자에서 특히 중요하다. 대부분의 사람들에게 가장 단순한 투자법은 주택을 매입하는 것이다. 이로 인해 인플레이션으로부터 자산을 보호할 수 있으며,100) 주택소유자는 사실상 연 3~4%의 실질투자수익률과 비슷한 주택임대료를 지불하지 않아도 된다. 그러나 10~50만 유로는 주택을 구입하기에는 충분하거나 구입할 가능성조차 없을지도 모른다. 결과적으로, 초기에 적은 재산을 갖고 시작하는 사람들은 흔히들 세입자 상태로 지내게 되는 현실이다. 따라서 이들은 오랜 기간, 어쩌면 평생 동안 상당한 액수의 임대료로 임대인에게 높은 자본수익을 안기면서도, 그동안 이들의 저축은 간신히 인플레이션으로부터 보호를 받을 뿐이다.

반대로 상속이나 증여 덕분에 좀 더 많은 재산을 기반으로 출발한 사람이나 상당한 연봉을 받는 직장인 혹은 이 둘 모두 해당되는 사람의 경우에는, 더 빨리 주택을 구입할 수 있는 위치에 이른다. 그러면 주택 투자에 대한 3~4%의 실질투자수익을 얻고, 임대료를 지불하지 않기에 저축을 더 많이 할 수 있을 것이다. 물론 이러한 규모의 효과로 발생하는 부동산 소유의 불평등은 언제나 존재했다. 인플레이션이 제로였던 19세기에는 소규모 저축자들이 국채를 매수함으로써 3~4%의 실질수익률을 올리기가 상대적으로 쉬운 일이었지만, 오늘날 대다수의 소규모 저축자들은 그런 수익을 얻을 수 없다…, 인플레이션은 지대를 얻지 못한다. 아마도 그와 반대로 자본 분배의 불평등을 더욱 심화시킬 뿐이다. 어떤 조건에서는 인플레이션도 장점이 있을 수 있지만, 오늘날에는 극도로 날이 무딘 도구이며, 종종 역효과를 내기도 한다는 사실을 인식할 필요가 있다.[101]

자본수익률이 경제성장률을 자본소득이 노동소득을 압도하는 상태가 계속되면, 극심한 부의 편중으로 금권정치와 민주주의 왜곡으로까지 갈 위험이 있다는 것이다. 소위 '돈이 돈을 버는 시대'가 온다는 뜻이다. 고로 민주적 투명성과 현실적인 효과 모두에서, 훨씬 더 적절한 정책이 바로 누진세임을 알 수 있다. 그러나 인류공영에도 이바지할 수도 있는 유토피아적인 글로벌 자본세 도입이 오히려 누진세의 강화보다 실현될 확률이 더 높을 수도 있겠다. 자본세의 주요 목적은 세금을 더 징수하는 것이 아니라, 자본주의를 규제하자는 것이다. 첫째, 부의 불평등 증가를 막는 것이고, 둘째, 해외금융계좌를 모두 투명한 신고로 금융시스템에 효과적인 규제를 가하는 것이다. 19세기 재산세와 상속세의 도입이 투명한 재산등록을 가져왔고, 20세기 소득세와 누진세의 도입이 투명한 소득보고시스템을 가져왔듯이 21세기 글로벌 자본세의 도입은 투명한 전 세계금융시스템을 유도한다는 것이다.[102] "0.1%의 자본세는 실제 세금이라기보다는 의무신고제도에 더 가깝다', '일종의 전 세계 금융자산보유 실태조사이다"는 주장이 현실성이 있어 보인다. 물론 소득 최상층에 대한 역진적 소득세의 해소를 목적으로 한 '의미 있는' 자본세, 순자산의 2% 정도의 과세가 쉽지는 않을 수 있지만, 세계 각국은 조세피난처를 없애고 돈세탁을 막기 위해 애를 쓰고 있기 때문이다. 특히 우리나라는 이게 절실히 요구된다.

이에 대해 일본국 교수인 니시무라 가쓰미西村克己(1956~)도 "조세 피난처나 스위스은행의 정보는 쉽게 공개되지 않을 것이며, 정보공개가 실현되기까지는 오랜 시간이 걸릴 것이다. 피케티 역시 이런 사실을 충분히 알고 있으면서도, 글로벌 자본세 도입이 반드시 필요하다고 말한다. 경제학, 사회학, 역사학, 철학을 통합한 사회경제학자를 추구하는 피케티다운 적극적인 대안이다"고 찬동하고 있다.103) 이에 유토피아Utopia적104)도 아닌 혁기적인 대안이 될 수 있기에, 적극적으로 찬동하지 않을 수 없다. 반면 글로벌 자본세가 우리 현실에 맞지 않다고 전제하면서 "정의로운 자본주의 달성을 위해 기업이익 중에서 가계로 분배되는 몫을 늘리기 위한 '초과 내부유보세'의 신설, 비정규직이 맡은 일이 2년 이상 지속되면 해당 노동자를 정규직으로의 자동전환, 소득세와 법인세 증세 등을 제안하면서, 노동자 대표의 사회참여 등을 통한 재벌의 소유구조와 경영행태 개선정책도 필요하다"고 보는 견해105)도 있다.

사회계층 구조의 최상위층이 상속자본에서 얻는 소득이 노동소득보다 우세한 사회에서는, 두 가지 조건이 충족되어야 한다.106) 먼저 자본 총량이 많아야 하고, 그 중 상속받은 자본의 비율이 높아야 한다. 일반적으로 자본/소득 비율이 대략 6이나 7이 되어야 하고, 자본 총량 대부분이 상속받은 자본으로 구성되어야 한다. 이 첫 번째 조건은 오늘날 거의 충족되고 있다고 볼 수 있다. 그리고 두 번째 조건은 상속자산이 극도로 집중되어야 한다는 것이다. 상속자산이 노동소득과 같은 방식으로 분배되는 경우, 즉 상속계층과 노동소득 계층의 상위 10%, 1% 등의 수준이 동일하다면 각주107)에서 설명하는 사실주의 문학인 발자크의 소설 『고리오 영감』에 등장하는 보트랭의 실존적 문제, 즉 "상속받은 자산으로 꾸리는 생활에 비해 노동소득만으로 생활할 때, 어떤 종류의 삶을 기대할 수 있는가"는 결코 존재할 수 없다는 것이다. 『고리오 영감』 속 보트랭이 살던 19세기 프랑스에서 이 문제에 있어서는, 20세기 초까지도 노동과 학업만으로는 상속받은 부와 그로부터 벌어들이는 소득으로 누릴 수 있는 안락함을 얻기 힘들었다는 점에 주목할 필요가 있다. 보트랭은 자신이 도덕성이나 가치, 사회정의 따위를 얼마나 하찮게 여기는지 보여주기 위해, 공부를 하거나 재능에 기대어 안락함을 보장받을 수 없는 젊은 청년 라스티냐크에게 자신은 검둥이들이 생산한 것들로 풍족하게 사는 노예 주인으로서 생을 마감했으면 좋겠다고 말한다. 노동으로 얻은 소득이 항상 공평하게 분배되는 것은 아니다. 또한 상속받은 재산에서 얻는 소득에 비해 노동소득이 얼마나 중요한가의 문제로 사회정의에 관한 논의를 축소시키는 것도 불공평한 일이다. 그럼에도 민주적 근대성은 개인의 재능과 노력에 따른 불평등이, 다른 불평등보다는 정당하다는 믿음을 토대로 한다. 작금에 있어 온갖 불평등이 재등장하고 사회적·민주적 진보에 대한 믿음이 많이 흔들리고 있지만, 이러한 법학도에게 고시를 포기하고 출세를 위한 전과자의 전략을 따르라고 조언하는 것은 극히 드물다. 막대한 재산을 상속받을 목표로 삼는 것은 간혹 있을 수는 있다.108)

그러나 보트랭이 말한 세계가 존재할 수 없는 이유는, 노동소득이 상속자산에서 얻는 소득보다 항상 훨씬 더 많을 것이고, 노동소득 상위 1%의 소득이 상속자산 소득 상위 1%의 소득을 체계적이고 자동적으로 넘어설 것이기 때문이라고 강변한다. 발자크의 소설 속 청년 '라스티냐크'의 고민은 이 시대에도 경각심을 울린다. 뼈 빠지게, 더러는 굶주림과 고독과 싸워 공부해서 법조인이 되는 것보다, 부잣집 딸과의 혼인으로 평생 팔자 고치는 게 낫다는 '보트랭'의 설교 말이다.

실례로 뼈 빠지게 공부해 배우자를 고를 때, 가난한 박사학위자보다 100억짜리 빌딩 가진 자에게 밀리는 게 오늘날 우리의 현실이다. 우리 사회에서 '빌딩 주인이 되는 게 꿈'이라 하지 않는가. 이것이야말로 상속자본주의, 노동소득과 자본소득의 대조이자 우리 사회의 소득불평등을 가장 잘 설명하고 있다. 피케티도 "성장이 불평등을 완화시킨 다고 주장하면서도, 21세기의 성장 전망이 어두울 뿐이다"고 아쉬움을 나타낸다.

결론은 저성장시대가 되면 자본, 즉 부모에게서 유산으로 받은 돈의 중요성이 본인의 근로소득에 비해 커진다는 것이다. 저성장시대일수록 월급이 중요하다는 것은 5%의 꾸준한 수익률을 낼 만큼의 큰 규모의 유산을 물려받지 못한, 즉 빌딩은커녕 조그마한 자기 집 하나 없는 소시민에게나 해당되는 것이다. 20세기에는 지대^{rent}와 자본소득 자라는 단어에 아주 경멸하는 의미가 많이 내포되어 있었다는 점도 중요하다. 오늘날에는 자산에서 나오는 수익이 임대료, 이자, 배당금, 이윤, 특허권료^{特許權料}나 혹은 그 외의 다른 범주에 속하는 수익이건 간에, 그러한 수익이 노동과 상관없는 자산의 소유에 대한 보상이라면 자본소득에 지나지 않는다.[109]

부의 지배와 소득계층의 최상위층이 얻는 소득이 적어도 엘리트층 사이에서는 인정되고 받아들여졌던 18~19세기의 발자크나 오스틴의 소설에서는 '지대'와 '자본주의자'가 그 본연의 의미로 쓰였다. 그러한 게 민주주의적 가치와 능력주의의 가치가 학립되면서 이러한 본래의 의미가 대체로 사라지는 경향을 보인다…, 지대는 현대적 합리성의 적이기 때문에, 더 순수하고 완전한 경쟁을 이루도록 철저히 노력하여 제거해야 한다. 지대란 말을 사용할 때의 문제는 매우 단순하다. 자본이 소득을 낳는다는 사실은 불완전한 경쟁이나 독점 문제와는 전혀 관계가 없다. 자본이 생산과정에서 유용한 역할을 한다면, 그에 대한 보상을 받는 것이 당연하다. 성장이 둔화되면 거의 필연적으로 자본수익률이 성장률보다 훨씬 더 높아지고, 과거에 축적된 부의 불평등의 중요성이 더 커진다…, 지대는 시장의 불완전성이 아니라, '순수하고 완전한' 자본시장, 즉 가장 무능한 상속인을 포함해 각 자본소유자가 국가경제 혹은 세계경제에서 구성할 수 있는 자본시장의 결과다. 자본이 자본소득을 낳는다는, 즉 자본소유자의 노동이 없는 소득을 낳는다는 개념에는 분명 믿기 어려운 면이 있다. 그럼에도 불구하고 지대는 자본이 사적으로 소유되는 어떤 시장경제에서나 실제로 존재한다. 토지자본이 산업자본 및 금융자본, 부동산이 되었다는 사실로 이러한 더욱 뿌리 깊은 현실이 바뀌지 않았다. 경제개발 논리가 노동과 자본 간의 구분을 약화시켰다고 생각한다. 실제로는 그러하지 아니하다…, 경제적, 기술적 합리성은 때로는 민주주의적 합리성과는 아무런 관계가 없다. 진정한 민주주의와 사회적 정의를 이루려면 시장의 제도, 단지 의회나 그 외의 형식적인 민주주의적 제도뿐만 아니라, 민주주의와 사회정의 스스로의 특정한 제도들이 필요하다.110)

마르크스와 19세기의 다른 많은 사회주의자가 제시하고 20세기 소련과 다른 곳에서 실행된 자본문제에 대한 해결책은, 훨씬 더 급진적이며 적어도 논리적으로는 더 일관성이 있었다. 산업·금융·사업자본뿐만 아니라 토지와 건물을 포함한 생산수단의 사적 소유를 폐지함으로써, 소련의 실험은 모든 사적 자본수익私的資本收益을 한꺼번에 없애버렸다. 이들에게 '자본수익률(r) 〉 성장률(g)'라는 등식은 나쁜 기억에 지나지 않게 되었다. 특히 공산주의가 성장 및 기술진보에 애착을 갖기 시작한 이후로 그러했다.111) 더구나 자본주의 경제의 발전에도 불구하고, 유럽을 포함한 1870년대의 세계는 여전히 농촌인구가 도시

인구를 앞지르고 있었다.

그 시대는 자본의 시대였음에도, 아직도 토지와 토지에 부과된 제도에 의해 대부분의 사람들의 운명이 결정되었다고 에릭 홉스봄Eric Hobsbawn(1917~2012)[112]은 결론내리고 있다. 물론 토지와 그것을 둘러싼 제도 및 인간들의 운명은 다가올 사회에 양보하지 않으면 안 될 것으로 보였지만 말이다. 그러나 토지문제는 나라마다 매우 상이했다. 신대륙의 농민들과 유럽의 농노, 남미의 대농장과 동유럽의 장원 사이에 존재하는 차이는 사회의 계급구조와 생산체계뿐만 아니라 법체계와 통치형태, 그리고 토지정책들로부터 비롯된 것이기도 했다.[113] 또한 홉스봄 그는 세계화가 진행되면서 세계는 더욱 불안정해졌고, 국내적으로나 국가 간에도 양극화가 심화되었다. 이러한 세계화는 자유민주주의에 이미 심각한 영향을 끼치고 있다. 이러함은 민주정치의 기본이 되고 있는 전제가 흔들리고 있기 때문이라고 진단한다.

4.2. 피케티의 경제정의관과 우리나라의 불평등 현실

자본주의 구조에 내재한 불평등 문제를 다룬 『21세기 자본』에서 기존 경제학자들의 이론을 뒤집는가 하면, 불평등 문제의 해결책으로 글로벌 자본세 같은 과감한 제안이다. 우리나라가 처한 시대의 계급, 즉 빈부격차의 대물림을 직관적으로 표현하는 2015년에 탄생한 '수저계급론Dirt Cutlery'이다. 한 사람의 성공 여부는 전적으로 부유한 가정에서 태어나는 것에 달려 있음을 의미하는 신조어다. 경제적 문제를 고민하지 않아도 될 만큼 부잣집에서 태어난 사람은 금수저Gold spoon로, 경제적 지원을 전혀 받지 못하는 집안에서 태어난 사람은 흙수저A dirt spoon를 넘어, 이제는 다이아몬드수저Diamond spoon로까지 분류된다. 여기에도 못 들어가는 상위 75% 이외 사람은 똥수저Poop spoon까지 되었다. 경제성장률이 떨어지면서 노동을 통해 얻는 소득보다 과거의 축적된 부와 그로부터 얻는 수익이 점점 더 중요해지고 있다는 피케티의 지적이 맞아떨어진다. 불과 한 세대 전에는, 흙수저 집안에서 태어난 사람도 있는 힘껏 노력하면 성공과 부를 거머쥘 수 있었다. 그리고 그 희망이 많이 이루어지기도 했다. 하지만, 오늘날은 똥수저나 흙수저가 금수저나 다이아몬드수저 계급으로 상향 이동할 수 있다고 믿는 이는 드물다. 즉 개천에서 용이 나던 시대는 지났다는 것이다.

한국적만의 세습화의 한 단면을 보자. 부유한 자제인 20대가 서울 강남에서 노동력 기여도 없이 편법증여를 통해 고가의 아파트를 사들이고 있다. 그것도 백만장자란 일컬어지는 약 12억원을 훨씬 상회하고 있다. 그리고는 세금포탈을 위해 부모가 자식의 집에 임차인으로 등록하기도 한다. 또한 실거래가격에 비해 턱없이 싼값으로 양도하는 방법으로 증여세를 탈루하기도 한다. 공존의 사고는 없다. 부의 세습은 끝이 없는데도 불구하고 이러한 사기행각을 막을 길도, 정부도 닭 쫓던 개가 먼 산 아래 아지랑이만 바라보는 격을 연출하니 원성이 자자할 수밖에 없다. 자본이 자본을 낳고 있다. 피케티는 역사적으로 자본소득은 언제나 노동소득을 상회해 왔다고 말한다. 다시 말해 직장에서 받는 급료보다, 이미 가진 자산에서 파생한 이자수익이나 건물임대료 등의 불로소득으로 돈 벌기가 훨씬 쉽다. 이러한 자본축적 정도에 따라 빈부격차가 확대되고, 당연하게도 빈부격차는 대물림한다고 진단한다. 상속·증여가 전체 자산 형성에 기여한 비중은 날로 높아지는 현실에서, 청춘들의 꿈은 '조물주 위에 건물주'가 되고 싶다고 하지 않는가.

2019년 통계청 예측에 따르면 우리나라 인구는 성장이 둔화되다가 2029년부터 감소한다지만, 세계에서 인구 5천만 명이 넘고 동시에 1인당 국민소득까지 2016년 4월을 기해 3만 달러를 넘었다. 인구 5천만 명 이상에 3만 달러 이상인 나라는 미국과 일본, 독일, 프랑스, 영국, 이탈리아에 이은 서방7대경제강국인 것이다. 이에 대한 위상은 연속 2회나 초청이었던 2021년 G7정상회의Group of Seven Summit에서 여실히 드러났다. 삶의 질은 OECD 기준 중간에도 미치지 못하나 한국의 종합적인 과학기술 능력은 세계 7위, 수출액 및 군사력 세계 6위, 글로벌 혁신지수 세계 5위, 국내총생산GDP 대비 과학기술R&D 투자액 비율은 4.3%로 압도적인 세계 1위이다. 연구개발(과학기술) 투자의 절대액수 역시 세계 6위로 이탈리아를 앞선다. 또한 1백만 달러(약 12억원)의 금융자산을 보유한 백만장자의 숫자(문재인 정부에서는 부동산가격 급상승으로 2배?―저자 주)를 기준으로 보거나 1인당 GDP로 볼 때나, 이탈리아에 버금가는 서방 7대 강국임은 여러 통계자료에서 드러난다. 이러한 자본주의 강국인 한국경제를 과연 전근대적 또는 봉건적 자본주의라고 할 수 있겠는가. 반론이 없는 게 아니지만, 없다는 거다. 이미 서방 7대 자본주의 강국에 속할 정도로 발달한 시장자본주의이기 때문이다.

그러나 샴페인에 취해 있기는 행복하지가 않다. 그 발전의 혜택을 누리는 부류는 자본주의자들, 즉 부르주아들이다. 이에 대해 피케티 이론을 보자. 상위 10% 중 하위 5%는 소득이 80~90%를 노동에 대한 보상으로 얻는 진정한 경영자들의 세계가 있다. 그 위 4%대로 갈수록 노동소득의 비율이 약간은 감소하지만, 오늘날뿐만 아니라 제1·2차 세계대전 사이의 기간에도 총소득의 70~80%에 육박할 정도로 뚜렷한 지배적인 비중을 차지한다. 또한 상위 10%에는 언제나 두 개의 아주 다른 세계가 존재한다. 노동소득이 분명하게 우위를 차지하는 9%와 자본소득이 점점 더 중요해지는 1%가 그것이다. 두 집단 간의 전환은 언제나 서서히 이루어지며, 물론 서로가 경계점을 넘나들 수 있지만, 두 집단 간에는 분명한 체계적인 차이가 존재한다. 그만큼 소득계층 구조의 위쪽으로 갈수록 노동소득이 점점 더 사라지고, 상위 1%와 0.1%에서는 자본소득이 노동소득보다 더욱 지배적이다.114) 양차 세계대전으로 자본/소득 비율을 급격하게 감소시켰고 국민소득에서 자본소득이 차지하는 비중을 감소시켰으나, 노동소득보다 자본 집중도가 훨씬 더 높기 때문에 상위 10%에서는 총소득은 줄었어도, 자본소득 비중은 아주 높다. 이만큼 두 소득 간의 충돌에 의한 사회경제적 불평등이 자식세대에게 이식된다.

그런데 장하성은 우리 경제에서 빈부격차와 함께 불평등이 심화되는 것도 신자유주의 체제의 문제보다는 재벌체제 때문이며, 재벌체제란 곧 전근대적 중상주의mercantilism 체제의 일부로 작용한다. 즉 우리 경제는 여전히 과거 군부정권 30년간에 걸친 중상주의가 지배하고 있으며, 그러한 전근대적 자본주의로 인하여 양극화가 심해진다. 저소득층에 비해 고소득층의 재산이 많고 재산소득도 그만큼 많기는 하다. "그럼에도 불구하고 소득 상위 10%의 재산소득이 총 가계소득의 0.7%로 다른 계층보다 상대적으로 높지만 절대적인 비중에서는 1%도 안 될 정도로 낮다. 근로소득이 95%를 넘어 압도적이다"고 한다. 따라서 우리 경제는 가계의 자본축적이 재산소득을 발생시킬 만큼의 수준에 아직 달하지 않았다는 의미이다.115)고 진단한다.

버니 샌더스Bernie Sanders(1941~)는 "미국 역사상 처음으로 청년세대가 부모세대보다 더 가난한 인생을 살고 있다"고 개탄했다. 청년들에게는 우리만이 아니라, 미국도 지옥이다. 이런 모습은 선진국 도처에서 볼 수 있다. 피케티가 본 21세기 자본주의의 적나라한 현실이다. "헬조선과 헬미국, 헬유럽의 '포기한 청년들', 현대판 '비참한 사람들' 즉 레미제라블Le Miserables이야말로 21세기 자본주의의 거대한 전환, 혁명적 변화를 이루어낼 새로운 역사의 보편적 주체다"116)라고 과감히 선언한다.

비정규직을 '88만원 세대'로 부른 지 어언 15년이나 흘렀다. 악화일로 청년실업에서 파생된 조어造語는 이뿐이 아니다. 취업난, 비정규직, 치솟는 집값으로 연애·결혼·출산에 더해 인간관계·내 집 마련까지 포기한다는 '삼포'·'오포'로도 모자라 많은 것을 포기한다는 'N포시대'까지 왔었다. 이제는 한술 더 떠 완전 절벽이다. 모든 것을 완전히 포기하는 '완포完抛, I totally gave up세대'로까지의 신계급사회로 변했다. 부모의 재력이나 소득 수준에 따라, 자녀의 대학입시 성적에도 영향을 미치고, 또 그에 따라 장래가 결정되고 그렇게 형성된 불평등이 그대로 대물림되기 때문이다. 결국에는 계층이동 사다리가 끊겼음을 빗댄 2015년부터 수저계급론까지 등장하게 된 것이다.

'88만원세대', 'N포 세대'를 넘어 1990년대 출생자, 그리고 2000년대 후반 이후 출생한 청년을 '하나의 세대'로 묶는다. "'헬조선'이란 개념은 20~30대뿐 아니라, 젊은 층과 이를 같이 묶어 우리나라의 불평등지수가 높다는 등 근본적 문제의식을 이들의 미성숙한 생각이라는 프레임으로 만들어버렸다"고 진단하기도 한다. 이들의 결혼·연애·출산·주택마련 등은 인간으로서의 지극히 보편적인 상식이다. 건전한 정신의 소유자이면서도 이를 포기할 수밖에 없는 청년들을 비정상적인 사람으로만 보면서 언제까지 방치할 것인가. 비非연애·탈脫연애상태인 솔로solo, 미혼, 무자녀, 무주택자인 민달팽이, 개인주의, 현실포기, 달관 등 비정상적인 요소들을 청년이 탈피할 수 있도록 만드는 정책이 아니라, 비정상성 자체를 철폐하는 정책이 필요하다. 청년이라는 개념 속에 청년의 평균적 경향을 둘 것이 아니라, 어떤 이해관계를 담을지 고민하는 게 중심 의제가 돼야 할 것[117]이나, 은둔이나 외톨이형의 양산과 함께 공무원시험장으로 전락한 채 제 노릇 못하는 '실업자 창고'에 불과한 대학에 바친 고액의 등록금이 빚이라는 족쇄에 묶이고도 녹록치 않은 불평등한 현실에, MZ세대[118]의 비혼자非婚者가 늘거나 청년자살률까지 급증하는 추세. 정부는 '노인의 보건 및 복지증진의 책임'을 진다는 1981년에 제정된 노인복지법 비슷하게, 부랴부랴 2020년 발 청년기본법을 내놓는다. 이 법 제2조 제1항에서 "인간으로서의 존엄과 가치를 실현하고 행복한 삶을 영위할 수 있는 권리를 보장받으며 건전한 민주시민으로서의 책무를 다할 수 있도록 하는 것을 기본이념으로 한다"고 밝히고 있지만 공염불에 불과하다. 그리고 일부 지방자치단체가 청년기본소득이란 이름으로 현혹하지만, 그에 따른 법이나 정책은 무늬만 난무할 뿐 실질적 도움이 못되고 있다. 근본대책이 문제이다. 따라서 청년세대에 알맞은 창조적이고 혁신적인 대책 강구와 함께, 힘센 자들 간에 자행되는 부정부패의 카르텔을 없애야 한다.

인구증가율과 경제성장률이 거의 정체되어 가는 사회일수록, 과거에 축적된 부가 필연적으로 엄청난 중요성을 띠게 된다. 자본/소득 비율이 높은 국가는 상대적으로 낮은 국가에 대규모 투자를 하면 정치적인 긴장을 야기할 수 있다. 자본/소득 비율이 상대적으로 높은 미국이나 일본 같은 경제선진국은 축적된 자본이 많아 상대적 열위에 있는 국가, 즉 중국, 베트남, 인도 같은 국가에 대규모 투자로 정치적 간섭을 하는 상황을 발생시키기도 한다. 2018년 11월, 한국경제연구원의 조사에 따르면 국내 유턴을 고려하지 않는 이유로는 해외시장 확대(77.1%), 국내 고임금부담(16.7%), 국내 노동시장 경직성(4.2%) 순으로 조사됐다. 강성노조 내지 귀족노조,[119] 최저임금 인상과 고임금, 주당 52시간 근로제 등으로 인한 노동비용 상승과 규제에 짓눌려 있다. 남은 기업들마저 탈脫한국행인 '국외 이전(오프쇼어링Offshoring)'에 나서고 있다. 해외생산기지를 둔 기업이 회귀하는 '국내 복귀(리쇼어링Reshoring)'를 위해서는, 정부의 과감하면서도 공격적인 정책을 강구해야 한다. 근간에 미국과 일본은 리쇼어링 효과를 보고 있다. 우리나라도 대도시와 가까운 지방으로 회귀하는 기업에는 인센티브를 주는 방안을 강구해야 한다. 국토균형발전에 따른 지방분권화에도 도움이 된다.

그런데 우리나라는 강성귀족노조에 휘둘리고 있다. 한 예를 보자. 수많은 청년들이 경쟁하며 들어가고자 하는 '4,800만원+α' 일자리 50명 선발에, 7,600명의 청년이 몰려 150대 1이 넘었다는 소식이 2021년 추석을 앞두고 전국을 강타했다. 민주노총 소속 현대제철 협력사 2,100여 명이 자회사 정규직 채용을 거부한 이 자리는, 현대제철이 협력업체 직원을 직고용하기 위해 설립한 자회사이다. 이에 대해 한 국경제연구원은 "젊은 층이 피 터지게 경쟁하며 들어가려는 일자리를 노조는 걷어차고 있다. 기득권노조가 철밥통을 챙기며 일자리시장을 왜곡하는 상황을 상징적으로 보여 준다"고 진단했다.[120] "김포 택배 대리점 사장까지 죽음으로 치닫게 한 '민주노총과 문재인과의 추악한 카르텔'을 규탄하기에 이르렀다"고 야당의 대권 예비후보는 성명을 내기에 이르렀다. 이러한 신귀족인 기득권노조에 대해 공권력마저 속수무책인 상황에서 아무리 '리쇼어링'을 부르짖어봤자 소용이 없다. 강력한 개혁드라이브가 시급한 문제인데도, 손을 놓고 있음에 일자리 없는 청년과 의식 있는 국민은 대책을 요구하고 있다.

또한 우리가 막아야 할 문제가 있다. 즉 소득불평등이 점점 커지자 청춘들이 '헬조선'이란 조어를 낳으며 우리나라를 떠나려는 것도, 결국 우리의 경제성장률이 낮아지면서 세습자본주의에 가까워짐에 따라 개인의 노력보다는 부의 세습이 중요한 시기에 도래하였으며, 이로써 상대적 박탈감이 더 커지는 불안정한 사회에 살고 있기 때문이다. 이는 심각한 문제로, "오늘날 똥수저나 흙수저는 어째서 금수저나 다이아몬드수저가 될 수 없는가?"에서부터 "신계급의 격차를 어떻게 타파할 것인가?"에 대해 엄청난 고민 속 대책이 필요하다.

이제 노인층의 빈곤문제를 보자. 노인복지는 경제력에 비해 최악이다. 이슬처럼 왔다가, 이슬처럼 사라지는 삶이 우리네 인생이다. 그러나 조물주에게서 주어진 여명을 앞당겨 이승의 끈을 놓는 삶은 청년들뿐이 아니라, 50대 이상의 장년층도 앞당기는 자살률이다. 중앙자살예방센터가 WHO의 2019Mortality data base(2019.5.1.추출)를 활용한 산출에 따르면 인구 10만 명당 OECD 평균 노인(65세 이상)자살률 18.4명보다 월등히 높은 53.3명으로, 평균보다 2.9배나 높아 세계 1위를 차지하고 있다. 그리고 청소년(10~24세)은 평균 5.9명보다 많은 8.2명으로, 1.4배나 높은 10위권이다. 한때 세계 2위를 차지한 적도 있고, 헬조선(19~34세)으로 넓히면 단연 세계 1위를 차지한다. 양 자살률은 터키와 그리스가 가장 낮다. 삶의 질이 얼마나 낮은지에 대한 한 단면을 보여 준다. 구직난에다 생활고까지 겹쳐 청년층이나 노인층이 벼랑 끝에 섰다. 따라서 우리나라에서 청년이 되고 노인이 되는 것은 지옥이다. 더구나 산업화와 민주화에 견인차역을 하고도, 푸대접의 노인세대에 편입되는 날부터 생지옥을 각오해야 한다. 사회와 단절된 채 자신만의 공간에 갇혀서 살다가 생을 마감하는 고독사가 늘어나는 추세에 있다.

우리나라 2020년 말 기준 우리나라 65세 이상 노인 비율이 16.4%이다. 일본이 2021년 들어 29.1%에 육박하고는 이탈리아는 23.6%를 차지했다. 그런데 아이러니하게도 OECD 기준 우리나라는 세계에서 노인취업률 최하위인 1위에 빈곤율도 단연 1위를 차지하고 있다. 그만큼 노인복지가 열악하기 때문이다. 이로 인하여 취업률 또한 정부의 용돈차원의 최저임금의 일시적 일자리 대책이란 통계에 있다. 파지를 수집해 생계를 유지하거나 생계비에 보태는 노인을 정부 통계로는 6만6천 명으로 보나, 전국고물상연합회는 170만 명으로 추산하고 있다. 경제대국 대한민국의 부끄러운 자화상이다. 허투루 낭비되는 예산을 절감하거나 비대한 공무원 조직을 5%만 감축해도 이러함을 상쇄할 수 있겠다. 그러나 일본은 노인 일자리가 많아, 우리나라처럼 젊은 층과 노인층 간의 '일자리 경합'이 없다는 점이다. 복지사각지대의 한 단면인 또 하나의 슬픈 경합을 보자. 담뱃값이 2배로 인상되던 2016년 엄동설한의 어느 날, 수도 서울에서의 목격담이다. 담배공초 하나를 서로 차지하기 위해 파지 줍는 노인과 용돈조차 없는 청년실업자가 서로 눈치를 보며 주워댔다. 그때 부자증세는 못하고 빈자의 증세에 대한 마지막 혈투의 산물이었다. 우연찮은 그 광경에, 이들이 부끄러워할까 봐 어느 신사는 애써 외면할 수밖에 없는 현실이 연출됐다. 복지, 찾아가는 복지는 없다. 수급권 청구가 자신의 권리인데도 관공서는 진을 빼, 포기하게 만드는 사례도 많다. 동물보호법으로 '동물복지'까지 부르짖는 우리나라가, 방만한 국가운용예산에도 불구하고 '노인복지'는 없는 것이나 마찬가지로 열악하다. 노인복지보다 동물복지가 우선인 사회가 허탈감을 안긴다.

하이에크의 신자유주의 일등공신인 영국의 대처리즘을 끊임없이 비판해 왔다는 켄 로치 감독의 영화 〈나, 다니엘 블레이크!, Daniel Blake〉

가 2016년에 개봉되었다. '우리 누군가의 이름을 의미'하는 이 영화에서 행정편의주의와 관료주의가 구호와 달리 복지정책을 얼마나 망가지게 하는지를 보여주면서, 우리들의 가슴을 먹먹하게 한다. 그 영화 속으로 들어가 보자. 헐렁한 청바지를 입은 키 큰 노인 다니엘이 등장하면서 영화는 시작된다.

40년간 영국 뉴캐슬에서 목수로 살아온 다니엘(데이브 존스 분)은 부인을 암으로 떠나보낸 1인 가구 저소득층 노인이다. 자신의 심장병에 의한 의료급여를 청구하려고 복지센터의 자동응답시스템ARS에 전화하지만, 정작 본인에게는 엉뚱한 질문에 불과했다. 그 시간이 장장 1시간 48분이나 흐르자 "젠장, 올림픽축구경기 한 게임을 보고도 남겠다"며 울화통을 터트린다. 주치의의 만류에도 불구하고, 의료급여를 받지 못하면 실업급여를 청구할 요량으로 복지센터에 직접 찾아간다. 하지만 공무원은 온라인 예약자만 상담해준다고 푸대접이다. 옆에서 지켜보던 또 다른 공무원이 컴퓨터를 잠깐 빌려줌에 혼자 신청해 보려고 안간 애를 쓰나, 인터넷 사용이 불가한 다니엘은 마우스를 인터넷 화면에다 들이대는 실수를 연발한다. 이 장면에서 '서류공화국 대한민국' 행정관청의 공무원들을 떠올리게 된다. 유일하게 이러한 모습을 배제할 수 있는 곳은 우리나라에서도 한국방송통신대학교121)뿐이다. 이러한 경우 그곳의 공무원 신분인 직원과 비정규적인 아르바이트생들이 대신해주기 때문이다.

그의 온라인 신청은 어디서나 연속적인 실패일 수밖에 없었다. 영국이나 한국이나 별반 다름없이 답답한 측은 찾아가게 하는 복지가 아닌 지라, 수급신청을 하는 민원인이다. 복지사각지대에서 허우적대는 국민에게 찾아가 발굴하는 서비스는 없고, 자존심만 상하게 한다. 다시 찾아간 복지센터 한 구석에서 예약시간 5분을 어겼다고 상담이 반려되는 케이티(헤일리 스콰이어 분) 가족을 보고 안쓰러워 항의까지 하나, 정작 다니엘 본인마저 쫓겨난다. 다니엘과 케이티 가족의 처절한 행보는 계속된다. 한국판 '송파 3모녀 사건'이 스치게 만든다. 아들과 딸을 둔 그녀는 생리대마저 없었다. 그 복지센터에서 같이 쫓겨난 다니엘은 짐을 들어주면서, 그녀가 종전에 살던 집에서 물이 새니 수리를 요한다는 항의 아닌 항의에 임대인에게 퇴거당한 사실을 알게 된다. 이로써 보호센터에서 얼마간을 지내다가 이웃으로 살게 된 것이나, 빈손이라 이곳에서도 전기마저 차단당한다. 굶주림까지 겹친 그녀가 마침내 울음을 터트리자, 다니엘이 몇 푼의 돈을 놓고 나온다. 국민의 머슴인 공복마저 아랑곳 않는데도, 부자가 아닌 '빈자가 빈자를 도우는 꼴'이 연출되는 게 씁쓸함을 안긴다. 그 돈으로 그녀는 식료품점에서 허겁지겁 먹어치웠다. 그간 두 아이가 먼저였기에 굶은 탓이었다. 고래로 동서양을 막론하고 엄마라는 이름, 세상의 어머니는 위대했다. 케이티는 친정을 가듯이 아이들과 다니엘의 집에 자주 왕래하다가, 그의 부인이 치매로 인한 오랜 투병으로 직장까지 사퇴하고 간병하느라 잔여재산이 없음도 알게 된다. 그녀도 가게에서 물건을 훔치게 되고, 성매매 제의까지 받는다. 이를 낌새챈 다니엘이 만류한다. 비로소 둘 사이는 소원해지고, 다니엘은 가진 돈도 다 없어져 집기까지 처분하게 되면서 무기력감을 느낀 나머지 연락조차 두절하기에 이른다. 그리고 다시 찾아간 고용센터는 온갖 핑계로 지원을 꺼린다. 마지막 자존심까지 버릴 수 없어 다니엘은 락카를 들고는 벽에다 그릇된 행정을 비판하는 구호를 써내려간다. 이를 본 시민들은 건너편에서 '다니엘'을 외치며 환호하지만, 재물손괴로 끝내는 경찰에 체포된다.

공익변호사가 급여 거부에 대한 항고 준비 중에 화장실에서 갑작스런 심장마비로 삶을 마감하게 된다. 장례식에 참석한 케이티가 생전에 쓴 그의 글을 읽으면서 영화는 끝나간다. 그녀가 울먹이며 읽어내려 가는 대사는 인간이라면, 이렇게 몇 번이나 옮겨 적을 수밖에 없는 가슴이 멈춰지는 먹먹함이었다. "나는 묵묵히 책임을 다해 떳떳하게 살았다. 나는 굽실대지 않았고, 이웃이 어려우면 그들을 도왔고, 나, 다니엘 블레이크는 '개가 아니라, 인간이다' 고로 나는 내 권리를 국가에 요구한다. 인간적 존중이다. 나는 한 사람의 시민, 그 이상도 이하도 아니다. 나, 다니엘 블레이크." 또 이어진다. "나는 게으름뱅이도, 사기꾼도, 거지도, 도둑도 아니다. 내 이름은 다니엘 블레이크다 Daniel Blake demand appeal date before I starye and change the shite music on phones(나, 다니엘 블레이크는 내가 굶기 전에 항소할 날자(기일)를 요구한다. 그리고 거지같은 통화연결 음성은 바꿔라)."라는 자막은 관객의 눈에서 멀어져갔다. 이 영화는 현실적 체험에서 스토리가 전개된 것이다. 즉 사회적 약자가 제도적 벽에서 어이없게 무너지는 모습, 관료사회의 무사안일과 노인복지의 실상, 그리고 인간의 존엄성을 보여주었음에 우리가 각성할 몫이다. 이 영화에서 보듯이, 한 개인이 유독 무능한 탓에 빈곤층으로 전락하지 않았음을 대변한다. 그리고 수급권 청구는 부끄러워할 수 없는 국가에 대해 청구할 수 있는 당연한 권리임이다.

근간에 발생한 우리나라의 사례를 보자. 출생신고가 되지 않은 것도 모른 채 '유령'으로 살아온 노인이 70년 만에 출생신고를 한 사건이다. 출생신고 의무자인 어머니가 사망했기 때문에, 신고의무자가 없다는 이유로 출생신고를 거부당한 것이었다. 각 지방자치단체의 답변은 '내부지침'이라는 근거를 들이대며 불가였다. 그들만의 내부지침은 '법보다 우위'였다. 공익변호사는 "'가족관계의 등록 등에 관한 법률'에 따르면 신고의무자가 기간 내 미신고로 자녀의 복리가 위태롭게 될 우려가 있는 경우에는, 검사 또는 지자체장이 출생신고를 할 수 있지 않느냐"며 접수를 받아줄 것을 요청했지만, 해당 조항은 자녀가 미성년자인 경우에만 적용된다면서 거절당했다. 할 수 없이 또 다른 신고의무자인 검사에게 출생신고를 해줄 것을 요청하자, 마침내 서울중앙지검 형사부가 관할구청에 직권으로 출생신고를 했다. 검찰에 신청서를 제출한 지 42일 만이었다. 한국가정법률상담소는 "출생신고에 대한 국가기관의 인식 부족과 경직된 태도 때문에, 출생신고에 필요한 모든 서류를 갖추고도 50일 이상 출생신고를 못했다"122)는 반응이었다. 복지사각지대에서 살아온 이 노인이 바로 영화 속 주인공을 훨씬 뛰어넘는 우리나라 관료의 사례로, 공무원들의 발로 뛰는 소명감은 없다. 상대적으로 고임금의 '자리' 보전에만 신경 쓸 뿐, 공복으로서의 자세는커녕 그 불쌍한 민원인에 대한 '긍휼의 미'조차 없다. 이건 고질적인 병폐로 바로잡아야 한다.

우리나라가 2021년 하반기에 공식적인 선진국으로 진입했다 하나, 정작 공무원public worker들의 사고와 의식 수준은 아직도 후진국 수준을 면치 못하고 있다. 정작 우리 국민들은 공무원들이 더러는 선민의식까지 가지고 자신들 위에 군림하는 존재로 여기며, 때에 따라서는 부딪치지 않으려는 인상이 짙다. 그들이 국민에게 대하는 자세는 위 영화에서와 같이 유사하거나 그 이상이다.

공무원은 유관기업 및 해당 종사자에게 있어 '절대적 갑'으로 통한다. 일부 부처에서는 민원사건에 있어, 이를 무마시키는 방법으로 기업의 환심을 사 퇴직 후 재취업의 보험을 들기도 한다. 그리고 부정부패에도 묵인되거나 솜방망이 처벌이고, 높은 급여로 인해 생활수준이 일반인 대비 높은 편이다. 1997년 외환위기 전에는 대졸 학력이 아닌 고졸이 하급공무원에 진출했다. IMF를 겪으면서 응시생이나 합격자가, 예전의 대졸과 비교가 될까 만은 절대다수가 정규대학 졸업 이상의 학력이다. 따라서 공무원시험에 합격하면 "불행은 끝났다. 이제 행복이 시작이다. 죽는 날까지"라고 할 만큼 죄다 그쪽으로 몰리는 형국이다. 대한민국의 앞날이 걱정되는 대목이다. 그들의 더러는 대도시 소재 고급아파트 거주와 외제차도 탈 수 있게 되었다. 더불어 불평등의 산물인 연애, 결혼, 출산 포기 등을 떠나 완포세대군￦에 속하지도 않는 신新귀족층에 등극했다. 여기에다 죽을 때까지 저액인 국민연금이 아니라, 고액인 공무원연금이 기다리고 있다. 물론 조직 내에서 그들끼리의 차별도 없는 게 아니다. 즉 고시 출신과 비고시 출신, 근무지가 중앙이냐 지방이냐 등의 차별도 횡행하지만, 대체적으로 25세에 출발한다고 가정해도 약 60여 년간이나 중산층 이상의 삶을 죽을 때까지 누린다. 그러나 연령대가 높아지면 쓰임새가 적어진다. 예컨대 70대에 10만원을 소비한다고 가정할 때, 더 고령으로 갈수록 활동량이 적어지면서 80대 내지 90대에는 쓰임새도 10만원 이하로 줄어들기 마련이다. 따라서 어느 시점부터는 연금을 동결 내지 삭감할 필요성이 있다. 이러한 불합리로 국민들은 그 연금 빚을 갚아야 하기에, 노예 같은 삶을 향유할 수밖에 없는 불평등이 초래되고 있다. 독일보다 우리나라가 공무원 수에 있어 두 배나 많다. 인구수로 따지면 4배나 더 많은 셈이다. 현재 우리나라가 약 25명의 국민이 공무원 한 명을 먹여 살리고 있는 꼴인데도, 어느 통계에서 보면 공무원의 직무 효율성면에서 영국의 1/3에 불과하다.[123] 지금 국민들은 터무니없는 차별에, 공무원연금에 대해 개혁을 부르짖고 있다. 이 정도인데도 불구하고 이 조직은 능력을 발휘하지 못하고 있다. 헌법 제7조 제1항 "공무원은 국민전체에 대한 봉사자이며, 국민에 대하여 책임을 진다"를 무색케 한다. 따라서 공무원연금과 관료조직의 통폐합과 개혁화가 시급하다. 이대로 둬서는 대한민국호가 퇴보할 수밖에 없는 상황이라, 이들도 '함께하는 사회정의 구현'에 내려놓는 자세가 필요하다.

4.3. 기본소득제와 실질화 방안

누가 우리나라를 명실상부하게 선진국이라고 할 수 있겠는가? 청년세대의 고통과 빈곤으로 인한 노인세대의 자살률을 보면 암담하기 그지없다. OECD 국가 중에서도 부끄러운 일로, 내용면에서는 단연코 선진국이 아니다. 앞에서 예를 든 영화 속으로 다시 가 보자. 주인공 '다니엘' 노인이 국가에 정당하게 청구할 수 있는 권리인 수급권자의 권리 행사에 있어, 관료들의 관행 앞에서 번번이 좌절되는 이유가 있다. 영국이나 우리나라나 관료들의 행정편의주의에 의한 무사안일 등으로 인한 무수한 서류제출 때문이다. 자신이 경험했거나, 아니면 주변의 저소득층에게서 간접체험을 하였을 것이다. 예컨대 서민층으로서 복지수급자 신분으로 전환되려면 별의별 서류를 요구한다. 일정 기간 금융거래확인서, 소득관계서류, 의료보험가입확인서, 사직·폐업확인서, 동거하지 않는 가족과의 관계서류 등등 많다. 이를 벗어나서도 사업상 인허가, 문화예술인의 국가보조금, 고용노동부 실업급여, 코로나-19 감염증으로 인한 영세업자 재난지원금 신청 등에서 부딪히게 된다. 가까스로 이를 구비했더라도, 다니엘은 젊은이와 달리 인터넷으로 송부할 재간이 없다. 또한 영화에서는 알 수 없으나, 만약에 단기간도 아닌 수년간 연락이 끊기고 부양을 않는 그 자녀로 인해서도 수급권자 지정이나 권리 행사가 어려울 수 있었을 것으로 추정된다. 부양이나 생활비를 부모에게 제공하지 않아도 부양능력이 있다는 어처구니없는 이유를 들이대기 때문이다. 가능한 지급치 않으려는 생색내기가 도사린다. 더 가관은 저소득층 노인에게 기초연금을 줬다가 다시 **빼앗는다**는 점이다. 이에 정부는 공공부조의 기본원리인 보충성을 들이대나, 예외가 없는 절대기준은 아니다. 보육·교육 부분은 소득인정에서 제외시키는 이중성을 일삼고 있다. 따라서 그만큼 주눅이 들게 하고, 자존심을 죽이게 만들기에 포기하는 사례도 많다는 점이다. 아주 비인권적인 행태가 자행되고 있다. 이게 대한민국 관청과 관료의 현주소로, 다시 강조하지만 다니엘 같은 빈민구제에 있어 '발굴해 찾아가는 서비스'는 존재하지 않는다. 말도 안 되는 수급권자 신청주의申請主義를 들이댄다. 이는 직권주의職權主義로 전환해야 한다. 차선책으로는 병행하는 방법도 있겠다. 반면에 세금징수나 질서벌인 과태료 부과 등은 IT 강국답게 국가가 국민에게 받을 게 있으면 신속하게 찾아내는 이중성 앞에 살고 있는 아이러니가 연출된다. 이러함은 '신청주의의 폭거'에 지나지 않는다. 즉 전자에 대해서는 IT 강국의 위력이 발휘되지 않으나, 후자에 대해서는 강력한 위력을 발휘하고 있다는 점이다. 여기서 영화 속 주인공 다니엘이 기본소득제가 시행된다면 그러한 고통은 겪지 않을 수 있었다는 점이다. 그러면 기본소득과 유사한 제도가 무엇이며, 그 근거규정, 실시 가능 여부 등에 관하여 보자.

기본소득basic income, BI이란 재산·소득이나 노동의 유무와 관계하지 않고 모든 국민에게 무조건적으로 개별적으로 지급하는 소득이다. 달리 말해 자산이 많고 적음에 따른 차별이나 자산조사도 없이, 근로의지의 유무나 근로조건의 부과도 없이, 국가가 국민에게 지급하는 소득이다. 우리 헌법에서도 천명하고 있듯이 국가가 국민에게 최소한의 인간다운 삶을 누리도록 조건 없이 지급하는 소득으로서, 보편적이고, 무조건적이며, 가구별이 아닌 개인별로 주기적으로 현금으로 지급해야 한다는 점이다.

여기서 성인이 되었을 때, 충분한 자산을 갖고 사회진출을 도모할 수 있도록 모든 성인에게 충분한 수준으로 지급하는 일시금 형태인 사회적 지분급여Stakeholder grants와는 다르다. 재난지원금Stimulus check 또는 긴급재난지원금Emergency Coronavirus Relief Funds과도 다르다.124) 코로나바이러스-19 감염증에 따른 재난지원금은 1차(2020년 5월) 경우 전 국민을 상대로 한 보편적 지급이었지만, 2차부터 5차(2021년 추석 전)까지는 선별적 지급이었다. 소상공인 지원금까지 모두 선별적이었으나, 1회성 지급이어서 기본소득과는 가장 큰 차이가 있다. 기존 복지제도로는 사각지대가 발생함에 따라 이러한 제도를 두거나 시행하고자 함에는 대동소이하다. 그러나 개념의 경계가 애매모호한 점이 없지 아니하다. 그나마 개념의 명확성을 살피고자 한다. 그리고 나열되는 법률은 기본소득제도에 딱 들어맞는 법률이 아니라, 유사하게 적용할 수 있는 법률임을 전제한다.

국민의 생계안정과 소비촉진 등을 위하여 지원하는 재난지원금은 전체 구성원 중 일부 대상에게 기본생활의 보장을 위해 지급한다는 점에서, 재난으로 말미암아 경색된 기층경제활동의 원활한 회복을 주목적으로 전 국민에게 일괄적으로 지급되는 '기본소득' 혹은 '재난 및 안전관리기본법' 제66조에 따라 실제 피해가 발생한 지역이나 대상에 대하여 피해 금액에 비례하여 보상하는 보상금이나 구호금과는 성격이 다르다. 즉 본조 제1항에서 "재난의 원활한 복구를 위하여 필요하면 대통령령으로 정하는 바에 따라 그 비용(제65조제1항에 따른 보상금을 포함)의 전부 또는 일부를 국고에서 부담하거나 지방자치단체, 그 밖의 재난관리책임자에게 보조할 수 있다"고 규정하고 있다. 제3항에서는 "국가와 지방자치단체는 재난으로 피해를 입은 시설의 복구와 피해주민의 생계 안정 및 피해기업의 경영 안정을 위하여 지원을 할 수 있다"고 한다. 본법 제1조는 각종 재난으로부터 국토를 보존하고 국민의 생명·신체 및 재산을 보호하기 위하여 국가와 지방자치단체의 재난 및 안전관리체제를 확립하고, 재난의 예방 대비·대응·복구와 안전문화 활동, 그 밖에 재난 및 안전관리에 필요한 사항을 규정함을 목적으로 한다. 제2조에서는 재난을 예방하고 재난이 발생한 경우 그 피해를 최소화하는 것이 국가와 지방자치단체의 기본적 의무임을 확인하고, 모든 국민과 국가·지방자치단체가 국민의 생명 및 신체의 안전과 재산보호에 관련된 행위를 할 때에는 안전을 우선적으로 고려함으로써 국민이 재난으로부터 안전한 사회에서 생활할 수 있도록 함을 기본이념으로 하고 있다. 또한 기초생활수급자제도[125]와도 다르다. 기초생활수급자는 저소득층에 대한 국가의 책임을 강화하는 종합적 빈곤대책으로 확대되는 국민기초생활보장제도의 일부를 말한다. 국민기초생활보장법에 의하여 국가로부터 기초 생활비를 지급받는 자, 소득 인정액이 최저생계비 이하이고 부양자가 없거나 부양을 받을 수 없는 자들이 이에 속한다. 가구소득이 많은 순서대로 줄을 세웠을 때 중앙에 있는 값인 중위소득에 따라 수급권자가 정해진다. 따라서 '국민기초생활보장법' 제2조에 따르면, 기준 중위소득이란 보건복지부장관이 급여의 기준 등에 활용하기 위하여 제20조 제2항에 따른 중앙생활보장위원회의 심의·의결을 거쳐 고시하는 국민가구소득의 중위값을 둔다. 동법 제21조 제1항은 기초생활보장의 수급권자는 본인은 물론 친족과 관계자 등이 급여를 신청할 수 있다. 또한 '사회보장급여법' 제5조 제1항은 기초생활보장뿐만 아니라 국가의 사회보장 급여를 누구나 신청할 수 있다고 규정하고 있다.

열거한 하위법률을 떠나 최상위법인 헌법에서 그 근원을 찾을 수 있다. 헌법 제10조에서 "모든 국민은 인간으로서의 존엄과 가치를 가지며, 행복을 추구할 권리를 가진다. 국가는 개인이 가지는 불가침의 기본적 인권을 확인하고 이를 보장할 의무를 진다"고 모든 국민이 공동체 구성원으로서의 행복을 추구할 수 있는 헌법상 권리이다.126) 이를 향유함에 있어 국가는 지켜줘야 할 의무를 진다는 것이다. 본조는 1776년 버지니아 권리장전과 미국독립선언이 기원으로, 행복추구의 권리는 인간존재에 고유한 인간의 생래적 권리인바, 자연법적 권리로서 헌법에 열거하지 않은 자유와 권리까지도 그 내용으로 한다. 즉 행복추구권 침해 여부를 독자적으로 판단할 수 없는, 헌법에 열거하지 않는 자유와 권리까지도 그 내용으로 하는 포괄적 기본권으로 이해된다.127) 이 권리는 인간의 권리인바, 자연인에 국한한다. 따라서 자연인만이 누릴 수 있는 권리이기에, 외국인에게도 이를 향유할 수 있는가에 대해서는 견해가 엇갈린다. 법인도 견해가 갈린다.

또한 헌법 제34조 제2항 "국가는 사회보장·사회복지의 증진에 노력할 의무를 진다", 제5항 "…, 생활능력이 없는 국민은 법률이 정하는 바에 의하여 국가의 보호를 받는다", 제6항 "국가는 재해를 예방하고 그 위험으로부터 국민을 보호하기 위하여 노력하여야 한다" 등에서 찾을 수 있다. 이 사회보장수급권의 법적 성격은 각자가 본인을 위하여 행사하는 권리이자, 국가의 적극적 개입요구권이다. 그리고 모든 사회구성원들이 문화적이고 건강한 생활을 영위하기 위하여 국가적 보호를 요청할 수 있는 권리로, 시혜적 권리가 아니다. 즉 사회적·경제적 약자의 계급적 권익을 보호하려는 계급적 권리가 아니라는 것이다.128) 주체로서는 인간다운 생활의 보장이 목적이므로 자연인만이 주체일 수 있고, 법인도 주체가 될 수 있다. 또한 국법상의 권리이므로 외국인은 원칙적으로 주체가 될 수 없다. 반면에 사회보장은 보충성의 원리에 따라, 요부조자가 자력으로 생활능력을 구비할 수 있도록 지원하는 선에서 그쳐야 한다.

이 제도에 대한 연혁을 살펴볼 필요가 있다. 기본소득에 대한 기원을 성경적 의미에서 먼저 찾자. 인구대비 미국 다음으로 신도 수가 많다는 기독교의 '그 정신'이다. 즉 안식년이나 희년제도란 성서의 정신에서 충분한 근거가 있다. BC460년 고대 그리스의 급진적 민주주의 지도자인 에피알테스[129]와 이로부터 한 세대 후 플라톤의 『국가』에서도 찾을 수도 있으나, 16세기 토마스 모어의 『유토피아』에서의 공유제로 기본소득, 공공주택, 1일 6시간 노동, 경제적 평등에 의한 최소한의 인간다운 삶에서 찾을 수 있다.[130] 1748년 몽테스키외의 『법의 정신』에서 "국가는 모든 인민에게 안전한 생활수단, 음식물 및 옷과 건강을 해치지 않는 생활방식을 제공하여야 한다"고 하였다. 18세기(1796년) 미국독립운동과 프랑스혁명에 기여한 토마스 페인 Thomas Paine(1737~1809)이 기본소득의 원형을 구체화했다고 볼 수 있다. 모든 국민에게 일정한 수익을 보장하자는 것으로, 즉 공공재인 토지에서 발생하는 수익에 대해 그 가치의 10분의 1은 징세하여 공공복리를 위한 제안이었다. 모든 국민이 자연 유산을 대상으로 한 권리가 있다는 근거로 한다. 이는 일부 정치권에서 말하는 토지보유세(국토보유세)와 같은 맥락이다. 조지프 샤를리에는 1848년 『사회문제의 해법 혹은 인도적 헌법』에서 진정한 기본소득을 최초로 정식화했다. 자산 심사와의 연계나 유급노동과의 연계를 모두 거부하고, 토지소유를 대상으로 하는 동등한 권리를 일정한 소득을 대상으로 한 조건 없는 권리의 기초로 보았다. 이후 그는 1894년 『사회문제의 해결』에서 이를 '토지배당'이라고 칭했다. 존 스튜어트 밀은 1849년 『정치경제학의 원리』 제2판에서 "분배에서 특정한 최소치는 노동을 할 수 있거나 없거나 간에 공동체 모든 구성원의 생존을 위해 먼저 할당된다. 생산물의 나머지는 노동, 자본 그리고 재능이라는 세 요소 사이에 사전에 결정되는 특정한 비율로 분배된다"라고 했다. 또한 한국의 조지 예찬론자(조지스트)들의 교과서격인 19세기 말 헨리 조지의『진보와 빈곤』에서 주장하는 토지에서 발생하는 소득분의 공유이다. 영국의 경제학자 조지 콜George Douglas Howord Cole(1889~1959)이 1935년 '사회배당'을 주장하고는, 1950년대『사회주의 경제학』과『사회주의 사상사』에서 기본소득Basic income이라는 용어를 최초로 언급한 듯하다.131)132) 1976년 노벨경제학상을 수상한 신자유주의자 밀턴 프리드먼Milton Friedman(1912~2006)마저 아이러니하게도 기본소득인, 저소득자에게는 보조금을 지급하는 부의 소득세negative income tax를 주장한다. '음의 소득세'라고도 불리기도 하는데, 소득액이 적어서 납세가 면제되는 저소득층에게 최저생활을 보장하기 위하여 정부가 보조하는 생활비를 말한다. 최근에는 페이스북 CEO 마크 저커버그조차 "누구나 새로운 아이디어를 시도할 수 있도록 완충장치를 만들어야 한다. 이를 위해 보편적 기본소득 같은 아이디어를 연구해야 한다"고 한다. 현재 스위스·핀란드·인도·남아프리카공화국·캐나다 등의 국가는 물론이고, 클라우스 슈바프와 버락 오바마 같은 오피니언 리더, 일론 머스크와 에릭 슈미트 같은 유명한 벤처자본가까지 가세해 '기본소득'에 눈을 돌리고 있다. "현재의 경제정책과 사회정책이 지탱할 수 없는 불평등과 불의를 낳는다"고 하며, 기술혁명과 '일자리 없는 미래'에 대한 우려 속에서 인류 생존의 실마리를 기본소득에서 찾을 수 있다고 본다.133)

기본소득의 구체적 형태를 보자. "모든 시민에게 미약하나마 무조건적 소득을 지급하라. 그리고 시민들이 여기에 다른 소득을 더하여 총소득을 늘리게 하라." 참으로 명료한 이 아이디어의 계보는 다양하다. 지난 200년 동안 기본소득은 '지역수당territorial dividend', '국가보너스 state bonus', '데모그란트de-mogrant', '시민급여cirizen's wage', '보편수당universal benefit', '기본소득basic income' 등 다양한 이름으로 불러져 왔다.134) 이는 모든 국민이 국가로부터 분배받을 권리이자, 국가가 모든 국민에게 배당해야 하는 측면에서 일종의 '국민배당national dividend, ND'이란 성격을 띤다. 따라서 기본소득은 국민에게 마땅히 지급해야 할 배당금으로 서, '일부'가 아닌 '전체'에 걸친 정당성에 있다. '모든' 인간(국민)이 품위 있게 살아가게 하는 인도주의 정신에서 보더라도, 당연히 향유할 수 있는 권리에 그 성격을 두어야 한다.

우리는 자본주의 체제의 한계에 직면하고 있다, 기본소득은 유토피아적도 아니다. 아주 상식적이고도 현실적이다. 21세기는 세계민의 더 나은 삶의 향유에 있어 기본소득에 대한 논쟁은 종말을 구하고, 각국이 현실적으로 외면할 수 없는 처지에 놓여 있다. 따라서 기본소득은 소비와 투자의 내용과 시기를 제한하지 않고 현금으로 지급한다. 즉 건강보험 또는 무상교육과 같은 현물이전을 대체하는 것이 아니라, 이를 보충하는 것이다. 따라서 정기적으로 제공함으로써 구매력을 유지시켜야 한다. 그리고 기본소득은 공적으로 통제되는 자원으로, 국민에게 국가가 지급해야 한다.

우리나라도 현재, 팬데믹Pandemic(세계적 대유행 전염병)을 구실로 한 시적이나마 이와 유사한 제도를 시행하고 있다고 볼 수 있다. 재난지원금災難支援金과 함께 지방자치단체별로 명칭만 상이할 뿐 긴급재난지원금 또는 기본소득 지원이 시행되고, 소득이나 사업상 매출 감소로 생계가 곤란한 특수고용직과 소상공인 등을 위한 긴급안정지원금이 지급되었다. 1차 지급(2020년 5월) 때는 '전 국민'을 대상으로 부자도 빈자도 따지지 않았다. 선별적 복지를 주구장창 부르짖던 부자나 신자유주의 신봉자들도 지원금을 덥석덥석 받는 '한국적 야누스판'이 자행되기도 했다. 88%에 해당하는 국민에게 2021년 9월 중추절을 기해 5차재난지원금을 지급하였다. 그러면 세원조사는 끝난 셈이기에, 이로 인한 행정력의 더 큰 낭비는 없다. 따라서 국민은 서류공화국의 복잡하고 관료적인 절차도 피할 수가 있다. 즉 수급자 본인의 증명 책임이 너무 크고, 그 과정이 지나치게 복잡한 나머지 그 문턱 앞에서 포기 또는 좌절하는 게 줄어든다는 것이다.

각국의 기본소득 시험에서 보듯이, 수혜자가 구직활동을 게을리 하거나 범죄도 잉태하지 않았다는 게 밝혀졌다. 이념적으로 접근할 문제도 아니다. 복지국가인 유럽 부국과는 비교할 일도 아니다. 이들 국가는 기본소득제도를 도입하지 않더라도 '요람에서 무덤까지'에 가까운 복지제도가 있기 때문이다. 기본소득, 이제는 외면할 사안이 아니다. 그러나 정치권 일부에서 여론이 따가운 나머지 이를 피할 요량으로, 분기별 또는 년별 소액의 지급은 별 소용이 없으며 진정한 기본소득도 아니다. 그렇다면 경제부국인 대한민국, 우선 일정한 빈곤선을 토대로 점진적으로 시행하는 최소한의 생활보장인 '한국형 기본소득제도'가 필요한 시점이다. 여기서 한국형 기본소득제도란 서구에서 빌려온 기본소득이란 용어에 매몰될 것이 아니라, '선별에 의한 꼭 어려운 가구에 한하여 일정한 빈곤선'부터 시작함을 말한다. 그 일정한 빈곤선을 "중위소득135) 50~60% 이하에서부터로 정하고, 분기별이나 년별이 아닌 매달 50만~60만원 씩 지급하자"는 것이다. 이 정도 선은 2022년 기준중위소득에 의할 때, 4인 가구의 512만1,081원(1인 가구는 194만4,812만원)의 절반인 256만540원(1인 가구는 97만2,406만원)이다. 괄호 속 소득이 50% 이하인바, 이 정도밖에 벌지 못하는 가구부터 시작하자는 것이다. 이 정도면 물가가 높기로 세계에서 최상위급인 우리나라에서 최저생활기준에 못 미친다. 여기에다 매달 50~60만 원을 더하더라도, 예산도 큰 문제가 없다. 팬데믹 등으로 경제 사정이 어렵고, 나라의 곳간이 비었다는 엄살로 치부할 문제가 아니다. 이러한 위기 속에 되레 많은 이익을 거두는 곳도 있다는 보도를 접한다. 그만큼 소득세나 법인세, 종합부동산세 등에서 증세할 공간이나 여력이 많다는 방증이다. 정부가 발표한 2022년 예산안에 따르면 2021년 예산(본예산)보다 8.3% 증가한 604조4,000(최종 확정예산 607조995)억 원이며, 내년 국가채무는 1,068조3,000억으로 GDP 대비 국가채무비율이 50.2%에 달할 것이라고 한다. 이 비율은 OECD 국가 평균의 절반밖에 되지 않아 재정이 상대적으로 건전한 편에 속한다는 예산당국의 진단이다. 어느 경제학자는 "재난지원금에 대하여 하위 50% 정도에 매달 50만원씩 주되, 하위 그 중에서도 재산세 과표가 4억원을 초과하거나 금융소득이 200만원 이상이면 제외시킨다. 금융소득 200만원이면 금융자산이 대체로 1억원은 있다는 셈이다. 이들 빼고 정말 힘든 이들에게 지원을 집중하는 게 낫지 않았을까 싶다. 50~60조원 더 투입해 '좁고, 깊게' 지원을 해도 우리나라 재정에는 문제가 없는 수준이다".136) 이 진단에 의할 때, 기본소득이란 이름으로 우리나라 1년 예산의 1/10에도 못 미치거나 근접하는 수치에 지나지 않는다. 혹자들은 예산이 없어 시기상조다거나, 예산을 확보하는 데 있어 탄소세(환경세), 국토보유세 신설 등을 논한다. 그러나 이러한 언어의 유희에 찬 슬로건이 아니라도, 이 정도 지원액이면 허투루 쓰이거나 부정부패로 새나가는 예산만 절감해도 크게 부족하지 않다는 사실이다. 더구나 국토보유세란 건물이 아닌 토지에만 부과되는 세금으로, 불로소득 차단과 고소득자 자산을 저소득층에게 나누겠다는 취지는 괜찮으나, 고가주택 소유자의 세금이 되레 줄어드는 문제가 있다. 1인이 보유한 토지의 가치에 대하여 합산한 단일누진세율을 매기기 때문이다. 따라서 종합부동산세와 상충되는 세금으로, 국토보유세는 깊은 고민이 필요하다.

그러면 다시 토마 피케티의 경제정의관을 보자. 피케티가 세계적인 이목을 끈 그의 저서 『21세기 자본』의 일부에 대해서는 오류를 인정했다. 자본주의에서 부의 불평등이 확대되는 원리로 제시한 "자본수익률이 경제성장률을 항상 앞선다"는 명제가 실제 불평등 확대를 설명하기에는 한계가 있다고 털어놓은 것이다.137) 그는 이 같은 문제점을 보완하기 위해 소득불평등을 끌어들였다. "기술과 교육의 수요공급에 따른 소득불평등이 추가되면서 자산 불평등과 함께 불평등을 악화시키고 있다"는 설명이다. 이에 따라 소득과 자산에 대한 높은 세율의 세금을 부과하는 것이 여전히 타당하다고 주장했지만, 이전부터 주장해 온 내용과 다르지 않다는 점이다. 자본수익률에 따른 불평등 심화라는 가설이 무너지면서 그의 특이점도 색깔을 잃었다는 문제가 있다138)고 지적한다.

또한 그는 자본수익률이 경제성장률을 항상 앞질렀기 때문에, 소수에 집중된 자본소득을 제어하지 않으면 불평등이 참을 수 없이 커지고 '세습자본주의'에 갇힌다고 경고한다. 이에 대한 그의 해법은 '자본에 대한 민주적 통제'다. 민간자본주의 시대에 글로벌 자본세, 누진적 소득세를 도입하지 않으면 극심한 불평등이 만연했던 "과거의 질서가 미래를 먹어치운다"는 것이다. 즉 소득을 먹어치우는 자본의 법칙을 어떤 방식으로든 수정해서 21세기의 여명기를 새로 열어야 한다는 것이다. 자본주의와 민주주의 간의 충돌은 사회과학의 오랜 논쟁거리였는데, 그는 자본에 대한 민주적 통제가 가능하다고 본다. 강력한 민주적 금융기관과 교육기관, 소득과 부의 투명성을 갖춘다면 가능하다는 것이다. 그것을 위해 소득세와 부유세의 누진세를 시도한다면, 단순한 조세가 아니라 소득과 부에 대한 투명성을 담보한다는 의미여야 한다고 강조한다. 하지만 평등한 사회에서 민주주의가 지속될 가능성이 높기 때문에, 민주사회가 불평등을 제어할 힘이 상대적으로 약하다는 데는 수긍이 간다.

그러나 무조건적 반대를 하고 보는 측면도 많으나, 하나의 반대 견해를 보자. 즉 한국의 경우 인구성장률이 최저수준이고 앞으로 극심한 저성장시대로 진입할 것인데, 피케티의 논리에 따르면 자본소득이 증가할 것이고 불평등은 더욱 심화될 것이다. 설사 이 논리에 따르지 않더라도 자명한 사실이다. 인구가 상대적으로 조금씩 늘고 있는 프랑스의 경우에도 상속으로 인한 수익이 노동수익을 이미 앞섰다. 작금에 와서는 우리나라도 마찬가지이지만, 1960~1970년대 파리에서 아파트를 소유하기 위해서는 노동수익만으로도 가능했지만, 이제는 상속받은 부가 없다면 매우 어렵다.139) 또한 글로벌 자본과 세습자본에 고율의 징벌세를 부과해야 한다는 그의 주장에는 동의하지 않는다면서 "고소득세, 고자본세는 일자리 창출을 막아 악순환의 고리를 만들 위험이 있다. 그 대안으로 분배혁신, 복지개혁, 그리고 '함께 살자'는 공동체정신의 회복"을 주장한다.140)

다시 그의 주장에 대한 비판은, 그는 첫째, 자본주의의 제1기본법칙은 돈이 돈을 번다. 자본수익률(r)은 다양한 관련 집단의 상대적인 협상력에 의해 결정되는 것이고, 자본축적이 많아져 자본소득비율이 높아지면 자본수익률이 약간 떨어질 수는 있으나, 완벽한 반비례 관계는 아니기 때문에 자본소득과 자본소득분배율이 늘어난다는 것이다. 부의 분배가 소득분배보다 불평등이 더 심하기 때문에, 자본소득역시 노동소득보다 불평등이 더 심하다는 경향을 여기다가 대입하면 결국 자본소득 비용이 늘어날수록 소득불평등도 높아진다는 결론이 도출된다. 다시 말해 자본이 1,000원으로 늘어났을 때(베타=1,000%), 수익률은 4%로 상대적으로 소폭 하락하여 자본소득 40원(알파=40%)이 되고 결국 소득불평등은 더 커진다는 것이다.[141] 자본의 상당부분이 주거자본이기에, 여기서 나오는 일종의 주거서비스인 생산물에는 노동이 필요 없다. 하지만 결국 자본수익률이 경제법칙이 아닌 협상력, 즉 '자본가의 힘'에 의해 결정된다는 정치사회적 해석이 현실적으로 가장 적합하다는 결론을 내렸다.[142] 그러나 주식 같은 산업자본과 부동산 같은 주거자본이 대부분으로 두 자본 다 변동성이 크다. 자본의 규모가 커질수록 수익률도 증가하는 현상은 자본수익률이 일정하다는 가정을 합하면 자본의 수익률도 '부익부 빈익빈'이 된다. 이로써 자본(富)의 불평등이 더 커지게 된다. 자본주의경제에서는 자본(돈)이 소득(돈)을 창출한다는 것으로, 자본이 아무리 많아도 자본 때문에 수익률이 대폭적으로 감소하지 않는다는 점이다.

둘째, 자본주의의 제2기본법칙에서 저성장시대에 돈(자본)의 중요성은 더 커진다. 이것은 '자본소득비율=저축률/성장률(베타=s/g)'이라는 공식이다. 자본수익률을 정의한 항등식인 제1기본법칙과 비교할 때 제2기본법칙은 장기적인 균형을 나타내나, 단기적으로는 성립하지 않을 수도 있는 식이기 때문에 이 수식은 성장률이 느리든 빠르든 상관없이 자본(재산, 부)의 축적은 계속된다는 것을 의미한다. 소득 증가율이 낮을 때도 이런 저축은 계속되기 때문에, 결국 소득대비 자본비율은 높아진다는 것이다. 많은 저축이나 느리게 성장하는 국가는 장기적으로 소득에 비해 거대한 자본 총량을 축적할 것이다. 1인당 생산이 한 세대에 10배씩 증가하는 사회에서는 한 사람이, 즉 그가 상속받은 재산보다는 스스로의 노동으로 얼마나 돈을 벌고 저축할

수 있는지에 대해 고민해 볼 필요도 있다.[143]

셋째, 성장이 둔화되면 이미 축적된 자본, 즉 유산이 더 중요해지고, 세습자본주의 경향이 더 심해지게 된다. 자본주의 제1기본법칙을 대입시켜도 자본소득비율이 높아져 자본소득분배율도 높아지게 되고 소득불평등이 더 심해진다는 결론이 나온다. 제1법칙은 자본수익률(r)이 높으면 소득불평등이 심화된다. 그리고 제2법칙은 성장률(g)이 낮으면 자본소득비율이 올라가 자본소득분배율이 높아져 역시 소득불평등이 심화된다는 것이다. 자본수익률이 역사적으로 5% 정도인 것과 마찬가지다. 20세기 들어 전쟁, 공황으로 인한 자본손실과 여러 가지 세금부과로 인해 자본수익률이 낮아진 반면, 산업혁명이 본격화되고 인구 증가세도 빨라지면서 성장률이 높아져 인류 역사상 거의 유일하게 r〈g가 실현되어 소득불평등 역시 완화되었다.[144] 그러나 성장률보다 자본수익률이 높을 때, 특히 불평등이 커진다는 논리는 수긍하기 힘든 면이 있다. 작금의 세계경제가 양적 완화시대이고, 자본투하로 경제 활성화에 힘을 쏟지만 경제성장률은 거의 스톱된 상태이기 때문이다. 그리고 경제성장을 뒷받침해 온 인구성장과 기술진보가 한계에 이르렀다는 점이 또 하나의 이유다. 국민소득 가운데 자본의 몫은 계속 커지지만, 노동의 몫은 점점 줄어드는 추세라면서 "이대로 가면 불평등은 점점 더 심해지고 자본이 자본을 낳는 세습자본주의가 조만간 도래할 것"[145]이라는 피케티의 희망이 퇴색된 전망이라는 비판이기도 하나, 이러한 그의 전망은 지금 우리나라에 도래했다고 하여도 과언은 아니다. 자본만이 아니라, 지위와 권력까지 세습화되고 있는 작금의 우리나라 현실을 부인하기 어렵다는 점에서 그의 전망에 찬성한다. 이로써 근본적인 문제는 부동산 소유의 불평등에 기인하기에, 이를 그나마 완화할 수 있는 길은 '토지공개념화'에 있다.

세습자본주의를 해결하는 데 있어 두 가지 해법을 제시한다. 먼저, 누진적 소득세율의 인상이다. 소득세는 모든 국가에서 누진세 체계를 갖추고 있다. 한때는 70%가 넘던 누진세율이 감세정책과 맞물리면서 지금은 최고 30%에 머물고 있다. 누진세율이 낮아지면서 스스로 연봉을 결정하는 최고경영자들의 보수를 천문학적으로 인상하고 있다. 그 다음으로는, 글로벌 자본세 도입이다. 자본이 많은 사람에게 과세를 하자는 것이다. 자본을 유치하려고 조세경쟁을 벌이는 이 마당에 이러한 과세 주장은 파격적일 수도 있으나, 불평등 문제를 해소하기 위해서는 고육지책일 수밖에 없다. 사실컨대 주택자본이 소득과 부의 불평등 문제에 있어서 가장 중요한 것은, 주택자본의 증가가 주택을 소유한 세습중산층을 탄생시켰다는 점이다. 이들의 부상과 함께 상위 1%가 전체 부에서 차지하는 몫은 급격히 감소했으며, 임대수익으로 안락하게 살 만큼 많은 재산을 보유한 사람의 수 역시 급격히 줄어들었다는 것이다. 20세기에 중산층이 주택자본을 많이 가지게 되었는지에 대한 해법은 없어 보인다. 경제성장률이 높아지면서 근로소득에서 일부를 저축하는 것이 가능해진 중산층이, 그 축적의 수단으로 실물자산實物資産, real asset인 주택을 선택한 탓이 아닐까 싶다.146) 주택담보대출 등이 주택자본의 증가를 도운 것도 물론이다. '가치 있는 생산 활동'을 하지 않는 주택자본이 과연 그렇게도 중요한가에 대해서는 의문이다.

넷째, 불평등 문제에 대한 해법으로 '글로벌 자본세'를 주창했다. 하지만, 실제적인 측면에 있어 피케티가 바라는 것은 자본세보다는 누진적 소득세의 부활이다. 20세기에 불평등 문제가 개선된 가장 큰 이유가 누진적 소득세와 누진적 상속세의 도입이었지만, 최근 들어 소득세 누진율의 완화와 자본소득에 대한 감세 경쟁으로 인해 소득 최상층에 있어서 세율이 오히려 역전되었다고 지적한다. 이러함은 미국 부시 정부의 배당소득세 감세에서 볼 수 있다. 다섯째, 그는 역사적으로 자본수익률이 경장성장률보다 높았다면서 자본과 소득 비율이 상승하고 성장은 둔화되면서 자본의 소유가 점점 더 집중되고 있기에, 자본가는 더 부유해지고 근로자는 더 가난해지는 구조가 고착돼 부의 불평등은 확대될 수밖에 없다고 한다. 이에 대한 문제해결은 부자의 소득에 대한 소득세를 부과해야 한다.

끝으로 글로벌 자본세가 세계경제를 효과적으로 규정하고 국가 간, 그리고 국가 내에서 이득을 공정하게 분배하면서 경제의 개방성을 유지할 수 있기에 도입할 필요성이 다분하나, 현실적으로는 어렵지 않을까 싶다. 국가가 유연하게 운영되려면 모든 것이 성장의 원천에 달려 있고 성장은 혁신과 유인의 원동력이라 새로운 형태의 불평등을 낳을 수 있기 때문에, 그는 자본량을 늘리면 자본소득이 저절로 늘어난다고 주장하지만, 오히려 금융세계화 덕분에 자본가들의 몫만 더 늘어났을 뿐이라는 주장이다. 그렇다면 왜 우리 경제에서 불평등이 심화되고 있는지, 그 원인과 함께 방안은 무엇인지에 관해서 보자. 첫째, 1990년대 중반 이후 우리 경제에 이식된 시장주의marketism 또는 자유시장자본주의free market capitalism 때문에 불평등이 본격화되었다는 것이고, 둘째, 여전히 강력하게 잔존하는 과거의 전근대적인 중상주의적 경제구조, 구체적으로는 재벌그룹과 관치경제 때문에 불평등이 계속 심화된다는 관점이다.

김영삼 문민정부의 세계화 및 시장화, 자율화 등의 기치를 내걸고 1994년 WTO, 1996년 OECD 가입으로 과거의 국가주도, 재벌주도의 중상주의 체제는 해체되고, 자유시장자본주의로 전환되었다. 그런데 실제로 모든 통계와 숫자는 매우 공교롭게도 바로 WTO와 OECD

가입이 이루어진 1994~1996년 시점에 불평등이 시작되었음을 보여준다.147) 그렇다면 피케티는 부유층에 대한 과세를 통한 복지지출 확대로 불평등 해소를 추구해야 한다는 주장인바, 이는 공익성이 크기 때문에 설득력이 있다. 이를 위해 그의 주장처럼 자본수익률은 항상 경제성장률보다 높았고, 자본소득이 근로소득보다 항상 더 많기 때문에 불평등이 확대될 수밖에 없다. 이에 자본세 강화로 불평등을 해소하는 길에 매진하는 데 힘을 쏟아야 할 시점이다. 과실을 승자만이 독식하지 않는 소득분배장치가 마련돼야 한다. 이렇게 함이 21세기를 걷는 우리의 진정한 경제민주화의 길이다.

그러면 어떻게 할 것인가에 대한 최종적인 답을 찾아보자. 먼저 이러한 난맥상을 타개하는 첫째 요건은 이른바 '정치민주화'다. 정치민주화 없이 경제민주화 없고, 경제민주화 없이 정치민주화는 없다. 달리 말해 특권적 패권주의에 함몰되어 있는 한국적만의 거대양당 구조가 사라지고, 이들의 특권을 낮추면서 새로운 정치질서로 개편돼 정치후진국에서 벗어나야 한다. 그 다음으로 과다한 사유재산에 대한 누진적 재산세 신설이 필요하다. 즉 피케티가 주장하는 20억 유로 이상의 재산에는 90%, 소규모의 재산에는 0.1%의 세율을 부과하자는 것처럼 그 자금으로 기본자본 지급을 위한 토대를 마련하자는 것이다. 이는 이 정도가 아니라도 근사치라도 접목해야 하며, 따라서 극소수의 최고소득에는 현 수준보다 높은 세율 부과와 누진적 자본세를 주장한 피케피의 이론을 소득세법 등에 있어 관계 법률, 그리고 부의 세습화로 발생한 일정 소득규모 이상분에 대해서의 과징, 불로소득의 환수조치에 의한 공유화하는 법률 등을 입법화할 필요성이 있다.

사회적 기본권을 규율하는 헌법 제34조 제5항은 "신체장애자 및 질병·노령 기타 사유로 생활능력이 없는 국민은 법률이 정하는 바에 의하여 국가의 보호를 받는다"고 하고 있다. 혹여나 차제에 헌법 개정 시 "국가는 이를 위해 일정한 이상의 부를 가진 국민에게 부유세를 징수할 수 있다"고 본조 제5항 후단을 신설하였으면 한다. 이를 헌법 에다 포섭함으로써 사회적 책임도 지는 효과도 배가될 수 있다. 조세 에 있어 느슨하지 않은 조세 충격이 가해지지 않으면 경제민주화, 즉 경제정의는 이룰 수 없기 때문이다. 더구나 선진국과 달리 우리의 대기업들은 태동 시, 조국 근대화라는 미명 하에 국민들의 헌금과 국가의 전폭적인 힘148)에 의해 성장하였음을 부인할 수 없기에, 이제 는 국가와 국민에게 갚을 그 책무가 있다. 또한 헌법 제119조 제2항에 서 국가가 경제영역에서 '적정한 분배의 유지'를 들고 있음에 비추어 볼 때, 피케피의 이론을 받아들여 누진세율에 따라 종합과세를 시행 하여야 할 구체적인 헌법적 의무가 부과되는 것으로, 정책적으로 최 우선적인 배려를 요구할 수 있을 것이다.149) 기업들의 '함께 한다'는 의식이 결여돼 있음에 국가가 강제할 필요가 있다. 이는 헌법을 개정 한지도 한 세대가 넘었고, 경제규모 세계 10위권이면 사회복지차원에 서도 무리한 사안은 아니다.

또한 우리나라는 기업의 지배구조의 개선이 필요하다. 즉 소액주주 의 보호와 대기업의 사익추구를 배제하는 소유자경영영주의에서 주 주우선주의로의 전환이다. 이를 위해 사외이사제의 강화를 위해 법 적·제도적 보완이 필요하지 않을까 싶다. 최고경영자의 고임금과 퇴 직금을 보면 어안이 벙벙할 정도가 아닌가.

헌법은 경제에 관하여는 하나의 장章을 두고서, 신자유주의자들이 극구 반대하는 '국가의 개입이나 간섭'을 할 수 있게 하고 있다. 굳이 헌법에다 명시가 어렵다고 봤을 때, 피케티가 주장하는 부유세 등을 골자로 하는 법률을 제정할 필요성이 있다. 하위법률에까지 못 둘 이유가 없다는 점이다. 따라서 소득불평등과 양극화 심화를 극복할 수 있는 새로운 패러다임으로 '함께 잘 사는 정의로운 자본주의'를 지향하는, 아울러 정치선진화도 절실히 요구된다. 당연히 포퓰리즘은 없어야 할 것이다. 여기서 소득불평등과 빈곤에 대한 대책으로 통상적인 재분배정책은 조심스럽고도 효과적인 방법으로 접근해야 한다. 이러한 재분배정책에는 "근로의욕 등이 있느냐, 없느냐", "빈곤이 일시적이냐, 만성적이냐"에 따른 재교육제도를 마련해야 한다. 자본수익률은 기업가의 정신수준에 따라 크게 좌우되고, 불평등 해소로 나아가는 메커니즘mechanism은 '지식의 확산, 기술과 훈련에 대한 교육정책과 투자'라는 피케티의 진단처럼 더 나은 경제민주화를 위하고 부의 사회 환원을 위해서도, 대기업도 적극적인 투자와 함께 사회적 책임을 다하는 공존의 모습이 정의실현이고, 정상적인 국가가 아닐까 싶다.

그런데 불평등은 교묘하면서도 다양하게 진화하고 있음을 발견할 수 있다. 탐욕의 씨앗이다. 그 씨앗을 자르는데, 법이 따라주지를 못할 정도이다. 이 땅의 엘리트나 권력자는 불평등을 자연스런, 당연한 일이라고 치부하는 경향이 있다. 근본적인 원인은 사유재산제도에 있다. 이에 대한 도전이 사회주의와 사민주의였다. 그 도전은 어느 정도 효과를 발휘했으나, 미흡했다. 이러한 불평등의 역사에 대하여 피케티는 개인의 다양한 열망과 주체성을 건설적으로 표출하고, 상호교류가 가능한 제도적 장치가 사적 소유이다. 이게 불평등주의의 이데올로기라고 한다. 부자들은 빈자들에게 자신의 지위를 정당화시킴은 이데올로기에서 그 근거를 찾는다. 불평등이 정당화되는 이유는 자유로운 선택 과정을 거쳤기 때문이다. 불평등사회의 역사적·구조적 발전과정을 사제·귀족·3신분인 삼원구조 사회에서 소환한다.

유럽은 삼원사회에서 노예(농노)사회, 식민사회, 소유자사회로, 공산주의와 사민주의의 도전, 독립전쟁 등 전환의 역사가 있었다. 이러한 사회가 중앙집권적 근대 국가로의 변모와 함께 불평등 정당화의 근본적 원인이 되었다. 그리고 신분 또는 종교적 기원과 연결된 불평등은 오늘날 불평등에서도 중심적 역할을 하고 있다.150) 이러한 소득과 자산의 불평등에 대한 제2의 도전은 가진 자들에 대하여 누진세제로 옭아매는 체계가 월등한 효과를 발휘했다. 더구나 2차 세계대전 이후부터 1980년까지의 유럽은 사민주의가 지배하여 부의 평등한 분배를 추구했다. 피케티는 이렇게 말한다. 즉 소득세와 관련해 확인되는 것은 상위 소득에 적용되는 세율이 1932년과 1980년 사이에, 거의 반세기 동안 미국에서는 평균 81%, 영국에서는 89%에 달했던 것에 반해 독일에서는 58%, 프랑스에서는 60%였다는 점이다. 이 세율에는 분명 여타 세금(예컨대 소비세)은 포함이 안 된다. 미국의 경우에는 연방소득세가 포함되나 (연방소득세 외에 액 5% 또는 10%가 추가될 수 있는) 주정부 소득세는 포함되지 않는다. 명백하게 반세기 동안 적용된 80%를 상회하는 이 세율은 미국 자본주의의 파괴로 이어졌던 게 아니라, 오히려 그 반대인 것으로 보인다. 이 강력한 누진세는 20세기 불평등 감소에 상당한 기여를 한 셈이다. 그러나 미국과 영국이 레이거노믹스와 대처리즘에 의해 무너졌다. 1980년대의 정치적·이데올르기적 전환은 누진세와 불평등 진화에 상당한 충격을 주었다. 예와 같이 미국과 영국에서 누진세율이 81~89%였던 게, 1980년대 말 이후 반 토막이 났다. 80%대가 40%대로 감소했단 것이다. 2008년 글로벌 경기 이후에야 약간의 상승은 있었다. 이러한 누진세 감소로 두 나라는 전례 없는 불평등 증대, 국민소득에서 소득 하위의 급락, 중위계급과 인민계급의 버림받았다는 감정, 정체성주의적이고, '이

방인' 내지 '외국인 혐오'로 불릴 수 있는 제노포비아Xenophobia로 세계 인권선언에도 반하는 행위까지 벌어졌다. 이러한 퇴행적 태도가 미국의 도널드 트럼프 당선과 유럽연합 탈퇴 국민투표(브렉시트)에서 격하게 벌어졌다.151)

사회정의Social justice는 요원한 길일까. 부의 불평등·부의 세습화만큼 주요한 게, 기득권층의 신분세습身分世襲, Inheritance이 큰 문제로 대두된다. 상속과는 별개인 직업이나 지위, 기업, 정치권력 등의 세습화는 평등권의 침해이자 또 다른 불평등을 심화시키고 있다. 1등주의나 능력위주의 사회가 비인간적 사회로 나아가고 있다. 즉 '경제적 부'처럼 자신의 업적에 의한 '신분이나 지위'를 자식에게 대물림한다. 이러한 이기적 욕망에도 '자신만의 정의'라고 생각한다. 그 욕망에 따른 인맥이나 혼맥婚脈 등으로, 새로운 카르텔을 형성하면서 간섭을 배제한다. 달리 말해 "이건 내 능력이다. 자신의 능력을 탓할 것이지, 능력이 없으면 개의치 말라"는 심리가 내재돼 있다. 그러나 그 위치에까지 갔음에 혼자만의 능력으로 된 게 아니다. 국가와 사회나 주변 여건이 받쳐주었음을 망각한다. 앞서 지적한 대로, 우리나라 대기업이 근대화 초기 국가의 뒷받침과 국민의 성금 등이 기초가 되었음을 모르는 것과 같다. 부만이 아니라 신분도 세습화되고 있다. 이들에게 정의로운 사회는 공염불이다. 하이에크가 사회적 정의는 결정 가능한 내용이 없는 공허하면서 애매모호한 문구에 지나지 않는다는 것과 유사하다. 지위·소득이나 자본의 재분배를 개인의 자유에 대한 용납할 수 없는 침해로 간주한다. 마찬가지로 개인의 노력 결과는 반드시 예측할 수 없고, 소득분배에 관한 문제는 아무런 의미가 없다고 한다. 따라서 사회의 진보는 개인의 소유private property를 보장하지 않으면 성취할 수 없다.152) 사회적 진보는 개인의 소유에 있고, 사회정의란 없다는 하이에크 그의 주장은 어떤 면에서는 피도 눈물도 없을 만큼 섬뜩하다. 아담스미스가 있었기에 마르크스가 탄생했다. 달리 말해 『국부론』이 있었기에, 『자본론』이 탄생해 양대 산맥이 형성됐다. 마르크스와 레닌이 사회주의를 심었고, 자본주의 시장경제의 정당성을 간파한 케인즈가 하이에크와 함께 자유주의를 철저하게 심었다. 둘은 20세기 시장자본주의를 가장 적극적으로 변모시켰다. 사회주의에 대응하여 자유주의를 옹호하고 자본주의 경제체제를 수호했다. 그러나 자본주의에 관하여 다른 가치관과 방법론을 제시한다. 케인즈는 1929년 대공황 이후 완전고용정책, 대량생산과 대량소비 정책, 보편적 복지정책 등을 통해 성장과 분배에 힘썼다.

이러한 케인즈의 처방과 달리 완전고용정책의 폐기, 디플레이션Deflation 정책, 시장의 국가로부터의 자유, 공기업의 민영화 등을 가져온 신자유주의자 하이에크야 말로, 분배에는 인색하고도 냉혹한 인간으로 비춰질 때가 많다. 신자유주의가 만능이라고 보는 '하이에크 신봉자'들은 모르겠다. 신자유주의자들은 대처리즘과 레이거 노믹스가 작은 정부를 지향하여 성공했다고 치부하지만, 이들에게는 우리 헌법상 경제민주화 따위는 경기침체를 가져올 뿐 공허한 메아리에 불과하며, 사회주의적 계획경제가 곧 스스로 노예의 길이다고 본다. 더구나 사회주의자들은 이기심에 의해 움직이는 그의 사상에서 더 냉혹함을 느끼고도 남지 않을까 싶다.[153] 신자유주의가 낳은 폐해는 오늘날 많이 드러나고 있다. 시장경제는 도덕적 기준으로 보상하지 않으며, 이를 사양한다. 따라서 약자보호와 사회정의와는 멀어 보인다. 신자유주의자들은 '정글 속 사자'와도 같다는 생각이다. 부든 신분이든, '소유의 욕망에 찬 세습'을 깨트릴 방법의 강구를 절대적으로 방어하고 있는 셈이다. 그러나 신자유주의는 2008년 글로벌 경제위기와 2020년 팬데믹으로 두 번의 사망선고를 고했다. 개인과 기업의 자유경쟁이 보장되는 가운데 사회보장의 축소는 빈익빈 부익부 현상과 소득의 양극화를 심화시켰다. 이러함은 영국에서 일어난 산업혁명이, 자본가들이 어린이까지 짓밟는 노동력 등의 착취로 인간성 말살을 첫 번째로 안겼다면, 신자유주의는 '내만 잘 살면 된다'는 이기주의에 찬 부와 신분의 세습화를 안겼다. 자본주의가 태동한 이후로, 인간이 인간에게 가한 '자본에 의한 두 번째의 섬뜩한 테러'이다. 프랑스의 철학자 미셸 푸코Michel Paul Foucault(1926~1984)는 신자유주의가 태동할 무렵이었던 『생명관리정치의 탄생: 콜레주드프랑스 강의 1978~79년』154)에서 신자유주의를 '생명관리정치'라고 하였다. 즉 신자유주의 시대에 이르러 자본주의는 우리의 태생부터 죽음까지 관리한다. 신자유주의가 살아 있는 생명인 인간을 특정한 형태로 생산해 내는 통치성의 일종인 한, 우리는 단순히 경제를 민주화한다거나 사회안전망을 재구성한다거나 정권을 바꾸는 것만으로는 신자유주의를 극복할 수 없다. 푸코는 근대 생명관리 권력의 통치기술을 '살게 하거나 죽게 내버려두기'라는 '신자유주의 통치술'은 시장화된 자기 통치기술에 적응할 수 있는 자, 즉 호모 에코노미쿠스Homo economicus(경제적 인간)만을 사회 안에서 살게 하고, 이에 적응하지 못하거나 저항하는 자는 가차 없이 사회 바깥에서 죽게 내버려두는 신자유주의적 통치는 근대 생명관리 권력의 괴물적 변종怪物的 變種이라 할 수 있다고 한다. 그는 인간이라는 존재가 인간이라는 종種을 구성한다는 생물학의 기초 사실을 근대의 서구사회가 18세기부터 어떻게 재고하게 됐는지 연구해보려고 애썼다. 평온하게 존재하는 것은 건드릴 필요가 없다. 인간의 일생을 관리하고 통제하는 신자유주의는 그래서 매우 거대하고 강력하다. 우리가 사는 세계가 이기적 인간, 경쟁에서 승리

하는 인간만이 살 수 있다는 호모 에코노미쿠스의 사상에 의해 지배되고 있다는 섬뜩한 사실 말이다.155)

푸코가 맹렬하게 비판했던 하이에크와 달리 피케티는 『자본과 이데올로기Capital et Idéologie』(2020년간)에서, 정의로운 사회란 사회구성원 전체가 가능한 가장 광범위한 기본재화에 접근할 수 있는 사회라고 한다. 이를 위해서는 정의로운 소유의 체계나 규칙을 만드는 일이 필요하다는 것이다. 소유사회를 완화 또는 거부하기 위해서는 조세정의를 헌법에 명문화하고, 기본소득과 정의로운 임금제와 한 생산 부문에서 다른 생산 부문으로 자본이 이동하는 자본순환제資本循環制, 기업 내 권력의 분유分有, 보편적 자본 지원, 누진소유세累進所有稅, 상속세, 소득세, 일시적 소유세 등을 제시한다. 달리 말해 피케티는 사적 소유에 따른 불평등을 해소하기 위해서는 상호보완적인 소유체제인 국가나 지방정부(지방자치단체) 또는 공권력이 기업을 소유하는 '공적 소유', 임금노동자가 경영에 참여하고 주주들의 권력을 분유하거나 개인 주주의 소유권을 완전히 박탈하는 '사회적 소유', 많은 재산의 소유자는 재산 일부를 매년 공동체에 되돌려주는 누진소유세 형태의 '(소유의) 일시적 소유' 제도 도입을 요구한다.156) 이게 바로 21세기형 참여사회주의를 뜻한다. 여기서 주목되는 점은 '일시(적) 소유'로, 정치적 이데올로기를 타파하여 한시적이라도 시행해 볼 수도 있겠다. 독일이나 스웨덴 같이 노동자와 자본가 간의 힘의 균형을 제도화하는 기업의 공동 관리를 도입할 필요성이 있다.

1980~1990년에 구축된 현 세계화 이데올로기는 위기와 재정의 국면에 처해 있다. 불평등 증가로 인한 실망은 부유한 나라들의 인민계급과 중위계급으로 하여금, 점점 국제적 통합과 무제한의 경제적 자유주의를 의심토록 만들었다. 이러한 긴장 속에서 민족주의적이고

정체성주의적인 운동이 등장했고, 이 운동은 교류를 난폭하게 문제시하는 흐름을 키웠다. 자유주의와 민족주의에 근거한 이데올로기들의 예고된 파산에 직면하여, 진정한 국제주의적 참여사회주의의 발전만이 세계경제의 새로운 협력적 조직화와 사회연방주의에 의거하여 이 모순들을 해결할 수 있게 해줄 것이다. 모든 이데올로기에는 약점이 있지만, 인간사회는 자신의 불평등에 의미를 부여해줄 이데올로기가 없으면 살아갈 수 없다. "지금까지 존재한 모든 사회의 역사는 계급투쟁의 역사였다"고 엥겔스와 마르크스가 1848년 『공산당 선언』에서 밝힌 게 여전히 타당하지만, 역사에서는 관념과 이데올로기가 중요하다. 사회적 위치가 아무리 중요해도, 이것만으로 '정의로운 사회·소유·경계에 대한 이론과 세금·교육·임금·민주주의에 대한 이론'을 버리기는 충분치 않다는 것이다. 계급투쟁과 달리 이데올로기 투쟁은 인식과 경험의 분유, 타자에 대한 존중, 숙의와 민주주의에 기초한다. 그 누구도 앞서 말한 이론의 절대적 진리를 결코 보유하지 못할 것이다. 자본주의와 사적 소유를 넘어서서 참여사회주의와 사회연방주의에 기반으로 한 정의로운 사회를 수립하는 것은 가능하다[157]는 피케티의 진단이다.

제7장 우리 헌법상 공공성 제도

1. 헌법상 공공성의 의의

혹자는 "웬 '공공성公共性(being public, Public nature: 전자는 국립국어원, 후자는 법제처에 따른 표기—저자 주)'이 필요하냐"고 반문할지도 모르겠다. 그러한 반문은 금물이다. 2021년 한국토지주택공사LH 임직원의 신도시 투기사건과 성남 대장동 화천대유 개발비리가 터진 것은 바로 이 '공공성'이 문제이었으며, 이게 결여됐기 때문이다. 공공성은 진정한 선진국민으로 가는 길이자 평등사회를 이루는 길로써 매우 중요하다. 오늘날 복잡다기複雜多岐한 세상에서 생존하려면 필수 불가결의 요소로 등극한 게 공공성이다. 우리는 공공성이란 말을 흔하고도 광범위하게 사용하고 있다. 공공성을 배제하면 생존이 불가능할 정도로, 사회 구석구석 전파가 안 된 분야가 없을 정도로 중요하다. 개인이나 사회일반은 물론, 국가기관, 시민사회단체에서 필요한 요소로 즐겨 사용하고 있다. 이러한 모든 공동체가 함께하거나 함께할 수밖에 없는 공공성은 같은 세계에서 함께 삶을 유지하는 동지애로서, 모든 활동영역에서의 다양한 사안을 함께 논의하며 민주적으로 해결하려는 철학이다. 그러나 정작 "공공성이 무엇인가?"고 질문을 받았을 때, 선뜻 답하기는 어렵다. 교육 및 보육, 복지, 부동산, 주택건설, 도시디자인 등 실무상만이 아니라, 전 학문적으로도 이 개념이 확산되고 있다. 이러한데도 아직은 개념조차 확립되지 않은 채, 이에 대한 연구자도 거의 없는 편에 속한다. 따라서 헌법상 '공공성'을 논하지 않고는 재산권에 대하여 설파하지 않을 수 없음이 판명된다. 헌법상 공공성이란 의미부터 보자. 근대적158) 헌법질서에서의 '공공성'은 아주 중요하고도 핵심적인 개념이기 때문이다. 더구나 국가기관조차 '공공기관', '공공요금', '공공서비스'란 용어를 덧붙이는 상황이다. 이러함은 이명박 정부가 더욱 그랬었다. 이 용어가 신기루처럼 탄생했으나 '정의Justice', '공정Fair'과 같은 개념으로 사용되고 있다. 그 당시 '공정'이란 이름을 빌려 시민사회단체가 태동159)하여 공정사회 확산을 위한 운동을 펼치기도 했었다.

이 용어의 개념 정리에 관하여 기초적 접근을 먼저 하고자 한다. 우리 사전식 표현을 빌리면 공공성이란 "사회일반의 여러 사람 또는 여러 단체에 두루 관련되거나 영향을 미치는 성질"을 뜻한다. 이에 공공이란 "사회일반의 구성원에게 공동으로 속하거나 두루 관계되는 것"이라고 적시하거나 통용되고 있다. 한자식으로는 '公共性'이라고 일치를 보이고 있다. 영어로는 전자는 'public', 'publicity', 'civility', 'public character' 등으로, 후자에 대해서는 'public'로 통용되고 있다. 불어로는 전자가 'caractère public' 또는 'Public et public', 후자는

'public'로 사용된다.

그러나 일반적으로 공공성이란 개념은 사적 이익이나 권리에 대응하는 것으로 이해되지만, 그 구체적 의미가 무엇인지에 대하여는 명확하게 제시되지 않고 있다. 헌법에서는 재산권 보장에 관한 제23조 내지 제37조에서 공공복리 또는 공공필요라는 표현을 쓰고 있고, 그 구체화법으로서의 행정법은 행정을 공공목적 작용 내지 공익실현의 작용 등으로 이해하면서 행정의 존재이유로서 '공공성' 개념이나 '공익' 개념으로 사용하고 있지만, 그 내용이 무엇인가에 대해서는 구체적 분석이 거의 이루어지지 않고 있다.160) 이 논의는 오래전부터 있어 왔지만, 아직도 명쾌한 답이 없음은 물론 현재도 진행형이나 연구자가 넓게 보이지 않는 실정이다. 따라서 이 개념에 관하여 보고자 한다.

일본국 사이토 준이치 교수는 '공공성'이란 이 말의 애매모호한 인상을 줄일 수 있을까 고민하면서, 그것의 중요한 의미는 다음과 같이 구분해 볼 수 있지 않을까 한다. 첫째, 국가에 관계된 공적인official 것이라는 의미, 이 의미에서의 '공공성'은 국가가 법이나 정책과 같은 것을 통해 국민을 대상으로 실시하는 활동을 가리킨다. 가령 공공사업·공적 자금·공교육·공안公安 등은 이러한 범주에 속한다. 이에 대비되는 것은 민간의 사적 활동이다. 이 의미에서의 '공공성'은 강제·권력·의무라는 울림을 가질 터이다. 둘째, 특정한 누군가가 아니라 모든 사람들과 관계된 공통적인 것common이라는 의미, 이 의미에서의 공공성은 공통의 이익·재산, 공통적으로 타당한 규범, 공통의 관심사 같은 것을 가리킨다. 공공의 복지·공동의 질서·공익·공공심이 이러한 범주에 속한다. 이와 대비되는 것이 사권, 사리·사익, 사심 등이다. 이 의미에서의 공공성은 특정 이해에 치우치지 않는다는 긍정적인 함의를 가지는 반면, 권리의 제한이나 인내를 요구하는 집합적인 힘, 개성의 신장

을 억누르는 불특정 다수의 압력이라는 의미도 포함한다. 셋째, 누구에게나 열려 있다open는 의미, 이 의미에서의 '공공성'은 누구의 접근도 거부하지 않는 공간이나 정보 같은 것을 가리킨다. 공공연함·정보공개·공원公園こうえん 같은 말이 이 범주에 속하며, 비밀이나 프라이버시privacy 같은 것과 대비된다. 그런데 이러한 세 가지 의미인 공공성이 서로 항쟁하는 관계에 있기도 하다는 점이 흥미롭다. 한 예로 국가의 행정활동으로서의 공공사업은 실질적인 공공성publicness(공익성)이라는 측면에서 비판당하고 있고, 국가 활동이 항상 공개성openness을 거부하려는 경향이 있다는 것이다. 공공성을 일정한 범위로 제한하지 않을 수 없기 때문에, '닫혀 있지 않는 것'과 충돌할 수밖에 없는 측면을 가진다는 것이다.161) 공원 내 화장실 접근을 금한다면 이는 공공성에 반하는 행위로, 노숙자의 인권은 어떻게 될 것인가에 관하여 생각해 볼 문제이다. 그러나 일본은 공공성에 대한 논의가 우리보다 늦은 면이 없잖아 있다. 즉 2000년대에 들어와서부터이다.

'공공성' 개념을 영어로 정리한바, 독일어로는 Öffentlichelichkeit이다. 사전에 따르면 '사람들die Leute', '국민das Volk', '공중das Publikum'을 의미한다.162) 이는 논자에 따라서는 글의 맥락에 따라서는 '공개성', '여론', '공공영역(공론장)' 등의 의미로 이해되기도 한다. 독일어에서 공공성의 어원은 중세 offanlih, offenlich에서 찾을 수 있다고 한다. 이 말은 비밀 내지 내밀함Verborgen과 대립되는, 일반적인 인식 가능성 또는 접근 가능성을 의미하는 것이었고, 실제적으로 '열려져 있는 것Offensein'의 상태를 나타냈다고 한다. 하지만, 이 용어는 몇 단계에서 의미가 확대되었다. 그 첫 번째 단계가 öffentlich공공는 형식적인 개방의 의미에서 확대되어 '진실한wahr', '정의로운gerecht' 의미로 포함하게 되었다는 것이다.

두 번째 단계로는 17세기 이래로 öffentlich가 '공동의gemein'163)라는 형용사의 의미를 내포하게 되었다. 이로써 öffentlich라는 용어에는 전통적인 정치사상의 영향을 받아, 정치적 공동체가 공공복리라는 목적을 지향함으로써 스스로 정의된다는 규범적 의미요소가 수용되었던 것이다.

세 번째 단계에서는, 즉 18세기 무렵 öffentlich는 오늘날 표현인 'Öffentlichelichkeit'로 자리 잡게 된다. 이 단계에서 'Öffentlichelichkeit'는 라틴적 및 앵글로 색슨적 용어인 'publicus', 'publicity' 등의 말을 순수 독일어로 번역하는 과정에서 생성된 개념으로 설명되고 있다는 것이다. 공공성은 인민(시민), 공공복리, 의사소통이라는 세 가지 개념을 핵심적인 요소로 담고 있다.164) 각각 시민사회, 국가, 언론의 개념을 통해 공공성의 실현구조를 파악하려 하였다.

자본주의시장에서 시장의 문제를 보완하고 개선해야 할 정부도 시장 논리를 따르는 경우가 종종 있는데도, 공공성이 중요한 것일까? 효율성이라는 미명 아래 민영화의 바람이 세찬 상황에서 '공공성'이란 용어는 애매모호하고, 이 성질이 가시적이지 않는데도, 공공성의 3대 요소로 인민, 공공복리, 그리고 공개성을 들고 있다. 그리고 공공성이란 "자유롭고 평등한 인민이 공개적인 의사소통의 절차를 통하여 공공복리를 추구하는 속성"이라고 정의하였다.165) 공공성을 19세기 일본학자들이 'republic'의 번역어로 '공화'를 채택하는 바람에, 공공성과 공화를 동의어 수준으로 보는 견해도 있다. 즉 republic은 라틴어 'res publica'에서 비롯되었다. 어원적으로 '공화'의 의미는 군주에 의한 독재가 아닌 공공이 나라를 다스리고, 개인적 차원의 사적 이익보다는 공적 차원의 이익을 중시하는 것으로 이해할 수 있다. 이는 '공공의 것', '공익'이라는 뜻으로 기원전 509년, 왕을 몰아낸 로마인들이 자신들의 국가를 공공의 것이라는 뜻에서 붙인 것166)이라고 한다.

이러한 개념에 대한 정의가 만족을 줄 수는 없으나, "다수가 함께 공감하고, 이익을 함께 나눔(공익公益, common good)으로써 정의로움을 추구하는 것"이라고 정의를 내릴 수도 있겠다. 시민사회, 국가, 그리고 언론의 역할을 통해서 공공성의 중요성과 확립방안을 구체적으로 적시하였다. 시민들의 참여가 있어야 한다. 시민참여가 공공성 발현의 전제조건이라고 말한다. 시민사회 활성화에도 큰 도움을 줄 수 있다. 언론의 문제도 아주 중요하다. "공공성의 본질적인 의미 요소 중 하나가 공개적인 의사소통이며, 이것을 가능하게 하는 것이 바로 언론이다"167)고 강조한다.

언론 없는 세상은 암흑이다. 언로言路의 자유가 없다면 독재가 창궐하기가 안성맞춤이다. 그 독재는 총칼로 민중을 억압하는 군부독재만이 아니다. 민주주의를 후퇴시키는 교묘한 문민독재인 이른바 '신독재新獨裁'가 얼마든지 도래할 수 있다는 점이다. 그러기에 공공성을 지키기 위해 이 세상에는 감시권력인 언론인과 평론가, 시민사회단체가 존재하면서 무소불위의 권력을 감시하고 비판하면서 대안을 제시하기도 한다. 또한 민주사회에서는 어떠한 걱정 없이 정의감 속에 세상을 펼치는데, 견인차 역할을 할 수 있는 환경이 조성되어야 한다. 이러면 공공성이 보다 더 보장되지 않을까 싶다. 언론의 자유란 1789년 프랑스 인권선언 제11조168)와 1791년 미국 수정헌법 제1조169)에서 포괄적 표현의 자유가 최초로 명문화된 이래, 세계 각국의 헌법에서 '언론의 자유'를 천명하면서 보장된 자유로, 우리 헌법도 제21조170)에서 명문으로 규정하고 있는 권리이다. 근대적 헌법이 기본적 인권으로써 보장하는 자유인데도, 개인의 사상 또는 의견을 언론에 의해서 발표할 수 있는 자유를 후진국에서는 통제하려고 한다.

국경 없는 기자회Reporters Without Borders에 따르면 문재인 정부의 언론지수는 아시아 1위와 세계 42위 수준으로 발표하나, 2021년 언론중재법 개정 시도로 '언론재갈법'이라는 대다수 국민을 넘어 세계 속 조롱거리가 되기도 하였다. 다수의 의석수를 믿고 정권연장을 위한 방패막이란 의구심마저 샀다.171) 보이지 않게 언론 탄압이 자행되고 있어, 우리나라의 언론의 자유는 그렇게 활발하게 보장하고 있다고 선진국에서는 보지 않는 편에 속한다. 국력에 비해 그만큼 '언론후진국'인 셈이다. 또한 우리의 언론 현실은 많은 대기업과 지방건설사 및 토호들의 소유172)로 이익공동체적인 면도 없잖아 있지만, 개개인의 사상 또는 의견을 언론에 의해서 발표할 수 있는 자유마저 짓밟으려고 해서는 절대 안 된다. 민주사회는 다양한 의견을 개진할 수가 있어야 건강한 사회인바, 공공성 실현에 있어서는 언론의 역할이 크기 때문이다. 공공성과 공동체의 차이점이 있다. 공공성은 누구나 접근할 수 있는 공간인 데 반해, 공동체는 닫힌 영역을 형상화한다. 공공성은 독일어로는 'Öffentlichkeit공공연하게'로, 그 어원은 '열려 있다'는 의미의 'offen'이다. 열려 있다는 것, 폐쇄된 영역을 갖지 않는다는 것이 공공성의 조건이다. '바깥'을 형상화함으로써 '안'을 형상화하는 공동체에는 이 조건이 결여되어 있다. 둘째, 공공성은 공동체처럼 균질한 가치로 채워진 공간이 아니다. 종교적 가치이건 도덕적·문화적 가치이건 공동체는, 공동체의 통합에서 구성원들이 본질적인 가치를 공유할 것을 요구한다. 셋째, 정체성의 공간이 아닌 공공성은 공동체처럼 일원적·배타적인 귀속belonging을 요구하지 않는다는 점이다.173)

이러하듯 근대적 정치질서의 상징 개념으로서 공공성은 적어도 법학의 영역에서는 상당한 기간, 본래의 의미와는 상이하게 이해되어 왔다. 특히 과거 독일 법학에서 이러한 현상이 두드러졌다고 할 수 있으며, 우리 법학에도 부분적으로 나타났다고 할 수 있다. 19세기까지 독일은 다른 서유럽 국가들에 비해 후진적인 현실에 처해 있었다. 이러한 상황에서 기존의 군주세력과 관료세력이 근대 국가의 형성을 주도적으로 추진하게 되고, 다수의 자유롭고 평등한 논의에 의하여 법과 국가질서와 정당화된다는 공공성의 본래 취지는 제대로 받아들여지기 곤란할 수밖에 없었던 것으로 보인다. 한편, 법학 특히 헌법학 이론에도 공공성의 본래의 취지가 받아들여지기 곤란한 사정이 존재했다. 우선 과거 헌법학방법론의 지배적인 경향인 신칸트주의 방법에 따르면, 존재Sein와 당위Sollen는 엄격하게 구분되어야 하는데도 이러한 특징은 이른바 법실증주의 방법론에서 잘 드러난다. 신칸트주의 방법에 따를 때, 공공성이 본래 담고 있었던 철학적이고 정치·사회학적인 의미는 '당위의 문제'가 아닌 '사실의 문제'로서, 규범학으로서 헌법학의 연구범위 안으로 들어오기 어렵게 된다. 이러한 속에서의 공공성은 본래의 의미와는 다르게 자리 잡았다고 볼 수 있다. 공공성은 개방성, 공공복리, 의사소통적 합리성 등의 본래의 의미는 국가 그 자체가 공공성을 담보한다는 이해가 발생하게 된다.[174]

이에 대하여 오늘날의 우리 정치인, 행정가, 학자들이 구사하는 용어와 관념 가운데 어느덧 그러한 영미의 공익관이 깊숙이 침투하고 있다는 것이 명백하다. 그러므로 영미英美의 공익관의 문제는 더 이상 영국과 미국의 문제가 아니라, 우리의 문제일 수 있다는 점을 간과할수 없다. 다른 나라에서의 공익론公益論과 마찬가지로 영국과 미국에서의 '공익' 개념 역시 법학, 정치학, 경제학, 철학, 사회학 등 학제적 연구學際的 研究, interdisciplinary study의 대상이 되어 왔다. 학문 상호간의 공익에 대한 이해가 서로 깊이 연관되어 있기 때문에, 이를 분리하여 논한다는 것이 불가능하다고 생각된다.[175] 그러나 17세기 이후에 공익은 영국과 미국에서 법 개념으로서 등장하고 있다. 법 개념으로서의 공익은, 그 철학적·역사적·정치적·경제적 배경과 함께 현실사회를 규정하고 이끌어가는 실정제도實定制度로 나타나고 있다. 공익Public Interest이라는 용어로 표현이 되든지 아니면 그를 구체화하는 다른 표현으로 법령과 판례, 정책문서에 등장하든지 간에 공익은 더 이상 사람들의 의식을 지배하고 정치현실의 배경을 이루는 철학적·사회과학적 개념만이 아니다. 다양한 모습을 가진 제도로서 현실사회에 영향력을 발휘하고 있는 것이다. 이처럼 공익이 단순히 분석의 대상인 관념이 아니라, 법 개념으로서 그리고 제도로서 등장하게 됨에 따라 공익은 특히 국가역할의 변화, 그리고 국가와 시민과의 관계 변화에 따라 변천하여 왔다는 것이다.

또한 행정의 개념 징표의 하나인 공익의 개념은 연역적으로 볼 때 불변의 고정개념이 아니라, 주어진 사실 상황에 따라 신축적으로 해석되는 개념이다. 공익은 국가 목적을 위하여 사용되기도 하고, 지방자치단체의 목적을 위해 사용되기도 하며 때로는 그러한 공동체를 전제로 하지 않고, 일반적인 불특정 다수의 공중과의 관련성을 의미하는 때도 있다. 또한 개인적 사안이라 할지라도, 그것이 객관적 사회질서에 영향을 미칠 때에는 공익으로 취급되는 경우도 있다. 오늘날의 공익은 그와 경합하는 사익과의 관계에서 단지 상대적으로 우월할 뿐이며, 법적으로 실현되어져야 할 이익을 의미한다.176)

그리고 "공공성, 특히 '공공필요公共必要'는 국민의 재산권을 그 의사에 반하여 강제적으로라도 취득하여 공적 소유나 이용public own or use, 공익 목적이나 이익public purpose or interest 등에 공供하여야 할 공익적 필요성으로서 재산권 수용 등에 적용되는 개념"이다. 공공필요의 요건 중 공익성公益性은 추상적인 공익일반 또는 국가의 이익 이상의 중대한 공익을 요구하므로, 헌법 제37조 제2항의 일반적 법률유보의 비례성 원칙에 따르는 기본권 일반의 제한사유인 '공공복리公共福利'보다 좁게 보는 것이 타당하며, 공익성 정도 판단에는 사인의 재산권침해를 정당화할 정도의 공익의 우월성이 인정되어야 한다.177) 그러면 법학적 측면만을 떠나 포괄적인 학제적 의미에서도 보자.

2. 공공성의 학제적 의미에서 실무적으로의 전환

먼저 행정학行政學에서는 어떻게 보는가이다. 한국사회에서는 1990년대부터 밀려들어오기 시작한 신자유주의의 대안을 모색하는 과정에서 공공성에 대한 관심이 커지고 있다. 신자유주의는 개인, 자유, 시장, 경쟁을 키워드로 하는 이데올로기로서 우리들의 삶 전반을 지배하고 있다. 동서양에서 공公개념의 기원을 추적함으로써 그 의미의 변천과 '공적인 것the public'이 갖는 다양한 속성들을 살펴본다. 그리고 이념으로서의 '공공성' 개념을 정의하고 있다. 공공성公共性, publicness은 고립된 개인보다는 사회적 존재로서의 인간을 존재론적 토대로 삼아, 경쟁보다는 연대를 바탕으로 삶을 영위하는 실천적 방법을 개발하여, 사회적 대립보다는 사회적 평화를 지향하는 공존의 상상력을 담아낼 수 있는 개념으로 인식되고 있다.178) 그동안 공공성에 대한 연구가 사회과학 전 분야에서 다양하게 이루어졌다. 그럼에도 불구하고 여전히 공공성에 대한 종합적이고 체계적인 논의는 찾아보기 어렵다. 그 이유는 공공성이 높은 망루에서 마을을 내려다보듯이 한 눈에 잡힐 수 있는 개념이 아니기 때문일 것이다. 공공성은 깊고 넓으며 높은 개념이자,179) 공동체의 행위 주체들이 민주적 절차를 통하여 정의의 가치를 추구하는 속성이 있다. 단, 절차와 내용은 변증법적인 관계에 있다. 공공성은 행위주체의 측면에서는 인간 군상과 정부 및 시민사회 그리고 시장을 과정적으로는 민주적 절차를, 내용적으로는 정의의 가치를 내포하는 개념이다.

다음으로 이념으로써의 공공성 개념에 기초하여 공공성의 유형을 제시한다. 이는 공공성 자체가 특정세력의 전유물이 아니라, 담론투쟁의 대상임을 드러낸다. 신자유주의자들도 공공성을 주장할 수 있다. 그러나 신자유주의자들이 주장하는 공공성은 제한적일 뿐만 아니라, 기만적일 수 있음을 보여 준다. 신자유주의는 집단, 공동체, 사회 같은 것은 허상이고 개인만이 유일한 실재라는 것, 평등은 개인의 권리를 억압하는 이념이고 자유만이 개인의 권리를 보장하는 유일한 이념이라는 것, 정부는 고비용 저효율의 자원분배시스템이고 시장만이 저비용 고효율의 자원분배시스템으로써 성장과 발전을 보장한다는 것, 경쟁만이 삶의 유일한 원리가 되어야 한다는 것 등을 기본정신으로 삼는다. 신자유주의는 영미계열의 국가들을 중심으로 금융세계화를 통해 전 지구적으로 확산되었다. 그 이후 경제위기의 주기가 더욱 짧아지고, 경제적 불평등이 더욱 심화된다. 신자유주의를 옹호하던 다보스 포럼마저도 2008년 미국발 세계경제위기 이후 신자유주의의 실패를 선언한 바 있다. 그럼에도 불구하고 근간에 와서는 좀 덜하기는 하나, 신자유주의의 원리는 단순히 관성적이라고 보기 어려울 정도로 여전히 강력하게 작동하고 있다. 한국사회에서는 당면한 문제를 진단하고 해결책을 찾아나가는 데 있어서의 지침이자 지향적 이념으로써 공공성 개념이 주목받고 있다.[180)]

더 나아가 정치학政治學에서는 공공성을 어떻게 보는지 살펴보건대, 다음과 같은 이색적인 주장도 있다. 먼저 공공성의 역사는 인권Human

Rights의 역사와 같이 한다고 할 수 있다. 자연법사상, 계몽사상, 프랑스 혁명 등을 거치면서 인권사상이 활발하게 논의되고 전개되면서 동시에 공공성도 본격적으로 등장하게 되었다. 여기서 인권은 공공성의 중심부분을 이룬다고 할 수 있다. 인권은 공공성을 마련하는 데 1차적 계기가 된다. 사적인 영역이지만, 인권문제가 개입될 때에는 바로 공공영역으로 치환되어 버린다. 인권문제는 권리는 물론, 의무까지도 포함되는 문제라고 한다.181) 공공성이라 하면 공익을 생각하는 사람들이 많고, 동일한 개념으로 생각하는 사람들도 많다고 한다. 그러나 공공성과 공익은 다르다. 공익은 공공성의 중심의 자리를 차지하고 있지만, 공공성 자체는 아니다. 공익은 다수의 이익이던 소수의 이익이던 경제적 가치를 내포하고 있는 가치 함축적 개념일 때, 공공성은 가치 함축적 모습은 물론 가치중립적 모습도 지니고 있다. 공익이론가들 중에는 공익은 존재하지 않는다고 주장하는 사람들도 있다. 그래도 이들은 공공성의 존재를 부정하지는 않는다. 그러나 공공성이라 하면, 공익을 떠나서 생각할 수 없는 개념이다. 공익은 소수의 이익보다는 불특정 다수의 이익을 염두에 두기에 '공중적公衆的' 의미를 둔다. 이 말의 뜻은 공통의 언어와 문화 및 관행을 공유하면서 유기적 지속성을 가지고 있어, 단순히 거리에 모인 군중이나 대중과는 다르다. 이게 바로 공익성Public Interest과 같은 의미를 뜻한다.

또한 공공성이라고 하면, 공정성公正性, Fairness을 떠오르게 할 만큼 두 개념은 밀착되어 있다. 공정성은 유사한 개념들이 많다. 즉 평등, 형평, 정의, 공평 등이다. 이러한 유사한 개념들은 공정성과 중복되거나 경우에 따라서는 같은 의미로 사용되는 경우가 있지만 동일한 개념은 아니다. 공정성은 우선 차별을 받지 않고, 억울함을 당하지 않는 경우를 말한다. 인간으로서 가장 견디기 어려운 마음상태가 공정하게 대우를 받지 못한^{unfair treatment} 경우이다. 잘못을 저질렀을 때는, 처벌을 받는 것에 대해서 별로 불평을 하지 않는다. 그러나 똑 같은 잘못을 저질렀는데도, 한 사람에게만 처벌이 내려졌을 때에는 당사자는 견디지를 못한다. 불공정不公正, unfairness은 그만큼 인간에게 감내하기가 어려운 불의와 상처의 개념이라고 할 수 있다.182) 공공성의 반대말이 민영화民營化보다 사유화私有化에 가깝듯, 공적인 대안도 국유화國有化가 아닌 공유화共有化에 가깝다. 공유화는 소유의 주체가 공동체이고 운영과정에서 스스로 결정하고 관리하는 주체를 기른다는 점에서 국유화와는 완전히 다른 것이다. 이렇게 공공성에 대한 관점이 바뀔 때 실질적인 공공성의 재구성이 가능하다. '共'과 '公'의 조화로 공공성을 위한 '장소'를 만들고, 이러한 공공성의 재구성은 달리 말하면 '共'을 통한 '公'의 탈환 또는 '共'과 '公'의 조화라고 할 수 있다.183)

이제 신학神學에서의 공공성을 보자. 소외된 자들을 향한 도움에는 인색하면서 기복적인 방향으로 흐르는 듯 하는 '한국적만의 교회'184)가 귀담아들어야 할 공적 영역에서의 복음이다. 그 복음이 바로 '복음의 공공성'이다. "구약의 정치적, 사회적, 구조적 차원에 주목하지 않는 것은 단순히 부족한 읽기가 아니다. 하나님 말씀인 성경 전체를 파괴하고 뒤흔들어 버리는 읽기다"고 말한다. 보수신학이 교회 안에서 신앙의 사유화를 가져온 데에 대한 강한 비판의 목소리다. 하나님은 아브라함에게 정의正義(미슈파트) 공의公義(쩨다카)를 요구하셨고, 다윗은 그것을 실행하였다. 시편과 예언서들은 정의와 공의의 중요성을 뚜렷이 보여주며, 레위기를 비롯한 오경도 그러하다. 이것은 욥기와 잠언에서도 관찰할 수 있다. 그런데 우리는 어쩌다가 정의와 공의를 잃어버렸는가에 대해서 통탄하지 않을 수 없다. 우리는 기껏해야 주변적인 요소의 하나로 정의와 공의를 다룰 뿐이다. 구약신앙이 철저하게 비역사화되면서, 하나님을 믿고 왕으로 섬김은 하나의 종교로 전락했고, 종교는 내면을 치료하고 위로하며 혹독한 현실을 견디게 하는 심리적 기제가 되었다.185)

교부인 크리소스토무스는 이러한 '공의'에 대해, 소수의 부자가 아무리 합법적으로 재산을 취득했을지라도 궁극적으로 소유권의 올바른 관점은 "하나님의 절대주권에 복종하는 것이다". 즉 소유할 수 있는 인간의 권리는 지존하신 소유자의 목적에 부합해야 한다는 것이다. 그리고 재산에 소유권을 부여해서 지배하는 것은 본질적으로 사회정의를 성취하기 위한 목적과 관련이 있다고 한다. 소유권은 재산과 관련해 어떻게 사용하느냐에 따라 정당화되거나 제한될 수 있다는 것이다. 다른 사람을 착취함으로써 자신의 권리를 누리는 자가 그 소유권이 자신의 풍성한 재물을 궁핍한 자들과 함께 공유해야 할 의무가 있음을 충분히 인식하지 못한 경우에는, 본래 그 취득방법이 불의하기 때문에 소유권은 두 배로 불의한 것으로 본다. 부자들의 상속인들이 사회의 불의injustice를 타개하려면, 자선과 자비를 베푸는 것만으로 충분하지 않다. 본질적인 것은 강도행위를 중단하는 것이며, 부자들의 부가 계속 집중되는 것을 멈추게 하는 것186)이라고 한다.

'하나님의 형상'의 실질적 의미는 복수로 존재하는 사람으로, 공동체가 하나님의 형상대로 지음 받은 인간의 본질이다. 이렇게 우리 신앙은 수많은 관계 안에서 살아가기를 추구한다는 점에서 근본적으로 공적公的일 수밖에 없다. 또한 '하나님의 형상'은 이 땅에서 하나님의 통치를 드러내는 왕적인 존재로 부름 받았음을 의미한다. 왕이 사익이 아니라 공익을 위해야 하듯이, 성도의 삶과 행위가 공적이어야 한다. 특히 노동은 하나님이 그분 형상대로 지으신 인간의 존재 근거이며, 인간에게 주신 사명은 제의가 아니라 일상의 일이라는 점은 노동에 대한 부정적인 인식을 새롭게 한다. 각각의 직업에서 거룩한 삶은 무엇인가. 농민에게 거룩한 삶은 밭의 한 모퉁이를 남기는 것, 수확하면서 흘린 것을 다시 줍지 않는 것이다. 고용주에게 거룩함은 자기가 고용한 노동자들의 품삯을 속이거나 착취하지 않는 것이다. 재판하는 이들에게 거룩함은 재판 당사자들의 외모를 보지 않고, 오직 정의로 판결하는 것이다. 장사하는 이들의 거룩함은 물건을 살 때나 팔 때나 동일한 도량형을 사용하는 것이다. 결국 예수님의 말씀과 바울의 말씀으로 대표될 수 있는, 신약의 구약 해석의 결론은 이웃에 대한 사랑이다. 우리가 다른 사람을 사랑하는 유일한 이유는 그가 함께 살아가는 '이웃'이기 때문이다. 여기서 '이웃'에는 아무런 조건이 붙지 않는다. 이웃 사랑을 말할 때, 이웃의 조건이나 상태는 전혀 고려할 대상이 아니다. 이웃의 사회적·경제적 여건은 물론이고 이웃의 종교를 포함한 것 또한 고려할 대상이 아니다. "대접받고자 하는 대로 남을 대접하라"는 말씀은 파격적이며 근원적이다. 이 원칙을 철저하게 적용한다면, 모든 사사로운 신앙의 이해는 근거를 완전히 잃을 것이다. 그러므로 주님과 바울의 구약 해석과 요약은 근본적으로 공동체적이며 공적公的이다.187)

　기독교 신앙이 단순히 개인의 내면과 내세를 다루는 것이 아니라, 온 세상을 배경으로 방대한 맥락을 펼치고 있다는 것을 성경을 통해서 '공공성'을 증명하고 있다. 창세기에서 포로기까지 일관되게 신학적으로 '복음의 공공성'이 드러나 있어, 작금에 있어 공공성을 주입하고 있다. 그런데 로마법에서 비롯된 현대의 소유권은 대다수 약자를 보호하기보다는 소수의 부유한 자들의 권익을 보장했었다. 그러한 나머지 교부들은 "합법이냐, 불법이야?"가 아닌 "공의로운가, 불의한가?"에 초점을 맞추어 소유권의 본질과 의미를 두었다.188)

그러면 철학적哲學的 측면에서는 존 롤즈John Rawls의 정치적 정의political justice, 즉 헌법constitution상의 정의관을 살펴본다. 정치적 정의는 정의로운 헌법이 불완전한 절차적 정의의 한 예라는 사실로부터 생겨나는 두 가지 측면을 갖는다. 첫째로 헌법은 평등한 자유의 요구 조건들을 만족시키는 정의로운 절차여야 하며, 둘째로 그 헌법은 가능한 모든 정의로운 체제 가운데에서 다른 어떠한 것보다도 가장 정의롭고 효율적인 입법체계로 귀착할 만한 것이 구성되도록 하여야 한다. 이러한 정의는 여건이 허용하는 것에 비추어 두 가지 명목 아래 평가되어야 하는데, 이러한 평가는 제헌위원회의 관점에서 이루어지게 된다.

헌법에 의해 규정된 정치적 절차에 적용될 경우, 평등한 자유의 원칙은 (평등한) 참여participation의 원칙이다. 정의는 모든 사람에게 이득이 될 경우, 그 원칙들은 모든 사람이 공정하게 대우를 받도록 적절히 규정된 평등한 최초의 상황의 관점에서 시작된다. 참여의 원칙은 최고도의 사회적 규칙들의 체계로서의 헌법으로 옮겨놓는다. 입헌민주주의가 참여의 원칙을 만족시키도록 편성될 수 있다. 입헌체제가 갖는 요소들은 첫째로 사회의 기본정책을 결정하는 권한은 일정기간 동안 유권자들에 의해 선출되어 결국 그들에 대해서 책임을 지고 있는 대표단에게 있게 된다. 이러한 대표단은 법을 제정하는 능력을 갖춘 입법부다. 사회의 각 분야에서의 대표들의 공의회는 아니다. 또한 정당들도 직위를 따내기 위한 충분한 지지를 얻기 위해 공공선公共善에 대한 어떤 입장을 개진해야 한다. 물론 헌법은 입법부를 여러 측면에서 규정할 수 있다. 헌법상의 규범들은 입법부의 활동을 대의집단으로 규정할 수가 있다는 것이다. 그러나 유권자들의 절대 다수는 합당한 기간을 지나 필요한 경우에는 개헌으로 그 목적을 달성할 수도 있다. 이때 정상적인 모든 사람들은 정사政事에 참여할 권리를 가지며, 가능한 1인 1표one elector one vote의 원칙이 준수된다. 참여의 원칙은 또한 모든 시민들은 적어도 형식적인 의미에서 공적인 지위에 동등하게 접근할 수 있다는 것을 내세운다…, 가장 광범위한 정치적 자유는 헌법에 의해 확립되는바, 그러므로 헌법은 헌법상의 제한들에 저해되지 않는 모든 중요한 정치적 결정에 소위 단순한 다수결원칙bare majority의 절차를 이용하게 된다.[189) 존 롤즈는, 정치적 직위나 권한에 대한 공정한 경쟁방식을 통해 정의로운 헌법관憲法觀에 의해서 공공성을 말하고 있다. 이에 대해 공공선에 대한 관념과 사회적 목적의 증진을 기하고, 공정한 가치가 보장되는 사회여야 한다고 주장한다. 적절한 평등한 조건 하에서 상호존중에 기초하여 사회적 협력을 요한다. 또한 공정으로서의 정의는 비록 시민의 독립성과 인격의 완전성을 위한 개인의 재산권은 포함하고 있지만, 생산수단에 대한 사유재산권이 자연권이란 주장이 없는 점이 특이하다.

이로써 학제적 의미에서의 법학, 경제학, 정치학, 신학적, 철학적 측면을 살펴보았듯이, 수사적 개념에서 학문적 개념으로 '공공성'이라는 용어가 현실적으로 가장 많이 사용되고 있다는 점이다. 그런데도 사전적 의미로는 공공성의 함의가 모두 포섭될 수 없다. 공공성의 개념 속에는 정의, 공정, 형평 등이 내포된 공평함이라 할 수 있겠다. 공정公正, equity, fair은 '공평하고 올바르다'는 뜻으로, 즉 어떤 특정한 개인의 입장에 치우치지 않고 집단 전체에 대하여 평등하고 정의로운 것을 의미한다. 공정은 '인간의 원초적인 기본적 양심'인 상식선에서 출발함에 있으며, 몸소 지키는 것이다. 윤리적 확신을 가지고 있는 자나 시민사회단체가 공정성의 문제를 제기하고 논할 수 있는 자유도 최대한 보장되어야 한다.[190) 공정은 어느 한쪽으로 치우치지 아니하고 공평하고 올바름으로 귀결되기에, 공공성이란 시장 중심의 신자유주의 질서, 그리고 경쟁과 효율성이라는 가치가 우리 사회 곳곳에 만연하면서 이를 보완하기 위한 개념으로 공공성의 가치가 더욱 중요한 현실에 처해 있다. 이에 어떠한 분야에서나 공공성의 기치를 내걸고는 있다. 앞에서 보았듯이, 그 개념은 명확하게 다가오지는 않는다. 굳이 공공성의 개념을 한정시킬 필요가 있을 것인지도 의문이다. 공공성이라는 개념을 설명하기에는 헌법학적 연구방법과 시민사회, 국가, 그리고 언론조차도 많이 부족한 것이 현실이다. 이에 다의적多義的, 즉 개념의 혼재성婚材性 내지 확장성擴張性을 인정해야 하지 않을까 싶다.

3. 헌법상 공공성의 확장성

전술한 바와 같이, '공공성'이란 그 개념과 내용이 너무나 광대하고 복잡하기에 혼란스럽기도 한 측면이 다분한 현실임에 공적 가치로서의 개념 정리를 해보았다. 그 이유는 공공성이란 용어를 법학을 비롯한 여러 학계나 실무적으로 흔하게 언급하면서도, 다의적인 해석에 따른 통일된 개념 정리가 자리매김 되지 않아 분명한 개념 정리가 필요하기 때문이다. 1980년대 이후 전 세계적으로 불어 닥친 신자유주의와 민주주의가 지배하게 되었다. 특히 우리나라는 1980년대의 민주화, 1997년 IMF사태, 그리고 2008년 글로벌 경제위기의 여파로 공공성이 더욱더 절실하게 요구되었던 것이다.

공공성의 문제를 법학에서는 공법의 성립기반과 공권력을 중심으로 다룬다. 정치학에서는 시민사회의 성립과정에서 나타난 자유, 평등, 정의, 객관화 등을 중심으로 다루고 있다. 경제학에서는 시장의 실패를 중심으로 공공성을, 행정학에서는 정부의 역할을 중심으로 공공성을,191) 신학에서는 성서적 '공의'를 바탕으로 공공성을 다루고 있다. 공공성이란 바탕 속에는 공히 '정의', '평등'이란 개념이 함축되어 있다고 볼 수 있다. 영국과 미국에서의 '공익론公益論'은 철학적·사회과학적 전통에 있어서 공통의 기반을 가지고 있다. 이들 국가의 '공익' 논의는 상호 영향을 주고받았으며, 논자들의 국적 분류조차 거의 무의미하다. 이러한 영미 공익론의 공통적 기반은 법적 개념으로서의 공익에 있어서도 마찬가지이다. 철학·경제학 등의 주요 개념이 영국에서부터 미국으로 흘러간 것과 같이, 법 개념으로서의 공익도 영국에서 미국으로 계수된 것이었다. 영미법에서 공익 개념은 1670년 영국 대법원장을 지낸 Matthew Hale경이 한 논문에서 '공익의 영향을 받는affected with a publick interest' 사적 재산은 사인의 권리juris privati에만 속하는 것이 아니라, 일정한 공적 임무를 가지게 된다는 점을 지적한 데서 유래된다. Hale경의 '공익의 영향을 받는'이라고 하는 기준은, 그로부터 206년 후인 1876년 미국 연방대법원의 'Munn vs Illinois 판결'을 통해 미국법美國法으로 수용되었다. 이 판결에서 Waite 대법관은 Hale경의 논문을 인용하면서 사적 재산이 공익에 의해 영향을 받으면 그것은 사인의 권리만일 수 없다는 것이 중요한 보통법의 원칙이라고 하고, 문제된 규제권이 이 보통법 원칙에 근거한 것이라는 점을 밝혔다.192)

존 롤즈John Rawls는 20세기 최고의 철학자이자 정의론자正義論者로 『정의론A Theory Of Justice』(1971, 1991), 『만민법The Law Of Peoples』(1999)193)을 저술하였다. 그의 만민법은 정치적 자유주의를 통해 문화다원주의에 대한 인식을 바탕으로 정의론을 국제사회에까지 적용을 시도했다. 인문·사회과학계 전반에도 큰 획을 그은 그는, 자유주의적 이론체계 속에서 사회주의적 요구를 통합하면서 평등의 이념을 펼쳤다.

존 롤즈는 공공으로서의 정의는 도덕적인 자유, 사상, 신앙 및 종교적 관행의 자유를 보장해주는 체제를 선택하게 된다고 한다. 물론, 이러한 자유들은 언제나 그러하듯이 공공질서와 안녕이라는 국가적 이익에 의해 규제되기는 한다…, 법은 한 종교에 대한 배교背敎뿐만 아니라, 공공질서나 안녕에 대한 공동의 이익common interest에 비추어 양심의 자유를 제한하는 데에는 누구나 동의할 것이다. 우선 이러한 제한을 받아들이는 것이 공공의 이익이 어떤 의미에서 도덕적·종교적 이익보다 우월하다는 것을 뜻하지는 않으며, 정부는 어떤 단체를 합법화시키거나 불법화할 권한이 없다. 예술이나 과학에서도 마찬가지다. 이러한 문제들은 정의로운 헌법에 규정되는 것으로서, 단순히 정부의 권한사항에 속하는 것은 아니다…, 국가는 철학이나 종교적 교설에 관여하지 않으나, 평등한 최소한의 상황에서 개인들 자신이 합의하게 될 원칙들에 따라서 그들의 도덕적·정신적인 관심 분야에 대한 추구를 규제하게 된다. 이런 식으로 그 권한을 행사함으로써 정부는 시민들의 대행자로서의 역할을 하게 되고, 그들의 공공적公共的 정의관正義觀의 요구들을 만족시키게 된다. 그리고 공공질서와 안녕을 유지하려는 정부의 권한은 모든 사람이 자신의 이익을 추구하고, 각자 나름대로의 이해한 자신의 의무에 따라 사는 데 있어, 필수적인 조건들을 공평하게 뒷받침해주는 의무를 수행하기 위해 정부가 가져야만 할 권한 부여적 권리enabling right라고 할 수 있다.194)

그렇다면 불관용자들the intolerant에게도 과연 정의가 관용을 베풀 것인가가 문제된다. 어떠한 사람의 불평권不評權은 그 자신이 인정하는 원칙들이 위반되었을 경우에 국한한다. 불평이란 성실성에 입각해 타인에게 제시되는 항의이다. 불관용자의 자유가 정의로운 헌법의 특성, 즉 실제상의 결정들이 지침으로 삼아야 할 정치적 행위의 목적이 갖는 특성만을 규정할 뿐이다. 정의로운 헌법이 갖는 내적인 안정성을 알 경우, 질서정연한 사회의 구성원들은 평등한 자유 그 자체를 보존할 필요가 있는 특수한 경우에, 확신을 갖고서 불관용자의 자유를 제한하게 된다. 이를 제한하는 경우에도, 그것은 불관용자들 자신까지도 원초적 입장에서 받아들이게 될 원칙들로 이루어진 정의로운 헌법 아래에서 평등한 자유를 위해 이루어져야 할 것이라고 강조한다.

그가 주장하는 자유주의적 평등의 이념으로 보는 다음과 같은 두 원칙이다. 먼저 정의의 제1원칙인 평등한 자유equal liberties의 원칙은 사상, 양심, 언론, 집회의 자유, 보통선거의 자유, 공직 및 개인 재산을 소지할 자유 등 자유주의가 내세우는 가장 기본적인 자유들을 보장하는 것에 우선을 두고 있다. 이러한 기본적인 자유의 목록들 가운데 뚜렷하게 제외되어 있는 부분에 주목할 필요가 있다.195) 그것은 자본주의적 시장의 자유라고 할 수 있다. 이에는 생산재의 사유 및 생산물의 점유, 소유물의 상속물 및 증여의 자유가 포함된다. 기본적인 자유의 목록에서 이 같은 자유를 배제시킨 것은 그 핵심적 주장의 하나라고 할 수 있다. 존 로크의 사회계약에 등장하는 당사자들과는 달리, 존 롤즈의 계약 당사자들은 자신의 상대적 부나 소속된 사회계층을 모르는 가운데 분배적 정의의 원칙들을 선택해야 한다는 점이다. 자신이 자본가인지 노동자인지 알지 못하는 상태에서, 그들은 재산소유자의 이득을 보호하는 일보다 자신과 후손들이 인간으로서의 품위 있는 삶decent life을 보장하는 데 더 큰 배려를 해야 한다. 두 번째 원칙은 다음과 같이 두 부분으로 대별할 수 있겠다. 가장 유명한 첫 번째 부분은 차등의 원칙difference principle으로 최소 수혜least advantaged를 시민들에게 최대의 이익을 가져다줄 사회적·경제적 불평등을 정당화하며, 그러하지 못할 경우 평등한 분배를 내세우고 있다. 두 번째 부분은 모든 이에게 공정한 기회의 균등을 요구하는 것으로서, 단지 직업이나 직책의 기회만이 아니라 삶의 기회까지 평등화하자는 원리이다. 다시 말해, 유사한 능력과 기능을 가진 사람이라면 누구나 그들이 태어난 사회적 지위와 무관하게 유사한 삶의 기회를 보장받아야 한다는 것이다.

이렇게 볼 때, 존 롤즈의 정의관은 최소 수혜자를 우선적으로 고려하는 자유주의로, 사회주의적 비판의 도덕적 의미를 충분히 참작한 자유주의라고 할 수 있다. 차등의 원칙으로 인한 빈곤계층은, 그들의 인생의 전망을 고양시킬 여지가 더 이상 남아서는 안 될 정도까지 가능한 한 최고의 인생 전망을 보장할 것이 요구된다. 마찬가지로 공정한 기회균등의 재능이 있으면 출세할 수 있다는 고전적 자유주의의 이념을 능가하는 것으로서, 그것은 보상적 교육의 실시와 경제적 불평등의 한계를 요구함으로 인하여 사회 각 부문에 걸쳐 유사한 동기와 자질을 가진 모든 이에게 교양과 성취를 위한 거의 평등한 전망이 주어져야 한다는 것이다. 전술한 바와 같이, 정의의 제1원칙은 평등한 시민의 기본적 자유를 회생하는 일을 거부하는 존 롤즈 이론의 자유주의적 핵심을 나타낸다. 두 번째 원칙은 자유주의적 자유들이 사회적으로 불리한 처지에 있는 사람들에게 유명무실한 빈말이 되지 않게 하는바, 사회적주의적 핵심을 대변한다. 존 롤즈는 밀, 홉스, 듀이 등 자유주의 철학의 오랜 전통의 연장선상에서 로크보다 더 평등적이고 칼 마르크스보다 더 자유주의적인, 그야말로 '자유주의적 평등liberal equality'의 이념을 옹호하고 있다.196)

이 두 가지 규정 외에 다른 방법으로 취득한 재화에 대해서는 어떤 정당한 권리도 갖지 못한다는, 그의 이러한 법칙은 '인간 가치로서의 평등'과 '사회주의 이론'이 혼합되어 있다고 볼 수 있다. 자유의 원칙이

우선한다고 하지만, 그것은 사회·경제적 토대가 마련되었을 때에만 그러하고, 그러하지 않을 때에는 특히 '가진 자the haves'의 자유가 제한될 수도 있다는 것이다. 개인의 자유와 존재에 대해 우월성을 인정하고 있는 사회가 정의로운 사회이면서, 동시에 그 결과 생기는 특권을 상쇄하기 위해 보다 유능한 자들이 지니고 있는 자원을 보다 불행한 사람들의 처지를 개선하는 데에 활용되는 '배분적 정의'가 실현된 사회이다. 그의 주장이 공산주의와 자본주의 체제 간의 경쟁이 극치였던 1970년대, 자본주의 국가들이 공산주의 국가들의 프로파간다propaganda, 선전로 수정자본주의 사상의 많은 도입 때문이라고 여겨진다.

최소국가Minimal state 지향의 『무정부, 국가, 유토피아Anarchy, State and Utopia』(1974)를 저술한 자유주의 정치철학자, 자유지상주의Libertarianism 신봉자인 로버트 노직Robert Nozick(1938~2002)만큼 존 롤스의 정의관을 강하게 비판한 자도 드물 것이다. 재화가 어떻게 분배되었는가를 보고 정의를 논할 것이 아니라, 재화가 어떻게 생산되고 분배가 어떻게 이루어져 왔는가를 보아야 한다는 것이다. 노직의 정의관은 '획득의 정의'의 원리에 따라 재화를 획득한 사람은 그 재화에 대해 정당한 권리를 가진다. 재화의 권리를 가진 자로부터 '양도의 정의'의 원리에 따라 그 재화를 획득한 사람은, 그 재화에 대해 정당한 권리를 가진다.197) 노직의 정의관에 따라 개인의 권리가 절대적이라면 국가의 역할은 제한될 수밖에 없다. 국가는 폭력과 도둑, 사기로부터 시민을 보호하고, 계약이행을 강제하는 것 이상의 역할을 넘어서지 말아야 한다는 것이다. 노직의 이러한 국가관은 복지국가나 사회주의 국가의 강제적 재분배를 시행하고 있는 확장국가에 대한 강한 비판을 반영하고 있다. 일반적으로 공익public interest은 '공동의 이익' 또는 '모든 사람이 공통으로 갖는 이익'으로 정의하거나, 공공복리 및 공공성과 같은 개념으로 파악하여 "공공복리란 공적으로 승인된 여러 이익의 묶음 또는 다양한 공익이 집적된 것을 의미하고, 공공성이란 공동사회의 구성원에게 공통적으로 필요한 이익을 의미한다"고 정의한다. 사익 individual interest은 '개인이 추구하는 이익'으로 '공익에 의해 침해되는 개인의 이익'으로 정의되고 있으며, 구체적이고 직접적인 특성을 지니고, 구체적이고 직접적인 특성을 지니고, 구체적인 수혜대상이 있어서 사익보호에 보다 적극일 수 있다.198)

앞에서 언급한 두 인물과도 교유한 유대계 미국인 정치철학자 마이클 왈저Michael Walzer(1935~)도 존 롤즈의 보편적 정의관을 추상적 정의관이라고 비판한다. 그의 저서 『정의와 다원적 평등Spheres of Justice』(1983)에서 평등을 11개 영역으로 나누면서 다원적 정의관을 설파한다. 달리 말해 돈 많은 사람이, 그 돈을 정치권력이나 명예를 얻는 수단으로 사용할 수 있도록 하여서는 안 된다. 만약 어떤 재화가 다른 재화를 얻는 수단으로 사용된다면, 이는 불평등사회를 분명히 형성하기 때문이다. 정치권력political power은 공동체주의에서의 분배문제matter of distribution를 복합적 분배영역으로 보며, 정치는 토론과 설득에 의해 운영되는 영역으로서 단순평등보다는 민주주의를 강조한다. 공동체 구성원의 자격은 정치공동체 구성원들의 내적 결정과 상호부조相互扶助라는 외적 원칙에, 안전과 복지는 필요에, 돈과 상품은 자유교환에, 대부분의 공직은 자격과 공정성公正性, fairness에, 힘든 노동은 평등이나 필요에 의해서 주어진다. 또한 기초교육은 사회적 특수성을 고려함과 동시에 평등하게, 전문교육은 개인의 재능을 참조하여 분배를 결정함으로써, 가족과 사랑은 이타주의에 의해서, 명성은 자유교환이나 공적이나 자기존중에 의해서, 정치권력은 토론과 민주주의가 주된 분배원칙이란 것이다. 따라서 상대주의적 입장을 취하면서도, 최소한의 확정적 원칙들을 제시하려고 한다. 즉 각 영역에 내재하는 고유한 작동원리principles internal to each distributive sphere를 존중하지 않는다면 전제정치가 된다고 한다. 이러한 각 영역의 자율성을 해치는 전제정치의 정반대인 복합적 평등이 존재199)한다는 것이다.

또한 마이클 샌델Michael Sandel(1953~)은 정의에 대해, 다음의 세 가지 관점에서 이해하고 있다. 사람들의 행복을 극대화하는 것이 정의라고 주장하는 공리주의Utilitarianism, 개인의 자유를 보장하는 것이 정의라고 주장하는 자유주의Liberalism, 정의를 행복의 합계나 자유보장으로 단순히 설명할 수 없고, 오히려 다양한 도덕적, 종교적 가치에 대한 논의로부터 공동체 구성원의 좋은 삶과 공동선에 대한 답을 천천히 찾아보자는 공동체주의Conmunitarianism가 있다면서 마지막 공동체주의를 추구한다. 존 롤즈를 비판하기는 마찬가지였던 마이클 샌델이나 마이클 왈저는 공동체주의자들이다. 즉 비판적 자유주의자라고 볼 수 있다. 그러나 이들의 개별적 견해는 상이한 면이 있다. 그러함에도 불구하고 이러한 주의자들은 자유주의자들이 개인주의에 천착하는 것에 문제를 제기한다. 공동선에 대해 가치를 둔다. 공동체주의는 존 롤즈에 대해서 살펴본 바와 같이 비판적이나, 공동체의 중요성을 강조한다. 도덕적 의무와 책임과 함께 이러한 주의자들은 배타적인 자기중심주의는 배격한다.

정의론에 있어 존 롤즈는 개인의 자유에 연원하는 개인의 권리를 우선하였다고 볼 수 있다. 반면 샌델은 공동체 가치가 중심이라고 본다. 즉 샌델은 존 롤즈에 반항하여 "어떠한 정의론도 사적인 목적보다는 공적인 목적에 1차적으로 기초하여야 하고, 일단 공동체의 우선성이 인정되면 정의 그 자체는 마지막 목적이 아니고, 단지 중간적인 목적으로 보인다"고 한다.200) 이 둘에 따르면 정의는 오로지 이성에 의해서만 규정될 수 있는 성질상의 도덕적 범주이며, 명시적이든 묵시적이든 간에 법제도 자체에 의해 제공되는 정의正義, justice 개념은 이성이 파악하는 정의定義, definition에 비해서는 중요하지 않거나 직접적인 관련이 없다는 태도를 취하고 있다. 둘의 윤리철학과 정치철학의 견해는 법제도와 규범에 대한 강한 부정적인 함의를 전제하고 있다고 『법과 혁명Law and Revolution』의 저자 해롤드 버만Harold J. Berman(1918~2007)은 분석하고 있다. 즉 전제가 되는 함의는 법이란 법실증주의자의 말대로 입법자에 의해서 정립되는 규칙의 총체이며, 따라서 법에 대한 판단은 오로지 법체계의 외부로부터 도출되는 도덕성에 의할 것이라는 함의이다. 또한 법은 본질적으로 의지의 산물이며, 따라서 법을 평가할 이성만이 법 바깥에서부터 포섭해야 할 유일한 범주라는 전제이다. 이러한 둘의 반대토론의 전제가 된 법에 대한 기본적 함의에 대해서 자연법이론가들은, 법은 그것 자체의 기준과 목적으로 구성돼 있으며 환원하면 법은 그것 자체의 내적인 도덕성을 가지고 있다고 한다. 법이 자체 내적인 도덕성을 갖고 있다는 논의는 메타—로mata-law의 논의로서 진행되는데, 버만은 "법은 그 자체 내부에 법과학을 가지고 있으며, 이것을 '메타—로'라고 할 수 있으며, 이것은 실지로 분석될 수 있고 평가될 수도 있는 것이다"고 한다.201)

독일에 있어서는 18세기 무렵, 공공성公共性, Öffentlichelichkeit이라는 개념이 확립되었다는 사실에 비추어 이 개념이 근대의 형성 및 발전과정과 관련을 맺으며, 그 의미가 부각되어 왔다는 점을 짐작할 수 있다. 이 점은, 특히 Lokes나 Rousseau 같은 근대 초기 계몽사상가들에 의하여 공공성의 의미가 비중 있게 다루어져 온 점에서 확인할 수 있다. 실제로 18세기 말 이래, 독일에서는 계몽적·이성적 사고방식에 있어서 모든 국가적 삶이 근대적인 정치질서가 되어야 한다는 요청이 공공성이라는 개념을 통해 공식화되기 시작했다. 예컨대 칸트I. Kant가 정의로운 법의 본질적이고 구조적인 요소를 공공성에서 찾은 것을 보면 이 점을 알 수 있다. 특히 독일의 경우, 프랑스혁명의 반봉건적이고 반절대주의적 요청을 스스로의 상황에 맞도록 순화된 형식으로 끌어들이는 역할을 했던 개념이라고 이해할 수 있다. 따라서 공공성이란 개념에도 칸트가 말하는 것처럼 공적 이성의 자유로운 교환과 대화를 강조한 것이나, 독일의 철학자이자 사회학자인 위르겐 하버마스Jürgen Habermas(1929~)가 말한 '대화를 통한 의사소통'이라는 가치가 중요한 것일 수밖에 없다. 즉 근대 초기부터 공공성이라는 말의 의미에는 '다수인에 대하여 개방되어 있음'과 '정의' 또는 '진리' 등의 의미 외에, 이를 연결해주는 '의사소통적 합리성'이라는 의미가 핵심적으로 내포되어 있다고 할 수 있다.202) 이렇게 볼 때, 법학적 영역에서의 '공공성'이란 것이 본래의 의미를 벗어났다고 볼 수 있다. 이러한 현상은 독일 법학에서는 더 두드러졌음은 물론, 우리 법학에도 이러한 현상이 발생했다.

이에 '공공사용Public Use'과 '수용'에 대해서는 체계적으로 정의하기도 하는 견해도 있다. 즉 머글러Mugler 사건에서 '공공사용'이란 정부가 공용수용 조항을 일반적인 공간이나 시설에서 사유재산에 대한 제한을 주장하면서 야기되었다. 법원은 공공의 목적을 달성하는 데 관련되는 것인지 여부를 묻는 대신에 '공공의 사용'이란 용어를 사용하는 것으로 해석하였다. 공공사용 목적을 달성해야 한다고 판단하고는, 민간재산에 영향을 미치는 정부의 작용이 일부 광범위하게 정의된 공공목적에 기여하는 한, 공공의 목표를 민간의 목적에 추가하는 경우에 '공공사용'의 일부를 설명한다.203)

공공성은 다수에게 개방되어 있으며, 적극적인 의사소통을 통하여 올바른 무엇인가를 발견할 있다는 의미는 근대 초기에 있어서 주로 당시의 시민사회에 의하여 실현되었다고 볼 수 있다. 그러나 그 계층이 주로 유산자 계층의 주도로 스스로의 권력과 이익을 관철한 부르주아적 시민사회였기 때문에, 근대적인 공공성에 대하여 비판을 받는다. 첫째, 부르주아적 생산양식은 스스로를 사회적 질서로서 공적으로 정립시켜야 함에도, 그 질서의 관철에 저항하거나 장애가 되는 것들을 배제하는 것이 필요했다는 점이다. 둘째, 부르주아 공공영역에는 '부르주아 독재의 조직 원리로서의 공공영역'이 있다는 점이다. 예컨대, 법률의 개정을 어렵게 하거나 법을 형식화하고 안정화시키는 것이 그러한 것이라고 한다. 셋째, 부르주아 공공영역이 단지 사회 내 소수집단의 권력에 따르는 것에 불가함을 감추고, 부르주아 독재에서 다른 공공영역과 사회성이 부인되고 있다는 것을 감추기 위해 또 다른 기능이 필요하다고 한다. 하지만 이러한 세 가지 비판은 다음과 같은 측면에서, 근대의 공공성에 대한 결정적 비판으로 받아들이기는 어려운 면이 있다. 첫째, 이러한 반론이 부르주아적 시민사회가 아닌, 이른바 프롤레타리아 사회를 공공성과 관련해 설명하고 있다는 점에서 볼 때, 끝내 부르주아적 시민사회의 현실에 대하여는 비판하면서도 공공성의 개념의 긍정적 가치는 승인하고 있는 것이다. 즉 공공성 자체에 대한 비판이 아니라, 근대 초기 부르주아적 시민사회를 중심으로 한 공공성의 실현 양상에 대한 비판인 것이다. 둘째, 프롤레타리아 사회와 공공성의 관계는 부르주아적 시민사회의 그것보다 역사적으로 더욱 실재성이 없는 개념이라고 할 수 있다. 여기서 프롤레타리아 사회의 공공성은 노동자의 의식 안에 존재하는 요소들에 대한 판단이 요구하는, 일종의 문제적 보편성을 지칭한다고 설명하기 때문이라고 할 수 있겠다.[204]

반면에 영미의 공공성Public nature 내지 공익론公益論, Public interest theory에서는 가장 두드러진 특징이 있다. 그 특징은 아담 스미스Adam Smith로부터 시작하여 제레미 벤담Jeremy Bentham에 의해 완성된, 고전적 자본주의 세계관으로부터 유래되는 자유방임自由放任, laissez-faire, 즉 개인의 경제활동의 자유를 최대한으로 보장하면서 국가의 간섭을 가능한 한 배제하려는 경제 사상이나 정책, 그리고 타인이나 국가 및 사회 전체의 이익을 무시하는 개인주의個人主義, individualism, 또한 가치판단의 기준을 효용과 행복의 증진에 둔 '최대 다수의 최대 행복' 실현이 목적인 공리주의功利主義, utilitarianism의 경향이라고 할 수 있다. 이러한 공리주의 및 계량주의적 경향은 오늘날의 영미英美 경제학으로 이어지고 법학의 영역에서도 공공선택이론, 비용·편익분석 등의 이론과 방법론이 도입되어 실질적인 공익판단에 중요한 영향력을 행사하고 있다. 이러한 관점에서 보면, 공익은 개인들이 각각의 이익을 추구함으로써 자연히 달성되는 것이지, 국가의 노력으로 달성되는 것이 아니다. 신자유주의는 고전적인 경제적 자유주의보다 자유의 원리를 문화적·사회적 차원에까지 확장시키고 있다. 이는 신자유주의자들의 입장에서는 국가에 의한 공익의 인위적 추구는 자유와 권리의 침해와 억압만을 초래할 뿐이다. 이리하여 신자유주의 하에서는 규제완화와 최소국가의 개념이 각광을 받고, 공익을 추구한다던 국가가 사익의 포로가 된 현상을 지적하며, 오히려 국가의 간섭을 줄인 곳에서 자유로운 개인 활동의 조화 속에서 공익이 달성된다고 본다. 그러나 고전적 자유주의가 가지고 있었던 똑같은 문제, 즉 자유주의 개념에 의한 공익은 사회적 강자의 편이기 쉬우며 시장가치에 의한 공익 결정이 각종의 민주주의적 가치와 공동체 구성원으로서의 시민권과 관련된 가치를 도외시할 위험이 있다는 문제 지적에 대해, 신자유주의를 주창하는 사람들은

책임 있게 답변할 의무가 있다고 본다.205)

공공성에 대한 형식적 이해의 역할과 한계에서 보면, 특히 공·사법의 구분은 법률상 쟁송에 관하여 행정재판절차를 택하느냐, 아니면 민사재판절차를 택하느냐 등의 문제를 결정하는 기준이 되었다. 여기서 특정한 법률관계에 관하여 구체적인 규율을 하는 명문의 명문규정이 없을 시에는, 이것에 적용될 일반법과 법원칙을 결정하기 위한 기준이 되어 왔다. 즉 공공성은 실용성에 초점을 둔 형식적·기술적 개념으로 기능하고 있었던 것이다. 그러나 이러한 공공성에 대한 형식적 이해의 가장 커다란 폐단은 그 현실이 어떠하던 간에, 공공성이라는 이름으로 특정국가의 현실을 정당화할 위험성이 있다는 점을 지적한다. 다시 말해 '국가적인 것을 공적인 것'으로 표현함은 그 자체로는 타당하나, 국가의 실체가 어떠한 것인지에 관계없이 '공적인 것'으로 표현한다면 타당하지 못하다는 것이다.

이러한 공공성의 형식적 이해를 부분적이지만, 이를 수정하려는 공공성에 관한 '이익이론Interessentheorie'으로서 기존의 공·사법의 구별 논의가 완전히 형식적-기술적 구별에 머물고 있다는 점을 비판하면서, 공공의 이익에 기여하는 것이 공법이고 사적 이익에 기여하는 것이 사법이라는 주장을 한다. 그리고 어느 이익에 기여하는지의 판단은 궁극적으로 헌법상 형량의 법칙에 따라 해명되어야 한다고 주장한다. 그러나 이익이론의 불확정성에 대한 비판은 기존의 공공성에 대한 형식적 이해를 주장하는 입장에서나 가능하단 것이다. 이러한 이유로, 공공성의 형식적 이해를 극복하기 위한 일환으로 공공성을 형식적으로 이해하게 된 배경과 근본 원인이 제거될 필요성이 있다. 이는 독일의 경우에는 1949년 독일연방공화국의 성립을 통해 해소되었다고 할 수 있다. 기존의 형식주의적 방법론을 정면으로 극복하고 공공성에 대한 실질적 이해를 회복하는 데 있어, 결정적으로 기여한 이는 스멘트R. Smend(1882~1975)206)라고 할 수 있다. 그는 기존 독일 헌법학계에서 그다지 큰 관심을 받지 못하거나 때로는 후진적인 독일의 정치상황을 합리화하는 데 동원되었던 형식적으로 공공성 개념을 비판했다. 그리고는 프랑스나 여타 민주주의가 성숙한 서구 여러 국가의 역사에서 공공성의 본래의 의미를 발견하여, 현대국가의 본질적이고 규범적인 과제로 고양시킬 수 있는 있는 시각을 열었다고 할 수도 있다.207)

이러한 점에 대해, 공익은 공동체(국가 또는 지방자치단체) 구성원 전체의 이익을 의미한다. 공익은 공동체의 이익이지만, 공동체 자체의 이익만으로는 공익이 될 수 없다. 즉 국가 또는 지방자치단체의 단순한 재산상 이익은 원칙상 공익이 아니다. 공익으로서의 공동체의 이익은 각 개인의 이익의 총합이 아니며, 개인의 이익을 초월하는 이익이다. 사익의 산술적 총합, 달리 말해 최대 다수의 최대 행복을 공익으로 보는 공리주의적功利主義的 공익 개념은 공법과 사법을 구별하지 않는 영미법계에서는 채택할 수 있지만, 이를 구별하는 우리 공법에서는 부분적으로만 그 타당성이 인정될 수 있다. 공익 개념은 절대적 개념이 아니라, 시대의 구체적 상황 속에서 판단되는 상대적 개념이라고도 한다.208) 스멘트 이후로도 공공성publicity을 실질적으로 이해하고자 다양한 이론적 시도가 없었던 게 아니다. 린켄A. Rinken은 오늘날 민주적 헌법질서에서 공공성의 구조는 'res publica'로 표현된다고 한다. 현대어로는 독일어로서 Republik인 이 개념은 우리말로는 보통 '공화국' 또는 '공화정체'로, 공화국共和國은 'republic', 'commonwealth'란 영어로, republique란 불어로 번역된다. 그러나 레스 포불리카res publica는 훨씬 더 포괄적 의미를 갖는다. 즉 '국가', '공익', '대중', '공사公

事' 등의 의미를 함께 내포하고 있는 것으로 이해할 수 있다.209) 공공성publicness, Öffentlichkeit이란 자유롭고 평등한 인민populus이 공개적인 의사소통의 절차를 통하여Publizität 공공복리salus publica를 추구하는 속성이다.210) 이를 좀 더 확장해서 보자. '사적인 것', 또는 '사유재산'을 뜻하는 레스 프라바타res privata와 반대 개념인 res publica는 '공적인 것', '공적 재산'을 뜻한다. 즉, 후자는 res populi인 '인민의 것'과 일맥상통한다. 실상은 모든 정체, 즉 왕정까지도 포함되는 것으로 보는 키케로Marcus Tullius Cicero(BC106~BC43)는 법치국가라면 모든 국가가 이렇게 칭한다고까지 하였다. 더 나아가 로마인에게는 '레스 포불리카'가 인민의 덕이 모이는 곳인 '원로원'이 그 중심이라고 한다. 또한 그리스인이 '폴리스', '국가', '시민'과 같은 뜻으로 봄과 달리 그들은 이와는 다른 뜻인 그 자체가 하나의 독립된 생명체를 지닌 것으로 이해하면서, 이게 손상되면 아픔을 느낀다는 관념도 가지는 것으로 이해하였다.

공공성은 권력의 견제와 균형을 통한 협치 또는 상생의 정치공동체인 공화주의Republicanism에서 나온 가치로, 시민적 덕성virtu civile에 기반한 공공선bonum publicum의 실현을 목표로 한다. 건설업자나 도시개발업자들은 '공공성'에 있어 권리(이익)와 관념 간 상충관계에 부딪히나, 미래세대와 함께하는 지속가능한 발전에 있어 외면할 수가 없다. 또한 공공성은 헌법적 가치이기도 하다. 더구나 공화주의는 국민통합과 다양한 정치세력 간에 있어 유사성의 원리Principle of Similarity가 아닌 상호성의 원리Reciprocity Principle를 중시한다.

헌법 제1조 제2항에서 "대한민국 주권은 국민에게 있고, 모든 권력은 국민으로부터 나온다"는 국민주권 규정과 동법 제11조 제1항에서 "모든 국민은 법 앞에 평등하다. 누구든…, 모든 영역에 있어서 차별을 받지 아니한다"는 국민평등의 규정 등에서 공공성의 3요소 중 첫째 의미인 포플레스populus와도 밀접한 연관이 있다고 볼 수 있다. 우리 헌법재판소도 제1조 제2항과 관련하여 "국민주권의 원리는…, 국가권력 내지 통치권을 정당화하는 원리로 이해되고, 선거운동의 자유의 근거인 선거제도나 죄형법정주의 등 헌법상의 제도나 원칙의 근거로 작용하고 있다"211)고 결정하여 국민주권원리의 개념을 밝히고 있다. 또한 동법 제11조 제1항 전단과 관련해서도 "사회적 신분은 사회에서 장기간 점하는 지위로서 일정한 사회적 평가를 수반하는 것을 의미한다 할 것이므로, 전과자도 사회적 신분에 해당한다"212)고 하며, 그리고 동조 제1항 후문과 관련하여 "헌법 제11조 제1항 후문의 규정은 불합리한 차별의 금지에 초점이 있고, 예시한 사유가 있는 경우에 절대적으로 차별을 금지할 것을 요구함으로써, 입법자에게 인정되는 입법형성권을 제한하는 것은 아니다. 성별에 의한 차별이 곧바로 위헌의 강한 의심을 일으키는 사례군群으로서 언제나 엄격한 심사를 요구하는 것이라고 단정하기는 어렵다"213)고 차별금지사유에 대해 판시하고 있듯이, 공공성이 소수권력자가 아닌 다수의 국민에 의한 지배임을 내포하고 있다는 점이다.

다음은 살루스 퍼블릭salus publica으로, 이를 직역하면 '건전한 공동체' 또는 '공공복리'로 해석된다. 다시 말해 공동체의 질서가 정의로워야 한다는 요청을 담고 있는 개념이고, 보다 구체적으로는 전자보다 후자인 '공공복리'의 의미를 내포하고 있는 것으로 볼 수 있다. 이를 공공성과 관련해 본다면, 공개적 토론·공개절차를 통해 진리와 정의, 즉 '공공복리'가 획득될 수 있다는 신뢰가 이와 관련해 이해될 수 있을 뿐만 아니라 공공복리는 편파적이지 않은 공정하고 중립적인 입장에서 도출되는 것이 보통이기 때문에, '공정성'의 의미도 salus publica와 관련해 이해될 수 있다. salus publica는 공공성의 과제의 측면을 지칭하고 있다고 볼 수 있겠다. 우리 헌법 제37조 제2항, 즉 "국민의 모든 자유와 권리는 국가안전보장·질서유지 또는 공공복리를 위하여 필요한 경우에 한하여 법률로써 제한할 수 있으며, 제한하는 경우에도 자유와 권리의 본질적인 내용을 침해할 수 없다"에서의 기본권 제한의 내용적 요건으로서 '공공복리'를 명시하고 있는 것 등은 공공성의 두 번째 의미요소인 salus publica와 직·간접적인 관련성이 있다고 볼 수 있다.[214]

우리 헌법재판소도 "계약을 체결하여 채권을 취득하고서도 그 이행을 확보하지 못하고 강제집행을 할 수 없게 될 가능성이 생긴다는 점에서, 일단[215] 헌법 제10조에 정하여진 행복추구권의 한 내포인 계약의 자유나 제23조에 정하여진 재산권에 대한 제한이 되나, 이와 같은 제한은 사회정책적 입법으로 '공공복리'를 위한 것이라고 할 수 있다. 공공복리를 위하여 필요한 최소한의 기본권의 제한으로서…,"라고 결정하고 있다. 우리 대법원도 "보건복지부장관이…, 식품위생법상의 그 제한이 자유와 권리의 본질적 내용을 침해하거나 국민의 평등권을 침해하여 헌법 제37조 제1항 및 제2항 후단, 제11조 등에 위반되는 위헌의 규정이라 할 수 없다"[216]고 판시하였으며, 프랑스 헌법위원회도 "행정상 필요에 의해 기본권을 제한하는 경찰조치의 적법성은 그 조치가 시간적·장소적 특수상황에 의하여 정당화될 수 있고, 나아가서 공공질서 유지상 필요성에 비례할 때에만 인정된다,"[217]고 판시하고 있어, 공공성과 관련을 가지고 있음을 알 수 있다. 반면 "경제적 기본권 제한을 정당화하는 목적 개념인 '공익'은 '공공복리'를 정당화할 수 있는 '모든 공익'을 아울러 고려하여야 한다"고 하면서도 "다만 기본권 제한 입법의 목적인 공공복리는 소극적 목적의 다의적·불확정적 개념이어서, 사회국가의 적극적 국가목적 실현을 위한 실천목표인 사회복지 개념과는 구분된다"고 한다.218) 우리나라 행정법에서의 '공익'은 행정법의 특수성(일방적 조치권, 공정력, 공권 및 공의무의 특수성, 공법의 계약의 특수성 등)과 행정법상 주요 개념(공권력, 공물 등)의 기초가 되며, 행정작용의 정당화사유가 된다. 법치행정의 원칙상 국민의 기본권 및 권익의 제한은 법률의 근거가 있어야 하지만, 공익이 그 궁극적 근거다. 기본권제한 사유인 국가안전보장, 질서유지 및 공공복리는 공익이 구체화된 개념이다. 공공수용의 정당화 사유가 되는 '공공필요' 는 공익과 비례성을 의미한다. 그리고 우리 헌법 제23조 제3항의 '공공 필요'는 수용의 정당화 사유가 되며, 공공필요의 개념은 '공익'이라는 개념과 비례의 원칙을 포함하는 개념219)이라고 주장하고 있다. 또한 다음과 같이 해석하는 견해도 있다. 즉 공익, 공공의 이익Public interest은 복수의 이익이나 사익과 대립되는 개념으로서 불특정 다수의 이익 또는 사회구성원의 평균적 이익, 공공복리 등과 같은 개념으로 이해되고 있다. 그런데 이러한 공익의 개념은 매우 추상적이어서 이를 구체화 할 때에는 이해당사들 간에 견해를 달리할 수 있고, 경우에 따라서는 충돌이 일어날 수 있다. 여기서 공익의 추구와 사익의 보호를 어떻게 조화시킬 것인가 하는 매우 어려운 문제가 남는다. 공익의 내용을 측정하고 판단할 수 있는 객관적인 분명한 기준이 없는 이상, 그 구체적인 내용은 결국 정책결정권자, 즉 국가권력 담당자에 의한 판단에 의존할 수밖에 없다고 한다.220)

마지막으로 세 번째 요소인 퍼블리짓티Publizität도 아주 넓은 개념으로, 공공성의 의미와 관련해 '개방성'으로 이해할 수 있겠다. 이 의미는 공개성, 공공연함, 공개적 토론 등을 지칭할 수 있는 것으로, 공공성을 실현하고 구체화하는 개방적 의사소통의 절차, 즉 '공적 절차'의 의미를 표현한 것이라고 볼 수 있다.221) 이는 우리 헌법에서도 개방성의 의미가 크다. 즉 우리 헌법 제50조 제1항 전단에서 "국회의 회의는 공개한다". 그리고 동법 제109조 전단 "재판의 심리와 판결은 공개한다"로 규정하고 있다. 전자는 의사공개의 원칙으로, 이에 대해 우리 헌법재판소는 "위원장이 방청을 불허하는 결정을 할 수 있는 사유란 회의장의 장소적 제약으로 불가피한 경우, 회의의 원활한 진행을 위하여 필요한 경우 등 결국 회의의 질서유지를 위하여 필요한 경우로 제한된다고 할 것이다"[222]고 결정하고 있다. 후자에 대해서는 헌법재판소나 대법원 판례가 보이지 않는 듯하다. 이에 일본 최고재판소가 "메모의 자유가 헌법상 표현의 자유정신에 비추어 존중할 가치가 있으므로, 법정에서의 메모행위도 특별한 사정이 없는 한 이를 방해할 수 없다"[223]고 판시하고는 있는 실정이다.

4. 헌법질서에서의 공공성

근대 시민사회와 현대 시민사회를 구분하고 발전과정에서의 공공성과 가장 밀접한 연관을 위해 공론장公論場으로의 시민사회에 초점을 두고 법학을 주축으로 행정학, 정치학, 경제학, 철학, 심지어 신학에서까지 분석해 보았다. 그러나 오늘날 헌법질서에서의 공공성을 평가하는 입장이 대체적으로 일치하지 않고 있는 실정이다. 공공성이란 용어가 공공연히 사용하게 된 지도 한 세대가 지나고도, 개념 정리조차 어려운 것은 주지의 사실이다. 존 스튜어트 밀John Stuart Mill이 공리주의를 설파할 때의 절규[224]만큼이나 어렵다는 것이다. 그러면서도 없어서는, 사용하지 않을 수 없는 개념임을 뛰어넘을 수도 없다. 한마디로 공공성이란 의미가 혼재성婚材性을 가지면서 시대적 상황, 더 나아가 그 위치에 따라 적절하게 사용되고 있다. 전술한 바와 같이, 공공성의 비중에 대한 입장의 차이점은 첫째, 근대 초기의 것이 현대 헌법에도 계승되고 있는가이다. 둘째, 전면적이고 핵심적인 가치인지에 대한 여부이다.

이러한 차이점인 두 번째에 있어서, 자유주의적 법치국가[225]를 전제하는 것인지 아니면 사회적 및 민주적 법치국가[226]를 전제하는지가 관건이겠다. 전자는 국가권력이 사회구성원 간의 분쟁에 휘둘리지 않으면서 중립성을 중요시한다. 반면 후자는 전자의 영역에 깊이 개입한다. 이러하기 위해서는 국가권력의 정당성이 전제되어야 한다. 결국에는 사회적 법치국가는 민주적 법치국가를 더 적극적으로 전제하여야만 공공성을 정당화할 수 있다.

앞서 살핀 바와 같이, 통합주의자 R. Smend의 공공성의 3요소를 '인민', '공공복리', '공개성'으로 보면서 공공성에는 대체적으로 다섯 가지의 의미요소가 포함되어 있다고 보았다. 첫째, 공공연함, 일반적 이익의 영역에 대한 접근 가능성을 의미한다. 둘째, 공공성은 공개적 토론, 공개절차에서의 진리, 결백 및 정의가 획득된다는 의미가 포함된다. 셋째, 공공성은 단지 수단이 아닌 자체 목적으로서의 고양된 의미를 내포한다. 넷째, 공공성은 집단적 생활 영역의 주체, 즉 인민을 의미한다. 다섯째, 공공성은 현대 국가의 가장 고유한 과제의 본질을 의미한다고 하였다. 공공성은 "자유롭고 평등한 인민이 공개적인 의사소통의 절차를 통하여 공공복리를 추구하는 속성이다"고도 한다.[227] 처음부터 공적 성격을 가지고 있는 공공성은 시민단체나 언론의 공론화도 필요하다고 보고 있다. 그러나 이를 국가, 시민단체, 그리고 언론만의 공론화로는 부족할 수가 있다. 공공성이 어디에나 존재할 수 있고, 없을 수도 있기 때문이다. 공공성이라는 개념이 가면 갈수록 더욱더 요구될 것은 명확하다. 그렇다고 보면 공공성을 단순히 국가, 시민단체, 언론을 통해 논하기란 부족할 수 있기에 지혜로운 함의로의 지속·발전되어야 한다.

사회적 법치국가 질서 하에서의 '공공성'은 너무나 다의적인 해석이 분분하면서도, 등한시할 수 없는 아주 핵심적인 요소이자 그 개념이다. 구체적 의미가 생략된 추상적인 개념적 성격이 강하나, 우리 헌법상에도 공공성 개념이 자주 등장한다. 헌법은 공공성을 전면적이고 핵심적인 가치 중 하나로 받아들이고 있다. 국가 공동체는 이러한 헌법적 가치 속에서 끊임없이 변화하고 발전하는 동적 과정이다. 더구나 공공성은 재산권에 대한 연구로서의 최고의 근거인 헌법 제23조 제2항 '재산권 행사에 있어서의 공공복리'를 비롯하여, 제37조 제2항의 '공공복리'는 아주 밀접한 관련이 있다. 두 조문 속 '공공복리'란 의미에 대해서는 학자들의 다양한 견해가 상존하고 있음이다. 제29조 제2항에서의 '공공단체', 제76조의 '공공'이라는 개념이 전개되고 있다.

'공공성'이란 말이 현실적으로 어디에서나 사용되고 있는 실정임에도 불구하고, 딱히 통일된 개념은 없어 보인다. 따라서 '공공성'이란 개념의 '혼재성' 내지 '확장성'이 상존할 뿐이다. 그러나 사회는 진화되고 발전한다. 인류 전체의 이익이 없는 세계는 암흑일 수밖에 없다. 공공성이란 단순한 과제만을 의미하는 것이 아니라, 그것을 추구하는 주체 및 방법에 대한 기본적 사항까지 내포하고 있는 개념의 복합체라고도 할 수 있다. 불변의 고정개념이라고는 볼 수 없다. 그때그때 주어진 상황에 따라 신축적으로 해석할 필요성이 있지 않을까 싶다. 따라서 공공성이란 개념에 있어서의 '혼재성' 내지 '확장성'이 존재할 수밖에 없다는 결론이다. 즉 혼재하여 사용할 수밖에 없다는 점이다.

그러면서 "다수가 함께 공감하고, 이익을 함께 나눔으로써 정의로움을 추구하며, 헌법질서의 최고의 핵심적 요소"라고도 정의할 수 있겠다. 공공성이란 정부가 나서서 해결해야 할 문제도 있지만, 시민들이 함께해야 할 문제도 있는 만큼 시민 스스로 해결할 때 공공성의 의미가 온전할 수 있는 것이다. 그러면 토지재산권에 대한 공공성의 문제, 즉 토지의 공개념 문제가 대두된다. 토지공개념에 대해서는 후술하기로 하고, 역대 정부의 토지 및 부동산정책의 변천부터 보자.

제8장 역대 정부의 토지재산권의 공공성 변천

1. 토지 및 부동산정책의 변천

　토지문제로 골머리를 앓은 지가 최근에 와서야 일어난 게 아니다. 그러나 정도를 넘었다. 더구나 문재인 정부의 부동산정책의 실패는 단군 이래 최악의 상태로서, 이에 따른 민심도 폭동 직전의 있을 수 없는 21세기 한국판 앙시앙 레짐ancien régime 상태로 회귀한 것과 진배 없다. 그 프랑스혁명의 전야에 있는 듯하다. 우리 경제가 1960년대부터 경제개발계획이라는 미명 하에 급속도로 진전된 산업화로 인해 필연적으로 발생할 수밖에 없었다. 이에 부동산투기가 만연돼, 지금 이 순간에도 '투기공화국'이란 조어가 떠날 줄을 모른다. 대한민국정부 수립 후 각 정부마다 이에 대한 대책을 쏟아냈지만, 별다른 효과를 발휘하지 못했음은 주지의 사실임이 후술하는 바에서 밝혀진다. 이승만 정부부터 문재인 정부까지의 토지정책에 대한 변천사에서 '공공성'에 관한 핵심적인 부분을 설명하고자 한다. 앞에서 본 바와 같이 공공성이 그만큼 중요하기 때문이다. 따라서 토지공개념화로 갈 수밖에 없는 이유가 밝혀진다.

1.1. 미군정기 및 이승만 정부의 농지개혁

해방 이후 남북한은 농지개혁에 있어서도 체제경쟁이 심했다. 로마의 사회주의자였던 그라쿠스 형제의 개혁 또는 율리우스 카이사르(BC100~BC44)의 농지개혁이었다. 즉 이들은 국유지를 불하하는 정책을 구사하였다. 전자는 로마에서 가장 영민하고 부유한 집안 출신이면서 원로원의 반대에도 불구하고 평민을 위한 농지법을 통과시킨 '노블레스 오블리주'의 서막을 연 인물이다. 후자는 원로원의 반대가 만만치 않음을 익히 알고 폼페이우스 군대의 병사들을 이끌고 국유지를 분배하는 농지개혁법을 통과시켜 농민들의 환호를 받았다.

이러한 개혁을 답습하려한 집권자의 역사의식에서부터 출발하자. 일제강점기에서 벗어났으나 두 체제가 남북으로 갈렸다. 이에 나름 농지개혁에서도 체제 우위體制優位 선점으로 인한 민심을 잡으려했던 것으로, 각각의 포퓰리즘Populism 정책이 있지 않을 수 없었다. 만주에 있었던 김일성金日成(김성주)은 소련 군정에 의해 1945년 10월 14일, 우리말을 더듬거리며 한말과 일제강점기 백두산 일대의 의병장이었던 24세나 연상인 항일영웅 김일성金一成(김창희)인양, 평양 7만여 군중 속 조선해방축하집회에 나타났다. 이듬해 2월, 친일파 청산과 함께 '토지는 밭갈이하는 농민에게'라는 구호를 내걸었다. 그 다음 달에 가서는 '무상몰수, 무상분배'라는 토지개혁을 단행하였다. 남한정부를 전복하려는 스탈린의 꼭두각시 김일성과의 체제경쟁이었던 이승만도 이쯤에서 다급해졌다. 그러나 북한의 토지개혁이 무상분배가 아닌 경작권이었고, 다시 몰수당하고 북한정권에 고율의 세금을 내는, 끝내는 협동농장 형태의 공산주의로 흘러갔다. 북한보다는 늦었지만 이승만정부(1948~1960)는 1948년 3월 미군정기에서의 적산토지의 분배와, 그로부터 1년 후인 1949년 6월에 국회를 통과한 농지개혁법을 수정하여 1950년 3월, 정식으로 공포하여 제1공화국의 농지개혁이란 대개혁이 있었다. 이보다 먼저 미군정은 일제 때, 동양척식회사 소유와 일본인 소유의 토지와 재산을 관리하기 위해 설립한 신한공사新韓公社, The New Korea Company 소유 적산토지積算土地를 유상으로 소작농228)에게 분배하였다. 분배된 토지는 신한공사 소유 72.8%에 해당하였으나 이는 경지면적의 11.6%, 소작지의 16.7%에 불과했다. 이러한 이유는 이해관계자인 입법위원의 구성원과 미군정의 농지개혁의 의지의 결여가 한몫했기 때문이다.229) 일본인 소유 토지를 일단 미군정 소유로 접수하고, 일제 때 반수제半收制가 넘었던 소작료를 3·7제로 바꾸어 지주제에 일정한 변화를 가져왔다. 미군정은 토지에 관한 한 이 이상의 개혁조치를 단행할 의지가 없었으나, 농지개혁을 통해 토지의 농민적 소유를 보장하지 않고는 '농업의 민주화'를 달성하기가 사실상 불가능한 실정이었다. 북한에서 무상몰수·무상분배 토지개혁을 단행했기때문에, 농민들의 개혁적 요구가 더욱 높아질 수밖에 없었다. 이러한게 1947년 10월, 경북지방의 민중항쟁을 겪은 후에야 미군정은 적극적으로 움직이기 시작했다.

그러나 한반도 문제의 유엔UN 이관과 남한만의 단독정부 수립을 획책하던 우익 측 의원들의 출석거부로 무산되었다. 이에 미군정은 남조선과도정부법령 제173호를 공포(1948.3.10)하여, 신한공사를 해체하고 중앙토지행정처를 설치(1948.3.22)하여 귀속농지를 처리하기로 하였다. 이로써 그 내용은 "자경농지와 소작지를 합하여 총경작지가 2헥타르(2정보) 범위 내에서 분배하고. 분배한 농지의 상환액은 연평균 생산량의 300%로 하면서 이를 15년간에 걸쳐 년 20%씩 분할납부케 했으며, 분배된 농지는 일정기간 매매, 임대차, 저당권설정 등은 일정기간 금지한다"는 것이었다.230)

일제를 통해 좌·우익 민족해방운동세력의 가장 중요한 정강정책으로 등장했던 토지의 전면적 개혁과 국유화 방안은, 3년간의 미군정 하에서 이승만 정부로 넘겨진다. 그 당시(1948.7.17) 제헌헌법 제86조에서 "농토는 농민에게 분배하며 그 분배의 방법, 소유의 한도, 소유권의 내용과 한계는 법률로써 정한다"고 규정하기에 이르렀다. 이에 따라 정부안과 국회의 농지개혁안率이 충돌 끝에 1949년 6월 21일에 공포된다. 그러나 정부는 재정부담을 이유로 농지개혁을 실시하지 않다가, 국민의 비난이 일자 국회는 이듬해 3월 10일 정부안대로 보상액과 상환액을 같게 하는 개정법을 통과시켜 공포했다. 그 일치된 내용은 다음과 같다. "첫째 소작지와 3헥타르 이상의 자작지 등을 정부가 매수하여 소작인, 농업노동자, 영농능력이 있는 선열 유가족, 해외귀국 동포 순으로 이 범위 내에서 유상분배하고, 둘째 농지의 매수가격에 있어 지주에 대한 보상액을 평년작의 1.5배로 하고 농민의 상환액도 1.5배로 하며, 상환기간은 5년으로 한다"였다.231) 여기서 5년 균등상환에 있어 짚고 넘어갈 사안이 있다. 즉, 북한은 1946년 3월, 무상몰수분배에다 현물세 25%부과를 택했기 때문에 체제경쟁에서 뒤처지지 않으려는 대책이 나올 수밖에 없었다는 점이다. 이러한 시점인 1946년 7월 27일, 일제강점기 사회주의자이자 독립운동가였던 경기도 양주 태생 홍남표洪南杓(1888~1950)는 토지개혁을 만지작거리는 남한정부에 대해 "해방된 지가 이미 1년이 경과되었다. 그러나 남조선(대한민국 정부)에서의 우리의 민주건설과업은 완전히 수행되지 못하고 있다. 말할 것도 없이 우리가 당면하고 있는 과업은, 일본제국주의 잔재와 온갖 봉건 유물을 완전히 청산하고 민주인민정권을 수립하는 데 있다. 그럼에도 불구하고 38도선 이남에서는 반봉건적 토지소유와 가혹한 농촌수탈 관계는 여전히 지속되고 있으며, 친일파 민족반역 도배徒輩(못된 짓을 무리지어 같이함—저자 주)의 철면피한 도량跳梁(함부로 날뜀—저자 주)으로 민주정권 수립은 지연되고 있다. 조선 농민은 전 인구의 8할을 점하고 있다. 그 중에도 궁핍과 불행의 구렁텅이 속에 신음하는 빈농이 대부분이다. 이런 의미로 조선의 해방은 농민해방이어야 할 것이다. 토지제도의 개혁이 무엇보다도 시급한 문제로 제기되는 까닭도, 이것이 민주발전의 기초가 되는 것이기 때문이다"[232]고 신랄한 비판을 가했다. 따라서 이승만의 농지개혁을 다그친 홍남표의 공도 컸음을 알 수 있다.

물론 북한이 1960년대에 와서는 국유화를 시행하였지만, 그 당시 남한에는 적산토지가 있어 제헌헌법에서 채택할 수 있는 면도 있었다. 그러나 북한보다 농지개혁에서는 늦었다. 이러한 우여곡절 끝에 농지개혁법이 실시되었으나, 산림·임야 등의 비非농경지가 제외되는 농지만을 대상으로 하는 개혁에다, 개혁 자체가 농민의 이익이 배제된 지주층 중심이어서 소기의 목적을 달성하기는 어려웠다. 더구나 한국전쟁으로 인한 물가의 급상승으로 농지상환가를 부담해야 하는 농민의 고통이 커, 분배받은 토지를 전매할 수밖에 없어 토지 없는 농민이 속출하였다. 또한 지주에게는 유리한 개혁이라는 반론도 있긴 하다. 그 이유는 토지개혁의 본래의 목적인 자작농체제 구축에서 벗어났기 때문이다. 농민의 입장에서는 비록 미흡한 법이었지만, 농지개혁이 '반봉건적 토지소유관계'를 '농민적 토지소유관계'로 개혁할 수 있었다는 점에서는 그 의의를 인정할 수 있겠다.

이때 헌법상 기본원칙으로 채택된 경자유전의 원칙은 현행헌법에 까지 농지에 대해서만은 유지되고 있어, 이를 통해서 농지소유상한제 의 틀이 확립되었다. 농지소유 상환규모는 영농기계화 및 세계경제 이바지 등의 일환으로 1993년, 농어촌발전특별조치법 개정으로 확대 되었다. 또한 농지의 소유·이용 및 보전 등에 관한 사항을 정해, 농지 를 효율적으로 이용·관리하여 농업인의 경영안정 및 생산성향상을 위한 농지의 경쟁력 강화와 국민경제의 균형 있는 발전 및 국토의 환경보전의 목적으로 농지법이 1994년에 공포되고, 1996년 1월 1일부 터 시행돼 소유상한의 완화도 하게 되었다. 그러나 이승만 정권 하의 농지개혁법이 완전무결하다고는 볼 수 없으나, 농민적 토지소유를 어느 정도는 기여하였음은 주지의 사실이다. 이를 토대로 한 토지 관련법제인 토지행정의 기반인 토지법이 제정되었다. 또한 토지세에 대한 지세법地稅法 및 임시토지수득세법臨時土地收得稅法도 제정되는 쾌거를 이루었다. 이는 대한민국 역사상 최초의 토지공개념제도라고 할 수 있다. 그러나 토지세에 대한 법률은 제정일로부터 10년 후 통·폐합되 어 농지세農地稅와 대지세垈地稅로 양분되기도 하였다.

아쉬운 점은, 이른바 반민족행위자의 재산을 몰수하지 못한 데 있 다. 더구나 농토를 제외한 과수원이나 임야 등은 개혁의 대상에서 누락돼 일반 지주의 소유지는 물론, 이완용이나 악덕 친일 등의 반민 족행위자도 소유권이 인정돼 후손들에게 고스란히 유산으로 넘겨졌 다는 점이다. 이 개혁이 가지는 역사적 성격에서는 지주적 개혁이자 반봉건적 토지소유가 타협적으로 해소되었다는 입장과, 부르주아적 개혁인 탓에 봉건적 토지소유가 해체되고 농민적 토지소유가 확립되었다는 입장으로 양분되고 있다. 분명한 것은 유상몰수·유상분배였기에 혁명적인 개혁이 되지 못했다는 견해[233]도 있긴 하나, 이는 공산화를 막는 자본주의적 농지개혁이었으며, 우리 역사상 최초의 토지공개념제도를 실현했다는 점에 큰 의미가 있다. 결론적으로 지주제를 해체하고 소작농에게 토지의 소유를 강제적으로 배분한 이승만 정부의 농지개혁은, 토지공개념으로의 서막(시초)이면서 부의 평등에도 기여했다. 따라서 이 개혁은 신생국가의 발전에도 지대한 영향을 끼쳤다. 그러나 이러한 농지개혁법도 1968년 3월 13일에 '농지개혁사업정리에 관한 특별법' 제정으로 농지개혁은 일단락되기에 이른다.

1.2. 박정희·전두환 정부의 산업화에 따른 토지정책

군사쿠데타로 집권한 박정희 정권(1963.12~1979.10)이 들어서고는 농어촌 고리채 정리 등을 시행하려한 장면 내각의 경제개발5개년계획(안)[234]을 이어받아, 1960년대 이후의 수출제일주의, 급격한 공업화, 고도의 경제성장은 농업부문에도 큰 변화를 가져왔다. 이러한 공업화에 힘입은 급격한 도시화 물결에 대처하기 위해 도시계획법, 건축법, 토지구획정리사업법, 농경지조성법, 농촌근대화촉진법, 공유수면매립법 등이 속속들이 제정되기에 이르렀다. 토지수요의 증가와 농지감소에 대처하기 위해서는 어쩔 수 없는 귀결이었다. 이러한 법률들은 토지자원의 효율적인 활용과 공공용지 확보를 위해서는 필요해서였다. 우선 국민총생산에서 농수산업 비중이 현저하게 감소하기 시작했으며, 농촌인구 구성비율도 크게 떨어졌다. 농가계층 구조면에서 영세농 계층이 큰 폭으로 떨어져나가면서 중농층이 상당히 증가하기 시작했다.[235] 이에 1967년 11월 29일, 부동산투기억제에 관한 특별조치법이 발효되었다.236) 과세기준을 등록세법상 시가표준액으로 하였으나, 양도차익 실현 때까지 유보함으로써 개발이익을 충분하게 환수하지 못하는 문제가 발생한바, 이로써 서울, 부산 등 대통령령이 정하는 지역에서는 토지의 양도차익의 50%를 과세하였다. 1971년이 시작되자마자 도시계획법을 개정하여 개발을 제한하는 구역(그린벨트)237)을 지정할 수 있게 하여, 1977년까지 8차에 전국에 걸쳐 설정을 하였다. 이는 공공의 이익을 위한 토지사용의 제한이었다. 1972년 국토이용관리법과 1974년 국민생활안정을 위한 긴급조치와 함께 토지금융법이 제정되고, 1978년 당시 토지가격 상승률이 무려 49%까지 보이자, 부동산투기억제 및 지가안정을 위한 종합대책(8·8조치)238)까지 발표하기에 이른다. 양도소득세를 30%에서 50%로 하며, 재산세(공한지세) 등의 개편으로 투기억제를 하였다.239) 그러나 1976~1978년 사이 중요도시 지가상승률이 최소 약 25%에서 79%까지라서 어쩔 수 없는 고육책240)이었다. 이는 박정희 정부의 고도의 경제성장률에 기인한 것이지만, 부동산투기의 최고의 출발점은 이 기간이었음을 알 수 있다.

따라서 박정희 정부 말기인 1977~1978년 사이 부동산 폭등에 대한 위기의식을 느꼈음을 알 수 있다. 즉, 그 당시 건설부장관이 토지의 소유와 이용이 분리돼야 한다면서 토지공개념은 물론, 토지소유상한제까지 시사했다. 같은 맥락에서 최규하 국무총리마저 '부동산 이익의 사회 환원'을 시사했다. 이러함이 토지공개념이 미약하나마 8·8대책에서 제도화되었다고 볼 수 있다. 그 주요 내용은 토지거래허가제 및 신고제 도입과 국유지를 확대, 그리고 기준지가제도 도입이었다. 국토이용관리법을 개정하여 토지공개념을 법제화하면서 개발부담금제도 및 개발이익금제도를 실시하였다는 점이다. 이러하듯이 토지공개념제도가 국가에 의해서 토지를 몰수하거나 국유화하자는 것도 아닌데도, 몰수하는 것처럼 매도하는 세력이 상존한다. 이때도 소위 극우세력들은 토지공개념을 반대했을까. 요즘과 달리, 그러하지는 않았다. 이러한 점에서 이율배반적임이 묻어난다.

군사쿠데타로 집권한 전두환 군부정권(1980.9.1~1988.2.24)은 1981년부터 11년 동안 공공부문 200만 호, 민간부문 300만 호, 도합 500만 호 주택을 건설해 1991년까지 주택보급률을 90% 이상으로 높이겠다는 청사진을 폈다.241) 양도세 인하, 서울 목동 신시가지 등의 택지개발사업, 채권입찰제, 투기과열지구 지정이었다. 이 시기에는 부동산 투기가 심각한 사회문제로 대두되어 투기억제대책이 시시때때로 정비되었다. 1981년에는 1·4조치로 주택건설용 땅의 양도소득세 면제와 주택자금 수천억을 지원하는 대책까지 폈으나, 주택경기가 회복되지 않자 1981년, 다시 5·18조치로 양도소득세를 더욱 완화했다. 그러나 투기적 가수요만 발생하고, 1982년부터는 아파트 투기까지 극성을 부리자 12·22주택투기억제대책을 발표해 아파트 분양가격을 이전보다 높은 산정, 그리고 청약예금 가입자의 0순위제도를 폐지하고, 착공 때 분양하던 아파트를 10~20% 공정이 진행되었을 때 분양하도록 하면서, 분양 후 1년 내 전매제한까지 두었다.242) 그래도 투기행태가 지속되자 1983년에는 2·16대책으로 양도소득세 과세표준을 실거래가격으로 적용하고 미등기 전매를 금지시켰다. 부동산중개업 허가제 실시로 공인중개사 자격증까지 태동시키면서 25.7평 이상 아파트에 대해서는 채권입찰제를 도입했다. 그럼에도 주택투기를 넘어 땅까지 투기가 일어나자 '4·18 토지 및 주택문제에 관한 종합대책'을 발표한다. 1983년 7월부터 2년 이상 보유주택을 제외하고는 양도소득세에 대한 탄력세율을 없애고 토지종합재산세제도를 손질하려 했으나,

1985년 주택경기가 다시 침체국면에 접어들자 9·5조치를 통해 공공과 민간의 합동토지개발로의 유도와 건축규제를 완화하기도 하였다. 전반적으로 규제완화의 시대로, 1985년도에는 5번이나 부동산 경기 부양책을 쏟아냈다. 88서울올림픽 특수와 증시 호황으로 유동자금이 부동산시장으로 유입되면서 부동산가격이 상승하고 투기가 난무하는 속에서, 노태우 정부로 바통baton이 넘어갔다.

1.3. 노태우 정부의 토지공개념

1980년대 후반에 와서는 이른바 저低달러·저금리·저유가란 '3저 효과'로, 기업들이 번 돈으로 땅 매입에 대규모적으로 투입하는 바람에 집값이 덩달아 상승했다. 이에 끝내 정부는 대기업들에게 비업무용 토지를 처분케 하고, 경제상황의 호전 등이 어우러져 집권 초와 달리 1990년대 집값을 그나마 안정적으로 이끄는 데 초석을 다졌다. 이러함은 신도시(분당·일산 1기 신도시) 공급정책으로 서울로의 인구 진입을 막고 집값 급등을 진정시키는 효과에 기여한 셈이다. 단군 이래 최고의 호황을 누린 노태우 정부(1988~1993)의 1980년대 토지 및 주택정책은 투기가 심하면 양도소득세율을 인상하고, 그러하지 않을 경우는 인하하는 식의 태도를 취했다. 분당, 일산 등 수도권 5개 신도시 건설이었다. 그러나 서민의 주택문제에 대해서는 배려가 없었다보니 주택을 전체 경제의 거품경기 조절수단으로만 이용해 온 셈이었다. 이러다 보니 노태우 정부 집권 초인 1980년대 말에는 투기로 인한 폭등하는 토지 및 주택가격을 따라갈 수 없어, 자살자가 속출하는 사회적 문제가 심각한 수준에 이르렀다.243) 88서울올림픽 특수와 증시 호황으로 유동자금이 토지시장으로 유입돼, 땅값이 폭등하고 투기가 난무했기 때문이다. 서울 강남의 아파트 가격이 5년 만에 4~6배까지 상승하는 사태까지 벌어졌다. 1988년의 8·10 토지 및 부동산 종합대책은 1가구 2주택의 양도세 면제기간을 단축하고, 1가구 1주택 비과세 요건 강화, 농지매매증명서 발급심사 강화, 검인계약서제도 도입, 양도차익에 따른 누진과세로 하는 양도소득세제 개편이었다. 더나아가서는 부동산투기억제를 위한 근본장치인 종합토지세, 지가체계 일원화 및 개발이익환수제 등 토지공개념 확대 도입 추진이었다.244) 그 당시 산업화로 인한 토지수요가 급증하나 토지공급이 제한된 점과, 지가의 급격한 상승에 따른 소득 불균형 심화와 공급사업비 증가 및 물가불안, 그리고 개발이익에 따른 토지소유자만의 사익의 팽배, 법인과 소수재벌의 토지과다 소유로 인한 폐해를 일소하려 했던 정책브레인들의 착안과 공익에 손수 앞장 선 점 등을 높이 사지 않을 수 없다.

토지공개념제도의 확대방안은 1988년 하반기, 1978년에 설립된 국토개발연구원(현 국토연구원) 산하 토지공개념연구위원회를 두고 이른바 토지공개념 3법인 '택지소유상환에 관한 법률', '개발이익환수에 관한 법률', '토지초과이득세법'을 제정하였다. 이 제도는 토지정책의 역할에는 단순하게 토지를 효과적으로 이용하고 개발하는 것만이 아니라, 개인 간은 물론 계층 간에 있어 부와 소득의 분배구조를 수정하는 기능까지 포괄한다는 의지의 표명이었다.245) 즉, 토지에 대한 수급격차를 완화하고, 개발이익을 환수하여 사회적 형평성을 제고시키며, 토지소유의 편중을 완화하는 것이 목적이었다. 토지가 사유권이면서도 공공적인 특성이 있기에 공익을 우선으로 토지소유를 제한하고, 토지거래 규제로 실수요자의 토지소유를 지원하고, 개발이익에 대한 불로소득으로의 환수와 대기업의 과다한 토지 보유를 억제해 토지이용의 효율성을 기하자는 것이었다. 이 법률은 이듬해 3월부터 시행하게 되었다.

여기서 주목할 점은 토지소유에 있어 대변혁의 계기를 마련했다는 점에서 의의가 크다고 할 수 있다. 가히 노태우 정부만의 '혁명적인 발상'이었다. 이에 한 차례 투기열풍 후 2년이 지나자 토지가격의 안정화에 이르는 계기를 마련했다. 그 안정화는 2005년까지는 땅값의 하락을 가져오면서, 집값과 땅값이 대체적으로 김대중 정부 초기까지는 순항하는 결과를 낳았다. 그 후로도 1990년 '4·13투기억제대책'에서는 200만 호 주택 건설,246) 부동산등기 의무화와 토지신탁제도 도입, 임대주택 및 근로자 주택공급 시책, 다가구주택 건설촉진을 위한 건축규제 완화와 세제·금융지원으로 전세가격 안정화가 큰 골자였다. 그러나 강력한 투기정책은 김영삼·김대중 정부가 오히려 과도한 규제완화정책을 펴는 계기가 되었다는 점의 폐해가 없는 것은 아니었다. 분명한 것은, 토지거래와 소유에 있어 직접적 규제를 가하는 토지공개념 실시로 인한 보유과세 및 자본이득에 대한 과세정책 등은 한시바삐 계승해야 할 문제이다. 즉 정파를 떠나 노태우 정부의 토지공개념제도를 계승하지 않고는, 작금의 부동산정책이 실패할 수밖에 없다는 점을 분명히 하고자 한다.

1.4. 김영삼·김대중 정부의 토지공개념 후퇴

토지정책에 있어 이승만 정부의 농지개혁 이후 3정보 소유상한이 일관되게 유지되어 왔었다. 그러다가 산업화와 도시화의 진전에 따른 1993년과 1994년, 그리고 1999년 농지소유상한의 완화에 이어, 2002년 농업경쟁력 강화 등을 위한 소유제도의 개편으로 소유상한은 완전히 폐지시켰다. 이로써 1990년대 이후 완화를 거듭하던 게 종막을 고하고, 누구라도 취미나 여가활동으로 인한 1,000m² 미만의 농지소유는 가능케 하였다. 김영삼 정부(1993~1998)의 토지정책에 있어서는 일단은, 김대중 정부와 함께 '규제완화의 시대'라고 할 수 있다. 또한 같은 점은 토지공개념 3법을 유명무실화시켰다는 것이다. 먼저 김영삼 정부의 부동산정책부터 본다. 소위 문민정부의 부동산 정책은 '신경제5개년계획'에서 출발한다. 이는 1997년까지 5년간 주택 300만 호를 건설하겠다는 야심찬 계획이었다. 그러나 300만 호 건설계획 또한 노태우 정부와 마찬가지로 자재파동, 임금상승과 함께 엄청난 부실공사를 조장했다. 1993년 국정감사 자료에 따르면, 김영삼 정부는 재임기간 동안 공공주택을 취임 당시 공약한 130호가 아닌 5만 호로 축소하여 건설하겠다는 변경과 함께 공공주택 건립을 위한 정부의 예산 부담을 전액 삭감시켰으며, 이 부담을 지방자치단체에 전가시켰다. 노태우 정부는 토지공개념을 강력하게 도입했으나, 국면전환 차원에서 위헌판결을 내려 그 도입마저 미루게 되었다. 1994년 초, 준농림지에도 일반주택 건설을 허용함으로써 농지가 계속 줄어들었으나, 이에 확보된 대지(택지)가 투기장화되는 우를 범했다.

그러나 1995년 3월에 부동산실명제를 도입한다. 이 또한 노태우 정부의 토지공개념 3법 도입 이상으로 혁명적인 경제민주화를 이룬 셈이다. 이로써 실권리자 명의의 등기의무화와 명의신탁약정의 무효화, 타인명의로 등기한 명의신탁자에 대하여 부동산가액의 30%를 과징금으로 부과, 종중이나 배우자 간 타인명의 등기의 허용, 기존 명의신탁자에 대한 실명전환 유예기간 설정 및 과세면세였다. 신(新)도시급 주택공급을 중단했음은 긍정적이나, 경기도 용인의 난개발 원인을 제공했다는 또 다른 비판도 있다. 그러나 금융실명제 실시로 사회정의를 실현한 점에서는 큰 의미가 있다.

　김대중 정부(1998~2003)의 토지정책은 2002년까지 주택보급률 100% 달성, 장기임대주택 150만 호 건설, 국토의 난개발방지 종합대책과 그린벨트 재조정, 임대주택건설 확대 및 임차인 보호, 토지보유세금 강화와 토지초과이득세 폐지 등으로 요약할 수 있겠다. 주택보급률을 높여 매년 2% 이상 높여서 50만 가구씩 모두 250만 가구를 공급할 계획을 세웠다. 1999년 주택건설촉진법을 발표해 주택구매에 대한 중도금 대출과 함께 중산층 및 서민층 주거대책이었지만, 별다른 효과를 보지 못했다. 이 정부의 최고의 악수는 1998년 2월, 분양가자율화와 전매제한 폐지였다.247) 1977년부터 역대 정부가 다 운용한 분양가상한제를 폐지하는 실책을 안겼다. 왜냐하면, 그 전에는 아파트 분양가는 정부의 통제 하에 있었는데, 갑작스런 분양가자율화가 되자마자 아파트 평당 가격이 서울 강남이 아니라도, 2001년도를 기점으로 1,000만원이 넘어서는 '쾌거 아닌 쾌거'를 이룬 데 있다. IMF 경제위기 극복을 위한 대대적인 규제완화를 단행할 수밖에 없었다고 위안을 삼기에는 과한 측면이 있다. 도시개발법과 공익사업을 위한 토지 등의 취득 및 손실보상에 관한 법률을 제정하였으나, 두 법률은 기존의 법률과 통폐합한 것이었다. 준농림지 난개발 방지책에 의한 친환경적 국토의 관리가 필요해지자 2002년 2월, 국토기본법과 국토계획법을 제정하게 된다. 농지규제를 완화하고 그린벨트를 해제하였으나, 곧 농지보전정책을 전환할 필요가 있어 이용과 소유에 있어 대폭 완화하기도 했다. 이러함은 WTO체제의 영향으로 농산물 재고와 하락에 기인한 것이었다. 그러나 토지개발이란 미명 하에 민간자본 유치와 해외매각이란 승부수를 던져 서울 강남의 재건축단지 가격이 2배 이상 뛰는 등, 토지와 주택에 대한 문제를 야기한 점은 여타 정권보다도 더욱 심각한 현상을 초래했다.

1.5. 노무현 정부의 토지공개념 재시도

2003년에 탄생한 노무현 정부(2003~2008)는 국민들의 개혁에 대한 기대감과 기존의 관행적인 틀을 불식시킬 거라는 우려 속에서 출범했다. 중앙집권화에서 벗어난 지방분권화란 미명 하에 행정신도시 이전으로 인한 '공공기관 지방이전', '기업도시', '행정복합도시' 등의 신조어 아닌 신조어까지 탄생시켰다. 15년이 흐른 후인, 지금은 이 용어가 현실로 자리를 잡히기는 했다. 부동산투기가 사회문제로 두드러지게 제기된 시점은 노태우 정부에서부터였다고 할 수 있다. 그러나 노무현 정부의 토지 및 부동산정책의 문제는, 부동산가격이 아주 폭발적이고도 극심한 수준의 상승이었기에 수습이 불가능한 수준이었다. 이러한 나머지 연이어 강력한 부동산투기억제책을 쏟아내기에 급급했다. 한 예로 2003년 주택시장안정을 위한 10·29종합대책, 2005년 서민주거안정과 부동산투기를 위한 부동산제도 개혁방안인 8·31대책, 2006년 서민주거 복지증진과 주택시장합리화 방안인 3·30대책, 선매제도 활성화, 260만 가구 장기임대주택 공급(2017년까지), 보유세 합리화 방안 등이다.248)249)

노무현 대통령은 2003년 10월 13일, 2004년부터 새로운 정치경제개혁을 위해서 자신이 대통령으로 적합한지에 대해 국민투표에 의한 재신임 문제 등의 국회연설에서 "부동산 가격은 반드시 안정시키겠다. 아직도 많은 국민이 정부의 부동산 대책을 불신하고 있다. 공공연히 '강남불패'라는 말까지 회자되나, 정부는 결코 포기하지 않겠다. 주택가격 안정은 서민생활 그 자체로서, 폭등은 임금인상을 가져옴과 국가경쟁력을 떨어뜨린다. 부동산가격 상승은 기업의 생산원가에 대한 부담은 물론, 서민생활과 우리 경제를 위해서도 부동산 투기는 결코 용납하지 않겠다. 지금 정부는 종합적인 부동산 대책을 준비 중이며, 강력한 토지공개념제도의 도입도 검토하겠다. 토지는 국민생활과 기업경영의 필수적인 요소인 데 반해서 확대재생산이 불가능하기에, 일반상품과는 달리 취급해야 할 이유가 있다"면서 토지공개념을 실현하는 하나의 해결책으로 50년 토지유상사용권제도를 제시하였다. 여기서 50년 토지유상사용권이란 50년간의 토지사용료를 현재가치로 계산하여 한꺼번에 국가나 지방자치단체가 사회유지비용으로 징수하고는 개인이나 기업에 빌려주는, 즉 지대를 사회화하는 제도로, 중국에서 1979년 개혁개방정책의 일환으로 사용되고 있음을 답습하겠다는 뜻이었다. 토지사유재산을 보장하기 때문에 우리나라는 중국과 달리 모든 토지에 적용할 수는 없는 어려움이 있었으나, 국공유지나 일정한 지역에 한하여 우선 적용할 수는 있었다. 만약 시범적으로 실시하였다면 이승만 정부에 이은 '제2의 토지개혁'이요, 노태우 정부에 이은 '제2의 토지공개념시대'를 열 수 있었다. 이러한 중국식제도와 노무현 정부가 추진하려했던 것은 토지보유과세정책이었다. 전자는 토지소유가 국공유화된 상태에서 시행하는 제도이고, 후자는 토지사유재산제도 하에서 충격 없이 지대를 사회화하는 제도였다는 점에서 약간의 차이가 있다. 따라서 중국식과는 조금 변형된 제도라도 이에 버금가는 '우리식만의 토지개혁'을 획기적으로 취할 수가 있었다. 그러나 끝내 시행하지 못한 아쉬움을 남겼다. 헨리 조지의 지대공유론에 입각한 50년 토지유상사용권 제도로서, '생산물=지대+임금+이자'에서의 지대는 생산물로 실현하는 사회적 가치로 전액을 사회유지비용으로 부과하여 사용하고, 이자와 임금에서는 일체의 세금도 부과하지 않는 사유재산제도에서의 지대공유제를 주창한 것이었다. 이때 신新국토 구상인 선先지방 육성·후後수도권 규제완화, 선先계획·후後개발체제 구축, 선先개발이익조정·후後규제개혁을 발표했다. 이로써 이를 실현하기 위해 2004년에 '국가균형발전특별법', '신행정수도건설특별조치법', '지방분권특별법'이란 이른바 '지역균형발전 3대 관련법'이 제정되었다. 2005년 토지이용규제기본법 제정과 함께 공인중개사법을 개정하여 실거래가 신고를 의무화했다. 판교 신도시 영향을 잠재우고자 정부는 공공택지 원가연동제 및 채권입찰제를 추진했다. 원가연동제는 공공택지에서 공급되는 전용면적 25.7평 이하의 공공아파트와 민영아파트에 적용되고, 분양원가의 주요 항목이 공개되는 제도였다. 이 평수를 초과하는 아파트의 경우는 택지채권입찰제를 실시하되, 주택공사 등 공공아파트는 분양원가의 주요 항목이 공개되고 민간아파트는 택지가격만 공개되게 했다.[250] 채권입찰제는 시세차익의 70%를 상한선으로 하는 것으로 1999년 중반까지 시행돼 개발이익을 환수하는 기능은 있었지만, 기존주택 가격안정에는 별다른 효과가 없는 제도로 드러나기도 했다. 서민지상주의의 분배위주 정책을 펼치면서 헌법처럼 고치기 힘든 부동산 법률을 만든다고 했지만, 허언에 불과했다. '보유세 강화, 2주택자 양도세 중과, 개발이익환수제, 종합부동산세 신설, 주택담보대출비율LTV, 총부채상환비율DTI 도입' 등으로 나름 강력한 부동산투기억제대책을 세운 너무나 인간적인 대통령이었지만, 문재인 정부를 빼고는 아마도 노무현 정부의 부동산정책만큼 투기꾼들이 활개를 펴며 비웃었을 때도 없었을 것이다. 17회에 걸친 부동산 대책에다, 집권말기에 가서는 분양가상한제를 재도입하였지만 실패의 연속이었다. 노무현 정부의 부동산정책 브레인이 문재인 정부에서도 그대로서여인지, 2019년 11월 6일부로 시행된 전국적이 아닌 동洞 단위 선별 핀셋 지정에 의한 분양가상한제 적용에서 제외된 지방으로의 출장투기까지 일고 있다. 투기 광풍은 많이도 답습했다. (전국적인) 분양가상한제·아파트 원가공개·후분양제·보유세 및 다주택자 임대소득세 강화로 전환하지 않고서는 투기차단은 힘들다. 따라서 문재인 정부의 부동산정책에 대하여 투기세력은 더없이 비웃고 있다. 심지어는 대출규제 있어 소득증빙 등의 어려운 탓이 어우러져 중국인을 비롯한 외국인까지 천국 아닌 천국을 맞이한 형국이다.

1.6. 이명박·박근혜 정부의 토지정책

선진일류국가란 국정지표를 세우며 경제대통령을 자임한 이명박 정부(2008~2013)는 실용정부實用政府라는 기치를 걸고 '섬기는 정부'란 슬로건 아래 2009년에 활기찬 시장경제, 능동적 복지, 인재대국 경제, 성숙한 세계국가란 36개 과제를 제시했다. 경제 활성화를 위해 수도권 지역의 투기지역과 투기과열지구를 해제하거나, 수도권 산업단지 내 공장의 신설과 증설을 전면 허용한다. 수도권의 그린벨트 해제로 서민주택을 공급하는 방안을 추진해 보금자리주택이 세워진다.[251] 도심주택 공급을 위한 보금자리주택은 글로벌 금융위기와 맞물려 집값 안정에 도움이 되었으나, 되레 수도권의 인구집중을 야기한 면도 있다. 이로써 토지 및 부동산 정책은 '불도저', '삽질'로 대표되는 토건공화국을 방불케 했다. 종합부동산세, 소득세, 유류세 감면과 기업활동 규제완화, 공기업 선진화 등의 경제정책들은 신자유주의적 경제원리 운용으로 인해, 우리나라의 경제자유지수 순위는 2008년 41위에서 2012년 31위로 크게 상승하였다.

2009년 이후에는 집값이 주춤거리면서 전세수요가 급증하여 전세가격이 급등하였다. 2년간 연속 상승세를 타자[252] 치솟는 전세금 부담이 커 도시 외곽으로 밀려나는 이른바 전세 유민이 급증하였지만, 속수무책이었다. 경제 활성화를 위한 감세정책이 '감세 포퓰리즘' 및 '부자감세'라는 논란이 일었다. 그 논란을 잠재우기 위한 감세정책의 일환으로써 종합부동산세 정책이 있다.[253]

그러나 서브프라임sub-prime 모기지 부실에서 유발된 미국발 금융위기로 세계경제가 대공황 이후 최대의 위기를 맞자, 신용등급이 낮은 서민들을 위한 주택담보대출인 서브프라임 모기지가 도입되었다. 그러나 투기적 금융상품과 연동되는 바람에, 과잉투자로 인한 부실이 발생하기도 하였다. 4대강사업 22조원 투입[254] 등으로 인한 토건족의 편중된 수주와 함께 빚을 내 집을 매입케 하는 장려차원이 하우스푸어House Poor[255]를 양산하는 결과를 가져왔다.[256] 그 당시 대지임대부借地賃貸附 분양방식[257]과 환매조건부 분양방식의 허구성을 다음과 같이 비판받기도 하였다. 뉴-타운 사업과 관련하여 "부동산 값이 안 오르면 뉴-타운은 왜 하느냐", "뉴-타운 사업을 안 하면 직무유기다"라는 식의 발언이 난무했다. 예컨대, 그 당시 의원이었던 정몽준은 물건 값이 올라가면 해결방법은 공급을 늘리는 것밖에 없고, 세금을 올리거나 행정규제로 묶으면 일시적인 방편에 불과하다는 것은 경제학 교과서에 있는 말이라고 주장하는 무지함을 드러냈다. 동 의원인 홍준표는 2006년 말, 대지임대부 분양방식의 반값아파트를 주장한 바 있다. 그러나 모든 규제를 풀고 집값이 오르기 때문에 공급을 늘려야 한다면 굳이 정부가 존재할 이유가 없다. 시장경제에서의 정부의 존재 이유와 정책의 최대 목적은 가격안정화price stabilizer 장치로서의 역할에 있는 것이다. 인플레이션inflation을 잡기 위해 중앙은행이 존재하는 이유는, 소유방식에 의한 주택공급이 로또Lotto식 시세차익을 노리는 투기가 100% 가능한 방식이라고 할 수 있는 반면, 임대방식에 의한 주택공급은 투기가 0%, 즉 원천적으로 불가능한 공급방식이라고 할 수 있기 때문이다. 따라서 환매조건부든 대지임대부든 분양방식은 기본적으로 투기를 배제하기 어려울 뿐만 아니라, 매우 비효율적인 방식이다.258) 그러나 서민들을 위한 반값아파트 공급측면에서 작금에서도 고려해 볼 필요성이 있다.

노무현 정부와의 차별성을 의식하여 주택소유권의 51%는 실거주자에게 49%는 투자자에게 분양하는 제도인 지분형분양주택 방식을 주장하였으나, 이 방식 역시 환매조건부나 대지임대부 방식과 별반 차이가 없다. 민주주의가 최선의 선택 메커니즘이 되기 위해서는 국민들이 원하는 최선의 선택 대안이 있어야 한다. 국민들이 원하는 최선의 선택 대안이 제시되는 민주주의 체제는 시장경제와의 시너지 효과를 극대화할 수 있다. 이 방식은 시장경제의 악용이 남발되어 계층 간의 분열과 갈등, 그리고 혼란만을 초래할 가능성이 높다.259) 한 마디로 말해 이명박 정부는 부동산 및 토지정책은 "미분양 LTV 완화, 취·등록세 감면, 양도세면제 연장, 매입임대주택 사업요건 완화, 보금자리주택 공급확대, 투기지역 및 투기과열지구 대부분 해제, 전월세 대책"이었지만, 부자감세정책으로 경제가 활성화되면 서민층에게도 혜택이 돌아갈 것이란, 즉 낙수효과는 돌아오지 않는 과오를 범하기도 했다.

박근혜 정부(2013~2017)도 이명박 정부의 부동산정책 기조에서 크게 벗어나지 않아 별반 차이가 없었다. 미분양주택의 매입, 건설업체의 유동성 지원, DTI 등 금융규제 완화, 취·등록세 감면, 양도세 중과면제, 종부세 인하, 다주택 소유규제 완화, 다주택자의 임대지원, 저리의 전세대출금 방출, 투기지역 해제, 재건축규제 완화 등을 거의 답습했다고 볼 수 있다.260) 주택보급률이 100%를 넘어섰지만, 가구의 40%는 부동산시장에서 주택 구매가 사실상 불가능한 주거약자였다. 이로써 주택을 가진 자들 중에서 임대를 하는 비중이 급속히 늘어나는 추세에 있었다. 박근혜 대통령 당선인 시절, "중산층은 여유가 있어도 집을 사지 않고, 전세난만 계속되고 있으니 주택시장이 비정상적이다. 분양가상한제나 양도세 중과 완화, DTI 규제완화 등을 해야 한다"고 주장했었다. 그리고 집권하자마자 그해 4.1부동산 대책으로는 '주택거래 활성화' 방안인 종합대책 발표였다. 공급억제와 수요확대로의 변화로 하우스 푸어house poor 제한 실행, 다주택자 감세 등이 주요 골자였다. 이로부터 4개월 후, 다시 8·18추가대책이 발표된 전월세안정대책이었다.

  그러나 연간 2만 가구 분양 목표를 맞추기 위해, 사업승인을 받은 4만5,000가구도 한꺼번에 시장으로 나오지 못하도록 조절하기로 했다. 이는 청약저축에 가입한 무주택 서민이 정부가 공급하는 공공주택을 분양받기가 어려운 면이 있었다. 매년 7만 가구를 공급하던 공공주택을 2만 가구로 줄였기 때문이다. 민영주택 청약 때 적용하던 청약가점제도는 무주택 서민에게 불리하게 손질됐다는 비판을 받았다.261) 민영주택 청약자격을 주는 금융상품에 가입한 사람은 청약예금 등을 포함한 1,370만 명이었다. 이명박 정부까지는 무주택자에게만 1순위 자격이 주어졌지만, 2~3주택자도 1순위를 받을 수 있게 했다. 85m² 이하를 가점제로 뽑는 비율은 지금 전체 물량의 40%로 줄였으며, 85m² 이상은 전부 추첨제였다. 최대 50%까지 가점제를 주며, 양도세 중과세 폐지로 다주택자에게 세금을 감면하게 했다. 2주택 이상자는 양도차익의 50~60%를 세금으로 냈지만, 기본세율이 되면

6~38%만 징수하게끔 인하조치까지 시행했다. 박근혜 정부는 이에 집이 팔리지 않아 어려움을 겪는 '1주택 하우스 푸어'인 서민을 돕기 위한 정책이라고 강조했다.

전세제도는 3주택 이상 보유자에게도 혜택을 부여해, 3주택 이상 보유하고 전세보증금 합계액이 3억원 초과 소유자에게는 소득세 부과가 있었지만, 이 제도를 활용하면 세금을 안 내도 되게 했다. 또한 대출규모에 비례해 재산세와 종부세도 감면하게 했다. 자신의 주택을 담보로 전세자금 대출을 받을 때 총부채상환비율^{DTI}은 은행의 자율로, 주택담보대출비율^{LTV}은 70%를 적용받게 하고, 다주택자가 생애 첫 주택구입자와 같은 혜택을 받게 하는 우를 범했다.[262] 하우스 푸어 문제 해결은 먼저 이에 대한 엄격한 규정이 없었다. 이자율의 인하, 고정금리로의 전환, 거치기간 연장, 분할상환 등이 조정방안이었지만, 이것도 대출기관의 손실에 대한 보전장치가 뒷받침되어만 가능한 문제였고, 이 방안으로도 해결이 되지 않아 경매 등과 같은 처분단계에 이르면, 대출기관은 주택의 소유권을 매입한 후 당해 대출자에게 임대를 주는 방식으로 채무관계의 재설계가 필요했다. 이 단계도 지나 민간부문이 해결할 수 없을 단계에 이르면 공공기관(지방자치단체, LH 등)이 나서야 했다. 주로 소형이나 저가주택을 직접 매입해 공공임대로 전환한 후 대출자에게 임대를 주어 계속 거주하도록 하는 방안과 공공재정에 의한 매입은 사회적 합의가 필요하고, 또한 지원법이 뒷받침되어야 한다. 주택지분을 공공기관에 매각해 은행대출 빚을 갚고, 매각한 지분에 대해서는 공공기관에 임대료를 내는 '주택지분 매각제'는 하우스 푸어 문제를 시장에서 채무자(집주인)－채권자(은행)이 먼저 자율적으로 해결하도록 한 후 적용되는 구제책이 되어야 했었다.[263] 더구나 2014년 12월, 분양가상한제를 폐지시킨 이후 가파른 주택가격 상승에 이바지하기도 했다. 그 폐지는 문재인 정부까지 이어졌다. 그나마 이명박·박근혜 정부에서는 집값이 그나마 내리거나 급상승도 없이 안정적이었다. 더구나 역대 정부나 문재인 정부와 달리 신도시를 지정 않고도 이러한 성과를 이루었다.

지금까지 제헌헌법 하에서부터 박근혜 정부까지의 토지 및 부동산 정책에 대한 변천과정, 그 비판과 함께 대안도 모색해 보았다. 여기서 우리는 문재인 정부를 비롯한 역대 정부가 부동산정책에 있어, 그 처방은 이른바 '냉온탕'을 오갔다는 공통점을 볼 수 있다. 문재인 정부에 관하여는 후술할 '토지공개념'의 공론화와 함께 논하기로 한다. 다음에서는 이러한 과정에서 토지공개념으로의 전환할 수밖에 없는 상황을 보자.

2. 역대 토지정책의 공공성 문제 검토

국토교통부의 '2020년 말, 전국토지소유현황통계발표'에 따르면 개인이 소유하고 있는 토지가 75.9%인 46,398km²로 가장 많은 비중을 차지하고, 법인은 11.4%인 6,965km², 비법인은 12.7%인 7,754km²이었으며, 세대별로는 총 2,309만 세대(주민등록세대) 중 61.2%인 1,413만 세대가 토지를 소유[264)로 조사되고 있다. 2017년 말 기준 상위 0.1%가 총액의 17.1%, 상위 10%가 90.1% 각각 차지하고 있으며, 전국토 면적(9만5,483km²) 중 국유지는 30%(2만8,566km²) 수준으로, 여기서 눈여겨 볼 문제는 국공유지의 대부분이 도로, 하천 등이라는 사실이다. 더 나아가 이마저도 공공청사를 짓는데 우선적으로 이용되고 있어 비축토지조차 거의 없는 실정에 처해 있다. 이러하니 기업이나 개인이 조금이라도 더 많은 땅을 차지하려고 세계에서도 유래를 찾을 수 없을 정도로 아귀다툼이다. 이처럼 국공유지 비율이 낮은 국가는 지구상 어느 곳에서도 찾기가 힘들다. 심지어 자본주의 체제가 정착된 영국, 미국, 유럽보다 낮은 게 사실이다. 심지어 아시아권 국가인 싱가포르가 81%, 대만이 69%에 달하며, 우리와 유사하게 토지문제에 있어 골머리를 앓는 일본조차 37%에 달하고 있다. 캐나다는 연방정부 41%와 각 주정부 48% 합하여 국공유지 비율이 89%, 미국 50%, 스웨덴 40%대를 유지하고 있다. 농지와 그린벨트 내 사유지를 국가와 지방정부가 매입해 국공유지 비율을 높여야 할 문제가 대두된다.

전술한 바와 같이 이명박 정부 때, 토지임대부분양방식이 정치권에서 나왔었다. 처음에는 '눈이 번쩍 띄는 뉴스'라고 찬사를 아끼지 않았던 그 당시 주류언론도, 이율배반적으로 "애초부터 성공할 수 없었던 반쪽정책이었다고"[265] 논조를 펴기도 했다. 역대정권의 중점적인 토지 및 부동산정책은 '투기억제, 공급확대, 거래투명화, 서민주거안정'이라는 기조 아래 실현하려했다는 점을 알 수 있다. 그러나 각 정부의 정책은 즉각적인 시장반응으로의 유도나 대중을 동원하여 권력을 유지하려는, 즉 인기영합주의人氣迎合主義, populism에 지나지 않아, 수요자나 국민들의 외면을 받기도 하면서 쏟아낸 그 정책들이 거의가 좌초되었음이다.

토지소유 측면에서 보면, 대한제국을 병탄한 일제가 우리의 국토를 약탈할 목적으로 1912년 토지조사령을 발포하고 토지조사사업을 시행하였다. 이로써 봉건적 토지소유제를 벗어나 근대적 토지소유제가 확립되었다고 한다. 이러함이 일반적인 견해였으나, 이 점에는 찬동할 수가 없다. 대한제국은 이미 국민적 동의하에 자주적 근대화 정책을 주창하여 실현하려고 하였음은 물론, 고려 때까지와 달리 조선과 더불어 왕토사상이 만연해 있었거나 토지에 대해 엄격하게 사적 소유를 금하지 않았기 때문이다.266) 같은 취지로 일제의 토지조사는 사유제私有制를 새롭게 창출한 것이 아니라, 종래의 사유제를 재확인한 것에 불과하다.267) 어쨌든 이것도 성과를 거두지 못했다. 1919년 당시, 전체농가의 3.4%가 전체 경지면적 52.2%를 소유한 데에서 잘 드러나고 있다.268)

일제의 침탈로부터 벗어난 후에 채택된 경자유전의 원칙은 제헌헌법 제86조269)에서부터 현행헌법에 이르기까지 농지에 대해서만은 계속 유지되고 있어, 이를 통해 농지소유상한제의 틀이 확립되었다고 볼 수 있다. 1950년에 시행된 농지법에 의해 농업을 목적으로 소유할 수 있는 농지의 규모를 제한하는 제도였다. 그러나 1999년 4월 29일자 헌법재판소에서의 위헌결정270)으로 변화를 가져왔다. 즉 농지법 제7조(농지소유상한)에서 ① 상속으로 농지를 취득한 자로서 농업경영을 하지 아니하는 자는 그 상속 농지 중에서 총 1만m²까지만 소유할 수 있다. ② 대통령령으로 정하는 기간 이상 농업경영을 한 후 이농한 자는 이농 당시 소유농지 중에서 총 1만m²까지만 소유할 수 있다. ③ 주말·체험영농을 하려는 자는 총 1천m² 미만의 농지를 소유할 수 있다. 이 경우 면적 계산은 그 세대원 전부가 소유하는 총 면적으로 한다. ④ 제23조 제1항 제7호271)에 따라 농지를 임대하거나 사용대使用貸하는 경우에도 제1항 또는 제2항에도 불구하고, 소유 상한上限을 초과할지라도 그 기간에는 그 농지를 계속 소유할 수 있다272)고 규정하여 농지에 대한 소유상한을 시대적 요청에 따라 많이 완화되었다. 반면에 헌법재판소가 위 적시 결정에서 200평을 초과하는 택지를 취득할 수 없게 한 것은, 적정한 택지공급이라고 하는 입법목적을 달성하기 위하여 필요한 정도를 넘는 과도한 제한으로 헌법상의 재산권을 과도하게 침해하는 것이라고 하여, 이제는 농지에도 가진 자가 대규모 자금을 투입할 수 있게 하여 소유의 불평등을 더 가져왔다. 문재인 정부에서 농지투기를 막기 위한 대책으로 2021년에 대폭 재·개정된 것은 후술하기로 한다.

헌법재판소가 위 결정을 내리기 전의 노태우 정부 시절로, 택지소유상한제, 개발이익금환수제, 토지초과이득세제로 대표되는 이른바 토지공개념 실시로 토지문제를 심화시키는 부동산투기억제정책을 어느 정권보다도 강력하게 실시한 것이었다. 그 당시 토지공개념 도입을 찬성하는 국민이 84.7%에 육박했었다. 여기서 1989년 12월 30일 택지소유에 관한 법률을 제정하여 이듬해 3월 2일부터 시행에 들어갔었다.[273] 이에 서울을 비롯한 6대 도시에서 시행된 택지소유상한제는 김대중 정부 때인 1998년 9월 19일, '토지시장 활성화'란 미명 아래 폐지하게 된다. 이러한 제도가 재산권을 침해한다는 이유에서 1994년 이후로 제기된 67건의 헌법소원을 받아들여 전술한 바와 같이, 농지법과 함께 이 법에 대하여 위헌결정[274]을 내리게 된 것이다.

그러나 농지의 소유구조를 어떻게 봐야 할 것인가는 1945년 해방 이후 농업계뿐만 아니라, 사회적으로 첨예한 문제였다. 조국 해방 이후는 소수의 지주가 점유하고 있던 농지를 어떻게 분배할 것인가가 주요한 논쟁이었다면, 1980년대 산업화 이후 농지소유를 누가 할 것인가가 논쟁의 핵심이었다. 그러나 2000년대 들어와서는 농지보전이 농지법을 둘러싼 새로운 논제로 떠오르고 있다. 소작농의 폐지에서 경자유전, 그리고 농지를 어떻게 보전할 것인가는 우리나라 농지제도의 흐름을 보여주는 하나의 핵심사항이자, 현재의 농지를 둘러싼 문제와 궤를 같이하고 있다. 지주의 땅을 분배하고 소작제도를 금지하도록 헌법에 명시했지만, 현재 48%가 임대한 농지이다. 경자유전의 원칙을 확고하게 할 목적으로 현행헌법에까지 두고 있음에도 외지인, 즉 비농업인의 농지소유가 문제가 되고 있으며, 이는 쌀 직불금直拂金 부당수령과 농지의 난개발로 이어지고 있다. 농지를 보전하는 것이 농민에게는 이익이 될 것인가에 대해서도 쉽게 답하기 어렵다. 2000년대 초반까지의 대통령선거에서 가장 핵심적인 농정農政, farm policy공약은 농가부채 해결이었다. 그러나 2007년, 2012년, 2017년 대선에서 농가부채 해결은 핵심공약에 들어 있지 않았다. 농가소득의 향상으로 농가부채가 줄었기 때문이 아니라, 전국의 농지가격 상승으로 인한 농가부채 상환능력이 높아지면서 농가부담이 줄었기 때문이다.[275]

토지의 사소유권에 대해서는 전술한 바와 같이, 우리 헌법과 민법에서 충실하게 보장하고 있다. 현대적 헌법이 1948년 제정 후 9차에 걸쳐 개정되었고, 민법 또한 1958년 제정된 이래 2021년 현재 31차에 걸쳐 개정되었다. 그럼에도 불구하고 헌법상 "토지의 사소유권을 보장한다" 함과 민법상 "토지사유권은 사용·수익·처분권 일체를 포함한다"는 기본원칙은 그대로 존속·유지되고 있다. 더 나아가 1949년에 제정된 농지개혁법에 의해 이듬해 6월 농지개혁이 시행되면서 '내 땅(토지)'에 대한 인식이 확고하게 자리 잡게 되었고,[276] 1970년대 중반, 박정희 정부의 경제개발에 따른 급속한 도시로의 진출로 주택문제가 심각해지자 '내 집 마련 정책'을 추진하기 시작했다. 이 정책의 여파로 '내 집my home' 또는 '우리 집our home'을 넘어 '내 땅my land'이란 사소유의 의지가 국민들 속에 굳건하게 자리매김하고 있다. 망국병에 가까운 이러한 언사가 만연돼 있다.[277]

이렇게 변화된 국민의식을 따라 잡을 수 없자, 전술한 택지소유상한제와 함께 같은 일자에 '토지초과이득세법'도 제정하여 시행하게 된다. 이는 조세부담의 형평성 제고와 양도소득세제의 취약한 부분을 보완하고, 토지에 대한 효율적 이용 및 유휴토지의 공급을 촉진함으로써 지가의 안정을 위한 조치였다.278) 각종 개발사업 기타 사회·경제적 요인으로 유휴지의 지가가 상승함으로 인하여, 그 소유자가 얻는 토지초과이득을 조세로 환수함이 목적이었다. 그러나 조세부담의 형평과 지가의 안정 및 토지의 효율적 이용을 위해, 그 당시 지가하락 등의 사유로 헌법재판소에 의한 헌법불합치결정(1994.7.29)이 내려졌다. 이로써 그해 12월 22일 법 개정이 있었다.279) 그 후, 그 타당성에 대한 논란이 거듭되어 오다가 부동산시장 활성화대책의 일환으로 끝내 1998년 12월 28일에 폐지되었다. 곧 대법원280)도 토지의 효율적 이용 측면에서는 헌법재판소와 같은 취지의 판결을 내리기도 하였다.

다음으로 소위 토지공개념 3법 중 개발부담금제開發負擔金制였다. 이 제도도 같은 일시에 '개발이익환수에 관한 법률'의 제정으로 도입되었다. 토지를 개발할 때, 땅값 상승으로 발생하는 사적 이익을 최소화하기 위하여 국가가 땅값 상승분의 일정액을 환수하는 제도이다. 개발이익을 목적으로 투기가 성행하는 것을 방지하고, 토지의 효율적인 이용을 촉진하여 국민경제의 건전한 발전에 이바지하기 위하여 1990년부터 시행되었다. 이로 인해 택지개발, 산업단지 조성 등 30개사업체로부터 개발이익분의 50%를 부과하여 토지 정의를 이루는 듯하였으나, 이마저 1998년 6월 25일에 헌법재판소가 헌법불합치 결정281)을 하고야 말았다. 이 제도는 개발사업을 시행한 자가 사업상 토지의 정상지가 상승분을 초과하는 불로소득인 개발이익이 발생할 경우 이를 환수하여 관할 지자체 등에 배분하는 하는 등, 더구나 토지에 대한 투기도 예방할 수 있는 경제민주화의 한 몫을 차지할 수 있는 제도였음에도 폐기되었다. 이로써 노태우 정부 하에서의 토지공개념은, 그 자체를 부정하는 것은 아니었으나 막을 내리게 된다. 그러나 노무현 정부 들어와서는 노태우 정부와 같이 명시적으로 토지공개념이란 표현을 사용하지 않았어도, 주택을 중심으로 한 이 제도를 도입하려고 검토한 바가 있다. 그러나 "집값 때문에 못 살겠다. 땅값 때문에 못 살겠다"는 중산층 이하 서민층의 자조 섞인 한탄은 지금도 그침이 없다. 이에 2018년 3월, 이러한 제도의 도입을 문재인 정부에서 부활시키려 하였으나 실패로 돌았다. 그럼에도 비정상적인 급등이 계속되자 2018년 9월 13일, 종합부동산세의 구간을 확대하고 세율을 대폭 인상하는 것을 포함한 부동산 대책이 있었다. 또한 토지공개념을 포함한 투기억제대책을 계속적으로 강구할 것이라고 발표 후, 지속적으로 강구하고 있으나 '언 발에 오줌 누기'에 불과하다.

그렇다면 어떻게 할 것인가. 그 방안으로서 첫째, 토지관의 개혁이 필요하다. 즉 토지와 주택에 대해 상품으로 취급하며 투기나 소유가 아닌, 인간생활에 필요한 최소한의 이용으로의 사고전환이 필요하다. 둘째, 이로써 토지나 주택이 공공의 이익이 우선되게 불신의 고리에서 벗어나지 못하는 관료들의 민주화가 필요하다. 즉 기존의 사고를 깨트리는 토지 정의土地正義로의 패러다임paradigm 전환이다. 셋째, 소유권 제한에 있어, 그 이용권한이 상충 시 이를 적절히 조정하고 통제하는 생존권적 이용의 희생을 막는 협의체가 필요하다. 넷째, 현행헌법과 법률에서도 충분한 토지공개념의 공론화 장이 필요하다.

마지막으로 인류공존을 꾀하는 인간의 원초적 휴머니즘original humanism 의 전개이다. 달리 말해 '선한 사마리아Good sararia' 같은 약자를 업신여기지 않고 탐욕을 절제하는 긍휼矜恤의 자세이다. 이는 후술하겠지만, 이를 긍휼의 미학美學이라고 칭한다. 각박한 세상에서는 이러한 자세가 절실히 요구된다. 이 땅(토지)은 "우리 세대만 향유하고 끝낼 것이 아닌 미래세대와 함께할 사명이 있고, 함께 하고 비워줘야 할 땅(토지)

이란 관념 하에서 동지애를 가져야 한다"는 점이기 때문이다. 상황에 따라서는 일종의 '선한 사마리아법Good Samaritan Law'을 제정할 필요성도 있다.

　따라서 각 정부의 토지정책에서 시행착오를 겪은 끝에 토지공개념 제도를 다시금 도입하려는 시점에 있다. 이 제도를 도입해야 할 국민적 공감대 위에서의 당위성 및 토지 정의 등에 대해 보고자 한다.

註

1) 김영추, 「헌법상 경제질서의 구체적 형성」, 『현대법의 이론과 실제』(김철수 화갑기념 논문집), 1993, 187쪽 이하 참조.

2) 황산덕, 『법철학강의』, 1975, 256쪽 등 참조.

3) 황산덕, 앞의 책, 63~64쪽, 76·93쪽 참조.

4) 김영추, 앞의 논문, 14쪽.

5) Radbruch, G., *Rechtsphilosophie*(Stuttagart, 1956), S. 141; 김영추, 「헌법질서와 경제정의」, 『헌법학연구』 3(3), 한국헌법학회, 1997, 15쪽 재인용.

6) Richard T. Gill, *Economics and the Public Interest*, Goodyear Publishing Co., 1972, p. 21; 김영추, 앞의 논문, 15~16쪽 재인용.

7) 김운태, 『정치경제학』, 박영사, 1990, 194~196쪽.

8) 강경근, 『일반헌법학』, 법문사, 2018, 117쪽; 헌재 2009.11.26, 2008헌마711.

9) 권영성, 『헌법학원론』, 법문사, 1999, 155쪽. '경제에 관한 일련의 헌법조항을 총칭'하여 경제헌법이라고 한다. 이 말고도 소위 경제헌법의 이론적 배경에 대해서, 자본주의는 원래가 기업가 개인의 이기심을 토대로 한 무계획적·무정부적 체제이기 때문에 그대로 방치하면 주기적인 공황이 필연적으로 야기되어 이로 말미암아 국가생산력의 저하, 근로자의 실업 기타의 타격, 국민대중의 경제생활의 불안정 등, 이 역시 막심한 폐단을 나타내게 한다(박일경, 『헌법』, 법경출판사, 1964, 545쪽). 개인적 이해타산에 의거하는 자본가의 경제활동은 경제적 사회적 입장에서 볼 때 완전히 무계획적이다(문홍주, 『한국헌법』, 해암사, 1975, 549쪽 등 참조).

10) 한수웅, 『헌법학입문』, 법문사, 2017, 164쪽; 강경근, 앞의 책, 117쪽.

11) 즉 고대에는 국가의 정치적 기능과 경제적 기능이 혼합되어 군주에게 집중되었고, 중세 봉건사회에서도 토지와 자본설비는 지방영주의 지배와 정신적 영역을 주관한 교회에 의한 경제활동의 광범한 규제가 이루어졌다. 그리고 15세기경, 강력한 민족국가가 지배하는 사회로 바뀌면서 중세의 지방적 통제를 대신하는 중앙정부의 강력한 통제로 특정되는 중상주의 등장과, 이에 대한 반발로 인체나 인간의 경제생활 모두 자기적응력이 존재하기 때문에 국가가 경제에 간섭해서는 안 된다고 하는, 근대적 산업자본주의 사상적 배경이 된 중농주의를 거쳐 산업혁명으로 인한 공업화를 기초로 하는 자유주의와 현대의 복지주의에 이르기까지 나타났다고 한다(정순훈, 『경제헌법』, 법문사, 1993, 13쪽 이하).

12) "조세가 국가 재정수입의 주된 원천으로서 특히 중요한 의미를 가지기 시작한 것은, 정치적으로는 중세의 전제국가가 몰락하고 근대 시민사회 형성에 따라, 민주주의와 법치주의 체제의 통치기구가 수립되고, 경제적으로는 사유재산제도와 자유경쟁 및

시장경제의 원리가 지배하는 자본주의 경제체제가 대두되면서부터다. 그러나 현대의 이른바 문화국가 시대에 이르러서는 국가의 활동영역이나 기능이 방대해짐에, 그에 소요되는 재정수요도 막대하게 팽창하였으며, 그 재정기금의 대종인 조세 문제야말로, 국민과 가장 밀접하게 이해관계가 상충되는 문제로서, 조세정책의 향방에 따라 국민의 재산권에 미치는 영향은 지대하게 된바, 그런 의미에서 현대국가는 조세국가라고 할 수 있다. 이에 우리나라도 그 예외는 아니라고 할 것이다"(헌재 1990.9.3, 89헌가95 참조).

13) Heinz Peter Christen, *Die Wirtschaftsverfassung des Interventionismus*, 1970, S. 212; 이부하,「헌법상 경제질서와 재산권 보장」,『공법학연구』7(3), 한국비교공법학회, 2006, 25쪽 재인용.

14) 이부하, 앞의 논문, 24~25쪽.

15) 이 개념은 오이켄Walter Eucken을 비롯한 독일의 프라이부르그학파Freiburger Schule가 자신들의 신자유주의 경제사조에 입각한 경제체제의 모델을 설명하기 위해 처음으로 사용하였다(김성수,「경제질서와 재산권 보장에 관한 헌재결정의 평가와 전망」,『공법연구』33(4), 2006).

16) 권영성, 앞의 책, 155쪽.

17) 권영성, 앞의 책, 164쪽.

18) 김영추, 앞의 논문, 20~21쪽.

19) 이부하, 앞의 논문, 25~27쪽.

20) 수정자본주의와 사회적 시장경제질서는 엄격한 의미에서 동의어가 아니다. 왜냐면 전자는 자본주의와 마찬가지로 '사회주의' 내지 '공산주의'와 대립되는 개념이고, 후자는 시장경제와 마찬가지로 '계획경제' 내지 '통제경제'와 대립되는 개념이기 때문이다. 그러나 자본주의는 자유시장경제를 근간으로 한다는 이유 때문에 자본주의원리와 자유시장경제질서가 같은 뜻으로, 마찬가지로 수정자본주의원리도 사회적 시장경제질서와 혼용되는 경우가 많다. 하지만 엄밀하게 따진다면 수정자본주의원리를 구체화한 경제질서가 바로 사회적 시장경제질서이기에, 원리prinzip와 질서Ordnung를 구별하는 것이 옳다. 그러나 이 책에서는 편의상 일반적인 관례에 따라 엄격한 구별을 하지 않고 사용키로 한다(허영,『헌법학원론』, 박영사, 2011, 166~167쪽 각주 참조).

21) 헌법재판소는 헌법상 경제조항의 성격에 관하여 "…, 우리 헌법의 경제질서는 사유재산제를 바탕으로 하고, 자유경쟁을 존중하는 자유시장경제질서를 기본으로 하면서도 이에 수반되는 갖가지 모순을 제거하고, 사회복지·사회정의를 실현하기 위하여 국가적 규제와 조정을 용인하는 사회적 시장경제질서로서의 성격을 띠고 있다"고 결정하고 있다(헌재 2001.6.28, 2001헌마132).

22) "자유시장경제질서란, 헌법 제119조 제1항과 제2항은 우리 헌법이 자유시장경경쟁질서를 기본으로 하면서, 사회국가원리를 수용하여 실질적인 자유와 평등을 아울러 달성하려는 것을 근본이념으로 하고 있음을 밝히고 있다. 헌법이 보호하는 경제상의 자유란 어떠한 경우에도 제한을 받지 않는 자유방임을 의미하는 것이 아니며, 어떤 분야의 경제활동을 사인간의 사적 자치에 완전하게 맡길 경우 심각한 사회적 병폐가

예상되는데도 국가가 아무런 관여를 않는다면, 오히려 공정한 경쟁질서가 깨지고 경제주체 간의 부조화가 일어나게 되어 헌법상의 경제질서에 반하는 결과가 초래될 것이다."(헌재 2003.2.27, 2002헌바4)

23) 강경근, 앞의 책, 117쪽; 허영, 앞의 책, 166~168쪽.

24) 권영성, 앞의 책, 161쪽.

25) 허영 교수는 제14조와 제34조도 포함시키고 있다. 허영, 앞의 책, 168쪽.

26) 김형성, 「헌법상의 경제질서와 독점규제」, 『헌법학연구』 3, 1997, 58~59쪽 참조.

27) 한수웅, 앞의 책, 164~165쪽.

28) 헌재 2001.6.28, 2001헌마132 전원재판부(여객자동차운수사업법제73조의2 등 위헌확인).

29) "우리 헌법상 경제질서의 원칙에 비추어 보면, 농지개량사업 시행지역 내의 토지에 관한 권리관계에 변경이 있는 경우, 그 사업에 관한 권리의무도 승계인에게 이전되도록 함은 농지개량사업의 계속성과 연속성을 보장하고, 궁극적으로는 농촌 근대화 목적 달성을 위한 것으로써 사회적 시장경제질서에 부합하는 제도라서, 헌법 제119조 제1항의 시장경제원칙에 위반되지 않는다." 본 결정을 달리 표현하면, "우리 헌법상 경제질서는 사유재산제를 바탕으로 하고, 자유경쟁을 존중하는 자유시장경제질서를 기본으로 하면서도 이에 수반되는 갖가지 모순을 제거하고, 사회복지·사회정의를 실현하기 위하여 국가적 규제와 조정을 용인하는 사회적 시장경제질서로서의 성격을 띠고 있다"(헌재 2005.12.2, 2003헌바88).

30) 이에 대해 권영성은 "헌법 제119조 제1항의 경제상 자유에는 계약의 자유·경쟁의 자유·기업의 자유·광고의 자유·소비의 자유를 포함시키고 있다"(권영성, 앞의 책, 164쪽)고 한다.

31) "토지거래허가구역 내에서 허가받은 목적대로 토지를 이용할 의무를 이행하지 아니하는 자에게, 토지거래허가제도의 실효성 확보를 위하여 입법자가 채택한 간접적 의무강제수단인 이행강제금제도는 헌법 제122조에 의하여 용인되는 제한의 범위에 해당한다."(헌재 2013.2.28, 2012헌바94)

32) 강경근, 앞의 책, 118쪽.

33) 지적인 사람이 사회주의자가 되기 싫다는 사실을 발견하고 처음에 놀란 사람들은, 지적인 사람들이 지성을 과대평가하는 경향이 있다는 사실을 깨달으면, 그리고 우리 문명이 제공하는 모든 편의와 기회가 전통적인 규칙을 따르기 때문이 아니라, 고의적인 설계 덕이라고 생각한다는 사실을 깨달으면, 그리고 그밖에 이성을 사용함으로써, 우리가 착수하는 일에 대한 한층 더 지적인 반성, 한층 더 적절한 설계와 합리적 조정에 의해 남아 있는 모든 바람직하지 못한 모습을 제거할 수 있단 생각을 깨달으면 놀라움이 줄어들 것이다. 이러한 생각은 사람들의 마음을 사회주의의 핵심에 놓여 있는 중앙경제 계획과 통제에 쏠리게 된다. 물론 지식인은 그 기대되는 모든 일에 설명을 요할 것이다. 그리고 마지못해 관습을 받아들일 것이다…. 지난 수세기동안 물리학이 가져온 놀라운 진보와 함께 하려고 하는 것은 이해할 수 있다. 이성의 전통에서 벗어난 전통이 타당성이 있는 것으로 받아들이기 어렵다는 사실을 발견할 것이

다. "전통은 본성상by definition 대부분 비난받을 만하고, 조롱과 개탄의 대상이다." 현행
헌법이 국가의 계획과 규제가 경제를 번영시킨다. 경제자유가 아닌, 국가의 이러한
간섭을 합리적으로 보는 데 대해 시장주의자들의 반발이다. 이에 그들은 하이에크의
이론을 차용한다. 즉 통제가 아닌 자유로우면 기업가들은 자신의 역량과 지식을 동원
해 목적을 달성할 수 있다고 본다. 하이에크가 보는 "시장경제는 각처에 분산돼 있는
지식을 가장 효과적으로 사용하게 하는 것이 경제질서"란 것이다. 이럼으로써 지식인
의 경제적 무지를 탓한다(프리드리히 A. 하이에크, 신중섭 역, 『치명적 자만』, 자유기
업원, 2016, 112~113·193~195쪽 등 참조).

34) 한수웅, 앞의 책, 116쪽.

35) "소주판매업자로 하여금, 그 영업장소 소재지에서 생산되는 자도소주自道燒酒를 총
구입액의 50% 이상 의무적으로 구입하도록 하는 법률조항의 위헌 여부가 문제된
'자도소주 구입명령제도 사건'에서, 독과점규제의 목적이 경쟁의 회복에 있다면, 이
목적을 실현하는 수단 또한 자유롭고 공정한 경쟁을 가능하게 하는 방법이어야 한다.
그러나 주세법의 구입명령제도는 전국적으로 자유경쟁을 배제한 채 지역할거주의로
자리 잡게 되고, 그로써 지역독과점 현상의 고착화를 초래함으로, 독과점규제란 공익
을 달성하기에 적절한 조치로 보기 어렵다."(헌재 1996.12.26, 96헌가18)

36) 강경근, 앞의 책, 119쪽. '경제민주화'란 우리 헌법상 누가 이 조항(현행헌법 제119
조 제2항)을 삽입했는가에 대해 박근혜 정부 당시, 설이 난무했다. 당시 정치권에서
김종인의 작품이라고 하자 당사자인 김종인은 남재희 작품이다. 이에 남재희는 자신
도 당사자가 아니라고 반박한 적이 있었는데, 그도 김종인 작품이라는 데는 주저했
다. 전두환 정권의 민정당 당시, 김종인은 헌법개정특별위원회 경제분과위원장이었
고, 남재희는 정책위의장이었다. 그러나 그는 2012년 11월 20일자 출간『지금 왜 경
제민주화인가』의 저자 소개란에서 "1987년 격동의 시기에 개헌 작업에 참여해 2012
년 19대 총선거에서 최대 화두로 등장한 헌법 제119조 2항 경제민주화 조항, 이른바
'김종인 조항'을 만들었다"고 적시하고 있다. 그는 다시 2017년 4월 5일자로 이 책에
대한 수정본(12페이지 증면에 불과. 가격은 2,000원 인상)인『결국 다시 경제민주화
다』를 냈다. 어찌 되었던 당시 야당도 이 조항 삽입에 대해 찬성했던 것은 분명하다.
그는 경제민주화에 대한 그릇된 오해와 편견을 바로잡기 위해 절절한 심정으로 다시
고쳐 썼다고 강조하고 있다. 그의 변은 "대통령 선거의 해인 2017년 시대정신은 단언
컨대, 경제민주화일 것이다. 2012년 18대 대선에서 정치권이 경제민주화 이슈를 주
도했다면, 지금은 국민이 경제민주화를 요구하고 있다"는 것이다. 그나마 본 조항이
신설된 이후 일부 경제학자들의 반응이 시큰둥하지만, 신자유주의 물결 속에서 경제
헌법상 경제민주화에 대한 물꼬를 튼 그의 공은 지대하다는 평가를 하고자 한다.
20대 대선에서도 제1야당 총괄선대위원장을 맡은 그가, 약자를 위한 어떠한 경제
논리를 펼지 귀추가 구목된다.

37) 김형성·이창훈, 「대한민국헌법 경제조항의 제도적 정착에 관한 법제연구」, 2012년
도 국회용역과제 연구보고서, 입법학연구소, 22쪽.

38) 한수웅, 앞의 책, 167쪽.

39) 권영성, 앞의 책, 164~165쪽.

40) 신석훈, 「기업이론 관점에서 본 경제민주화의 재벌개혁」, 『제도와 경제』 6(3), 한국
제도·경제학회, 2012, 52쪽 참조.

41) 제1조 제1항: 대한민국은 민주공화국이다. 제1조 제2항: 대한민국의 주권은 국민에
게 있고, 모든 권력은 국민으로부터 나온다.

42) 신석훈, 앞의 논문, 53쪽 등 참조. 1인 1표의 정치민주주의는 포퓰리즘 민주주의로
전략해 오히려 경제성장에 역행할 위험성을 내포하고 있으므로, 정치민주주의와 경
제발전 간의 명확한 상관관계를 설정하는 것은 쉽지 않다. 다만, 이러한 위험성을
얼마나 잘 통제하느냐에 따라, 그 나라의 흥망성쇠가 결정되는 것은 분명하다. 정치민
주주의 없이는 지속적 경제발전을 장담할 수 없다. 그러나 모든 민주주의가 경제발전
을 이끄는 것은 아니다. 경제발전을 이끄는 정치제도는 국가권력을 통제하며 재산권
보장, 계약 보호, 경쟁촉진 등 시장의 역동성을 담보하기 위한 경제제도를 창출해내야
한다. 경제민주화도 이러한 틀 속에서 논의되어야 할 것이다(신석훈, 앞의 논문, 54~
55쪽 참조).

43) 천정배, 「헌법정신과 경제민주화」, KBC-R 칼럼, 2013.8.12.

44) 정순훈, 『경제헌법』, 법문사, 1993, 225쪽.

45) 헌재 2003.11.27, 2001헌바35.

46) 헌재 1999.11.25, 98헌마55.

47) 한수웅, 앞의 책, 167쪽.

48) 헌재 1989.12.22, 88가13(전원합의부). "비록 무허가토지거래행위에 대한 처벌규정
이 따로 있어도, 무허가토지거래행위의 사법적 효력을 인정하면 처벌을 감수하고
투기적 토지거래를 하는 자가 있어, 이 법의 목적을 달성하기 어렵다. 또 무허가토지
거래 계약에 그 채권적 효력을 인정하면 투기적 거래로 등기 없이 토지가 전전매매
되는 것을 법률상 용인하는 결과가 되고, 비록 그에 의해 바로 물권변동의 효력은
생기지 않아도 중간생략등기까지 이용하여 여러 가지 탈법적·변칙적인 거래가 성행
할 가능성이 있어 투기억제라는 토지거래허가제의 목적달성이 어렵다."(헌재 1997.
6.26, 92헌바5)

49) 허영, 앞의 책, 170쪽.

50) "…, 국가는 사적 자치를 존중하고, 자결권과 자율성을 보장하면서 보충성의 원칙에
따라 예외적으로 공권력은 반드시 필요한 경우에만 한하여 최소한으로 개입할 수
있다."(헌재 1995.11.30, 94헌가2)

51) 이부하, 앞의 논문, 39쪽.

52) 장하성(2016), 앞의 책, 19쪽 참조.

53) 2006년 4월 22일. "긴박했던 한일 간 영유권 분쟁은 6박 7일 만에 막을 내렸다.
(…중략…) 그 독도에 부동산투기꾼들을 차출하여 '독도 지키기'에 보내자. 그리고
투기꾼들에게 외치고 싶다. "인생은 유한한 데, 부동산은 무한한 것으로 그 독도를
지키면 우리 역사에 영원히 남을 것이다"고 말이다. (…중략…) 노무현 정부의 부동산
정책의 잘못으로 이러한 투기꾼들의 배를 얼마나 불려 놓았는가. 투기꾼들은 노무현
정부의 연일 쏟아지는 부동산정책을 비웃으며, 자신들의 부풀려진 부동산을 지키려

숨바꼭질에 여념이 없다. 차라리 이참에 독도를 '부동산투기장화'하자는 것이다. 가칭 '독도부동산투기장특별법獨島不動産投機場特別法'이라도 제정하여 그 육지만이 아니라, 해저까지 자손만대에 소유권을 주는 방법을 모색해 보는 필요성도 없잖아 있지 않을까. 이러면 투기꾼들은 자기 땅 독도를 지키기 위해 동호회라도 결성하여, 일본과의 전면전에 '신이 내린 전함'이라는 이지스함의 공격에도 안간힘을 다하지 않을까란 역발상이다. (⋯중략⋯) MB정부 초, 어느 국무위원 예정자는 "나는 땅을 사랑했을 뿐, 투기는 아니었다"고 명언名言 아닌 명언을 남기고 어디론가 슬그머니 사라졌다. 위장전입과 부동산투기는 기본이다. 우리 사회의 타락상의 한 단면은 구역질을 안긴다. 사회 환원에 인색하기 그지없는 투기꾼들을 차출하여 독도수호에 인센티브를 주자. 그러면 일본의 허무맹랑한 공격에도 아랑곳하지 않고, 그 땅을 자손만대에 물려주기 위해 목숨 걸고 잘 지켜 낼 수도 있을 것이다. 일본도 한국의 부동산투기꾼들의 사생결단의 저항에는 힘들어하지 않을까하는 역발상을 해본다." 졸저, 『보통사람들의 아름다운 도전』(정치평론), 종암, 2012, 98~100쪽.

54) "반값등록금이란 말 자체가 부끄러운 대한민국이다. 대학(전문대학 포함) 400여 개 대학 재학생 약 356만 명. 연간 대학등록금 14조원에다 석·박사까지 많은 배출이다. 공교육은 실종되고 사교육비 22조원을 쏟아 붓고는 들어간 상아탑. 등록금은 세계에서 미국 다음으로 비싸다. '2008년 세계경쟁력연차보고서'에 의하면, 대학교육의 경쟁사회요구 부합도는 55개국 중 53위를 기록하고 있다. (⋯중략⋯) 비싼 등록금에 비해 그 질적 면에서는 국가나 대학당국은 꿀 먹은 벙어리처럼 함구하고 있다. 책무와 의무감을 상실한지 오래되었으면서도, '대학진학만이 살 길이다. 전 국민들은 대학 앞으로!'를 강요하는 셈이나 승리가 아닌 차디찬 패배만이 있을 뿐이기에, 심각성을 더한다. (⋯중략⋯) 그럼에도 고교졸업생 80%가 대학에 진학한다. 허우적대는 뱁새가 기름기 넘치는 황새를 따라가려다 가랑이가 찢어지듯이, 가난한 집안의 학생들은 목숨을 담보로 한 아르바이트에 초죽음이다. 생존권과 교육을 받을 권리가 위협을 넘어 말살시킬 만큼 중대한 상황에 직면해 있다. 인하 요소가 많은데도, 비싼 등록금을 고수하고 있다. 청년실업까지 자초하기에 대학가는 '개나리 투쟁'이라는 신조어까지 낳으면서 정부와 투쟁하고 있다. 88만원 세대(?)축에도 끼지 못하는 백수들의 천국이다. (⋯중략⋯) 굳이 진학을 않고도 실업계고교나 전문대학 교육만으로도 잘 살 수 있고, 궂은일을 폄훼하지 않는 사회적제도가 마련돼 학벌 프리미엄을 없애야 한다. 즉 대학 간판이 아닌 능력만으로 대접받는 사회의 공감대 형성이다. (⋯중략⋯) 대학도 등록금을 인하해야 한다. 법인전입금은 안 내면서도 등록금으로 영리사업에만 치중하는 대학, 중국이나 동남아권 유학생에게는 자국민보다 싼 반값에 제공하고 있는 1990년대 대학자율화 이후 설립된 일부 부실대학 등은 퇴출시켜야 한다. 등록금 지원의 재원마련은 대학도 적립금을 장학금으로 많이 전용해야 하며, 정부의 정책의지가 앞서면서 감세정책의 철회 등과 함께 정부나 대학이나 낭비적인 예산을 줄이는 방법 등을 강구해야 할 것이다."(졸고, 「반값등록금, 학벌 프리미엄부터 없애야」, 경향신문, 2011.6.11)

55) 전 검찰총장 윤석열은 2019.7 취임사에서 "과거 우리나라의 법집행기관은 자유민주주의와 시장경제질서를 두 축으로 하는, 우리 헌법체제 수호를 적대세력에 대한 방어

라는 관점에서만 주로 보았다. 이제는 자유민주주의와 시장경제질서의 본질을 지키는데 법집행 역량을 더 집중시켜야 한다. 국민의 정치적 선택과 자본의 개입에 의하여 방해받지 아니하고, 모든 사람에게 풍요와 신망을 선사해야 할 시장기구가 경제적 강자의 농단에 의해 건강과 활력을 잃지 않도록 하는 것이, 우리 헌법체제의 본질이다"고 말했다. 구슬이 서 말이라도 꿰매야 보배이듯이, 이제 경제정의를 바로 세워야 한다.

56) 한국경제연구원(KERI), 「경제민주화 이야기 FAQ」, 2012.11.15.

57) 2019경제학공동학술대회, 「한국경제, 정부정책의 평가와 포용적 성장의 과제」(주병기·이춘근 발제문), 한국경제학회, 2019.2.14. 그러면 보자. 독일의 사회적 시장경제의 이론적 토대가 '질서자유주의 원칙'이다. 달리 말해 장기적인 안목에서의 질서 정책에 한정해 경제에 개입할 수 있고, 특정한 목적의 달성을 위한 과제 정책을 통한 개입은 최소한에 그쳐야 한다는 원칙이다. 이러한 게 독일 경제질서가 됐다고 보여진다. 이렇게 볼 때, 우리 헌법 제119조 제2항과 일맥상통한다.

58) www.kyobobook.co.kr, 『누가 가짜 경제민주화를 말하는가』 서평 참조.

59) 신석훈, 앞의 논문, 67쪽 참조

60) 정승일, 앞의, 120~130·180쪽 이하 참조.

61) 김종인, 『지금 왜 경제민주화인가』, 동화출판사, 2012, 39쪽.

62) 김종인, 『결국 다시 경제민주화다』, 박영사, 2017, 2쪽.

63) 김종인(2012), 앞의 책, 169쪽; [passionkim83.blog.me] 사회 안정을 통한 새로운 경제 발전.

64) 이른바 '문재인의 헌법 개정안'이 문제의 심각성도 노출됐다. 예컨대 기본권 조항에서 '국민'을 '사람'으로 다 바꾸겠다는 점이다. 천부적인 인격적 성격인 기본권은 국적에 관계없이 모든 사람이 누려야 할 권리라는 이유를 드는 것 같다. 인류공존적인 측면에서는 대체적으로 찬성한다. 지금 우리나라는 재외동포, 망명 희망자, 무국적자가 많다는 사실이다. 그러나 이건 아니다. 왜냐하면, 이 안에서의 기본권 조항이란 게 현행헌법 제10조에서 제39조까지의 30개 조항을 말한다. 이는 '모든 국민'에서 '모든 사람'이란 문언으로 대체할 때는 엄청난 파장이 일어날 수밖에 없다. 인류의 보편적 공존윤리와 세계화에 글로벌 리더로서의 대한민국이 이바지한다는 측면에서도 백번양보를 하더라도, 이 조항 중 헌법 제10조, 제13조, 제16조, 제19조, 제22조 제1항, 제32조 제3항·제4항·제5항, 제34조 제1항, 제35조 제1항 및 제2항으로, 국내법과 국제사법 간의 상충문제가 빈번할 수밖에 없다. 왜, 그러한지에 대한 더 자세한 논거와 비판 및 대안은 추후 연구과제로 남긴다.

65) "88서울올림픽이 막 끝나자마자 교도소 탈주사건의 주범 지강헌은 '유전무죄, 무전유죄'를 외치며 저 세상으로 갔다. 그는 대치중이던 경찰에게 비지스의 '홀리데이'를 들려주라는 요청이었다. 이 사건이 발생한지 한 세대가 지난다. 주범인 그에게 용서를 한다는 유일한 생존자인 40대 후반의 '김 모'란 사내의 인터뷰가 며칠 전 전파를 탔다. 세인들의 공분을 산 그의 구호는 아직도 생생하다. 그는 미지의 세계인 저승에서도 대한민국의 법 앞의 평등을 부르짖고 있을지도 모른다. (…중략…) 그런데도 서민증세

나 생계형 범죄, 그리고 잡범에게는 냉혹하면서도 부자증세는 건드리지 못하고 소위 '높으신 분'에게는 관대하기 짝이 없는 '법 앞의 불평등'이 난무한다. 헌법상으로는 세계적 보편성을 띤 실질적 평등을 강조하고 있으나, 현실은 이를 따르지 못한 채 '힘센 자에 의한 억지논리'로 표류하고 있다. 기업인들의 처벌에 대해 너무 관대하다. 불·탈법을 자행하던 대기업 총수들이 처벌을 받을라치면, 휠체어 신세에 마스크를 쓴 모습이 식상할 정도이다. (…중략…) 그는 다음 세대에는 법치주의가 이루어질 것이라고 보았을까.

그 희망이 물 건너간 2014년인 대한민국에, 법 앞의 평등은 없다. 고령高齡만을 들먹인다. 그러나 고령이면서 권세를 누렸거나 누리는 자들은 건강도 좋다. 파지를 줍지 않아도 럭셔리한 노후를 즐길 수 있다. 그런데도 불리하면 고령 타령으로 국민들에게 면죄부를 요구한다. '법위에 고령', '법위에 권력'이다. 힘없는 민초들에게 이들이 령令을 내리는 사회가 우스꽝스럽다. 그들이 법을 만들고도 안 지키면서 민초들만 지키란 것은 어불성설이다. 전쟁터에서 소대장이 뒷전에서 소대원들에게 '돌격 앞으로!'라는 꼴이다. 농아자의 행위(형법 제11조)처럼 감경할 수 있을지는 모르겠다. 그러나 형사상 형사미성년자(14세), 심신장애자, 정당행위, 정당방위, 사실의 착오, 법률의 착오, 피해자의 승낙, 긴급피난 외는 '처벌하지 아니 한다'는 별다른 조항도 없다는 점이다. 하기야 안상수 창원시장에게 계란을 투척한 시의원에게 구속영장을 청구했다는 소식에, 어느 변호사가 SNS에서 "정치인이 계란 좀 맞았다고 2주짜리 진단서에 구속영장까지 청구했다"며 씁쓸해 한다는 보도를 접한다. 필자도 "귀하신 몸은 휘파람으로라도 때리지 마라. 인도의 카스트 제도가 대한민국에 상륙하다. 높으신 양반 옆에라도 가지 마라. 그릇된 권위와 이해상실의 시대에 사는 게 개탄스럽다"고 썼다. 이러함은 헌법 제11조 제1항 후단에서도 "누구든지 성별, 종교, 또는 사회적 신분에 의해 정치적·경제적·사회적·문화적 생활의 모든 영역에 있어서 차별을 받지 아니 한다"고 규정하듯이, 모든 생활영역에서 차별을 금지한다는 의미에도 반한다. 몽테스키외의 『법의 정신』에서 "신에게는 율법이, 자연계에는 법칙이, 인간에게는 법률이 있다"고 한 평등 정신을 기대해 본다."

졸고, 「지강헌의 무덤 속 '홀리데이'는 아직도 울릴까」, 서울일보, 2014.9.29.

66) 1972년 12월 27일 이뤄진 제7차 개헌에서도 경제조항 개정이 있었으나, 자유시장경제원리는 기본적으로 그대로 유지되었다. 1980년 10월 27일, 제8차 개정헌법은 국가개입 요소를 다소 추가로 도입했다. 결국 우리 헌법의 경제조항 제·개정의 역사를 크게 보면, 1948년 제정헌법에서는 국가개입적 요소가 상당히 강했으나 1954년 제2차 개정헌법에서는 다소 완화되었고, 1962년 제5차 개정에서는 자유시장경제 방향으로 갔다가, 1980년 제8차 개정과 1987년 제9차 개정을 통해서 국가개입적 요소가 다시 강화되어 왔다. '경제민주화'에 대해 헌법학자가 아닌, 경제학자들은 대체적으로 현행 헌법의 경제조항을 사회주의적이라서, 국가개입이 없는 시장자유에 맡기자는 견해이다. 극히 시장주의 일변도의 주장이다(신도철, 미래한국, 2018.6.26; www.futurekorea. co.kr 「우리헌법 경제조항의 올바른 개정방향, 개인과 자유를 전제하라」, 한국질서경제학회 포럼 참조).

67) "재산권 행사의 대상이 되는 객체가 지닌 사회적인 연관성과 사회적 기능이 크면

클수록, 입법자에 의한 보다 광범위한 제한이 정당화된다…, 따라서 헌법은 제122조에서 토지재산권에 대한 광범위한 입법형성권을 부여하고 있다."(헌재 1998.12.24, 89헌마214 등).

68) 여기서의 자원이란 "인간의 생활 및 경제 생산에 이용되는 물적 자료 및 노동력·기술 등을 지칭하는 것이 아닌, 광물 기타 중요한 지하자원·수산자원·수력과 경제상 이용할 수 있는 자연력"을 말한다.

69) 헌재 2009.5.28, 2006헌바86.

70) 헌재 2000.6.1, 99헌마553.

71) "농업경영에 이용하지 않는 농지소유의 원칙적 금지와 예외적 허용에 종중을 불포함은, 경자유전원칙 및 소작제도금지의 헌법 제121조 제1항 및 제122조에 직접 근거하여, 농지에 대한 재산권 행사 제한의 사익보다 현저히 커서 과잉금지원칙 위반의 재산권침해라고 볼 수 없다."(헌재 2013.6.27, 2011헌바278) 이른바 '문재인 헌법 개정안'도 이 조항에 대해서는 개정된 부분이 없다. 단지, 이에 관한 조항만 뒤로 밀렸을 뿐이다.

72) 한수웅, 앞의 책, 170쪽.

73) 헌재 1989.12.22, 88헌가13(『헌재판례집』 1, 357쪽).

74) 권영성, 앞의 책, 163쪽.

75) "1998년 12월 28일자로 폐지된 토지초과이득세법은 1980년대 이후 계속되는 지가의 앙등, 토지투기의 악순환, 그에 따른 빈부차이의 심화와 국민 간의 이질감 형성을 시정하고자 제정된 법률이었다. 하지만, 헌법재판소는 동법 제8조·제10조 등에 대한 위헌소원사건에서 동법의 관련 규정들은 '토지소유자들의 재산권을 침해하고 조세법률주의에 위배 된다'는 이유로 토지초과이득세법은 헌법에 합치되지 아니한다."(헌재 1994.7.29, 헌바49·52(병합))

76) 헌재 1989.12.22, 86헌가13.

77) 법제처 홈페이지 참조.

78) 사회국가와 사회주의 국가는 상이한 개념이다. 후자는 경제적·사회적 체제에 수반된 빈곤·억압·착취 등의 배제를 목적으로 하며, 계급투쟁이론에 입각하여 혁명적 방식으로 사유적私有的 생산양식을 배제하고 그 수단으로 국가권력을 혁명적인 방식으로 장악하며, 계획경제의 도입 등 사회질서의 혁명적 개혁을 꾀한다. 이에 반하여 전자는 사유적 생산양식의 골간을 계속 유지하면서 의회주의적 방식에 따라 사유적 생산양식에 수반되는 이기적 위험성과 그 비능률성을 시정하고, 아울러 사유적 생산양식을 점진적으로 변형시키려고 할 뿐이다(권영성, 『독일헌법론』(상), 60쪽 이하 참조). 따라서 양자는 사회화에 있어서도, 사회국가적 사회화와 사회주의적 사회화에 의하여 구분된다. 사회국가적 사회화는 자본주의적 경제체제와 그 법질서를 원칙으로 하면서, 필요한 경우에 예외적으로 소유체제·경제체제 및 사회체제를 부분적으로 수정하는 부분적 사회화를 그 내용으로 한다. 이에 대하여 사회주의적 사회화는 사회적 소유의 원칙과 국가적 계획경제의 원리에 입각하여 기존의 사회체제와 경제체제를 전면적으로 변혁하는 전면적 사회화를 의미한다(민경식, 「독일기본법에 있어서의

사회화에 관한 연구」, 서울대학교 법학박사학위논문, 1987, 7쪽; 권영성, 앞의 책, 158쪽 각주 참조).

소위 우파 내지 극우들이 '사회', '토지공개념'이란 말만 언급돼도 '사회주의'니 '공산주의'니라고 공격하기 때문이다. 또한 아예 무시하는 부류가 있을뿐더러 엄연히 다른 개념임을 간과하고 있다. 사회국가Social State란 사회적 정의실현과 국민 개개인에 대하여 인간다운 생존을 보장하는 국가이며, 사회주의 국가socialist states는 칼 마르크스－레닌주의에 의해 통치되는 국가다. 이러한 국가는 현재 중국, 베트남, 쿠바, 북한 정도다. 그러나 오늘날에는 북한을 빼고는 온전한 사회주의 국가 내지 공산주의 국가가 있는지 의구심이 들 정도로 자유민주주의 물결이 침범된 상태가 아닌가 싶다.

79) 권영성, 앞의 책, 157~159쪽.

80) 김형성, 「헌법상의 경제질서와 독점규제」, 『헌법학연구』 3, 1997, 60쪽.

81) 김종인(2012), 앞의 책, 41~41쪽.

82) 한수웅, 앞의 책, 170쪽.

83) 피케티의 저서는 약 3세기 동안 20개국 이상의 역사적 데이터를 토대로 불평등의 역사적 전개를 살핀다. 방대한 양의 데이터를 기반으로 한 치밀한 실증연구라는 점에서, 기존의 주류경제학자들이 지향하는 수학적이고 이론적인 고찰이라는 한계에서 벗어난다. 저자가 활용한 자료는 소득의 분배와 그 불평등을 다루는 자료, 그리고 부의 분배 및 부와의 관계를 다루는 자료다. 이러한 두 자료는 부에 대한 분배의 역사적 동학動學과 사회의 계층구조를 연구할 수 있는 토대로, 이 책의 핵심 자산이다. 자본수익률이 끊임없이 감소하는 자본주의의 구조적 모순에 의해 프롤레타리아 혁명이 발생할 것이라는 19세기 칼 마르크스의 자본의 예언과, 경제성장 초기단계에서 발생한 경제적 불평등이 자본주의의 진전된 발전단계에서는 완화되고 안정될 것이라는 쿠즈네츠의 이론까지 논파한 뒤, 새로운 자본주의의 동학을 제시할 수 있었던 것은, 이러한 실용적이고 역사적인 접근방식에서 비롯된 것이다.

인용한 원서(번역본인 영어판)의 간략한 소개와 서평, 그리고 출판처는 다음과 같다. 여기서 주지할 바는 이 글의 인용에 있어 원서(불어판, 2013년간, 976쪽)가 아닌 미국 하버드대 번역판(영어판, 2017년간, 816쪽)에 따랐음을 밝혀둔다. 원서 한글 번역판과 대조하면 원서보다는 무려 280여 쪽이나 적다. Thomas Piketty of the Paris School of Economics has done the definitive comparative historical research on income inequality in his *Capital in the Twenty-First Century*.--Paul Starr "New York Review of Books" (05/22/2014)/ It seems safe to say that *Capital in the Twenty-First Century*, the magnum opus of the French economist Thomas Piketty, will be the most important economics book of the year—and maybe of the decade. Piketty, arguably the world's leading expert on income and wealth inequality, does more than document the growing concentration of income in the hands of a small economic elite. He also makes a powerful case that we're on the way back to 'patrimonial capitalism,' in which the commanding heights of the economy are dominated not just by wealth, but also by inherited wealth, in which birth matters more than effort and talent. (Paul Krugman New York Times 03-23/2014); Thomas Piketty, *Capital in the Twenty-First Century*(Paperback), Belknap Press: An

Imprint of Harvard University, 2017.

84) 작년 8.15경축사에서 MB의 '공정사회fair society'란 화두에 이어 1년 후인 올해는 '공생발전Ecosytemic Development'이란 생소한 화두를 던졌다. 그래서일까. 온갖 쇼맨십에 능한 정치꾼들이 공정사회를 논할 때는 씁쓸함을 넘어 분노에 치밀게 한다. 공생발전이란 게 자연생태계처럼 다양한 계층이 균형과 조화로움에 의한 지속적인 발전으로, 승자독식이 없는 사회 또는 신자유주의식 자본주의나 유럽식 복지가 아닌 제3의 모델을 찾는 것 같으나, 위기에 처한 대한민국호를 이끌어갈 위대한 지도자의 리더십이 부족하기 때문이다. 또한 승자독식에 만연되었기에 그만큼 우리사회가 불공정unfair하다는 방증이다. 그게 그것인 듯, 국민들은 언어의 유희에 따른 정신착란증에 걸리고 싶지는 않다는 기색이 역력하다.

얼마나 구석구석이 썩었으면 미국 하버드대학교의 교양과목에 불과한 『정의justice란 무엇인가』란 마이클 샌델Michael J. Sanddel의 책이 한국의 작가들을 뛰어넘는 베스트셀러가 되었다는 것은, 실종된 '공정'에 그만큼 목말랐다는 점이다. 대다수 국민들은 우리 사회가 모든 면에서 공정하지 않다는 의견이고, 실의에 찬 상태에서 전문가도 섭렵하기 힘든 존 롤즈의 『정의론正義論, A Theory Of Justice』까지 일반가정의 서재에 꽂혀 있다는 사실은, 이 사회가 그만큼 불공정하다는 것을 자인한 셈이다. 고로 대한민국에 정의는 없다. 정의를 논한다는 것은 밥을 굶는 지름길이자 바보 취급이다. 부정의에 대한 침묵의 카르텔을 형성해야만 살 수 있는 현실이다. 대학의 법과대학에서는 '정의가 무엇인가'에 대해 귀가 따갑게 주입되고 있으며, 대법원 복도에는 '정의의 여신'을 뜻하는 디케Dike의 조각상이 있다. 그러나 빛 좋은 개살구에 불과하다. 세계 10위권경제대국임은 자명한 사실이고, 한편으로는 우리나라가 중강국Middle Power이라고도 볼 수 있으나, 공정사회가 이루어지지 않으면 한 세대 전부터 그렇게도 부르짖는 선진국 대열에는 동참하기가 힘들다는 점에 주목하지 않을 수 없다.

졸고, 「공정사회와 그 실천적 대안」(국회, 공정사회 확산을 위한 토론회 발표논문), 2011.6.30.

85) 토마 피케티, 장경덕 역, 『21세기 자본』, 글항아리, 2014, 8쪽.

86) 토마 피케티, 장경덕 역, 앞의 책, 61~62쪽; Thomas Piketty, *Capital in the Twenty-First Century*, Belknap Press: An Imprint of Harvard University, 2017, pp. 104~108 참조.

87) 토마 피케티, 장경덕 역, 앞의 책, 330쪽 참조.

88) 토마 피케티, 장경덕 역, 앞의 책, 295쪽; [blog, naver.com] 21세기 자본, 토마 피케티.

89) 예컨대 임대료, 배당, 이자, 이윤, 부동산이나 금융상품에서 파생되는 소득 등을 말한다.

90) 「피케티의 21세기 자본」, 동아일보, 2014.9.30.

91) 장하성, 『왜 분노해야 하는가』, 헤이북스, 2016, 20쪽 참조.

92) 자본의 증가율, 인구의 점증적 경향 따위와 같은 예속적인 변동현상을 분배하는 경제이론이다.

93) 토마 피케티, 장경덕 역, 앞의 책, 2014, 561쪽 참조.

94) 피케티는 자본주의 자체를 비난함에는 관심이 없다. '공정함과 민주적 사회질서'를

이루기 위한 적절한 제도와 정책들을 만드는 데 관심을 둔다고 서문에서 밝히고 있다. 그가 제안하는 해결책에 동의 여부는 관심이 없어 보인다. 그러나 그는 자본주의를 지켜 내고자 하는 자들에게 난제를 던졌다. 가히 피케티는 각 시대별 화두를 던진 '아담 스미스', '칼 마르크스', '헨리 조지'처럼 대작을 낳은 근대 이후 세계 4대 저작물로 여겨진다.

95) '보편적 복지'가 아닌 '선별적 복지'란 기준에서 보면, 토마 피케티와 빈부격차 및 불평등 해소 등에 있어 차이점이 있어, 그의 소개와 함께 인터뷰 기사를 다음과 같이 재편집하여 간략하게 보자. 2015년 노벨경제학상을 받은 앵거스 디턴Angus Deaton (1945~) 미국 프린스턴대학 교수는 한국을, 그의 저서 제목대로 『위대한 탈출The Great Escape』에 성공한 나라로 본다. 그는 엊그제 한국경제와의 송년인터뷰에서 "한국은 지난 40~50년간 성공적으로 성장해 온 국가"라며 "이제 가난한 나라들이 참고할 만한 모범사례"라고 강조했다. 그는 또 "몇몇 사람이 한국의 불평등이 세계 어느 곳보다 심각한 수준이라고 말하는 것을 들었다"며 "하지만 실제 데이터를 보니 남아프리카공화국, 브라질, 인도, 미국보다 불평등이 더 심하다고 보기는 어렵다"고도 했다.
　2014년 '불평등론'으로 피케티Thomas Piketty의 저작이 한창 논란이 됐을 때, 불평등不平等, Inequality을 제대로 정의할 수만 있다면 성장成長의 동인動因이 될 수 있다는 시각을 보여주기 위해 그의 『위대한 탈출』을 본지가 출판했다. 그러나 일부 반反시장 진영에서는 번역본의 일부 누락을 핑계로 그가 마치 '자본주의는 곧 불평등이 파한' 것처럼 주장하면서 본지를 공격하기도 했다. 한국의 불평등이 세계 최고라고 주장한 세력도 같은 부류일 것이다. 이번 인터뷰에서 그는 '저성장이 가장 큰 위협'이라며 "저성장은 분배를 둘러싼 갈등을 키워 정치를 오염시킨다"고 강조했다. "성장률이 높으면 최하위 계층을 돌보기 위해 상위계층의 몫을 떼 내지 않아도 되지만, 성장률이 제로라면 분배문제를 해결하는 것이 어려워진다"는 설명이다. 지난 수년간 감성과 구호만 횡행한 한국이었다. 여야 할 것 없이 성장이 아니라, 분배만 강조하는 포퓰리즘Populism에 빠졌고 선거에서 경제민주화, 무차별복지, 분배우선론은 더 요동을 쳤다. 그러나 그의 말대로 성장을 멈추면 더욱 불평등한 사회로 전락하고 만다. 그런 점에서 한국의 '위대한 탈출'은 아직 끝나지 않았다. 아니 끝나서는 안 된다.
　한국경제신문, 2015. 12.31 인터뷰 기사; 엥거스 디턴, 이현정 역, 『위대한 탈출』, 한국경제신문, 2015, 제6장 247~295쪽 참조.

96) 「앵거스 디턴 '노벨경제학상' '피케티 불평등론'에 대한 쐐기?」, 조선비즈, 2014.12.31; 졸저, 『보통사람들의 아름다운 도전』(정치평론), 종암, 2012, 164~166쪽 참조.

97) 최진기, 『함께 읽는 21세기 자본』, 휴먼큐브, 2016, 158쪽 이하 참조.

98) 니시무라 가쓰미, 부윤아 역, 『1分間ピケティ/西村克己(피케티 21세기 자본을 읽다)』, 재승출판, 2016, 4~5쪽 참조.

99) 토마 피케티, 장경덕 역, 앞의 책, 540쪽.

100) 주택은 대체로 최소한 소비자물가 상승률만큼 인상되기 때문에 자산을 보호할 수 있다.

101) 토마 피케티, 장경덕 역, 앞의 책, 541~543쪽.

102) 안재욱·현진권 편저, 『피케티의 21세기 자본 바로 읽기』, 백년동안, 2014, 196~199

쪽 참조.

103) 니시무라 가쓰미, 부윤아 역, 앞의 책, 77쪽.

104) 토머스 모어Thomas More(1478~1535)의 『유토피아』는 16세기 르네상스 시대에 현실
에는 존재하지 않는 이상적인 사회를 상상하여 묘사한 정치적인 소설로, 사회사상의
고전이자 '유토피아 문학'의 대표작이 된 작품이다. 영국 국교회 수장으로서 국왕이
가지는 최고 권한을 부정한 죄로 런던탑에 투옥된 모어는 옥중에서 『고난에 맞서는
위안의 대화』를 집필했다. 1529년에 대법관이 되었으나 1532년 헨리 8세의 이혼에
동의하지 않고 대법관직에 사퇴하였다. 그는 런던탑에 감금되었다가 1535년 반역죄
로 사형선고를 받았다. 모어의 죽음은 온 유럽을 경악시켰고 에라스무스는 "토머스
모어는 순결한 영혼을 가진 사람이었다. 영국은 과거에도, 그리고 이후로도 그와 같은
천재성을 다시 발견할 수 없을 것이다"라며 그의 죽음을 애도했다. 1886년 교황 레오
13세에 의해 시복諡福되고, 1935년 교황 피우스 11세에 의해 시성諡聖되어 가톨릭 성인
으로 공인되었다(토마스 모어, 유경희 역, 「서문: 왜, 모어의 유토피아에 주목할까?」,
『유토피아』, 웅진싱크빅, 2008).
　제2장에 압도되기 때문이다. 즉 "사적 소유私所有가 존재하는, 돈이 모든 가치의 척도
가 되는 곳에서는 정당하고 행복한 정치는 없다. 국가의 복지에 이르는 유일한 길은
'소유의 평등'을 도입하는 길이다. 소유물은 평등하고 정당하게 분배하며, 모든 사람
에게 행복을 주는 유일한 수단이 사적 소유제를 철폐한다"는 것이다. 여기서 플라톤의
'모든 것'(은 공동의 것이다)과 모어의 '모든 사람'과는 다르다는 점이다. 즉 근본적인
명제에서 전자가 지배층인 엘리트를 뜻한 반면, 후자는 재산공유제가 중심사상이라
는 것이다. 그렇다면 모어가 공산주의나 사회주의일까? 칼 마르크스나 엥겔스가
이에 영향을 받았다고 하지만, 모어가 주창하는 공유제는 홍길동의 '율도국'이란 이상
국가나 이룰 수 없는 '환상에 찬 유토피아'가 아닌 일정 부분은 실현 가능한 발상임에
방점을 찍는다. 앞으로 전개될 '공공성'에 관하여서도 최고의 처방책도 '긍휼의 미학'
의 자세이면 가능하다는 것이다.

105) 「장하성 인터뷰」, 한계레신문, 2014.9.14 참조.

106) 토마 피케티, 장경덕 역, 앞의 책, 453쪽.

107) 19세기, 프랑스 소설가이자 극작가인 '오노레 드 발자크'의 소설인 『고리오 영감』
속 보트랭은 달변가이자 천재적 범죄자인 주인공이다. 사회적 불평등 자체가 비도덕
적이고 부당함에 대한 사례를 토대를 알고자 피케티는 그의 저서 제7장에서 19세기
프랑스 사회의 배경과 함께 보트랭의 설교를 인용했다. 1835년에 출간된 『고리오
영감』이란 소설은, 고리오 영감이 프랑스 혁명과 나폴레옹 시대에 파스타와 곡물을
다뤄 큰돈을 벌었다. 홀아비였던 고리오는 두 딸을 1810년대 파리의 상류층에 시집을
보내기 위해 자신이 가진 것 모든 걸 희생하고, 수중에 방세를 지불할 돈만 남기고
허름한 하숙집에서 생활한다. 법학을 공부하려고 파리에 온 가난한 시골 귀족 청년인
라스티냐크를 만난다. 가난에 찌들어 굴욕감을 느낀 이 청년은 먼 사촌의 도움으로
귀족과 상류층 부르주아, 그리고 왕정복고에 편승해 거액을 가진 사교계에 들어가
고리오 영감 딸인 델핀과 사랑에 빠진다. 그녀의 남편인 뉘싱겐 남작은 아내의 결혼지
참금 등을 탕진하면서 여러 사업에 실패한 나머지 아내까지 버리게 된다. 머지않아

청년은 돈 때문에 완전히 타락한 사회의 냉담한 현실에 환상을 버린다. 청년은 고리오 영감의 두 딸이 신분상승에 집착한 나머지 아버지의 재산을 탕진한 뒤, 그를 창피하게 여겨 무시하고 외면한 사실을 알고는 경악을 금치 못한다.

그 속에서 노인은 지독한 궁핍과 고독 속에 눈을 감지만, 장례식 참석자는 청년 라스티냐크뿐이었다. 공동묘지에서 귀환하다가 센 강변에 펼쳐진 파리 시민들의 부에 압도당해, 수도를 정복하기로 결심하고 도시를 향해 "이제부터는 오직 너와 나의 대결이다!"고 외쳤다. 이때 고리오 영감, 그리고 청년과 하숙을 함께했던 보트랭이 나타난다. 그에 앞서 보트랭은 청년 라스티냐크에게 당시 프랑스 사회에서 젊은 남성이 처할 수 있는 여러 운명에 관해 극도로 충격적이고 세세한 설교를 늘어놓는다. 그런데 보트랭은 청년에게 공부, 재능, 노력을 통해 성공을 얻을 수 있단 생각은 본질적으로 환상이라고 강변한다. 여러 분야 공부를 열거하며, 그 후 기대할 수 있는 연봉에 대해 정확하게 말해준다. 청년이 승승장구 끝에 법률가가 되어도 보통 수준의 소득으로 그럭저럭 살면서 진짜 부자가 되겠다는 희망은 아예 포기하라고 촉구한다. 하숙집 빅토린 양과 당장 100만 프랑의 재산을 손에 쥘 것이다. 그러면 고작 스무 살에 5만 프랑의 이자소득(자본의 5%)을 얻게 된다. 수년 뒤에나 검사의 월급에서 기대할 수 있는 안락한 생활수준의 10배(그리고 당시 잘 나가는 변호사가 50세가 되어야 얻을 수 있는 소득)를 곧바로 얻는 것이다. 그의 설교에 탄복하던 청년에게 보트랭은 결정타를 날린다. 사생아인 빅토린 양이 아버지로부터 100만 프랑의 유산을 물려받으려면, 그녀의 오빠가 죽어야 한다는 것이다. 보트랭은 청부살인을 할 준비가 돼 있었다. 하지만 청년은 공부보다 유산을 상속받는 게 훨씬 유리하단 보트랭의 설교에 기꺼이 따를 참이었지만, 살인할 각오는 없었다. 보트랭의 설교에서 섬뜩한 것은, 이것이 왕정복고 사회의 정확한 특징들을 생생하게 묘사했다는 점이다.

오노레 드 발자크, 박영근 역, 『고리오 영감』, 믿음사, 1999; 토마 피케티, 장경덕 역, 앞의 책, 제7장(287~292쪽) 참조.

108) 토마 피케티, 장경덕 역, 앞의 책, 2014, 287~292·489쪽 참조; Thomas Piketty, *Op. cit.*, pp. 400~409.

109) 토마 피케티, 장경덕 역, 앞의 책, 292쪽. 이에는 불평등한 사회구조로 불로소득不勞所得도 한몫을 한다. 무노동으로 자산을 소유하거나 통제하면서 소득을 창출하는 것이 불로소득이다. 투자로 얻은 자본소득, 과다한 기업이익, 지적 재산권 등이 포함된다. '기본소득지구네트워크' 설립자인 가이 스탠딩은 『불로소득 자본주의rentier capitalism』에서 이 같은 현상이 갈수록 심화하면서 일부 소수집단에 더 많은 소득이 집중되는 경제체제의 모순을 꼬집었다. 오래 전 경제학자 존 메이너드 케인스는 '불로소득자의 안락사'를 언급하며 "불로소득자는 자본주의가 완성되면 곧 사라질 과도기적 존재"라고 했지만, 현실에서는 불로소득이 더욱 기승을 부린다. 오죽하면 국민연금이 투자기업 경영진의 과다한 보수에 대해 제동을 걸겠다고 나섰을까.

조재우 칼럼, 「불로소득 자본주의」, 한국일보, 2019.4.28.

110) 토마 피케티, 장경덕 역, 앞의 책, 504~506쪽; Thomas Piketty, *Op. cit.*, pp. 602~607.

111) 토마 피케티, 장경덕 역, 앞의 책, 638쪽.

112) "소수의 약자를 보호하고 배려하는 사회가 되어야 한다. 사람이 동물과는 다른

인간의 역사이기 때문이다"는 에릭 홉스봄(1917~2012)은 이집트 알렉산드리아에서 태어나, 1919년에 가족 모두가 비엔나로 이주했다가 1931년에 다시 베를린으로 이주하였다. 그러나 히틀러의 집권으로 가족들은 최종적으로 1933년 영국에 정착하였다. 1982년까지 런던대학교에서 사회경제사 교수를 지낸, 그는 최고의 마르크스주의 역사가로 손꼽힌다. 초기 저작들은 주로 19세기에 초점을 맞추나, 한편으로는 17~18세기 및 20세기에 관해서도 저술해 왔으며 정치·역사·사회이론뿐 아니라 필명으로 재즈 비평가로 활동할 정도로, 문화비평과 예술에도 많은 관심을 가졌다.

대표작으로 역사에 관한 4부작은 유명하다. 즉, 『The Age of Revolution: Europe 1789~1848(혁명의 시대)』, 『The Age of Capital: 1848~1875(자본의 시대)』, 『The Age of Empire: 1875~1914(제국의 시대)』, 『The Age of Extremes: the short twentieth century, 1914~1991(극단의 시대)』. 이 밖에도 〈노동하는 인간〉, 〈산업과 제국〉, 〈원초적 반란자들〉, 〈노동의 세기, 실패한 프로젝트〉 등이 있다. (1) Governments, the economy, schools, everything in society, is not for the benefit of the privileged minorities. We can look after ourselves. It is for the benefit of the ordinary run of people, who are not particularly clever or interesting(unless, of course, we fall in love with one of them), not highly educated, not successful or destined for success—in fact, aree nothing very special(정부, 경제, 학교 등 사회의 모든 것은 소수 특권층의 이익을 위해 존재하는 것이 아니다. 우리들은 스스로를 돌볼 수 있다. 사회 내의 모든 것은 특별히 영리하거나 흥미롭지 않은(물론 우리들이 그들 중의 하나와 사랑에 빠지지 않는다면), 교육을 많이 받지 않은, 성공하지 못하거나 성공하도록 주어진 운명이지 않은, 즉 실제로 결코 특별하지 않은 보통사람들의 이익을 위해 존재한다). (2) Any society worth living in is one designed for them, not for the rich, the clever, the exceptional, although any society worth living in must provide room and scope for such minorities(살 만한 가치가 있는 사회는 모든 부자, 영리한 사람, 예외적인 사람들에게 공간과 지평을 제공해야 하지만, 그 사회는 그러한 사람들을 위한 사회가 아니라 보통사람들을 위해 계획된 사회이다). (3) But the world is not made for our personal benefit, nor are we in the world for our personal benefit. A world that claims this is its purpose is not a good, and ought not to be a lasting, world(세계는 우리의 개인적인 이익을 위해 만들어져 있지 않고, 우리는 우리의 개인적 이익을 위한 세계 속에 있지도 않다. 개인적인 이익의 추구가 자신의 목표라고 주장하는 세계는, 좋은 세상이 아니며 지속되어서는 안 될 세계이다). 에릭 홉스봄, 강성호 역, 『On History 역사론』, 민음사, 2002, 제1장, B2B산업번역 참조.

113) https://hangilsa.tistory.com/268 [한길사 블로그(『자본의 시대』 출판사)] 참조. 에릭 홉스봄, 이원기 역, 『폭력의 시대』, 민음사, 2008, 50~100쪽 참조.

114) 토마 피케티, 장경덕 역, 앞의 책, 332~337쪽.

115) 장하성, 『왜 분노하는가』, 헤어북스, 2016, 189~212·241~244쪽.

116) 정승일, 앞의 책, 10~30·60~62쪽 등 참조.

117) 정승일, 앞의 책, 40~45쪽; 「90년대 생·N포 세대? '청년팔이' 제대로 하고 있나요?」, 경향신문, 2019.10.3; 3sang4.blog.me; 김선기, 『청년팔이 사회』 저자 인터뷰; 동 기사.

118) 1980년대 초반에서 2000년대 초반 출생한 밀레니얼 세대와 1990년대 중반에서

2000년대 초반의 Z세대를 통칭하여 MZ세대라고 한다.

119) 대한민국 민주화의 대부이자 '2022년 대선' 출마를 선언했던 신문명정책연구원 장기표 대표는, '귀족노조인 민주노총은 망국7적 중 제1적이다'면서 민주노총의 기득권과 횡포를 혁파해야 청년실업, 비정규직, 자영업 붕괴 문제가 해결된다. 문재인 정부는 귀족노조인 민주노총에 기생한 정권으로, 청와대의 일자리상황판은 민주노총의 기득권에 막혀 있다. 일반근로자 1,500만 명의 평균 월급은 200~300만원에 불과하나, 민주노총 소속의 공기업과 대기업 정규직 근로자의 월급은 그 2~3배인 600~700만원, 연봉이 9천만원이 넘는 기업도 상당히 많다면서, 이들의 횡포 근절을 위해서는 첫째, 기업에 인력운용의 자율성을 보장하고, 민주노총 소속 노동조합의 횡포를 제어해야 한다. 근로기준법 제24조 개정으로 사용자는 경영상의 필요가 있는 경우 부당노동행위가 아닌 한 근로자를 해고할 수 있게 한다. 반면 해고된 근로자에겐 사회보장제도 강화에 있다. 둘째, 1,900만 전체 노동자의 5%에 불과한 노동기득권자들이 전체 노동계를 대표하게 해서는 안 된다. 따라서 경제사회노동위원회, 중앙노동위원회, 최저임금위원회 등에 민주노총이 노동자 대표로 참여할 수 없게 한다. 셋째, 대기업은 노동조합의 과도한 임금인상 요구를 거부한다. 넷째, 전국공무원노동조합과 전국교직원노동조합은 민주노총에서 탈퇴시켜야 한다. 공무원과 교사는 정치활동을 할 수 없기 때문이다. 귀족노조가 일반 근로자의 월급을 착취하는 노동소득 양극화 시대, 문재인 정권의 '다수가 약자인 시대'를 자신만이 끝장낼 수 있다는 포부를 밝혔다. 장기표 페이스북, 2021.9.7 방문.

120) 「민노총이 걷어찬 '4800만원+α' 일자리에, 청년 7600명 몰렸다」, 조선일보, 2021. 9.18.

121) 지각 있는 자는 신귀족인 공무원과는 마주치지 않으려고 애쓴다. 비능률적이고, 융통성 없고, 되레 국민인 민원인에게 군림하려는 자세, 자신의 고유 업무를 벗어나서는 책 한 권 안 읽는 지식이 제로상태가 못마땅하기 때문이다. 저자가 2017년 하반기 모 부처 산하기관에 민원서류를 제출하다가 '글자 한 자가 흐릿하다'고 반려돼, 다시 주민센터에서 발급받아 갔으나 서류는 그대로였다. 이로써 문제가 없었으나, 하루를 허비하는 혼란스런 와중에서 선글라스까지 분실하는 사태가 벌어졌다. 영화 속 주인공이 만약 한국방송통신대학교(총장 유수노) 시스템에 접했다면 문제가 전혀 없다. 대한민국에서 컴퓨터 운용능력이 없어도, 바빠 잊기 쉬운 학업일정표도 개인별 문자 서비스로 챙겨주기에 열심히 공부만 하면 되는 곳이다. 이처럼 공공기관도 국민이 열심히 사는 데만 신경 쓰게 하는 시스템이 안 될까. 이게 바로 '찾아가는 서비스'다. 행정부서의 시스템은 영화 속 영국보다는 더 할 것이다. 이러고도 고액연봉과 고액연금에 '철밥통'이라, '새로운 요람에서 무덤까지'로 변했다.

122) 「'유령'으로 살아온 노인, 70년 만에 출생신고를 하다」, 경향신문, 2021.9.21.

123) 졸고, 「공무원연금 수혜자, 국가와 국민에 감사할 줄 알아야」, 서울일보, 2021.8.17.

124) 부루스 액커만·앤 알스톳·필리페 반 빠레이스, 나른복지연구모임 역, 『분배의 재구성』, 나눔의집, 2010, 21~69·283~293쪽.

125) 2021년 7월 30일자 보건복지부는 2022년도 중위소득(4인 기준) 기준을 올해보다 5.02% 인상했다. 이에 따라 내년에는 4인 가구 기준으로 월 소득이 153만6,324원

이하면 생계급여를 받을 수 있다. 최근 경기 상황, 가구균등화지수 등을 고려해 기준 중위소득을 결정한다. 기준 중위소득은 기초생활보장제도는 물론 각종 복지사업의 수급자 선정에 활용된다. 국가장학금과 급식비, 영·유아 의료비, 장애수당, 난임 부부 시술비 등 기준 중위소득을 기준으로 삼는 복지사업은 12개 부처 77개에 달한다. 이날 결정에 따라 4인 가구 기준 중위소득은 내년 512만1,080원으로 24만4,790원 오르게 된다. 1인 가구 기준 중위소득은 194만4,812원으로 11만6,981원 오른다. 이를 적용하면 2022년에는 월 소득이 58만3,444원보다 적은 1인 가구, 153만6,324원 보다 적은 4인 가구는 생계급여를 받게 된다. 기초생활보장제도의 생계급여는 소득 인정액 이 중위소득의 30% 이하일 때 부족한 소득을 보충하는 방식으로 지급된다. 또 4인 가구 기준으로 월 소득이 204만8,432원(중위소득의 40%) 이하면 의료급여, 235만 5,697원(중위소득의 46%) 이하면 주거급여, 256만540원(중위소득의 50%) 이하면 교 육급여를 각각 받을 수 있게 된다.

126) 강경근(2018), 앞의 책, 362쪽.

127) 한수웅, 앞의 책, 251쪽.

128) 제2차 세계대전 후 서구의 사회보장정책에 영향을 끼친, 1942년 영국의 '사회보험 과 관련 사업'인 이른바 '베버리지 보고서'는 빈곤 해소를 위해 기본적 사회생활 영위 를 위한 사회보험 실시와 함께 긴급사태 대비용으로 국가부조를 강화할 것을 담고 있다.

129) 에피알테스Εφιάλτης, Epialtes는 BC461년, 민중 혐오와 親스파르타적 성향이라는 이 유로 키몬의 도편 추방이 결정되자 아테네의 귀족파는 지도자를 잃었던 반면, 민주파 는 암살당한 사법개혁자이자 민중의 지도자였던 에피알테스의 뒤를 이어 페리클레스 라는 지도자가 출현한다. 또한 에피알테스는 일반명사로 '악몽'이란 그리스어의 뜻이 기도 한다. 〈300〉이라는 영화에서도 보듯이, 기원전 480년 페르시아군과 그리스연합 군의 전투에서 테르모필레 계곡의 우회로를 밀고한 그리스의 배신자인 인물과 같은 시대임에, 동 인물인지에 대해서는 석연치 않은 면이 있다.

130) 졸고(저자 발제문), 「성서에 나타난 기본소득, 점진적으로 시행해야」, 한국교회법연 구학회, 2021.8.12. 이로써 교회법연구회('한국교회법연구학회'로 같은 해 10월 8일자 이사회 결의로 개칭) 학술대회에서, 저자가 발제자로 학회 최초로 기본소득에 관하여 논의한 바 있다(서울일보 보도 및 오피니언, 2021.8.19·23; 연합방송 참조).

131) C. D. H. 콜, 이방석 역, 『사회주의사상사』 I, 신서원, 1992 참조.

132) 기본소득에 관한 논쟁은 미국과 캐나다에서 먼저 시작됐다. 그 후 1970년대와 1980 년대 서유럽 선진국에서도 논의가 시작됐고 라틴아메리카, 중동, 아프리카, 아시아로 퍼져 나갔다. 알래스카 영구기금은 기본소득의 가장 좋은 예이다. 브라질에서는 '볼사 파밀리아'라는 빈곤퇴치정책이 기본소득 개념과 유사하고, 마카오와 이란에서도 유 사한 정책을 시행하고 있다.

133) 가이 스탠딩, 안효상 역, 『기본소득: 일과 삶의 새로운 패러다임』, 창비, 2018, 13~14쪽.

134) 부루스 액커만·앤 알스톳·필리페 반 빠레이스, 나른복지연구모임 역, 『분배의 재구 성』, 나눔의집, 2010, 21쪽.

135) 한 국가의 모든 가구를 소득 순으로 순위를 뒀을 때, 중간지점에 놓이는 가구의 소득이다. OECD는 이러한 소득이 50% 미만이면 빈곤층, 50~150% 미만을 중산층, 150% 초과면 상류층으로 판단한다. 중위소득 실태를 인지하면 대한민국 귀족층인 공직자(공기업 포함)나 상류층은 놀랄 것이다. 자신의 삶과 한번 비교해 보자. 내 배만 고픈 게 아니다. 어떻게 살 수 있느냐고 말이다. "빈곤층이라고 국가에 의무를 게을리 하지 않았다. 삶을 위한 근로도 기피하지 않았다. 국가에 충성을 다하지 않은 것도 아니다. 사기꾼도 아닌 성실한 삶이었다. 나, 민국民國이다. 한번 태어나는 삶, 인간이고 싶다." '부의 그늘 아래 사다리에서 걷어차인 참상'은 같은 인간으로서 애달 프기 그지없다. 저술을 이어가기가 힘든 일례로, 2인 가족 기준 중위소득 50% 이하이 면 163만43원(3인 가족은 209만7,351원)로 살 수 있겠으며, 빈곤의 대물림은 어떻게 할 것인가에 대해 대한민국 고등사기꾼집단인 국회와 투기세력들의 각성 아래, 공정 과 정의를 세울 강한 지도자가 필요한 시점이다.

136) 김유찬(전 조세재정연구원장), 「재난지원금 '폭넓게'가 아닌 '깊게' 줬어야」, 경향신 문, 2021.9.11.

137) 블룸버그통신과 월스트리트저널 등 외신에 따르면, 피케티는 2015년 5월 출간된 학술지 '아메리칸 이코노믹 리뷰'에 실릴 자신의 논문 '21세기 자본에 대하여'에서 이같이 밝혔다. 그가 스스로 '21세기 자본'의 핵심 명제가 가진 오류를 인정하면서 책의 신뢰성 전반에도 의문이 제기될 전망이다. 그러나 그는 "부의 불평등이 심해지고 있다는 사실에는 변함이 없다"고 말했다. 「부의 불평등 심화」, 한국경제신문, 2015. 3.15; 전미경제학회(www.aeaweb.org) 참조.

138) 「고개 숙인 피케티…'부의 불평등' 오류 인정」, 한국경제신문, 2015.3.10; blog.naver. com

139) (직격인터뷰) 「송호근, 묻고 피케티 답하다」, 중앙일보, 2014.9.24 참조.

140) 송호근, 『나는 시민인가』, 문학동네, 2015, 196쪽 참조. 올바른 지적이다. 그러면 국가나 공직자의 실천의지가 중요하다. 그런데 이러한 주장을 하는 이들 중에는 얼핏 보면 상당하게 정의롭고 도덕적으로 보이나, 한국사회는 사욕과 자신의 인기만을 위해 각색을 잘한다는 점이다. 즉 말과 글에 따른 주장 따로, 실천행동도 다르다는 점이다. 이러함에 "'언행불일치言行不一致' 또는 '문행불일치文行不一致'의 곡학아세에 찬 자"로, 실천적 정의론자인 저자는 비평문에서 명명한 바 있다. 악행을 저지르고도 미꾸라지처럼 빠져나가려는 위선의 달인이 뱀이 똬리를 틀듯이 하는 사회로 전락했 단 거다. 도덕불감증에 묻힌 야누스적 삶을 국회청문회에서 더러 보지 않는가. 이에 대다수 국민들은 상대적 박탈감을 가지지 않는가? 그리고 정당한 분노를 억눌러 묻히 게 하는 경우도 있다.

141) 토마 피케티, 장경덕 역, 앞의 책, 199~203쪽.

142) 토마 피케티, 장경덕 역, 앞의 책, 636~639·696쪽 참조.

143) 토마 피케티, 장경덕 역, 앞의 책, 204~207·680~690쪽; blog.naver.com; Thomas Piketty, Op. cit., pp. 578~590.

144) 토마 피케티, 장경덕 역, 앞의 책, 250~256·537~540·678~679쪽 참조; blog.naver.

com

145) 토마 피케티, 장경덕 역, 앞의 책, 690쪽; 「불평등 심화, 이대로는 안 된다」, 주간동 아, 2014.4.29.

146) 실물자산에는 여러 가지가 있으나 대표적인 것이 부동산이다. 유동성이 낮아 높은 금융자산에 비해 지불능력이 있는 화폐로 교환하려면 시간이 걸리는 단점이 있음에 도, 우리나라는 이에 대한 선호도가 강하다. 그러나 우리나라 경제는 기업이나 가계의 자산운용에서 부동산 매입이나 금 매집 등 실물자산의 비중이 높은 편으로, 여타 선진국 대비 금융연관 비율이 매우 낮은 편이다. 이러함이 더 부동산 투기로 이어져 소득불평등을 초래하는 데 기여한다.

147) 정승일(2017), 앞의 책, 20쪽 이하 참조; www.kyobobook.co.kr

148) 우리나라 산업화 태동기인 1960~70년대 중반까지는 부녀자들의 머리칼을 잘라 가발공장에 납품하거나 헌금이나 저축장려정책, 그리고 새마을운동 등에 의해 음으 로 양으로 기업의 발전에 기여한 건 주지의 사실이다. 이제 대기업도 부의 세습화에 기여할 것이 아니라, 그 고충을 함께 하며, 그 은혜를 갚는다는 의식이 고양되어야 한다.

149) 헌재 1999.11.25, 98헌마55 참조.

150) 토마 피케티, 안준범 역, 『자본과 이데올르기』, 문학동네, 2020, 74~81쪽.

151) 토마 피케티, 안준범 역, 앞의 책, 48~51쪽 참조.

152) 프리드리히 A. 하이에크, 신중섭 역, 『치명적 자만』, 자유기업원, 218~227쪽 참조.

153) 졸고, facebook.com/jeongjongam, 2020.9.21.

154) Michel Foucault, *Naissance de la biopolitique: cours au College de France, 1978~1979*, (Paris) Gallimard: Seuil, 2004.

155) 미셸 푸코, 심세광·전혜리·조성은 역, 『생명관리정치의 탄생 콜레주드 프랑스 강의, 1978~79년』, 나장, 2012, 1강·13~14강 참조.

156) 토마 피케티, 안준범 역, 앞의 책, 1027~1063·1087쪽.

157) 토마 피케티, 안준범 역, 앞의 책, 1083~1084·1086~1087쪽.

158) 근대 서양의 합리성의 문제는 궁극적으로 근대성(또는 현대성modernity)의 철학적 해명으로 귀착된다. 우리가 시대적, 그리고 사상적 구분을 할 때 줄곧 쓰는 '근대'라는 어원은 5세기 말, 라틴어 'moduenus'에서 출발한다. 기독교적인 그 당시 세계를 로마 적이며 이교도적인 과거로부터 구별하기 위해 사용하게 되었다는 것이다. 그 후로 '근대적'이란 용어는 새로운 것으로의 전환의 결과에 의해 이해되는 시대적 자의식을 뜻하면서 자리매김하고 있다. 근대성의 의미에 대한 철학적 성찰은 의미심장한 내포 를 지닌다. 윤평중, 『푸코와 하버마스를 넘어서』, 교보문고, 1997, 325쪽 이하 참조.

159) 공정사회fair society란 화두가 뜨겁다. 이에 정부에만 공정사회 실현을 맡길 수 없어 지난 4월 4일 공정사회실천국민연합(약칭 공실련)이 태동하여, 시민사회단체 최초로 '공정사회 확산을 위한 토론회'를 지난 6월 30일 오전 10시, 국회 헌정기념관에서 정부기관, 교수, 평론가 등 5명의 패널이 참가한 가운데 성황리에 열렸다. 토론회에서 발제자로 나선 한국교원대 김주성 교수는 "공정사회는 이상적인 사회도 아니다. 절차

적인 공정성이 실질적인 공정성을 확보하는 사회이다. 자유민주주의 사회이면서 기회균등의 사회이다"고 설파했다. 또한 "공정사회의 정책과제로써는 사회적 신뢰구축, 절차적 공정성 확보, 실질적 공정성 확보에 있다"고 주장했다.

　정종암 시사평론가는 '공정사회로 가는 실천적 대안'이란 주제로 "공정한 사회는 당연한 귀결임에도 불구하고 불공정한 사회가 팽배해 있다. 불공정한 사회를 극복하려면 노블레스 오블리주noblesse oblige 확산, 온정주의溫情主議 타파, 기부문화 확산에 있다"는 대안을 제시한 그는 현실적 사례를 열거하면서 "아래가 아닌 위로부터가 공정사회 기여에 나서지 않으면 선진국 진입이 어렵다"고 설파했다. 민홍석 변호사는 "변호사 세계의 불공정성이 제일 큰 문제다"고 질타하면서 "법조계가 불공정을 타개하고, 공정사회로 나아감에 앞장서야 한다"고 했다. 조갑진 교수는 "민주화와 산업화를 동시에 이룬 만큼, 이제는 공정사회 확산이 시급한 때에 도달했다"면서 "공정사회는 국가, 국민, 시민단체가 어우러져 함께 이루어야 할 소명이다"고 했다. 국민권익위원회 곽형석 청렴총괄부장은 "시민사회단체가 공정사회 확산을 위한 토론회를 국회에서 개최한다는 점에 찬사를 보낸다"고 운을 뗀 뒤 "이번 토론회를 계기로 국가가, 그리고 고위공직자가 공정사회 기여에 앞장서겠다"고 말했다. 지난 4월 4일 허규(인천개항역사문화원), 신호철(실업인), 정종암(시사·문학평론가), 김경학(언론인)이 뜻을 모아 결성한 것으로, 지난 4월 1일 김충환 의원이 발의하려던 '공직선거법 완화'에 반발해 허규를 대표로 추대하여 결성한 후, 전국에 뜻을 같이하는 회원이 약 20여만 명이다. 이후로 이를 본 따 공정시민연대 등 유사한 단체가 몇몇 생기는 기폭제 역할을 하였다. 2011년 7월 1일자 각 언론사 보도자료.

160) 서원우, 「현대 행정법과 공공성 문제」, 『월간고시』, 1985.8, 14~15쪽; 최승원, 「도시재개발의 공공성과 주거자 보호」, 『부동산법학』 3, 1995, 220쪽 재인용. 서원우 교수는 예컨대, 행정은 법령에 적합할 뿐 아니라, 공익에도 적합해야 한다고 하면서, 이 경우의 공익이 무엇인가에 대해서는 구체적 분석이 없다. 수익적 행정행위의 직권취소의 제한에 관하여 당해행위의 취소로 얻어지는 공익이 클 경우에는 취소가 허용된다고 하면서도, 이 경우의 공익이 무엇인가에 대한 구체적 설명이 없다. 철회의 근거로서의 공익에 관한 설명도 마찬가지다. 재량행위를 기속재량과 공익재량으로 나누는 입장이 있는데, 이 경우 공익의 구체적 의미를 명확히 제시하지 않고 있다. 보다 근본적으로 공·사법 구분의 이론적 표지의 하나인 공익과 사익의 구별을 어떻게 하는가의 구체적 설명이 없다.

161) 사이토 준이치, 윤대석·류수연·윤미란 역, 『민주적 공공성』, 북디자인, 2009, 18~19쪽; 岩波書店, 『思考のフロンティア公共性』, 岩波書店, 2000, 20~31쪽.

162) 조한상, 「헌법에 있어서 공공성의 의미」, 『공법학연구』 7(3), 한국비교공법학회, 2006, 253쪽.

163) 그리스어로는 koinos, 라틴어로는 communis라는 '형용사의 의미'로 내포되었다. 그리고 공정이란 독일어로는 'Prozess' 또는 'Ball', 영어로는 'Fair' 등으로 사용되고 있다.

164) 조한상, 앞의 논문, 254쪽.

165) 조한상, 『공공성이란 무엇인가』, 책세상, 2009, 33~34쪽.

166) 박형준, 「마키아벨리에게서 배우는 공화주의란 무엇인가」, 박형준의 생각TV, 2019. 8.9.

167) 조한상, 앞의 책, 118~120쪽 참조.

168) 프랑스 인권선언 제11조: 사상 및 의견의 전달은 사람의 가장 귀중한 권리 중의 하나이다. 따라서 모든 시민은 자유로이 말하고, 쓰고, 인쇄할 수 있다.

169) 미국 수정헌법 제1조: …, 언론·출판의 자유를 제한하거나…

170) 제21조 제1항: 모든 국민은 언론·출판의 자유와 집회·결사의 자유를 가진다. 제21 조 제2항: 언론·출판에 대한 허가나 검열과 집회·결사에 대한 허가는 인정되지 아니 한다.

171) 정종암, 「국가인권위원회의 도입·운영상 특징과 문제점」, 『법학논총』 51, 2021, 3~4쪽; 정종암, 「언론중재법 개정안과 언론의 자유 침해 사이」, 서울일보, 2021.8.27.

172) 기자협회보, 2019.7.3 참조.

173) 사이토 준이치, 윤대석·류수연·윤미란 역, 『민주적 공공성』, 북디자인, 2009, 27~28 쪽; 岩波書店, 『思考のフロンティア公共性』, 岩波書店, 2000, 25~30쪽.

174) 조한상, 앞의 논문, 259~260쪽.

175) 작은 정부론과 규제 완화, 그리고 공공선택이론이나 공공기능의 outsourcing 등의 관념은 모두 최근 영미의 공익관과 직접, 간접으로 관련을 맺고 있는 것이라고 할 수 있다. 자세한 것은 Infra. III. 英美公益論의 特徵과 現代的 問題狀況 참조. 김유환, 「영미에서의 공익개념과 공익의 법문제화」, 『법에 있어서의 공익』 47(3), 서울대학교 아시아태평양법연구소, 2006, 52쪽 재인용.

176) 석종현·송동수, 『일반행정법』 상(제15판), 삼영사, 2015, 40쪽.

177) 강경근, 앞의 책, 538~539쪽.

178) 임의영, 『공공성의 이론적 기초』, 박영사, 2019, 27~28·41~42·166쪽.

179) 임의영, 「공공성의 유형화」, 『한국행정학보』 44(2), 2010년 여름, 3쪽.

180) 임의영, 앞의 책, 133~148쪽 참조; blog.naver.com.

181) 백완기, 「한국행정과 공공성」, 서울행정학회 춘계학술대회 발표논문, 2007.4, 167쪽.

182) 백완기, 앞의 논문, 165~166쪽 참조.

183) "근대 국가의 토대가 된 홉스, 로크, 존스 밀의 '자유주의 사상'은 公보다 私가 더 중요하다고 보았으며, 정치적 인간을 경제적 인간으로 전환시켰다. 자유주의는 시민들에게 공사公私의 분명한 구분을 요했지만, 자유주의 국가가 상정하는 공사의 구분은 사적인 것이 공적인 것에 미치는 영향력을 은폐하기도 한다. 반면, 19세기에 출현한 사회주의는 개인의 '몫'으로 떠넘겨진 현실의 구조적인 문제들을 사회적 차원에서 해결하려고 했다. 사회주의가 확산되자 자본주의 국가도 자본주의가 배설한 사회문제를 해결해야 하는 과제를 안고, 시민의 삶과 연관된 공공정책을 통해 사회적 모순을 해결하기 시작했다.

야경국가에서 복지국가로 이행하면서 공공사업은 크게 늘었지만, 그렇다고 해서 공공성公共性, public interest 자체가 강화되었다고 보기는 어렵다. 공공성은 문제를 해결하는 '과정'을 중요하게 여기기 때문이다. 또한 복지국가는 다양한 사회서비스를 제공하며 사회적 모순을 해결했지만, 재정위기와 시민사회의 쇠퇴라는 문제를 초래하기도 했다. 1970년대 말부터 시작된 복지국가의 위기와, 1990년대 이후의 정보화·세계화·지방화의 흐름 속에서 등장한 개념이 거버넌스governance이다. 이 뜻은 정부와 시민사회가 협약·협의·관행에 따라 같이 약속하고 의논하고 정책을 만들며 문화를 만들어 가는 것이다. 궁극적으로 거버넌스는 시민사회의 자치와 정부, 시민사회의 협치를 지향하고 공공성을 실현하는 국가 구조의 전환을 의미한다"고 말하고 있다.

하승우, 『공공성』, 책세상, 2014, 160쪽 이하 참조.

184) 한국교회와 더구나 기독교인들은 사회에서의 신뢰도에 대해 2017년, 기독교윤리실천운동에서 조사한 '한국교회의 사회적 신뢰도'에 따르면 기독교는 천주교, 불교 다음이다. 여럿 이유도 있겠다(www.kyobobook.co.kr 복음의 공공성 참조). 그러나 가장 큰 이유는 교회와 사회 간의 간극이다. 그리고 예배(성경)와 삶 사이의 불일치에 있다. 교회 안에서는 신앙적으로 성실한 사람이지만, 직장과 사회에서는 전혀 비크리스천보다 못한 모습도 흔히 발생한다. 타종교인을 배척하거나, 자신들만을 위한 잔치인 샤머니즘과 같은 기복적 신앙으로도 흐르고 있다. 또한 '궁휼의 미학'적 측면에서도 일반인보다 더 못한 경우가 허다한 편이다. '공공성'이나 '성경적 공의'와는 머나먼 예기다. 젊은 세대들은 개신교회에 출석을 않고도 하느님을 영접할 수 있다는 논리가 지배하기도 한다.

185) 김근주, 『복음의 공공성』, 비아토르, 2017, 20·23쪽 참조; www.kyobobook.co.kr.

186) 찰스 아빌라, 김유준 역, 『소유권: 초대 교부들의 경제사상』, 기독교문서선교회, 2008, 136~143쪽 참조.

187) 김근주, 앞의 책, 49·65·429쪽 참조.

188) 찰스 아빌라, 김유준 역, 앞의 책, 33쪽.

189) 존 롤즈John Rawls, 황경식 역, 『정의론』, 이학사, 2011, 301~302·304쪽.

190) 졸저, 『보통사람들의 아름다운 도전』(정치평론), 종암, 2012, 140·148쪽.

191) 백완기, 앞의 논문, 155쪽.

192) 김유환, 앞의 논문, 64쪽.

193) 『만민법』에서 존 롤즈는 자신의 독창적인 사회계약이론을 국제사회의 정의 문제에 어떻게 확장할 수 있는가를 다룬다. '만민Peoples'과 '만민법law of peoples'이라는 개념을 정립하고 있다. '만민Peoples'은 롤스가 '국가state'를 대체하기 위해 사용한 용어로, 공통의 동정심 아래 한 사회를 이루는 성원으로 세계적 협력에 일조하는 집단의 집합체를 뜻한다. 즉 도덕적 본성과 정의관을 갖추고 있으며, 적절한 정치적 헌법 아래 살아가는 집단을 일컫는다. 이러한 모든 만민의 법들에 공통으로 적용되는 것이 만민법이라고 주장한다. 이는 국제법과 국제관행의 원칙과 규범에 적용되는, 옳음과 정의에 대한 특수한 정치관에 해당한다. 이러한 '만민Peoples'은 독일의 유대인 정치철학자인 한나 아렌트Hannah Arendt가 '공공성'에 관한 문제를 탐구하면서 주장하는 mass 대중, mobs 선동가, people 인민과 유사하다. 만민법 속에서 유토피아는 현실적이지가 않음에도, 존 롤즈는 현실적 유토피아가 존재할 수 있다고 한다. 만민이라는 용어 속에서 '자신

의 이익만 아닌 타인의 이익까지도 같이 공유'할 수 있는 것이 바로 공공성이고 유토 피아적이 아닐까 싶다.

2014년 8월에 개봉한 영화 마가레테 폰 트로타 감독의 〈한나 아렌트〉가 있다. 한나 아렌트가 1960~1964년까지 겪었던 실화를 다루었다. 1961년에 속개된 전범 아이히만 재판을 직접 지켜본 그녀는 '예루살렘의 아이히만'이라는 보고서를 작성한다. 피고석 의 아이히만에게서 인류에 대한 범죄임을 인정하면서도, 실제로 저지른 악행에 비해 너무나 평범하다는 점을 지적한다. 수백만 명을 죽인 피고인이지만, 피에 굶주린 흡혈 귀도, 냉혹한 악마도 아니었다는 것이다. 피고인 아이히만도 "오직 명령에 따랐을 뿐이다. 그리고 그 저항은 불가능했다"고 강변한다. 이러한 피고인에게서 아렌트는 '악의 평범성banality of evil'이라는 말을 개념화시켰다. 이 용어는 영화 속에서도 강하게 어필된다. 하지만 그녀의 행동은 가족, 유대계 커뮤니티와 사상계 등 모든 사람의 반대에 부딪히게 된다. 그러나 그녀는 사회적 반감과 살해 위협 속에서도 자신의 주장을 굽히지 않았다. 피고인이 '사유능력을 포기했다'는 이 문제를 철학적으로 악은 근본적이었다고 주장하였다. 이 영화의 마지막을 내레이터narrator는 이렇게 장식한다. "악은 근본의 주제였다. 그리고 그녀는 죽을 때까지 이에 대해 연구했다"고.

194) 존 롤즈, 황경식 역, 앞의 책, 289~290쪽.

195) 존 롤즈, 황경식 역, 앞의 책, 294~300·755쪽.

196) 존 롤즈, 황경식 역, 앞의 책, 756~757쪽 참조.

197) Robert Nozick, 장동익 역, 『무정부·국가·유토피아』, 커뮤니케이션북스, 2017, 80쪽 이하 참조.

198) 성소미, 「토지에 대한 고충민원 사례연구: 토지에 관한 공익과 사익의 조정」, 『토지 공법연구』, 한국토지공법학회, 2002.

199) Michael Walzer, *Spheres of Justice: A Defense of pluralism and Equality*, Basic Books, 1984, pp. 316~318; 윤진숙, 『소수자를 위한 법과 논리』, 탑북스, 2018, 24~29쪽.

200) 김철, 『한국법학의 철학적 기초: 역사적, 경제적, 사회 문화적 접근』, 한국학술정보, 2007, 100~103쪽 참조.

201) 해롤드 버만, 김철 역, 『법과 혁명』 I, 한국학술정보, 2013, 492~493쪽 참조.

202) 조한상, 앞의 논문, 255~257쪽. '공적 영역' 혹은 '공론장' 혹은 '공공영역'(독 Öffentlichkeit, 영 Public Sphere)은 근대사회에서 공적 논쟁과 토의의 장을 말한다. 이 단어는 공적 영역의 탄생과 더불어 이어진 쇠퇴 과정을 추적한 하버마스가 주장한 것이다. 앤서니 기든스·필립 W. 서튼, 김봉석 역, 『사회학의 핵심 개념들』, 동녘, 2015, 298~303쪽 참조.

203) 348 *U.S.*, 32~34(1954); 정영화, 「토지공개념의 헌법적 쟁점과 전망」, 『토지법학』 34(1), 한국토지법학회, 2018, 88~90쪽 재인용. 여기서 Mugler사건이란 Mugler v. Kansas, *123 U.S.*, 623(1887)에서 캔사스 주법은 알코올 제조 및 판매를 금지했었다. 이에 Mugler가 이를 위반해 체포된 사건에서의 쟁점은 미국 중부에 위치한 캔사스 주州의 금주법이 수정헌법 제14조의 적법절차의 원칙을 위반했는지의 여부였다. Harlan 대법관은 "금주법은 제14조를 위반하지 않았고, 주 입법은 경찰권을 행사한

것이다. 비록 원고가 자가소비 목적으로 맥주를 제조한 것은 추상적인 권리일지라도, 그것은 타인에게 영향을 미친다"고 판시한 사건이다.

204) 조한상, 앞의 논문, 258~259쪽.

205) 김유환, 앞의 논문, 65~66쪽 참조.

206) 독일 헌법학자인 스멘트Carl Friedrich Rudolf Smend(1882~1975)의 '통합주의'는 독일과 우리나라의 통설과 판례로 자리 잡은 헌법이론으로 우리 학계도 많은 영향을 받았다. 이를 체계화하여 독일연방공화국헌법(1949년)의 이념으로서, 새로운 독일 건설에 이바지한 이 통합주의는 대한민국 임시정부의 삼균주의三均主義에도 영향을 끼쳤다고 볼 수 있다. 『통합이란 무엇인가』라는 저서에서 그는 "만인의 만인 상호간에 자제와 협력을 통해 이뤄지는 행복한 상태"라고 한다. 그러나 동시대를 살았던 통합주의의 스멘트는 히틀러 정권으로부터 소외되었으나, 반면 영국의 홉스Hobbes Thomas(1588~1679)의 사상적 영향을 받은 '결단주의'의 슈미트Carl Schmitt(1888~1985)는 히틀러의 헌법학자로서의 이름을 떨쳤다. 그의 결단주의란 주권적 결단의사가 규범과 질서에서의 무無와 혼돈에서 비롯하여 모든 규범과 질서를 낳는 절대의 근원이고, 이를 구속하는 것은 아무것도 없으며, 그 구속력의 근거를 오로지 결단 자체 속에 가진다는 주의이다.

207) 조한상, 앞의 논문, 258·261~263쪽 참조.

208) 박균성, 『행정법론』상, 박영사, 2015, 9~10쪽.

209) 조한상, 앞의 논문, 264쪽 참조.

210) 조한상, 앞의 책, 34쪽.

211) 헌재 2009.3.26, 2007헌마843.

212) 헌재 1995.2.23, 93헌바43. 이 의미, 즉 사회적 신분의 의미에 대해 학설상으로는 선천적신분설과 후천적신분설이 대립하고 있다. 우리 헌법재판소는 후자를 택했다고 볼 수 있다.

213) 헌재 2010.11.25, 2006헌마328. 헌법 제11조 제1항 후문 전단의 성격에 대해서는 학설과 헌재가 공히 예시설을 취하고 있다. 조문상 예시된 사항인 평등권심사 기준에 대해서는 본 헌재의 판시와 마찬가지로 학설(구별설과 불구별성 대립)도 불구별설을 취하고 있다.

214) 조한상, 앞의 논문, 265쪽.

215) '일응'이란 일본식 한자어인 一應(一応, Ichiō, いちおう)으로, '일단一端', '우선優先' 또는 '어떠하든(어떻든)' 등의 우리말로 순화한다. 우리말사전에도 없다.

216) 대판 1993.10.26, 93초104.

217) 프랑스 헌법위원회 1977.1.22 결정.

218) 강경근, 앞의 책, 325쪽.

219) 박균성, 앞의 책, 10·870쪽.

220) 허경, 『공익과 사익의 관계』(강의자료집), 2004.

221) 조한상, 앞의 논문, 265쪽.

222) 헌재 2000.6.29, 98헌마443 등.

223) 우리 헌법 제109조 전단의 법문에서 '공개'는 소송과 무관한 일반인에 대한 공개를 뜻하며, 재판에는 재판 외 분쟁해결책인 비송사건절차법은 해당되지 않는다. 또한 심리는 민사사건에서의 구두변론과 형사사건의 공판절차이기 때문에, 공판준비절차나 소송법상의 결정·명령은 공개할 필요는 없다.

224) "오랜 세월이 흘렀다. 우리네 삶에서 '옳고 그른 것을 판단하는 기준'을 둘러싼 별다른 진척은 보이지 않고 있다. 지식의 발전과정을 되돌아볼 때, 이것만큼 우리의 기대를 저버린 것이 또 있을까? 무엇보다 중요한 주제임에도 말이다"고 존 스튜어트 밀Mill이 절규하지 않던가?

225) 19세기에 정비된 전형적인 법치국가이론으로서 개인주의, 자유와 소유권 보장, 위험방어, 국가의 분리와 불개입 등을 실현하는 국가형태이다. 시민적 법치국가라고도 일컫는다.

226) 생존배려, 사회적 관계의 형성과 개혁을 적극적으로 고려하는 경제를 그것의 고유한 법칙에 따르도록 방임하지 않고, 그것을 정서하고 조종하는 국가형태를 말한다. 이에 대해, 일부 견해는 때때로 또한 19세기의 국가 실무가 그 모델에 상응하는 것보다 덜 소극적이었다는 것이 무시된다고 한다. 자유주의적 법치국가의 행정 일상에서 복지국가적 규율 전통이 연관이 없지 않고, 새로운 규율 임무(도시건설 및 연금법)가 전체적으로 인식되고 승인된다. 종종 동의어로 적용되는 형식적 및 실질적 법치국가의 개념상에 있어서와 마찬가지로 그러한 징표에는 안티테제가 중요한 것이 아니라, 단지 구별되는 강조점이 중요한 것이라고 한다. 조한상, 앞의 논문, 267쪽 각주 참조.

227) 조한상, 앞의 책, 50쪽 이하 참조; 임의영, 『공공성의 이론적 기초』, 박영사, 2019, 85~132쪽 참조.

228) 일제가 패망하던 1945년경, 전체 경작면적의 63%가 소작지였다.

229) 이병석, 『제3세계 토지개혁과 정치발전』, 영광출판사, 1988, 215~221쪽 참조.

230) 강만길, 『고쳐 쓴 한국현대사』, 창비, 2016, 391~393쪽 참조.

231) 강만길, 앞의 책, 394~395쪽.

232) 1907년, 대한제국 군대가 강제 해산되자 홍남표의 아버지 홍순석은 망국의 한을 품고 음독자결하면서 그에게 "반드시 나라를 되찾아라"는 유언을 남겼다. 해방 이후 장안파長安派 공산당에 참여하였다가 곧 청산하고는 조선공산당에 가담하여, 1945년 9월 6일 조선인민민주의공화국 성립 때 이승만李承晚·여운형呂運亨 등과 함께 55인의 인민위원에 선출되기도 하였다. 본문에서의 비판은 레닌Lenin(1870~1924)이 1903년에 쓴 『농민에게』를 번역하고 소개하는 서문에서 홍남표가 1946년 7월 27일에 뱉은 말이다. 1946년 초에 북한정권은 농지개혁을 했음에도, 이승만 정권이 머뭇거리자 공산주의자인 그가 힐난한 내용이다. 물론 이에 자극받은 이승만도 1949년에서야 농지개혁을 단행한다. 사실상, 레닌은 근로계급의 완전한 해방은 빈농이 프롤레타리아트와 동맹하여 모든 부르주아지(부농 포함)를 타도함으로써 이루어진다고 하였다. 이러한 레닌의 저작물 탐독을 권유하였지만, 이에 자유민주주의를 기치로 하는 남한정부는 그대로 받아들이기는 힘든 면이 다분했다. 의사인 모와 농노인 부 사이에서 레닌이

태어나기 9년 전인 1861년에서야 러시아의 '농노해방령'이 발표되면서 법률상으로 철폐되었다. 그 당시 러시아의 농노는 재산처분권이 없고, 인신마저 지주에게서의 예속관계였다. 16~19세기까지 존속한 게, 자본주의 발전의 방해가 된다는 점에서 해방되었으나, 레닌은 부에게서 해방되기 전 농민은 사실상 노예와 다름없는 그 당시 상황을 알게 되었고, 농노해방 후에도 남은 그 언저리를 보고는 성장하였을 것으로 추정된다. 이에 사회주의혁명을 완성하지 않았을까.

233) 강만길, 앞의 책, 398쪽.

234) 경제개발계획은 한국전쟁 직후 이승만의 초대정부 때부터 있었다. 그게 경제개발3 개년계획(안)이다. 4월 혁명 4일 전에, 국무회의 심의에 올랐으나 실행되지 못했다. 이를 토대로 장면내각의 경제개발5개년계획을 조금 수정하는 안이었고, 또다시 박정 희정권이 이를 조금 수정하여 내놓게 된다. 장면내각은 외국자본을 바탕으로 한 농업 위주 사회를 지향하면서 균형분배가 초점인 반면, 박정희 정권은 이보다는 공업육성 이 주안점이었다. 이때까지는 어느 정권이든 외국자본유치가 관건이었다.

235) 강만길, 앞의 책, 428쪽 참조.

236) 유해웅, 앞의 책, 487쪽.

237) 도시의 경관정비와 환경보전을 위해 설정된 녹지대로, 도시의 무분별한 개발을 제한하여 도시 주변의 녹지공간을 확보하고 자연환경을 보전하는 데 목적을 둔다. 그 당시 박정희 대통령이 1950년대 영국에서 시작된 이 제도를 본받아 도입했으나, 역대 정부는 이를 풀어 주변 땅값을 올리는 폐해를 낳았다. 고 박원순 서울시장은 이룰 지키려하고, 26번이나 부동산과의 전쟁에서 전패한 문재인 정부는 집값 상승을 막는다고 해제하자고 맞서기도 하였다.

238) 이 조치가 시행된 전년도인 3월에 분양된 여의도 삼익아파트가 분양신청경쟁률이 96대 1, 한양아파트는 무려 123.7대 1을 기록했다. 민영주택에 전매차익을 노린 가수 요자가 몰리자 국세청이 메스를 대기 시작하는 촌극이 벌어졌다. 심지어 무주택자 당첨자마저 41.6%가 전매해 버리는 사태에서 이러한 조치가 나오지 않을 수 없었다. 한국의 토지정책사례집, 1989, 18쪽 이하 참조.

239) 국정브리핑, 『부동산정책 40년』, 2007.

240) 그 당시 공직자까지 도덕적 해이가 얼마나 심했는지, 다음 보도를 통해 알 수 있다. 이로써 박정희 대통령이 1978년 하반기에 국정방향을 부동산투기억제에 두겠다고 천명했을 정도이니 말이다. "7월 3일, 청와대 사정당국이 밝힌 현대그룹 산하 한국도 시개발주식회사의 아파트 특수 분양사건에서 차관, 전직 장차관, 국회의원 등 공직자 190여 명이 관련되었다. 또한 경제기획원의 특수 분양지 15명 중 부동산투기억제대책 의 입안자도 포함되었다고 발표하자, 야당은 국회법사위에서 특수 분양자 952가구 중 269명만 조사한 이유를 묻고…, 전면 재수사를 요구하였다."(「투기 만연」, 조선일 보, 1978.8.12)

241) 1990.3~1992.3까지 청와대 경제수석을 역임한 김종인은 지난 2018년 9월 29일, 한 매체에서 이렇게 진단하고 있다. 1기 신도시 건설의 효과는 시원찮았다. 1990년대 초 집값이 안정된 것은 신도시건설만이 아니고, 제반조건이 잘 갖춰졌기 때문이다.

당시 노태우 정부의 200만 호 건설은 전두환 정부에서 계획한 500만 호 건설을 재활용했을 뿐, 집값이 급등하지 않았더라도 주택건설은 예정돼 있었다고 말했다.

242) 이시종, 『토지공개념 및 부동산 대책의 변천과정』(연구보고서), 2009.12, 34쪽.

243) 이때 주택임대차보호법이 제정되었다. 임대차기간이 1년에서 2년으로 상향조정되는 바람에 집주인들이 과도한 전세금을 요구하는 바람에 감당이 안 돼 서울에서 밀려나거나, 전세에서 지하셋방으로 전락하기도 했다. 문재인 정부의 '주택임대차 3법'도 이러한 전철을 밟은 셈이다. 그 정책 시행은 탁상행정이 아니면서, 앞을 내다볼 수 있는 혜안이 있어야 한다. 부동산경제의 특성인 필터링filtering의 반대 현상이 발생할 수밖에 없었다. 자살자가 속출하는 가운데, 1989년에 막 태동한 경제정의실천연합(약칭, 경실련)이 극구 투쟁하기에 이른다. 1990년 초, 갑작스럽게 불어난 전세금을 충당할 수 없어 지하셋방으로 밀려나는 경우가 허다했다. 저자도 서울특별시 구로구세입자협의회장을 맡았으며, 1987년 6월 민주화항쟁에서는 소위 '넥타이부대원'으로 근 3개월을 투쟁하다 영어의 몸(8.15)이 된 후 우여곡절 끝에 새로운 직장을 구하는 전철을 밟았다. 이러함이 실사구시의 덕목이 아니었을까 싶다. 졸저, 『갑을정변2015대한민국』, 삶의출판, 2015, 165~168쪽.

244) 류해웅·김원희, 『토지시장 안정시책의 평가와 개선방안 연구』(보고서번호 국토연 97-2), 국토연구원, 1997.6, 30·87쪽 이하·203~209쪽.

245) 국토연구원, 『1989년 토지공개념 연구위원회 최종보고서』(1989.1).

246) 그 당시 가구원 수로 따지면 800만~1,000만 명이 입주할 수 있는 200만 호 주택건설 계획은 물량위주의 정책이자, 소유제한에 대한 기준을 두지 않은 무조건 주택만 건설한 탓으로 투기꾼의 투기장화와 재벌의 불건전한 재산증식 수단만 제공한 결과를 낳은 점도 있었다. 그 당시 해외언론에서는 이 사업에 대해 '중국 만리장성 건설 이래 지상 최대의 건설사업'이라는 조롱에 찬 비판을 가하기도 했다.

247) 류해웅·김원희, 앞의 연구보고서, 196~202쪽; 이시종, 앞의 연구보고서, 35·37쪽.

248) 국토교통부, 『2005~2006년 국토의 계획 및 이용에 관한 연차보고서』.

249) 유해웅, 『토지법제론』, 부연사, 2012, 491~492쪽 참조.

250) 이대환, 『행정수도에 대한 토지경제시범구역지정에 대하여』, 국토연구원, 2003.1.31.

251) 〈그린벨트 해제〉, 한국경제TV, 2009.11.23.

252) 국민은행, 『2009~2010 전세금 동향조사』, 2010.

253) 「이명박 정부 감세 논란」, 파이낸셜뉴스, 2008.11.13 참조.

254) 졸저, 『보통사람들의 아름다운 도전』(정치평론), 종암, 2012, 37·99쪽.

255) 과도한 대출로 집을 가졌을 뿐 가난한 자를 일컫는다. 경기둔화에 따른 고용감소 등으로 인해 가계소득이 감소하면, 집 한 채만 가진 가구는 생계곤란을 겪는 '하우스 푸어house poor'가 급증하게 된다.

256) 고환율정책을 편 끝에 수출이 늘고 무역흑자도 달성하는 경제적 성과에 힘입어, 2011년에는 '무역 1조 달러'를 세계에서 9번째로 획득하고, 2012년에는 미국, 일본, 독일, 영국, 프랑스, 이탈리아 다음인 세계 7번째로 20-50클럽에 가입하면서 일반적으로 말하는 선진국이 아닌 경제선진국이란 반열에 올랐다. 경제적 측면에서는 긍정적

인 평가를 받는 편이다.

257) 일명 '반값아파트'인 '대지임대부(토지임대부) 주택'도 이 무렵 등장했다. "입주자에게 건물만 분양하고, 땅은 장기간 임대함으로써 당장 부담해야 할 분양가를 절반 정도로 낮출 수 있다"는 논리가 떠들썩하였지만, 끝내 유야무야되었다. 2006년 하반기, 은평·판교 등 고분양가 쇼크에 의한 새로운 심리적 현상이 더욱 심화되었다.

258) 그 당시 한 보수언론은 '14년 만에 다시 나온 반값아파트'라는 제하의 보도에서 "1992년 고 정주영 통일국민당의 대통령 선거 공약으로 나온 이후 14년 만에 다시 나왔다"면서도 "그때나 지금이나 재원 마련이 어렵다는 점은 마찬가지다. 이로써 정 회장이 내세운 공약이나 현재 여야가 추진하는 반값아파트는 모두 막대한 재정부담이 요구되기 때문에 대선용이라는 비판도 받는다"고 꼬집었다(중앙일보, 2006.12. 27 참조).

259) 김광수, 「뉴-타운과 지분형 아파트로 본 이명박 정권의 기만적인 부동산정책」, 김광수경제연구소, 2008.4.21.

260) 유해웅, 앞의 책, 493~494쪽 참조.

261) 「부동산 대책, 약발 받을까?」, 이투데이, 2016.10.5; 「11·3 대책 이번엔 투기수요 걸힐까」, 아시아경제, 2016.11.5.

262) 「박근혜 정권의 부동산 대책」, 경향비즈, 2013.4.3.

263) 조명래, 「부동산 패러다임의 변화와 주거정책 방향」, 박근혜 정권 부동산정책방향 평가토론회(국회, 2013.3.26), 19~20쪽.

264) 대한민국 토지정보는 통계누리(stat.molit.go.kr), 온나라 부동산(onnara.go.kr), 통계청 나라통계(narastat.kr) 등에서 확인이 가능하다. 우리나라 토지 중 국유지, 시·도유지, 군유지 등 국공유지는 전체의 31.7%, 심지어는 22.5% 수준(군유지 제외?)이라는 통계도 있어 약간의 차이는 있으나 대동소이하다. 그러나 각국에 비해 그 비율이 현저히 낮은 것은 사실이다.

265) 「눈이 번쩍 띄는 뉴스」, 조선일보, 2006.12.1.

266) 독립협회는 자주독립을 지키기 위하여 국가 전반의 자주적 근대화를 주장하였다. 또한 독립협회는 입헌정치를 주장하여 종전의 전제군주제를 입헌군주제로 개혁하고, 3권을 분립시켜 내각책임제 하에서 박정양, 민영환, 이상재를 중심으로 한 자강개혁 정부를 수립할 것을 주장하였다. 「민권론」, 독립신문, 1898.12.15 참조.

267) 김성호, 『농지개혁사연구』, 한국농촌경제연구원, 1989, 119쪽.

268) 유해웅, 앞의 책, 32~33쪽.

269) 1948.7.17. 제정된 헌법 제86조: 농지는 농민에게 분배하며 그 분배의 방법, 소유의 한도, 소유권의 내용과 한계는 법률로써 정한다.

270) 가) 재산권은 개인이 각자의 인생관과 능력에 따라 자신의 생활을 형성하도록 물질적·경제적 조건을 보장해주는 기능을 하는 것으로서, 재산권의 보장은 자유 실현의 물질적 바탕을 의미하고, 특히 택지는 인간의 존엄과 가치를 가진 개인의 주거로서, 그의 행복을 추구할 권리와 쾌적한 주거생활을 할 권리를 실현하는 장소로 사용되는 것이라는 점을 고려할 때, 소유상한을 지나치게 낮게 책정하는 것은 개인의 자유

실현의 범위를 지나치게 제한하는 것이라고 할 것인데, 소유목적이나 택지의 기능에 따른 예외를 전혀 인정하지 아니한 채 일률적으로 200평으로 소유상한을 제한함으로써, 어떠한 경우에도, 어느 누구라도, 200평을 초과하는 택지를 취득할 수 없게 한 것은, 적정한 택지공급이라고 하는 입법목적을 달성하기 위하여 필요한 정도를 넘는 과도한 제한으로서, 헌법상의 재산권을 과도하게 침해하는 위헌적인 규정이다.

나) 법 시행 이전부터 소유하고 있는 택지까지 법의 적용대상으로 포함시킨 것은 입법목적을 실현하기 위하여 불가피한 조치였다고 보이지만, 택지는 소유자의 주거장소로서 그의 행복추구권 및 인간의 존엄성의 실현에 불가결하고 중대한 의미를 가지는 경우에는 단순히 부동산투기의 대상이 되는 경우와는 헌법적으로 달리 평가되어야 하고, 신뢰보호의 기능을 수행하는 재산권 보장의 원칙에 의하여 보다 더 강한 보호를 필요로 하는 것이므로, 택지를 소유하게 된 경위나 그 목적 여하에 관계없이 법 시행 이전부터 택지를 소유하고 있는 개인에 대하여 일률적으로 소유상한을 적용하도록 한 것은, 입법목적을 달성하기 위하여 필요한 정도를 넘는 과도한 침해이자 신뢰보호의 원칙 및 평등원칙에 위반된다.

다) 경과규정에 있어서, "법 시행 이전부터 개인의 주거용으로 택지를 소유하고 있는 경우"를, "법 시행 이후에 택지를 취득한 경우"나 "법 시행 이전에 취득하였다고 하더라도 투기목적으로 취득한 택지의 경우"와 동일하게 취급하는 것은 평등원칙에 위반된다.

라) 10년만 지나면 그 부과율이 100%에 달할 수 있도록, 아무런 기간의 제한도 없이, 매년 택지가격의 4% 내지 11%에 해당하는 부담금을 계속적으로 부과할 수 있도록 하는 것은, 짧은 기간 내에 토지재산권을 무상으로 몰수하는 효과를 가져 오는 것이 되어, 재산권에 내재하는 사회적 제약에 의하여 허용되는 범위를 넘는 것이다.

마) 부담금 납부의무자가 건설교통부장관에게 매수청구를 한 이후 실제로 매수가 이루어질 때까지의 기간 동안에도 부담금을 납부하여야 하도록 하는 것은 입법목적을 달성하기 위하여 필요한 수단의 범위를 넘는 과잉조치로서, 최소 침해성의 원칙에 위반되어 재산권을 과도하게 침해하는 것이다.

바) 택지소유의 상한을 정한 법 제7조 제1항, 법 시행 이전부터 이미 택지를 소유하고 있는 택지소유자에 대하여도 택지소유 상한을 적용하고 그에 따른 처분 또는 이용·개발의무를 부과하는 부칙 제2조, 그리고 부담금의 부과율을 정한 법 제24조 제1항이 위헌으로 결정된다면 법 전부를 시행할 수 없다고 인정되므로, 헌법재판소법 제45조 단서의 규정취지에 따라 법 전부에 대하여 위헌결정을 하는 것이 보다 더 합리적이다. 헌재 1999.4.29, 94헌바37외 66건(병합).

271) "제6조 제1항(농지는 자기의 농업경영에 이용하거나 이용할 자가 아니면 소유하지 못한다)에 따라 개인이 소유하고 있는 농지를 한국농어촌공사나 그 밖에 대통령령으로 정하는 자에게 위탁하여 임대하거나 사용대하는 경우"를 말한다.

272) 2015.7.20 개정하여 2016.1.21부터 시행되었다. 그리고 다음과 같이 제7조의 2(금지행위)를 2021년 8월 17일자로 신설하였다. 즉 누구든지 다음 각 호의 어느 하나에 해당하는 행위를 하여서는 아니 된다. 1. 제6조에 따른 농지 소유 제한이나 제7조에 따른 농지 소유 상한에 대한 위반 사실을 알고도 농지를 소유하도록 권유하거나 중개

하는 행위, 2. 제9조에 따른 농지의 위탁경영 제한에 대한 위반 사실을 알고도 농지를 위탁경영하도록 권유하거나 중개하는 행위, 3. 제23조에 따른 농지의 임대차 또는 사용대차 제한에 대한 위반 사실을 알고도 농지 임대차나 사용대차하도록 권유하거나 중개하는 행위, 4. 제1호부터 제3호까지의 행위와 그 행위가 행하여지는 업소에 대한 광고 행위.

273) 졸고, 「토지공개념, 활활 타오르게 불을 지펴야」, 서울일보, 2018.11.2.

274) 헌재 1999.4.29, 94헌바37외 66건(병합).

275) 연승우, 「농지는 누구의 것인가, 경자유전의 원칙을 둘러싼 문제들」, 한국농업신문, 2019.3.5.

276) 김성호, 앞의 책, 124쪽.

277) 2016년 가을, 유럽 배낭여행 중 그리스 피레우스 항구 노상에서 홀로 차 한 잔을 하고 있었겠다. 이때 한국 중년여성 서넛이 지나가며, 항구 언덕배기 낡게 보이는 저층아파트(그녀들 눈에만 그렇게 보일 뿐?)를 손짓하며 "저 아파트 재건축해야겠다. 그러면 돈 벌겠다"고 떠들어댔다. 저자를 일본인으로 생각했던 그녀들에게 기가 찬 나머지 나섰다. "지진발생에 대비함과 수리하여 쓰거나 문화재보호 등 서구의 고전적 사고이기에 저렇게 낮게 짓는 것으로, 이 나라의 양식임을 알고나 다니시오"라고 일갈했었다. 실제로 고대 그리스의 성곽 아래 펼쳐진 그 장소는 플라톤의 『국가』에서 소크라테스가 등장하는 첫 배경이었다. 우리 사회의 한 단면이 해외에서까지 투기 심리를 드러내는 천박한 의식구조가 문제다. 이러한 현실에서 이 책이 저술된 면도 있다. 저자 특유의 Engagement인지도 모른다.

278) 국세청, 『토지초과이득세실무해설』(정기간행물), 1991, 20쪽 이하 참조.

279) 토지초과이득세제 제도가 시행된 1990년부터 지가가 일정 이상 상승한 유휴토지에 대해 1991년(4,630억원), 1992년(341억원)은 예정과세였고, 이듬해인 1993년에는 9,477억원(44.53% 이상 지가상승)을 정기과세 하였으나, 그 이후에는 과세실적이 없었다. 재정경제부(1994), 토지초과이득세 부과현황 참조.

280) 대판 2000.5.12, 선고 98두15382(농지전용불허가처분취소). 국토 및 자연의 유지와 환경의 보전 등 중대한 공익상 필요가 있다고 인정되는 경우, 농지전용행위를 불허가 할 수 있다. 농지전용신청 대상 농지가 국립공원인근에 위치하고 있고 주변이 마을관광단지로 지정되어 일반 시민의 휴식공간으로 이용되고 있으며 산림훼손 제한지역으로 고시되어 있는 경우, 여관건물을 신축하기 위한 농지전용허가신청에 대한 불허가처분이 중대한 공익상의 필요에 의한 것으로서 적법하다.

281) 개발이익환수에 관한법률 소정의 개발부담금은 그 납부의무자로 하여금 국가 등에 대하여 금전 급부의무를 부담하게 하는 것이어서 납부의무자의 재산권을 제약하는 면이 있고, 부과개시시점의 지가는 개발부담금의 산정기준인 개발이익의 존부와 범위를 결정하는 중요한 요소가 되는 것이므로, 그 산정기준에 관한 위임입법 시 요구되는 구체성, 명확성의 정도는 조세법규의 경우에 준하여, 그 요건과 범위가 엄격하게 제한적으로 규정되어야 한다. 개시시점지가가 될 수 있는 매입가액의 범위를 시행령에 의하여 한정적·열거적으로 정할 수 있도록 규정하고 있는 위 개발이익환수에 관한

법률 제10조 제3항 단서는 개별공시지가를 상회하는 실제의 매입가액이 그 객관적 진실성이 있음에도 불구하고, 이에 의하여 적정하고 현실적인 개발이익을 계측할 수 있는 길을 봉쇄함으로써, 가공의 미실현 이익에 대하여 개발부담금을 부과하여 원본을 잠식하는 결과를 초래할 위험성을 안고 있다 할 것이고, 이는 개발사업 대상토지의 지가가 상승하여 정상지가 상승분을 초과하는 불로소득적인 개발이익이 생긴 경우, 국가가 그 일부를 환수하고자 하는 입법목적의 달성에 필요한 정책수단의 범위를 넘어 사업시행자 등에게 과도한 금전납부의무를 과하는 것으로서, 기본권인 재산권의 제한 시 요구되는 피해의 최소성의 요청을 충족시키지 못하고 있다(헌재 1998. 6.25, 95헌바35등 참조).

제 4 부

헌법상 토지재산권과 토지 정의

제9장 헌법에 충실한 자세로

    토지공개념土地公概念, public ownership of land이란 전술한 바와 같이, 용어에 대한 공감대는 이루어졌고 확정된 개념 해석에서는 약간 상이하나, 이 용어 자체만은 식상할 정도로 실생활과 강학상이나 법률 속에 파고들었다. 수년전에는 다의적인 해석이 분분하였지만, 대체적으로 '토지에 대한 공공의 이익을 위해 사적 재산권을 규제할 수 있도록 하는 개념이나 사상'이라고 굳어진 상태이다. 쉽게 말해 '토지는 공공의 것'이란 것이 그 개념이다. 따라서 토지의 사유화가 이루어진 상태에서, 이를 공공적 목적과 합리적 이용에 대한 정치적·제도적 보완을 목적으로 제시된다. 고대 국가의 토지소유는 왕이나 봉건지주의 소유였던 터라, 실사용자는 그 대가로 조세를 부담하는 방식이었다.

    재산財産, property이 모든 악의 뿌리라고 극단으로 몰아붙이지는 않더라도 재산권만큼 사람의 감정을 불러일으키며 심정을 두드리는 것도 없을 것1)이기에, 그것은 헌법구조에 있어서 특히 기본적인 위치2)에 놓여 있다. 특히 재산이란 개념이 우리의 헌법적 질서 안에서 차지하고 있는 계속적인 방법론상의 중요성은, 재산에 대한 역사적 인식 historical understanding을 중요시하게 된다. 즉 재산권에 대한 절대적인 접근, 말하자면 개인의 자율적인 영역을 지키려는 것에서부터 점차로 개인the individual과 집단the collective 사이의 긴장에 대한 인식이 높아진다.3) 따라서 토지재산권土地財産權, right of land property rights, 나아가 건물까지 포함하는 부동산을 목적으로 하는 재산권 전반에 걸친 그 국가·사회적 의미를 파악하는 일은 시대적 사명이다.4) 이러함이 토지 정의를 이루는 길이다. 지금으로부터 140여 년 전, 헨리 조지Henry George의 『진보와 빈곤Progress and Poverty』(1879)에서 제시되었다고 하는 게 대체적인 시각이다. 그 후 세계 각국은 이를 토대로 권한 제한이나 조세 징수 등의 다양한 방식으로 토지공개념제도를 적용해 왔다.

우리나라는 1945년 해방 후인 1950년 3월에 발효된 농지개혁법에서 농사를 짓지 않는 지주의 소유를 제한한 최초의 토지공개념이 적용되었으며, 1996년 이후 농지법으로 대체된 현재에도 제한을 하면서 토지는 투기의 대상이 될 수 없다고 투기 근절을 목적5)으로 하고 있다. 1977년에는 건설부장관(현 국토교통부)의 '토지공개념'이란 용어가 처음으로 뱉어진 후, 국민적 관심사가 팽배해지자 정책에 있어 일정 부분에서는 반영되기 시작했다. 민주화 물결에 따른 1987년 9차 헌법 개정을 바탕으로 한 소위 토지공개념 3법이 1989년 4월 국토연구원 산하 토지공개념연구위원회 주최로 '토지공개념 확대도입을 위한 국민토론회' 개최 후 제정되었으나. 김영삼·김대중 정부에서 유명무실해졌다. 노무현 정부에서도 이에 대한 검토는 하였으나, 유야무야된 바가 있다. 그러다가 2018년 3월, 대통령에 의해 제안된 헌법

개정안 조문 속에 명시적으로 '토지공개념'을 도입하자는 지경까지
이르렀다. 이러하지 않더라도 정부의 의지가 문제이지, 현행헌법상
에도 충분한 그 근거가 있는데도 왜 그러했는지 의구심마저 들게 했
다. 그러나 일각의 우려와 달리, 토지 모두를 국가의 소유로 하는 국
유화와는 거리가 멀다. 토지의 사적 소유를 인정하되, 토지가 갖고
있는 공공성의 목적을 전제로, 그 이용에 있어 일정한 제한을 두자는
것이다.

제10장 토지에 관한 공법적 규율과 헌법상 재산권

　전술한 바와 같이, 토지공개념제도 자체가 없어진 것은 분명 아니다. 이 제도가 물 건너갔다는 일부의 사고는 이 제도를 잘못 이해한 데서 오는 결과이며, 현행법상 근거를 가지고 있다는 점이다. 원래 이 개념은 선 '공익' 후 '개인의 재산권'의 의미가 아니다. 토지관련 법제들이 우리나라의 역사적 정치현실 속에서 공익우선주의로 전개되어 왔음을 부인하는 것도 아니다. 현재와 마찬가지로 이 제도가 성립할 당시에도, 우리 헌법은 자본주의적 시장경제질서를 원칙으로 하였다. 즉 이 제도는 개인의 재산권을 원칙으로 보호하는 바탕 위에서 토지가 가지는 특수성으로 인해 헌법적 근거로 성립한 것이다. 또한 이는 사유재산제가 보장되고 자본주의 시장경제질서가 기본인 토대위에서 생성된 제도이다. 사익에 치우쳐 운영되어 왔던 자유주의와 시장경제질서에 있는 폐단을 시정하여, 국민 전체의 이익을 강조하는 사회국가를 정착시키기 위한 제도이기 때문에 태생의 존립 근거가 되는 자유주의와 자본주의를 부정하지는 못하는 한계가 존재한다.[6] 즉 토지의 특성상 그 소유나 이용이 전적으로 자유로운 시장경제질서에 맡기게 되면 경제적·사회적으로 최적의 결과를 기대할 수 있으므로 다른 재산에 비하여 공적·사회적 제약을 받지 않을 수 없으며, 공적 의사에 의한 강제나 공적 주체에 의한 제한 개입유도 등이 필요하다.[7] 우리 헌법상 재산제도와 재산권을 분석하기 위해서는, 재산권 보장 규정 외에 경제조항을 전체적으로 보아야 한다. 헌법 제23조는 사유재산제도를 규정하고는 있으나, 자세한 사항은 전술한 바와 같이 제9장 경제 편에서 정하기 때문이다. 이러할 때, 대한민국의 경제질서는 경제자유를 기본(제119조 제1항)으로 하면서 경제민주화를 위한 규제·조정(제119조 제2항)을 인정하여 자유시장경제의 근간에 사회화를 가미함을 알 수 있다. 즉, 사회국가화의 국가적 개입을 폭넓게 인정한다. 그렇다면, 재산권에 대한 국가적 개입은 어느 정도일까.[8] 토지공개념은 토지사유권에 대한 강화된 공적인 제약으로, 사회적 의무성[9]이 토지사소유권에 대해서는 더 강하게 요구하고 있다.

1. 재산권 보장의 헌법적 의미

재산권財産權, property right은 헌법 제23조[10] 등에서 규정하고 있다. 재산권 보장에 관한 가장 중심적인 헌법 규정인 본조는 제1항에서 재산권의 내용과 한계를 법률에 위임하였고, 제2항에서 재산권의 행사를 공공복리에 적합하도록 의무가 주어졌고, 제3항에서 공공필요에 의한 재산권의 수용·사용·제한 및 그에 대한 보상을 법률에 위임했다.

이에 따라 재산권은 공공복리에 적합하도록, 즉 사회적 기속의 범위 내에서 그 구체적 내용과 한계가 법률에 정해지는 동시에, 그 법률로 보장된 재산권에 대한 공공필요에 의한 수용··사용··제한, 즉 공용침해 및 그에 대한 손실보상 역시 법률로 정해지도록 되어 있다. 따라서 재산권 관련 법률은 재산권 형성적 법률유보조항과 재산권 침해적 법률유보조항을 통해 구체화되어지고, 이는 재산권의 범위가 보상을 요하지 아니하는 재산권의 사회적 기속과 보상을 요하는 공용침해를 통해 구체화된다는 것을 의미한다. 이는 토지재산권 범위와 관련해서 도 그대로 적용된다고 하겠다.11) 이러한 재산권과 자유는 서로 불가분의 관계이자 상호보완관계에 있다. 헌법상 재산권의 개념은 이미 헌법에 의하여 예정되어 있는 것으로, 입법자가 아니라 헌법 스스로에 의하여 결정된다. 반면에 입법자의 과제는 헌법상 재산권의 개념을, 입법을 통하여 구체화함으로써 재산권의 보호대상을 확정하는 것에 있다. 헌법상 재산권의 개념은 헌법해석을 통하여 밝혀져야 하며, 헌법 내에서 재산권 보장의 의미인 '재산권의 자유 보장적 기능'에 의해 결정된다.12) 따라서 '재산권 보장'이란 재산권의 주관적 공권 보장, 재산권 보장 및 실현을 위한 객관적 법질서 보장, 사유재산제도 보장 등으로 구성되는 헌법상 권리를 말한다. 연혁적인 면에서는 재산권 보장이 근대 권리장전(1689년 영국의 Bill of Rights, 1789년 프랑스 인권선언 제17조)에서 자연권인 천부인권으로 규정한 후 현대적 보장 (1919년 바이마르헌법 제153조) 및 국제적 보장(1948년 세계 인권선언 제17조, 1952년 유럽 인권규약 제1부속의정서 제1조 제1항 및 제3항 등)에 이르며, 우리 헌법 또한 제헌헌법에서부터 현행헌법에 이르기까지 규율하고 있다. 또한 재산권 보장의 규범적 근거는 헌법 제23조 재산권의 기본권적 보장, 제22조 제2항 지적知的 재산권, 제13조 제2항 소급입법에 의한 재산권 박탈금지, 광업권 등의 특허에 관한 제120조 등의 제9장 경제조항의 국가목표 규정 등으로 구성되어 있다.[13]

재산권 보장의 법적 성격(제23조 제1항 제1문)에 있어서는 견해가 대립하고 있다. 즉 그것은 천부적인 인권으로서의 재산권을 보장한다는 뜻이지만, 재산권에 내포된 사회성과 의무성이 특히 도의적이고 윤리적인 측면에서 강조되어야 한다는 견해인 자유권설,[14] 재산권의 보장은 천부인권으로서의 재산권의 보장이 아니고 사유재산제도의 보장에 지나지 않는다는 견해인 제도보장설,[15] 그리고 재산권의 보장은 제도와 원리를 함께 보장한다는 다수 견해인 절충설(권리·제도동시보장설)[16]로 나누어진다. 재산권 보장의 법적 성격에 대해 다른 자유권과 마찬가지로 '개인의 주관적 공권'이자 '헌법의 객관적 가치 결정'이라는 이중적 성격을 가진다. 전자는 재산권이 개인의 주관적 공권으로서 개인의 구체적 재산권을 국가의 침해로부터 보호하고 방어하는 기능과 함께 헌법 제23조 제1항 전문은 사유재산권에 관한 헌법의 가치 결정을 담고 있다. 후자는 국가공동체 내에서 사유재산권에 관한 헌법의 가치결정을 실현해야 할 의무를 부과한다. 즉 입법자는 입법을 통하여, 법적용기관은 법의 해석과 적용에 있어서 사유재산권을 보장하고 실현해야 할 의무를 진다.[17] 우리 헌법상 재산권 보장은 천부적인 인권으로서의 재산권을 보장하기 위한 것도 아니고, 칼 슈미트C. Schmitt적인 발상에 의한 제도적 보장만을 의미하는 것도 아니다[18]는 것이다. 또한 독일 기본법상의 통설과 마찬가지로, 우리 헌법재판소도 재산권 보장 규정의 이중적 의미를 강조하면서 "헌법상의 재산권 보장은 재산권을 개인의 기본권으로 보장한다는 의미와 개인이 재산권을 향유할 수 있는 이중적 의미를 가지고 있다"고 결정했다[19]는 점을 든다. 우리 헌법상 사유재산권이나 사유재산제도 자체를 부정하는 것이 아닌 터에, 절충설인 권리·제도동시보장설에 찬동한다. 칼 슈미트적인 발상에 의한 제도적 보장만을 위한 것이 아니기 때문이다.

재산권의 주체는 모든 국민이며, 자연인과 법인은 물론 국가와 지방자치단체도 그 주체가 된다. 그런데 외국인의 재산권도 헌법 제23조 규정에 의해 보호되지만, 외국인의 토지취득 관리에 관한 법률이 외국인의 국내 토지 취득을 극히 제한적인 허용이라는 이유로 1998년 외국인토지법外國人土地法, the Aliens Landownership Law으로 개정하였으나, 2016. 1.19에 폐지되고 2017.1.20부터 '부동산거래신고 등에 관한 법률'로 대체돼 시행되고 있다. 구법에서 상호주의(동법 제3조)에 따라 군사시설보호구역 등 대통령령이 정하는 바에 따라, 외국인의 토지취득을 특별히 제한할 필요가 있는 지역 외에는 외국인 투자의 활성화를 목적으로 토지취득에 관한 제한을 전면적으로 폐지하였다. 그러나 상호주의도 좋지만, 외국인마저 투기 대열에 동참하는 작금에 있어 이 법은 절대적으로 손질이 필요한 시점이다. 예컨대 사회주의 국가인 중국의 부동산에 대하여는 사용권만 있기에, 우리 국민은 소유권을 인정받지 못한다. 반면에 그들은 우리나라 부동산을 마구잡이로 매입하고 있기 때문이다. 이런 경우까지 상호주의 채택은 안 된다는 것이다.[20] 재산권의 주체에 이어 객체를 보자.

따라서 재산권의 범위(객체)는 고정된 것이 아니라, 가변적이다. 헌법 제23조에서의 재산권이란 사회통념에 의하여 형성된 모든 재산가치적 법익을 말한다. 따라서 헌법상 재산권은 사법상 권리에 속하는 민법상 소유권 기타 물권·채권·가족권, 그리고 상법상 권리 등이 주축이 된다.[21] 이의 구체적 범위는 크게 일반재산권, 지적 재산권, 토지재산권으로 대별된다. 일반재산권에는 모든 종류의 물권(소유권, 용익

물권, 담보물권 등)과 채권(급료청구권, 이익배당청구권, 각종 회원권, 주주권 등), 그리고 특별법상의 권리(광업권, 어업권, 수렵권 등)들이 포함된다. 그 다음은 지적 재산권에는 종류가 다양하나 예술적·인문과학적 창작물인 일신전속적인 권리인 저작권, 특허·실용신안·의장·상표권 등 산업적 무체재산권의 총칭인 산업소유권, 현대 산업고도화에 따라 새롭게 생성되는 컴퓨터소프트웨어·반도체칩·데이터베이스·영업비밀 등의 제3의 지적 재산권이 있다. 토지재산권에 대해서는 항을 바꾸어서 설명한다.

2. 토지재산권의 규제

전술한 바와 같이 재산권의 객체인 토지재산권에 있어 토지는 가장 중요한 객체이고, 토지재산권은 토지의 지표뿐만 아니라 일정한 범위의 지상과 지하에 미치는 것은 주지의 사실이다. 그러나 토지재산권은 그 밖의 재산권에 비하여 가중된 사회적·공공적 구속을 받게 된다. 토지의 공개념이라는 것도, 토지재산권에 대한 가중된 사회적·공공적 구속성을 말한다. 토지에 대해서만 사회적·공공적 구속이 한층 강화되어야 하는 이유는 토지가 가지는 인간의 생존과 생산을 위한 불가결한 기초로서의 공익성·경제성, 유한성, 공간적 고정성·항구성, 비대체성, 수요의 증대 등에서 찾을 수 있음은 '토지의 특성'에서 전술하였기에 부연설명은 생략한다.

그리고 토지재산권에 대한 가중된 규제의 헌법적 근거로는 사회국가의 원리, 사회적 시장경제질서, 재산권 보장의 상대성에서 찾을 수 있다. 다시 말해 헌법 제23조 제1항 제2문의 "재산권의 내용과 한계는 법률로 정한다"와 동조 제2항의 "재산권의 행사는 공공복리에 적합하도록 하여야 한다"는 규정을 비롯하여 제34조 제1항·제119조·제120조·제122조·제123조 등이 그 헌법적 근거이다. 토지재산권에 대하여 가중된 규제를 하고 있는 법률로는 소유권 일반의 공공성과 사회성을 권리남용금지의 원칙과 신의성실의 원칙을 통하여 선언하고 있는 민법 제2조가 있고, 토지재산권을 다각적으로 규제하는 일련의 토지공법으로는 '농지법', '국토의 계획 및 이용에 관한 법률', '도시계획법', '택지개발촉진법' 등이 있다. 그리고 토지공개념을 이념으로 하는 새로운 토지질서의 형성을 위한 실천입법으로서 '택지소유상한에 관한 법률', '토지초과이득세법', '개발이익환수에 관한 법률', '토지관리 및 지역균형개발특별회계법', '종합토지세법', '부동산가격공시에 관한 법률' 등도 포함22)시킬 수 있다. 이러한 법률, 즉 토지공개념에 관련된 법률은 수없이 많은데도 이를 적극적으로 활용하지 못하고 있다. 이 중 몇몇 법률은 1989년 12월 22일에 공포되어 이듬해부터 시행되다가, 전술한 바와 같이 김영삼·김대중 정부에서 유명무실화되었다.

만약 토지재산권에 대해 규제를 가하려면, 첫째 성숙요건으로서 소수 대지주들에 의한 토지의 독점화 또는 토지투기 등으로 지가가 급상승하여 규제의 필요성이 절실하고, 둘째 절차적 요건으로서 토지재산권에 대한 규제는 입법을 통해서만 가능하고, 무상몰수나 전면적 사회화는 허용되지 아니하며, 셋째 보상요건으로서 토지재산권에 대한 가중된 규제로 재산권자가 입게 되는 손실에 대해서는 보상이 행해져야 한다.

토지재산권에 대한 규제의 유형으로는 토지의 국·공유화, 토지소유의 상한 제한, 토지재산권의 권능 제한 등이 있다. 이 중에서 특히 논란의 대상이 된 것은 토지거래허가제23)와 그린벨트(토지개발제한구역) 제도다. 전자는 헌법 제10조, 제23조 제1항, 34조 제2항, 제35조 제1항·제3항, 경제에 관한 제9장 등에 비추어 토지거래허가제 자체는 헌법에 위배되지 아니한다. 그리고 "그린벨트greenbelt, 개발제한구역 제도24) 역시 도시기능의 적정화 및 환경보존, 국가안보상 필요에 의한 공공이익에 따른 것으로 합헌이며, 특히 그린벨트로 지정되더라도 토지를 종전 용도대로 이용할 수 있으면 지가하락 등의 불이익이 있더라도, 이는 토지소유자가 마땅히 감수해야 할 사회적 제약이다"25)고 결정하였다.

여기서 공익과 사익의 관계를 보자. 우리 사회에 만연해 있는 개인주의와 집단, 지역이기주의는 우리가 국가라는 하나의 공동체내에서 함께 살아가는 데 있어서 큰 장애요인이 되고 있다. 오늘날 세계인 모두가 인간답게 잘살아 보자는 복지국가를 실현하거나 지향하고 있는 마당에 배치되는 현상이 아닐 수 없다. 국민의 권리는 근대 헌법에서 비로소 인정되었다. 자유권적 기본권으로 인정된 개인의 권리는 한때 절대적 권리로 인정된 적도 있었으나, 이 또한 모순이 있어서 현대 헌법에서부터는 이러한 국민의 권리도 공공의 복리를 위해서는 법에 의한 제한을 할 수 있었다. 현대 헌법의 시작은 1919년 바이마르 헌법부터이다. 따라서 경제생활의 질서는 모든 사람들에게 인간다운 생활을 보장하기 위하여 정의의 원칙에 입각해야 한다(제151조)든가, 소유권을 보장하면서도 공공복리를 위하여 제한을 할 수 있게 하였다(제153조). 그러나 이때에는 '상당한' 보상을 할 것을 강조하였던 것이다. 이는 사익과 공익이 조화롭게 공존할 수 있는 것을 터놓은 것이다. 우리 헌법도 헌법 전문에서 자유민주적 기본질서를 천명하였고, 제13조에서는 재산권의 보장과 공공복리의 적합성의 의무를 규정하고 있다. 이를 이해하기 위해서는 공익이 무엇인가를 규명하여야 할 것이다. 이러한 공공성의 문제는 특히 현대 복지국가에서 두드러지게 나타난다. 국가의 기능과 역할이 복잡하고 급격히 확대됨에 따라, 개인의 권리가 공공의 이상실현이라는 이름하에 현저히 제한되고 때로는 공권력에 의한 침해문제도 발생하고 있다. 사익보호와 공익실현이라는 이 문제는 양자에게 해를 끼칠 수도 있다. 예컨대 그린벨트 문제, 토지공개념에서의 토지규제관련 법제들, 변호사나 의사 등 면허를 요하는 직업인의 수 조정, 대학입학 정원문제 등이 결국에는 공·사익 간 문제라 할 수 있다.26)

그리고 토지재산권에 대한 제한은 사회국가·법치국가·민주국가의 원리 등을 유린하지 아니하는 한계 내에서 이루어져야 한다. 첫째, 사회국가적 한계로서 전국의 토지를 일시에 전면적으로 제한하는 규제입법은 허용되지 아니하고, 둘째, 법치국가적 한계로서 토지재산권에 대한 규제 조치는 법률에 의하여야 하고, 민주국가적 한계로서 이에 대한 규제조치는 규제입법 과정이나 규제형성 과정에 주민이나 이해관계인의 참여를 보장하는 것이어야 한다. 즉 다른 기본권을 제한하는 입법과 마찬가지로 과잉금지의 원칙(비례의 원칙)을 준수해야 하고, 재산권의 본질적 내용인 사용·수익권과 처분권을 부인해서는 아니 된다.27) 그리고 "소급입법에 의한 재산권의 박탈도 사유재산제도와는 달라서 구체적인 사유재산권은 일종의 '재산가치의 보장'이라고 볼 수 있기 때문이다. 이로써 재산권의 수용·사용·제한 시에 행해지는 보상은 재산 가치를 회복시켜 주는 기능을 갖기 때문에, 재산가치의 회복(보상)이 없는 사유재산권의 제한은 재산권의 본질적 내용의 침해가 된다".28)

3. 헌법 제23조 제2항의 의미

우리 헌법 제23조 제2항 "재산권의 행사는 공공복리에 적합하도록 하여야 한다"는 규정에서 그 의미를 알 수 있다. 대법원 판례[29]도 같은 취지로 판시하고 있다. 헌법 제37조 제2항은 "국민의 모든 자유와 권리는 국가안전보장·질서유지 또는 공공복리를 위하여 필요한 경우에 한하여 법률로써 제한할 수 있으며"라고 규정하고 있다. 이처럼 헌법 제23조 제2항이 헌법 제37조 제2항의 규정이 있음에도, 특히 공공복리 조항을 둔 것은 재산권에서 요구되는 공공복리 적합성은 다른 기본권에 비해 더 강하게 요구되기 때문이다. 따라서 그 제약도 더 강할 수 있음을 우리 헌법이 예정하고 있는 것이라고 볼 수 있다. 그렇지 않으면 특히 제23조 제2항을 둔 의미가 없지 않을까 싶다.

그렇다면, 헌법 제23조 제2항의 '공공복리' 규정과 동조 제3항의 '공공필요' 규정 관계가 어떻게 될 것인가가 문제될 수 있다. 이 두 조항 간에 있어 헌법재판소는 공공용지의 취득 및 손실보상에 관한 특례법 제9조 제1항 위헌제청사건에서 "헌법 제23조의 제2항은 재산권 행사의 공공복리적합의무, 즉 그 사회적 의무성을 규정한 것이고, 제3항은 재산권 행사의 사회적 의무성의 한계를 넘는 재산권의 수용·사용·제한과 그에 대한 보상의 원칙을 규정한 것이다"고 결정[30]한 바 있다. 이는 '공공필요'가 '공공복리'보다는 더 강한 제약의 필요성을 의미한다고 할 것이다. 달리 말해 공공필요에는 특별한 희생을 요구한다[31]고 보는 것이 일반적이다.

헌법 제122조는 "국가는 국민 모두의 생산 및 생활의 기반이 되는 국토의 효율적이고 균형 있는 이용·개발과 보전을 위하여 법률이 정하는 바에 의하여, 그에 관한 필요한 제한과 의무를 과할 수 있다"고 규정하고 있고,[32] 제121조 제1항에서 "국가는 농지에 관하여 경자유전의 원칙이 달성될 수 있도록 노력하여야 하며, 농지의 소작제도는 금지된다"고 규정하고 있고, 제2항에서도 "농업생산성의 제고와 농지의 합리적인 이용을 위하거나 불가피한 사정으로 발생하는 농지의 임대차와 위탁경영은 법률이 정하는 바에 의하여 인정된다"고 규정하는 것도 토지공개념을 구체화한 조문이라고 볼 수 있다. 그러나 제헌헌법에서부터 존재한 제121조 자체를 일각에서는 폐지할 필요가 있다고 주장하기도 하나, 이에 헌법재판소는 "헌법 제121조는 국가에 대해 '경자유전 원칙의 달성'을 요청하는 한편 '불가피한 사정으로 발생하는 농지의 임대차와 위탁경영'을 허용하고 있는바, '농지법'상 상속으로 농지를 취득하여 소유하는 경우 자기의 농업경영에 이용하지 아니할지라도 농지를 소유할 수 있다"고 입법목적의 정당성을 결정[33]하고 있음에. 이는 경자유전의 원칙 고수와 농지보전의 효율적 이용을 위한 토지공개념 취지와도 맞는 취지로서 이의를 제기할 문제가 아니다. 어느 때보다도 더 요구되는 사회정의 측면에서도 합당한 결정이다.

'국토이용 및 개발과 보전'에 관한 조항인 헌법 제122조는 "국가는 국민 모두의 생산 및 생활의 기반이 되는 국토의 효율적이고 균형있는 이용·개발과 보전을 위하여 법률이 정하는 바에 의하여 그에 관한 필요한 제한과 의무를 과할 수 있다"고 규정하고 있다. 이는 국토의 계획 및 이용에 관한 법률 제3조(국토 이용 및 관리의 기본원칙)에서 구체화하고 있다. 즉 "국토는 자연환경의 보전과 자원의 효율적 활용을 통하여 환경적으로 건전하고 지속가능한 발전을 이루기 위하여 다음 각 호의 목적을 이룰 수 있도록 이용되고 관리되어야 한다"면서 세세하게 9개 항목이나 열거하고 있다. 즉 1. 국민생활과 경제활동에 필요한 토지 및 각종 시설물의 효율적 이용과 원활한 공급, 2. 자연환경 및 경관의 보전과 훼손된 자연환경 및 경관의 개선 및 복원, 3. 교통·수자원·에너지 등 국민생활에 필요한 각종 기초 서비스 제공, 4. 주거 등 생활환경 개선을 통한 국민의 삶의 질 향상, 5. 지역의 정체성과 문화유산의 보전, 6. 지역 간 협력 및 균형발전을 통한 공동번영의 추구, 7. 지역경제의 발전과 지역 및 지역 내 적절한 기능 배분을 통한 사회적 비용의 최소화, 8. 기후변화에 대한 대응 및 풍수해 저감을 통한 국민의 생명과 재산의 보호, 9. 저출산·인구의 고령화에 따른 대응과 새로운 기술변화를 적용한 최적의 생활환경 제공 등이다. 이 법률은 국토의 이용·개발과 보전을 위한 계획의 수립 및 집행 등에 필요한 사항을 정하여, 공공복리를 증진시키고 국민의 삶의 질을 향상시키는 것을 목적으로 한다.34) 우리가 살고 있는 생활의 터전인 국토를 미래세대에게 안전하게 물러주어야 할 책무를 규율하고 있다고 볼 수 있다.

토지공개념은 토지에 대한 공법적 규율을 표현하는 대표적인 용어로, 헌법 규정은 농지에 대한 소작제도의 금지와 국토의 효율적인 보전과 관리는 토지에 대한 공법적 규율의 대표적인 예라고 할 수 있다. 역사적으로 보면, 토지에 대한 공법적인 규율이 확립되기 위해서는 첫째, 토지를 포함하는 재산권財産權, property right의 일반적인 성립이 전제되어야 한다. 둘째, 토지에 대한 효율적인 규율을 할 수 있는 공권력이 확립되어야 한다. 즉 입법권이 정착되어 제 기능을 하고, 이를 효율적으로 집행할 수 있는 국가권력이 존재하여야 한다. 이러한 발전의 과정은 국가마다 상이한바,35) 그 한 예로서는 인간과 시민의 권리선언Declaration of the Rights of Man and of the Citizen이다. 이는 루이 16세를 무너뜨린 1789년 프랑스혁명으로 인한 프랑스국민의회가 채택36)한 그 인권선언 제17조에서 규정하는 소유권의 신성불가침에 대한 조항이다. 즉 "소유는 불가침적이고 신성한 권리이므로, 적법하게 확인된 공공 필요성이 명백히 요구하는 경우 및 정당한 사전보상이 제시된 조건이 아니면, 어느 누구도 그 권리를 침해당할 수 없다"고 규정하고 있다. 이는 영국과 프랑스의 계몽주주의자인 존 로크John Locke의 자연법사상의 영향을 받았으며,[37] 소유권의 불가침원칙은 토지소유자가 자신의 토지에 대해 지대를 받을 권리가 있다는 중농주의자들에게서 유래했다고 볼 수 있다. 이 조문에서 신성불가침을 천명하지만, 예외도 있음을 알 수 있다. 즉 '적법한 공공의 필요성'이 있을 때에는 제한이 가능하다는 의미를 두고 있다는 점이다. 이 선언 제17조는 세계 각국에 영향을 미친바, 우리 현행헌법 제23조 제2항 및 제3항의 규정과 같음을 알 수 있다.

헌법 제23조 제1항은 "모든 국민의 재산권은 보장된다. 그 내용과 한계는 법률로 정한다"고 규정하고 있다. 바이마르헌법 제153조 제1항 "소유권은 헌법에 의하여 보장된다. 그 내용과 한계는 법률로 정한다"는 규정을 모태로 하고 있다. 이는 자유권적 기본권으로서의 재산권을 보장하고 있다. 더불어 사유재산제를 제도적으로 보장하는 이중성을 가지고 있다. 헌법 전문에 있는 '자율과 조화를 바탕으로 자유민주적 기본질서'란 문언과 밀접한 관계를 갖고 있다. 재산권은 개인이 가지는 부와 물질적 조건을 헌법과 법률로 보장한다는 의미이다. 재산권의 대상은 유·무형적 구별이 없다. 토지와 건물, 기계 및 가재도구를 비롯한 유형적인 재산과 각종 채권과 주식 및 증권 등 무형적인 재산이 헌법상 보장되는 재산의 범위에 속한다.[38] 그러나 "기존의 학설과 판례는 독일헌법이론과 실무의 영향 하에서 헌법 제23조 제1항과 제2항을 묶어서 하나로 해석하는 것이 주류라고 할 수 있다.

이렇게 볼 경우 헌법 제23조 제1항이 다른 자유권과는 달리 재산권에 대해서만, 기본권의 형성적 법률유보가 규정되어 있는 특별한 의미를 간과하기 쉽다. 뿐만 아니라 기본권의 보호영역을 설정하는 기본권 형성적 법률유보와 이를 전제로 보호영역을 축소하는 기본권 제한적 법률유보에 있어서 입법자의 입법형성권의 범위가 다르다는 점에서도, 재산권의 개념범위의 문제를 재산권의 제한문제와 섞어 놓는 것은 적절하지 않은 해석이라 할 수 있다. 독일기본법 제14조 제1항의 내용 규정과 제2항의 사회적 구속성을 묶어서 이해하는 것도, 재산권의 사회적 기속성을 일종의 재산권의 규범적 한계로 이해하는 것에서 비롯된 것이라 할 수 있다. 헌법 제23조 제1항의 해석이 재산권의 유형에 따라 세분화될 필요성이 있다"는 견해[39]도 있다.

예전이나 지금이나 재산권 보장의 정당화 근거는 노동에 있다. 인간 누구나 생명과 신체에 대한 천부적인 자유권을 갖는다. 자신의 노동으로 취득한 재산은 생존과 안락의 유지에 있어 필수 불가결한 요소이기에 보호해야 한다는 것이다. 즉 노동으로써 생긴 토지의 소유권은 토지의 공유보다 더 우월하지 않으면 안 된다는 사실은, 곰곰이 생각하기 전에는 얼핏 보아서는 이상하게 보일지 모르지만, 실제로는 그렇게 이상한 사실은 아니다. 왜냐하면, 모든 것에 가치의 차이를 낳게 하는 것은 노동이기 때문이다. "땅은 사람들에게 주셨다"(시편115: 16)고 하듯이, 토지를 인간들의 공유지로 준 것이 명백하다. 따라서 로크는 모든 자연은 공동소유이지만, 개인의 노동이 들어간 생산물은 그 노동을 투여한 사람의 것이 된다고 한다. 통치 권력은 어디까지나 자연 상태로부터 모든 개인의 동의하에 성립되어야 한다고 말한다. 즉 같은 사회계약설의 입장에서 국가에게 절대적인 권력을 주어야 한다는 홉스의 주장과 대비되지만, 국가의 권력은 국민으로부터 나오며, 어디까지나 국민들로부터 위임받은 것에 불과하다는 것이다. 그런데 재산권의 특징은 교환과 매매, 그리고 포기와 양도가 가능하므로, 이러한 사회적인 거래를 통하여 이동되거나 증가된 재산도 당연히 보호되어야 한다. 물론 생명과 신체의 자유, 그리고 노동으로 인한 재산의 소유가 자연법적인 성질을 띠는 것이라면, 이에 방어권도 인정되어야 한다. 그러나 자신이 갖는 처분권을 포기하고 사회계약에 의하여 시민정부에 입법권과 집행권, 그리고 재판권을 양도함으로써 이를 대신하도록 하였다. 이것이 바로 근대적 통치권의 성립 배경이다.40) 우리 헌법상 재산권 보장도 같은 취지에서 볼 수 있다. 그렇다면 세계 각국의 헌법상 재산권 보장의 핵심적 내용이 무엇이냐에 대해 상이할 수 있으나, 독일 연방재판소는 "…, 재산권에 대한 절대적인 개념은 존재하지 않는다. 재산권의 내용과 한계는 입법자가 정한다. 이를 정함에 있어 입법자는 그 시점의 사회적 가치관에 따라야 한다"41)고 판시한 바 있다. 그러나 '자유로이 처분 가능한 재산권의 존재보호', '사회질서의 공동형성에 유의미한 사적 효용의 보호', '자기책임 하에 운용될 수 있는 생활수단의 보호', '법적으로 인정된 개인의 의사력意思力의 보호' 등은 자유민주사회의 요청상 재산권의 보장에서 양보할 수 없는 내용이다.42) 본 조항의 '재산권'은 재산권의 보호범위를 폭넓게 파악하여 '재산 그 자체'43)도 재산권 보장의 보호 대상으로 하고 있다. 또한 사적 유용성 및 그에 대한 원칙적 처분권을 내포하는 재산가치가 있는 구체적 권리44)라고 헌법재판소도 같은 취지로 결정하고 있다.

그리고 헌법 제23조 제2항은 "재산권의 행사는 공공복리에 적합하도록 하여야 한다"고 규정하고 있다. 제헌헌법에서부터 그대로 존속하고 있는 조항이다. 독일 바이마르헌법 제153조 제3항 "소유권은 의무를 포함한다. 소유권의 행사는 동시에 공공의 복리에 적합하여야 한다"는 규정의 영항을 받은 제23조 제2항에 의하여 공공복리 적합의무라는 재산권의 사회적 제약(기속성, 구속성)을 가지고 있다. 여기서 사회적 제약 내지 기속성(구속성)이란 전술한 바와 같이 재산권의 행사는 공공복리에 적합하여야 할 헌법적 한계를 가지는 것을 말한다. 이는 재산권의 사회적 기속성은 사유재산제도에 관한 것이 아니고, 사유재산제도를 전제로 하는 '사유재산권'에 관한 것이다. 사유재산권은 재산권 형성적 법률유보(제23조 제1항 제2문)에 의해서 그 내용과 한계가 정해진다. 이는 재산권의 사회적 기속성을 구체화하여 재산권 행사의 헌법적 한계를 명백하게 위한 것이다.45) 이 조문에서의 '공공복리'는 불확정적인 개념이나, 대체적으로 공공의 이익 또는 사회구성원의 이익으로 해석할 수 있다. 독일 연방재판소도 "토지는 늘릴 수 없기 때문에 그 이용을 자유로운 힘에 맡길 것은 아니며, 개인의 자유의사自由意思, one's own will에 맡겨버리는 것도 적당하지 않은 것이다. 올바른 법과 새로운 사회질서는 토지에 관해서는 다른 재산권에 관한 것보다, 더 강하게 전체의 이익을 관철할 것을 요구하고 있다. 토지는 경제·사회적으로나 다른 재산과 같은 반열에 둬서는 아니 된다"46)며 일반 재화와 달리 사회적 기속성이 엄격하게 요구됨을 판시하고 있다.

이러한 소유권에 있어 소유권의 개념은 사회적 기속성의 강화에서 그 본질적 특질을 발견할 수 있고, 이 조항이 이를 표현하고 있다. 사회성이 강한 토지소유권에 대해서는 사회적 기속성이 강하게 나타날 수밖에 없으며, 이러한 점 때문에 근대 민법에서의 권리남용금지의 원칙이나 상린관계와 같은 사인 간 이해적절의 차원을 넘어 사회·경제 정책적 고려에 의한 제한도 광범위하게 인정되는 것이다. 사회적 정의실현과 계급갈등의 해소를 위해 기존의 토지재산질서에 대한 수정과 토지소유권에 관한 광범위한 규제·간섭을 질서의 기초로 하는 사회국가원리 하에서는, 시민적 법치국가에 있어서의 토지질서는 더 이상 성역으로 남을 수 없게 되었다. 뿐만 아니라 본 규정은 토지소유권에 대한 입법을 함에 있어 공공복리에 적합한 내용으로 법률을 제정하여야 함을 입법기관에 의무지우는 것을 의미하며, 나아가 행정·사법을 구속하는 해석원리로서의 역할도 하고 있다.[47] 반면 이 조문해석에 있어 이러한 견해도 있다. 즉 헌법 제23조 제2항의 규정은 연원적淵源的으로는, 재산권자財産權者에게 자신의 재산권을 행사함에 있어서 지켜야 하는 한계를 표현한 것으로 해석된다. 그런데 제1항에서 이미 "재산권의 내용과 한계는 법률로 정한다"고 규정하고 있으므로, 제2항의 의미에 대해서는 달리 해석할 여지가 있다. 이를 재산권자에 대한 의무이자 입법부 및 사법부에 요구하는 재산권의 형성과 법해석에 관한 지도적 이념으로 해석하고자 한다. 그래서 제2항을 달리 보면, 입법자는 재산권의 행사가 공공복리에 적합하도록 재산권의 내용과 한계를 정하라는 의미이다. 또한 법원은 재산권에 관한 법을 해석할 때 개인의 이익만이 아니라, 공공복리라는 공익적 요소를 고려하여 판단하라는 의미로 파악된다[48]고 한다.

헌법재판소는 전술한 바와 같이 "1919년에 제정된 독일의 바이마르Weimar 헌법 제153조가 '소유권은 헌법에 의해서 보장된다. 그 내용과 한계는 법률로 정한다'. 그리고 '소유권은 의무를 진다. 소유권의 행사는 동시에 공공의 복리에 대한 봉사이어야 한다'"고 규정한 것은, 위와 같은 소유권의 개념 변화를 잘 표현하고 있다. 또한 헌법재판소는 같은 결정문에서 "개인주의·자유주의에 바탕을 둔 자본주의도 초창기의 기대, 즉 모든 사람을 평등한 인격자로 보고 그 자유로운 계약활동과 소유권의 절대성만 보장해주면, 개인적으로나 사회적으로 무궁한 발전을 기약할 수 있다는 이상理想이 노동을 상품으로 팔 수밖에 없는 도시노동자나 소작인에게는 아무런 의미가 없다. 계약자유의 미명 아래 '있는 자', '가진 자'로부터 착취당하여 결국에는 빈부의 격차가 현격해지고, 사회계층 간의 분화와 대립 갈등이 첨예화하는 사태에 이르게 됨에 따라 대폭 수정되기에 이르렀으니, 모든 사람들에게 인간으로서의 생존권을 보장해주기 위하여서는 토지소유권은 이제 더 이상 절대적인 것일 수가 없었다. '공공의 이익' 내지 '공공복리 증진'을 위하여 의무를 부담하거나 제약을 수반하는 것으로 변화되었으며, 토지소유권은 신성불가침의 것이 아니고 실정법상의 여러 의무와 제약을 감내하지 않으면 안 되는 것으로 되었으니 이것이 이른바, 토지공개념土地公槪念이론인 것이다. 그리하여 대부분의 현대 국가에서는 재산권의 내용과 한계를 법률로 정할 수 있도록 하고 있고, 의무를 수반하는 상대적 권리相對的權利로 규정하고 있는 것이다. 재산권의 사회적 제약 내지 사회적 기속성을 강조하는 것은, 재산권의 절대적 보장에서 배태되는 사회적 폐단을 최소화함과 아울러 사유재산제도의 기본이념을 보호하려는 것으로서, 사유재산제도의 유지존속을 위한 사유재산제도의 최소한의 자기희생 내지 양보인 것이다"49)고 하고 있음을 알 수 있다. 이는 바로 헌판재판소가 헌법 제23조 제2항에 대해 토지공개념의 헌법적 근거를 최우선적으로 두고 있음을 천명한 것이다.

4. 공공필요와 정당보상

헌법 제23조 제3항은 "공공필요에 의한 재산권의 수용·사용 또는 제한 및 그에 대한 보상은 법률로써 하되, 정당한 보상을 지급하여야 한다"고 규정하고 있다. 이 조항은 산업화 이전에는 크게 문제가 되지 않았었다는 점이다. 그러나 토지에 비해 과거에는 인구가 적었기 때문에, 공공의 필요에 의한 수용의 문제가 그렇게 중요하게 대두되지 않았다. 예컨대 왕의 사후死後에 필요한 묘지가 개인소유의 땅이면 이를 왕실에서 사용하고는 대토代土로 보상해주는 정도였다. 그러다가 산업혁명 이후에 철도의 부설, 도로와 교량의 건설 등 대규모 토목공사가 행해짐에 따라 수용의 의미가 강하게 부각되었다. 더욱이 국가의 역할이 과거와 같이 소극적인 질서유지작용에 그치지 아니하고 적극적 사회형성작용으로 확대되면서 개인의 재산권, 특히 토지재산권에 대하여 국가가 어느 정도 이를 공공의 목적에 사용할 수 있으며, 이때 개인의 재산권에 대한 보상을 어떻게 할 것인지 쟁점이 되었다.[50] 하여튼 이 청구권은 '공공필요'에 의하여 적법하게 행사된 수용·사용에 대한 제한 등으로 국가권력으로부터 특별한 손실이 가해졌을 때, 국가에 정당한 보상을 청구할 수 있는 청구권적 기본권을 말한다. 이러한 청구권은 특정인이 사회기속성에 따르는 수인의 한계를 초월한 특별한 희생이 가해지면, 평등권에 기초한 공평부담이나 이를 전체부담으로 하여 국가가 보전해주는 기본권이다. 즉 재산권의 예기치 않은 특별한 희생에 대한 법정의 국가보상이지, 사인 간 이익충돌의 형평에 따른 조절이 아니다.[51] 헌법 제23조 제3항은 재산권 제한의 근거조항이며, 그 연원은 바이마르헌법 제153조 제2항[52]에서 찾을 수 있다. 그리고 일본헌법 제12조 및 제13조[53]에서도 보면, '공공복지'란 이름하에 입법 및 국정과정에서 존중과 국민의 남용을 금하고 있다. 그 '공공'의 의미에 대해, 국가권력의 정당성 근거로 공공의 복지를 파악한 경우, 그것을 실질적으로 지지하는 것은 국가의 전문적·기술적 지식의 존재나 조정문제 및 수인囚人의 딜레마prisoner's dilemma 상황을 적절하게 해결할 수 있는 국가의 능력이라고 생각할 수 있다. 국가권력의 정당성은 이러한 실질적 이유의 타당성에 의하여 내재적으로 한계가 있다고 한다. 일본헌법 제12조는 이러한 헌법이 특히 국민에게 부여한 자유 및 권리가 그 보장의 근거로부터 공공의 복지에 반할 수 없다. 또한 이 헌법 제13조 후단은 국가권력이 공공의 복지에 적합한 범위 내에서만 행사되어야 한다고 일반적으로 정한 규정으로 이해할 수 있다54)고 한다. 따라서 공공재의 '공짜 이용free rider'은 절대 있을 수 없으며, 이를 수용함은 인류적 범죄행위이다.

또한 미국 수정헌법 제5조 '공용수용 조항Takings Clause'에서는 "사유재산은 정당한 보상을 하지 않으면 공익의 목적으로 사용할 수 없다nor shall private property be taken for public use, without just compensation"라고 명시하고 있다. 정부가 사유재산을 침해하는 경우에만 적용되므로, 공용수용이 발생하는 경우에는 완전보상을 해야 한다. 미국헌법에서 공용수용이란 용어를 정의하고 있지는 않으나, 정부가 도로, 군사기지 또는 공원을 건설하기 위해서는 공권력의 작용에 의하여 사유재산을 수용할 수 있다는 의미이다. 미국헌법 제정론자制定論者들은 '공용수용' 조항을 실질적인 사유재산의 몰수를 금지하는 것이라고 이해했다. 1870년까지 미국 연방대법원은 지난 100년 동안 수정헌법 제5조의 공용수용에 관한 조항을 적법한 공권력의 작용에 따른 결과로서 침해로 이해하기보다는, 직접적으로 위법한 재산의 사용으로 설명했다.55)

이에 바이마르헌법 제153조나 미국 수정헌법 제5조도 헌법 제23조

제2항과 같이 불확정 개념으로, 그 내용의 구체화는 입법자에게 맡겨지며 사법부나 헌법재판소가 한계를 지우게 된다. 그 판단기준은 적합성의 원칙, 필요성의 원칙, 상당성의 원칙에 의한다. 즉 공공필요에 의한 재산권의 수용은 국민의 재산권을 공권력적·강제적으로 박탈하는 것이므로, 국민의 재산권을 그 의사에 반하여 강제적으로 취득해야 할 공익적 필요성이 있어야 하고, 수용과 그에 대한 보상은 모두 법률에 의거할 것이며, 정당한 보상just compensation을 지급할 것의 요건을 갖추어야 한다는 것이다. 우리 헌법재판소도 같은 취지로 보고 있다.56) 따라서 재산권의 제한을 정당화시키는 공공필요의 요건이 존재하는지의 여부를 판단하는 데 있어서는, 과잉금지의 원칙이 그 기준이 된다. 공공필요에 의한 재산권의 제한은 공익목적을 달성하기 위해 필요한 최소한의 범위 내에서의 공권적인 대체작용의 성질을 가지기 때문에, 국가가 공공재산을 증식시키기 위해서 국민의 재산권을 제한하는 것은 여기에 포함될 수 없다. 국가가 단순한 재산 취득의 목적만으로 재산권을 제한할 수 없는 이유다. 예컨대, 토지수용은 부동산취득이 목적이 아니고 공익사업의 시행을 위해 필요한 조치의 확보가 그 목적이기 때문에, 공용수용한 토지를 장기간 방치하는 것은 허용되지 아니한다. 이때 토지의 원소유자가 재산권을 근거로 환매권을 행사할 수 있는 것은 물론이다.57) 공용수용에 대하여 정당한 보상이 필요한지의 여부를 판단하는 심사기준은 연방대법원 판례로 발전했다. 첫째, Pumpelly v. Green Bay Co 사건에서의 공용수용은 주 정부가 허가한 댐이 범람해 사유재산을 침해한 경우로, "사유지를 정부가 공익을 위해 침해하지 않았다면, 사유재산의 가치가 멸실되거나 영구적으로 훼손되더라도 보상은 불필요하다"고 판시했다. 즉 정부가 부동산을 물리적으로 압류하거나 점유할 경우에만 공용수용 조

항이 적용되었다는 판결이다. 사실상, 1992년 이전까지는 법원도 토지재산의 규제에 대한 판단이 쉽지 않았단 점이다. 둘째, 1922년 Pennyvania Coal v. Mahon 사건은 법적 규제가 보상을 필요로 하는지 여부에 따라서 공용수용은 토지재산의 감소the diminution of value test를 심사기준으로 정했다. 이와 대조되는 심사기준은 '영구적이고 물리적인 점유'의 Loretto v. Teleprompter Manhttan CATV Corp 사건(458 U.S. 419(1982)), '근린방해의 제한조치'의 Hadacheck v. Sebastian 사건(239 U.S. 394(1915)), '완전한 박탈'의 Lucas v South Carolina Coastal Council 사건(505 U.S. 1003, 1028(1992))으로 구별된다. 이러한 영향을 받은 브레넌Brennan 대법관은 무엇이 규제적인 수용에 해당하는지에 대한 판단은 상당한 어려움이 있다면서, 공용수용의 세 가지 요소로서 '규제의 경제적 영향', '규제가 명확한 투자의 방해 정도', '공권력 행사의 성질'을 들고 있다. 셋째, 엡스타인Epstein 교수는 존 로크의 자연권론自然權論에 기초하여 자유주의적 재산권이론을 제시했다. 토지재산의 본질적인 내용인 소유권·사용권·처분권에 대한 공적 규제는 '정당한 보상'이 요구된다는, 그의 견해는 미국 연방대법원의 보수주의적 헌법해석을 지원하기에 이르렀다.58)

더 나아가 앞에서 언급한 토지수용은 법률로써 이를 규율하고 있는 바, '공익사업을 위한 토지 등의 취득 및 보상에 관한 법률'(약칭, 토지보상법) 제4조에서 "이 법에서 말하는 '공익사업'이란 국방·군사에 관한 사업, 철도·도로·공항·항만·송유·전기통신·방송·기상관측 등 공익을 목적으로 시행되는 사업, 국가나 지방자치단체가 설치하는 청사·연구소·화장장 등의 공공시설에 관한 사업, 국가나 지방자치단체·정부투자기관·지방공기업 등에서 시행하는 주택건설과 택지조성사업 등을 말한다"고 규정하고 있다. 그리고 '환매권'에 대해 동법 제91

조에서 "토지의 취득일로부터 10년 이내에 해당 사업이 폐지, 변경된 경우 토지소유자를 비롯한 환매권자는 해당 토지를 보상금에 상당한 금액을 지급하고 환매할 수 있다"고 규정하고 있다. 이러한 공용수용은 재산권의 귀속 주체를 변경하는 재산권 박탈, 공용사용은 귀속 주체의 변경이 없는 재산권 객체의 일시적 박탈, 공용제한은 재산권 객체에 대한 일반적 박탈행위다. 법률 자체로 행하는 입법공용수용, 법률에 근거하여 구체적 행정작용으로 행하는 행정공용수용이 있고, 수용의 주체를 한정하지 않으므로 국가는 물론 민간도 가능하다는 점이다.59) 헌법에 규정된 재산권 제한의 유형 내지 형태에 있어, 특수한 형태(헌법 제122조 및 제126조)와 달리 헌법 제23조 제3항은 일반적인 형태로써 '수용은 공용수용 또는 공용징수', '사용은 공용사용', '제한은 공용제한'이라는 견해60)도 있다.

공공필요의 요건 중 공익성은 추상적인 공익 일반 또는 국가의 이익 이상의 중대한 공익을 요함으로, 헌법 제37조 제2항 일반적 법률유보의 비례성원칙에 따르는 기본권 일반의 제한사유인 '공공복리'보다 좁게 보는 것이 타당하고, 공익성 정도의 판단에는 사인의 재산권 침해를 정당화할 정도로 공익의 우월성이 인정되어야 한다.61) 또한 헌법재판소는 "택지개발계획의 승인·고시가 있은 경우에는 '공익사업을 위한 토지 등의 취득 및 보상에 관한 법률'에 따른 사업인정 및 사업인정 고시가 있었던 것으로 보는 결과, 승인처분의 효과로 재산권에 제한이 가해진다고 할 수 있으나, 이러한 제한이 헌법 제23조 제3항이 정한 공공필요의 범위를 넘어선 것에 해당된다고 보기 어렵고, 공공필요의 범위를 제한적으로 정한 것이라고 할 수도 없다"고 한다.62)

그런데 이 '공공필요'의 유무는 공익과 사익의 비교형량을 통해 결정되어야 하고, 공용필요를 위한 재산권의 제한규정인 헌법 제23조 제3항과 기본권 제한을 위한 법률유보조항인 제37조 제2항 간에는 다음과 같은 문제가 제기된다. 첫째, 제23조 제3항의 공공필요와 제37조 제2항의 공공복리는 어떠한 관계에 있는가 하는 문제이다. 공공필요는 갖가지 국가적 목적을 실현하기 위한 정책적 고려는 물론 사회정의를 위하여 필요한 경우까지 포함하는 개념인 데 대하여, 공공복리는 국민공동의 이익을 의미하는 것으로 전자가 후자보다 넓은 개념이라 할 수 있다. 둘째, 재산권을 제한함에는 헌법 제23조 제3항만이 적용되는가, 아니면 제37조 제2항과 제23조 제3항이 별도로 적용될 수 있는가가 문제된다. 이는 제23조 제3항만이 아니라, 제37조 제2항에 규정된 기본권 제한의 목적·기본권제한 입법의 한계 등도 존중되어야 한다고 볼 수 있다.

따라서 헌법 제23조 제3항이 독일기본법 제14조 제3항 제2문 "공공수용은 법률로써 또는 법률에 근거하여서만 행해지며, 법률은 보상과 방법과 정도를 정한다"는 이 규정과 이른바 결부조항結付條項, Junktim Klausel(不可分條項, Junktimklausel)인가가 문제이다. 이는 학자에 따라 '결합조항結合條項' 또는 '부대조항附帶條項'이라고도 하는바, 헌법이 입법위임을 하면서 동시에 그 법률이 일정한 요건을 충족해야 한다거나 일정한 내용을 규정해야 한다는 조항을 일컫는데, 여기서는 동일한 법률 중에서 재산권의 제한과 보상의 방법 및 기준을 하나로 묶어서, 즉 결부시켜서 규정하여야 한다는 조항을 말한다. 우리 헌법 제23조 제3항도 결부조항에 해당하는 것으로 본다면, 그것은 보상에 관한 규정을 공용수용 등을 규정하는 법률의 효력요건으로 한다는 의미를 가지게 된다. 결부조항으로서의 헌법 제23조 제3항은 첫째, 제23조 제1항 제1문이 보장하는 재산권에 대한 침해는 법치국가적 절차와 헌법적

합성 보상을 전제로 하는 것이라야 한다는 뜻이다. 둘째, 입법자에게 재산권을 제한하는 법률을 제정함에 있어 당해법률이 규정하는 재산권제한이 보상을 요하는 것인지 판단하고, 보상을 요하는 것으로 판단하면 어떠한 종류의, 그리고 어느 정도의 보상이어야 할 것인가를 미리 판단하도록 요구하고 있다는 것을 뜻한다. 요컨대, 결부조항으로서의 헌법 제23조 제3항은 졸속한 재산권 침해행위의 저지조항沮止條項으로서 개인의 재산권을 보장하기 위한 헌법적 배려라고 할 수 있다.63) 재산권 제한의 정당성은 반드시 '정당한 보상'이다. 그 보상의 기준은 재산가치의 상계相計, a setoff 정신에 따르느냐, 아니면 손해배상의 정신에 따르느냐에 따라 내용이 달라질 수 있다. 또 같은 가치상계 정신에 따른다고 해도 상당보상(제1~2공화국헌법 제15조 제2항), 정당보상(제3공화국헌법 제20조 제3항과 현행헌법), 입법보상(제4공화국헌법 제20조 제3항),64) 이익형량보상(제5공화국헌법 제22조 제3항)에 따라 달라진다는 견해65)가 있다. 정당한 보상에 대해, 그 정당한 보상이란 "원칙적으로 피수용 재산의 객관적인 재산 가치를 완전하게 보상하는 것이어야 한다는 완전보상을 말한다"66)는 헌법재판소의 결정은 줄곧 변함없는 기조 위에 서 있다. 그러나 이러한 손실보상에 대해 이는 원칙적으로 피수용 재산의 객관적 가치의 완전보상을 의미하지만, 사회국가적 이익형량 보상으로 완전보상을 하회下廻하는 등으로 입법재량에 위임보상이 있다.67)

독일에서는 '결부조항'의 요구에 반하는 재산권의 제한 법률은 위헌이기 때문에, 마땅히 규범통제에 의해서 무효화되어야 한다고 한다.68) 독일기본법 제14조 제3항에서는 공용수용과 그에 대한 보상을 규정하고 있어, 양자의 관계를 해석함에 있어 제2항의 사회적 제약과 제3항의 공용수용을 재산권 제한 정도의 차이로 보는지, 아니면 완전히 서로 독립된 제도로 보는지에 따라 경계이론과 분리이론으로 구별되기도 한다. 이 이론은 재산권의 제한이 보상 불요^{不要}의 사회적 제약인지, 아니면 보상을 요하는 특별한 희생(공용침해)인지의 여부와 관련하여 독일에서 성립된 이론69)을 말한다. 즉 이 이론의 배경에는 헌법 제23조 제3항과 독일기본법 제14조 제3항에 대해 우리나라는 수용·사용·제한에 대해 규정하고 있지만, 독일은 '수용'만 규정되어 있다. 이에 의하여 독일은 수용유사침해법리70)가 자연스레 나오게 되고, 이에 대해 두 국가의 법체계가 유사하나 차이가 있어 이 이론을 받아들임에 견해가 양분되어 있다는 점이다.

수용이론(경계이론)은 공용침해의 범위를 확대한다. 공용침해의 범위가 헌법 제23조 제3항의 요건 하에서 이루어지는 '협의의 공용침해'에 한정되지 아니하고, 재산권^{財産權, property right}의 내용 규정이 수용적 효과를 초래하는 경우에도 공용침해를 인정하여 법률효과(보상)에 관해서는 제3항을 적용하게 된다. 재산권제한의 효과가 일정한 강도를 넘음으로써 자동적으로 공용침해로 전환되기 때문에, 개인의 입장에서는 재산권을 침해하는 위헌적인 법률에 대하여 대항해야만 하는 것은 아니고, 위헌적인 법률을 수인하고 대신 사후적으로 보상을 요구할 수 있다.71) 대법원도 개발제한구역 지정에 관한 도시계획법 제21조의 위헌여부사건에서 "도시계획법 제21조의 규정에 의하여 개발제한구역 안에 있는 토지의 소유자는 재산상의 권리 행사에 많은 제한을 받게 되고, 그 한도 내에서 일반 토지소유자에 비하여 불이익을 받게 됨은 명백하지만, '도시의 무질서한 확산을 방지하고 도시 주변의 자연환경을 보전하여 도시민의 건전한 생활환경을 확보하기 위하여 또는 국방부장관의 요청이 있어 보안상 도시의 개발을 제한할 필요가 있다고 인정되는 때'(도시계획법 제21조 제1항)에 한하여 가하여지는 그와 같은 제한으로 인한 토지소유자의 불이익은 공공의 복리를 위하여 감수하지 아니하면 안 될 정도의 것이라고 인정되므로, 그에 대하여 손실보상의 규정을 두지 아니하였다 하여 도시계획법 제21조의 규정을 헌법 제23조 제3항, 제11조 제1항 및 제37조 제2항에 위배되는 것으로 볼 수 없다"[72]고 공공복리를 위한 합리적 제한은 보상규정이 없어도 위헌이 아니라고 판시하고 있다. 즉 재산권의 사회기속성과 국가의 재산형성적 법률유보를 지나치게 확대 적용함으로써 재산권이 갖는 사회기속성의 한계를 너무 넓게 잡는 것은, 결과적으로 재산권의 무無보상침해를 허용하는 것이기 때문에 그 자체가 재산권의 본질적 내용의 침해가 된다고 할 것이다. 재산권의 사회기속성의 한계를 바르게 설정하는 일이 중요하다고 평가되는 이유도 그 때문이다. 따라서 국가가 토지의 공기능을 강화하기 위한 토지정책(소위 토지공개념정책)을 추진하는 데 있어서도 재산권의 본질적 내용은 반드시 존중해야 한다.

다음으로 분리이론에서의 내용 규정은 재산권의 내용을 확정하는 일반·추상적인 규정이고, 수용은 국가의 재화 조달의 목적으로 개별적·구체적으로 재산권의 지위를 박탈하는 것이다. 그 결과 공용침해의 범위가 헌법 제23조 제3항의 요건 하에서 이루어지는 '협의의 공용침해'에 한정되고, 협의의 수용을 가능하게 하는 법률만의 수용 법률로 이해한다. 재산권의 내용 규정이 경우에 따라 기득재산권에 대한 과도한 침해를 가져온다면 이로 인해 '내용 규정'이 공용침해로 전환되는 것이 아니라, 내용 규정은 단지 내용 규정일 뿐이다. 내용 규정이 수용적 효과를 초래하는 경우에 과도한 재산권침해를 조정하는 보상규정을 두지 않았다면, 재산권과 공익의 법익교량 과정에서 지나치게 공익에 비중을 둬 재산권자財産權者, The property에게 일반적인 희생을 강요하는 것이므로 비례의 원칙에 위반되어 단지 위헌적인 내용 규정이다.[73] 이러한 내용 규정이 비례의 원칙, 평등원칙, 신뢰보호의 원칙 등에 위반되는 경우에 그것은 수용으로 전환되는 것은 아니지만, 그 위헌성은 보상규정을 통하여 제거되어야 한다. 이러한 내용 규정은 '보상을 요하는 내용 규정'이 된다. 따라서 헌법 제23조 제1항 및 제2항의 내용 규정에 있어서의 보상은, 재산권의 내용을 합헌적으로 규율하기 위한 조건이자 구성요소가 되는 것이다.[74]

수용이론이 아니라, 분리이론이 헌법상 재산권 보장의 규정형식이나 그 정신에 보다 부합한다. 헌법은 제23조 제1항과 제2항에 재산권의 내용 규정을, 제3항에 공용침해를 각각 규정함으로써 재산권 제한의 2가지 형태를 별개의 독립된 법제도로 파악하고, 재산권의 제한의 합헌성과 관련하여 서로 다른 헌법적 요청을 하고 있다. 즉 재산권의 내용 규정은 다른 자유권을 제한하는 법률의 위헌심사와 마찬가지로 제반원칙 등을 준수해야 하지만, 공용침해는 제23조 제3항이 스스로 정하는 요건 하에서만 허용된다.[75] 재산권 보장의 헌법적 기능은 단순히 재산적 가치를 보장해주는 데 그치는 것이 아니라, 기본권의 주체가 재산권을 자유 실현의 물질적 기초로서 행사하게끔 기본권 주체의 수중에 있는 구체적인 재산권의 존속을 보장하려는 데 있다. 그런데 수용이론은 재산권 제한의 강도에 따라 재산권 보장의 내용이 존속보장에서 가치보장으로 전환되는 것으로 파악함으로써, 재산권의 제한을 수인(受忍)한 후 보상받을 수 있다면 재산권은 그 기능을 다하는 것으로 이해하고 있다. 가치보장의 사고에 기초하고 있는 이러한 이해는 헌법상 재산권 보장의 정신과 합치하지 않는다는 것이다.[76]

헌법재판소는 도시계획법 제21조의 위헌소원에 대한 결정(헌재 1998.12.24, 89헌마214 등)[77]에서 도시계획법 제23조에 의한 개발제한구역의 지정과 같은 계획 제한이, 그 유형에 있어서 헌법 제23조 제3항이 규정하는 의미의 공용침해와는 전혀 별개의 제도인 헌법 제23조 제1항(재산권 보장 규정) 및 제2항(재산권의 사회적 제약)의 재산권 내용 규정에 속하는 것으로 결정하였다.[78] 이제 사장死藏된 법률에 지나지 않기 때문에, 토지공개념에 대한 헌법불합치 및 위헌 결정에 대해서는 평석을 않으려 했으나[79] 이 결정에 대해서만은 짚고 넘어가고자 한다. 주지하는 바와 같이 개발제한구역 문제, 특히 그에 대한 손실보상과 관련하여 끊임없는 논란이었으나, 과거 재산권 행사의 공공복리 적합의무의 대원칙 하에서 개발제한구역 지정행위를 보상 없이 수인해야 하는 합헌적 행위로 간주하고 따라서 보상규정이 없는 구 도시계획법 제21조를 합헌시해 왔으며, 대법원[80]도 대체적으로 같은 입장이었다. 한편 헌법재판소는 그동안 이와 관련된 사건들을 형식적 이유로 각하[81]시킴으로써, 본안판단을 유보해 오다가 이 사건에서 헌법불합치결정을 내린 것에 대해서는 의의가 있겠다.[82] 그러나 모든 국민이 건강하고 쾌적한 환경에서 생활할 수 있는 헌법 제35조의 환경권에서 볼 때, 인간의 존엄과 가치·행복추구권 실현의 기본권으로서 사유재산인 토지소유권을 행사하는 경제적 자유보다 우선하는 지위에 있다고 볼 때는 비판을 면할 수 없다. 그리고 본 결정이 첫째, 보상이 필요 없는 사회적 기속과 보상을 요하는 공용제한과의 구별기준에 대한 논의가 미흡하고, 둘째, 구역지정 후 토지를 종래의 목적으로 사용할 수 있는 원칙적인 경우에도 사안에 따라서는 수인의 기대 가능성이 없는 특별희생을 야기할 수 있어 보상을 요하게 된다는 가능성을 일률적으로 부정하고 있으며, 셋째, 보상규정이 없는 구 도시계획법 제21조가 헌법 제37조 제2항의 비례의 원칙에 위반된다고 하는 논리는 헌법 제23조 재산권 규정의 구조와 법리 및 불가분조항의 원칙과 비례의 원칙 등의 내용에 부합되지 아니하며, 넷째, 구역지정행위제도 자체는 토지재산권의 사회적 기속성을 구체화한 것으로서 합헌적 규정이므로 단순 위헌이 아닌 헌법불합치결정을 내린다는 논리는, 지정행위가 사회적 기속뿐 아니라 공용제한에 해당할 수도 있으므로 당연히 불가분조항의 원칙에 따라 보상규정이 있어야 하는데도 없으므로 구역지정행위 자체와 구 도시계획법 제21조가 이미 위헌이라는 점에 비추어봤을 때 설득력이 없고, 다섯째, 입법촉구를 하면서 실지조사 등 많은 준비기간이 필요하다는 등의 이유로 입법자에게 보상법률 제정에 대한 기한을 부과하지 않았다는 점이다. 다음으로는 재산적 '손실'이 아닌 '손해'라는 용어를 사용함으로써 적법한 재산권 침해에 대한 전보로서의 손실과 불법(위법과 고의 또는 과실)한 침해에 대한 전보로서의 손해와의 구별을 모호하게 하는 등에서 문제점이 있다[83]고 볼 수 있다.

이리하여 "도시계획법 제21조는 국가안전보장과 도시의 자연환경·생활환경의 관리·보전에 유해한 결과를 수반하는 환경오염을 미리 예방하기 위한 필요한 규제입법으로 헌법상 정당성을 갖추고 있다. 이 규제입법으로 말미암아 나대지의 이용이 제한되고 사정변경으로 인하여 토지를 사용하는 데 지장이 생겼다고 할지라도, 입법목적에 어긋나지 않는 범위 안에서 이를 이용할 수 있는 방법이 있다. 또한 소유권자의 처분을 제한하는 것도 아니므로, 이러한 규제는 성질상 재산권에 내재된 사회적 제약에 불과하다고 보는 것이 상당하다. 제한구역내의 다른 토지와 비교해도 나대지와 사정변경으로 인한 토지의 특성상 재산권의 박탈로 볼 수 있는 정도의 제한을 가한 합리성이 없는 차별취급으로 인정되지 아니하므로, 평등원칙을 위반한 것도 아니다"[84]고 할 것이다. 그리고 헌법재판소가 보상의 필요성 문제,

즉 보상을 요하지 않는 사회적 제약과 보상을 요하는 특별한 희생의 경계 설정과 관련하여 문헌상의 형식적 기준설과 실질적 기준설을 직접적으로 판단하지 아니하고, 신뢰보호의 관점에서 접근했다는 견해[85]도 있다.

손실보상의 기준·방식 등은 헌법 제37조 제2항에 따른 과잉금지 및 필요성원칙에 부합하도록, 기준시가 보상 등 실현 가능한 합리적이고 적정한 보상기준의 설정·절차 등이 손실보상 관련법에 등에 규정되어야 한다.[86] 수용된 토지에 대한 보상액 산정 시 표준지와 공시지가를 기준으로 수용된 토지에 대한 보상액을 산정하는 것은 정당하고, 사업인정고시 전의 시점을 공시기준일로 하는 공시지가를 손실보상액 산정의 기준이 되는 공시지가로 규정한 것은 개발이익이 배제된 손실보상액을 산정하는 적정한 수단으로서, 헌법상 정당보상원칙에 위배되지 않는다.[87] 헌법재판소도 "토지수용으로 인한 손실보상액 산정을 개별공시가 아닌 표준지 공시지가 기준으로 함은, 개발이익이 배제된 수용당시 피수용 재산의 객관적 재산 가치를 가장 정당하게 보상하기 위한 것이다"[88]고 궤를 같이 하고 있다. 이에 앞으로 세금징수 등에 있어 현행 공시지가가 아닌 현실적 거래(실거래가)를 기준으로 한다면, 이때 이러한 보상금 산정에 있어 증액으로 인한 적정선 문제가 발생할 수 있기 때문에 지혜가 모아져야 하겠다.

끝으로 재산권 조항 상호간에 있어 헌법 제23조 제1항에 의하여 재산권의 내용결정 시에도 독일에서의 '조정調整을 의무로 하는 내용규정 및 한계규정'[89]이라고 하는, 피수용자의 희생의 최소화에 기여할 부담완화 규정을 두어야 할 것이다. 본조의 제1항과 제3항의 관계는 모호하게 비칠 수 있으나, 제3항의 수용·사용·제한은 입법자의 의도에 의한 것이고, 공공필요성이 구체적이며 직접적인 부분에서

제1항의 내용 결정과 구별된다. 공익의 실현을 위하여 사익을 제한하거나 또는 사익을 지키기 위하여 공익을 모르는 척 할 수도 없다. 공·사익 간 쌍방이 이해하고, 인내할 수 있게 처리하는 게 현명한 정부의 몫이다. 이렇게 하자면 진보와 보수라는 이념을 달리하는 정당의 존재가 필수적이고, 그들의 정책은 선거를 통하여 국민의 심판을 받은 끝에 집권하고, 계속적인 여론을 통하여 국민의 뜻을 헤아리는 정책을 펴야 할 것이다. 또한 헌법 제23조 제2항의 재산권 행사의 공공복리 적합의무는 재산권자만이 아닌 입법자와 법원에도 입법이나 사법에 적용되는 지도원리로, 뿐만 아니라 헌법 제23조 제3항의 수용·사용·제한은 사전에 그 요건과 보상에 관한 명확한 규정[90]을 두는 게 필요하다. 그럼에도 불구하고 현실적으로 이러한 공용수용이 '공익'이나 '공공'이란 이름으로 약탈에 가까운 행위가 자행되고 있어 문제를 더한다. 개발이익이 공유되어야 하나, 도적떼들 배만 채우는 꼴이 되는 경우가 허다하다는 점이다. 바로 한국토지주택공사 임직원 투기와 이른바 성남 대장동 개발(화천대유) 사건에서 드러나 국민들의 공분을 샀다.[91] 기득권층인 정치·법조·지방자치단체 간 부패 카르텔로, 이는 법을 악용한 탈취에 가깝다. 앞으로 주택촉진법 및 시행령 등을 재정비하고, 방만한 한국토지주택공사는 해체하여 새로운 조직으로 태어나야 한다.

제11장 토지공개념에 대한 헌법상 인정 여부

1. 사익을 앞세운 토지편중

인간의 탐욕은 끝없다. 땅은 인간이 아닌 하나님이 창조한 물건인 재산임을 망각하고 있다. 땅은 애초에 개인이 소유할 수 없었다. 그럼에도 불구하고 생활공간이나 생산을 위한 공간으로써의 최소한의 소유도 모자라, 인간의 탐욕 등으로 이를 더 차지하려고 이 시점까지도 이전투구의 양상이다. 어쩌면, 인류의 역사가 이를 빼앗고 빼앗는 전쟁이었다고 해도 과언이 아니다. 이러함은 인류 역사에서 당연시되어 온 면도 있다. 그러나 토지에 대한 투기는 이 사회의 안녕과 인간의 행복, 그리고 복지사회 건설과 정의사회 실현에 걸림돌이 되고 있음은 주지의 사실이다. 토지는 인간의 삶의 터전이자 재산의 기본이다. 토지가 하나님의 의도를 벗어나 재산권으로서의 위치를 굳힌, 즉 사유화가 된 이후로 소유에서부터 활용하는 데까지 문제가 발생하고 있다. 다시 말해 생존을 위한 터전이나 생산물의 도구로써가 아니라, 불로소득의 원천으로 변했다는 점에서 심각한 문제로 대두되기 때문이다. 토지투기로 인한 상승한 땅값은 집값을 부추긴다. 우리 사회는 토지소유 편중도가 생존을 위협할 정도로 매우 심각한 수준이다. 눈만 뜨면 집값과 땅값이 올라 서민과 덜 가진 자의 애간장을 태운다. 대중을 희생시키면서 사익私益을 좇는 이익집단이 창궐하기 때문이다. 이러함은 부유한 국가들이 로마제국처럼 언젠가는 쇠락하거나 멸망을 길을 걸을 수 있다는데도 말이다. 전술한 바와 같이, 토지에 대한 특성과 소유권에 대한 특수성, 성경적 태도와 심지어 중세 교부들의 토지사상과 21세기 경제학자의 토지 정의관까지, 그리고 토지소유권에 대한 공공성과 경제정의, 역대 정부의 부동산 대책, 토지로 인한 불평등92) 해소, 더 나아가 우리 헌법이 지향하는 올바른 재산권 향유 등을 논하였다. 토지에 관한 사상과 제도, 헌법을 비롯한 제반법률까지 미흡하지 않다는 점이다. 그런데 왜 그럴까. 인류의 영원한 숙제로 남을 것인가에 대해 그건 아닌바, 이제라도 토지공개념으로의 급속한 전향이 필요하다.

국토교통부 자료에 의하면, 우리나라는 2002년 말을 기준으로 '주택 수를 가구 수로 나눈 값'인 주택보급률은 100%를 넘어섰다. 또한 국책연구기관의 발표에 의하면 2019년 상반기 현재 2020년 준공 후 미분양 물량은 3만51채에 이를 것이며, 현재 준공 후 미분양 물량은 1만8,858채인데 2년간 약 1만2,000채가 늘어난다는 것이다. 2015년부터 주택공급이 수요를 웃돌며 미분양 물량이 빠르게 늘어났다고 분석했다. 2015년 정부가 인·허가를 내준 주택공급물량은 76만5,328채로 기초주택수요보다 약 35만8,000채 많았다. 기초주택수요는 인구증가

등으로 늘어나는 가구 수와 건축한 지 오래돼 사라지는 주택 수를 더한 수치다. 2016년에는 주택공급물량이 기초주택수요보다 32만 2,164채, 2017년에는 29만6,795채, 2018년에는 20만5,916채나 많았다는 것이다.[93] 남아도는 아파트가 많아도 주택난에 허덕이고 있다. 주택보급률이 높으면 가격상승요인이 적은데도 기현상을 낳고 있다.[94] 2019년 현재 공식적인 주택보급률을 104.8%로 집계하나, 실상은 서울이 108.6%, 전국적으로 120%를 초과했다는 보고서도 있다. 실제 거주가 가능한 주택보급률이 높아도 자가보유율이 낮은 이유는 양질의 주택 선호와 시장에 공급되는 주택을 독점, 즉 1인 가구 또는 1인이 여러 채를 보유하는 등의 탓이다.

한편 또 다른 조사에 따르면, 국민 1인당 소유할 수 있는 국토의 면적이 2,330m²로 이웃 일본보다 3,096m²보다 좁은 상황이다. 전체 인구의 0.1%가 전국 사유지의 23.4%를, 토지소유자의 5%가 사유지의 65.2%를 보유하고 있다. 더구나 개발 가능한 토지를 기준으로, 서울특별시의 경우에는 토지소유자의 5%가 80% 이상을 소유하고 있다. 이로써 토지의 지니계수는 0.75~0.92%를 보이고 있는 실정에 처해 있다. 이러한 토지편중현상은 토지의 합리적인 이용을 저해하고 있다. 지가상승이나 이를 이용한 개발이익에 의한 재산증식만을 목적이기 때문에 생산적인 목적에 활용하자는 많은 주장이 대두되고 있어, 이에 대한 해결방안으로 등장한 게 토지공개념土地公槪念이다.[95] 온갖 부동산 대책이 효과를 보지 못함에, 이 길밖에 없다. 따라서 인간의 끝없는 탐욕에 의한 가진 자만의 강탈행위인 '공유지의 약탈 Plunder of the Commons'에서 벗어날 수 있는 길이기도 하다.

2. 토지질서와 새로운 토지공개념

사실컨대, 토지공개념Land disclosure concept은 토지질서의 확립을 위한 하나의 토지철학 내지 토지사상으로 이해되어야 할 것이며, 그러한 방향으로 발전해야 하는 게 바람직하다. 그러나 이러한 철학 내지 사상으로 정립되지 못한 채, 토지재산권에 대한 규제의 정당성 도출을 위한 도구 개념으로만 사용되었다. 또한 이 개념이 재산권에 대한 전통적인 기존의 사법상의 제한원리 및 공법상의 규제원리와의 관계를 정립하지 못한 채 활용되어 왔다. 그러했기 때문에 이 개념에 대한 강렬한 비판이 있었다. 그 비판은 40여 년이 지난 지금은 많이 완화되었으나, 미미하나마 아직도 반론이 따른다. 이 개념이 토지에 대한 이념 내지 철학으로 정착하기 위해서는 어느 범주의 토지철학土地哲學에 속하는지를 분명히 밝히고, 또한 전통적인 기존의 재산권 제한원리와의 관계를 정립해야 한다. 그러하기에 이 개념은 자유주의적 토지철학도 사회주의적 토지철학도 아닌 개량주의적 토지철학에 속하며, 본질적으로는 전통적인 재산권제한원리인 사권의 사회성·공공성 및 재산권의 사회적 기속성이 토지재산권土地財産權, right of land property rights에서는 좀 더 강화될 수 있다는 제한원리로 이해되고 정립되어야 한다. 이를 이해하면 무조건 반대만 하거나 사회주의 발상이라는 측에게의 이해가 더욱더 도모될 것이다. 따라서 이른바 좌우를 뛰어넘는, 그리고 토지공개념이 어떠한 범주의 토지사상에 속하는가, 선행되어야 하는가에 관해서는 전술하였다.

이 사상에 있어 크게 세 가지로 분류해 볼 수 있다. 첫째 자유주의적 토지사상이다. 이는 자본주의적 토지사상이다. 토지가 생산수단임에도 불구하고 하나의 상품으로서 사유재산제를 제도적으로 보장하고 토지의 자유거래를 허용하며, 토지의 양적·질적인 소유의 제한을 두지 않는 토지사상이다. 이 사상은 정치적으로는 자유방임주의, 경제적으로는 자유시장 경제원리와 그 궤를 같이하는 사상으로서 자본주의경제질서 하에서의 토지에 대한 근본적인 철학이다.96)

그렇다면 보자. 자유주의적自由主義的 토지사상은 개인주의와 결합하여 생산수단의 사적 수단을 인정하는 사유재산제를 인정하여 토지에 대한 자유로운 사소유권을 허용하였다는 점이다. 그리고 토지도 하나의 상품에 불과하므로, 토지소유권土地所有權, land ownership은 상품으로서 공공필요에 의한 제한 이외에는 양적·질적 제한이 없었고, 근대 민법전은 자유주의적 소유권에 입각하여 토지소유권을 토지에 대한 사용·수익·처분권을 전면적으로 지배하는 절대적이고 완전한 권리로 규정하였다. 이는 근대 민법상의 근대적 토지소유권의 바탕이 된 사상이었으며, 이에 기초한 근대 산업자본주의는 생산력의 비약적인 증대와 부의 경이적인 증대를 가져왔다.97)

두 번째로 사회주의적社會主義的 토지사상으로서, 이는 토지는 생산수단으로서 일반상품일 수 없으며, 국가의 소유 하에 국가가 관리하고 개인은 다만 토지에 대한 이용권 내지 사용권만 있을 뿐이다. 이 사상은 사소유제私所有制, private ownership system가 가져온 사회적 부작용, 예컨대 빈부차별, 인간소외, 투기 등의 사회문제를 시정하고 사회주의 내지 공산주의 사상98)을 실현하기 위해서 생산수단인 토지의 사유를 전면적으로 그것도 일시에 혁명적인 방법으로 없애자는 사상을 일컫는다. 그러므로 사회주의는 사유재산제에 의한 인간소외의 적극적인 지양인 것이며, 그것은 사유재산제와 연결된 모든 사회의 불평등 문제를 해결하자는 것이다. 물론 사회주의 토지사상이라도 토지소유권 그 자체를 완전히 없애버리자는 토지사상은 아니며, 토지에 대한 사적인 소유권을 부인하고 국가소유권을 실현하고자 하는 것이다. 셋째로는 개량주의적改良主義的 토지사상으로서, 사유재산제가 갖고 있는 사회적 모순을 사회주의에서와 같은 혁명적 방법에 의해서 일시에 제거하고 자 하는 것이 아니라, 점진적 방법에 의해서 시정하여 토지에 관한 정의로운 사회건설을 도모하자는 토지사상이다.

첫째와 둘째 사상은 모두 토지가 갖는 다면적多面的 성질을 간과하고 서 어느 한 면만을 중요시한 단점과 사유재산제가 갖는 장점도 있지 만, 단점에 대한 고려와 그것의 시정을 사유재산제의 전면적 부정에 의해서 해결하고자 한 문제점을 갖고 있었다. 반면 세 번째 개량주의 적 토지사상은 자유주의적 토지사상을 바탕으로 하면서 사유재산제 가 갖는 문제점을 국가의 조정과 규제를 통해서 시정하여, 토지자원 분배의 형평성과 토지이용의 효율성 및 토지거래의 정상화를 점진적 으로 이룩하여 이상적인 토지질서를 이룩하고자 하는 사상이다. 이 사상은 토지는 단순한 상품만도 아니고 단순한 자원만도 아닌, 그 모두의 성질을 함께 갖고 있는 재화이다. 따라서 상품으로서는 사적 재화이지만, 자원으로서는 공적 재화로서 사적 소유의 대상이면서 동시에 공적 규제를 받아야 하는 성질을 함께 갖고 있다. 그리고 토지 는 상품이기 때문에 토지에 대한 사유재산제는 보장된다. 그러나 토 지는 그 가치의 형성이 토지소유자만의 노력이 아닌 공공의 투자, 사회발전 등에 의해서도 증가하므로 그로 인한 토지 증가분은 토지소 유자의 것이 아니라, 사회 전체의 것으로서 그 증가부분은 사회로 환수되어야 하는 것으로 본다. 이는 인간으로서, 이 사회의 전체이익 을 위해서는 당연한 이치이며 공공의 이익에도 부합하는 길이다.

이로써 세 가지 토지사상과 비교하여 볼 때, 토지공개념은 개량주 의적 토지사상의 범주에 속한다고 하겠다. 즉 이는 개량주의적 토지사상의 한국적 표현이라고 할 수 있다. 따라서 토지공개념은 결코 사유재산제를 부정하는 것도 아닐뿐더러, 사회주의에 몰입하자는 것도 아니다. 사유재산제를 보호하면서 그것으로부터 발생하는 토지문제를 국가의 조정과 규제를 통하여 점진적으로 개선해 나가고자 하는 토지사상이다.[99] 이에 공공성이 문제된다. 앞에서 구구절절하게 논한 바와 같이, 이렇게도 중요한 '공공성'이란 어원은 독일어에서 출발했음을 알 수 있다. 토지의 공공성을 그러한 어원에서 확장시키면 '공동의' 내지 '공의'가 내포되어 있다고 볼 수 있다. 사적인 배타적 소유가 아닌, 인류 공동체가 공동으로 이용하고 소유할 수 있다는 점이다. 토지의 공공성은 어느새 만 40여 년간이나 '토지공개념'이란 용어로 대체되어 사용되고 있다. 그러나 대체된 용어, 이 또한 개념 해석에 있어서는 다소 혼란스럽게 해석되고 있는 현실이다. 따라서 '토지의 공공성'에 대해서는 '토지공개념'이란 용어를 병용해도 크게 무리는 없다.

3. 토지공개념의 탄생과 헌법재판소의 시각

헌법 제23조의 재산권 규정은 사유재산제의 틀 안에서 재산권의 천부적인 권리로서 인정하더라도, 인간의 자유에 대한 제한이 기능하듯이 사회 내에서 살아가는 구체적인 인간의 재산권에 대한 제한은 그 폭이 넓다. 특히 토지재산권에 대한 무보상의 사회적 기속의 한계 Grenzen einer entshadigungslos Sozialbindung가 그것이다. 토지공개념화에 관련하여, 입법자는 재산의 범위를 한정지울 수 있다. 즉 구체적으로는 너무 제한되어서는 안 되는 사적 재산의 범위와 불특정하지만 축소되지 아니하는 공적 재산의 범위를 그 전제로서의 재산의 범주를 제한할 수 있다. 다만 사회적 기속 하의 그 범주 확정에 관련하여, 그 한계를 너무 넓게 잡는다면 재산권의 본질적 내용에 대한 침해가 될 것이다. 따라서 그 한계설정에 관한 입법권자의 입법형성권은 재산권의 기능과 그에 대한 시대적 감각, 헌법이 추구하는 사회정의 실현과 사회국가적 요청 등을 고려하여 그 구체적 내용을 정해야 한다. 결국 사유재산제를 기본적인 테두리로 하면서 사적 재산과 공적 재산 간의 조정이 가능하도록 국가의 개입을 인정하지만, 생산수단의 원칙적 국유화내지 공유화는 금지되나 법률에 의한 예외는 인정된다(헌법 제126조). 이럴 경우라도, 즉 사유재산제도 아래에서 사기업을 국·공유화한다는 것은 국·공유재산제도의 인정이 아니라, 재산제도의 민영화를 위한 사적 재산제도를 토대로 재산제도의 민주화를 위해서 사적 재산외에 공적 재산을 예외적으로 인정할 뿐이다. 사회국가, 사회적 시장경제질서 하에서의 재산제도는 사유재산제도일 수밖에 없고, 사회주의 국가나 사회주의적 경제질서에서의 재산제도가 국·공유재산제도일 수밖에 없는 이치와 같은 것이며, 사회적 시장경제질서가 자유시장경제를 기반으로 하지만 경제민주화를 위해서 국가적 개입과 규제만 인정되는 것이지, 계획경제나 통제경제를 용인하는 것이 아닌 것과 같다.100)

따라서 '토지공개념'이란 용어가 탄생한지도 만 40년이 더 지났다. 신형식 건설부장관(현 국토교통부 장관)101)이 1977년 8월 3일, 전국경제인연합회(전경련)에서 "우리나라와 같이 좁은 땅덩어리 안에서 토지의 절대적 사유물이란 존재하기 어려우며, 주택용 토지나 일반농민의 농경지를 제외한 토지에 대해서는 공개념의 도입이 필요하다"102)고 토지공개념을 최초로 언급했다. 이어 그가 이듬해 9월 11

일, 서울대학교 환경대학원과 대한주택공사가 주최한 심포지엄에서 "유한한 국토자원을 전체 국민의 공동번영을 위한 공통기반으로 유효적절하게 사용하여야 한다는 공공복지 우선의 새로운 토지정책의 근본이념이다"고 재차 언급[103]한 이후로 현재까지 강학상은 물론, 현행법상으로 정립이 되었다고 볼 수 있다. 즉 토지의 공공성은 '토지공개념'이란 용어로 굳어진 실정이다. 따라서 용어의 적격성과 실시 여부에 있어 찬반을 살피고자 함에, 토지공개념土地公槪念이란 개념도 정리하고자 한다.

먼저 우리 헌법재판소가 국토이용관리법 제21조의3 제1항, 제31조의2의 위헌심판에서 '토지공개념'이란 개념 정리를 어떻게 하는지에 대하여 보면 "…, 자본주의도 그 자유로운 계약 활동과 소유권의 절대성만 보장해주면 개인적으로나 사회적으로 무궁한 발전을 기약할 수 있다는 이상이 노동을 상품으로 팔 수 없는 도시노동자나 소작농에게는 아무런 의미가 없고, 계약자유의 미명 아래 '있는 자', '가진 자'로부터 착취당하여 결국에는 빈부의 격차가 현격해지고…, 재산권의 사회적 제약 내지 사회적 기속성을 강조하는 것은 재산권의 절대적 보장에서 배태되는 사회적 폐단을 최소화함과 아울러 사유재산제도의 기본이념을 보호하려는 것으로서, 사유재산제도의 유지존속을 위한 최소한의 자기희생 내지 양보인 것이다. 모든 사람들에게 인간으로서의 생존권을 보장해주기 위해서는 토지소유권은 이제 더 이상 절대적일 수가 없었고, 공공의 이익 내지 공공복리의 증진을 위하여 의무를 부담하거나 제약을 수반하는 것으로 변화되었으며, 토지소유권은 신성불가침한 것이 아니고, 실정법상의 여러 의무와 제약을 감내하지 않으면 안 되는 것으로 되었으니 이것이 이른바 '토지공개념이론'으로, 토지재산권이 사회적 기속성의 범주가 넓은 내재적 제약을 받기에, 토지거래 같은 사적 법률행위에 대한 국가의 공법적 개입인 허가제가 처분권의 완전한 금지가 아니라면 사유재산권의 본질적인 침해가 아니다. 사적 자치의 원칙이나 헌법상 보충성 원리에도 위배되지 아니 한다"104)고 결정하여 토지공개념에 대한 정의를 내리고 있음을 알 수 있다. 따라서 학계의 시각도 검토하고자 한다. 이러함은 헌법상 토지재산권, 더 나아가 토지공개념 연구와 실시에 있어 필수 불가결한 요소이기 때문이다. 찬성하는 측과 반대하는 측을 나누어서 비교코자 한다.

4. 토지공개념제도 찬성 측 시각

찬성하는 견해에 대해서는 몇 해 전, 타계한 서원우와 정권섭이 공법학자로서는 '토지공개념'이란 용어를 탄생시킴에 있어 최초라고 여겨진다. 애초에 서원우는 토지공개념에 대해 부정적인 입장105)을 취한 듯했으나, 그 후 태도를 바꾸어 이렇게 정의한다. "토지공개념은 토지정책의 일대전환을 위한 기본전제로서, 토지란 단순한 상품이 아니라 인간의 생활과 생산 활동을 위한 불가결한 기반이기 때문에 농지, 산지, 지역에 따른 공공복리를 위해 가장 값지고, 가장 효율적으로 이용되지 않으면 아니 되며, 이를 위해 적정한 유도·규제가 가해지지 않으면 아니 됨을 의미한다. 따라서 토지공개념이란 그 자체가 어떤 구체적인 정책내용을 의미하는 것이 아니다. 여러 구체적인 정책을 내포하는 보다 상위의 개념으로 보아야 하며, 그리고 토지에 대한 기본철학 내지 기본이념을 표하는 개념이기에, 단적으로 그 구체적인 내용을 제시할 수 없다는 점이다. 토지의 특성상 사회적·경제적 기능을 냉철하게 평가하고 헌법이 지향하는 자유민주주의 원리와 함께 이에 못지않은 중요한 보완적 원리인 사회국가원리의 실질적인 실현을 위해, 토지재산권에 대하여는 공공성·의무성·사회성을 그 자체의 본래적인 속성으로 인식하여야 한다는, 기본적인 철학 내지 발상의 일대전환이라 할 수 있다. 따라서 단순한 토지재산권의 공공성 내지는 사회적 기속성의 반복이 아닌, 그것과는 전혀 별개의 역사의식에 입각한 토지재산권에 대한 기본철학의 전환을 의미하는 새로운 개혁의지의 표출이라 할 수 있다. 이로써 어떠한 구체적인 정책적 내용을 한정해 왈가불가함은, 이 개념의 본뜻을 제대로 이해하지 못한 연유라 할 수 있겠다. 이러한 의미에서 이 개념은 법적 개념으로 보기보다는, 정책적 개념이자 행정당국의 정책적 표명을 위한 사실상의 개념이라 할 수 있다"면서 "토지공개념은 제2의 토지개혁이다"106)고 한다.

한국토지법학회를 창립한 정권섭은 "토지의 공개념이라 함은 토지정책의 일대전환을 위한 기본 전제로서 토지는 단순한 상품이 아니라, 인간의 생활과 생존을 위한 불가결한 기초이기 때문에 그것이 농지든 산림지든 혹은 주택지든, 그 토지가 갖는 기능 내지 적성 혹은 지역에 따라 공공복리를 위하여 가장 값지게, 그리고 가장 효율적으로 이용되어야 한다는 것으로, 이를 위하여 적정한 규제가 가해져야 한다는 것을 의미한다"107)고 정의하고 있다.

1990년대에 들어와 김문현은 "토지는 다른 재화와 달리 토지의 공적 성격을 토지이용 및 거래의 사적 자치가 초래하는 사회적 문제를 극복하기 위하여, 토지재산권이 광범위하게 구속을 받는다는 것을 총체적인 의미인 게 바로 토지공개념이다"108)고 하며, 권영성은 "토지의 공개념은 토지는 그 소유자가 누구인지를 불문하고, 그것이 가지는 기능·적성 또는 그것이 위치하는 지역에 따라 공공복리를 위하여 가장 효율적으로 이용되지 않으면 아니 되며, 이를 위하여 국가에 의한 토지재산권에 대해 적절한 규제가 가해져야 한다는 관념 내지 원칙, 즉 토지재산권의 공공성 내지 사회적 구속성을 의미한다"[109]고 설명하고 있다.

강경근은 "삶의 터전으로서의 토지가 봉건지주사회에서 지주의 지배도구이거나 자본주의 사회에서의 자본의 투기대상이 아니라, 인간의 존엄과 행복추구를 가능하게 하는 사회기속적 토지라는 헌법적 의미로 인식될 수 있게 하는 개념이 토지공개념이다. 이로써 강한 공공성으로 넓은 범주의 재산권 보장에 내재하는 제약을 받아, 다른 재산권에 비하여 강한 제한과 의무가 부과될 수 있다"[110]고 한다. 1997년과 2018년에 출간한 그의 저서에서도 보건대, 지금까지 신념의 변화는 없어 보인다.

성낙인도 "법적인 개념이 아니라, 사회정책적인 도구의 개념으로서 토지공개념이론이 등장한 것은 사실이다. 그러나 이러한 이론에 기초한 일련의 법적인 틀 속으로의 수용을 의미한다. 헌법 제122조의 국토의 이용·개발과 헌법 제23조 제2항의 토지재산권에 대한 공공복리의무는 이 개념을 도출하는 직접적인 근거가 된다고 하겠다. 또한 이 이론은 재산권의 사회적 구속성 내지 공공복합적합의무라는 재산권에 관한 헌법상의 일반 이론에 대하여, 토지의 특수성을 강조하기 위한 의미인 개념이라고 할 수 있다"[111]라는 개념에 대한 정의가 2000년대 중반이나 근간 출간한 저서에서도 변함이 없다. 사법전공이면서도 토지연구에 더한 열성인 김상용은 "다른 재산권과 달리 엄격한 사회적 구속성, 상황적 구속성에 따라야 하고, 인권으로서의 재산권 즉 생존권적 토지소유권을 두텁게 보호하면서 비생산적인 토지소유권에 대해서는 엄격한 규제를 가하는 권리이다. 투기라는 사회적 병리현상 억제의 방안으로 생성돼, 이를 위해 토지소유권에 대한 더 강한 공법적 규제의 모습으로 생성된 게 토지공개념이다. 또한 이 개념은 토지를 중심으로 한 공·사법으로 구성된 독립된 법 영역으로 발전해 가고 있는 토지법의 구성 원리이면서 동시에 최고원리다"112) 고 한다.

김춘환도 "토지를 사적 거래의 대상이나 재산증식의 수단으로써가 아니라, 인간생활에 필요불가결한 재화로, 그 토지가 갖는 기능과 위치, 그리고 성격에 등에 따라 공공복리에 적합하게 이용되어야 하고, 국가는 그 효율적 이용의 강화에 있어 필요하고도 적절한 규제를 가할 수 있는 제도"113)가 토지공개념이다. 그리고 차진아는 최근 '토지공개념의 헌법상 의미'라는 주제에서 "토지재산권에 대한 강화된 공적 제약으로, 이는 제23조 제2항에 규정되어 있는 재산권의 사회적 구속성이 토지재산권에 대해서는 더 강하게 인정됨을 의미한다"114) 고 서술하고 있다.

김상진은 헌법재판소 결정과 유사하게 "개인주의·자유주의에 바탕을 둔 자본주의도 초창기의 기대, 즉 모든 사람을 평등한 인격자로 보고, 그 자유로운 계약활동과 소유권의 절대성만 보장해주면 개인적으로나 사회적으로 무궁한 발전을 기약할 수 있다는 이상이 노동을 상품으로 팔 수밖에 없는 도시노동자나 소작인에게는 아무런 의미가 없고, 계약자유의 미명 아래 '있는 자', '가진 자'로부터 착취당하여 결국에는 빈부의 격차가 현격해지고, 사회계층 간의 분화와 대립갈등이 첨예화되는 사태에 이르게 됨에 따라 대폭 수정되기에 이르렀으니, 모든 사람115)들에게 인간으로서의 생존권을 보장해주기 위하여서는 토지소유권은 이제 더 이상 절대적인 것일 수가 없고, 공공의 이익 내지 공공복리의 증진을 위하여 의무를 부담하거나 제약을 수반하는 것으로 변화되었다. 이것이 이른바 '토지공개념이론'인 것이다116)고 한다.

김광수는 근간에 와서 "다수의 국민이 필요로 하며, 환영하는 토지에 대한 규율방식이다…, 소유권에 대해서는 보장을 하면서도 토지가 가져오는 이득을 사회적으로 환수하는 방법이 있다. 이를 법률에 도입해야 하고, 그 헌법적 근거로 토지공개념을 규정하여야 한다. 그러나 이를 헌법에 도입할 때는 몇 가지 고려할 사항이 있다"고 한다.117) 또한 토지공법연구 학술지에서 김용창은 "토지공개념이란 토지의 공익성과 사회성을 강조하는 토지 정의의 관념으로서, 토지소유권에 대해 그 자체의 성격상 제한 가능성을 내재하는 권리로서, 한정적 재화인 토지를 공공복리에 적합하게 효율적으로 이용하기 위해 제한적으로 통제해야 함을 의미할 뿐, 토지의 국유화나 공공의 토지 독점을 시도하는 것은 아니다"118)고 하며, 동 학술지에서 이재삼과 남상택은 "토지재산권의 제한의 필요성이 인식되고, 헌법이 보장하는 재산권과 자본주의에 기초하고 있는 경제질서의 원리인 자본주의적 시장경제질서에 근거하여, 이에 대한 규제책 및 보완책으로 나온다. 먼저 토지에 대한 특수성에 기인한 재산권 보장의 상대성을 인식하고, 시장경제원리 내지 수요공급의 원칙과는 다른 사회적 시장경제질서의 정립을 통한 제도를 의미한다"고 하고 있다.119) 이듬해 동 학술지에서 김상겸도 "토지는 그 소유자와 관계없이 공공복리를 위하여 가장 효율적으로 이용되어야 하고, 이를 위하여 국가에 의한 적절한 규제가 있어야 한다는 것으로 토지재산권의 공공성을 위하는 것이 토지공개념"이라고 한다.120)

마지막으로 유해웅은 "토지에 대한 전면적인 개혁으로서, 토지에 관련하여 저변에 깔려 있는 하나의 공통적 가치관일 수 있는 게 토지공개념이다. 천부적인 토지는 어느 특정인의 보유와 자의적 이용으로만 돌릴 성질이 아니다. 당해 토지가 지니는 특성과 기능이 적극적으로 발휘되어 전 국민이 윤택한 삶을 향유함에 이바지하는 것을, 이념적 가치로 두어야 한다는 의미다"고 한다.121)

5. 토지공개념제도 반대 측 시각

반대하는 입장에서의 토지공개념에 대한 시각에서는, 먼저 한수웅은 최근 "토지에 대한 보다 강화된 제한 가능성을 강조하고자 하는 개념이 토지공개념이다. 그 헌법적 근거는 제23조 제2항 및 제3항에 있다. 이는 헌법 제122조가 헌법 제23조에서 이미 부여된 '재산권에 대한 제한 가능성'을 토지재산권과 관련하여 다시 한 번 확인하는 것에 지나지 않는다"122)고 하며, 헌법학계 원로인 허영은 "소위 토지공개념이란 용어 자체에 대한 근원은 초기사회주의적인 발상에서 찾을 수 있겠다. 그리고 자본주의 경제질서 하에서 토지의 사적 소유가 엄연히 인정되는데도, 이 제도를 초기 사회주의적 의미로 남용할 때는 자칫하면 모든 토지정책의 합리화는 물론 이를 정당화시키려는 아주 위험하게 둔갑할 가능성이 크다. 이 개념은 토지라는 재화의 특성에서의 토지재산권 특유의 사회적 기속을 나타내는 의미이다. 이로써 헌법 내의 개념이어야지, 결코 초헌법적 개념일 수는 없다. 또한 사유재산제도와 상속제도의 전면적 폐지는 재산권 보장에 내포된 객관적 가치질서서의 제도적 보장의 성격 때문에 절대로 허용되지 아니한다. 따라서 국가가 토지의 공기능을 강화하기 위한 토지정책

(소위 토지공개념 정책)을 추진하는 데 있어서도, 재산권의 본질적 내용은 반드시 존중해야 한다"[123]고 적극적으로 반대 입장을 견지하고 있음에 세월이 흘러도 변함이 없음을 알 수 있다.

조규창은 1980년대 말에 "토지공개념이란 자유경제질서 하에서 토지소유권의 공익성 내지 사회적 연대성에 지나지 않는다. 토지공개념에 의한 토지소유권제도는 역사적 반동이자, 그리고 모든 토지소유자를 토지세 및 재산세 부담부사용차주의 지위로 격화시키는 토지제도의 거대한 변혁, 다시 말해 사회주의 체제로의 접근을 의미한다"고 할 수 있다.[124] 두성규는 최근 국회토론회에서 "사적 소유권과 정면으로 대립하는 발상으로, 사유재산제가 근간인 시장경제질서와 토지공개념이 양립할 수 없는 것이다. 논의 자체가 불필요한 게 소위 토지공개념이다"[125]고 한다. 더 나아가 "고전학파의 지대이론에 입각하여 토지나 주택이 공공재로서, 이를 국가 소유로 확대해야 한다는 주장으로, 토지개발권을 소유권에서 분리하겠다는 개념이다. 이에 토지소유자에게는 소유권을 주고, 개발권은 국가가 갖겠다는 것은 토지에 대한 사유재산권 자체를 무력화시키려는 사고에서 출발하는 게 토지공개념이다. 이러한 주장자들은 '공한지의 존재의미'조차 이해를 못한다"[126]고 김정호는 토지공개념이란 용어조차도 인정하지 않는 듯하며, 소위 사회주의 발상이라고 극렬하게 반대하고 있다.

마지막으로 행정법학계 원로인 석종현은 토지공개념에 대해 특이하게도 학설적[127]으로 부정설과 긍정설로 나누면서, "토지이용에 관한 국가의 공권적 개입을 긍정하는 사회적 추세에 맞추어 재산권 행사의 공공복리 적합성을 강조하는 입장에서 성립한 것이 '토지공개념'이라고 할 수 있다고 한다. 그러나 토지이용에 관한 공권적 개입을 요청한 사회적·경제적 여건의 변화는 반드시 토지의 소유와 이용의 분리를 전제로 하는 것이 아니라고 볼 수 있다…; 따라서 헌법 제23조 제1항에서 규정한 '재산권 보장'이라는 사익은 공익과 모순되지 않는 상호의존적인 보완관계에 있는 대등한 가치Wert를 의미한다는 점을 유의하고, 전통적인 소유권 개념 자체의 전환을 시도하면서까지 토지소유권의 공공성을 강조하여야 필요성이 어디에 있는지 검토하는 것이 바람직하다고 할 것이다"[128]면서 부정적 태토를 취하고 있다.

이상과 같이 토지공개념에 대해 찬반에 따른 시각 내지 개념관概念觀을 살펴보았다. 도입 여부에 대해서는 대체적인 견해가 찬성측이 월등하게 우세하나, '공공성의 헌법적 이해'에서와 같이 개념의 모호성은 상존한다. 단지 토지공개념이란 용어 자체만 떼어놓고 볼 때는 찬반을 넘어 거의 일치를 보이고는 있다. 또한 이 개념이 법적인 개념이 아니란 것과 사회정책적인 도구란 점도 대체적인 일치를 보이며, 강학상이나 실무상 정립된 용어인 것만은 명확하다. 그런데도 토지공개념 자체가 무조건적 사회주의나 공산주의 발상으로 치부되는 경우도 있다. 따라서 토지소유권을 구성하는 사용·수익·처분권 중 일부 권능을 공공이익을 위해 정부가 토지시장에 개입하면서 제한할 수 있다는 것이 토지공개념이다. 근자에 와서는 특히 사용권과 처분권에 대해서는 보장을 하되, 불로소득의 범주에 속하는 토지가치는 환수함으로써 경제효율과 사회정의를 동시에 달성할 수 있다는 '시장친화적市場親和的[129] 토지공개념'이라고까지 하는 실정에 있다. 그러나 '토지공개념이면 토지공개념'이지 굳이 '시장친화적'이란 용어를 덧붙여 혼란을 야기할 필요가 있는지 의아스럽다. 분명한 것은 사적 재산권의 일부이나, 일반 재화나 상품과는 달리 토지의 특수성에 기인한 차별적 규제가 필요한 점에 비추어 필요한 건 사실이다. 헌법재판소 결정과 이론상, 토지공개념의 법적(실정법상) 근거는 다음에서 보고자 한다.

6. 실정법상 토지공개념의 근거 및 검토

상세하게 전술한 '헌법 제23조 제1항 제2문과 동조 제2항'과 '제34조 제1항·제119조·제120조·제122조·제123조 등'이 그 헌법적 근거이다. 그리고 민법 제2조가 있고, 토지공법으로는 '농지법', '국토의 계획 및 이용에 관한 법률', '도시계획법', '택지개발촉진법' 등이 있다. 그리고 토지공개념을 이념으로 하는 새로운 토지질서의 형성을 위한 실천입법으로서 '택지소유상한에 관한 법률', '토지초과이득세법', '개발이익환수에 관한 법률', '토지관리 및 지역균형개발특별회계법', '종합토지세법', '부동산가격공시에 관한 법률' 등도 포함시킬 수 있다.130) "'헌법 제23조 제1항 제2문과 동조 제2항 및 제122조'가 토지공개념의 기초가 된다는 헌법재판소 결정과 같이 보면서도, 이를 근거로 '토지소유자 등에 대한 여러 가지 의무의 부과와 제재라도 헌법 제37조 제2항에 의한 한계가 있음은 물론, 재산권의 본질적 내용을 침해할 수 없다'"131)고 강조한다.132) 그러나 날이 갈수록 공공성이 더욱 강조되는 마당에, 이 견해 중 후단의 견해에는 설득력이 없어 수긍하기 힘든 면이 있다. 토지는 공유제로서의 가치가 더 높기 때문이다. 더구나 한정된 토지에서만은 개인 소유의 이익보다는 전체의 이익이 앞서야 하는 탓에, 더 폭넓게 해석해야 한다.

일반적 근거로는 헌법 제23조 제2항과 동조 제1항 제2문, 이를 구체화한 개별적 근거로 동법 제120조 제2항·제121조·제122조, 그리고 사회복지국가원리와 시장경제질서에 관한 헌법조항까지 범위를 넓혀보고 있다.133) 여기서 그 헌법적 근거를 더 폭넓게 파악하는 견해도 있다. 즉 헌법 제3조 "대한민국의 영토는 한반도와 그 부속도서로 한다"는 규정134)과 동법 제1조 제2항 "대한민국의 주권은 국민에게 있고, 모든 권력은 국민으로부터 나온다". 그리고 '국민이 될 수 있는 요건과 재외국민 보호' 규정인 동법 제2조까지 포함시키고 있다. 달리 말해 토지공개념이 사유토지에 대한 권리제한이기는 하나, 이 역시 궁극적으로는 국토를 이룬다. 국토인 토지가 헌법 제3조의 중요부분으로 동법 제1조 제2항과 제2조가 하나가 돼 국민공동체 형성에 필수적이기에 간접적인 근거가 될 수 있다는 것이다.[135] 또한 토지 정의에 입각한 그 정당화의 근거를 유일하게 헌법 제23조 제3항을 포함시키면서, 개별적 법률을 둔다는 견해[136]도 있다.

전술한 견해를 취합해 보면, 헌법 제23조 제1항 제2문과 동조 제2항 및 제34조 제1항, 그리고 제37조 제2항을 비롯해 제119조·제120조·제121조·제122조·제123조를 헌법상 토지공개념의 근거로 본다. 그리고 앞서본 바와 같이 헌법 제1조 제1항, 제2조 및 제3조까지 포함한다는 견해[137]도 있다. 그러나 여기서 최고의 근거 규정은 2개 조문이다. 즉 간접적 명문규정인 제122조와 제23조 제2항이다. 제122조는 토지만으로 국한한다고 볼 수 있고, 제23조 제2항은 토지만이 아닌 전체의 재산권 행사이기 때문이다. 그 외 민법 제2조, 그리고 토지공법으로까지 확장시킬 수도 있다. 그리고 헌법 제35조 제1항, 즉 "모든 국민은 건강하고 쾌적한 환경에서 생활할 권리를 가지며, 국가와 국민은 환경보전을 위하여 노력해야 한다"는 점에 비추어, 이를 확대할 필요성이 있다. 이러한 환경권環境權, environmental right[138]은 제5공화국헌법 제33조에서 처음으로 명문화된 조항으로, 개인이 독점할 수 없는 공공성이 크기 때문에 기본권 제한의 예외가 될 수 없다는 점이다. 근대국가가 태동하면서부터 영토는 국가형성의 중요한 토대이자 3요소중 하나이다. 더구나 제헌헌법을 제정한 이래로 현행헌법에까지 변함없이 영토조항을 두고 있다. 헌법재판소 결정(헌재 2000.8.31, 97헌가12)

과 대법원 판례(대판 1996. 11.12, 96누1221)는 이 영토조항을 근거로 탈출한 북한주민은 국적 취득 절차를 생략하면서 당연하게 대한민국 국적이 인정되는 것으로 보고 있다. 이렇다면 통일한국의 소유권은 북한에도 미칠 것이며, 이로써 앞서 언급한 영토조항139)도 헌법상 토지공개념의 근거로써 합당하다. 영토, 즉 국토는 확장성이 쉽지 않은 한정된 재화로서 헌법적 근거를 넓게 포섭하기 때문이다.

토지공개념, 이상에서 살펴본 바와 같이 현행법으로도 합당한 근거가 있다는 것이다. 즉 언어의 유희遊戲나 성찬盛饌 속에서 굳이 헌법 개정에 의한 토지공개념 조항을 명기하지 않더라도, 정부와 국민의 의지가 앞선다면 바로 시행할 수 있다는 의미이다. 또한 국유화를 전제하지도 않는 토지공개념을 두고 사회주의경제 등을 운운할 사안도 아니며, 더구나 국민의 삶의 질을 향상시킬 수 있는 경제민주화와 토지 정의를 이룰 수 있는 바로미터barometer이다.

제12장 토지공개념으로의 정의와 평등권

1. 고위층의 행태와 을과 을의 전쟁

부동산 투기로 인한 불평등에 허우적대며, 기득권층과 공직자(공공기관 포함)의 비리가 만연돼 있는 편이다. 도둑놈이 넘친다. 그것도 공정을 허무는 큰 도둑大盜과 생계형 좀도둑이 상존한다. 큰 도둑인 한국토지주택공사ᴸᴴ 임직원이 신도시 예정지에서 대규모 농지투기로 '한국농지투기공사'로 전락했고, 기득권층의 경기도 성남판교대장지구 비리의혹이 전국을 강타했다. 반면 부패공화국 빈곤층의 복지는 개선 방향까지 잃고 굶주림에, 자살자가 속출하거나 좀도둑을 양산하고 있다. 2020국가별 국가부패인식지수Corruption Perceptions Lndex, CPI140)에서 180개 국 중 전년도 39위에서 33위로 오르자, 기다렸다는 듯이 공수처(고위공직자범죄수사처)를 설치하고 청탁금지법을 정착하면서 국가의 투명성과 공직사회의 신뢰성을 높이기 위한 제도 기반을 강화했다고 설레발을 쳐대지만, 너무나 아니다. 현실과 동떨어진 이 지수를 신뢰하는 국민은 드물다. 국가별 공공부문 부패수준을 평가하는 지표로서, 매년 기업인을 대상으로 하는 설문조사 결과와 국제평가 전문가들의 분석으로 반영되기 때문이다.

이에 대한민국에서 장년의 삶을 지탱하는 현대판 선비의 현실적 체험담을 보자. 끝없는 탐욕에 찬 군상들의 아귀다툼 속에서 포도鋪道 위를 뒹구는 만추晚秋의 낙엽을 바라보며, "인생도 커피처럼 리필refill이 된다면 얼마나 좋을까?"고 생을 관조한다. "마시던 커피 한잔이 목구멍에서 삶을 다했기에, 감미로운 커피 향에 취하고 취해, 또 한 잔의 리필을 주문한다. 생을 다한 저 낙엽은 다시 뒹굴 텐데, 우리네 인생도 리필이 된다면 어떨까란 생각에 젖는다. 분명코, 인생에는 커피처럼 리필이 없다. 그래도 그 향내만은 풍기며 이 세상, 사랑하며 살리다"고 애써 자위하면서도 추악한 고위공직자를 보며 절규한다. 이들의 부동산 투기가 한몫을 하기 때문이다. "현대판 소작농141)인 나는 들판을 가로질렀다. 씨앗뿌리고 독毒하디 독한 농약과 사투를 벌였지만, 풍수해와 수입농산물 개방에 추락했다. 정부에서는 이러한 고충을 아는지 쌀 직불금直拂金을 신청하라지만, 지주인 공직자 부인이 빼앗아갔다. 하소연해봤자, 이 소작농마저 빼앗긴다"142)면서 "양심에 털 난 대한민국 공무원(국영기업 및 준공무원 포함)들과 마주치려하지 않는다. 행정편의주의에다 무사안일, 그리고 군림하려는 자세, 비능률적인 업무로 일관하기 때문이다. 또한 점심시간이나 퇴근시간에 임박해서는 일 처리를 않거나 근무 중 SNS에 열중하는 이를 대할 때는 간에 불까지 댕기며, 없는 혈압까지 상승한다"고 볼멘소리다. 그들이 고임금에도 불구하고 영국보다 효율성면에 있어서는

3/1에 불과하다는 통계도 있다. '임용(대략 25세)에서 죽을 때까지 65년'(평균수명 90세 예측 시―저자 주)을 먹여 살려야 한다는 게, 분노를 자아내게 하는 작금의 대한민국이다. '요람에서 무덤까지'에 가까운 상대적으로 큰 혜택을 누리기에, 이 또한 불평등과 소득 불균형에 한몫하고 있다. 이들이 고액연금 등으로 인한 은퇴 후 노년층의 복지 혜택에서 상위 소득 10%에 드는 신계급新階級, a new class을 형성한 현실에 조국의 미래가 암담한, 이들에게 쏟아 붓는 예산이 국가 전체예산 중 17~18%나 차지하는 '그들만의 천국'에 가깝다. 작금의 사회 저변에는 아파트 가격의 급상승으로 인한 수혜자인 이들과 함께 신계급사회新階級社會, a new class of society가 형성돼 있다. 이들의 절반 정도의 임금만 줘도 더 효율성을 발휘할 수 있는 인재가 넘치는데도 비효율·고비용이다. 공무원과 공공기관 임직원 정원의 급격한 증가가, 인건비 증가로 이어지는 상황이다. 국가공무원 인건비는 2022년 41조3,000억원으로, 2021년(40조2,000억원)보다 2.73% 증가했다. 여기에 지방자치단체와 공공기관 직원의 인건비가 더해질 경우, 그 비용은 더욱 커지게 되어 있다.143) 더구나 정부기구 확대로는 민간경제에 마이너스 요인으로 작용할 수밖에 없다. 정부기관에 따르면 공무원연금 적자는 2019년 2조2,000억원에서 2028년 5조1,000억원으로 증가할 것으로 예측하고 있다. 문재인 정부가 급격한 공무원 수 늘리기로 인한 인건비와 연금지출확대가 국가재정부담을 키우는 데 비해, 그 효율성은 높지 않은 게 현실이다. 한겨레신문이 나라살림연구소와 함께한 2022년 예산안 분석에 따르면, GDP 대비 공공사회복지지출 비율이 2019년 기준 우리나라는 12.2%로 OECD 평균 20%의 절반 수준이다. '저부담·저복지' 국가를 못 벗어나고 있으며, 고용·노인·취약계층 등 주요 부문에서 전반적으로 증가세가 둔화했다.

신분과 소득의 불평등으로 인한 상대적 빈곤에 허우적대는 민초들의 자화상은 암담하기 그지없다. 더구나 가진 자들은 창조주가 하사한 토지투기에 사활을 걸고, 노동에 의한 비지땀이 없는 탐욕에 찌든 채 함께하는 긍휼矜恤의 자세는 온데간데없다. 부와 토지소유의 편중에 의한 소득격차에 따른 부정의성의 현주소는 이러하다. 이러한 상황에서 보듯이, 정치엘리트들의 기회주의적인 이중성, 그리고 도덕성이 문제를 더한다. 그리고 가속화된 산업화의 융성에서 온 걸 어쩌란 말인가로 애써 무시할 사안이 아니다. 세계 문명을 꽃피우고 민주주의의 역사를 연 고대 그리스인들이 그들의 국토가 로마의 속주로 편입되자, 이는 로마의 실력에 의한 승리가 아니다. 다만 변덕스러운 행운의 여신이 가져다준 것으로 귀속시켰을 뿐이었다고 자위한 것처럼, 그 어떠한 '운명론의 저주The curse of fatalism'에만 안착할 것인가에 대한 문제를 제기하지 않을 수 없다. 세계 속 대한민국을 영원히 지속할 미래세대와 함께 하겠다는 사고思考도 없기 때문이다.

　　에드워드 기번Edward Gibbon(1737~1794)은 그의 저서 『로마제국 쇠망사』에서 로마의 쇠퇴는 과거의 융성에서 비롯된 자연스럽고 불가피한 귀결이었다. 번영은 부패의 원리를 성숙시켰다고 한다.144) 그러면서 로마제국이 멸망한 원인은 "가정의 굴뚝에서 연기가 사라졌기 때문"이라고 진단한다. 정복전쟁을 위한 엄청난 조세부담과 화폐가치로 인한 소득감소에 있고, 인구감소로 인한 경제력 지배의 권력약화에 있다145)는 것이다.

　　불로소득에 맛들인 자들에게 신성한 노동은 가미되지 않는다. 이는 창조주 하나님에 대한 배반이며, '공유재산의 탈취Stealing public property'이자 절도행위와 같다. 헨리 조지는 "임금은 자본에서 나오는 것이 아니며, 실제로는 임금이 지불되는 노동의 생산물에서 나온다", "임금은 자본에서 나오는 것이 아니라, 노동에 의해 생산된다", "노동자의 생계비도 자본에 의해서 나오지 않는다"[146]는 명제를 던진다. 앞으로 전개될 몇몇 용어에 있어 '토지'란 단어는 단지 물이나 공기와 구별되는 지구의 표면만이 아니라, 인간 이외의 물질적 우주 전체를 의미한다. 따라서 토지는 모든 자연의 물질, 힘, 기회를 포괄한다. 따라서 자연에 의해 무상으로 주어진 것은 자본으로 분류될 수 없다. 또한 '노동'이라는 용어는 모든 인적 노력을 포함한다. 선천적이건 후천적이건 인력은 자본이 될 수 없다. 그러므로 토지나 노동에 해당하는 것은 자본의 범주에서 제외해야 한다. 그렇게 하면 토지나 노동이 아닌 것, 이 두 가지 본원적 생산요소의 결합에 의해 생산된 것만이 남게 된다. 이 범주에 들지 않으면 자본이 될 수 없다. 즉 부富가 아닌 것은 자본이 될 수 없다. '자본'이란 특정한 용도를 가진 부를 의미하기 때문에, 부의 정의에 들지 않는 것은 자본이 될 수 없다. 모든 자본은 부이지만, 모든 부가 자본인 것은 아니다. 부의 일부분이며, 그 부 중에서 생산을 지원하는 데 배정되는 부분만을 의미한다[147]는 점을 헨리 조지는 전제한다.

2. 노동에 의한 토지 정의

작금에 있어 근로자가 땀 흘린 노동에 의한 그 대가로 자기 집을 구입할 수 있을까. 한마디로 어렵다. 집값의 액수를 불분하고도 아파트 입주에 있어 계약금 20%조차 마련하기가 어려운 현실이다. 평당 분양가 1억원을 넘어 국내 최고가인 1억6천만원~2억1천만원으로 가구당 100억~300억원 수준으로 분양하는 서울 강남의 초고가아파트까지 탄생하였으며, 서울의 중위아파트 가격이 12억원을 넘어선 이 마당에 부의 세습에 의한 증여 등의 방법이 아니면 불가능하다. 더구나 아파트 평수에 의해 새로운 계급사회가 형성된 지도 오래됐다. 따라서 이러한 현실 때문에 청년들의 꿈마저 앗아갔다. 노동을 하지 않은 소득이 노동을 가한 소득보다 많은 사회가 되어 버렸다. 따라서 청춘들의 출발선마저 불공정한 사회로 돌변하였고, 상위 소득 20%대가 소득의 80%까지 차지하고 있다. 나머지 20%의 소득을 차지해야 하는 하위 소득 80% 간의 이전투구 속에, 그냥 포기하고 마지못해 살아간다고 해도 과언이 아니다.

이러함에 헨리 조지는 지금으로부터 140여 년 전에 "역사적인 면에서 보면 토지사유는 강탈에 의함과, 공동체의 모든 구성원은 그 공동체의 토지를 이용하고 향유할 수 있는 평등성, 로마제국의 쇠망 원인을 이러한 토지에 대한 공동의 권리를 부정하게 사용하기 때문이라는 사실"[148]을 밝혀내면서 다음과 같이 주장한다. "토지가치 이외의 대상에 부과하는 모든 조세를 철폐하자To abolish all taxation save that upon land values"고 말이다. 소유권의 올바른 근거, 즉 사인私人이 정당하게 '내 것'이라고 말할 수 있는 근거가 무엇인가? 자기 자신이 배타적인 권리를 가진다고 인식하는 감정은 어디에서 나온단 말인가. 토지소유를 정당화하는 근거는 1차적으로 인간의 자기 자신에 대한, 자기 힘의 사용에 대한, 그리고 자기 노력의 결실을 향유할 수 있는 권리가 아니겠는가? 이러한 근거는 각 인간이 독립된 유기체라는 자연적인 사실에서 발생하고, 또 이 사실에 의해 인정되는 개인적 권리가 아니겠는가? 독립된 유기체라는 의미는 인간이 각자 특수한 두 손과 특정한 두뇌와 특정한 위장을 가지며, 그리고 한정성, 일체성, 독립성을 가진 전체라는 것을 말한다. 사람은 바로 각자 자기 자신의 것이기 때문에,

구체적인 대상에 투입되는 노동도 자기 자신의 것이다. 또 권리의 배타성은 인간의 노력에 의해 생산된 것에 대해서는 배타적으로 보유하고 향유할 수 있는 명백하고 다툼의 여지가 없는 권원權原, title이 발생한다. 예컨대 지금 내가 쓰고 있는 이 펜은 정당하게 내 것으로, 어느 누구도 이 펜에 대해 권리를 주장할 수 없다. 이러한 배타적 소유권은 각자 자신의 능력을 사용할 수 있는 자연권으로부터 나온 것이다. 이것이야말로 배타적 소유를 설명할 수 있는 근본적인 원천이다. 소유에 대한 모든 정당한 권원은 모두 생산자의 권원과 인간 자신에 대한 자연권에서 도출되는 것으로, 그 외는 정당한 권원을 도출할 수 있는 근거가 있을 수 없다. 헨리 조지는 소유권에 대한 근거를 자신의 힘의 사용, 즉 '노동'에서 찾았음을 알 수 있다. 이에 따라 그 노력의 결실을 향유할 수 있는 권리가 있다고 본다. 한마디로 말하면, 토지사용에 대한 권리의 평등성은 인간 누구나 마실 수 있는 공기와 마찬가지로 동격의 권리로서 평등성을 가진다는 것이다. 이에 대한 논거를 아래에서 본다.

첫째, 다른 정당한 권원을 도출할 수 있는 자연권이 존재하지 않기 때문이다. 이 권리는, 자연은 노력의 결과 이외에는 인간에게 어떠한 소유나 통제력도 인정하지 않는다. 왜냐하면, 인간의 노력이 없으면 자연의 보물을 채취할 수 없고, 자연의 힘을 다스리고 활용하고 통제할 수 없기 때문이다. 자연은 누구누구를 차별하지 않으며, 공평하다는 점이다. 이러하듯이 자연이 주인과 노예를 구분하며, 왕과 신하를 구분하고 성좌와 죄인을 구분하던가. 이러한 자연의 법칙은 하느님, 즉 창조주의 뜻이다. 고로 자연법은 노동의 권리 외에는 어떠한 권리도 인정하지 않는다. 자연은 노동에게만 주어지므로, 노동을 생산에 투입하는 것이 배타적 보유의 유일한 권원이다.[149] 존 로크도 아브라함이 이국異國의 여러 곳을 여행할 때, 다음과 같은 사실은 명백하다고 지적한다. 대부분의 토지는 공유지로 되어 있었다는 사실, 주민들은 토지의 가치를 인정하지 않았고, 스스로 이용할 수 있는 이상의 토지에 대해서는 요구하지도 않았다는 사실 말이다. 그들은 같은 장소에서 양육할 여지가 없자, 아브라함과 롯Lot이 한 것처럼 각자 헤어져 자신들의 마음에 드는 곳으로 그들의 목장을 확대시켜 나갔다는 것이다.150) 다시 그는 "노동으로써 발생한 토지소유권은 토지의 공유보다 더 우월하지 않으면 안 된다는 사실은 곰곰이 생각해 보기 전에는 얼핏 보아서는 이상하게 여겨질지 모르지만, 실제로는 그렇게 이상한 게 아니다. 모든 것에 가치의 차이를 낳게 하는 것은 노동이기 때문"151)이라고 한다.

둘째, 만약 다른 권원이 존재한다면 두 권원이 상호 모순에 의해 이러한 근거가 붕괴되기 때문이다. 즉 노동에 근거하는 소유권은 다른 종류의 소유권의 가능성을 배제한다. 달리 말해 생산자가 생산으로 인해 배타적 보유와 향유의 권리를 갖는다면 노동의 생산물이 아닌 것의 배타적 보유와 향유는 정당하지 않으며, 따라서 토지의 사적 소유私所有는 옳지 않다는 것이다. 자연이 제공한 기회를 자유롭게 사용할 수 있는 권리가 없다면 노동생산물에 대한 권리를 향유할 수 없고, 그 기회의 사적 소유를 인정한다면 노동생산물에 대한 권리를 부인하는 결과가 되기 때문이다. 이 점에 대해서는 이견이 있을 수 없다.152)

인간이 창조주의 평등한 허락을 받아 이 땅에 존재한다고 하면, 우리 모두는 창조주의 하사품을 평등하게 향유할 수 있는 권리를 갖고 있으며, 또한 자연이 공평하게 제공하는 모든 것을 사용할 수 있는 권리를 갖고 있다는 점이다. 영국의 냉혹한 경제학자 맬서스Thomas Robert Malthus(1766~1834)가 환생한다면 놀랄 일이다. 그는 『인구론』에서153) 식량은 산술급수적으로, 인구는 기하급수적으로 증가하고, 특권층이 아닌 자는 자연이 먹여 살리기를 거부한다는 능력주의能力主義. Meritocracy를 설파한다. 따라서 자연은 이들이 사라져야 할 존재로 보며, 토지에 대한 사적 소유를 정당화시키려면 우월적 생존권을 가져야 한다는 것이다. 한정된 토지에 노동력을 증가시켜도 현재 농업기술로는 토지 당 단위생산물에 한계가 있기 때문에, 인구는 정체된다는 이른바 '맬서스 트랩Malthusian Trap'이다. 이 이론에 덧칠하여 오늘날 사유재산제 옹호, 더 나아가 토지공개념에 대한 반대론자들의 근거로 삼는 경우도 있다.

그러나 이것은 모든 인간의 토지사용에 대한 권리의 평등성은 공기를 흡입하는 것처럼, 인간의 존재 그 자체에 의해 인정된다. 자연은 상속무제한 토지소유권fee simple이라는 것을 인정하지 않으며, 토지의 배타적 소유를 정당하다고 인정할 수 있는 권한은 어디에도 없다는 점이다. 인간의 생산물에 대해서는 배타적 소유가 당연히 인정된다.154) 여러 단계를 거쳤더라도, 최초 단계에서 누군가의 노동이 있었기 때문이다. 우리 인간은 이 땅에 잠시 왔다가, 그것도 찰나적인 순간을 임대lent해, 즉 빌려서 살다가 가는 것일 뿐이다. 인간은 무릇 지구를 다시 창조할 수도 없다. 사용자의 주구走狗가 아닌, 인간의 존엄성과 노동의 신성함이 사라진 파괴된 사회엔 희망도 없다. 어떤 근거로 후대의 권리까지 빼앗을 수 있단 말인가. 어떠한 근거도 없다. 노동은 하나님의 창조사업에 참여하는 것임을 깨닫고 이를 실천하는, 인간이 노동의 주체가 되는 건전한 사회로 나아가야 한다. 희망의 사다리를 안기자.

3. 헨리 조지의 토지공유와 분배의 조화

헨리 조지Henry George(1839~1897)란 인물에 대해서는 다들 아는 것 같아 보이지만, 토지정책을 비롯한 토지공개념에 대한 연구자 외에는 아직도 생소한 편에 속한다. 그마저 저변 확대가 안 되고 있다. 저자가 조사한 바에 따르면, 경제학 분야를 떠나서는 헌법상 재산권을 연구하는 주요한 법학적 논문에서도 그 범위가 방대해서인지, 그의 인물과 사상에 대해 박사학위논문은 당연한 것이나, 학술논문에서조차 연구자가 거의 전무한 실정이다. 설사 언급되더라도 피상적일 뿐이다. 경제학 외 근간 법학논문에서 그나마 깊은 연구결과가 석·박사 각 1편이 나왔을 뿐이다. 토지재산권에 대한 바람직한 향유를 지향하는 이 책으로서는 토지공유사상은 당연히 언급된다. 또한 토지공개념은 '헨리 조지'에 의해서 촉발된 점은 부인할 수가 없거니와, 토지사소유권을 논함에 있어서는 필수적이기 때문이다. 헨리 조지의 토지에 대한 철학적 배경을 설명한 후, 토지에 대한 분배의 조화를 보고자 한다.

그는 미국 필라델피아 출생의 저술가, 정치가, 정치경제학자, (편집인을 거쳐 추후 5년간 언론사 소유) 언론인이다. 그는 남북전쟁, 대륙횡단, 철도부설 등 이른바 서부개척시대를 살았다. 정규학력은 초등교육뿐으로 사환·선원·인쇄공·출판사 사원 등을 전전하면서 독학으로 연구하였다. 이로써 절망적인 빈곤을 체험한 그 가난은 둘째 자녀가 태어날 때까지 지속된다. 이러한 개인적 체험은 사회가 급변하게 발전함에도 불구하고 빈곤이 사라지지 않는 원인을 밝히고 제거하는 일에 일생의 과업으로 삼았다.155) 이로써 그가 40세가 되던 해에 단일토지세를 주장한 『진보와 빈곤Progress and Poverty』(1879)을 출간하자마자,156) 각국의 언어로 번역돼 수백만 부가 판매됨으로써 유명해졌다.157)158) 리카도David Ricardo(1772~1823)적인 차액지대론에 입각하여 "인구의 증가나 기계사용에 의한 이익은 토지의 독점적 소유자에게 거의 흡수되기에 빈부의 격차가 커지고, 지대는 상승하여 이자나 임금은 하락한다"고 주장하였다. 따라서 토지 공유의 필요성을 설파하고, 그 방법으로 모든 지대를 조세로 징수하여 사회복지 등의 지출에 충당해야 한다고 역설하였다.159) 이 세수稅收는 전체 재정지출을 충당하고도 남음이 있다는 전제 하에, 다른 조세는 철폐할 것을 주장하였다. 그의 사상은 19세기 말, 영국 사회주의운동에 큰 영향을 끼쳐 '조지주의Georgism 운동'이 확산되었다. 1902년에 덴마크 헨리조지협회Danish Henry George Union가 설립되었고, 이 회원들을 주축으로 '덴마크 정의당Denmark Justice Party'이라는 정당까지 결성되었다. 그 주요 정강 내용은 토지가치의 환수, 근로소득과 자본소득에 대한 과세의 폐지, 무역자유화 등 세 가지였다. 이 운동은 1세기가 지난 후 '조지스트' 내지 '지공주의'란 이름으로 우리나라에도 상륙한다. 그 외에도 『토지문제The Irish Land Question』(1881), 『사회문제Social Problems』(1883), 『정치경제학The Science of Political Economy』(1898) 등이 있는데, 이 저서들은 사회주의의 한계점을 지적하고 있다.160)

단일세Single tax라고도 부르는 토지가치세에 대한 그의 주창은 조지주의Georgism, Geoism, Geonomics라고 불리는 경제학파의 형성에 영향을 끼쳤다. 또한 19세기 후반, 21년 연상인 칼 마르크스와의 논쟁에서 자본과 토지를 구분하지 않는 마르크스주의를 비판하였다. 1891년 로마교황청이 토지공개념에 대해 반대하는 '교황 레오 13세(256대 교황)의 회칙 새로운 사태Rerum Novarum'를 반포하자, 이에 반발하여 공개서한을 보내 교황청의 잘못을 조목조목 비판했다.161) 그가 설파한 주된 내용으로는 개인은 자신의 노동생산물을 사적으로 소유할 권리가 있는 반면, 사람이 창조하지 아니한 것, 즉 자연에 의해 주어지는 토지와 환경은 모든 사람에게 공평하게 귀속되어야 한다는 것이다. 그는 원래는 링컨을 지지하는 공화당원이었으나, 후에 민주당원이 된다. 철도산업과 광산업에 존재하는 이권(배타적 사업권)을 강하게 비판하였으며, 1868년, '철도산업이 우리에게 가져다주는 것'이란 기고에서 처음으로 그의 정치경제적 사상을 피력하였다. "철도건설의 붐은 단지 이권(배타적 사업권)을 갖고 있는 소수특권층 및 관련기업들에게만 혜택을 줄 뿐, 건설에 참여하는 대다수의 노동자를 절망적인 빈곤에 빠뜨린다"고 그 기사에서 주장하였다. 이로 인해 센트럴퍼시픽 철도회사 경영진이 캘리포니아주 하원의원 선거에 나서자 입후보하려던 그의 계획을 무산시키게 된다. 한마디로 '쓴 소리'의 혹독한 대가였다.

1871년 어느 날, 그는 샌프란시스코만(灣)에서 휴식을 취하기 위하여 말을 세웠다. 후에 그는 이때 받은 영감을 다음과 같이 적고 있다. 즉 "대화 소재를 찾던 중 지나가는 트럭운전수에게 그곳의 토지가격이 얼마냐고 물었다. 소가 쥐처럼 보일 만큼 멀리 떨어진 곳에서 풀을 뜯고 있는 소떼를 가리키며 말하기를 나도 정확히는 알지 못하나 다만, 저쪽에 있는 땅 1에이커 당 1,000달러에 조금 팔려는 사람이 있다"고 했다. 그 순간 내 머릿속에서 부wealth가 증가함에도, 가난이 사라지지 않는 원인이 번개처럼 스치고 지나갔다. 인구가 증가함에 따라 토지가치가 상승하므로 토지를 소유하고 있는 사람은, 그 특권에 따른 대가를 지불해야 하는 것이다"고 생각했다.162) 여기서 그는 인구가 증가해 토지가치가 상승해도, 그 소유자가 노력을 안했음을 느끼면서 이러함은 하나의 특권이라고 생각한듯하다. 이로써 그의 저서가 구상되지 않았나 싶다.

노동과 같은 생산 활동에 무거운 세금을 부과하는 반면, 토지에 대한 접근성을 제한함으로써 사적 이익을 추구하도록 허용하는 제도에 대하여는 심각한 불의不義, injustice라고 주장하였다. 이와 같은 경제체제 또한 노예제와 다를 바 없는 것이라고 지적했다. 조지는 1880년, 영국계 미국인이었음에도 불구하고 아일랜드 민족주의자들과 연대하기 위하여 뉴욕으로 이주한다. 그리고 뉴욕에서부터 시작해 아일랜드와 스코틀랜드 등 해외로 순회연설을 다녔다. 1886년, 연합노동당 the United Labor Party 후보로 뉴욕시장 선거에 출마하였으나 2위로 낙선한다.163)

자본주의에 반대한 마르크스(1818~1883)는 토지와 자본을 구분하지 않고 양자를 모두 공유화할 것을 주장한 반면, 조지는 토지와 자본을 구분하여 그 중 토지만을 공유상태에 근접하게 만드는 제도인 지대조세제를 주장한 것이 큰 차이점이다. 즉 마르크스와 달리 조지는 시장경제와 가격의 기능과 사유재산을 부인하지 않았다는 점이다. 활발해지는 노동운동의 배경에 헨리 조지가 있음을 간파한 로마 교황청은 조지의 사상을 불순한 사상으로 경계하게 되었다. 달리 말하면 현재 한국사회의 소위 극우파들이 걸핏하면, 좌파나 사회주의자라거나 심지어는 공산주의자라고까지 몰아치는 것처럼 말이다. 특히 전세계에 막대한 토지를 가지고 있던 교황청으로서는 보유한 토지에 대해 세금을 매겨야 한다는 주장을 받아들일 수 없었다. 교황 레오 13세는 조지의 사상을 실제 이상으로 급진적인 것이라고 인식하여 경계하였다. 끝내 교황청은 조지의 지지자였던 가톨릭노동운동 지도자 에드워드 맥글린Edward Mcglynn 신부164)를 파면(후에 복권)하게 된다.

'평등지권平等地權 및 지대地代와 가난의 상관관계'에 대한 세계 순회연설을 마치고 돌아온 그가 1890년, 처음으로 뇌졸증이 발생하게 된다.

그의 건강을 심각하게 훼손시켰으나, 이후 사실상 건강을 회복하지 못했다. 그러나 의사들의 반대에도 불구하고 1897년, 또다시 무소속으로 뉴욕시장 선거에 출마하나 선거일을 나흘 앞두고 사망한다. 1897년 10월 30일에 치러진 장례식에는 약 10만 명의 추모객이 운집했다고 전해지며, 노예제도 폐지와 사회개혁을 주장했던 라이먼 애버트Lyman Abbott 목사가 '헨리 조지를 추모하며'라는 조의문을 낭독했다고 한다.165) 오늘날의 환경보호론자들은 토지를 인류의 공공재산으로 보는 조지의 사상에 동의하며, 그 중 일부는 토지가치세의 이론적 도태 위에서 환경세環境稅의 정당성을 주장하기도 한다. 향후 환경을 오염시키는 기업의 생산 활동이나 제품에 대해 부과하는 환경세 신설이 필요하다. 우리나라가 지구온난화를 일으키는 주범인 온실가스GHGs, Greenhouse Gases 배출에 있어 세계 10위권 국가이며, OECD국가 중에서 가장 높은 증가율을 보이고 있다. 이에 대한 경제적 손실도 막대하다. 따라서 2050탄소중립전략을 '경제구조의 저탄소화', '신유망 저탄소산업 생태계 조성', '탄소중립사회로의 공정 전환'란 3대 정책 방향까지 설정했다. 이러한 추세를 볼 때 조지의 탁견에 놀라지 않을 수 없다.

그의 사상은 토지가치세의 부과방법이나 세율은 국가마다 조금씩 상이하나, 덴마크 이 외에도 뉴질랜드·호주·싱가포르·남아프리카공화국·대만 등의 국가에서 시행되고 있다. 특히 뉴질랜드에서는 1890년대와 1900년대 자유주의 성향의 정부에 의해 이루어진 토지소유권 개혁에 많은 영향을 끼쳤다. 그의 열렬한 옹호자였던 톨스토이는 자신의 소설『부활』에서 헨리 조지의 실명까지 언급했을 정도이다. 조지스트(지공주의) 단체와 기관이 활동하고 있으며, 그의 영향을 받은 세계적으로 유명한 문학가, 정치가도 많다.

대표적으로 조지 버나드 쇼George Bernard Shaw(1856~1950), 톨스토이Leo Tolstoy(1828~1910), 쑨원孫文(1866~1925) 등이 있다.166) 루이지애나주州 민든Minden시의 시장이 된 프랭크 콜버트J. Frank Colbert는 1927년 조지스트 운동에 동참해, 1932년 테네시주州 멤피스에서 열린 '국제 헨리 조지회의'에서 "단일세는 정의를 실천하는 것이다. 그것은 모든 사람들의 평등과 자유를 상징하며, 어떤 이도 압제를 받지 않는 것을 의미한다. 그것은 너무도 단순하여, 그 무궁무진한 잠재력을 인정하는 것이 망설여지기도 한다. 그렇지만 단순명료함 때문에 단일세를 등질 수는 없다. 우리는 어디를 향해 나아가야 하는가?"167)라고 연설한 것으로 유명하다. 벨기에 출신 독일의 경제학자인 실비오 게젤Silvio Gesell(1862~1930)은 『자연스러운 경제질서The Natural Economic Order』(1918)에서 노동자들이 노동의 대가 전체에 대한 권리를 획득하려면 불로소득을 폐지해야 하고, 이를 위해 불로소득의 원천인 화폐제도(돈)와 토지제도(땅)을 개혁해야 한다. 다시 말해 땅은 국유화하고 공매로 사용자에게 임대하되, 거기서 나오는 지대는 복지재정으로 사용해야 한다는 것이다. 즉 '공짜 땅 개혁Free-Land reform'이다. 돈은 그 액면가를 정기적인 감가상각으로 사람들이 금고에 방치하지 못하게 하고, 그것을 통해 돈이 재화와 용역이 막힘없이 교환되도록 하여 경제위기와 실업을 예방하고 물가를 안정시킨다. 그리고 국제통화로의 무역으로 환율 안정화, 즉 공짜 돈 개혁Free-Money reform이다. 분배구조에서는 "지대는 노동 대가를 줄인다"며 토지사소유제 및 지대에 대한 헨리 조지의 사상에 자신의 '이자율·화폐이론'을 접목시켜 자유화폐학설自由貨幣學說로 발전시켰다. 이는 20세기 전반을 대표하는 근대 경제학자인 케인즈J. M. Keynes(1883~1946)168)에게 많은 영향을 끼쳐 근대 경제학사에서 중요한 역할을 한다.169)

미국의 흑인 인권운동가이자 성직자인 마틴 루터 킹 주니어^{Martin} Luther King, Jr.(1929~1968)는, 그의 생애 마지막 저서 『혼돈 또는 공동체, 우리는 어디로 가는가?』에서 기본소득^{basic income guarantee} 개념을 설파하며 헨리 조지를 옹호하였다. 정치적으로도 헨리 조지의 영향력은 폭넓게 나타나 긍정적으로 언급되고 있다.

작금의 현실에서 다음과 같은 헨리 조지의 토지사상에서 대안을 제시하고자 한다. 첫째, 인공물(자본)의 사유와 자연물(토지)의 공유를 핵심으로 그의 사상은 자본주의라는 정正과 사회주의라는 반反을 지양하는 합合이며, 이러한 의미에서 미래세계, 더 나아가 우리의 미래세대와 통일한국의 기본이념이 될 수 있겠다. 둘째, 토지를 포함한 자연을 배타적으로 사용하는(또는 오염시키는) 사람은 공동체에 대하여 그에 상응하는 책임과 의무를 부담해야 한다는 그의 사상은 환경문제를 해결할 수 있는 사상적 기초가 될 수 있겠다. 셋째, 토지투기가 주기적으로 재발하면서 사회정의와 경제의 효율성에 피해를 주고 있음에, 그의 사상은 이를 근본적으로 예방하는 방안이겠다.170) 이러함은 불평등한 사회를 없애는데 완벽하지는 않지만, 빈곤의 원인이 토지재산권에 있지 아니한가? 부와 명예를 가진 위정자가 덜 가진 자를 위하는, 탐욕을 버리는 자세171)로 우리의 토지정책에 접목시켜야 하지 않을까 싶다. 그가 주장하는 사상을 한마디로 압축다면 다음과 같이 말할 수 있겠다. "토지를 공동으로 소유해야 한다" 그리고 "토지가치 이외의 대상에 부과하는 모든 조세를 철폐하자^{Abolish all taxation save that upon land values}"172)이다.

그렇다면 그의 토지에 대한 분배와 평등권을 다음에서 살펴보건대, "노예사유제가 정의롭지 못하다면 토지사소유제土地私所有制 역시 정의롭지 못하다. 어떤 상황에서든 토지를 소유하면 언제나 인간을 소유하게 되며, 그 정도는 토지사용의 필요성이 실질적 필요성이건 인위적 필요성이건, 어느 정도인가에 따라 정해진다. 이것은 지대법칙을 다른 식으로 표현한 것에 지나지 않는다"면서 토지사소유제의 궁극적인 결과는 '노동자의 노예화'라고 지적한다.[173] 토지사소유제는 토지에서 발생하는 이득 전체를 지주가 차지하기에 부정의不正義하나, 국·공유화까지는 주장하지 않는다는 점이다.

노동과 토지는 불가분의 관계에 있으며, 사람이 살면서 반드시 사용해야 하는 토지를 소유하면 그 사람에 대해 절대적 권력을 갖게 된다는 사실이 다른 식으로는 설명할 길이 없는, 즉 자유와 평등이라는 자연스러운 감정에 심히 어긋나는 제도, 관습, 관념이 성장하고 지속되는 현상을 설명해준다. 사람이 생산한 것에 대해 정당하게, 그리고 자연스럽게 결부되는 사적 소유라는 관념이 토지에까지 확대되어 버리면 그 결과는 뻔하다. 힘세고 교활한 자는 생산을 통해서가 아니라, 가로챔을 통해서만 소유할 수 있는 종류의 재산을 쉽게 차지할 수 있으며, 일단 토지의 주인이 되면 필연적으로 다른 사람의 주인이 되며, 그 토지소유는 귀족제의 근거가 된다고 한다.[174]

군주제君主制와 귀족제貴族制 모두에서 정치체政治體의 안정성을 확보할 수 있는 토대는 다중에 의한 민주주의인데 말이다. 네덜란드의 철학자 스피노자Benedict de Spinoza(1632~1677)는 『정치론』 제6장 12절에서, 논밭과 전체 토지, 그리고 가능하다면 집도 공공의 소유로 해야 한다. 그리고 도시민이건 농민이건 간에, 그것들에 대해서 시민에게 매년 세금을 부과해야 한다. 이것들을 제외하면, 다른 것들은 세금을 없애거나 전시가 아닌 평화 시에는 모든 종류의 세금을 면제한다. 제7장 19~20절에서 땅과 다른 부동산들은, 국가의 공동의 재산임에 틀림없다. 즉 연합해서 그것들에 대한 자신들의 권리를 주장할 수 있는 모든 사람들과 모든 사람들이 그의 권리를 주장하도록 권한을 주었던 사람에게 속한다.175) 그리고 가능한 한 시민이 평등한 관계, 즉 이는 국가에 있어서 필수적인 요소이기에 이를 갖기 위해 왕의 후손들 외에 누구도 귀족이 될 수 없다. 이를 위해 국민은 평등해야만 한다고 주장한다.

이쯤에서 조지가 살았던 미국의 시대적 배경을 알아야겠다. 알다시피 미국은 1776년 영국과 독립전쟁의 결과로 독립했다. 1860년에 링컨이 대선에서 승리한 이듬해인 1861~1865년에 남북이 갈린 내전 American Civil War이 있었다. 이때 인구는 남부가 약 2,900만, 북부는 약 600만 명이었다. 북부에서는 최신식 농기계인 콤바인combine이 도입되고, 철도가 4,000km 이상이나 건설되었으며, 전후 재건정책과 노예해방정책을 폈다. 링컨이 당선되기 전에 심지어 노예는 우마牛馬처럼 가격이 매겨져 최소 50달러에서 800~1,000달러로 형성돼 있었다고 한다. 급기야 1876년 노예가 해방되고, 흑인인권운동을 통해 노동력에 의존하는 플랜테이션plantation이 노예경제 해체와 함께 농업생산력이 급격히 쇠퇴하는 변화를 가져 왔다. 이로 인해 대부분 규모가 작은 농장들로, 소규모 농장주나 소작농이 운영하게 되나 큰 농장은 계속되었고, 그 노동력을 제공하는 소작농들은 경제적으로 노예와 비슷한 신분으로 불안정했다. 헨리 조지는 그 당시 노예제도 철폐 요구가 관철된 데에 대해 "노예제도가 철폐된 지금의 미국 남부가 아무런 손실도 입지 않은 것으로 나타난다. 노예에서 해방된 사람들이 살아야 하는 토지를 소유하고 있으면, 전과 다름없이 노동을 지배할 수 있는 동시에 노동에 대한 책임은 면제되었기 때문이다. 흑인들은 다른 지방으로 이주하려면 할 수도 있고, 또 수많은 이주가 시작될 기미도 있다. 그러나 인구가 증가하고 토지가 귀해지면 농장주는 노동자가 벌어들이는 것 중에서 노예사유제 하에서보다 더 많은 몫을 차지하게 될 것이고, 노동자의 몫은 더 적을 것이다"176)고 설명한다. 토지사소유제를 인정하는 한, 우리가 자랑하는 자유는 필연적으로 노예제도로 연결된다. 이것이 철폐되기 전에는 미국의 독립선언에서의 노예해방법도 아무런 소용이 없다. 한 사람이 다른 사람들의 생활의 터전인 토지를 배타적으로 소유하면 노예상태가 조성될 것이고, 물질적 진보가 진행될수록 그 정도가 반드시 심해지는 법이다. 토지사소유제는 맷돌의 아랫돌과 마찬가지이며, 물질적 진보는 맷돌의 윗돌이다. 노동계층은 증가하는 압력을 받으면서 맷돌 가운데에서 갈리고 있기 때문이다.177) 현대적 관점에서 보면, 자본주의는 토지사소유제를 허용함으로써 소득분배의 불평등, 주기적 불황, 실업, 환경파괴 등의 심각한 문제를 겪어 왔다. 반면 사회주의는 토지를 비롯한 모든 생산요소의 이용을 국가의 계획과 통제에 맡김으로써 극도의 비효율을 경험했다178)는 점이 정설이다. 이러함에 헨리 조지의 토지가치 공유에 공감하는 이른바 조지스트(조지주의Georgism)들은 그의 진정한 자유거래의 사상을 우리의 현실에 적용한다면, 자본주의와 사회주의의 장점들을 취합해 효율과 평등을 이룰 수 있다고 주장하기도 한다. 땅을 배타적으로 보유할 수 있는 정당한 권원이란 존재하지도 않고 존재할 수 없다는 점, 그리고 토지사소유제는 노예사유제와 마찬가지로 분명하고도 엄청난 잘못이라는 점은 진실이며, 동시에 이 진실에는 예외가 있을 수 없다. 토지사소유제는 효용이라는 근거로도 정당화될 수 없고, 빈곤과 타락의 원인이 되며 사회적 병리와 정치적 취약성을 야기하여 문명의 진보를 위협한다는 점이 입증되었다. 그러므로 토지사소유제의 철폐는 정의 이외에 효율이라는 이유도 있다. 우리는 효율과 정의의 근거에서 토지사소유제의 철폐를 요구하고 있으며,

이러한 요구는 주州 정부의 평범한 규제보다 오히려 근거가 더 확실한데 무엇 때문에 주저하는가 하고 헨리 조지는 의문을 던진다. 토지를 공동재산이라고 분명하게 인식하는 쪽에서조차 주저한 이유가 있다. 이는 오랫동안 존속해 온 토지사유제를 철폐하면 이 제도가 계속될 것이라고 믿고 경제활동을 해 온 사람들에게 손실을 준다는 생각, 즉 토지를 정당한 재산으로 인정해 왔었기에 토지에 대한 공동의 권리를 회복시킨다면 정당성에 의문이 없는 다른 재산을 지불하고 토지를 매입한 사람에게 불공평하다는 생각인 듯하다.179) 따라서 토지사유제를 철폐하면 이들의 현재 토지소유자에게 완전한 보상을 해주어야 한다면서 조지는 영국이 장교임용자격의 매매를 금지했을 때, 그 자격을 팔 수 있다는 생각에서 매입한 사람에게는 보상해야 한다고 생각했으며, 영국령 서인도제도의 노예제도를 철폐할 때에도 이러한 사고 하에서 노예소유자에게 1억 달러를 보상한 적이 있다180)는 일례를 들고 있다. 현시대에도 토지사유화는 신노예제를 재생산할 뿐, 공의는 찾아볼 수 없는 문제를 더하기에 변함이 없다.

이에 존 스튜어트 밀John Stuart Mill(1806~1873)181)이 모든 토지의 현시장가격을 확정한 후 미래에 발생하는 불로소득으로 인한 증가액을 국유화하자고 주장했겠다. 이에 조지는 부의 분배의 부정의성不正義性을 지금보다는 악화는 시키지 않지만, 해소까지는 멀다고 주장하면서, 이러한 Mill의 방안을 실시하게 되면 지대의 투기적 상승은 중단된다고 한다. 일반 국민은 미래의 실제 지대상승액과 현재의 시장가격에 반영된 예상되는 지대상승액 간의 차액만큼 앞으로 혜택을 보게 되나, Mill의 방안은 어느 한 계층이 다른 계층에 비해 현재 누리고 있는 엄청난 이익을 앞으로도 계속해서 방치하게 된다는 논리를 편다. 그러면서 토지소유자의 이익을 조금이라도 봐준다면 정당한 개혁이 될 수 없다는 주장이다. Mill이 미래의 지대증가액만을 환수하자고 하는 것은, 그도 토지사소유자에 대한 보상이 중요하다고 볼 수 있겠다. 이는 그가 임금은 자본으로부터 나온다든가, 인구는 생존물자에 압박을 가한다든가 하는 학설을 받아들였기 때문이다. "토지소유자의 권리는 전적으로 국가의 일반정책에 달려 있다는 점을 알고는 토지사유제가 효율적이지 않으며 정의롭지도 않다. 그리고 아일랜드의 토지 및 모든 국가의 토지는 그 나라 국민의 것이다. 도덕과 정의에 의하면, 토지소유자라는 개인은 지대 또는 시장가격에 대한 보상액 이외에는 아무 권리도 갖지 못한다"는 Mill의 주장도 있다. 이에 대해 조지는 Mill이 맬서스Thomas Robert Malthus182) 학설에 현혹되어 경제법칙의 조화를 보지 못하고, 궁핍과 비참, 죄악과 수치의 근원이 되는 본질적인 잘못을 이해하지 못했다. 그리고 토지사소유자라는 개인이 지대에 관한 권리를 갖는 게 도덕적이고 정의롭단 것인지, 또한 토지가 국민의 것이라면 국민이 왜 도덕과 정의의 이름으로 자기 물건의 시장가격을 남에게 지불해야 한단 말인가183)고 혹평을 하나, 인간의 삶을 불만족스럽게 만드는 것은 그 원인이 이기심과 정신교양의 부족으로 보면서 삶에서 발견되는 구체적 해악과 신체적·정신적으로 큰 고통을 주는 심각한 요소들, 즉 빈곤, 질병, 그리고 몰인정한 것과 쓸모없는 것, 또는 애정의 대상들을 너무 일찍 상실해 버리는 것 등을 피할 수만 있다면, 어느 누구도 그런 삶을 꾸려나가지 못할 이유가 없다184)고 말하는 Mill이 자본주의의 강점만을 끄집어내 이론화한 바가 있으나, 그가 이렇게 주장하는 것으로 봐서는 도리어 조지가 그러한 근원을 잘못 파악한 것이 아닐까 싶다.

따라서 지대는 토지에서 자연히 생기는 것도 아니고, 토지소유자의 행위에 의해 생기는 것도 아니다. 지대는 사회 전체에 의해 창출된 가치를 대표한다. 사회에 다른 사람이 없다면 토지소유자로 하여금 토지 보유로 인해 생기는 모든 것을 갖게 해도 좋다. 그러나 사회 전체가 창출하는 지대는 반드시 사회 전체의 것이 되어야 한다는 것이다. 일반 국민은 지대에 대한 소유권을 되찾는 것으로 족하다. 토지에서 개량된 물건과 동산動産은 토지사소유자가 안전하게 해주자는 거다. 어떠한 계층도 이와 같은 정의의 조치로 인해 압박받지 않으며 손해를 보지 않을 것185)이라고, 헨리 조지는 결론적으로 말한다.

조지스트 사상가나 마르크스주의 모두 토지의 사유화를 극구 반대하지만, 전자와 달리 후자는 토지의 사유화가 자본주의 사회의 근원적이고 중차대한 문제가 아니라고 본다. 이것이 마르크스가 추구한 토지관이다. 헨리 조지가 자본주의의 병폐를 통렬하게 비판186)하였다는 점에서는 마르크스와 공통점을 갖지만, 병폐의 원인 진단과 처방에 있어서는 아주 달랐다는 점이다. 헨리 조지는 마르크스에 대해 "멍청이 나라의 왕자", 그리고 "매우 피상적인 사상가이며. 부정확하고 악의에 찬 용어에 빠져 있다"고 보았다. 헨리 조지가 매우 독특한 가치로 중시하였던 지대를 마르크스는 다른 생산요소의 대가와 구분하지 않고, 잉여가치에 포함시켰기 때문으로 보인다. 반면 마르크스도 "조지는 잉여가치의 본질에 대해 전혀 이해하지 못하고 있다"고 비판하고, 헨리 조지 식의 토지개혁운동을 '자본주의자의 마지막 저항'이라고 비판하였다. 그런데도 『진보와 빈곤』이 국제적으로 널리 보급됨에 따라, 헨리 조지의 강렬한 문제의식과 열렬한 이상주의가 진보적 양심세력을 일깨움으로써, 그 당시 퇴조하고 있던 유럽의 사회주의가 부활하는 계기가 되기도 하였다. 즉, 마르크스주의는 토지의 사유화가 자본주의 사회의 근원적이고 중차대한 문제라고 보지는 않는다. 토지의 사유화 철폐는 자본주의가 가지고 있는 다수의 문제들 중에서 한 가지 문제를 해결하는 데 지나지 않으며, 이로 인해 근원적 모순이 해결되지는 않는다고 보는 것이다. 마르크스주의는 생산요소를 크게 노동과 자본으로 분류하고 토지를 자본의 범주에 포함시켜, 생산요소를 노동, 자본, 토지의 세 가지로 분류하는 조지스트와 차이를 보인다. 토지문제에 한정하여 지대를 몰수하다시피 하는 고율의 토지세를 부과하는 조지스트의 방안에 대하여 마르크스는 긍정적이지만, 생산수단 사유화의 철폐라는 큰 틀 안에서 토지사유화의 철폐를 일관성 있게 요구함으로써 의견이 완전한 일치라고는 할 수 없다.187)

헨리 조지가 말하는 지대地代, rent란 용어의 경제학적 의미는 일상적인 의미와 다르다면서 다음과 같이 정의하고 있다. 협의의 관점에서의 지대란, 일상 대화에서 토지 기타 자연능력의 사용에 대해 지불하는 대가 이외에도 건물, 기계, 기타 고정시설물의 사용에 대해 지불하는 대가도 일반적으로 렌트rent라고 부른다. 이에는 순수 토지의 사용대가와 토지개량물의 사용대가가 구분되지 않는다. 그러나 경제학에서의 지대는 인간의 노력에 의한 생산물을 사용하는 대가는 포함하지 않으며, 따라서 주택, 농장 등의 사용대가로 지불되는 액수 중에서 토지사용의 대가만이 지대이다. 건물이나 기타 토지개량물의 사용대가는 이자이며 자본사용의 대가가 된다. 광의의 관점에서의 경우에는, 일상 대화에서 소유자와 사용자가 다른 사람인 경우에만 지대라는 용어를 사용한다. 그러나 경제학적 의미에서는 같은 사람이 소유자 겸 사용자라 해도 지대가 발생한다. 소유자와 사용자가 동일해도 소유자가 자기 토지를 다른 사람에게 임대할 경우에 얻게 될 소득이 지대이며, 또 토지를 소유하지 않은 채 타인에게 임차한 경우에 자신이 얻을 소득은 자신의 노동과 자본에 대한 대가이다.

가치를 가지는 토지는 소유자가 사용하든 언제나 실현지대rent actual 가, 가치를 가지는 토지는 미사용이라도 언제나 잠재지대rent potential가 존재188)하는 것이다.

경제학상으로는, 토지소유로 인한 향후의 기대수익을 현재 시점에서 환원되는 값이 토지가치이다. 이는 '개량물을 제외한 가치'가 아닐까 싶다. 즉 토지의 배타적 사용권과 처분권을 보장하면서도, 지대 내지 토지가치는 공유한다는 공공재로서의 헨리 조지가 인식하는 토지철학이다. 이러함이 토지공개념의 척도이기도 하다. 토지소유자는 누구나 최고의 대가를 바라지만, 각자가 받을 수 있는 가격에는 한도가 있다. 이것이 토지의 시장가격 또는 시장지대이며, 그 금액은 토지마다 시기마다 다르게 나타난다. 자유경쟁조건 하에서 토지소유자가 얻을 수 있는 가격을 결정하는 법칙 내지 관계가 지대법칙이다. "부의 분배는 지대, 임금, 이자 간의 분할을 의미하므로 생산물 중에서 지대로 가는 부분이 확정되면 그 나머지가, 자본을 사용하지 않으면 임금이 되며, 자본을 사용하면 임금과 이자가 되기 때문이다"는 설명이다.

존 스튜어트 밀John Stuart Mill은 지대법칙을 정치경제학의 '당나귀의 다리pons asinorum, asses' bridge'라고 한다. 물론 이는 '리카도David Ricardo(1772 ~1823)의 지대법칙'과 같음을 보인다. 이 법칙과 헨리 조지는 자신의 지대법칙과는 새로 논의할 필요성이 없다면서 "토지의 지대는 동일한 투입으로 사용되고 있는 토지 중에서, 생산성이 가장 낮은 토지에서 얻을 수 있는 정도를 초과하는 생산물에 의해 결정된다"고 한다. 이 리카도의 지대법칙은 농업 이외의 용도로 사용하는 토지와 광업이나 어업 등의 경우와 같은 다른 자연적 요소에도 적용된다는 것이다. 이 법칙은 모든 저명한 경제학자들이 상세히 설명하고 예증하고 있다.189) 그러면서 지대는 경작의 한계 또는 최저로 발생하는 생산지점에서의 생산성을 초과하는 부분은, 결국에 지대는 동일한 양의 노동과 자본으로 수익성이 가장 낮은 업종에서 얻을 수 있는 생산을 초과하는 부분이라는 것과 같은 의미라고 한다. 즉 지대법칙이란 실제로 경쟁의 법칙에서 연역된 것에 불과하다. 또 임금과 이자는 공통의 수준으로 귀착되는 경향이 있으므로 지대법칙의 의미는 노동과 자본이, 사용되는 자연적 생산요소 중 가장 열등한 대상에 투입 시 생산물보다 더 많은 부를 생산하면 그 초과분은 모두 지대의 형태로 토지소유자에게 귀속하는 것과 마찬가지다. 이는 궁극적으로, 물리학에서 중력의 법칙이 차지하는 중요성처럼 정치경제학에서의 기본원리인 "인간의 최소한의 노력으로 욕구를 충족시키려 한다"에서 나오는 지대법칙이라는 궤를 같이 하면서도, 리카도가 이를 '농업에서만 국한'190)하고 있는 것과 같다. 리카도가 말하는 "지대는 대지의 생산물 중에서 토양의 원천적이고 파괴될 수 없는 능력을 사용하는 데 대해 지주에게 지불되는 몫"이란 뜻에서 그렇게 볼 수도 있었겠지만, 그러나 실례로는 공업과 상업은 가장 높은 지대를 산출하는데, 이는 도시의 공업용 내지 상업용 토지의 지대가 더 높은 것으로 입증된다는 것이다.

토지 가치 또는 지대에 부과하는 조세가 정부수입을 올리는 최선의 방책이라고 하는 결론의 근거는 지대의 성격과 지대의 결정법칙에 관한 이론이 확립된 이래, 모든 저명한 경제학자에 의해 명시적·묵시적으로 인정되어 왔다는 점이다. 지대상승의 원인을 인구증가만으로 든 리카도는 그의 저서 『정치경제학과 조세의 원리』 제10장에서 "지대에 부과하는 조세는…, 전부 토지소유자에게 귀착되며 어떤 계층의 소비자에게도 전가되지 않는다…, 경작되고 있는 토지 중 가장 생산성이 낮은 토지의 생산량과 다른 토지의 생산량과의 차이는 변함이 없기 때문이다…, 지대에 부과하는 조세는 신규토지의 경작을 저해하지 않는다. 이러한 토지에는 지대도 없고 조세도 부과되지 않을 것이기 때문이다"[191]고 설파하고 있음을 헨리 조지는 인용하고 있다.

리카도 시대 이후 이 법칙 자체는 인정을 받았지만, 간명한 기하학적 증명처럼 다음과 같은 파생법칙이 도출될 수 있지 않을까 판단된다. 즉 지대법칙은 생산물이 지대와 임금으로만 임금법칙이 되며, 그리고 지대, 임금, 이자로 나눠진다면 바로 임금과 이자를 합한 것의 법칙이 된다. 노동과 자본을 지대가 없는 토지에 투입해 얻을 수 있는 대가 이상의 생산은 모두 지대로 토지소유자에게 귀속된다면, 결국 노동과 자본이 요구할 수 있는 대가도 지대가 없는 토지에서의 생산액에 불과하다는 것이다. 이를 수식, 즉 '생산량=지대+임금+이자/생산량-지대=임금=이자'로 표시하면 쉽게 이해할 수 있겠다. 이와 같이 임금과 이자는 노동과 자본의 생산물에 의존하는 것이 아니라, 지대를 공제 후 잔여에 의해, 즉 무지대無地代 토지에서의 생산물 또는 사용 토지 중 가장 열등한 토지에서의 생산물에 의해 정해진다. 그러므로 생산력이 아무리 높아지더라도 지대가 같은 정도로 높아진다면, 임금과 이자는 상승할 수 없다고 설명하고 있다.[192]

조지가 말하는 분배에는 지대, 임금, 이자에 대한 법칙을 일괄하고 있다. 지대에 대한 법칙은 앞서 비판한 바 있다. 여기서 이자의 법칙은 한마디로 요약 서술하고, 임금에 관한 법칙을 설명코자 한다. 이자법칙이란 "임금과 이자 간의 관계는 자본이 재생산한 형태로 사용될 때, 그 자본이 가지는 평균적인 증가력增加力에 의해 결정된다. 지대가 상승하면 이자는 임금과 함께 하락한다. 즉 이자는 경작의 한계에 의해 결정된다는 것"이라고 설파한다. 앞서 검토한 바에서 알 수 있듯이, 자본을 노동의 한 형태로 보아 부富가 지대와 임금으로만 나눠진다고 할 때 동일한 결론이었고, '자연적 물자'와 '인간의 노력'이라는 두 생산요소가 결합하면 모든 부를 생산한다. 이 두 요소가 사람에게 생산물을 지대와 임금을 나누는 법칙을 추구하였다.193)

또한 임금법칙은 지대법칙에서 도출했던 파생법칙과 같으며, 이자법칙과도 완전히 조화된다면서 "임금은 생산의 한계, 즉 지대를 지불할 필요가 없이 개방된 자연의 최고생산시점에서 노동이 얻을 수 있는 생산물에 의존한다"고 설명한다. 이러한 임금법칙은 토지가 무상이고 노동이 자본의 보조를 받는 경우의 임금은, 총 생산물이 임금으로 노동에 귀속된다. 이와 반대인 경우, 즉 보조를 받지 않는다면 총생산물에서 노동을 자본의 형태로 축적하도록 유도하는 데 필요한 부분을 제외한 것이다. 따라서 토지에 소유자가 있고 지대가 상승하는 경우의 임금은, 지대를 지불할 필요가 없이 개방된 최상의 자연의 기회에서 노동이 얻을 수 있는 것에 의해 정해진다. 자연은 기회가 모두 독점된 경우의 임금은 노동자 간의 경쟁에 의해 노동자의 재생산을 위해 필요한 최소한으로 내려갈 수 있다.194) 여기서 사용한 임금은, 임금의 절대량이 아니라 비율로서의 임금을 의미한다는 점이다. 즉 임금이 하락하고 지대가 상승한다고 할 때, 노동자가 임금으로 받는 부의 총액이 줄어든다는 의미가 아니라, 총 생산에서 차지하는 임금의 비율이 줄어든다는 의미다. 분배법칙의 상호조화와 연관성은 현 정치경제학이 제시하는 법칙과는 대조적이다. 달리 말해, 그가 제시하는 진정한 분배의 법칙은 첫째, 지대는 경작의 한계에 의존하며 한계가 등락하면 반대 방향으로 등락한다. 둘째, 임금은 경작의 한계에 의존하며 한계가 등락하면 같은 방향으로 등락한다. 셋째, 이자는 경작의 한계에 의존하며 한계가 등락하면 같은 방향으로 등락한다고 한다.195)

결론적으로 말하면, 생산은 노동과 자본과 토지로서 이 셋 생산자가 생산물을 나눠 가진다. 여기서 생산이 증가하는데도 노동자가 더 갖지 못한다면, 토지소유자가 전체 이득을 차지한다는 추론은 필연적이다. 이 추론은 사실과도 일치한다. 물질적 진보가 이뤄져도 임금과 이자가 증가하지 않는 곳은 많지만, 물질적 진보에 예외 없이 동반하는 현상이자 특징은 지대의 증가, 즉 토지가치의 상승이다. 토지가치가 상대적으로 낮은 곳에서는 임금과 이자가 상대적으로 높고, 토지가치가 상대적으로 높은 곳에서는 임금과 이자가 상대적으로 낮다. 따라서 토지가치는 노동에 의해 창출된 부를 차지할 수 있도록 하는 토지소유권의 힘에 달려 있으면, 토지가치의 증가는 언제나 노동의 가치를 희생시킴으로써 이뤄진다는 사실이다. 그러므로 생산력이 증가한다고 해서 임금이 증가하는 것은 아니다. 그 이유는 생산력의 증가가 토지가치를 증가시키기 때문에, 지대가 모든 이익을 흡수하므로 빈곤이 진보와 함께 동반한다는 것이다.196)

이제, 다음에서는 헨리 조지의 토지에 대한 공유화 방법론에 대해서 보자. 우리나라의 재산권 중 부동산 투기와 토지의 분배에 있어 세제와 관련, 가장 심각한 문제는 실거래가보다 상당히 낮은 공시지가에 문제가 있다고들 진단한다. 이유는 현재 보유세는 공시지가를 통상 시세의 60~70% 수준인 기준으로 산출한다는 점 때문이다. 이에 불로소득인 지대를 전액 세금으로 흡수하자는 토지지대세가 주장되었다. 그러나 이를 실시하려면 조세저항을 감당하기 어렵다는 이유를 들이댄다. 이러자 지대의 전부 환수가 아니라, 토지소유자가 토지를 매입할 당시의 지가에 대한 이자를 공제한 나머지만 환수하는 '이자공제형지대세'란 조어와 함께 대두되고 있는 우리나라의 실정이다. 하여간 토지에 대한 부정의不正義, injustice는 대체적으로 인정하는 편이나, 기득권층의 추악한 탐욕과 도덕불감증에 의한 압력에 눌리는 형국이다. 따라서 공시지가는 시세의 90~100%까지로 현실화하여 산출해야 한다. 이는 당장은 어렵더라도 부동산 가격상승을 완화하고, 향후 거래 활성화에도 이바지할 수 있다. 또한 자연스럽게 1가구 1주택 지향의 실수요자 중심으로 부동산시장이 재편될 수 있는 길이다. 여태껏 살핀 바와 같이, 최상위의 법인 헌법과 관계 법률도 거의 흠잡을 데가 없다. 그대로만 이행된다면 토지 정의土地正義, Land justice가 자연스럽게 흘러가는 강물처럼 철철 흐를 것인데도 말이다. 그러면 또 다른 대안은 무엇인가? 아담 스미스의 『국부론』에서 출발하여 맬서스의 『인구론』, 칼 마르크스의 『자본론』, 헨리 조지의 『진보와 빈곤』, 토마 피케티의 『21세기 자본』까지 탄생했지만, 문제해결은 요원하다. 그러나 길이 없는 것은 아닌 것으로 보인다. 그럼 헨리 조지의 사유재산, 더 나아가 토지에 대한 공공성을 보자.

토지를 공공재산으로 하면 필요시 즉시 사용·개량할 수 있다. 그러나 토지를 사유재산으로 하면 토지소유자 스스로 사용·개량의 능력이나 의사가 없는 경우에도, 타인이 사용 내지 개량을 못하게 할 수 있는 권리까지 토지소유자가 갖기에 손해일 수 있다. 만약 토지소유권에 대한 다툼이나 있거나 가격인상만을 기다릴 때는, 이러한 탐욕이 채워지기까지는 모든 게 정지되거나 빈 땅이 된다. 이러한 경우, 만약 공공재산이었다면 빌딩이 들어서고 작물이 수확기이면 황금빛으로 변하지 않겠는가의 귀결에 도달한다. 헨리 조지는 토지사소유제는 적절한 토지사용의 확보 측면에서는, 돼지고기를 익히기 위해 집을 불태우는 것처럼 낭비적이고 불확실한 방법이라고까지 비유를 한다.[197] 토지사소유제는 토지에 관한 모든 권한이 사적 주체에게 귀속되는 제도이므로, 토지소유권에 대한 사회적 제약을 가하기가 이론상으로는 쉽지가 않다. 그러나 현실적으로 볼 때, 토지사소유제를 취하는 모든 국가에서는 공적인 필요에 의해 토지를 수용할 수 있고, 사적인 토지사용을 상당한 정도 제한할 수 있으며, 또 그것이 특별히 문제가 되지 않는다는[198] 사실이다.

토지를 공유화할 방법이 진정 없는 것인가. 단언컨대, "개인이 소유한 토지의 매수는 물론 몰수도 아니다. 매수는 정의롭지 못한 방법이고, 몰수는 지나친 방법이다. 현재 토지를 갖고 있는 자는 그대로 가지고는 '내 땅'이라고 하여도 좋다. 매도나 상속, 그리고 유증遺贈, devise[199]도 가능하다. 속 알만 얻으면 껍질은 지주에게 주어도 괜찮다. 단지 지대만 환수할 뿐이다"는 것이 토지에 대한 공공성 내지 공유화로 갈 수 있는 방법으로서의 핵심이다. 달리 말해 지대는 공유하되, 소유권은 그대로 둠으로써 토지에 대한 세금은 높이고, 그 외 세금은 낮추거나 없애자는 것이다. 이 제도는 지대를 징수하여 공공의 경비에 충당하면 그뿐으로, 국가가 토지임대 문제에 신경 쓸 필요조차 없다. 이와 관련된 특혜, 결탁, 부패의 위험성마저 없다. 또한 이 제도를 위해 새로운 정부기구를 만들거나 확장할 필요도 없이 기존의 기구만으로 충분하다. 오히려 이를 단순화하고 감축해야 할 것이다. 토지소유자에게 지대의 적은 부분만 남겨두고―이 금액은 국가가 토지를 임대하는 비용과 손실보다 훨씬 적을 것이다―기존의 기구를 활용해 지대를 징수하여 공공경비에 충당한다면, 잡음이나 충격도 없이 토지에 관한 공동의 권리를 확립할 수 있다는 점이다. 지금도 우리는 지대에 대한 조세를 징수하고 있다. 그러기에 단지 조세의 방법만 약간 바꾸어 지대 전체를 징수하면 되는 것으로 어렵게 생각할 것이 아니다. 결단코 토지소유권도 박탈하지 아니한다. 국가가 지대를 조세로 징수하기 때문에, 이는 실질적인 공동재산이자 우리 사회의 모든 구성원이 토지 소유의 이익을 공유할 수 있는 것이다. 토지가치 이외의 대상에 부과하는 모든 조세는 철폐하면 된다.[200] 토지에 대해서만은 그 처분과 사용권은 개인이 갖되, 수익권은 권리를 갖자는 조지 헨리의 주장에 찬성한다. 이러함은 국유화도 아니고, 헌법상에도 위배되지 아니한 것으로 수십 년간 시달려온 토지의 부정의를 일소할 수가 있다. 그러면, 이제는 실천이다. 이를 위한 조세는 어떻게 할 것인가가 대두됨에 논하고자 한다.

4. 토지공개념과 정의로운 조세원칙

국가에 의하여 과세되는 조세는 국가 또는 지방자치단체가 재정수요의 충족을 위한 경비를 조달하기 위하여 일반 국민에게 반대급부 없이 일방적·강제적으로 징수되는 것으로,[201] 그 본질상 국민의 재산권을 침해하는 것이지만, 헌법상 국민주권주의, 권력분립주의 및 법치주의 원리에 따라 모든 국민은 법률이 정하는 바에 따라 납세의 의무를 지고, 조세의 종목과 세율은 법률로 정하도록 규정하여 조세법률주의를 천명(헌법 제38조, 제59조)함으로써, 오직 법률에 의한 과세권 행사만을 인정하여 재산권 침해의 정당성에 대한 헌법상의 근거를 밝힌 것이다.[202] 국민은 과세권의 대상이 아니라, 납세의무의 주체로서 법률에 의하여 정해진 적법절차에 의하지 않고 이를 거부할 수 있는 주관적 공권인 납세자기본권納稅者基本權, the right to pay one's own interest을 소극적으로나마 가지게 된다.[203] 우리 헌법은 과세권과 재산권 보장을 하고 있다. 즉 제23조 제1항과 제119조에서다. 반면 제23조 제2항에서 재산권의 행사는 공공복리에 적합하도록 하여야 한다고 규정하고, 제37조 제2항에서 일반적 법률유보로서 기본권과 재산권도 제한할 수 있으나, 본질적인 내용의 침해가 금지되는 것은 물론 비례의 원칙 등에 따라 그 제한은 필요한 최소 한도에 그쳐야 한다. 그런데 19세기 입헌군주제 하에서는 의회의 동의를 얻었다면, 그에 의하여 부과된 조세는 합헌적인 것으로 간주되어 이 시기에는 과세권에 의한 재산권의 침해 가능성이라는 명제는 성립될 수 없었다는 점이다. 이러한 점은 독일 바이마르공화국 시대에도 이어졌는데, 특수한 헌법상 황이라는 인식에 따라 헌법적으로 어떠한 제한도 안 받는다는 국가의 재정고권이론은, 국민에 대한 조세부담을 정당화시키는 근거로서 '재정유보' 또는 '조세유보'라는 개념을 탄생시켰다.204) 그러나 이러한 견해는 헌법상의 수권규정으로 변질할 위험성이 있고, 재산권 보장뿐 아니라 헌법상의 전체적인 법치국가적 권력통제장치로부터 자유로워질 우려가 있었기에 헌법상 일정한 한계가 존재한다. 이에 헌법적 근거규범이라는 데 관하여 광범위한 합의가 성립될 수 있었다. 따라서 독일 연방재판소는 재산세·상속세에 있어 대상 부동산對象不動産에 대한 평가규정이 다른 자산의 평가방법과 비교하여, 헌법상 평등조항에 위배된다는 이유로 헌법불합치결정(NJW, 1995, S. 2615)을 하였다. 우리 헌법재판소도 이를 전제로 하고 있고, 다수의 결정에서 재산권 보장 규정 위배를 위헌판단 사유로 삼고 있다.205) 하여튼 조세법률주의의 이념은 과세요건을 법률로 명확하게 규정하여 국민의 재산권을 보호함은 물론, 국민의 경제생활에 있어서의 법적 안정성과 예측 가능성을 보장하기 위하여 과세요건 법정주의와 과세요건 명확주의를 그 핵심내용으로 한다. 한편 우리 헌법 제38조와 제59조에서 조세법률주의를 채택하고 있다. 이로써 과세권을 형성시키는 입법권은 오직 국회만이 가질 수 있다는 헌법상 명령(구속)적 규범이 된다.206)

헌법상 재산권과 조세의 기본원칙에 관하여 고찰해 보았다. 그렇다면, 우리나라의 조세정의는 어떻게 이룰 것인가. 이러한 점에 있어 조세의 불평등과, 바람직한 조세원칙을 다음에서 찾고자 한다. 먼저, 사회모순의 시작은 만인이 공유해야 할 토지에 대한 독점 때문이라는 인식이 중요하다. 이는 산업불황과 사회부조리, 불평등의 근본적이고 1차적인 원인이 토지가치의 투기적 상승에 있다는 점에서 출발한다. 가난한 자가 계속 가난할 수밖에 없는 것은, 토지의 다소유자多所有者들이 생산물의 상당부분을 지대地代로 가지기 때문으로 본다. 이에 헨리 조지의 조세원칙을 보자. 국가 수입을 조달하기 위해 징수하는 조세 중에서 첫 번째로, 최선의 조세는 첫째, 조세의 원천이자 사회유지비용의 원천이 되는 일반기금의 증가에 대한 방해를 최소한으로 부담하게 하는 방법으로 '조세가 생산에 주는 부담이 가능한 적어야' 하고, 둘째, 국가에 들어가는 금액 이외에 국민이 부담하는 금액을 최소한으로 부담하기 위한 방법에는 '조세의 징수가 쉽고 징수비용이 저렴하며 조세가 가능한 한 궁극적인 납세자에게 직접적으로 부과될 것', 셋째, 공무원 쪽에서는 횡포와 부패의 기회를 최소로 하고, 납세자 쪽에서는 위법과 탈세의 유혹을 최소로의 방법에는 '조세가 확실성을 가질 것'이어야 하고, 넷째, 타인에 비해 특별한 이익을 받거나 불이익이 없도록 '조세부담이 공평할 것'이어야 한다[207)208)]고 주장하는바, 이에 찬동한다.

그러면 조세가 생산에 미치는 영향을 본다. 모든 조세는 분명히 토지와 노동의 생산물에서 납부된다. 따라서 노동자의 소득을 줄이는 조세와 자본가에 대한 대가를 줄이는 조세는 노동자의 근면성과 지적 능력을 줄이며, 자본가의 저축 의욕과 투자 의욕을 줄인다. 적절한 방식으로 부과하면 별 어려움 없이 부담할 수 있는 조세도 잘못 부과하면 국민을 궁핍하게 하고 부의 생산력을 파기할 수 있다. 여기서 헨리 조지는, 이집트 왕 모하메드 알리Mohammed Ali(1769~1849)가 야자수에 대해 세금을 징수하자 농민들이 자신의 야자수를 베어버리는 사태가 발생했으나, 그 두 배의 세금을 부과하니 이런 사태가 발생하지 않았다는 점을 든다. 그리고 네덜란드의 알바Alva(1508~1582) 공작이 모든 판매에 대해 세율 10%를 징수한 적이 있었는데, 이 세제가 지속되었다면 교환이 거의 중단되고 세수인상은 힘들었을 것이라고 한다.209) 그런데 우리나라 시장만능주의자인 신자유주의 세력들은 토지에 대한 조세, 특히 보유세를 활용하여 투기수요를 억제하는 정책을 격하게 혐오한다. 심지어는 보유세 무용론까지 들고 일어난다. 이러함은 어떤 이론이라기보다는 특정계층을 옹호하는 이데올로기에 가깝다.210) 이에 대한 국민적 함의는 끝났다고 볼 수 있거니와, 또한 전술한 바 있는 토마 피케피가 인류세 성격의 누진적인 글로벌 자본세global tax on capital211)를 거두자는 이 마당에, 시장경제의 선구자처럼 행세하고 있는 점이 문제를 더한다.

두 번째로, 징세의 용이성과 저렴함에 있어 일부 면허세나 인지세와 같이 그 자체만으로 저절로 몇 가지 예외적인 조세를 제외하면, 모든 조세 중에서 토지가치에 대한 조세는 징수가 가장 쉽고 비용이 가장 적게 드는 조세다. 이 업무를 담당하는 기관도 이미 존재하므로 일부를 징수하거나 전부를 징수하는 거나 다를 바 없다. 또한 이에 따른 공무원을 증원할 필요가 없어 세수의 절약은 막대하다. 이에 조세로 인해 토지소유자의 세액이 늘어나더라도 토지소유자가 토지 사용 대가를 인상할 힘이 없는 점을 고려할 때 토지가치세는 가장 저렴한 비용으로 큰 정부 수입을 올릴 수 있는 조세이며, 국민에게서 징수하는 금액에 대비한 정부의 순수입액純收入額의 비율이 가장 높은 조세인 점을 든다.212) 이에 대한 비판은, 이 세금이 가장 덜 나쁜 세금이기 위해서는 모든 토지의 용도에 대해서 동일한 세금이 적용되어야

한다. 땅을 농지로 사용하든, 주택이나 공장으로 사용하든, 더구나
빈 땅으로 두든 세율이 같아야만 세금 때문에 왜곡이 일어나지 않는
다. 만약 용도별로 세율에 차이가 난다면 높은 세율을 적용받는 용도
의 토지는 줄어들고, 세율이 낮은 용도의 토지는 늘게 된다고 반박한
다.213) 그러나 경제학의 아버지 아담 스미스는 지대가 과세에 특히
적합하다고 했고, 리카도와 제임스 밀James Mill은 지주계급에만 세금을
부과하는 것은 부당하다는 전제를 하였으나 지대세의 성격에 관한
한 애덤 스미스의 견해를 거의 그대로 받아들였으며, 제임스 밀의
아들인 존 스튜어트 밀은 미래의 지대상승분을 조세로 환수하자는
새로운 주장을 펼치면서도 지대에 부과하는 주세가 능률성과 정의성
을 갖춘 조세라고 분명히 선언했다. 심지어 그는 지주가 아무런 노력
도 모험도 절약도 않으면서 무슨 권리로 일반적인 사회진보에서 생기
는 부를 차지하는가 물었을 정도다.214)

세 번째로, 조세의 중요한 요소는 조세의 확실성이다. 왜냐면 징세
의 성과는 세무당국의 근면과 성실, 납세자의 공공심과 정직성에 달
려 있는 만큼, 세무당국에는 횡포와 부패의 가능성, 납세자에게는 탈
세와 사기의 가능성이 있기 때문이다. 공무원의 부패와 탈세를 조장
함과 부도덕성에, 토지가치에 대한 조세는 재량의 여지가 가장 적고,
최상의 확실성을 갖는 조세다. 토지개량물을 제외한 순수토지의 가치
에만 조세를 부과한다면, 조세체계가 단순하고 명확하게 될 뿐 아니
라, 이 조세에 국민의 관심이 집중될 것이므로 당국의 과세액 평가도
부동산중개인이 거래가격을 매기는 것과 같은 정도의 확실성을 갖게
될 것이다.

네 번째로, 조세의 공평성에서, 아담 스미스는 조세의 원칙에 관해
"국익은 정부를 유지하는 데 드는 비용을 가능한 한 각자의 능력에

비례해서—즉 각자의 정부의 보호 아래 향유하는 수입에 비례해서—부담해야 한다"고 하였다. 그리고 지대, 임금, 이자 어느 하나에만 부과하는 조세는 불공평하다는 것이다. 토지가치에 부과하는 조세는 사회로부터 특별한 혜택을 받는 사람에게만 부담을 지우며, 또 그 혜택에 비례해서 부담을 지운다. 이 조세는 사회가 창출한 가치를 사회가 거두고 또 사회를 위해 사용하는 조세로써, 공동재산의 공동 사용이라는 원리를 구현한다. 이러함으로써 모든 지대가 과세되어 사회의 필요경비에 충당되면, 자연이 예정하는 평등이 성취된다는 헨리 조지의 논리로 작용한다.215) 생각해보면, 그가 보고 겪고 고민한 그 시대적 배경을 다시 보지 않을 수 없다. 그의 명저가 집필된 시기인 1890년대 전후이면 미국은 인구가 약 7,000만 명 수준이다. 영국의 산업혁명기와 마찬가지로 1840년대 미국의 산업혁명은 농업국가에서 공업국으로 전환되는 시기였다. 19세기 후반기에 들어서는 자본주의 경제의 폐해가 컸다. 덩달아 부동산 투기열풍이 일어나기에 충분한 조건이었다. 따라서 유럽에서 유입되는 이민열풍에 이어 인디언 이주정책(1830년대)과 남북전쟁(1861~1865)을 거친 후이자, 인디언전쟁Indian War(1622~1890)도 끝난 시점이다. 이로써 원주민은 1% 미만을 차지하게 된다. 대륙철도 연결 및 대운하 건설과 함께 급격하게 발전한 미국은 우리나라까지 3,000톤급 군함을 앞세우고 통상 요구나 침략할 여력이 있을 정도였다.216) 알래스카에서 러시아를 몰아내는 데 결정적 역할을 한 원주민인 인디언까지 꺾은 그들이었다. 여기서 우리가 눈여겨 볼 것은, 애초에 인디언들은 토지를 거래하는 일이 없었다는 점이다. 인디언 사회는 땅을 개개인의 소유가 아닌 전체가 평등하게 공유한 사회였단 게다. 이러한 그들의 문화에 불을 지른 세력이 대서양을 건넌 백인들이었다. 그렇다면 헨리 조지가 몰랐을까. 모를

리가 없다. 미국사회의 급격한 발전에 따른 가진 자가 더 가지려는 소유의 탐욕에 찬 행태에서, 창조주 하나님의 사명에 충실한 그의 철학일 수도 있다. 그 시대에도 토지는 공유하자는 철학은 되새겨들을 만한 가치가 넘친다.

그렇다면, 우리나라에서는 '토지공개념'이란 용어가 40년 넘게 희망을 잃은 국민의 귓전을 때리는가에 대하여 처절하게 고민해보아야 한다. 이것은 부동산투기를 억제하기 위해서 생겼음은 부인할 수가 없다. 토지는 시간적으로나 공간적으로나, 우리의 주변은 물론 후세대에까지 영향을 끼친다. 이익이 있는 곳에 세금이 따르는 건 당연한 이치임에도, 더구나 토지에 의한 투기로 막대한 이득을 쟁취하고 탈세를 일삼고 있는데도 이에 대한 고율의 세금징수는 물론, 불로소득에 대한 환수조치가 미미한 실정이다. 우리나라는 이러한 탈세나 불로소득에 대한 징세비율이 매우 낮기 때문에, 노동을 가미하지 않은 불로소득에 대한 고율의 과징금 부과가 필요하다. 특히 부동산은 토지와 건물로 구성되어 있다는 것은 평범한 상식이다. 헨리 조지는 투기억제책으로 토지에만 강력한 규제를 하면 된다. 건물은 시간이 감에 따라 낡고 낡아 슬럼화slum化되어 재산적 가치가 하락하는바, 투기의 대상이 되지 않기 때문이라고 한다. 이는 작금에도 통용될 수 있는 대안이다.

그러나 일부에서는 토지가치세가 인두세 성격이 강하다고 한다. 즉 토지가치세제도가 실시되면 겉으로는 지주가 세금 전부를 부담하는 것으로 보인다. 그러나 한 단계 더 나아가면, 그 지대에 대한 평등권을 가진 국민 전체가 동일한 금액을 세금으로 납부하는 결과가 되는 것이다. 이는 편익의 원칙과 능력의 원칙에 위배된다. 일종의 인두세를 납부하는 결과가 도출된다는 논리이나, 조세의 공평성과 부합하지 않는다는 것이다.217) 그리고 토지가치 100% 환수는 토지에 대한 사유재산제의 포기를 의미한다. 그 다음은 무정부 상태이거나 또는 국유제일 것이며, 그것은 토지가 가진 막대한 잠재력의 파괴로 나타난다. 인간의 육체와 재능을 사유재산으로 삼지 않았던 노예제 하에서 인간의 잠재력이 파괴되었던 것과 마찬가지다고 반대한다. 헨리 조지의 사상은 토지의 국유화 또는 사회주의사상이다. 토지가치세를 100% 환수함은 안 된다. 토지를 사유재산으로 삼아야 하는 이유는 토지가 귀하기 때문이다. 토지에 대한 인간의 욕망은 거의 무한대에 가깝다. 그 욕망을 채워줄 토지의 부존량賦存量은 유한하기 때문이다. 그래서 토지는 효율적으로 이용되어야 하고, 그러기 위해서는 토지가 사유재산이어야 한다. 사유재산제를 부인하면 십중팔구 국유화될 것218)이라는 것은 논리적 비약이다. 시장자유주의에만 함몰된 전자의 두 논리에는 반대한다. 계획경제에 반대한 프리드리히 하이에크 Friedrich Hayek의 신자유주의 신봉자다운 변이다. 데이비드 리카도가 말하는 '오로지 토지의 힘을 이용하는 데서 지불되는 몫'인 지대에 대한 토지가치세를 부정함은 인간의 끝없는 탐욕에 지나지 않으며, 성경적 토지법사상에도 반한다. 헨리 조지의 사상을 토지의 국유화나 사회주의사상으로까지 보는 논리에는 찬동하기가 어렵다. 서구나 유럽식이 아닌, 한국적만의 좌·우파 논리에 함몰돼 있지 않은가 싶다. 따라서 노동을 가하지 않은 토지가치에 대한 불로소득만은 100% 가까운 환수조치가 필요하다.

누진세제도 하에서는 부유할수록 더 많은 세금을 납부하는 게 당연하나, 부유한 자들은 세금을 완벽하게 피해갈 수도 있다는 점이다. 조세란 의료, 교육, 교통 등에 지출할 공공자금 마련과 소득 재분배를 위한 것인데도, 다국적 기업은 조난피난처에 수익을 은닉하고219) 일련의 난해한 회계 관행을 이용하면, 조세회피가 그렇게 어렵지 않다는 점을 알기에 세계무역량의 60% 정도가 자회사나 조세피난처를 거쳐 이루어진다.[220] 정의적 측면에서 이를 원천적으로 차단해야 한다. 그리고 토지소유자가 은행금리를 넘어 막대한 투자이익, 즉 불로소득이 발생 시는 철저하게 중과세하자는 것이다. 바로 불로소득의 환수다. 또한 땅을 자연적 지가상승만 바라보고 방치하는 경우에는 국가가 회수하거나 고율의 세금을 징수할 필요가 있다. 우리 헌법에도 '사회주의적', '통제경제적' 조항들이 많다. 정부의 지나친 개입일까. 이를 자유시장경제를 침해하거나 사유재산 침해로만 볼 것이 아니기 때문에, 토지가치세를 주장하는 견해에는 찬동한다. 그러나 조지스트나 혹자는 토지가치세에 찬동하면서도, 시장자유주의에 반한다는 무조건적 반대론자들인 신자유주의 신봉자나 소위 극우세력에게서 '공산주의자' 또는 '사회주의자'로 몰리는 것을 피하려는 나머지, '시장친화적市場親和的'이란 수식어까지 차용하지 않나 싶다. 시장친화市場親和란 자유경쟁의 원칙에 의한 거래를 존중한다는 뜻으로 보이나, 앞뒤가 안 맞는 너무나 추상적인 어휘 차용은 자신감의 결여에 있다. 이러한 수식어 차용으로 '시장친화적 토지공개념'이라 함은 토지공개념 시행에 있어 자신 없는 비겁한 발상에 불과하다. 전술한 토지소유권의 기원 내지 역사성과 그에 관한 사상적 배경을 간파하면 자연스럽게 천착할 수 있는 토지공개념이 평범한 진리임에도, 이를 간과하고 있는 탓도 이러한 현상을 초래한다.

5. 토지의 공공성과 긍휼성의 자세 확립

공공성, 우리는 이를 어떻게 실현할 것인가에 귀결된다. 생소한 용어일 줄 모르나, 긍휼矜恤, mercy의 미학美學에서 찾자. 인간은 모름지기 고등동물답게 약자보호나 공익 내지 공공성에 있어 먼저 긍휼의 자세를 가져야 한다. 즉 긍휼의 자세 확립이다. 인간으로서의 원초적인 휴머니즘의 결여에서 문제가 발생하고 있기 때문이다. 여기서 '긍휼'이란 사전적 의미는 "불쌍히 여겨 돌봐준다"는 뜻이다. 영어로는 'pity', 'sympathy', 'compassion', 'commiseration'로 표현된다. 독일어로는 'Gnade'이며, 프랑스어로는 'miséricorde', 'pitié'로서 용서, 관용, 연민, 동정, 하느님 맙소사! 등의 넓은 뜻으로 쓰인다. 창조주 하나님은 애초에 인간을 지구상에 보낼 때는 그러하지 않았음은 분명하나, 창조주의 뜻을 배반하면서까지 긍휼의 결여로 약자를 짓밟고 그 위에 올라서야 만하는 심리가 만연하여 토지문제에 있어 투기로 인한 불평등이 심화되고 있다. 이기심에 찬 나머지, "내만 살면 된다" "정부 돈, 먼저 본 자가 임자다"는 심리가 팽배해 있다 보니, 인류공영에 있어 공공의 재산인 토지를 놓고 이전투구를 낳으면서 불평등을 초래하고, 더러는 국민의 공복인 공무원이 되레 군림하려기에 국민에게 신뢰를 주지 못하고 있다. 진화를 거듭한 인류가 원시사회로는 돌아갈 수는 없는 법이다. 그러나 인류 태초의 인간성 회복과 '긍휼의 미학'221)을 갖자는 것이다. 이 또한 유토피아에 불과할까. 결코 불가능한 일은 아니다.

'미학'은 독일어로 'Ästhetik', 또는 'Ästhetica'이다. 영어로 'aesthetics'이다. 긍휼의 미학이란 독일어로 'Mitfühlend', 'Ästhetik der Barmherzigkeit', 영어로 'Aesthetics of mercy'가 되겠다. 미학의 원래의 뜻은 언뜻 보면 '미美를 추구하는 미에 대한 학문'으로서 그 미가 대상일 수도 있으나, 여기서는 '인간으로서의 최고도로 높은 도덕심'이다. 미美는 독일어는

'Schönheih', 영어는 'Beauty', 프랑스어는 'Beauté'로 칭해진다. 하박국 Habakkuk 3장 2절에 "진노 중에라도 긍휼을 잊지 마옵소서"라고 하였던 류類가 긍휼의 미학의 좋은 예이다. 기원전 6세기 구약시대, 하박국이 설파하는 긍휼의 마음은 오로지 하나님의 성품과 신실하심에 기인한 찬양과 신뢰로, 기도하는 마음처럼 긍휼의 성품으로 돌아가자는 것이다. 이것이야말로 긍휼의 미학이다. 우리 헌법도 현대 국가의 이념인 자유주의와 함께 공화주의共和主義, republicanism를 채택하고 있다. 대한민국임시정부헌법(1919.4.11 제정)에서의 '민주공화제'를 이어받은 헌법 제1조 제1항은 엄연히 "대한민국은 민주공화국이다"라고 천명하고 있다. 공화주의, 즉 이 사회의 구성원이 사익보다는 공공선을 위해 함께 노력하고, 이를 통해 함께 국가를 발전시키자는 본연의 자세다.

그런데 왜 망각하는가. 우리 헌법에서도 민주국民主國, democracy 보다는 공화국共和國, republic 으로 번역하여 쓰면서 말이다. 달리 말해 민주주의 이념과 가치 위에서 공화주의의 정치적 구현인 공화정이 이루어지는 국가가 공화국이다. 따라서 민주공화국은 민주주의와 공화주의의 조화와 통합이다. 인민(국민)이 직접 권력을 행사하거나 또는 정치권력에 대한 통제와 견제가 가능한 정치가 민주주의라면, 공화주의는 국민통합과 다양한 정치세력 간의 상호성을 중시한다. 또한 우리 헌법에서도 공익을 위해 개인의 자유를 제한하고 있다. 이러한 공존의 원리로서 관용寬容, 즉 '톨레랑스tolerance'222) 정신문화의 확산이 필요하다. 조세 등의 토지 정의, 탐욕을 버리는 관용의 정신자세로 긍휼의 미학에서 찾자. 그리고 '원초적 인간성 회복'이다. 자신의 현재의 위치와 그 능력이 '자신만의 몫'이란 사고를 버리는 고귀한 자세가 아름답다. 이러하면 맑은 영혼이 눈살을 찌푸리는 토지투기로 인한 '졸부증후군猝富症候群, Sudden Wealth Syndrome'조차 앓지 않아도 된다. 그러기에 자신의 지위와 권력이, 자신의 부가 자신의 능력만으로 이루어진 것만은 아니라는 정신자세 확산이다. 국가와 이 사회의 구성원이 음으로, 양으로 일조했단 사실을 망각하지 않는 사회의 구성원이 되어야 한다.

아낌없는 1%의 나눔의 자세, 즉 1억의 재산이 있다고 가정했을 때 1백만원 기여가 어렵지 않다는 점에 착안해 보자. 이 또한 궁휼의 자세다. 자신을 다스려 전 재산이나 지식을 나누거나 환원하는 선한 부자가 아름답고 존경스러운 정신이기도 하다. 이러한 이들과 '카네기'나 '워렌 버핏'을 우리는 졸부라고 부르지 않는다. 그 덕을 이 사회에 환원하기에 찬사를 보내지 않는가.223) 유토피아적도 아니며, 실현가능한 이 이상 더 좋은 대안도 없다. 이러한 인간의 원초적인 휴머니티humanity로 돌아가자는 궁휼의 미학은 토지문제로 인한 불평등의 근본적인 원인을 없애자는 하나의 이념으로, 최상위의 관념이자 어떠한 대안도 포섭할 수 있지 않을까 싶다. 따라서 굳이 유토피아적이라고 치부할 수 없는, 일종의 '한국적만의 운동'이 필요하다는 점이다. 그리고 자연법에서 연원하는 입법자에 의해 부과된 실정법보다, 인간의 이성과 인간 고유의 양심에서 출발점을 찾았으면 한다. 달리 말해 신神, God의 법과 사회의 규율이나 실정법이 아닌 자연에서 유래하는 자연법自然法, Natural law이 우월적 지위를 갖는, 국가보다 위에 있는 자연법으로 돌아가자는 것과 맥락을 같이 하면 어떨까 한다. 이러한 자연법을 실정법으로 인정하여 규율할 수도 있겠다.

또한 자본주의의 근본적 결함에 대한 대안은 사회적 공유social sharing 또는 공공재commons의 효과에서 찾자. 전자는 '용익권用益權, a usufruct'에 기초한 개념이자 본래 생태계의 원리다. 후자는 공동소유를 촉진시킴으로써 생태계의 피해와 빈곤을 모두 축소시킨다. 그것은 생태계의 원리, 즉 자원에 대한 접근권이나 돈과 권력이 아니라 자원을 보존할 수 있는 능력에 의해 좌우되는 원리에 토대를 둔다. 인류 역사의 상당 부분에서 공공재가 시도되고 검증되었으며, 전통적으로도 토지소유의 가장 중요한 형태였다.224) 이러함에도 집권자나 정부가 '공정'이나 '정의', '평등'이란 이름으로 다중의 이익을 향유하지 아니하고, 민중(국민)을 위하는 궁휼의 자세가 결여되면 대의민주주의代議制 대신 광장민주주의agora democracy로 나아갈 수 있다. 집권층 그들만의 집단이기주의가 팽배하면, 민중은 광장으로 나서서 이를 응징하기 위해 봉기하게 됨을 전 세계의 역사적 교훈이다.

『불평등기원론』에서 루소225)가 말하는 자연 상태에서 출발한 국가 권력은 모든 구성원의 동등한 이익을 추구해야 한다. 그러나 집권층이나 권력층은 오늘날, 자기들만의 이익집단을 형성하면서 '신독재新獨裁'를 추구하는 경향이 있다. 이들은 그들만의 이익추구를 위한 부정의不正義한 행태를 저지르면서도, 정의로 둔갑시키기도 한다. 반대세력에 대한 교묘한 차별과 억압의 산물인 한국판 '내로남불'의 향연과 같은 경우이다. 그 반대세력은 보이지 않는 그들 소수만의 이익추구에 착취를 도구화하는 면도 있다. 이는 제대로 된 정부가 아니다. 민중(국민)은 이러한 권력에 저항하게 돼, 자신들의 굶주린 배를 채우기 위한 이익 향유를 위해 새로운 정부를 세우게 된다. 주권은 국민에게 있다고 한 루소의 사상을 담은 프랑스혁명 때226)는 물론, 우리 헌법도 이를 담고 있다. 더 나아가 우리 역사에도 불공정이 지나쳐 정의의 관념 하에 각 민중항쟁이나 박근혜 탄핵 등에서 보여 준 바 있다. 아주 가까운 예는 이른바 LH투기사태로 2021년 4월 서울·부산시장보궐선거에서의 대참패였다. 이러한 결과는 공공의 이익보다 사익이 앞섰기 때문이다. 따라서 정의는 부정의가 팽배된 상황에서는 초헌법적인 힘이 발휘되는 것이다. 그릇된 정권마저 무너뜨릴 수 있다. 따라서 정의는 최상위의 법인 헌법보다 우위에 설 수도 있다는 점이다.

법만이 정치를 초월하고 능가할까. 정의가 법보다 상위에 설 수 있다. '혁명革命, revolution'이란 용어를 크게 잉태한 프랑스혁명처럼 말이다. 그러나 그러한 혁명도 폭력을 수반하지 않고도 가능하다. 이러한 혁명과는 달리하나, 혁명 수준의 '개혁改革, reform'이 있어야만 토지에 대한 평등을 지행할 수 있을 것이다. 즉 자연법사상에 의한 인간성 human nature 내지 도덕성 회복이 요원하지 않다고 하더라도 몽상은 아닐 것이다.

헨리 조지도 불후의 명작인 그의 저서 『진보와 빈곤』에서 끝내는, 대미大尾를 다음과 같이 장식하고 있다. 삶, 절대적·필연적으로 죽음에 의해 한정되는 삶의 의미는 무엇인가. 이 삶은 다른 삶으로 나아가기 위한 통로이자 관문이라고 해야만, 그 의미가 이해될 수 있다고 생각 된다.[227] 또 그러한 관련사실을 설명할 수 있는 이론은 신화나 상징으로밖에 표현할 수 없는 것으로 보인다. 신화와 상징은, 인간이 심층적인 인식을 묘사하기 위해서 언제 어디서나 사용했던 형식이다. 인간 정신의 근본법칙에 의해—정치경제학의 법칙도 실은 여기에서 연역된 것이다—우리는 목적 없는 수단이나 목표 없는 노력을 생각할 수 없다. 진리와 정의가 억압되는 수도 많지만, 우리가 전부를 본 것은 아니다. 솟아나는 희망은 모든 종교의 핵심이다. 시인도 희망을 노래했고, 예언자도 희망을 전했으며, 인간의 심장 깊은 곳에서도 희망의 진리에 감응하며 맥박이 뛴다고[228] 하였다. 이러하듯이 헨리 조지의 대안 제시 중에서도, 최고 중의 최고의 대안은 '태초의 인간성 회복'을 요하는 듯하다. 재산권인 토지문제, 바로 이러한 사유에서 평등이 실현될 수 있는 공공성 지향이 최고의 대안인 것이다. 이로써 궁휼성이 더욱더 강조된다.

제13장 토지공개념에 관한 불필요한 헌법 개정

1. 문재인 정부의 토지정책

문재인 정부는 26차례나 부동산 대책을 내놓았다. 그 후로도 집권 연장에 불이 켜진 상태에서 청년층을 달래기 위한 정책까지 덤으로 쏟아냈으나, 결과는 26전 26패란 스코아(득점)를 기록했다. 메뚜기도 낯짝이 있어서일까. 26패 후로는 '대책'이란 표현을 죽이고 '후속조치'란 표현으로 바꿔 마주잡이로 더 쏟아낸다. 단군 이래 어떠한 전투(?)에서도 이러한 패전은 없을 것이다. 아니, 세계 역사 속에서도 길이 남을 기록이다. 아나나 다를까. 집권 막바지 추석 무렵, 미국의 한 저널은 '한국 문재인 정부, 4년간 집값 80% 인상'이라는 뉴스를 타전했다. 서민들은 희망을 잃고 주거에 대해서는 아예 포기하고 산다. 서민들의 자가自家 마련의 꿈을 송두리째 앗아간 이 정부는 정권연장을 위해 달콤한 정책을 내놓고는 여론을 호도할 것으로 점쳐진다.

먼저 노태우 정부와의 부동산정책을 잠깐 비교하고 넘어가고자 한다. 두 정부는 애초에 부동산값이 폭등했단 점에서는 동일하다. 노정권 초반에 88서울올림픽과 경제호황 등으로 천정부지로 상승하자 자살자까지 속출하였다. 그러나 개혁적인 토지공개념 시행 등으로 집값을 안정시켜 다음 정권까지 안정세를 유지시켰다. 서민도 열심히 하면 집을 살 수 있었다. 반면 문 정권은 집권 내내 혼란만 부추기고 개발에 있어 도둑놈만 양산했을 뿐, 토지공개념조차 변죽만 울렸다는 점에서 다르다. 부동산정책 실패로 인한 집값 상승이 가계부채만 증가시키고 있다. 따라서 더 이상 특효약이 없는 정책부재로, 집 없는 서민들은 주택구입에 있어 체념상태에 놓이게 했다. 그 일련의 과정을 보자.

문재인 정부가 집권 초인 2017년 8·2토지 및 부동산 대책을 내놓자마자, 정책을 비웃기라도 하듯 토지 및 집값이 치솟았다. 한 예로, 서울을 비롯한 수도권 지역이 아닌 곳인데도 원주기업도시의 토지분양에서 최고 19,341 : 1, 평균 2,916 : 1이라는 기록적인 청약경쟁률을 보인 사실에서, 토지의 사소유가 얼마나 심각한지 여실히 보여주고야 말았다. 한국토지주택공사 LH[229) 입장에서는 땅을 비싸게 팔 수 있어 좋을 수도 있겠으나, 결국에는 이 자리에 들어설 건축물의 분양가가 높아지기에 입주자한테 전가돼 악순환이 반복되었다.[230) 그렇다면 LH의 그 이익금이 토지분배에서 소외된 계층의 불평등 해소에 기여할까. 앞서 언급했듯이 우리나라의 토지정책의 변천과정에서 전(前) 정부와는 달리, 문재인 정부의 토지 및 여타 부동산 대책에 대해서만은 후술하기로 하였기에 여기서 보자.

2017년 6월 19일, 8월 2일, 9월 5일, 그리고 2018년, 심지어 2019년

12월까지만 해도 고강도 부동산 대책을 18회나 쏟아냈다. 8·2토지 및 부동산 대책의 주요 내용으로는 투기지역·투기과열지구 지정, 청약규제, 대출규제, 재건축·재개발규제, 민간택지 분양가상한제 재시행 등이다. 이에 부작용으로는 흑수저의 사다리 걷어차기 논란이 일고, 가계부채의 질적 악화와 전세시장 불안, 부동산 보유세 인상이 빠졌기 때문에, 전세수요가 증가하면 다주택자들의 갭gap투자231) 유인誘引, enticement만의 활성화, 로또아파트 등장 가능성, 아파트공급 감소, 수도권·비수도권 미분양 양극화와 청년층의 신축주택 포기사태가 발생할 것이란 진단이 있었다. 처량하게도 그 진단은 거의 맞아떨어졌다. 첫째, 청약 1순위 조건 강화와 함께 청약가점제請約加點制 비중을 확대하였다. 둘째, 주택담보대출에 필요한 총부채상환비율總負債償還比率, Debt To Income, DTI232)과 주택담보대출비율住宅擔保貸出比率, Loan to Value Ratio, LTV233)을 60%에서 40%로 축소하고, 재건축초과이익환수제도를 부활시켰다. 셋째, 투기과열지구 내 재건축·재개발조합원 지위 양도 및 입주권 전매금지와 분양권 전매 시 양도소득세율을 40%에서 50%로 증가시키며, 넷째, 서민층 실수요자, 즉 부부합산 연소득 7,000만원 이하의 무주택자가 6억원 이하의 주택을 구입할 경우에는 LTV, DTI를 40%가 아닌 50%나 적용하였으며, 민간택지(재개발, 재건축 물량) 분양가상한제를 다시 시행한다는 내용이었다.

이를 2021년 9월 현재 기준으로 보자. 소득기준 부부합산 연소득 9억원 이하(주택기준 투기과열지구 9억원 이하), 생애 최초 구입자 10억원 미만(주택기준 조정대상지역 8억원 이하)로 한다. LTV가 전자는 60%로, 후자는 50%로, 그 외는 그대로다. DTV는 50%에서 60%로 상향조정했다. 쉽게 말해 투기과열지구에서 9억원 이하 주택매입 시 LTV를 6억원까지는 60%, 6억원 이상은 50%로 한다는 것이다. 여기서 우대

수준은 4억원까지로 하며, 시가 9억원짜리 집을 매입 시 5억원의 현금이 있어야 한다는 결론이다. 그런데 2021년 하반기 현재 서울의 아파트 평균값이 12억원에 육박했다. 이 금액에 도달하려면 근로자가 월 200만원을 저축 시 약 52년이, 1억원 저축에는 8년 4개월이 소요되는 현실이다. 이에 문재인 정부는 다시 LTV 90%에 대출기간을 40년으로 하겠다고 벼르기도 했다. 하지만 집값 하락 시는 걷잡을 수없는 시한폭탄이 되지 않을까 싶다.

다시 8·2부동산 대책을 보면, 기본적으로는 주택에 대한 규제책이었다. 그 반대급부로 토지에 대한 수요가 폭발했다. 토지에 대한 쟁탈전은 끝없다. 이 대책의 취지는 "부동산 폭등을 막고, 광풍에 가까운 부동산가격을 합리적인 조정을 위해 1차적으로 2018년 4월234)까지 다주택자의 주택을 매도하게 하고, 이후에도 비매도자에 대해서는 추가규제로 시장에 물건을 내놓게 하겠다는 의도를 가진 정책"이었다. 다주택자에 대한 징벌적懲罰的 조세와 유·무주택자를 막론한 대출규제로 수요억제를 하는 것으로, 노무현 정부의 부동산정책과 비슷한 면이 있다. 이러함은 애초에 정책입안자가 그 당시 부동산 브레인Real estate brain에 기인한 이유도 있겠다. 또한 민영주택에서 각각의 생활조건에 비교한 가점제로 청약순위를 높이는 청약가점제 비중을 높였다. 즉 전용면적 85m^2 이하 주택의 가점제 비율에 대해 투기과열지구에서 75%에서 100%로, 조정대상지역에서 40%에서 75%로, 85m^{2}를 넘는 경우 조정대상지역 30%, 투기과열지구 50%로 높였다. 그리고 청약가점제로 신축주택에 당첨되면 2년간은 다시금 청약으로 당첨될 수 없게 되었다. 지방의 민간택지 분양권과 오피스텔 분양권에도 전매제한을 강화하였고, 오피스텔도 조정지구와 투기과열지구에서는 소유권 이전등기 전에는 매도를 금했다.235) 투기과열지구의 LTV와 DTI를

40%로 하향 조정하였으나, 청약조정대상지역은 종전과 같이 60%로 하였다. 또한 투기지역으로 지정된 지구의 주택담보대출 건수를 세대 당 1건으로 제한하여, 대출로 인한 가수요를 억제하여 집값을 잡는다는 노무현 정부의 부동산정책을 계승하였다. LTV가 40%가 된다는 것은 7억원짜리 주택, 즉 서울 소재 아파트 평균가로 구입할 때 40%까지만 대출을 내준다는 의미로, 투기과열지구 내에서 주택을 구입하려면 매매가격의 60%를 현금으로 가지고 있어야 구입할 수 있게 하였다.236) 다주택자나 무주택자 구분 없이 투기과열지구 내 LTV를 하향 조정한 관계로 목돈이 없는 무주택자는 시장에 저렴한 매물이 나와도 구입하지 못하는 상황이 초래돼, 소위 똥수저나 흑수저는 배제된 채 '가진 자만의 잔치'가 될 수밖에 없었다.

2021년 들어 이를 다시 재조정하였다. 즉 조정대상지역 9억원 이하는 50%(비규제 지역은 LTV기준 70%), 9억원 초과 시는 30%이다. 반면 투기과열지구 9억원 이하는 40%, 9억원 초과 시는 20%(15억원 초과 시는 0원이다). 여기서 무주택서민을 위해 9억원 이하나 생애 최초 구입자는 10억원 이하에서는 우대대출을 적용키로 하였다는 점이다. 여기서 주요한 것은 2006년에 도입됐지만, 주택시장 침체 등의 이유로 2013~2017년까지는 유예됐다가 2018년 1월부로 재건축초과이익환수제도의 부활이다. 그러나 2017년 12월 31일까지 관리처분인가 신청을 한 단지는 이 제도를 적용받지 않는다. 이는 개인주택을 취득한 가격이 아니라 조합추진위원회 설립기준일의 시세를 적용하기 때문에, 재건축사업이 장기화되고 있는 서울 강남이나 여의도 재건축단지 소유주들의 반발이 클 것으로 예상되나,237) 초과이익환수제도를 피하는 방법인 신탁방식에 의한 재건축을 추진할 우려가 있어 여러 대책이 강구되고 있다. 아직 판매가 되지 않아 그 가치가 실현되지 않은 상태인 미실현 이익未實現利益에 대한 세금부과 논란이 있었으나, 헌법재판소가 2019년 12월 27일 "주택재건축사업을 통하여 발생한 정상주택가격 상승분을 초과하는 주택가액의 증가분 중 일부를 환수하도록 한 이 사건 환수조항 등이 재건축조합의 재산권 등을 침해하지 아니하여 헌법에 위반되지 아니 한다"고 합헌 결정(2014헌바381)을 내린 결과이다. 여유자금이 부족한 경우에 기존에는 지분을 매매해서 조합원 지위를 넘기는 식으로 현금화가 가능했으나, 8·2대책 이후에는 분양신청 시 조합에서 제시하는 감정가대로 헐값에 현금 청산하는 것 외에는 출구가 없어 보인다.

노무현 정부 당시 1·11대책에 의한 재도입 후 2015년 12월, 박근혜 정부에 의해 폐지되었던 민간택지 분양가상한제를 폭등지역에 한하여 2019년 11월부터 시행하기에 이르렀다. 그러나 미진한 반쪽자리정책에 불과했다. 왜냐면, 선별(동별洞別) 지정으로 제외된 지역으로의 풍선효과에 따른 출장형 투기가 만연하기 때문이다. 송충이나 잡아야 할 핀셋pincette이란 이름으로는 그 한계성에, 전국적인 박멸 효과에 대해서는 예측되지 않았는지 한심한 꼴이 연출됐다. 이에 앞서 2019년 9월 6일, 사업시행 인가를 받은 민간택지에 대한 정비사업단지는 분양가상한제 적용대상에서 제외하는 등의 내용을 담은 주택법 일부 개정안이 한 야당의원에 의해 발의된 적이 있다. 관리처분계획인가 전 단계인 사업시행인가 단지부터 적용이 제외돼, 사업초기 단지만 적용받게 된다는 것으로, 끝내 문재인 정부는 6개월간 유예시켰다. 단기적으로 주택매매 수요의 분산을 초래하여 고가아파트 상승세를 겪을 가능성과 매매수요의 전세수요 전환으로의 효과를 기대하였나, 폐기해야 할 주택임대차 3법 시행으로 효과를 보지 못하고 있다. 분양가상한제의 분양가산정방식은 건축비(기본형 건축비 및 건축비용 가산비)＋택지비(감정평가액 및 택지비용 가산비)로 분양가격을 공시하게 한다. 집값 안정화에 기여할 수 있어 신축아파트 가격이 규제를 받아 저렴해지겠지만, 공급이 감소하고 아파트 품질이 낮아지며 하자가 늘어나는 등의 부작용을 우려하나 이건 기우에 불과하다. 왜냐하면 이를 피하기 위해 금수저나 다이아몬드수저는 물론이고, 친구나 직장 동료들이 각각의 출자금으로 소형빌딩을 매입하는 방식으로 피하기 때문이다.

8·2부동산 대책을 비롯한 19회에 걸친 대책(2020.2.20)으로도, 풍선효과로 집값이 수도권을 포함하여 전국 대도시까지 급등하였다. 과열된 부동산시장 조절 실패가 노무현 정부의 대표적인 과오로 남은 만큼, 그 실패를 반면교사로 삼아 세금·대출·청약을 총망라하는 정부의 강력한 투기근절 의지를 표명하였으나, 집권 반환점을 돌고도 더 돌아 집권 마지막까지 중과부적이다. 오죽했으면, 이러한 발표 시점에 코로나19 감염증으로 인한 마스크가 매점매석으로 몇 배의 폭리와 함께 구하기조차 어렵게 되자, 서울 강북 거주 주부238)는 SNS에서 "마스크 값도 못 잡는 주제에, 집값 잡겠다고?" 힐난하기에 이르렀다. 정부의 잦은 부동산 대책에도 효과가 먹혀들지 않자, 국민들은 여타 정책까지도 믿지 못하는 분위기마저 연출되었다.

2017년 8·2대책 후, 그 후속 조치인 8·7토지 및 부동산 대책에서의 보유세 인상에 대해 한 여론조사에서 41.8%가 8·2대책과 상관없이 즉시 인상해야 한다고 응답했고, 이번 대책이 효과가 없다면 인상해야 한다가 25.8%, 대책과 상관없이 인상을 반대한다는 응답자가 20.6%로 발표된 적도 있다. 찬성이 대체적이나, 졸속대책이란 논란도 있었다. 즉 8·2대책 전후 정부여당 내에서 발생한 혼선을 두고 꼼꼼하게 준비되었어야 할 부동산정책이 급조에 가까웠다는 주장이었다. 6·19부동산 대책 때는 국토교통부 공무원이 사전에 서울 강남구 개포동 등지를 시찰하는 등 부동산정책이 발표된다는 암시가 있었으나, 대책 발표일인 8월 2일에 국토교통부장관이 하계휴가기간과 겹쳐 장관 본인도 부동산 대책에 대해 모르고 있었다는 사실이다. 정책입안도 국토교통부가 아니라, 청와대 사회수석이었다는 것도 노무현 정부의 실패한 부동산정책 브레인들이 용트림하고 있어 문제를 더했다. 2018년 7월 27일, 문재인 대통령의 "부동산 잡으면 피자 쏘겠다"라는 발언 이후에 급조되었다는 주장도 제기되는 상황을 초래했다. 결국 그해 8월 13일에는 추가 가이드라인에 의해 서민층 실수요자의 기준을 부부합산 연소득 6,000만원에서 7,000만원으로 향상시키고, 대책 이전에 등기완료가 되지 않았더라도, 계약금이 들어간 물건에 대해서는 종전 규제를 적용한다는 등 정책 시행 후에 제기된 부작용을 완화하려는 보완책이 마련되었다.239)

주택보급률이 전국적으로는 2002년에 100%를 넘겼고, 현재 수도권은 96%, 광역시는 104.7%, 지방도시는 무려 111.9%에 달하였기 때문에 주택공급 자체는 충분하다. 반면 집을 가진 가구는 56%에 불과하다. 따라서 공공임대주택을 연 13만 호를 공급하고, 신혼부부 희망타운 연 1만 호 공급을 추진한다고 하였다. 하지만 공공임대주택은 기존에도 꾸준히 공급해 왔던 것이고, 수도권 인구가 전체인구의 절반이나 넘어섰고 꾸준한 증가세에 있는 상황인터라, 큰 아파트단지 하나 규모인 1만 호를 신규로 공급한다고 주택난 해소는 크게 작용하지 않는다. 신혼부부 한정 청약 로또lotto판으로 끝날 가능성이 있다는 점이다. 택지부족 등으로, 지금부터 공공택지지구를 지정한다 해도 입주까지 10년은 걸릴 것이기 때문에, 기존 택지지구 내 유보지 留保地가 있어야만240) 신혼부부 행복타운도 연 1만 호가 가능하지 않을까 싶다.

　그러나 대책이 예상보다 강력하자 대책 발표 직후에는 서울 강남3구 지역을 중심으로 수천만원씩 가격을 낮춘 급매가 잠시 출현하였으나, 매수자들은 관망세로 돌아서며 대책 이후 매도세가 강해졌다. 직격탄을 맞은 서울은 단기적으로 매매가격이 하락하는 등 효과가 있는 것처럼 보였으나, 2018년 9월이 되자 서울 집값은 다시 상승 드라이브로 그 폭이 엄청나게 커졌다. 이에 한 달 만에 9·5부동산 대책과 10·24 가계부채종합대책까지 연달아 내놓았으나, 이미 내성이 강해진 시장에서는 효과가 없었다. 시장에서의 매물이 감소하여 집값이 상승하는 부작용이 발생하며, 이는 부동산정책에서 고려해야 하는 대표적인 부작용 중 하나다. 대책 발표 이후 서울특별시 전역에서 부동산거래량이 1/10으로 급감하는 등, 다주택자가 적극적으로 '버티기에 들어갔다'는 암시를 주었다. 규제 여파로 인해 매물은 없는데도, 수요가 꾸준한 서울 강남권에서는 자고 일어나면 1~3억원씩 오르는 기현상까지 벌어졌다.241)

　이러한 고강도 보완책이 마련되어도, 강남권에서 30대 거래자가 늘어난 것은 '갭 투자'와 함께 2019년 6월 이후 눈에 띄는 주택시장 특징이 또 다른 변수를 낳았다. 강남권 매수자 중 30대가 차지하는 비율이 20%를 넘었고, 가구당 평균거래가가 17억 선에 육박했다. 이는 토지로 인한 부의 세습화에 따른 산물이다. 주택매매사업자 등록만 하면 돼 절차가 까다롭지 않았던 탓이다. 사업자라면 관련 법령에는 6개월에 한 차례 이상 매수하고 두 차례 이상 매도하게 돼 있지만, 불이행이라도 별다른 제재가 없다. 대출을 받을 때만 주택매매사업자 등록을 하면 되는 허점 때문이다. 주택매매사업자는 타소득과 합친 종합소득세와 조세대상지역 중과 등을 적용한 양도세를 비교해 많은 세금을 낸다. 2017년 8·2대책과 2018년 9·13대책에서 주택대출규제 강도를 높였으나, 중과부적이었다. 대출제한이 없는 주택매매사업자도 주택담보대출과 같이 대출규제를 강화하기로 했다.[242] 하지만 저금리 등으로 유동성이 넘쳐나는 가운데 돈줄죄기로 집값을 안정시키는 것도 한계가 있다. 대출 문턱을 높이고 규제가 완벽해도 소득이 있으면 불·탈법을 통해서든 주택시장으로 유입되기 때문이다. 2019년 하반기에 들어서자, 한발 물러나 재건축·재개발 단지에 상한제 적용 유예기간을 두고 상한제 지역 단위도 동洞으로 축소하기로 했다. 그동안 투기과열지구·투기지역·조정대상지역 등 주택규제지역 단위는 모두 시·군·구 기초단체 이상이었다. 기초자치단체를 같은 생활권으로 보기 때문이고, 행정편의주의적인 이유도 있다. 동 단위는 소규모여서 지정과 해제가 용이하나, 단기적으로 변동이 심하면 시장을 혼란스럽게 만들 수도 있다. 주택공급은 장시간이 걸리고 가격은 공급을 좌우하는 변수다. 사업 준비에서 공급까지 가격의 일관성이 없으면 공급자는 사업을 주저하게 된다. 중장기적이어야 할 가격정책이 단기수요억제책이 잘못 운용되면, 공급과 가격 모두 놓칠 수 있다는 점도 우려된다.[243] 그러나 그 우려가 현실화되어 걷잡을 수 없다. 아니나 다를까. 경제정의실천연합 발표에 따르면 2019년 11월 6일 선별選別 핀셋 시행으로, 제외된 지역으로의 원정투기까지 극성을 부렸다. 문재인 정부 집권 2년 동안만 해도 2,000조란 부동산가격[244]이 올라, 역대 정부 중 최고의 불로소득이 판치는 투기공화국을 초래했다. 노무현 정부의 17번째 대책을 넘어선 26번째 대책이다. 이러한 비판 이후 내놓은 '12.16 부동산 대책(18번째)'을 요약해 본다.

첫째, LTV 규제 강화책으로 현행 투기과열지구 LTV 40%이던 것을 9억원 이하에는 40%, 9억원 초과분은 20%로 동결하고, 15억원 이상

주택에 대해 주택담보대출을 금지시키면서 법인도 동일 적용한다. DSR^{총부채상환비율}관리강화책으로 1인당 40%로 하고, 주택담보대출 실수요자 요건 강화책으로는 1주택자가 타아파트로 갈아탈 시 2년 내 기존주택 처분조건을 1년으로, 무주택자가 9억원을 초과 구입 시 2년 내 전입조건을 1년으로 단축했다. 주택임대나 매매업 이외 사업자의 주택구입목적일 때는 주택담보대출을 금지시켰다. 둘째, 전세금대출을 이용한 갭 투자 방지책으로, 서울보증보험에 시가 9억원 이상 주택 보유자에게 전세금대출 제한 협조요청과 함께 전세금대출 후 9억원 이상의 주택을 매입하거나 2주택 이상을 보유 시는 전세대출금을 회수하게 하였다. 셋째, 세금규제책으로 종합부동산세 세율 인상과 부담상한을 상향 조정, 종합부동산세 1주택을 보유한 고령자의 공제율 확대, 그리고 공시가격 현실화로 현재 70% 미만에서 80% 수준까지의 상향과 함께 1가구 1주택자의 장기보유특별공급에 있어 거주기간 요건을 추가하고, 넷째, 분양가상한제를 전국적인 아닌 강남4구를 비롯하여 추가로 지정하였으며, 그리고 청약에 있어 거주기간 요건인 1년에서 2년으로 하고, 재당첨 제한은 투기과열지역 10년과 조정대상지역 7년으로 하면서, 임대사업자 등록 시 취득세 및 재산세 혜택 축소와 각종 불법행위 관리감독 강화에 있다.

다음으로 '2·20부동산 대책'을 보면, 첫째, 부동산시장 과열을 막기 위해 정부가 지정하는 조정대상지역^{調整對象地域}을 1지역으로 통일해 실수요자 청약 비중을 높인 점, 둘째, 풍선효과가 언급되는 신규 수도권 지역(경기도 수원 영통구, 권선구, 장안구, 안양시 만안구, 의왕시 등)을 지정하면서 대출규제의 대상지역을 확대한 점, 셋째, 조정대상지역(2017.9.6, 2018.8.28, 2018.12.31, 2020.2.21. 네 차례 지정 후에도 계속 이어짐)에서 9억원 이상의 주택에 대한 대출규제 강화(9억원 이하의 경우 LTV

60%에서 50%, 9억원 초과분은 30% 적용)한 점. 넷째, 투기과열지구 조정 대상지역에서 3억원 이상 주택(비규제지역 6억원 이상 포함)을 거래 시 는 자금조달계획서 제출의 의무화 등으로 요약된다. 단 무주택자, 주택가격 5억원 이하, 부부합산 연소득 6천만원 이하(생애 최초 구입자 7천만원 이하) 요건을 충족하는 서민층에게는 LTV 비율을 가산해 추가 적용하며, LTV 비율을 최대 70%까지 적용이 가능한 디딤돌대출이나 보금자리대출을 활용할 수 있게 했다.

더 가관은 계약갱신청구권제도, 전월세상한제도, 전월세신고제도 도입을 골자로 하는 이른바 '임대차 3법'인 주택임대차보호법 및 부동산거래신고법 개정이다. 2020년 7월 29일 법사위를 거쳐 다음날, 이를 반대하는 야당이 불참한 가운데 국회 본회의에서 의결되었고, 또 그 다음날 국무회의에서 개정안과 공포안이 바로 심의·의결되는 '문재인 독재정권만의 쾌거 아닌 쾌거'였다. 그러나 그 쾌거는 무주택자들에게 암흑세계를 안겼다. 계약갱신청구권제도는 의결 즉시 시행되었으며, 전월세신고제는 2021년 6월 21일 시행되었다. 이는 임차인에게 세금 부담을 주며, 5% 인상 제한으로 매물감소가 이어질 수 있고, 임대가가 인상될 수 있다는 우려가 애초부터 있었다. 헌법 제13조 제2항 "모든 국민은 소급입법에 의하여 참정권의 제한을 받거나 재산권을 박탈당하지 아니한다"는 원칙이 무색하게, 전월세상한제가 기존계약의 소급적용으로 새로운 계약을 맺을 때 임대인이 차임을 최대한 인상할 여지를 남겨, 끝내는 전월세가격 폭등에다 전세난이 발생하자 차라리 집을 사자는 심리가 더해 집값상승의 결과까지 초래했다.[245]

2. 문재인 정부의 무능에 의한 토지공개념 인식

부동산투기와의 전쟁에서 지지 않겠다던 문재인 정부는 거짓말쟁이가 됐다. 아니, 역대 최고급 무능한 정책으로 집 없는 절반 가까운 국민들을 울렸다. 그 이면에는 집권층 일부의 부도덕성과, 집 가진 국민들은 자기집값이 얼마 올랐다는 자랑 아닌 자랑이 술안주거리가 되어 버렸다. 부동산투자(투기?) 강좌까지 성업 중으로 만든 문재인 정부가 26번의 대책에도 모자라, 성난 청년층의 분노를 잠재우려고 대선에 임박해 또 다른 꼼수를 부리기도 하였으나 큰 효과가 없었다. 소나기라도 퍼붓듯이 수시로 대책을 쏟아내면서도 왜 이러한 부분은 메스를 대지 못할까. 즉 LH 직원의 투기사태, 그리고 정치인들의 내로남불식 부동산투기 등으로 성난 민심은 삶의 좌절상태에 와 있다. 건설사와 정부 간의 야합은 없을까. 이에 대한 언급은 없다. 이러함이 문제를 더한다. 2·20부동산 대책을 발표할 시점, 경제정의실천연합의 비판을 한번 보자. "과천지식정보타운 아파트 분양가가 평당 2,195만 원으로 결정됐다. 하지만 이곳의 적정분양가는 평당 1,016만원으로 추정된다. 높이 책정된 분양가로 인한 분양수익은 평당 1,179만원, 한 채당 2억7천만원으로 추정된다. 국민들의 토지를 강제수용하고, 용도변경 및 독점개발 등의 특권을 LH에 부여한 이유는 집값의 안정과 주거안정에 기여하기 위해서지만 강제로 수용한 토지가 LH와 민간건설사에게 부당이득만 안겨주고 있다"고 했다. 아니나 다를까. 성남 대장동 개발 특혜사건이 터졌다. 헌법상 보장된 '공용수용'이란 방패 뒤에 숨어 자행된 '그들만의 이익공동체'의 야합은 선량한 국민들에게 크나큰 상실감을 안겼다. 도둑들이 설쳐대도 내로남불의 찬가 속에, 이를 제어할 정부도 없다. 앞서 말한 적정분양가 수익 속에 LH

와 민간건설사의 몫, 즉 이득이 없으리라고 믿는 국민은 없다. 발뺌할 수 없는 비판은 설득력이 있다. 그렇다면 불로소득은 어디로 갔겠는 지, 깊은 반성이 필요하다. 이들의 흥청망청 성과급 잔치 속 로비 비용 으로 들어갔을 것으로 추정하고도 남는다. 이러한 근본적인 문제는 그 진단조차 회피하려는 집단적 이익利益集團, interest group과 사익私益에 찬, 세계 속 투기공화국이자 부패공화국 기득권층에 있다. 이러한 이익공 동체利益共同體나 다름없는 문제를 없애야 하나 다음에서 보듯이, 그 집 단적 사익추구는 끝이 없다.

2021년 2월 24일, 정부는 수도권 주택 공급을 확충하기 위해 광명·시흥을 3기 신도시로 추가 선정했다. 2020년 발표한 남양주 왕숙, 하남 교산, 고양 창릉, 부천 대장, 인천 계양에 이어 6번째 3기 신도시다. 3기 신도시에는 계양 신도시, 교산 신도시, 대장 신도시, 왕숙 신도시, 창릉 신도시, 광명·시흥 신도시가 있다. 26전 26패란 조롱거리가 귀에 거슬리는지 2021년 8월 30일자 '2·4대책 후속조치'란 이름으로, 국토교통부는 14만 가구 규모의 제3차 신규공공택지 10곳을 발표했다. 수도권에서는 의왕·군포·안산(586만m²), 화성진안지구(452만m²) 등이 규모면에서 가장 크다. 의왕·군포·안산은 주거수요가 많은 서울 남부지역에 있는데다가, 평촌 신도시(589만m²·4만2,500가구)와 맞먹는 규모다.[246] LH의 일부 직원들이 2018년부터 문재인 정부의 3기 신도시 중 최대 규모인 광명·시흥 신도시 사업지역에 100억원대 토지를 투기성으로 집중 매입했다는 의혹이 사실로 드러났다. 이들이 내부정보를 이용하여 공직자윤리법상 이해충돌방지의무와 부패방지법상 업무상비밀이용금지를 위반한 도덕성에 국민의 원성이 자자했다. 드디어 4월에 있은 서울·부산시장보궐선거에서 집권여당이 참패하는 결과에 이르렀다. '가재는 게 편'이란 심리가 더해 이들에 대한 처벌수위는 있는 둥 없는 둥이다. 6개월 후 또 터졌다. 9월 7일, 성남시 재개발사업지 사전정보를 알고는 일대 주택을 매입한 LH직원과 부동산 업자 2명 등 3명이 구속됐다. 무려 43채, 92억원에 달한다. 현 시세 240억원에 시세차익만 150억원으로, 불법수익재산으로 보고 처분이 불가능하도록 기소 전 몰수보전을 신청했다. 이 사태에서 또 다른 난맥상은 지난 3월 부동산투기 의혹으로 직위 해제된 직원 40명이 최근까지 고액의 급여를 수령한 것으로 드러난 점이다. LH의 보수규정 때문에, 직위해제가 되더라도 기본급의 80~90%를 지급되었다. 사태 발생한 후에도, 이 규정을 손보지 않아 최근까지 월 수백만원의 급여가 지급되어도 강력한 처벌은커녕 제재가 없는 그들만의 잔치에 박수를 친 상황이 연출되었다.

1994년 1월 17일자 노태우 정부에서 시행한 '토지공개념제도 일부 완화방침'이란 연합뉴스 기사를 보면, "정부는 택지소유상한제, 개발이익환수제, 토지초과이득세 등 토지공개념제도를 일부 완화하여, 이 제도의 시행과정에서 나타난 문제점들을 보완키로 했다"고 하자 "그러나 토지공개념제도의 완화는 그동안 안정되어 온 땅값의 상승과 투기를 부추길 가능성이 있어 신중을 기해야 할 것으로 지적되고 있다"는 지적답게 노태우 정부의 토지공개념제도는 집값의 안정세를 유지하는 데 기여했다. 부동산 정책에 있어 노무현 정부와 횟수까지 거의 닮은꼴인 문재인 정부는 부동산을 정책을 쏟아내고 있지만, 효과를 보지 못할 것으로 추측된다. 답은 노태우 정부의 토지공개념제도를 계승하지 않고는 힘들다는 점이다.

이러한 상황을 타개하고자 지금도 진행형이나, 2017년 하반기부터 문재인 정부는 토지에 대한 공개념 도입에 불을 지폈으나 좌절되었다.[247] 그럼에도 불구하고 이른바 '청와대 헌법 개정안'이 2018년 3월

21일, 민정수석비서관의 입을 통해 발표한 바 있다. 그 중에서 단연 눈에 띄는 것은 헌법에 수도首都 조항을 신설하고,[248] 경제 분야에 토지공개념을 명시했다는 점이다. 덧붙여 지방분권 강화로 인한 국가균형발전은 최고의 국가발전 전략인 것처럼 자화자찬이었다. 새로운 조항을 명시하면서 "현행헌법 제23조 제3항 및 제122조 등에 근거해 해석상 토지공개념이 인정되고 있지만, 「택지소유상한에 관한법률」은 위헌결정을, 「토지초과이득세법」은 헌법불합치결정을 받았고, 「개발이익환수법」은 끊임없이 공격을 받고 있는 상황이라, 헌법에 토지공개념 내용을 명시한다"는 부연설명까지 곁들였다. 그러면서 "불평등 심화 문제를 해소하기 위해 토지의 공공성과 합리적 사용을 위하여 필요한 경우에 한하여, 특별한 제한을 하거나 의무를 부과할 수 있도록 하는 토지공개념 내용을 명시했다"는 것이다.

앞서 논하였기에, 현행헌법의 '경제주체 간의 조화를 통한 경제민주화' 규정에 별반 차이도 없는 무의미한 '상생'을 추가한 점은 논외로한다. 그렇다면 보자. 토지공개념에 대해 찬성하나, 굳이 이렇게까지 명시해야 하는가이다. '토지정책의 변천과정'에서 논하였으나, 역대 정부의 공개념에 대한 도입과 폐지, 그리고 논의과정에서의 핵심부분은 더 살필 필요가 있겠다.

이승만 정부(1948~1960)의 농지개혁은 말할 수 없을 정도로, 우리나라 토지공개념의 효시라고 할 수 있겠다. 또한 제헌헌법이야말로 가장 통제경제적이면서 토지에 대해서도 가장 높은 '공의' 관념을 보이고 있다. 그러한 관념이 경자유전의 토지개혁을 가능케 했다는 점을 높이 살만하다. 제헌헌법에서의 경자유전의 원칙은, 헌법상의 기본원칙으로 채택하여 유일하게 현행헌법에까지 농지에 대해서만은 유지되고 있다. 이에 농지개혁의 산물인 농지소유상한제의 완화를 거듭해 오다가 2002년에 폐지되기에 이른다. 즉, 농민이 아니라도 여가선용이나 취미활동일 경우에는 1,000m² 미만은 소유할 수 있게 하는 등으로 변했다.

여기서 다음 정부를 살피기 전에, 다급하게 내놓은 문재인 정부의 농지개혁을 먼저 보자. 2021년 연초, 3기 신도시 후보지가 발표되자 앞서 본 바와 같이 LH임직원들의 토지투기가 밝혀져 국민들에게 허탈감과 분노를 안겼다. 이에 고위층이나 LH임직원의 농지투기 때문에 얼마나 애를 먹었던지, 부랴부랴 바로 그해 3월말에 관계부처 합동으로 '부동산투기 근절 및 재발방지책'을 발표하면서 농지투기를 엄벌에 처하면서 차단하겠다는 의지가 담긴 후속조치인 내용을 다음과 같이 담았다. 2021년 7월에는 개정된 농지법과 농업경영체법, 그리고 농어촌공사법의 하위법령이 필요 없는 벌칙 규정은 8월 17일 공포 즉시 시행하고, 그 외 사항은 공포 후 9개월 또는 공포 후 1년이 경과한 날부터 시행된다. 양도 시에는 2022년부터 사업용 토지에서 배제되어 20%가 중과세되고, 개인이 받을 수 있었던 최대 30%의 장기보유특별공제도 배제된다, 상속(상속인에게 한 유증 포함)받은 농지는 타인에게 임대를 통하여 1만m²까지 소유할 수 있으나, 상속받은 농지라도 휴경 시에는 농지처분대상이 된다. 우량농지 보전 및 세분화 방지를 위해 주말체험영농 목적으로 농업진흥지역 내 농지도 취득이 제한되고, 투기목적으로 취득한 농지는 신속한 강제처분절차의 진행과 함께 이행강제금의 부과 수준도 25%로 상향 조정하고, 농지법을 위반할 목적으로 거짓이나 그 밖의 부정한 방법으로 농지취득자격증명을 발급받는 자에 대해 해당토지의 개별공시지가에 따른 토지가액에 해당하는 금액으로 상향, 농업법인이 농어촌 관광휴양사업을 영위할 경우 토지와 시설의 임대와 분양이 가능하던 것을 농어업경영체법 개정으로 토지와 시설의 분양을 불허 등은 공포 즉시 시행한다. 그리고 2022년 5월 18일부터는 농지취득 시 농업경영계획서 의무기재사항을 확대하고 증명서류 제출의 의무화는 물론 주말·체험 영농계획서 제출도 의무화되고, 8인 이상 1필지의 농지 공유 취득을 제한하고, 농업법인 실태조사 시 법인이 제출한 자료에 근거하여 조사를 3년 주기를 1년으로 단축한다. 또한 동년 8월 18일부터는 농업법인 설립단계부터 적용되는 사전신고제를 도입하고, 부동산개발업을 영위할 경우 해당농지의 양도차액 범위 내에서 부과하며, 임대업을 할 경우에는 해당농지 임대를 통한 임대료 범위 내에서의 과징금 부과와 함께 부과농지위원회의 설치 근거마련과 투기우려지역에서 농지를 취득할 경우에도 농지위원회의 심의를 받아야 한다는 게 주요 골자이다. 그러나 이 또한 지켜볼 일이다. 다시 이승만 정부에 이어서 보자.

군부쿠데타로 집권한 박정희 정부(1963~1979)도 임기 막바지인 1977년 당시 국토교통부장관이 "토지의 소유와 이용을 분리해야 한다"는 점을 강조한 이듬해, 8·8대책으로 토지거래제 및 신고제와 공유지확대정책을 제도화했다는 점을 상기할 필요가 있다. 즉 국토이용에 관한 법률을 개정하고, 개발부담금제도와 개발이익금제도를 실시하였던 것이다. 노태우 정부(1988~1993)는 전술한 바에서 보았듯이 더 혁혁한 공을 세웠다. 토지공개념연구위원회까지 두면서 1989년 서울특별시와 광역시 중 개인택지 소유가 200평을 초과한 땅에 대해 부담금 부과의 택지소유상한제, 개발사업시행자로부터 개발이익분의 50%를 환수하는 개발이익환수제도, 부동산 투기억제를 위해 유휴지의 가격상승분에 최대 50%의 세금을 부과하는 토지초과이득세법인 이른바 '토지공개념 3법'을 제정하고는, 이듬해 시행하여 일정기간 지가상승을 막는 데 기여했다. 이러한 점만 보아도 토지공개념은 이념적 문제가 아님을 알 수 있다.

그러나 이 훌륭한 법률도, 김영삼 정부(1993~1998)에서 토지초과이득세법에 대해 1994년 헌법불합치결정이 내려지는 불운을 겪었다. 엎친 데 덮친 격으로 김대중 정부(1998~2003)에서는 IMF극복이란 미명 하에 나머지 두 법률마저 헌법재판소에서 위헌결정을 받았으며, 지금까지 유지돼 왔던 농지소유상한제는 2002년에, 택지소유상한제는 1998년에 폐지되기에 이른다. 그 다음 노무현 정부(2003~2008)도 2003년 10·29대책에서 토지공개념 도입 정책을 구상했으나, 가시적인 효과는 없었다. 그러나 그 구상은 문재인 정부(2017~2022)에 체회體化되었다고 볼 수 있다. 종합부동산세 신설과 주택거래허가제, 그리고 분양권전매금지제도를 신설한 바 있다. 그 후 2017년 집권당 대표 국회연설에서 토지불로소득을 환수하겠다는 발언에서 촉발되어, 이듬해 대통령직속 국민헌법자문특위에서 이를 헌법 개정안에 명시하면서 다시 공론화되었다.

그 당시, 청와대 헌법 개정안의 그 조항을 보자. 먼저 현행헌법 제122조 "국가는 국민 모두의 생산 및 생활의 기반이 되는 국토의 효율적이고 균형 있는 이용·개발과 보전을 위하여 법률이 정하는 바에 의하여, 그에 관한 필요한 제한과 의무를 과할 수 있다"라는 규정을 제128조 제1항으로 대체하고, 동조 제2항에 "국가는 토지의 공공성과 합리적 사용을 위하여 필요한 경우에 한해, 법률로써 특별한 제한을 하거나 의무를 부과할 수 있다"를 규정한다는 것이다. 이를 두고 '경제민주화'와 '토지공개념'이 강화됐다면서 "국민 간의 소득격차, 빈곤의 대물림, 중산층 붕괴 등 양극화가 경제성장과 국민통합을 가로막는 상황이다. 이러한 문제를 해결하지 않으면 대한민국의 미래는 어두울 수밖에 없다"고 그 배경을 설명했다. 하지만 현행헌법 제122조는 독일연방공화국기본법 제15조와 유사하다. 즉 "토지와 천연자원 및 생산수단은 사회화를 목적으로 손해배상의 방식과 규모를 규정한 법률에 근거해 공유재산이나 공유경제의 다른 유형으로 전환할 수 있다"고 규정하고 있다. 따라서 독일은 2021년 새해벽두부터 이 조문을 근거로 폭등하는 주택임대료에 대한 베를린 시민들의 저항이 있었다. 끝내는 쟁취하여 주민투표에 의한 '24만 채 몰수'로 공유화에 물꼬를 튼 것이다. 따라서 우리 헌법을 너덜너덜한 누더기로 만들지 않더라도, 우리도 현행헌법 제122조에 따라 이와 같은 공유화는 문제가 없다는 점이다. 더구나 이에 따른 제2항을 신설할 필요조차 없다. 토지공개념이란 공공의 이익을 위해 토지에 대한 소유와 처분을 국가가 제한할 수 있도록 하는 것이다. 토지가 공공재라는 바탕을 두고 있으며, 그동안 '독점적인 토지소유'가 유발하는 투기현상을 막기 위한 대안으로 제시됐다고 볼 수는 있다.

전술한 바와 같이, 토지는 그 특성상 일반 재화와 같은 단순한 상품으로 다룰 것이 아니라, 자원으로서의 토지가 갖는 사적 재화이자 공적 재화로서의 성격도 함께 고려하여 그 배분·이용·거래에 있어 사회와 국민 전체가 공평하자는 하나의 토지철학이 앞서야 한다. 근대 서양의 사상가 토머스 모어Sir Thomas More를 비롯하여, 애덤 스미스Adam Smit, 데이비드 리카도David Ricardo, 존 스튜어트 밀John Stuart Mill, 헨리 조지Henry George 등의 경제학자들은 공공성 강조로, 창조주가 내린 토지의 사소유권을 비판함과 지주의 불로소득에 대해 환수조치 등을 주장했다. 19세기적인 자유주의·민주주의를 기본으로, 20세기적 사회국가 이념을 채택한 1919년 독일 바이마르헌법에서도 근대 헌법 사상 최초로 소유권에 대한 사회성(의무성)을 강조했다. 즉 "토지의 경작과 이용은 토지소유자의 공동체에 대한 의무다. 노동과 자본의 투자도 없이 이루어지는 토지가격 상승은 전체의 이익을 위해 이용되어야 한다"고 천명하였음이다. 독일의 법체계를 계수한 우리 헌법은 물론, 민법 및 관계 법률에서도 충분한 근거를 갖고 있음은 주지의 사실이다.

왜, 굳이 개헌안에서 제128조 제2항을 신설하겠다는 것이었는지 의아하다. 2021년 하반기에 문재인 정부의 한 대권 예비후보가 다시 불을 지피기도 하였다. 토지공개념 도입에 대해선 헌법의 사유재산권 보호와 시장경제원칙에 위배된다면서, 공개념 자체에 대한 무조건적 반대의견도 나온다.[249] 이 문언을 면밀히 검토컨대, 소위 좌우左右 간·찬반贊反 간 대립이 뻔한 속에서 우파 측의 반대를 염두에 두었음이 묻어난다. "…, 필요한 경우에 한限하여…,"라는 표현으로 '한정 한限' 자를 삽입해 한계를 두고 있다. 그리고 "…, 부과할 수 있다"를 씀에 조문의 융통성을 발휘하고는 있는 셈이다. "…, 부과할 수 없다"는 용어보다는 매우 긍정적이자 강한 의지의 표출이면서, 여지를 남긴 표현이기에 탄력적이라고도 볼 수 있다. 반면, 이 문언으로 보아서는 강제성은 없어 보인다. 굳이 신설하겠다면 국가개입 등의 강제성을 둬야 했었다. 그러나 이 조항을 신설할 필요는 없다는 점이다. 현행헌법과 관계 법률만으로도 가능하기 때문이다. 또한 최상위법인 헌법만은 쉽게 개정할 일도 아니며, 관계 법률로도 규율할 수 있을뿐더러, 국민적 합의와 정권의 개혁의지에 달려 있다는 점이다.

다시 말하건대, 헌법 개정만이 능사가 아니다. 작금의 대한민국이 적국과의 교전상태인가. 루소는 그의 논문 '전쟁 및 전쟁 상태론'에서 "전쟁은 국가와 국가 간의 관계에서 주권·사회계약에 대한 공격, 다시 말해 상대국의 헌법을 공격하는 방식으로 행해진다"고 했다. 즉 전쟁이란 교전국가의 헌법을 바꾸는 것이다. 루소는 "전쟁이란 상대국가의 군인이 30%나 사상자가 나거나, 또한 그 왕이 항복을 한다고 끝나는 것이 아니다"는 것이다. 물론 이러한 목적이 있을 수는 있다. 그러나 상대국가의 근본이 되는 중요한 사회질서, 즉 넓은 의미의 헌법을 바꾸라고 강요하는 것이 주된 요지인 종착역이다. 그만큼 헌법은 중요하고, 수시로 바꾸는 것이 아니다. 그가 설파한 헌법관은 제2차 세계대전에서 패전국인 추축국은 승전국인 영·미 국가의 의회민주주의로 고치게 하였다. 고대 그리스의 스파르타는 800년간이나 그들의 법을 개정하지 않았다. 이러한 역사적 인식을 입맛에 따라 선별할 것이 아니라, 이를 교훈으로 삼아 신중을 기해야 한다. 달리 말해, 헌법을 개정하지 않고도 현행헌법에 따라서도 가능하다는 점이다. 정치가 문제이다. 즉 정권의 개혁적인 실천적 의지가 앞서야 한다. 따라서 현 사회질서에서 벗어나 청와대나 일부 헌법교수들의 곡학아세에 찬 나머지, 헌법을 개정하자는 것은 잿밥에 눈이 먼 행태이자 무지의 발상에 지나지 않는다. 누구를 위한 헌법 개정인가, 그리고 개정이 진정 합당한가에 대해 반문하지 않을 수 없다.

그리고 2018년 9·13부동산종합대책은 토지투기 억제와 집값을 안정화하는 데 있어 아주 강도 높은 대책이었으나, 역시나 별다른 힘을 발휘하지 못했다.[250] 주요 골자는 첫째, 종합부동산세를 강화시켰다. 과세표준 '3억원 초과~6억원' 구간을 새로 만들고 과세율을 높였다. 추가과세대상에 조정지역 2주택자를 포함시키고, 초고가 주택에 대한 세율을 높였다. 둘째, 투기지역이라도 집값의 40%까지는 새집을 담보로 대출이 가능하였으나, 한 채라도 있으면 규제지역에 집을 살 때 주택담보대출을 받을 수 없게 했다. 셋째, 임대사업자의 혜택을 대폭 축소했다. 즉 임대사업자에게 손쉬운 대출과 세금인하가 투기를 조장했다는 비판에서 대출한도를 절반으로 낮추고, 세금인하도 없었다. 넷째, 2주택자에게 집을 매도하게 할 목적에서, 조정대상지역에서 새집을 매입하는 경우 집을 3년 안에 팔면 양도세 면제기간을 2년으로 줄였다.[251] 이 정도 가지고도 2006년 참여정부 부동산 대책 발표 때처럼 발표 다음날, 보수언론들의 악랄한 반발이 이어졌다. 이러한 반발은 2018년 3월 21일, 청와대 헌법 개정안이 발표될 때에도 반복되었다.[252] 이는 자신들의 이익을 향한 대기업 소유 언론들의 이중성이 서민층에 대하여 위해를 가한 셈이다.

정말, 그 정도일까. 2019년 5월 이후부터 종합부동산세, 재산세, 양도소득세 등이 실제로 부과되는 시점이다. 양도소득세는 일시적 2주택인 경우 기존 주택을 최소 2년 안(3년에서 1년 단축)에 처분하면 비과세대상이 된다. 2년이 넘으면 투기로 간주하겠다는 것으로, 임대사업자가 아니라면 두 채 이상일 필요가 없다. 소득불평등의 요인을 초래하지 않는다면서, 임대사업에서 창출한 수익으로 추가로 주택구입을 유도하는 것도 가진 자에 대한 시혜적이다. 임대주택시장을 안정화시키지도 못하면서 임대사업자에 대한 과도한 세제혜택을 주었었다. 그러나 이러한 혜택을 줄이고, 서민들의 주거권 확보가 절실한 이 마당에 이러한 갭 투자의 폐해를 막아야 한다.

서울 인구가 2010년 인구주택총조사人口住宅總調査(www.census.go.kr) 때 1046만 명이 최고이었던 이후 집값, 전·월세 및 임대료 상승, 그리고 재개발·재건축으로 인한 멸실 등으로 꾸준히 인구는 감소하고 있다. 문재인 정부가 집권한 후, 특히 2018년 서울특별시 집값이 급등하자 그 인구가 경기도로 밀려나가 수도권 교통망은 지옥으로 변했다. 역대 정부 중 최악의 토지 및 부동산정책이 저금리 기조와 맞물려 춤추고 있다. 이에 집값의 고공행진만 있을 뿐이다. 따라서 무주택자에게는 많은 당첨 기회와 당첨 시에는 무이자나 장기저리 융자 혜택으로,

국가가 보듬어야만 그나마 이러한 현상을 조금이라도 상쇄할 수 있다.

집과 토지문제로 밀려난 이들은 이제 어디로 갈 것인가. 우리 국토의 약 63%인 산지로 물러나는 것을 넘어, 강가나 해안이 빈민주거지가 될 날이 올 수도 있다. 한때 아시아 부국 2위였던 필리핀의 경우는, 현재 이러한 사유로 밀려난 빈민층이 해안가에 집을 짓고 있는 실정이다. 우리라고 예외일 수 없다. 타이나 베트남 같이 조상대대로 내려온 그들만의 전통적인 수상가옥이 아니다. 지금 우리나라도 '풍요 속 빈곤의 찬가' 속에서 탈서울화에 이어 자꾸만 산비탈 아래 천막촌이나 쪽방으로 밀려나고 있으며, 머지않아 집 마련의 여력이 없는 이들은 해안으로 밀려날 가능성도 다분하다.

이를 간파해서인지 청와대 헌법 개정안 발표 때 이랬었다. 발표자는 "자치와 분권, 불평등과 불공정을 바로잡아 달라는 것은 국민의 명령이고 시대정신이다. 2017년 대선에서 대선후보 모두가 지방분권형 개헌을 주장했고, 정치권이 경제력 집중과 양극화 해소, 불공정 거래와 갑질ᵚ 근절을 외치고 있다". 그리고 "헌법이 바뀌면 내 삶이 바뀐다. 새로운 대한민국은 개헌으로 시작된다"고 말했다. 노태우 정부가 시행한 토지공개념 실시가 그렇게도 어려운가. 간혹 일시적으로 주택가격이 하락할지라도, 토지가격은 항상 상승한다. 그 인상된 토지가격은 다시 주택가격을 부추긴다는 사실253)를 깨닫고, 현행헌법 상으로도 그 실시는 문제없다. 따라서 정치권이 개헌만을 탐낼 것도 아니고, 개헌을 할 만큼 그렇게 할 사안도 아니다. 아테네나 로마가 그들의 성문법을 자랑할지언정, 다시 말하건대 지중해를 제패했던 고대 그리스의 스파르타는 웬만한 사안을 규정하지 않았어도, 그들의 법을 800년간이나 개정을 않고 존속시켰다는 사실을 상기해야 한다. 문제는 출발선을 공정하게 할 최선의 길은 토지공개념 시행뿐이다.

끝으로 다음과 같이 덧붙인다. 문재인 정부의 부동산 세제에 있어서는 개편이 잦은 편이라, 전술한 문재인 정부의 부동산정책에 대해서는 수시로 확인할 필요가 있다. 2022년 대선정국과 맞물려 더하다. 일례로 1세대 1주택자 보유세 부담이 동결되거나, 다주택자 양도소득세 중과까지 한시적으로 유예할 태세다. 또한 1가구 1주택에 한해 비과세 기준을 9억원에서 12억원으로 완화하였다. 이러한 부분만 보더라도 문재인 정부의 무능과 실책으로 집값 상승이 얼마나 컸는지 여실히 드러난 셈이다. 집이 없는 54% 가구로서는, 이 정도 액수이면 꿈도 꾸지 못할 허탈감을 안을 수밖에 없다.

3. 토지공개념의 실질화 방안 및 토지비축

"토지정책을 수립하지 않은 채 경제개발정책을 추진한 결과, 부동산 투기와 땅값 상승이 언제나 정부를 괴롭혔고, 오늘날에도 이 문제는 해결되지 않고 있다. 토지에 대한 사유권을 인정은 하되, 이용권을 사회화하는 방향으로 토지정책을 확립했어야 했다."254) 고故 남덕우 부총리 겸 경제기획원장관은 근본적인 토지문제를 해결하지 못한 채 경제개발을 시행한 데 대한 고뇌를 실토한 바 있다. 그의 술회로 비추어볼 때, 이 또한 토지공개념으로 나아감에는 '좌우이념의 문제'가 아님을 명확하게 엿볼 수 있다. 언제까지 논쟁에만 함몰될 것인가. 토지를 무상으로 몰수하거나 국유화하자는 것도 아니다. 앞에서 보았듯이, 우리 실정법상 근거도 충분하다는 점이다.

토지가 갖고 있는 물적 특성 내지는 투기의 사회적 문제성 등의 이유로, 토지에 대한 보다 효과적인 규제가 필요함을 일반적으로 인정되고 있는 실정이다. 사회국가의 이념은 소극적으로는 자본주의의 폐단을 시정하고, 적극적으로는 사회적 정의를 실현함을 내용으로 한다. 그리고 그러한 사회국가의 이념은 국가(정부)의 힘만으로는 달성될 수가 없다. 국민 스스로도 그에 따르는 의무를 수행하고, 사회국가의 실현에 노력하지 않으면 안 된다. 국민 간에 있어서의 연대성과 우애성의 자각을 사회국가의 필수적 요소로 보고 있는 이유도 그 점에 있다. 토지에 대한 공적 규제, 그의 이념적 뒷받침으로서의 사회국가성은 그에 상응한 국민의 의식개혁 없이는 실현이 불가능하다. 여분의 땅을 매입하며, 토지투기를 일삼을 수 있는 계층은 국민 중의 소수에 지나지 않는다. 바로 그들 국민계층의 의식개혁이야말로 토지공개념 실천을 위한 전제조건이 된다고 하겠으며, 정부의 시책도 거기에다가 맞출 필요가 있다.255)

그런데 보자. 집권여당 원내대표가 19번째 부동산 대책 발표(2020. 2.20) 15일 전 "총선 이후 토지공개념을 검토하겠다"고 말했다. 2017년 전임 당 대표에 이어서다. 우리 헌법은 사회주의社會主義, socialism가 아닌 사회국가社會國家, Social State를 택하고 있다. 이는 국민 개개인에 대하여 인간다운 생존을 보장할 것을 임무로 하는 국가의 지향인데, 전 정권이었던 일부 야당이나 극우세력에게 사회주의 발상이라고 비판을 받는지 모르겠다. 이에 대한 '논리 무장이 빈곤한 상태'이기 때문이다. 야당 또한 '트집 잡기'에 불과한 측면이 다분하다. 우리 헌법의 기본원리의 하나로, 사회정의 실현을 법치국가적 방법으로 구현하려는 국가적 원리를 채택하고 있지 아니한가. 그렇다면 사회적 정의의 실현을 위하여, 자유의 실질적 조건을 마련하기 위한 적극적 조치를 취할 의무를 지는 국가임에도 말만 풍성하게 해놓고는, 그 실천 의지가 없는 소리로만 들린다. 물론 무지나 철학의 빈곤에서 이러한 현상이 벌어질 수가 있겠으나, 딱한 노릇이다. 따라서 정부는 행동으로 이를 실현하려는 노력을 않고 있다는 결론에 도달할 수 있다. 정책브레인들이 '자기들 정책'에 의한 '자기 집값'의 과도한 인상폭에 정신—줄精神줄, consciousness을 놓아서인지도 모를 일이다. 국민에게 그 생활의 기본적인 생활 수요를 충족시킴으로써, 출발선을 공평하게 할 의무가 있다. 이는 헌법이 지향하는 사회국가원리인바, 이를 해태해서는 안 된다.

　토지공개념 시행을 염두에 둔다면, 그린벨트 내 값싼 사유지부터 재빠르게 매입해 비축부터 하자.256) 이러함이 실질적인 토지공개념으로 가는 첫걸음이자 서민층에게 저렴한 가격에 집을 공급할 수 있는 지름길이다. 토지란 국민 전체의 복리증진을 위한 공적 재화로, 그 소유·처분에 대해 적절한 유도 및 규제가 가해질 수 있다. 토지 자체가 갖는 사적 재화와 공적 재화의 성격도 고려하여, 그 배분과 이용·거래를 정상화하자는 토지철학이다. 이에 토지비축土地備蓄, land banking이란 장래 이용을 예정한 모든 형태의 부동산에 관한 권리취득이다.257) 공공부문이 주로 도시 주변 지역의 개발 가능 토지를 사전에 취득하고, 이를 계획적으로 조정·관리한 후 임대 또는 매각 등의 방법으로 관리·처분하는 일련의 과정이다.258) 공공사업의 원활한 추진을 위해 국가 또는 공적 업무를 수행하는 공공단체가 가용토지可用土地를 미리 조치하는 것을 말한다.259) 달리 말해 한국토지주택공사LH가 토지은행사업으로 취득하여 관리하는 공공의 토지를 말한다. 따라서 토지은행은 정부나 공적 주체가 재원을 투입하고, 장래의 용도에 대비하여 미리 미개발 토지를 저렴한 금액으로 매입하고 확보하여 공공임대보유 형태로 비축 후, 민간의 토지수요가 증가하게 될 경우 비축한 토지공급과 판매하기 위한 토지비축제도는 정부가 직접적으로 부

동산시장에 개입하는 정책수단이다. 이러한 토지비축제도를 토지은
행제도라고도 한다.

역사적으로 볼 때, 토지비축제도가 시행되기 시작한 것은 19세기
말이나 20세기 초가 된다. 이 무렵, 서구 유럽에서는 기금형태로 토지
은행제도를 만들어 토지 파편화土地 破片化, land fragmentation 문제에 대응하
고자 했다. 작게 쪼개진 토지는 경제적인 측면에서 비효율적이기 때
문에, 소규모 토지를 하나로 묶어 부지 형성을 최적화할 수 있도록
정부가 나선 것이다. 토지이용의 효율성과 공공의 목적을 갖고, 토지
를 선제적으로 비축하는 근대적 의미의 이러한 제도는 네덜란드와
스웨덴에서 시작되었다. 1990년대 이후에 유럽, 특히 동구권이 사회
주의 국가에서 자본주의 체제로 전환되는 시기로, 과거와는 다른 토
지은행제도가 등장했다. 체제전환기 국가들은 사소유권에 기초한 토
지소유권이 존재하지 않았기에, 먼저 토지시장을 조성할 필요가 있었
기 때문이다.260)

그러면 이 제도에 대해 다음과 같이 그 개념과 주요 내용을 분설해
본다. 첫째, 공적 주체의 직접적인 활동만을 대상으로 하고, 민간부문
의 참가를 부정한다. 따라서 토지비축은 '공적 토지비축 확대'와 같은
정책 목적과 방향을 제시하는 용어로 사용되고 있다. 둘째, 토지비축
은 미개발 토지의 취득을 대상으로 한다. 장래에 발생할 수요에 대비
하는 토지비축은 신규 개발이나 보전을 의도한다. 따라서 기개발지역
이나 정비사업의 대상지는 그 대상이 되지 아니한다. 셋째, 토지비축
은 도시적 토지의 개발을 주목적으로 한다. 토지비축이 경우에 따라
서는 국토보전 또는 환경보전을 목적으로 할 수 있지만, 정책적으로
개발중심의 용도를 전제한다. 넷째, 토지비축은 종합적이며 장기적인
토지확보수단에 의거한다. 수용이 강제적인 토지취득에 의거하고 단

기적인 토지확보수단이라고 한다면, 토지비축은 강제수단과 비강제 수단非强制手段 및 국공유지 이관 등의 방법과 같은 다양한 방법에 의해 장기적으로 확보하는 수단이다.[261] 따라서 '공공토지의 비축에 관한 법률'(공공토지비축법)이 2009년부터 시행돼 오늘에 이르고 있으나, 크게 가시화되고 있지는 않은 편이다. 이 법은 공공토지의 비축 및 공급에 관하여 필요한 사항을 규정함으로써, 공익사업용지의 원활한 공급과 토지시장의 안정에 이바지함을 목적으로 한다(제1조). 그리고 동법에서 말하는 공공토지란 다음 각 목의 어느 하나에 해당하는 토지를 말한다. 가)「공익사업을 위한 토지 등의 취득 및 보상에 관한 법률」제4조에 따른 공익사업에 필요한 토지, 나) 토지시장 안정을 위한 수급조절용 토지, 다)「공유수면 관리 및 매립에 관한 법률」제2조 제4호에 따라 조성된 매립지 및 매립예정지, 라)「국유재산법」제5조에 따른 국유재산 또는「공유재산 및 물품 관리법」제4조에 따른 공유재산으로서「한국토지주택공사법」에 따른 한국토지주택공사가 관계 법령에 따라 국가나 지방자치단체로부터 위탁받아 관리하는 토지, 마) 한국토지주택공사가 보유 중인 토지 중 장기임대 또는 저가공급 등 공익 목적에 제공하기 위하여 제9조에 따른 토지은행계정으로 전입되는 토지 바, 그 밖에도 제7조에 따른 공공토지비축심의위원회가 인정하는 토지(제2조 제1호)를 말한다고 정하고 있다.

토지의 높은 지가와 지가가 급등하는 현상은, 우리나라의 고질적인 토지문제로 심각성을 더하고 있다. 국가기반시설인 도로나 철도를 건설할 경우, 이러한 문제 때문에 천문학적인 건설비용을 부담해야 했다. 이러한 상황이 공공용지의 사전비축을 통해 보상비를 절감해야 한다는 인식이 팽배해져 이 법률이 제정되었다. 선진국의 토지은행제도는 단지 경제적 측면에서의 비용절감 및 재정문제를 해결하려는 취지뿐만 아니라, 계획적·사회적 측면을 강조하는 의미로 목적이 확대되고 있으며, 제도를 둘러싼 환경변화와 더불어 단계적이고 전략적인 토지비축을 하는 경향이 있다.[262] 이에 우리나라도 공공성 강화 차원에서 비축을 신속하게 확대할 필요가 여실히 드러나고 있다. 이 또한 토지에 대한 불평등으로 인한 사회문제를 줄이는 데 기여할 수 있기 때문이다.

왜 공공 토지를 취득 및 관리하는 토지비축이 필요한가. 이는 공적 개발수요의 충족, 토지시장의 수급조절, 개발이익의 사유화방지 차원에서 필요성을 찾을 수 있겠다. 공공토지비축사업은 공익사업에 필요한 토지를 미리 확보해 수요에 따른 적기에 용지를 공급하는 사업으로, 한국토지주택공사[LH]에서 미리 토지를 매입·공급함으로써 토지보상에 소요되는 시간과 비용을 절감하고, 매수 후 5년간 분할 상환할 수 있어 부족한 재정 운영에 큰 도움이 되는 사업이다. 이를 좀 더 분설해 설명하면 첫째, 공적 수요의 충족을 위해 토지비축이 요구된다. 공적 비축토지의 확대는 공익사업의 원활한 추진을 위한 용지의 수요를 충족시켜 도시용지의 효율적인 개발·공급을 도모할 수 있게 한다. 따라서 이 제도는 각종 도시개발 및 토지이용계획과 연계하여 토지의 공적 수요에 탄력적으로 대응할 수 있게 해주며, 토지비축을 통해 각종 공공시설용지 및 택지·산업용지 등을 조기에 확보함으로써, 신규확보에 따른 보상관련 민원감소 및 재정부담 경감에 기여할 수 있다. 둘째, 토지시장의 수급조절을 위해 토지비축이 필요하다. 이는 장래에 필요한 토지를 미리 확보·비축함으로써 토지시장의 수급을 조절하는 정책수단으로 기능한다. 따라서 토지의 적절한 수급조절을 통해 부동산시장의 안정화를 도모할 수 있다. 토지시장은 토지공급의 비탄력성 등으로 경기 여건에 따라 지가변동이 심하게 나타나기 때문에, 토지비축을 상당 부분 완화와 지가안정에도 기여한다. 셋째, 개발이익의 사유화 방지의 효과가 있다. 개발계획이 수립되기도 전에 투기꾼들이 대상 토지를 선점하여 개발이익을 독점화하는 게 일반적인 현상이다. 이는 사용용지 확보를 어렵게 하면서 보상비를 증가시켜 사업의 실현성을 저해한다. 이러한 투기꾼들로부터 당해 토지를 사전에 취득하여, 이를 개발계획의 의도대로 사용할 개발자에게 재매각 또는 임대함으로써 투기적 우발이득偶發利得의 발생을 방지할 수 있다. 고로 토지비축제도가 적극적으로 운용돼, 모든 개발후보지를 비축하고 운용··관리한다면 개발이익의 사유화 문제를 원천적으로 봉쇄할 수 있을 것이다.

토지비축의 방법으로는, 직접 토지비축을 목적으로 하는 제도로는 공공토지의 비축과 선매先賣가 있다. 전자는 수용을 비롯하여 매수청구買受請求 토지의 매수나 매입에 의한다. 그러나 수용은 직접 공익사업에 제공될 토지를 강제적으로 취득하는 수법이므로, 엄격한 의미에서 토지비축의 수단이 될 수 없다. 후자인 선매는 선매할 자와 토지소유자가 선매협의에 의해 이루어진다. 그리고 토지비축은 1차적으로 그 필요성을 통해 공공성이 인정될 수 있다. 이는 공적 개발 수요를 충족시켜 주고, 토지시장의 수급을 조절할 수 있으며, 개발로 인해 발생하는 지가상승 이익의 사유화를 방지할 수 있다. 따라서 어떤 형태로든 토지비축은 승인되는 것으로 새겨진다. 토지비축이 수용에 의해 이루어지기 위해서는 먼저 토지비축사업이 공공성을 갖는 수용적격사업收用適格事業으로 승인될 수 있어야 하고, 다음은 공공성을 갖는 사업으로 사업인정이 가능하여야 한다. 수용적격사업이란 수용의 주체가 수용할 수 있는 적격을 갖는 공익사업을 말한다. 어떤 사업이 수용적격사업이 되기 위해서는 당해 사업이 공익상 필요가 충분해야 하고, 이로 인한 이익이 불특정 다수의 국민이 향유할 수 있어야 한다. 따라서 토지비축이 수용적격사업으로 인정되거나 사업인정이 가능하기 위해서는, 다음과 같은 논쟁에 답할 수 있어야 한다. 첫째, 단순한 공적 목적을 내용으로 수용적격사업이 승인될 수 있는가이다. 예컨대, 도시·군계획시설都市·郡計劃施設事業의 설치를 목적으로 한다거나 택지개발을 목적으로 하는 것과 적극적인 공익사업을 전제해야 한다. 도시·군계획시설이란 개발시설 중 도시·군관리계획으로 결정하는 시설을 말한다. 둘째, 공적 목적이 직접성을 갖지 아니함에도 수용적격사업이 인정될 수 있는가이다. 이를 위해서는 사업의 구체성이 사전에 확보되어야 한다. 셋째, 장래에 시행될 수 있는 공익사업을 위한 토지비축도 사업인정을 받을 수 있는가이다. 토지비축을 위한 수용이 인정되기 위해서는 사업인정을 받아야 한다. 더구나 토지비축은 직접적인 공익사업이 아니므로, 수용에 의한 토지취득은 승인될 수 없다.263) 이를 이행하기 위한 각 용어가 어려운 탓으로, '공공토지의 비축에 관한 법률' 제2조 제2호~9호에서 정의하고 있다.264) 이 법은 7개장 21개 조문으로 되어 있다. 제1장은 전술한 바와 같고, 제2장에서는 비축계획을 국토교통부장관은 토지시장의 안정을 위해 10년 단위로 수립·시행해야 하고, 제3장에서는 공공토지비축심의위원회 및 토지은행에 규정하고 있으며, 제4장은 공공토지에 관한 취득절차에 대해, 제5장은 비축토지의 관리·공급에 관해, 제6장은 보칙으로 특례조항 등, 제7장은 벌칙 규정을 두고 있다.

공공개발용 토지의 취득에 있어 비축사업계획은 '공공토지의 비축에 관한 법률' 제14조 제1항에 의거, 즉 공공개발용 토지의 공익사업 시행자가 공익사업을 위한 토지 등의 취득 및 보상에 관한 법률 제20조 제1항에 따른 사업인정을 받거나 다른 법률에 따라 사업인정을 받은 것으로 보는 경우, 시행계획에 따라 한국토지주택공사는 '다음의 사항'이 포함된 공공개발용 토지의 비축사업계획을 수립하여 국토교통부장관의 승인을 받아야 한다. 그 다음의 사항이란 "1. 공공개발용 토지를 사용할 사업의 종류, 시기 및 대상지역, 2. 비축대상토지의 세목, 3. 비축대상토지의 관리 및 공급에 관한 사항, 4. 그 밖에 공공개발용 토지의 비축에 관하여 대통령령(비축대상토지의 토지이용 현황)으로 정하는 사항"을 말한다.

토지선매제도土地先買制度의 활성화에 있다. 선매先買란 허가구역 안의 토지거래를 위하여 거래당사자가 토지거래계약의 허가신청이 있고, 그 토지가 공공용지 확보에 필요한 토지인 경우에 시장·군수·구청장이 공공기관을 선매자로 지정하여 일반인의 사적 거래에 우선하여 협의매수하게 하는 제도이다. 토지수용과 다른 점은 수용이 소유자의 의사와 관계없이 강제매수할 수 있는 데 비해, 선매는 소유자가 매도할 의사가 있어야 한다는 점이다. 그러나 2개월간의 선매협의 기간을 설정하여 이 기간 안에 협의가 이루어지지 않을 경우, 소유자와 선매권자 사이에 토지매매계약이 성립된 것으로 간주한다. 선매권을 행사할 수 있는 국가나 공공기관에서는 선매자금을 마련하기 위해 토지채권을 발행할 수도 있다.[265) 선매제도의 목적은 장래에 필요한 공공용지의 확보에 있다. 토지거래 허가구역 안에서 허가신청이 있는 경우, 공공용지 확보에 필요한 토지인 경우에 시·군·구청장이 공적 토지이용 주체를 선매자로 지정하여 사적 거래에 우선하여 협의매수하게 할 수 있는 제도이다. 이때 선매는 형성권이 아닌 청구권의 일종에 속한다. 선매요건 및 대상 토지는 시·군·구청장은 토지거래계약 허가신청이 있는 대상토지에 대하여 국가, 지방자치단체, 정부투자기관이 그 토지를 매수하는 제도다. 한국토지공사 기타 대통령령으로 정하는 정부투자기관·공공단체가 매수를 원하는 때에, 이들 중에서 토지를 매수할 자를 지정하여 협의매수하게 한다(국토의 이용계획 및 이용에 관한 법률 제122조 제1항). 즉 공익사업용 토지와 토지거래허가를 받아 취득한 토지를 그 이용목적대로 이용하고 있지 아니한 토지에 대해서다. 선매의 대상권리는 당해 계약이 토지소유권 이전을 목적으로 하는 경우에 한하며, 지상권은 그 대상권리가 아니다. 그러나 앞서 보았듯이, 토지비축에 있어 자금이 문제가 된다. 그래서 취지와 달리 크게 성과를 거두지 못하고 있다는 점이다. 다시 말해, 2009년 토지은행 출범과 동시에 자체적으로 공익사업용지의 원활한 공급과 토지시장의 안정을 위하여 10년 단위의 공공토지비축 종합계획을 수립하도록 함에 따라, 이 계획(2010~2019)이 수립된 바 있다. 이 계획에서 매년 2조원 내외의 토지를 비축하여 2019년 총자산 20조원 운용이 목표였다.

도로·SOC社會間接資本, social overhead capital·산업용지 비축을 중심으로 추진하면서 일정한 규모로 유지하려고 하였다. 그러나 한국토지공사의 재무악화로 신규비축대상 토지를 선정하지 않은 채 기존에 수립한 비축사업계획만 시행하였다. 어떤 년도에는 토지비축의 근거가 되기 때문에, 매년 수립하는 시행계획조차 수립하지 않았음도 드러났다. 공공토지비축 신청이 없어 신규선정을 하지 않았다는 표면적인 이유였다. 이렇게 된 연유는 우리나라가 세계경제력 10위권답지 않게, 토지비축재원이 부족한 데에 있다. 또한 현행제도의 결함을 들 수 있다. 현행 토지은행제도는 비축목적이 한정돼 있어, 장기적인 토지비축을 통한 토지수급기능을 수행할 수가 없을 정도다. 토지비축종합계획과 시행계획 간 유사하여 차별성이 모호하며, 제도의 유연성이 없어 경제위기에 대응하는 비축 개념도 전략도 수단도 없다. 여기에 토지비축을 위한 재원이 턱없이 부족할 뿐이 아니라, 토지비축에 따른 세제 혜택마저 미흡하다266)는 비판에 직면해 있다.

전술한 해외 토지은행제도의 변천사례에서 보건대, 우리에게 주는 시사점은 각국이 처한 사회·경제적 여건 변화에 맞추어 비축 목적, 거버넌스governance267) 구조, 비축수단, 재원조달 등의 토지은행제도를 설계하고 운영해 왔다는 점이다. 이는 우리에게 저성장기와 경기침체에 대응하는 위기관리, 도시 쇠퇴지역의 도시재생, 토지자원의 합리적인 이용과 관리를 도모하는 토지은행제도로의 함의를 준다. 토지비축제도의 개편방향은 우선 토지은행의 역할 재정립을 위해 비축목적을 수정하여, 다양한 목적의 토지를 토지은행이 취득할 수 있도록 해야 한다. 또한 다양한 공공토지의 원활한 비축을 위해 공공토지비축계획은 관련 법률의 계획을 반영하여 수립되어야 할 것이다.268)

그리고 새로운 복병을 만났다. 그게 다름 아닌 2020년 7월 1일부터 시행되는 도시공원 일몰제都市公園 日沒制 때문이었다. 김대중 정부 당시인 1999년 10월, 헌법재판소가 1970년대 국토교통부가 도시공원으로 지정한 후 20년 동안 도시계획시설이 집행(장기미집행 도시계획시설)되지 않은 채 방치된 경우에는 도시공원시설이 자동실효 되도록 하는 결정이었다. 이는 사유권침해가 문제였다. 학교부지가 도시계획시설로 결정된 후 실제로 사업은 집행되지 않으면서, 장기간 재산권 행사를 금지당한 경기도 성남 토지소유자들이 헌법소원을 청구한 것이 계기였다. 이 제도는 도시관리계획상 공원용지로 지정돼 있지만, 장기간 공원조성사업에 착수하지 못한 부지를 공원용도에서 자동해제토록 하였다. 이로써 "사유지에 공원·학교·도로 등 도시계획시설 지정 후, 보상 없이 장기간 방치하는 것은 사유재산권 침해로 볼 수 있다"는 취지의 헌법재판소 결정269)을 근거로, 전 국토를 4개 용도지역으로 구분하여 관리함으로써 난개발 문제를 해소하는 것을 목적으로 2002년 2월 4일 도시계획법과 국토이용관리법을 통합하여 제정된 '국토의 계획 및 이용에 관한 법률'에서 제48조에서 '도시·군 계획시설결정의 실효 등'에 관하여 규정하고, 부칙에서 20년간 원래 목적대로 개발되지 않는 도시계획시설을 2020년 7월 1일부터 도시계획시설에서 해제한다는 것이었다. 이 법에 따르면, 그동안 사유재산권을 침해당한 토지소유자들은 일몰제로 인해 재산권 회복을 할 수 있는 기회를 얻은 셈이다. 일몰제는 토지소유자들의 사유재산권 보호 측면이 강하기 때문이다. 20년 이상 권리 행사를 못한 소유자들의 권리 행사가 방해됨에 따라, 국가가 재산권 행사를 마음대로 하지 못하게 한 폐단이 있었다. 반면 국민은 공원에 대한 많은 혜택을 받았다. 즉 집 근처 야산을 산책하거나 놀이동산 이용 등으로 건강한 삶을 보전할 수 있었다는 점이다. 이러한 공간이 이제 이들의 재산권 행사를 제한한 장기미집행도시계획시설은 2020년 7월부터 소유주인 개인이나 기업이 개발을 할 수 있다. 이러면 토지에 대한 투기가 불 보듯 뻔한 현실에 직면한다. 그리고 녹지공간 부족과 난개발 등의 우려로, 정부와 지방자치단체는 해당부지 개발이나 비축을 위해 보상해야 함에 난항을 겪고 있는 실정이다. 서울특별시만 하여도 공원 내 사유지를 보상하고 매입하려면 2019.10 현재 36조원이란 예산이 필요하다는 통계도 있다. 지방까지 합치면 70~80조 예산이 필요할 것으로 추산된다. 그러나 해제 기일이 도래하자, 도심 속 허파 역할이었던 녹지가 개발광풍의 위기에 봉착한 탓으로 서울특별시를 비롯한 각 지방자치단체는 '도시자연공원구역'으로 재지정해 버렸다. 그리고 일부 지방자치단체에서는 대상지역에 대해 공원을 조성하겠다는 실시계획을 고시해 개발 가능 시점을 5년간 유예조치를 단행했다. 이러해도 5년 후 표준지

공시지가가격으로 매입하려 하겠지만, 사소유권자와 큰 마찰이 예상된다.270)

이 법률이 제정되기 전에 학계와 정부는 대체적으로 이랬었다. 즉 현행 한국토지공사법을 개정하여 동 사업에 관한 규정을 두는 방안이나 특별법을 제정하여 해결하자고 했다. 이 제도가 도입되면 국가나 지방자치단체는 재정부담을 줄이고, 계발계획에 따라 적시에 효율적으로 사회간접시설을 확충할 수 있는 장점이 있다. 공공필요에 따른 공용수용은 헌법에 근거하여 법률로 규정한다면 위헌 시비도 피해갈 수 있다271)고 하였다. 그러나 작금의 냉혹한 현실은 어떠한가 보자. 지난 10여 년간 LH토지은행의 공공토지비축 실적이 당초 목표대비 10%대에 그친 것으로 나타났다. 특히 '수급조절용 토지' 비축은 전무한 것으로 확인돼 '공공토지의 비축에 관한 법률' 제정 취지인 토지시장 안정에 등한시했다는 점이 드러난다. 2019년 10월 4일, 국회 국토교통위원회가 토교통부와 LH로부터 제출받은 국정감사자료에 따르면 '2010~2019년 공공토지비축 종합계획' 수립 당시 LH는 매년 2조원씩 총 20조원의 공공개발용 토지 비축을 목표로 했다. 하지만 실제로는 10분의 1 수준인 연평균 2,343억원에 그쳐, 전체 목표 대비 실적(2조3,434억원)은 12%에 불과했다. 특히 당초 수급조절용 자산을 중장기적으로 10조원 가량 운용하겠다고 했으나, 토지시장 안정을 위한 수급조절용 토지(동법 제2조, 제18조 등)는 일체 비축하지 않았음이 드러났다.272)

그렇다면 대안은 무엇인가에 대하여 보자. 공원·도로로 묶인 미집행시설이 다시 5년 뒤에 '도시자연공원구역'에서 해제되면 도시의 기형화가 우려된다. 따라서 자방자치단체는 정부가 제시한 가이드라인을 최대한 활용해 장기미집행시설의 해제절차에 착수해야 한다.273)

민간공원개발특례제도는 관련법에 따라 민간공원 사업자가 5만m²이상 도시공원 가운데 70% 이상을 공원으로 조성해 지자체에 기부하는 조건이다. 이럴 경우 나머지 30%에 대하여는 공동주택 등 비非공원시설을 조성하도록 강제규정을 두고 있다. 민간공원사업자와 토지소유주 사이에서의 이해관계에 따라 호불호好不好가 갈리면서, 각 지자체와 의회 간 선심성 논란도 일고 있다. 지자체와 토호土豪들의 군집체群集體로 지탄받기도 하는 지방의회, 토지소유자, 공원개발업체, 시민단체 등 복잡한 이해관계가 맞물려 일몰법 추진과 사업계획수립이 더디게 진행돼 해제시한 후에도 화를 좌초하고 있다. 개발을 하던 보존을 하던 결국 정책추진의 결과물은 국민의 몫이다. 도시계획법 해당 조항이 20년 앞을 내다보지 못하고 폐기된다는 사실은, 그 만큼 미래 예측이 어긋났다. 어떻게 할 것인가에 대한 공론화 방안도 순조롭지 못하다. 결국 이 문제를 중재하고 해결에 앞장서야 할 주체는 국가와 지방자치단체임은 분명하다. 국가와 지방자치단체는 허투루 쓰이는 예산의 절감 등으로 국가예산을 신속하게 확보하여 그나마 싼 값일 때 용지를 매입해야 하고, 집행자들과 지자체들의 도덕적 해이를 감시하면서, 이에 국민들이 정부정책을 안심하고 믿고 따르게끔 해야 한다.

토지비축은 분산되어 있는 국가의 모든 토지를 한 곳으로 모아 공적 개발의 수요 충족 및 토지시장 안정판 역할을 한다는 점에서 의의가 있다. 토지은행제도는 막대한 토지매입비가 발생하기에, 투기에 대한 무대책 등으로 매입할 경우 지가상승을 유발시킬 수 있다. 이는 도시공원 일몰제에 의한 토지매입 시에도 마찬가지의 결과를 초래할 수 있다. 매입 후 보유하는 동안 당해 토지를 정부가 관리해야 하고, 토지매입 시 매입대상 토지가격을 기회비용 수준으로 관리하는 사전

조치가 어려운 면은 있다. 그러나 장점이 훨씬 많은 제도로, 즉 토지은 행제도는 무질서하고 무계획적인 토지의 개발을 방지할 수 있기 때문에, 도시계획 목표를 효과적으로 달성할 수 있다. 공공재나 공공시설을 위하여 저가에 토지공급이 가능하며, 그 개발이익을 환원할 수 있다. 토지를 사전에 비축할 수 있기 때문에, 공공의 목적을 위한 사업 시행 시 원활하게 시행할 수 있고 토지시장의 안정을 도모할 수 있다. 사적인 토지소유로 인한 편중현상으로 토지보상 시 고비용문제가 발생하는 것을 완화할 수 있고, 토지를 양도한다는 의사표시를 전제하기 때문에 토지수용보다 토지소유자의 권리를 침해하는 정도가 미미하다는 점을 들 수 있겠다. 따라서 보상비 절감으로 절감재원의 재투자 및 조기 편익 실현을 위한 사회간접자본 용지 및 분양가 인하를 통한 경제기반 확충 및 일자리 창출에 기여할 산업단지용지를 저렴하게 공급하고, 시장상황에 따른 토지수급 조절을 통한 토지시장 안정에 기여함과 더욱더 토지공개념으로 나아가는 길이 될 것이다.

좁은 국토에서 그마저도 한정된 땅을 투기대상으로 삼아 대토지소유자가 되고, 1가구 1주택에 한하지 않고 몇 채를 소유해도 규제를 않는다면 우리의 미래는 없다. 왜, 좁은 국토마저 파괴하면서까지 신도시 건설에 목매야 하는지 냉철하게 판단하는 균형적인 토지정책이 되어야 한다. 파괴된 그 자연을 복구하려면 엄청난 시간과 비용이 소요된다. 현재의 주택보급률 내에서도 충분하다. 공유지의 약탈을 더 이상 방치하지 아니하는, 재앙에 가까운 크나큰 폐해를 막아야 한다.

註

1) W. BLACKSTONE, *Commentaries z*; 강경근, 「토지공개념의 헌법상 문제」, 『사법행정』, 1991.11, 33쪽 재인용.

2) L. S. Underkuffler, "On Property: An Essay", *100 The Yale Law Journal*, 1990, p. 128; 강경근, 앞의 논문, 33쪽 재인용.

3) L. S. Underkuffler, *Op. cit.*, p. 147, p. 148; 강경근, 앞의 논문, 33쪽 재인용.

4) 강경근, 앞의 논문, 33쪽.

5) 현행 농지법 제3조(농지에 관한 기본 이념) ① 농지는 국민에게 식량을 공급하고 국토 환경을 보전保全하는 데에 필요한 기반이며 농업과 국민경제의 조화로운 발전에 영향을 미치는 한정된 귀중한 자원이므로 소중히 보전되어야 하고 공공복리에 적합하게 관리되어야 하며, 농지에 관한 권리의 행사에는 필요한 제한과 의무가 따른다. ② 농지는 농업 생산성을 높이는 방향으로 소유·이용되어야 하며, 투기의 대상이 되어서는 아니 된다. 본법은 2021.8.17(법률 제18401호) 개정과 약 10여 개 조항 신설 및 벌칙을 강화했다.

6) 김상진, 「토지공개념에 대한 고찰」, 『법학연구』 통권 33호, 경상대학교 법학연구소, 2013.3, 2~17쪽.

7) 서원우, 「토지공개념에 관한 공법적 검토」, 『현대부동산』 5, 한국토지법학회, 1989, 46쪽.

8) 강경근, 「토지공개념의 헌법상 문제」, 『사법행정』, 1991.11, 37쪽.

9) 우리 헌법은 제23조 제1항 제1문에서 "모든 국민의 재산권은 보장된다"고 규정하고, 제119조 제1항에서 "대한민국의 경제질서는 개인과 기업의 경제상의 자유와 창의를 존중함을 기본으로 한다"고 규정함으로써, 국민 개개인이 사적 자치의 원칙을 기초로 하는 자본주의 시장경제질서 아래 자유로운 경제활동을 통하여 생활의 기본적 수용을 스스로 충족할 수 있도록 하면서, 사유재산의 자유로운 이용·수익과 그 처분 및 상속을 보장하고 있다. 이는 이러한 보장이 자유와 창의를 보장하는 지름길이고, 궁극에는 인간의 존엄과 가치를 증대시키는 최선의 방법이라는 이상을 배경으로 하고 있는 것이다. 헌재 1993.7.29, 92헌바20(판례집 5-2, 36·44쪽); 헌재 1989.12.22, 88헌가13(판례집 1, 357·368쪽). 현실적으로 재산권은 기본권의 주체로서의 국민이 각자의 인간다운 생활을 자기책임 하에 자주적으로 형성하는 데 필요한 경제적 조건을 보장해주는 기능을 하는 것으로서, 재산권의 보장은 곧 국민 개개인의 자유 실현의 물질적 바탕을 의미한다고 할 수 있고, 따라서 자유와 재산권은 상호보완관계이자 불가분의 관계에 있다고 할 것이다. 헌재 1998.12.24, 89헌마214 등(판례집 10-2, 927·945쪽).

10) 재산권 보장에 관한 이 규정은 제헌헌법(제15조 제1항) 이래로 제2공화정(제15조

제1항과 제2항), 제3공화정(제20조 제1항과 제2항)은 물론 유신헌정(제20조 제1항과 제2항)과 1980년 헌법(제22조 제1항과 제2항)에서 같은 문언으로 되어 있다. 또 공공필요에 의한 재산권의 수용·사용 또는 제한 및 그에 대한 보상은 법률로써 하되, 정당한 보상을 지급하여야 한다(제23조 제3항)는 규정은 상당보상(제헌헌법 제15조 제3항), 정당보상(제3공화국 제20조 제3항), 법률위임(유신헌법 제20조 제3항), 정당한 이익형량에 따른 법률(1980년 제22조 제3항) 등으로 변하였으나, 기본적으로 재산권의 제한 가능성과 그 폭이 넓은 것만은 사실이다. 강경근, 앞의 논문, 37쪽 각주 참조.

11) 정연주, 「토지재산권의 범위와 손실보상」, 『연세법학연구』 2, 연세대학교 법학연구소, 1992, 201쪽.

12) 한수웅, 앞의 책, 390쪽.

13) 강경근(2018), 앞의 책, 515쪽; 권영성, 앞의 책, 480쪽 각주 참조.

14) 문홍주, 『한국헌법』, 해엄사, 1985, 290쪽.

15) 강병두, 『신헌법』, 박영사, 1971, 176쪽; 허영, 앞의 책, 495~496쪽.

16) 권영성, 앞의 책, 482쪽; 김철수, 『헌법학원론』, 법문사, 2008, 536쪽; 허영, 앞의 책, 495~496쪽.

17) 한수웅(2017), 앞의 책, 390쪽.

18) 허영(2011), 앞의 책, 495; 권영성(1999), 앞의 책, 482쪽.

19) 허영, 앞의 책, 495쪽; 헌재 1993.7.29, 92헌바20; 헌재 1994.2.24, 92헌가15 등 참조.

20) 국토교통부 및 관련 업계에 따르면 2020년 말 기준으로 외국인 소유 국내 토지는 253.3km^{2}로 전 국토 면적(10만378km^2)의 0.25%를 차지한다. 서울시 면적(605km^2)의 절반, 여의도 면적의 20배에 가까운 땅을 국내에서 외국인이 보유한 것이다. 외국인도 아파트 매입자금을 금융권에서 빌려주는 세상이다. 더구나 내국인과 달리 외국인은 해외은행을 통한 자금이면 자금 조달이나 1가구 2주택을 가려내는 부부관계 등에서 제한이 없거나 입증이 어렵기 때문이다. 드디어 2021년 9월에서야 부의 상징인 타워팰리스 펜트하우스를 89억원에 매입한 1988년생 중국인 청년까지 생겼다. 외국인의 아파트 점유율이 0.6%나 차지하는 실정이다. 역으로 우리가 중국의 부동산을 매입한다고 가정해도 소유권은 없다. 이런 사안까지 상호주의는 무리이다.

21) 권영성, 앞의 책, 482쪽; 강경근(2018), 앞의 책, 519쪽.

22) 권영성, 앞의 책, 482~484쪽 참조.

23) 토지거래허가제는 거래목적, 거래면적, 거래가격 등을 통제하기 위한 제도이나 실제에 있어서는 토지의 거래가격을 허가기준가격의 범위내로 억제하는 것이 주목적이라 할 수 있어 어떤 의미에서는 토지거래의 상한가격을 통제하는 제도라 할 수 있고, 투기가 성행하는 경우에는 이를 그대로 방치해 둘 수는 없으며 어떤 형태의 규제가 불가피한 것이다. 그런데 국토이용관리법이 규제하고자 하는 것은 모든 사유지가 아니고 투기우심지역 또는 지가폭등지역의 토지에 한정하고 있다는 점과 규제기간이 5년 이내인 점, 설사 규제되더라도 거래목적, 거래면적, 거래가격 등에 있어서 기준에 위배되지 않는 한 당연히 당국의 거래허가를 받을 수 있어 처분권이 완전히 금지되는

것은 아닌 점 및 당국의 거래불허가처분에 대하여서는 불복방법이 마련되어 있는 점 등을 종합해볼 때, 토지거래허가제는(토지 등의 거래계약이 허가되었을 경우에는 제한의 해제로서 별 문제될 것이 없고 토지 등의 거래계약이 불허가되었을 경우에도) 사유재산제도의 부정이라 보기는 어렵고, 다만 그 제한의 한 형태라고 봐야 할 것이다. 생산이 자유롭지 않은 토지에 대하여 처분의 자유를 인정하지 않고 이를 제한할 수밖에 없음은 실로 부득이한 것이며, 토지거래허가제는 헌법이 명문으로 인정하고 있는 (헌법 제122조) 재산권의 제한의 한 형태로서 재산권의 본질적인 침해라고는 할 수 없는 것이다. 헌재 1989.12.22, 88헌가13.

24) 토지의 개발이나 건축은 합헌적 법률로 정한 재산권의 내용과 한계 내에서만 가능한 것일 뿐만 아니라, 토지재산권의 강한 사회성 내지는 공공성으로 말미암아 이에 대하여는 다른 재산권에 비하여 보다 강한 제한과 의무가 부과될 수 있다. 그러나 그렇다고 하더라도 토지재산권에 대한 제한입법 역시 다른 기본권을 제한하는 입법과 마찬가지로 과잉금지의 원칙(비례의 원칙)을 준수해야 하고, 재산권의 본질적 내용인 사용·수익권과 처분권을 부인해서는 아니 된다. 요컨대 공익을 실현하기 위하여 적용되는 구체적인 수단은 그 목적이 정당해야 하며 법치국가적 요청인 비례의 원칙에 합치해야 한다. 즉, 입법자가 선택한 수단이 의도하는 입법목적을 달성하고 촉진하기에 적합해야 하고(방법의 적정성), 입법목적을 달성하기에 똑같이 효율적인 수단 중에서 가장 기본권을 존중하고 적게 침해하는 수단을 사용해야 하며(침해의 최소성), 법률에 의하여 기본권이 침해되는 정도와 법률에 의하여 실현되는 공익의 비중을 전반적으로 비교형량 하였을 때 양자 사이의 적정한 비례관계가 성립해야 한다(법익의 균형성). 헌재 1998.12.24, 89헌마214; 90헌바16; 97헌바78(병합) 참조.

25) 권영성, 앞의 책, 485쪽.

26) 허경, 『공익과 사익의 관계』(강의자료), 2004 참조.

27) 권영성(1999), 앞의 책, 485쪽. 헌재는 그린벨트제도의 위헌 여부에 관하여 "도시의 평면적 확산을 제한하여 자연환경을 보전하고 도시생활의 질을 높이는 것은, 공익적 요청이자 국가의 의무이므로 이 제도는 합헌"이라고 하면서도 "그러나 그린벨트 내 토지에 대하여 정부가 아무런 보상을 하지 않고, 개발을 제한하는 것은 땅 소유자의 재산권을 지나치게 침해하는 것으로 위헌"이라는 헌법불합치결정을 내린 바 있다. 헌재 1998.12.24, 89헌마21·90헌바16·97헌바78(병합).

28) 허영(2011), 앞의 책, 513쪽; 헌재 1990.9.3, 89헌가95; 헌재 1997.8.21, 94헌바19 등; 헌재 2000.3.30, 98헌바401 등(병합); 헌재 2005.6.30, 2003헌바47 참조.

29) 대판 2019.1.24, 2016다264556(전원합의체). 대법원 판례를 통하여 토지 소유자 스스로 그 소유의 토지를 일반 공중을 위한 용도로 제공한 경우에, 그 토지에 대한 소유자의 독점적이고 배타적인 사용·수익권의 행사가 제한되는 법리가 확립되었고, 대법원은 그러한 법률관계에 관하여 판시하기 위하여 '사용·수익권의 포기', '배타적 사용·수익권의 포기', '독점적·배타적인 사용·수익권의 포기', '무상으로 통행할 권한의 부여' 등의 표현을 사용하여 왔다. 이러한 법리는 대법원이 오랜 시간에 걸쳐 발전시켜 온 것으로서, 현재에도 여전히 그 타당성을 인정할 수 있다. 다만 토지 소유자의 독점적이고 배타적인 사용·수익권 행사의 제한 여부를 판단하기 위해서는 토지소유자의

소유권 보장과 공공의 이익 사이의 비교형량을 하여야 하고, 원소유자의 독점적·배타적인 사용·수익권 행사가 제한되는 경우에도 특별한 사정이 있다면 특정승계인의 독점적·배타적인 사용·수익권 행사가 허용될 수 있다. 또한 토지 소유자의 독점적·배타적인 사용·수익권 행사가 제한되는 경우에도, 일정한 요건을 갖춘 때에는 사정변경의 원칙이 적용되어 소유자가 다시 독점적·배타적인 사용·수익권을 행사할 수 있다고 보아야 한다.

30) 헌재 1995.2.24, 92헌가15.17.20.24; 헌재판례집 제6권 1집, 1994.

31) 정재황, 「재산권 보장에 관한 헌법재판소판례의 경향」, 『부동산법학』 3(3), 한국부동산법학회, 1995, 30~31쪽.

32) 헌재 1999.4.29, 94헌바 등(『헌재판례집』 11(1), 289·302~303쪽). 따라서 국가는 국민 모두의 생산 및 생활의 기반이 되는 국토의 효율적이고, 균형 있는 이용·개발과 보전을 위해 법률이 정하는 바에 의하여, 그에 관한 필요한 제한과 의무를 과할 수 있다.

33) 헌재 2013.6.27, 2011헌바278. 이 사건 법률조항(농지법 제6조 제1항)은 경자유전의 원칙을 선언한 헌법 제121조 제1항 및 국토의 효율적이고 균형 있는 이용·개발과 보전에 관한 헌법 제122조에 직접 근거하여, 헌법상 경자유전의 원칙 및 농지보전을 효과적으로 달성하고자 하는 입법자의 판단에 따른 것이므로 입법목적의 정당성 및 수단의 적절성이 인정된다.

34) 대판 2014.5.16, 2013두4590(건축허가취소처분취소 사건) 1. 개발제한구역에서의 행위 제한에 관하여 구舊 개발제한구역의 지정 및 관리에 관한 특별조치법이 구舊 국토의 계획 및 이용에 관한 법률에 대하여 특별법의 관계에 있는지 여부(적극), 2. 甲주식회사가 개발제한구역 안에서 폐기물처리시설 설치를 위한 개발제한구역 내 행위허가(건축허가)를 받았는데, 관할 구청장이 도시계획시설로 설치하지 않았다는 이유로 건축허가를 취소한 사안에서, 위 폐기물처리시설은 도시계획시설로 하지 않아도 설치할 수 있는 기반시설이므로 처분이 위법하다. 대판 2010.3.25, 2009다41465(소유권이전등기) 토지거래허가구역 지정기간 중에 허가구역 안의 토지에 대하여 토지거래허가를 받지 않고 토지거래계약을 체결한 후 허가구역 지정이 해제되거나 허가구역 지정기간이 만료되었음에도 재지정을 하지 않은 경우, 여전히 그 계약이 유동적 무효 상태에 있다고 볼 것인지 여부(소극).

35) 김광수, 「헌법 개정과 토지공개념」, 『토지법학』 34(1), 한국토지법학회, 2018, 34쪽.

36) 프랑스 인권선언 제17조: 이는 2년 후 제정된 헌법전문으로, 4년 후에야 '인권선언'으로 개칭되었다.

37) 존 로크, 이극찬 역, 『시민정부론』, 연세대학교 출판부, 2007, 39쪽. 원래 인간이 이 세상에 태어나면서 갖게 되는 자연적 자유란, 이 땅 위의 어떠한 우월한 권력의 속박도 받지 않는, 그리고 다른 인간의 의지와 입법권에 종속되는 일이 없이, 오로지 자연법만을 자기를 지배하는 생의 법칙으로 삼고 있는 상태를 말하는 것이다.

38) 김광수, 「헌법 개정과 토지공개념」, 『토지법학』 34(1), 한국토지법학회, 2018, 34~35쪽.

39) 차진아, 「재산권 보장의 상대화와 입법자의 역할: 헌법 제23조 제1항의 해석에 관한

시론」, 『고려법학』 76, 고려대학교 법학연구원, 2015, 143~189쪽 참조.

40) 존 로크, 강정인 외 역, 『통치론』, 까치, 1996, 86~87쪽; 존 로크, 이극찬 역, 앞의 책, 64·194~205쪽 참조.

41) *BverfGE 20*, S. 351.

42) H. J. Papier, *Unternehmen in der verfassungsrechtlichen Ordnung Ordnung*, VVDStRL, p. 35, p. 82; 김광수, 「헌법 개정과 토지공개념」, 『토지법학』 34(1), 한국토지법학회, 2018, 36쪽 재인용.

43) 헌재 2002.8.29, 2000헌가5.

44) 헌재 2003.10.30, 2001헌마700.

45) 허영(2011), 앞의 책, 502쪽.

46) 1967.1.12(*BverfGE Bd.,* 21, S. 73ff); 김광수, 앞의 논문, 37~38쪽.

47) 송희춘, 「토지소유권의 제한과 그 한계에 관한 연구」, 숭실대학교 박사학위논문, 1998, 73~74쪽.

48) 김광수, 앞의 논문, 37~38쪽 참조.

49) 헌재 1989.12.22, 88헌가13.

50) 김광수, 앞의 논문, 38쪽. 사회적 기속성에 대해, 그의 새로운 변은 "한때는 사회적 기속을 넘는 과도한 재산권의 침해에 대해서는 법원의 판결에 의해서 보상을 해줘야 한다고 생각했다. 그러나 이 생각은 헌법에서의 보상은 '법률로서' 하라고 하는 조항에 의하여 가능하지 않는 것으로 판단된다. 수용의 요건과 보상을 법률로써 사전에 규정하는 '연결조항'은 개인의 재산권을 수용·사용·제한하기 위해서는, 그 요건과 보상의 내용을 사전에 법률에 의하여 규정할 것을 요청하고 있다. 만약 국민의 재산권을 수용·사용·제한하면서 이에 상응하는 보상을 규정하지 않는다면, 이러한 규율은 헌법위반으로 헌법불합치나 위헌의 판결을 받게 된다"(앞의 논문, 39쪽). 헌재 1998. 12.24, 89헌마214·90헌바16·97헌바78병합 결정 등.

51) 강경근(2018), 앞의 책, 537쪽.

52) 바이마르헌법 제153조 제2항: 공용징수는 공공복리를 위하여 또한 법률의 근거에 기하여서만 할 수 있다. 공용징수는 제국법률에 달리 정한 것이 있는 경우를 제외하고 상당한 보상을 하여야 한다. 보상금액에 대하여 쟁의가 있을 때에는 제국법률에 달리 정한 것이 있는 경우를 제외하고 통상법원에 출소할 수 있도록 하여야 한다. 주(州), 지방자치단체 및 공익상의 단체에 대하여 제국이 공용징수를 하는 경우에는 언제나 보상을 하여야 한다.

53) 일본헌법 제12조: 이 헌법이 국민에게 보장하는 자유와 권리는 국민의 부단한 노력에 따라 이를 보호해야 한다. 또한 국민은 이를 남용해서는 아니 되기 때문에 항상 공공복지를 위해 이를 이용할 책임을 진다. 제13조: 모든 국민은 개인으로서 존중된다. 생명, 자유 및 행복추구에 대한 국민의 권리는 공공의 복지에 반하지 않는 한 입법 기타의 국정에서 최대의 존중을 필요로 한다.

54) 하세베 야스오, 손형섭·미즈시마 레오 공역, 『헌법의 이성』, 박영사, 2014, 104·106쪽.

55) 정영화, 「토지공개념의 헌법적 쟁점과 전망」, 『토지법학』 34(1), 한국토지법학회, 2018, 86~87쪽; Legal Tender Cases, 79 *U.S.*(12Wall), 1870, 457, 551~552. 이는 남북전쟁 전후에 걸쳐서 1862년 The Lagal Render Act로 지폐paper money 발행과 관련된 Knox v. Lee, 79 *U.S.*, 457, 1871; Juilliard v. Greenman, *110 U.S.*, 421, 1884에 대해 연방대법원의 판결에서 세기되었다.

56) 강경근(2018), 앞의 책, 538~539쪽; 헌재 1998.3.26, 93헌바12; 헌재 2008.4.24, 2006헌바98 참조.

57) 허영, 앞의 책, 507~508쪽. 공용수용의 목적물이 공익사업의 폐지 등의 사유로 불필요하게 되거나 당해 공익사업에 이용되지 아니한 경우, 그 목적물의 피수용자가 일정한 대가를 지급하고 그 목적물의 소유권을 재취득할 수 있는 권리인 환매권은 헌법 제23조 제1항 및 제2항에 따라 헌법이 보장하는 재산권의 내용에 포함된다. 이 권리는 공권력이 공공사업에 필요한 재산권을 수용의 형태로 강제로 취득하였는지 또는 사법상 매매계약의 형태로 협의취득 하였는지 여부와 관계없이 인정된다. 다만, 헌법상 보장되는 재산권의 구체적 모습은 재산권의 내용과 한계를 정하는 법률에 의하여 형성됨으로, 환매권자·환매권 성립의 요건, 환매권의 행사기간 및 행사방법 등은 법률에 유보되어 있다. 헌재 2006.11.30, 2005헌가20; 헌재 1994.2.24, 92헌가15 등 참조.

58) 정영화, 앞의 논문, 87~88쪽 참조.

59) 강경근(2018), 앞의 책, 538쪽; 헌재 2013.2.28, 2011헌바250 참조.

60) 권영성, 앞의 책, 492~493쪽.

61) 강경근(2018), 앞의 책, 539쪽; 헌재 2014.10.30, 2011헌바129 등; 헌재 1995.2.23, 92헌바14; 헌재 2011.4.28, 2010헌바114 등 참조.

62) 헌재 2007.10.4, 2006헌바91.

63) 권영성, 앞의 책, 490~492쪽.

64) 이때는 특이하게도 "보상범위와 보상 여부까지도 법률이 정하게 되어 있다"는 대판(76다1443)에 따라 단순한 방침규정에 불과하다.

65) 허영, 앞의 책, 509~510쪽.

66) 헌재 1998.3.26, 93헌바12. 동지; 헌재 1995.4.20, 93헌바20·66, 헌바95헌바6(병합) 등.

67) 강경근(2018), 앞의 책, 540쪽. 본문 '하회下廻, falling short'란 우리말로는 '어떤 기준보다는 아래'라는 의미로 해석된다.

68) Vgl. etwa BVerfGE 4, 219(228ff); 24, 367(418); 46, 268(268f); 허영(2011), 앞의 책, 509쪽 재인용.

69) 석종현(2016), 앞의 책, 170~171쪽. 경계이론Schwellen theorie(수용이론)은 재산권에 대한 사회적 제약과 수용은 별개의 제도가 아니라, 재산권침해의 정도의 차이로 보기 때문에 재산권제한의 정도에 의하여 사회적 제약과 보상을 요하는 특별한 희생으로 구분한다. 분리이론Grenzungs theorie은 재산권에 대한 사회적 제약과 수용을 완전히 서로 독립된 제도로 본다. 즉 재산권의 내용 규정과 고용침해를 서로 다른 독립된 제도로 보고, 재산권제한의 효과가 아니라 입법의 형식과 목적에 따라서 구분한다.

70) 수용유사침해의 법리는 적법한 공용침해에 대하여 보상을 한다면 위법한 공용침해

에 대하여 보상을 하는 것은 너무나 당연하다는 사상(Der-Erst-Recht-Schlu B)을 기초로 독일 연방최고법원의 판례를 통하여 형성된 것임은 주지의 사실이다. 그런데 1981년 7월 15일, 독일 연방헌법재판소의 자갈채취판결(BVerfGE 58, 300) 이래 이 법리는 그에 대한 법적 근거의 흠결로 그 존속이 의문시되었으나, 연방최고법원이 이 법리의 법적 기초를 기본법 제14조에서가 아니라, 1794년의 프로이센 일반 州법전 서장 제74조, 제75조에 근거를 둔 관습법으로서의 희생보상청구권Aufopferungsanspruch에서 찾음으로써 법적 근거에 대한 의문은 해소되었다. 이와 같은 수용유사침해법리의 수용에 대해서는 독일의 역사적 상황과 제도에 의하여 발전된 이론이어서 우리의 토양에 접목될 가능성이 희박하다는 성급한 결론은 지양되어야 하며, 그 논리적 전개과정을 깊이 관찰하여 필요한 이론적 보완을 해 나갈 것이다. 석종현, 앞의 책, 157~158쪽 참조.

71) 한수웅(2017), 앞의 책, 399쪽.

72) 대판 1996.6.28, 94다54511; 대판 1990.5.8, 89부2 참조.

73) 한수웅, 앞의 책, 399쪽.

74) 석종현(2016), 앞의 책, 173쪽 참조.

75) 헌재 2006.7.27, 2003헌바18(헌재판례집 18권 2집, 32·47쪽) 참조.

76) 한수웅, 앞의 책, 400쪽.

77) 헌재 1998.12.24, 89헌마214 등. 개발제한구역을 지정하여 그 안에서는 건축물의 건축 등을 할 수 없도록 하고 있는 도시계획법 제21조는 헌법 제23조 제1항, 제2항에 따라 토지재산권에 관한 권리와 의무를 일반·추상적으로 확정하는 규정으로서, 재산권을 형성하는 규정인 동시에 공익적 요청에 따른 재산권의 사회적 제약을 구체화하는 규정인바, 토지재산권은 강한 사회성, 공공성을 지니고 있어 이에 대하여는 다른 재산권에 비하여 보다 강한 제한과 의무를 부과할 수 있으나, 그렇더라도 다른 기본권을 제한하는 입법과 마찬가지로 비례성원칙을 준수하여야 하고, 재산권의 본질적 내용인 사용·수익권과 처분권을 부인하여서는 안 된다.
도시계획법 제21조에 규정된 개발제한구역제도 그 자체는 원칙적으로 합헌적인 규정인데, 다만 개발제한구역의 지정으로 인해 일부 토지소유자에게 사회적 제약의 범위를 넘는 가혹한 부담이 발생하는 예외적인 경우에 대하여 보상규정을 두지 않은 것에 위헌성이 있는 것이고, 보상의 구체적 기준과 방법은 헌법재판소가 결정할 성질의 것이 아니라, 광범위한 입법형성권을 가진 입법자가 입법정책적으로 정할 사항이므로, 입법자가 보상입법을 마련함으로써 위헌적인 상태를 제거할 때까지 위 조항을 형식적으로 존속하게 하기 위하여 헌법불합치결정을 하는 것인바, 입법자는 되도록 빠른 시일 내에 보상입법을 하여 위헌적 상태를 제거할 의무가 있고, 행정청은 보상입법이 마련되기 전에는 새로 개발제한구역을 지정하여서는 안 되며, 토지소유자는 보상입법을 기다려 그에 따른 권리 행사를 할 수 있을 뿐, 개발제한구역의 지정이나 그에 따른 토지재산권의 제한 그 자체의 효력을 다투거나 위 조항에 위반하여 행한 자신들의 행위의 정당성을 주장할 수는 없다.
입법자가 도시계획법 제21조를 통하여 국민의 재산권을 비례의 원칙에 부합하게 합헌적으로 제한하기 위해서는, 수인의 한계를 넘어 가혹한 부담이 발생하는 예외적인 경우에는 이를 완화하는 보상규정을 둬야 한다. 이러한 보상규정은 입법자가 헌법 제23조 제1항 및 제2항에 의하여 재산권의 내용을 구체적으로 형성하고 공공의 이익을 위하여 재산권을 제한하는 과정에서 이를 합헌적으로 규율하기 위하여 둬야 하는 규정이다. 재산권 침해와 공익 간의 비례성을 다시 회복하기 위한 방법은 헌법상 반드시 금전보상만을 해야 하는 것은 아니다. 입법자는 지정의 해제 또는 토지매수청구권제도와 같이 금전보상에 갈음하거나 기타 손실을 완화할 수 있는 제도를 보완하는 등 여러 가지 다른 방법을 사용할 수 있다.

78) 석종현, 앞의 책, 173쪽.

79) 소위 토지공개념 3법은 알다시피 헌법불합치 또는 위헌결정을 받아 그에 따른 법률은 사문화된 상태다. 그렇다고 토지공개념이란 근거가 없어진 것은 아니다. 급변하는 이 시대에 이를 크게 논한다는 것(예컨대, 평석)은 무의미하다. 헌법재판소의 판시도 한 세대 전과 많은 변화를 보이고 있다. 이 책에서 아예 언급을 않은 것은 아니나, 그 시기에는 우리 헌법상 경제질서에 대해서도 '사회적 경제질서'란 당연한 표현마저 거의 금기시되고 있음을 알 수 있다. 아주 조심스런 표현이 역력하다.

80) 대판 1990.5.8, 89부2.

81) 헌재 1991.6.3, 89헌마46; 헌재 1991.9.16, 89헌마152; 헌재 1991.9.16, 90헌마105.

82) 정연주, 「토지재산권의 범위와 손실보상」, 『연세법학연구』 2, 연세대학교 법학연구소, 1992, 213쪽.

83) 정연주, 앞의 논문, 216~217쪽 등 참조.

84) 헌재 1998.12.24, 89헌마214 참조.

85) 석종현(2016), 앞의 책, 173~174쪽.

86) 강경근(2018), 앞의 책, 540쪽; 헌재 2002.12.18, 2002헌가4; 헌재 1994.12.29, 89헌마2; 헌재 1990.6.25, 89헌마107 참조.

87) 강경근, 앞의 책, 541쪽; 헌재 2012.3.29, 2010헌바411; 헌재 2011.8.30, 2009헌바245 참조.

88) 헌재 2009.11.26, 2009헌바141.

89) 콘드라 헷세, 계희열 역, 『통일독일헌법원론』, 박영사, 2011, 283쪽.

90) 김광수, 앞의 논문, 39쪽 참조.

91) 공정거래위원회를 상대로 한 2021년 정기국회 정무위원회 국정감사에서 박수영 의원은 "화천대유는 원주민에게 강제 수용한 토지를 통해 10배의 폭리를 취했고 평당 850만원의 수익을 가져갔다"는 점을 지적했다. 그가 전한 성남 대장동 원주민들에 따르면 화천대유는 평당 250만원 수준의 값을 치르고 강제수용하고 평당 2,500만원에 분양했다고 한다.

92) 이러한 불평등은 부의 세습화로 이어진다. 이 세습화는 부에 대한 세습화뿐만 아니라, 지위나 신분의 세습화로 이어진다. 전술했듯이 토마 피케티는 전자만 언급했지만, 후자는 특히 우리나라는 심각한 문제로 대두되고 있는 실정이다. 예컨대, 개천에서 용이 탄생하는 시대는 지났다는 것이다. 고로 부자세(자본세) 부과가 필요하다. 부자들이 왜냐고 할 수도 있겠지만, 그들이 현 위치까지 진입하기까지는 혼자가 아닌,

주변(사람, 국가)이 받쳐주었기에 가능한 면도 있기 때문이다.

93) 한국개발연구원(KDI), 「우리나라 주택공급의 문제점과 개선방향 보고서」, 동아일보, 2019.8.27.

94) 물론 여기에 변수가 없는 건 아니다. 이 속에는 여러 채의 주택소유자들이 많고, 기존주택에서 새 주택으로 갈아타는 즉, 교체수요가 급격히 늘어나 신규수요가 늘어날 수 있다는 점 등이 있다. 한편, 2018년 8월 말과 9월에 서울 강남을 비롯한 수도권 아파트 값이 급상승했었다. 이때 "290조란 금액이 불로소득이 주어졌다"는 여의도 정가에서의 미확인 통계도 있었다. 부동산 투기공화국이자 거품공화국임을 여실히 부여 준 실례이다. 이에 고강도 부동산 대책을 펴는 빌미를 제공했다. 그러나 역대 정부 중 투기꾼들에게 제일 많은 불로소득을 안기고 있다. 덩달아 집권층의 도덕적 해이도 한몫하고 있다.

95) 김광수(2018), 앞의 논문, 40쪽 참조.

96) 김상용, 「전통적 재산권제한원리와 토지공개념과의 관계」, 『사법행정』, 1991.11, 12쪽 등 참조.

97) 김상용, 앞의 논문, 12쪽.

98) 사회주의의 이상은 각자는 능력껏 일하고 노동에 따라 지배받는 데 있으며, 공산주의 이상은 각자는 능력껏 일하고 필요에 따라 지배받는 사회에 있다. 김상용, 앞의 책, 13쪽 각주에서 재인용.

99) 김상용, 앞의 논문, 13~14쪽 참조.

100) Vgl., *BVerfGE20*, 351; 강경근, 앞의 논문, 37~38쪽 재인용.

101) 1926년 전남 고흥 태생으로 김재규 후임인 건설부장관(현 국토교통부) 신형식이 1976년 1월부터 만 2년간의 재임 중, 박정희 정부 때인 1977년 8월 3일 최초로 언급했다는 게 정설이다. 이로써 일부 연구자들의 논문에서 팩트도 체크하지 않고, 1976년 또는 1978년 9월 11일 또는 1979년 8월 8일에 최초로 거론했다거나 이름조차 거명 않은 것은 잘못된 것으로, 이를 바로 잡는다. 또한 1978년에 취임한 신현학 경제기획원장관 겸 부총리도 이를 줄곧 주장했다는 설도 있다. 이러다가 88올림픽이 치러진 이듬해 연초에, 노태우 정부가 '토지공개념 도입촉진'을 포함한 이른바 '올림픽 후, 7대 과제' 속에 이를 포함시켰다.

102) 도성환, 「우리나라 토지소유제도의 특징」, 『토지와 개발』, 토지개발공사, 1990, 5쪽; 석종현, 『신토지공법론』, 삼영사, 2016, 45쪽.

103) 허재영, 『토지정책론』, 법문사, 1993, 317쪽.

104) 헌재 1989.12.22, 88헌가13.

105) 서원우, 「토지공개념의 논리와 현실」, 『신동아』, 1985.1, 211쪽. 토지공개념이 공론화되기 전이라서인지, 그는 "국유화나 공유화 또는 토지소유상한제나 토지소유권의 이원화에 지나지 않는다"고 했던 것이, 노태우 정권 들어서서 사고가 바뀐 듯하다.

106) 서원우, 「토지소유권과 재산권 보장: 토지정책의 기본이념과 관련하여」, 『월간부동산』 2, 1985, 28쪽; 서원우, 「토지공개념 도입 위헌이 아니다」, 『신동아』, 1989.9, 275~277쪽; 서원우, 「토지공개념의 헌법적 조명」, 한국공법학회 제46회 학술발표회 주제

발표문, 1994.9, 33~46쪽.

107) 정권섭, 「토지공개념의 비교법적 고찰」, 『토지법학』 1(1), 한국토지법학회, 1985, 8쪽.

108) 김문현, 「토지공개념의 헌법적합성」, 『법과 사회』 2, 창작과비평사, 1990, 7쪽.

109) 권영성, 『헌법학원론』, 법문사, 1999, 483~484쪽 참조.

110) 강경근, 『헌법학』, 법문사, 1997, 770쪽; 강경근, 『일반헌법학』, 2018, 527쪽.

111) 성낙인, 『헌법학』, 법문사, 2016, 1307쪽.

112) 김상용, 『토지소유권 법사상』, 1995, 민음사, 249~280쪽; 김상용, 『토지법』, 범론사, 2004, 100쪽 참조.

113) 김춘환, 「주택공개념에 대한 헌법적 검토」, 『토지공법연구』 20, 한국토지공법학회, 2003, 144쪽.

114) 차진아, 「사회국가의 실현구조와 토지공개념의 헌법상 의미」, 『공법학연구』 19(1), 한국비교공법학회, 2018, 19쪽.

115) '모든 사람'과 '모든 국민'은 개념에 있어 차이가 있다. 전자는 전 인류(세계의 모든 사람every living soul)를, 후자(각국의 국민all tongues)는 그 국가 내 사람에 국한시켜 표현하는 것이 적절하지 않나 싶다. 우리 헌법 조문은 '모든 국민'과 '국민 모두', 그리고 '외국인'이란 표현은 있어도, '모든 사람'이란 표현은 전문을 비롯한 어느 구석에도 찾아볼 수 없다. 우리 헌법의 효력은 한반도와 그 부속도서에 미칠 뿐이지, 세계의 전 인민, 즉 전 인류에게 미치는 것이 아니다. 단, 한 예로 환경권 같은 경우는 전 인류의 공동책임으로서 '전 인류', '세계인'을 의미하기 때문에 사용할 수도 있겠다. 이에 용어 선택에 있어 적격성 여부를 먼저 판단할 필요가 있다.

116) 김상진, 「토지재산권과 토지공개념에 관한 재론」, 『법학연구』 21(3), 2013, 8쪽.

117) 김광수, 「헌법 개정과 토지공개념」, 『토지법학』 34(1), 한국토지법학회, 2018, 49쪽.

118) 김용창, 「신자유주의 시대 토지공개념의 재정립 필요성」, 『토지공법연구』 38, 한국토지공법학회, 2007, 523쪽.

119) 이재삼·남상택, 「시장친화적 토지공개념에 관한 논의」, 『토지공법연구』 38, 한국토지공법학회, 2007.

120) 김상겸, 「토지비축사업에 관한 헌법적 검토」, 『토지공법연구』 42, 한국토지공법학회, 2008, 81~82쪽.

121) 유해웅, 『토지공법론』, 삼영사, 2004, 109쪽; 유해웅, 『토지법제론』(전정판), 삼영사, 2012, 43·407쪽.

122) 한수웅, 『헌법학입문』, 법문사, 2017, 170쪽.

123) 허영, 『한국헌법론』, 박영사, 2011, 512~514쪽; 허영, 「토지거래허가제의 헌법상 문제점」, 『고시연구』, 1989.8, 184~185쪽; 허영, 「토지공개념 유감」, 법률신문, 1989.5.18.

124) 조규창, 「사유재산제도의 위기: 공개념의 허구성과 위험성」, 『월간고시』, 1989.8, 48~50쪽.

125) 두성규, 「경제민주화와 토지공개념」, 국회, 헌법개정특별위원회 경제·재정분과 토론회자료, 2017.3, 71쪽.

126) 김정호, 『땅은 사유재산이다』, 나남, 2006, 90쪽; 김정호, 『사유재산권과 토지공개념』, 자유기업원, 2018, 332쪽.

127) 부정설은 토지공개념을 국유화 내지 공유화 또는 토지소유상한제나 토지소유권의 이원화제도를 의미하는 것으로 그 도입을 반대한다. 긍정설은 토지재산권이 지닌 특수성을 강조하여 국토의 효율적 이용과 계획적 관리라는 차원에서 도입을 긍정하지만, 이 개념이 국유화 또는 공유화를 의미하는 것은 아니라고 설명하고 있다. 석종현, 『신토지공법론』(제11판), 삼영사, 2016, 46쪽.

128) 석종현(2016), 앞의 책, 46쪽 각주 참조.

129) 자유경쟁의원칙에 의한 거래를 존중한다는 '시장친화적(?)'이란 수식어 차용은 실시에 있어 자신감의 결여로 보인다. 이에 대한 이유는 후술하고자 한다.

130) 권영성(1999), 앞의 책, 484쪽과 484쪽 각주 참조; 김명용, 「참여정부의 토지공개념 정책에 대한 공법적 평가와 향후 방향」, 『공법연구』 34(3), 한국공법학회, 2006, 145쪽.

131) 헌재 1989.12.22, 88헌가13; 헌재 1999.4.29, 94헌바37 외 66(병합); 헌재 2001.5.31, 99헌가18 등(병합).

132) 허영, 앞의 책, 513~514쪽; 허영, 앞의 책, 513~514쪽; 헌재 1998.6.25, 95헌바35 등. 또 한편 토지재산권은 그 특성상 다른 재산권보다 더 엄격한 규제의 필요성이 있기 때문에, 토지재산권에 대한 입법재량권은 다른 정신적 기본권에 비해 넓다고 한다(헌재 1989.12.22, 88헌가130). 그러나 택지소유상한을 가구당 200평으로 낮게 설정하고, 기존의 택지소유자도 법적용의 대상으로 삼는 등 불리한 규제를 한 택지소유상한법의 그 전체를 위헌결정(헌재 1999.4.29, 94헌바 37 외 66건 병합)을 한바, 이 결정은 법률이 폐지된 뒤에 나왔다는 아쉬움이 있다.

133) 김문현, 「토지공개념의 헌법적합성」, 『법과 사회』 2, 창작과비평사, 1990, 7쪽.

134) 헌법 제3조 '영토조항'을 순수 공법적 관점에서의 영토를 헌법상 토지관련 조문으로 보고 있다. 토지는 단순한 민법상의 부동산의 한 유형인 사유재산의 대상으로서의 토지가 아니라, 국가 존립의 개념인 영토의 의미로 파악한다. 또한 사적 소유권이나 기본권의 보장은 현 헌법질서 안에서는 국가라는 틀 안에서 국가를 통해서 국가에 의해 보장되는 것이자, 사법상 인간이 아닌 공법적 주체인 국민이 직·간접적으로 국정에 참여하여 민주주의 원리를 통해서 자신을 실현해 나가는 질서가 공법질서이다. 공법상 연구대상인 토지의 개념은 민법상 부동산을 그 출발점이 아닌 대한민국의 영토 혹은 국토를 그 출발점으로 삼아야 한다는 논리를 펴고 있다. 김성배, 「지속가능 발전과 토지공법의 과제」, 『토지공법연구』 75, 한국토지공법학회, 2016, 81~82쪽 참조.

135) 강경근(1997), 앞의 책, 773쪽 참조. 강경근이 제시하는 토지공개념의 근거를 최광의最廣義의 관점에서 본다면 포괄적인 의미를 갖기에 타당성이 있다. 이 견해에 대해 아직도 변함이 없음을 견지하고 있다. 또한 2018년 8월에 출간된 『일반헌법학』(신판) 527쪽에서도 토지공개념에 대해 이렇게 말하고 있다. 즉 "토지재산권은 강한 공공성

을 가져 사회적 기속성이라는 넓은 범주의 재산권 보장에 내재하는 제약을 받아, 다른 재산권에 비해 강한 제한과 의무가 부과될 수 있다. 하지만, 무無보상에 가까운 제한이 안 되도록 엄격하게 판단해야 하고, 이러지 않으면 사회기속성의 내재적 제약을 넘어 토지공개념이라는 국공유화의 관념으로 원용되어 시장경제를 사회주의 경제 社會主義經濟, Socialist economy로 변질시킨다"고 하고 있음에, 공개념 도입을 강하게 찬성하는 것임을 엿볼 수 있다. 그러나 사회주의 국가로는 가지말자는 것으로 여겨진다.

사실컨대, 산업혁명 이후 자본주의에서의 부정과 불평등의 폐해 및 자유방임적 시장 경제체제를 비판에서 등장한 사회주의경제란 게, 생산수단의 국유화 내지 사회적 소유라는 제도 위에서 공산주의 사회경제는 균형 있게 발전하며 착취와 가난이 근절된다는 슬로건이었다. 마르크스·레닌주의 경제학은 그 슬로건에 입각해, 사회주의의 우월성을 선동 또는 주장하였지만 실패했다. 이 제도를 강하게 비판하면서, 전후 1950년대 초반에 새로운 형태인 민주사회주의民主社會主義, Democratic Socialism가 사회주의 세계관은 그대로의 기초 하에서 이상주의적 휴머니즘을 부르짖으며 등장한다. 사회정의, 자유와 세계평화를 지향하는 또 다른 슬로건이다.

136) 김명용, 앞의 논문, 145쪽; 김상진, 「토지재산권과 토지공개념에 관한 재론」, 『법학연구』 21(3), 2013, 12쪽. 앞 김명용의 견해와 함께 하면서도, 김상진은 그의 이 논문에서 헌법 제37조 제2항까지 실정법상 토지공개념의 근거로 보기까지 한다.

137) 강경근, 『헌법학』, 법문사, 1997, 773쪽 이하; 강경근, 『일반헌법학』(신판), 2018, 527쪽 이하 참조.

138) 졸저, 『갑을정변2015대한민국』, 삶의출판, 2015, 59~60쪽 참조. 헌법을 유린한 군사쿠데타로 집권한 전두환 정권 때 신설한 환경권에서 '지속가능한 발전(개발)持續可能發展(開發), sustainable development'이란 게 언급되는 경우가 있다. 그런데 이 용어를 불명확하게 마구잡이로, 또는 너무나 다의적으로 해석하여 아무데나(모든 곳) 떼다 붙이는 경향이 있다. '–지속가능한'이란 용어를 마치 만병통치약인 양, 전全방위적으로 씀은 한국인으로서의 한국어 해석에 있어 무지 및 오류를 드러냄은 물론, 우리말 순화과정에서의 오역에 의한 결과이다. 따라서 '–지속가능한(발전)'이란 '모든'이란 수식어 차용으로 우리말이 변질된 채, 그럴듯하게 남용되고 있다. 한국헌법학회의 헌법 개정안인 '헌법 전문'에서조차 무분별하게 차용하는 우를 범하였다. 1972년 스톡홀름선언에서 환경문제에 대해 이 용어가 처음 사용되었으며, 같은 시점에 독일학자 몇몇의 학술대회에서 처음으로 쓰게 되었다는 설도 있다. 그 후 1992년 리우선언에서다. "환경을 파괴하지 않는 경제개발과의 조화로 미래세대와 함께 한다"는 본래의 뜻으로, 주로 환경·도시계획·부동산학 등에서 사용되고 있다. 그러나 이 용어가 국내외적으로 확립되지 않은 '개념 아닌 개념'인 불확정인 개념으로 굳이 쓴다면, 앞서 언급한 학문분야와 환경 분야의 환경권에서 국한할 일이다. 환경과 도시개발의 조화를 이루면서 이를 친히 실천하는 국가는 싱가포르로 우리가 본받을 만하다.

139) …, 토지재산권은 다른 종류의 재산권과는 달리, 헌법 자체에서부터 상당한 제한을 하고 있다. 그리고 그 제한의 근거는 비단 재산권 일반에 적용되는 공공복리라든가 공공필요 외에도 생산 및 생활의 기반이라고 하는 보다 포괄적인 상황에 연결하게 한다. 국토로서의 토지는 그 외에도 영토(헌법 제3조)의 중요부분으로서 국가를 존립

시키는 조건(제1조 제2항, 제2조, 제3조)의 하나가 되는 등 국민공동체 형성의 필수적인 성격을 지니기 때문에, 보통의 다른 재산권과 구별되는 본질적인 성격이 있다. 강경근, 「헌법적 국가의 존립조건과 권력구조」, 『고시계』 406, 1990.12, 68~84쪽; 강경근, 「토지공개념의 헌법상 문제」, 『사법행정』, 1991.11, 35쪽.

140) 공무원과 정치인 사이에 부패가 어느 정도로 존재하는지에 대한 인식의 정도를 말한다. 2018년에도 전년보다 6위나 큰 폭으로 올라 45위였으나, OECD 순위에서는 36개 국 중 29위를 면치 못하고 있다. 이만큼 공익보다는 사익을 목적으로 하는 군群이 많다. 경제적으로는 선진국이나, 삶의 지수는 형편없이 낮다. 아시아권에서는 싱가포르가 스웨덴과 스위스와 함께 공동 3위, 홍콩 14위, 일본이 18위를 기록했다.

141) 실제 자기 땅에 농사를 짓는 농민은 몇%나 될까? 가짜농민(도시 거주 투기층, 귀농을 앞세운 정부예산 갈취를 위한 위장농민 등)이 70%를 차지할 것으로 추산된다. 헌법상 경자유전의 원칙은 돌아가지 않는다. 국토 중 농지비율이 16%(OECD 평균 20%)에, 그 농지 중 2010년부터는 매년 0.9%가 줄어들고 있다. 사료작물을 포함한 식량자급률은 22~23% 수준에, 지자체의 미래세대와 함께할 계획이 없는 마구잡이 개발이 판치고 있다.

142) 졸저, 『내가 사는 이 좋은 세상에』, 플라이디엔피, 2010, 18·98~99·135쪽 참조. 일례로 『대지』의 저자 펄벅Perrl S. Buck(1892~1973)이 1960년 늦가을 어느 날 해질 무렵, 경상북도 경주에서 자신도 지게에 볏단을 진채 소달구지에 볏단을 싣고 걷는 농부를 발견했겠다. 지게에 진 볏단은 달구지에다 충분히 싣고 편히 갈 수 있다고 여긴 그녀가 농부에게 "왜, 달구지를 타지 않고 힘들게 가시냐?"에 "나도, 소도 함께(같이) 하루 종일 일했는데, 어떻게 타고 가나요. 짐도 나누어서 지고 가야죠"였다. 이에 미국으로 귀국한 그녀는 '세상에서 본 가장 아름다운 광경'이었다고 기록했다는 일화가 있다. 이 시기이면, 한국의 농촌에서는 개인소유 땅(토지)을 공익적인 면이나 이웃의 편의를 위해서 일부를 선뜻 내놓기도 한 시절이다. 농부가 미물인 동물에게도 공평을 발휘하였겠다. 지금은 인간 간에도 함께하는, 즉 공존의 높이 없어져 토지소유의 편중으로 불평등이 더 심화되고 있는 현실이다. 모름지기 인간은 천년을 살 것처럼 날뛴다. 끝없는 소유가 아름답지만은 않다. 곧 끝나는 삶인 것을…,

143) facebook.com/jeongjongam(2017.8.30). 2015년을 기해 공무원 숫자는 100만 명(2020년 기준 113만1,796명)을 넘어섰다. 2019년 현재 (준)정부기관 등 임직원이 38만 명이다. 여기서 60만 대군大軍 중 직업군인 대략 20만 명을 포함한다면 168만 만 명이란 숫자가 설득력이 있다. 2019년 추산되는 공무원 168만 명 인건비 총액은 약 80조가 소요된다. 그리고 2021년 8월 30일자 국민의힘 송언석 의원실에 따르면, 2020년 공무원(국가+지방) 인건비는 59조5,000억원(2016년 31조3,000억원), 공공기관 인건비는 30조원으로, 모두 합쳐 90조원에 육박한 것으로 집계됐다. 이는 2020년 정부 본예산(512.3조원) 대비 17.5%에 해당하는 금액이다. 결국 주요 공공기관들이 매년 실적악화에도 불구하고 정원을 늘리고 비정규직을 정규직으로 전환하면서 부채가 증가하는 상황이다. 공공기관들의 부채는 2016년 500조3,000억원에서 2020년 544조8,000억원으로 8.9%(44조5,000억원)나 증가했다. 그러나 이들이 일반 국민에 비해 불공평하게도 많은 혜택을 누리는 각종 연금을, 국민연금으로 통폐합해야 하는 숙제를 안고

있음에도 개혁을 못하고 있다.

144) 영국의 에드워드 기번Edward Gibbon의 『로마제국 쇠망사』는 1765년, 이탈리아 여행에서 품은 구상에서 시작된 대작이다. 180년 마르쿠스 아우렐리우스 황제의 죽음에서 1453년 오스만 투르크에 의한 콘스탄티노플의 함락까지 1300년에 걸친 동서 로마의 흥망에 관한 위대한 역사를 다루고 있다. 1776년 제1권을 간행한 뒤, 1783년 스위스의 로잔으로 이주해 외부와의 모든 접촉을 끊은 채 이 책의 저술에만 매달려 도합 12년의 세월에 걸쳐 1788년까지 4절판 전 6권의 대작을 완성했다. 전체 71장으로 이루어져 있으며, 시기적으로 제1기는 최성기의 로마제국이 쇠망을 향해 가기 시작한 시점에서 서로마제국의 멸망과 로마가 고트 정복에 나섰을 때까지이며, 제2기는 유스티니아누스 황제에서 샤를마뉴의 로마제국 부흥에 이른 시기까지, 제3기는 1453년 동로마제국의 멸망까지의 시기로 잡았다. 사사키 다케시, 『절대지식 세계고전』, 이다미디어, 2010.

145) 에드워드 기번, 이종호 역, 『로마제국 쇠망사』, 지식을만드는지식, 2018, 제38장 참조.

146) 헨리 조지, 김윤상 역, 앞의 책, 45·53·69·89쪽. 여기서 '임금'은 보통 육체적 노동에 고용된 사람들이 받는 대가를 의미한다. 그러나 정치경제학에서의 임금은 더 넓은 의미로서 인간의 노동에 대한 모든 대가를 의미한다. 정치경제학에서 생산의 3요소는 토지·노동·자본이고, 생산물 중에서 두 번째 요소에 들어가는 부분을 임금이라기 때문이다. 이와 같이 '노동'이란 용어는 부를 생산하는 모든 인적 노력을 말하고, 임금을 생산물 중에서 노동에 들어가는 부분으로서 인적 노력에 대한 모든 대가를 포함한다. 따라서 정치경제학에서 임금이라는 용어는 노동의 종류나 고용주의 존재 여부와 관계없이 사용된다. 즉 임금은 노동의 대가이며, 자본사용의 대가나 토지사용의 대가와 구별된다.

147) 헨리 조지, 김윤상 역, 앞의 책, 59~62쪽.

148) 한도형, 「헨리 조지의 세계관」, 『헨리 조지 100년 만에 다시보다』, 경북대학교 출판부, 2002, 44쪽.

149) 헨리 조지, 김윤상 역(2018), 앞의 책, 340~342·410쪽 참조.

150) 존 로크, 이극찬 역(1970, 2007), 앞의 책, 63쪽. 창세기 제13장에서 "아브라함 일행인 롯lot도 양과 소가 장막이 있음으로, 그 땅이 그들의 동거함을 용납하지 못하였으니 곧 그들의 소유가 많아서 동거할 수 없었음이라. 그러므로 아브라함 가축의 목자와 롯의 가축의 목자가 서로 다투고, 또 가나안 사람들과 브리스 사람도 그 땅에 기거하였는지라, 아브라함이 롯에게 이르되, 우리는 한 골육이라 나나 너나 내 목자나 네 목자나, 서로 다투지 말자. 네 앞에 온 땅이 있지 아니 하냐. 나를 떠나라. 네가 좌左하면 나는 우右하고, 네가 우右하면 나는 좌左하리라"고 한다.

　땅의 소유권은 하나님에게 있으며, 이 땅의 대리적 소유권은 인간에게 있다. 인간이 땅에 대해 갖는 대리적 소유권은 아브라함에게 주어진 땅에 대한 약속에서도 드러난다. 아브라함에게 주어진 땅에 대한 약속은 아브라함이 세겜shechem(소망의 땅이자 결단의 땅으로 예루살렘에서 약 60킬로미터 지점에 위치한 솔로몬 사후 북왕국의 수도—저자 주)에 이르렀을 때, 그 땅에 가나안인들이 살고 있었다는 것을 통하여(창 12: 6) 거의 실현 불가능한 약속인 듯 보이지만, 하나님은 '내가 장차 보여줄 땅'(창12:

1)을 기업Inheritance으로 받게 될 것임을 아브라함에게 명한다. 따라서 이스라엘이 땅을 차지한 것은 여호와의 선물이며 은혜다(창22: 17; 26: 5; 신7: 8, 9; 5: 11, 15). 이스라엘의 땅과의 관계에서 특징적인 요소는 그 땅을 영원히 이스라엘에게 기업으로 주겠다는 야훼의 약속에 대한 종교적·도덕적 성격이다. 땅은 백성들의 종교적·도덕적 행동을 반영하는 일종의 거울인 것이다. 김지은, 『포로와 토지소유』, 한들출판사, 2005, 4쪽 참조.

151) 존 로크, 이극찬 역(1970, 2007), 앞의 책, 64쪽.

152) 헨리 조지, 김윤상 역(2018), 앞의 책, 342~343쪽 참조.

153) 토머스 맬서스, 이서행 역, 『인구론』, 동서문화사, 2011, 480쪽 이하 참조.

154) 헨리 조지, 김윤상 역, 앞의 책, 347~348쪽; ko.wikipedia.org 참조.

155) 김윤상·박창수, 『땅은 누구의 것인가』, 살림, 2016, 24~26쪽; ko.wikipedia.org.

156) Henry George, *Progress and Poverty: An Inquiry into the Cause of Industrial Depressions and of Increase of Want with Increase of Wealth, The Remedy*진보와 빈곤: 산업퇴조의 원인과 부의 증가에 따른 욕구의 증가에 관한 연구, 처방(Garden City, NY: Doubleday, Page, & Co.), 1912.

157) 그가 집필함에 있어 힘들었던 산고가 출간 25주년 기념판 원서에서 다음과 같이 묻어난다. 번역해서 그 고충을 본다. Henry George, *Progress and Poverty*, Createspace Independent Publishing Platform, 2017, p. 6(The book was finished after a year and seven months of intense labor, and the undergoing of privations that caused the family to do without a parlor carpet, and which frequently forced the author to pawn his personal effects. 1년 7개월간 강도 높은 저작활동과 집안 응접실에서 카펫조차 깔지 않고 지내는 궁핍한 생활로 인해, 저자 자신의 개인적 자산들이 자주 압류(저당)된 것이다. And when the last page was written, in the dead of night, when he was entirely alone, Henry George flung himself upon his knees and wept like a child. he had kept his vow. The rest was in the Master's hands. 그리고 마지막 페이지가 탈고된, 한밤중 완전히 혼자일 때, 헨리 조지는 무릎을 꿇고 어린애처럼 울었다. 마침내, 그는 그의 서약을 지켰다. 나머지는 신부神父의 손에 맡겨졌다.)

158) 우리나라에서 헨리 조지의 이 저작물은 1961년, 연세대학교의 강찬섭 교수(한국헨리조지협회, 보문각)가 축약본을 낸 게 그 시초다. 이후 1988년, 대천덕 신부가 축약본을 냈다. 그 다음 1989년, 김윤상 교수가 축약본을 내고, 현재 두 종류의 번역본이 국내에 있다. 저자도 새로운 각도에서 변역을 고려 중이다.

159) 헨리 조지, 김윤상 역(2018), 앞의 책, 239~240·407~412쪽; Henry George(2017), *Op. cit.*, pp. 7~9. 헨리 조지의 생애와 사상에 대해서는 김윤상이 펴낸 여러 권의 책(역저 포함)을 포함하고, 저자가 해외에서 직수입한 원서도 같이한다. 지식백과 등에서도 김윤상의 저서에 따르고 있는 실정이다.

160) 헨리 조지, 김윤상 역, 『교황에게 보내는 공개서한(노동 빈곤과 토지 정의)』, 경북대학교 출판부, 2017, 129쪽.

161) 헨리 조지, 김윤상 역, 앞의 책, 20쪽. 원제목은 *The Condition of Labor, on Open Letter to Pope Leo* XIII노동자의 상태, 교황 레오 13세에게 드리는 공개서한(1891)이나, 이를 2012년,

『노동 빈곤과 토지 정의』란 이름으로 그가 번역해 펴내다.

162) 김윤상·박창수(2016), 앞의 책, 28·31쪽.

163) ko.wikipedia.org. 이 선거에서 득표율 3위를 차지한 후보는 후에 미국의 26대 대통령이 되는 '시어도어 루즈벨트'였다. 이런 걸 두고 '인생은 새옹지마'라고 하는 듯하다.

164) 맥글린 신부의 빈곤퇴치운동은 빈자의 생각과 마음을 일깨우고, 사회정의에 기초한 문명화가 이루어져야 한다는 운동으로 퍼져나갔다. 이를 조직화하기 위한 첫 모임은 '스탠다드'란 신문사에서 개최함과 동시에 빈곤퇴치협회Anti-Poverty Society를 설립하고는 맥글린 신부가 회장, 헨리 조지가 부회장으로 선출되었다. 설립 후 1871년 5월 1일, 수천 군중들이 운집한 곳에서 연설을 하는 등 토지문제 해결을 위해 아일랜드로 건너가 연설하기도 한, 그 당시 미국의 제일 큰 성당의 신부였다. '스탠다드'지의 창간호 7만5천 부가 다 팔렸으나, 맥글린의 기사를 다루는 타 언론사는 없을 정도로 로마 교황청에게는 경계의 인물이었다.

165) 김윤상, 『토지정책론』, 한국학술정보, 2003, 339쪽; Henry George(2017), Op. cit., pp. 7~9.

166) 김윤상(2003), 앞의 책, 341~342쪽; 전강수, 앞의 책, 114쪽; ko.wikipedia.org.

167) 프랭크 콜버트J. Frank Colbert, 「토지와 자유Taxation and Prosperity」, 『조지스트 매거진』, 1930년 3~4월호.

168) 존 메이너드 케인스는 만성적 실업의 원인에 대한 혁신적인 경제이론으로, 케인스주의 경제학을 제창한 인물이다. 『고용·이자 및 화폐에 관한 일반 이론The General Theory of Employment, Interest and Money』(1935~1936)에서, 그는 국가가 주도하는 완전고용정책에 기초하여 경제침체에 대한 치유책을 주창했다.

169) 1862년 벨기에 태생 아르헨티나 이민자로 영국계 자본의 투기로 아르헨티나 경제가 휘청거리자 독학으로 경제학을 공부하며 해법을 찾은 헨리 조지와 거의 동시대 인물이다. 머지않아 얻은 해결책이 '늙는 돈aging money'으로, 화폐 발행 이듬해부터 일정 비율씩 가치를 깎는 자유 화폐를 발행하자고 1906년에 주장하고, 그 후 1918년 『자연스런 경제질서』를 펴냈다. '역(-)이자'로 돈의 축재기능을 없애고 교환기능을 극대화하자는 것이다. 경제문제를 해결하고자 자본주의와 칼 맑스주의에 대한 도전장을 내민, 즉 反고전주의와 反 칼 마르스주의자인 그의 무이자경제계획은 인류를 환상에서, 잘못된 전통이라는 폭군에서, 동포한테 착취당하는 것에서 해방시키려고 한다. 토지개혁과 화폐개혁을 유기적으로 연결하여 사회악 전체를 일소하는 방법을 제시한다. 실비오 게젤Silvio Gesell, 『자연스러운 경제질서The Natural Economic Order』(개정판), 퍼플, 2018, 5~7쪽, 그리고 제2부(공짜 땅)·4부(공짜 돈) 참조.

170) 헨리 조지, 김윤상 역, 『진보와 빈곤』, 비봉출판사, 2018, 11쪽 참조.

171) 졸저(2010), 『내가 사는 이 좋은 세상에』, 플라이디엔피, 2010, 150~151쪽. "〈내가 노년이 되면〉 언젠가, // 현직에서 은퇴를 하고는/ 아내와 아름다운 동행으로/ 되돌릴 수 없는 어제는 지났기에/ 내 인생, 3막을 어떻게 살 것인지/ 고민하는 삶이겠다. // 여태까지의 욕심이 있었거든/ 다 버리는 삶의 자세로/ 나를 버티게 한 고마움에/ 이 사회와 후진들을 위해/ 무엇을 할 것인지 생각하겠다. // 내 곳간을 풀고는/ 인색한

삶의 추태를 보이지 않으며/ 항상 경청하는 자세를 가지겠다./ 어차피 이승과 저승의 교차점에서/ 물욕만은 통과시켜 주지 않을 것이니까 // 남김 없는 삶이 아름답기에/ 궁핍한 동료에게/ 술 한 잔을 사고는/ 알량한 부와 지식은 이 사회를 위해 던지면서/ 내가 살아온 길이 옳다는 아집에 **빠져**/ 젊은이들을 가르치려 하지 않겠다. // (…중략…) 노욕과 늙은이의 추태를 없애는/ 넉넉한 품성으로/ 삶의 진한 황혼녘 잿빛이 되어/ 책 한 권을 남긴 채/ 잔치 속 아름다운 이별이고 싶다."

172) 헨리 조지, 김윤상 역, 앞의 책, 335·410쪽 참조.

173) Henry George(2017), *Op. cit.*, 2017, pp. 105~107.

174) 헨리 조지, 김윤상 역, 앞의 책, 353·356쪽 참조. ko.wikipedia.org

175) 에티엔 발리바르, 진태원 역,『스피노자와 정치』, 그린비, 2014, 110~140쪽. 안정성과 영속성을 위해서는 그 정체의 성립과 지속이 얼마나 다중에 의한 것인가가 중요한 것이다. 그러기에 각각의 정치체가 '완전성'을 향해 갈수록 각 정치체政治體는 사실상 민주주의를 향하고 있다고 말할 수 있다. 극한으로 나간다면 '군주제君主制', '귀족제貴族制'라는 법적구분 자체가 단순한 이름의 문제가 된다. 이것은 스피노자가 미완의 작업으로 남긴 민주정民主政도 마찬가지다. 민주적인 군주정이 있을 수도 있고, 예속적인 민주정이 있을 수도 있는 것이다. 따라서 이것은 단순히 다중의 의견이 '대의'되는 민주주의, 즉 대의민주주의 제도에 관한 이론으로 환원될 수 없다. 민주주의는 '완성된 형태의 정치체'라고 보기보다는 다중이 능력을 획득하고, 그 능력이 표현되는 끊임없는 이행의 과정인 것이다. 의회는 많은 수의 시민으로 구성되어 있기 때문에, 당연히 의회에 학식이 그렇게 충분하지 않은 사람들이 많이 참석하게 됨에도 불구하고, 각각의 사람들이 오랫동안 열심히 행해 왔던 일에 대해서 매우 현명하고 지혜로우리라는 것은 분명하다(정치론 제7장 4절). 더욱이 모든 사람들이 통치 받는 것보다 통치하고자 할 것은 분명하다(정치론 제7장 5절). 어떤 형식의 정치체이건, 그것이 영속적으로 생존하며 번영할 수 있는 근거를 민주주의로 향함에서 찾고 있다고 할 수 있다. http://cairos.tistory.com/entry〈CAIROS〉, 2010.8.11 참조.

176) 헨리 조지, 김윤상 역, 앞의 책, 353쪽. 당시 미국의 노예철폐예찬론자인 콜린스 J. A. Collins가 영국의 스코틀랜드 공업도시에서 "미국 일부 주에서 노예의 생계를 위해 공급해야 하는 1인당 법정 최저량에 대해" 소개하는 연설 중에, 이 말이 나오자 청중들이 흥미를 잃었다는 것이다. 이러한 이유는 그 당시 미국은 노예사유제 하의 흑인들은 노동의 몫을 얻어 언제나 최소한의 건강을 유지할 만큼 얻었는 데 반해, 영국은 그만큼 얻지 못한 계층이 존재했기 때문이다. 1800년대 중반 미국은 북부자유주의자들과 농장경영에 있어 노예에게서의 의존도가 높아지고 있던 남부 노예주들의 분열이 가속화된 시기로서, 노예옹호론자들이 폐지론자들에 대해 살육까지 가해졌다. 노예해방선언 2년 후인 1865년, 링컨의 많은 노력에 의해 미 의회는 헌법 개정안을 통과시키면서 미국 전체의 노예제를 금지시켰다. 그러나 곧바로 노예들을 해방시키지 않았으나 **빠른** 시일 내 해방시켰다. 그러나 흑인들이 노예상태에서 완전히 벗어난 것은 아니었다. 심지어 1960년대 말, 흑인노예해방운동이 다시 전개되기도 하였다. 작금에서도 백인우월주의가 팽배해 흑인들은 차별적 대우를 받는 편이다.

177) ko.wikipedia.org; 헨리 조지, 김윤상 역, 앞의 책, 362쪽.

178) 전강수, 『토지의 경제학』, 돌베개, 2012(2017), 146쪽 참조.

179) 전강수, 앞의 책, 147~148쪽 참조; Henry George(2017), *Op. cit.*, p. 9·p. 20 이하(It is seen that private property in land, instead of being necessary to its improvement and use, stands in the way of improvement and use, and entails an enormous waste of productive forces' that the recognition of the common right to land involves no shock or dispossession, but is to e reached by the simple and easy method of abolishing all taxation save that upon land-values. And this an inquiry into the principles of taxation shows to be, in all respects, the best subject of taxation. 토지에 있어서의 사유재산은 그 개선과 사용에 필요한 것이 아니라, 개선과 사용에 방해가 되고 생산력에 있어 엄청난 낭비를 수반하는 것으로 보인다. 공동의 토지에 대한 권리 인정은 충격이 가해지거나 소유권을 포함하지 않지만, 모든 과세의 구제를 토지가치에 따라 폐지하는 간단하고 쉬운 방법으로 이에 도달한다. 그리고 이것은 조세의 원칙에 대한 조사는 모든 면에서 가장 좋은 과세대상임을 보여 준다. A consideration of the effects of the change proposed then shows that it would enormously increase production; would secure justice in distribution; would benefit all classes; and would make possible an advance to a higher and nobler civilization. 그 후 제안된 변화의 효과에 대한 고려는 그것이 생산력을 엄청나게 증가시키고, 분배의 정의를 보장하며, 모든 계급에게 이익이 될 것이고, 더 높고 고귀한 문명의 진보를 가능하게 할 것이라는 것을 보여 준다).

180) 헨리 조지, 김윤상 역(2018), 앞의 책, 363~364쪽. 『사회정학社會靜學, Social Statics』에서 토지의 배타적 소유의 근거가 되는 모든 권원이 정당하지 못하다는 점을 명백하게 밝힌 허버트 스펜서Herbert Spencer(1820~1903)마저도 '자신의 노력이나 그 조상의 노력에 의해 정직하게 벌어들인 부를 지불하고 부동산을 취득한' 현 지주의 요구를 정당하게 평가하고 해소시켜 주는 것이 '사회가 언젠가 해결해야 할 복잡한 문제 중의 하나'라고 지적했을 정도다. 또한 스펜서는 이 지구는 하나님이 하사한 유산으로 토지의 사私소유는 평등과는 거리가 멀다. 토지는 만민의 공동상속으로 보며, 평등한 사회는 토지에 대해 공동상속이 이루어질 때라야 가능하다는 것이다. 존 스튜어트 밀John Stuart Mill(1806~1873)은 토지사소유제의 본질적 부당성을 분명히 인식하면서도, 정부가 전국토의 개별적 소유권을 시장가격으로 매입해야 한다는 생각에서 토지의 완전환수가 아니라, 미래에 추가로 발생하는 이익만을 환수하자고 주장했다. 그리고 영국의 모든 토지에 대해 시장가격을 공정하게 내지 후하게 평가를 하고, 그 이후에 소유자의 개량에 의하지 않고 증가하는 가치를 국가가 환수해야 한다는 주장이다. 김윤상, 앞의 책, 365쪽 참조.

181) Mill은 그의 저서인 『자서전』에서 "신문이나 잡지에 글을 써 생활하는 것은 문학이나 사상 면에서 무엇인가 할 수 있는 사람에게는 부적합하다. 생활방도가 불확실할 때에는 양심을 가지고 글을 쓰기가 어렵기 때문이다. 동시에 생활수단으로 쓰는 글은 생명이 없을 뿐 아니라, 저자 또한 최선을 다하지 못한다. 괜찮은 사상을 담은 글은 쓰는데 너무 오래 걸리고, 또 쓴다고 해도 세상에 늦게 알려지기 때문에 생활수단으로서는 도움이 안 된다. 그러기에 글을 써 생활을 도모하는 부득불 시시하거나 대중영합적인 글을 만들어내기가 쉽다"고 글을 쓰는 이는 명심해야 한다고 했다. 존 스튜어트

밀, 서병훈 역, 자유론, 책세상, 2005, 248쪽. 이에 저자는 Mill의 지론에 반론을 다음과 같이 제기하고자 한다. 예전이나 지금이나 배고픔은 인정하나, 남루한 옷차림으로 아테네 시민을 깨우친 소크라테스나 자신이 옳다는 사고는 몸으로 실천한 지식인이었던 대문호 톨스토이가 노할 수도 있겠다. 톨스토이가 소설가이기 전에 시인, 개혁가, 사상가라서일까. 출판 권력에 종속되지 않으면서 자기 목소리를 당당하게 내는 청빈과 정의로운 삶의 실천철학을 가진 문인이나 평론가들도 있다는 사실에 비추어볼 때는, Mill이 너무나 인간적인 면모를 보이면서도 철저한 자본주의자로 여겨진다. 그래서 헨리 조지에게 토지소유권에 대해서는 비판을 받는지도 모를 일이다.

Mill도 문학적 소양이 있었음에 저자의 2013년 9월 1일자 저자의 비평문을 옮기면, 법과 정치와 문학은 결론부터 말하면 정치와 문학은 불가분不可分, indivisibility의 관계다. 그리고 대문호들의 일부 소설도 리걸 마인드Legal mind, 법학적 사고가 없이는 소화하기가 힘든 면이 있다는 점이다. 일부 정치인이 "문학가는 정치를 하면 안 된다고 하였다"가 저자에게 강한 질책을 받은 적이 있다. 그렇다면 한 번 보자. 한漢의 무제는 악부樂府를 설치하고는 이연년李延年을 책임자로 두고 가요 등을 채집하였다. 그리고 삼국지의 영웅 조조의 시도 22수가 전한다. 이들은 정치인이자 군사전략가이며, 시인이자 문학가였다. 장편 서사시를 남긴 초나라 '굴원'도 비평가(평론가)였다. 그는 부패한 정치세력의 모함에 두 차례나 유배당하고, 제나라와 손을 잡아야 한다는 자신의 주장이 무시돼 진나라에 매수된 간신배들에 의해 멸망하자, 멱라강 투신으로 생을 마감한 강직한 성격의 소유자였다.

근·현대에 오면 중국의 '홍자성', '주언라이'도 시인이자 위대한 정치인이었다. 평론가이기도 한 저자가 제일 닮고픈 고대 그리스의 평론가이자 희극작가였던 '아리스토파네스'는 두말 할 것도 없다. 조선조 '서거정'이란 정승은 후세에 시 11,000여 수를 남겼고, 근·현대 정치사에 이광수, 최남선, 김춘수, 박정희, 이승만, 박근혜, 김영환, 도종환 등 나열할 수 없을 정도로 많다. 이들 중 변절 또는 문행일치文行一致가 안 되는 자도 있으나, 고래로 정치와 문학, 그리고 법이 어우러져 왔단 점이다. 문학 속에 법과 관계되는 사안이 많이 나온다. 서울대교수를 지낸 법학자 안경환의 『법과 문학 사이』란 저서도 있다. 다시 말해 정치가 있는 곳에 문학이 있고, 문학 있는 곳에 법과 정치가 있다. '헨리 조지'와 '톨스토이'도 저서에서 법과 어울러져 있다는 사실이다. 문학 속에서 독자의 심금을 울리듯이, 대체적으로 이들의 정치력 또한 합격점이었다. 문학적 소양이 있는 이들이 맡은 바를 무리 없이 해낸다. 문학을 관련학문 탐구자가 아니어도 되듯이, 정치 또한 특정집단의 전유물이 될 수 없단 점이다. 고로 정치인들도 자신이 작가가 돼 민초들에게 심금을 울리며 민을 편하게 할 수도 있다. 그런데도 포토샵한 홍안에 안면을 몰수 않고는 정치를 할 수 없다는 사고가 팽배해진 고등사기꾼에 준하는 한국의 정치판이다.

182) 헨리 조지, 김윤상 역, 앞의 책, 366~368쪽. 맬서스Thomas Robert Malthus(1766~1834)는 인구증가는 식량 생산량을 추월하기에 인류가 나아질 가능성이 없다는 『인구론』에서, 가난과 궁핍은 인간이 피할 수 없는 운명이라는 경제적 비관주의자라고 할 수 있다. 피임과 결혼 연기 등의 악덕과 빈곤만이 자연적 인구증가를 억제할 수 있다는 주장이다. 현대 경제학계에서 경제적인 낙관주의자들을 견제하는 데는 어느 정도 공이 있으나, 최저생계비를 임금책정의 기준으로 삼았으며, 심지어는 자선과 구빈법까지 축소

되도록 한 냉혈주의에 가깝다. 반면, 존 스튜어트 밀John Stuart Mill(1806~1873)은 헨리 조지가 이론적 비판을 가하면서도 인간미에 대해서는 후한 점수를 준다. 즉 위대하고 순수하며 뜨거운 가슴과 고결한 심성을 가졌다고 말이다. 실상, 그의 저서 『자유론』과 『공리주의』에서 인간미가 물씬 풍기는 면이 묻어난다. 시를 쓰기도 하면서 법학에도 조예가 깊었던 그의 '타인에 대한 배려'는 오늘날, 한국사회의 힘센 자들의 인색함, 위선과 우월적 지위로 약자를 짓밟음에 경종을 울릴 만하다. 어떻게 살아야 하는지, 약자나 이웃을 자신과 같이 아끼지 않으면 안 되는지에 대한 Mill의 성찰을 되새길 만하다.

183) 헨리 조지, 김윤상 역, 앞의 책, 368쪽; Henry George(2017), *Op. cit.*, p. 166.

184) 존 스튜어트 밀, 서병훈 역, 『공리주의』, 책세상, 2005, 36~38쪽 참조.

185) 헨리 조지, 김윤상 역(2018), 앞의 책, 370~372쪽 참조.

186) 실상, 칼 마르크스는 헨리 조지보다 21년이나 연배였다. 그 당시로서는 부자 간과 마찬가지의 연령차다. 그러나 그에 개의치 않고 신랄한 비판이 오갔다. 그렇다고 마냥 그러한 관계가 끝에 가서는, 협조적인 관계를 유지한다.

187) 김윤상, 앞의 책, 339~340쪽; 이정전, 『토지경제학』, 박영사, 2011, 105~107쪽.

188) 헨리 조지, 김윤상 역, 앞의 책, 180~181쪽; Henry George(2017), *Op. cit.*, pp. 78~79.

189) 헨리 조지, 김윤상 역, 앞의 책, 182~183쪽 참조.

190) 당시 주된 산업인 농업 중심으로 리카도가 지대론을 발전시켰기에, 헨리 조지가 이렇게 보는 것 같다. 노동가치설(아담 스미스, 존 스튜어트 밀, 존 로크 등이 주장)에 서는 노동이 투여된 것만 사유재산으로 인정한다. 이는 향후 리카도의 노동가치설을 정치경제학으로 발전시킨 한계지('물과 다이아몬드'의 설명으로 아담 스미스의 가치의 역설) 개념을 탄생시킨 마르크스나 조지 헨리 등에게 이어져, 오늘날 조세제도에 영향을 끼쳤다고 볼 수 있다. 아담 스미스는 사용가치가 높으면 교환가치도 높다고 한다. 하지만 물과 다이아몬드에서 막힌다는 것이다. 그러나 가격과 가치는 궁극적으로 일치한다는 주장에서 나온바, 즉 오늘날 경제학에서 가격과 가치를 동일시하는 이유다. 더불어 마르크스를 포함한 여타 학파들에 의해 '한계지', '사용가치', 교'환가 치', '수확체감의 법칙', '최유효' 등의 개념도 정립되었다고 볼 수 있다.

191) 헨리 조지, 김윤상 역, 앞의 책, 185·239·426쪽; Henry George(2017), *Op. cit.*, p. 105·p. 191.

192) 헨리 조지, 김윤상 역(2018), 앞의 책, 185~186쪽 참조. 대가price나 가치value에 대한 논쟁은 리카도, 아담 스미스, 마샬 등의 고전학파를 거쳐 신고전학파에 이어 현대 (20C) 좌파성향의 케인즈 학파에까지 이어지고 있다. 특히 마샬은 지대에 있어 장단기로 구분하여 '수익', '시장거래가치', '비용가치'로서의 토지가치를 설명한다.

193) 헨리 조지, 김윤상 역, 앞의 책, 216쪽 참조.

194) 헨리 조지, 김윤상 역, 앞의 책, 217~227쪽 참조. 그리고 아담 스미스는 『국부론』 제4권 제7장 '식민지에 대하여' 편에서 "황무지도 인구가 적어 원주민이 새로 이주하는 정주자를 쉽게 받아들이는 지방을 문명국이 영유하는 경우, 그 식민지는 다른 어떤 인간사회보다 급속한 부강을 향해 전진하는 법이다. 식민세력(식민지 개척자)은

미개하고 야만적인 여러 민족들 사이에서 몇 세기나 걸쳐 자연히 육성되는 것보다 훨씬 뛰어난 농업기술과 또 다른 기술을 가지고 간다. 그리고 통치술 및 법체계, 어떤 관념까지 가지고 간다. 이들은 당연히 새로운 정주지에서도 동종의 것을 확립한다. 반면 미개하고 야만적 민족들 사이에서는 기술보호에 필요한 정도로 법과 통치가 확립된 뒤에도, 법과 통치의 자연적인 진보는 아직 기술의 자연적인 진보보다 느리다. 식민세력은 자신들의 힘으로 다 경작할 수 없는 토지를 획득한다. 그래서 노동자를 끌어 모아 가장 넉넉한 임금으로 보답하려고 한다. 그러나 그 높은 임금과 토지가 풍부하고 값이 싼 게 결합하여 곧 노동자들도 스스로 지주(토지소유자)가 된다"고 역설하고 있다. 에덤 스미스, 유인호 역, 『국부론』, 동서문화사, 2018, 558~559쪽 참조.

195) 헨리 조지, 김윤상 역, 앞의 책, 225·228~230쪽; Henry George(2017), *Op. cit.*, p. 101.

196) 헨리 조지, 김윤상 역 앞의 책, 233~235쪽 참조.

197) Henry George(2017), *Op. cit.*, pp. 181~182 참조.

198) 김윤상, 『토지정책론』, 한국학술정보, 2003, 175쪽.

199) 유언에 의해 자기 재산 일부를 무상無償으로 타인에게 주는 행위가 유증으로, 상대방 없는 단독행위로서 계약인 증여와 구별된다. 그러나 사인증여死因贈與와 유언에 의한 출연행위는 유증의 규정을 준용한다(민법 제562조). 유증자가 지정한 재산을 받을 자를 수증자受贈者, 유증을 이행할 의무를 가진 상속인을 유증의무자遺贈義務者라고 한다. 수증자는 유언의 효력발생 시 존재하는 자이면 누구든지 될 수 있다(민법 제1089조 제1항). 자연인과 법인, 그리고 상속인도 수증자가 될 수 있다. 그리고 태아상속의 결격자도 수증능력이 있다. 상속권에 있어서는 태아도 이미 태어난 것으로 보기 때문이다. 즉 권리능력을 인정하기에, 상속에 있어 만약 과다한 채무가 있을 경우 등에는 상속포기나 한정승인도 할 때가 있다(민법 제1064조. 제1000조 제3항).

200) 헨리 조지, 김윤상 역(2018), 앞의 책, 407~410쪽 참조. 김대중 정권에서 폐기한 분양가상한제 실시를 만지작거리다가 2019.11.6. 민간택지까지도 일부 지역에서 실시하나 원정투자가 극성이다. '풍요 속 빈곤'만일까. 일자리 부족으로 빈곤에 따른 고통은 청년과 노인층까지 침범했다. 땅값과 집값의 상승, 그것도 급상승으로 불황까지 겹친다. 헨리 조지에 의하면, 이러한 현상은 물질적 진보가 진행할수록 더 뚜렷하다고 한다. 이 땅에서 생존하는 모든 사람의 삶과 생존의 터전인 토지가 탐욕에 찬 일부세력에 의해 배타적인 사유재산이 되어 버렸다는 사실이다. 아마존이 불타고 있고, 하나님의 공의로움과 존 로크의 자연법사상은 온데간데없이 부정되고, OECD국가 중 거의 꼴찌 수준인 권력자와 공직자의 높은 부패지수 탓인지 '궁휼의 미'가 없는 토지사소유제는 정의롭지 못함이 표출되고 있다.

201) Sindney Ratner, *Taxanion and Democracy in America*, New york: John Wiley and Sons, LNC, 1967, p. 17; 김웅희, 「헌법상 재산권과 조세법의 기본원칙에 관한 연구」, 『헌법학연구』11(1), 한국헌법학회, 2005, 359쪽 재인용.

202) 우리 헌법은 조세법률주의를 선언하고 있다. 즉 국가는 주권자인 국민의 대표자로 구성되는 입법부가 제정한 법률의 근거 없이 조세를 부과·징수할 수 없고, 국민은 조세의 납부의무를 부담하지 아니하는 것이다. 헌재 1996.6.26, 93헌바2.

203) 김웅희, 앞의 논문, 359~360쪽 참조.

204) Joseph A. Schumpeter, *History of Economic Analysis*, Rootledge, 1987, pp. 147~148; 김웅희, 앞의 논문, 362쪽 재인용.

205) 김웅희, 앞의 논문, 362~364쪽. 예컨대, 토지초과이득세법에서 토지초과이득의 계측수단인 개별공시지가제도에 구조적 미비점이 있고, 장기간의 지가변동에 대한 보충규정을 두지 아니하여 토지초과이득에 대한 과세가 아니라, 원본에 대한 과세가 돼 버릴 불합리가 발생할 수 있다는 이유로 헌법 제23조가 정하고 있는 사유재산권 보장의 취지에 위반된다고 결정하고 있다. 헌재 1994.7.29, 92헌바49 등.

206) 김웅희, 앞의 논문, 372~373쪽. 현행 일본헌법 제84조는 "새로 조세를 과하거나 또는 현행의 조세를 변경하려면 법률 또는 법률이 정하는 조건에 따라야 한다"고 규정한다.

207) 헨리 조지, 김윤상 역, 앞의 책, 413쪽 참조.

208) 작금에 있어 대한민국 사회의 화두는 '갑을관계'다. 심지어 공직자와 국민 간에도 '갑'이어야 할 국민이 '을'이고, '을'이어야 할 공직자가 도리어 '갑'이다. 얼마 전, 남양유업 젊은 직원의 대리점주에 대한 횡포, 대기업과 중소기업 간, 대기업 임원의 항공기 승무원 폭행사건 등에서만 갑을관계만이 아니다. (…중략…) 대한민국 공무원은 100만 명(2021년 122만 명)으로 국민 50명당 1명꼴이다. 이 외에도 군인, 정부투자기관 등을 포함하면 약 150~200만 명에 육박한다는 비공개 수치다. 이런데도 혹자들은 OECD기준을 들먹이며 그 수가 적단 볼멘소리다. 부정부패가 심하다는 말은 없다. 행정서비스의 질은 이들 국가와 비교 시 엉망 그 자체다. 평균연봉 5,000만원(2018년 기준 월 약 522만원×12. 스웨덴의 2배)을 넘어선 귀족이다. 대기업이나 공공기관의 90%수준(근무시간 대비로는 더 높을 수 있다)에 근로자가구 평균보다 약 500만원이 많은 액수다. 부패는 물론, 국민과의 서비스에 있어 '갑을관계'이면서 임금을 9%나 인상해 달라고? 차라리 백수천국에 꽃이라도 피우게끔, 민원인에게 '갑'이 되려는 자는 도태시켜야 한다. 시대에 부응하는 공무원이 많지 않다는 사실에도 정부는 방만한 운영으로, 인력만을 늘리는 게 상책이 아니란 점이다. 졸고, 「갑질 없는 세상을」, 신아일보, 2013.5.9.

209) 헨리 조지, 김윤상 역(2018), 앞의 책, 414~415쪽; Henry George(2017), *Op. cit.*, 2017, pp. 185~190 참조.

210) 전강수, 『토지의 경제학』, 돌베개, 2012(2017), 251~252쪽 참조.

211) "21세기의 세계화된 세습주의를 통제하려면, 20세기의 재정국가와 사회적 국가 모델을 재고하여 오늘날의 실정에 맞게 조정하는 것만으로는 부족하다. 우리가 주목하는 것은 20세기에 창안되었지만, 미래에도 틀림없이 핵심적인 역할을 계속 수행해야만 사회적 국가와 누진적 소득세라는 두 가지 기본적인 제도다. 그러나 민주주의가 현 세기의 세계화된 금융자본주의를 다시 통제하려면, 오늘날의 문제를 해결할 수 있는 새로운 수단을 개발해야만 할 것이다. 여기서 이상적인 수단은 매우 높은 수준의 국제적 금융의 투명성과 결부된 누진적인 글로벌 자본세가 되어야 할 것이다. 이같은 세금은 끝없는 불평등의 악순환을 피하고, 세계적인 자본집중의 우려스러운 동학을 통제하는 방법이 될 수 있다", "현재로서는 유토피아적인 이상이다. 그러나

유럽의 부유세가 현실적인가? 기술적으로 불가능할 이유는 없다."(토마스 피케티의 『21세기 자본』 제15장)

212) 헨리 조지, 김윤상 역(2018), 앞의 책, 419~420쪽 참조.

213) 김정호, 『사유재산권과 토지공개념』, 자유기업원, 2018, 302쪽. 과도하리만큼 신자유주의만을 추구하는 그가 속한 자유기업원의 전신인 전경련이 1996년에 주도해 설립한 자유기업센터였다. 이 단체가 한국재벌들의 이익을 옹호해야 하는 입장에서인지 모르나, 토지공개념 도입을 극구 반대하는 인물로 자리매김하고 있다. 이 저서에서도 "토지에 대한 사유재산권 자체를 무력시키고 싶다는 생각의 다른 표현이 '토지공개념'이다"고까지 한다.

214) 헨리 조지, 김윤상 역(2018), 앞의 책, 426~427쪽; 전강수(2012, 2017), 앞의 책, 184~185쪽.

215) 헨리 조지, 김윤상 역, 앞의 책, 421~425쪽 등 참조.

216) 링컨이 죽은 이듬해, 평양 대동강에서의 제너럴셔먼호 사건(1886년)과 강화도에서의 신미양요(1871년)를 말한다. 조선과 미국과의 전쟁이었던 강화도 그 역사의 현장에 가면, 우리 민중들이 얼마나 용감하고도 처절하게 사투를 벌였는지를 알 수 있다. 이름 없이 죽어간 민중들의 합장된 묘지를 보면 석연해진다. 그들로 인해 우리가 있음의 은공도 모른 채, 천년을 살 것처럼 날뛰는 정치권과 투기세력들의 부정의로 더욱 더 불평등을 낳는다. 그리고 알래스카를 러시아가 미국에 팔 수밖에 없었던 배경도, 인디언들의 용감성 때문에 관리의 어려움이었다는 점이다.

217) 이재율, 「토지가치세의 공평성 문제」, 『국제경제연구』 7(2), 한국국제경제학회, 2001, 245~265쪽. 성인이 된 모든 주민에게 머릿수에 따라 똑같이 세금을 부과하는 대처리즘의 인두세Poll Tax와 같단 말인지 동의하기가 힘들다. 신자유주의를 대변하는 이념인 대처리즘과 레이거노믹스다운 발상은 받아들이기는 어렵다.

218) 김정호, 『사유재산권과 토지공개념』, 자유기업원, 2018, 319~323쪽.

219) MB정권의 2인자였던 이재오 전 의원이 2012년 8월 29일자 페이스북에서 "스위스 은행에 예치된 한국 정치인이나 기업인들의 불법적인 돈은 전액 회수(환수)하여 국가 빚을 갚는 데 쓰는 것은 어떨까. 그 돈들은 결코 떳떳하지 못한 돈일 것이다"는 게재 일자를 보면 MB정권 말이다. 그러함에도 고위직으로서, 국회의원 신분으로서의 이 말은 탐욕의 카르텔을 형성하는 불의한 세력들에게 경종을 울리면서, 본받을 만한 그의 도덕성 우위가 돋보이는 대목이다.

220) 노암 촘스키·조지프 스티글리츠, 김시경 역, 『경제민주화를 말하다』, 위너스북, 2012, 133쪽 참조.

221) "정의, 정의론에 있어서 소크라테스Socrates와 플라톤Plato, 그리고 『정의론』을 설파한 존 롤즈John Rawls와 그의 제자 마이클 샌델Michael Sandel 정도로 보자. 샌델의 비싼 책이 베스트셀러로 한국의 작가들과 세상의 온갖 지식을 다 가진 양 자기도취에 빠진 사회학자들에게 굴욕을 안겼다. 한 세대가 넘는 시절, 군사쿠데타로 집권한 전두환이 부르짖은 '정의사회 구현'이나, 미래세대와 함께할 환경은 뒷전이었던 불도저 이명박의 '공정사회'나, 또한 내로남불 사상을 전파한 문재인의 '국민의 시대'란 슬로건이

그게 그것이다. 아직도 멀고 먼 길이다. 5월이 마지막 가는 날인 작년 오늘, 비망록에 이렇게 적었다. "대한민국에 정의는 없다. 소위 지도자나 정치인들이 고고한 척, 세상을 치졸하고 더럽게 살고 있기 때문이다"고.

(…중략…) 정의justice란 과연 무엇인가. 이에 대한 답의 원조는 플라톤의 『국가』에서 기원을 찾을 수 있다. 그가 20세에 만난 지 8년 후, 스승 소크라테스는 70세 나이로 신성모독과 청년들을 현혹한다는 사유로 사형을 당했겠다. 플라톤이 스승을 통해 설파한 국가론은 피레우스 항구에서의 축제 후 아테네 시내로 돌아가면서 시작된다. 소크라테스는 "정의로운 자는 누구에게도 해를 끼칠 수 없다"는 것이다. 이게 정석이다. 반면 칼케돈 출신의 소피스트인 트라시마코스Thrasymachos는 "정의는 강자의 이익이다"고 짝발을 내밀었다. 플라톤의 이상국가의 목적은 어떤 한 계급에만 행복이 편중하는 게 아닌, 국가 전체에 행복을 주는 데 있다. 다시 말해 국가는 시민(국민)의 행복을 위해 존재하며, 정의가 따르는 선한 삶을 누리게 할 책무가 있다는 것이다. 고로 타인을 해치지 아니하고, 법과 원칙이 통하는 약자를 배려하며 갑질甲- 없는 긍휼矜恤, mercy의 미학을 가지는 게 정의이겠다. 내만이 아닌 우리가 이 땅에 왔음도 동지요, 순차적으로 이승에서 떠나감도 동지임이다. 서로 사랑하자. 우리네 삶이 끝나는 날까지." 졸고, 「우리에겐, 공정사회는」, 서울일보, 2019.6.3.

222) 불어로는 'Tolérance'로 쌍방 간 의견이 상충할 때 논쟁은 하되, 차별이나 폭력에 호소하지 않아야 한다는 이념이다. "나는 네가 말한 것을 비난하지만, 그것을 말할 네 권리를 나는 죽을 때까지 지키겠다! disapprove of what you say, but I will defend to the death your right to say it"란 볼테르의 명언은, 자신들이 추구하는 사상이나 이념에 맞지 않으면 난도질하면서 적으로 간주하는 '한국판 내로남불 사상'에 젖은 이들에게 귀담아 들을 만하다.

223) 졸저, 『갑을정변2015대한민국』, 삶의출판, 2015, 35~38쪽; 졸고, 「노욕과 졸부의 삶은 버리는 자세로」, 시사코리아, 2013.3.28; 신아일보, 2013.4.16 참조.

224) 노암 촘스키·조지프 스타글리츠, 김시경 역, 『경제민주화를 말하다』, 위너스북, 2012, 234~240쪽.

225) 프랑스의 루소(1712~1778)는 위대한 교육이론가란 족적을 남기면서도, 자녀교육에는 젬병이었던 게 아이러니하다. 13년 연상인 부인이자 어머니 격인 '바랑' 부인 다음의 하숙집 하녀출신 부인 '테레즈 르바쇠르'에게서 태어난 다섯 아이를 "소란스럽고, 양육비가 과다하다"는 문제로 고아원에 버렸기 때문이다. 이에 대해 톨스토이는 "'예수 다음의 위대한 인물'로 평가하면서도, "건방짐이 하늘을 찌를 정도였다는 역사가들의 평가도 있다. 루소는 대중적 인기(인기영합주의)에 취해 매사 자신의 사고와 주장이 옳다고 믿었다. 그러면서 자신의 아이를 다 고아원에 내다버리는 냉혈한 인간이면서도, 자신만큼 아이들을 사랑한 사람은 없다"고 했다. 동시대를 살다간 사상가들의 루소에 대한 평을 한번 보자.

아담 스미스가 『흄 자서전』의 추도문에서 "인간이 도달할 수 있는 완벽한 지혜와 덕의 이상에 가장 가까이 다가갔던 인물"이라고 추앙받은 같은 스코틀랜드 출신의 데이비드 흄David Hume(1711~1776, 영)은 루소에 대해 "자신을 우주에서 하나밖에 없는 중요한 존재로 보는 괴물"이라고 했다. 오랜 친구로 유명한 드니 디드로Denis

Diderot(1713~1784, 프)에게 "나는 당신을 미워한다"고 편지를 보내자, 디드로는 "기만적이면서 사탄처럼 허영심에 차 배은망덕하고 잔인하며 위선적이고 악의에 찬 자로, 사기꾼이며 중상모략가다". 더 나아가 "루소는 나를 불안하게 만들었고, 내 곁에는 저주받은 영혼이 있는 것 같았다. 나는 그를 다시 보고 싶지 않고, 나로 하여금 악마와 지옥이 있다고 믿게 만들었다"라고 혹평했다. 프랑스의 대표적인 계몽사상가로서 루소와 같은 해 죽은 볼테르(1694~1778)는 '허영심에 찬 비열함의 괴물'이라면서 루소의 사상을 '거지의 철학', '시대의 배설물'이라고까지 했다. 그러나 성 아우구스티누스, 톨스토이의 작품과 함께 세계 3대고백문학인 루소의 『고백록』은 사회와의 끊임없는 대립과 반대파의 비판에서 자유롭고자, 그리고 자신의 정체성을 끝까지 사수하려 했던 삶에 대해 유·불리를 떠나 가감 없이 보여주고 있다는 평을 받고 있다. 교유한 당대의 사상가에게서의 그에 대한 시샘만은 아닌 것 같다. 후대 철학자들도 루소에 대한 호평은 드물다. 그러나 『에밀』에서의 교육론은 현시대에도 추앙을 받음에, 아이러니한 측면도 있다.

226) 해롤드 버만, 김철 역, 앞의 책, 300~301쪽.

227) 이 책의 논제가 창조주 하나님의 선물인 토지재산권, 즉 토지에 대한 공공성을 추구하는 터라 태초에는 공유였음에도 사유화가 되자 불평등이 심화되었다는 점이다. 따라서 결론은 태초의 인간성 회복 등으로 공공성으로 가장 것이다. 이러함은 토마 피케티의 부유세도, 헨리 조지의 토지지대세도 끝내는 유사하게 끌어낸다는 점이다. 2013년 9월 6일자에 저자가 번역한 한漢 무제가 읊은 시 〈추풍사秋風辭〉를 음미하면서 루소가 말하는 자연 상태로 한번 돌아나 갔다가 와 보자.
"가을바람이 일어 흰 구름은 날아가고／ 풀 나뭇잎사귀가 누렇게 떨어지니 기러기도 남쪽으로 돌아가누나.／／ 난초에는 꽃줄기 긴 꽃이 피고 국화에는 향기로움이 있나니,／ 아름다운 이佳人 그리워 잊을 수가 없노라. ／／ 누선을 띄워 분수(중국 산서성 근처의 강)를 건너면서,／ 강물 한가운데中流를 가로지르니 흰 물결素波이 일도다. ／／ 퉁소와 북소리에 뱃노래棹歌도 일어나나,／ 환락의 끝에서는 애달픔만 쌓이는 것을／ 젊고 왕성한 시절이 언제까지며 늙어가는 것을 어찌하라奈老何"
그는 천하를 통일한 유방의 손자다. 한의 6대조 임금이자 고조선을 멸망시킨 군주로, 즉위한 해를 원년으로 하고 있다. 당시 고조선은 동북아 강국이었음에도 불구하고, 한의 말발굽에 짓밟혔다. 그는 정치가이자 전략가이기 전에 대단한 문학인이었음이다. 무제가 한漢이 강대함에 기쁜 나머지 군신들과 연회를 베풀면서 지은 시라고 전해지나, 기쁨 뒤 인생무상을 노래했다. 창조주가 하사한 토지(땅)에 노동도 가하지 않고 불로소득에 웃음 짓는 뭇 인간들의 노략질이 언제 끝날까. 삶이란 너도 가고, 나도 간다. 끝내는 다 버리고 가고야마는 것을….

228) 헨리 조지, 김윤상 역(2018), 앞의 책, 563~565쪽 참조.

229) 1962년에 설립된 대한주택공사와 한국토지공사를 해체하고 2009년 병합하고 설립한 한국토지주택공사韓國土地住宅公社, Korea Land and Housing Corporation, LH는 국토교통부 산하 준시장형 공기업으로서 토지·주택 및 도시의 개발·정비·관리 등을 담당한다. 경남 진주에 본부를 두고 약 1만여 명의 종사자를 둔 LH는 공룡조직이란 지탄과 함께, 2021년 신도시 부동산투기사태로 해체되어야 한다는 여론이 팽배하다.

230) 원주기업도시 사업지구 내 마지막 점포겸용 주택용지 분양에 4만5천여 명이 몰려 최고 7천대 1의 경쟁률을 기록했다. 「원주기업도시 마지막 분양청약률 최고 7천대 1, 평균 2천대 1」, 제천뉴스저널, 2017.11.27; www.yonhapnews.co.kr(연합뉴스)

231) 갭gap투자란 매매가격과 전세가격의 차이gap가 적은 집을 전세를 안고 주택을 매입 하는 일종의 부동산투자 방식이다. 예컨대, 10억짜리 아파트 가격의 상승이 고공 행진 한다는 전제 하에서 전세가 9억5천이라면 5천만으로도 매입할 방법으로, 만에 하나 가격이 위축될 경우에는 임대·임차인 함께 위험이 따른다. 이러한 투자로 임차인이 전세금을 반환받지 못하자 임대인, 즉 갭 투자한 자는 임차인에게 매입을 유도하거나, 이조차 여의치 못한 임차인은 길거리에 나앉는 경우가 발생한다.

232) 총부채상환비율DTI은 주택담보대출 시, 연간 상환할 액수를 연소득의 일정한 비율 로 뺀 것이다. 즉, 매입하려는 주택을 담보로 대출함에 있어, 매입자의 소득을 측정한 다. 만약 이 비율이 60%, 연간소득이 9,000만원이라면 총부채의 연간 원금의 상환액은 6,500만원(9,000만원×0.6)을 초과하지 않는 범위 내에서 대출액수가 제한되는 경우 를 말한다.

233) 주택담보대출비율LTV이란 주택을 담보로 하여 소요자금을 융통할 때 인정되는 주 택가치의 비율이다. 대출금액을 주택가격으로 나눈 비율로 LTV가 높으면 주택가격대 비 대출금액이 많다는 이야기다. 예컨대 주택담보대출비율이 60%이고, 6억짜리 주택 을 담보로 차용한다면 최대 대출금액은 3억6천만원(6억×0.6)이 된다.

234) 그러나 2017년 8·2대책 후 하반기부터 무겁게 상승을 거듭하다가 통계에 의하면 서울 평균 아파트 가격이 2018년 4월에 7억2,166만원이었던 게, 2021년 6월 현재 11억4,283만원에 육박했다. 이러한데도 막강한 제왕적 대통령제 하에서 무소불위의 권력을 가진 '대통령을 지킨다'는 말도 안 되는 소리를 질러대는 소위 문빠들은 4년간 집값 상승 원인을 투기꾼 때문이라고 했다. 글로벌 유동성 때문에 어쩔 수 없었다는 변명마저 통하지 않자, 공급이 부족한 탓이라서 어느 정권이라도 폭등할 수밖에 없었 다고 방패shield를 휘두르기도 했다.

235) m.drapt.com/academy/index.htm?page_name(닥터아파트)

236) www.molit.go.kr(국토교통부 홈페이지)

237) 국민은행 주간통계에 따르면, 이 제도가 부활한 2018년 1월 이후 2021년 8월 말까지 서울 아파트 매매가는 47.9%가 올랐다. 이러한데도 2021년 9월 6일자 한국경제는 "재건축초과이익환수제가 부활한 이후, 서울에서 부담금예정액을 통보받은 곳은 현 재 연희빌라(가구당 770만원)와 반포현대(1억3,569만원), 서초구 반포1단지 3지구(4 억200만원)·방배삼익(2억7,500만원), 송파구 문정동 136번지 일원(5,796만원) 등 7곳 이다"고 보도했다. 따라서 "재건축 '부담금 폭탄' 올 것이 왔다"면서 "가구당 5억씩 토해낼 판"…, 강남 재건축 집주인들 공포에 싸였다고 대서특필했다. 이 보도에 대해 다음과 같은 수많은 댓글이 달렸다. "집값 올라 시세차익은 좋고, 세금 나가는 건 싫다", "언론은 자나 깨나 강남부자들 걱정", "정부는 잘했다. 번만큼 오른 만큼 세금 내야지", "최소 10~20억 올랐는데, 4~5억 내기는 아까운거지"라고 분노와 함께 찬성 일변도이다. 주변 여건과 인프라 혜택 등으로 초과이익이 생겼음은 부인하는 탐욕이 씁쓸하다. 그럼, 소득 있는 곳에 세금이 따른 법이라, 부동산정책에 있어 실패의 연속

인 문재인 정부가 이것 하나만이라도 고수해주길 바랐을 뿐이다.

238) 전 공직자의 아내이자 예순을 바라보는 '방탱이 외숙모'란 애칭을 가진 그녀는 2021년 7월에 와서도 집값 폭등이 더 극성을 부리자 "집값이 헬륨가스를 잔뜩 넣은 풍선처럼 부풀려졌다"고 재차 힐난했다. 이게 민심의 대변이었다. 저자 또한 2018년 8월 23일자 SNS에서 집값 급상승에도 전 정권 탓만 하면서 국민을 편 가르기 하는 내로남불이 극성임에 "대한민국에 신흥종교와 새로운 사상이 생겼다. 이른바 '내로남불교'와 '내로남불사상'이다. 이들은 불륜도 사랑이라고 자위한다". 그러면서 "내 죄는 너희 죄이니라"고 돌직구를 날렸다.

239) www.molit.go.kr(국토교통부 홈페이지, 2019.6.1 접속); 김성달, 「토지공개념 어떻게 실현할 것인가」, 국회, 부동산시장 안정화를 위한 토론회(2018.10.5), 31~35쪽 참조.

240) 「문재인 정부의 '9·13부동산종합대책'이 '세금폭탄정책'이라고?」, IM02칼럼, 2018. 9.14 등 참조.

241) 「문재인 정부의 '913부동산종합대책'이 '세금폭탄정책'이라고?」, IM02칼럼, 2018.9. 13; 미디어오늘, 2018.9.14; 매일경제, 2017.10.22; 오마이뉴스, 2018.9.10 등 참조.

242) https://news.joins.com/article/23593978(중앙일보, 2019.10.3)

243) 국토교통부·한국감정원 통계자료(2019.9) 참조; 「돈 한 푼 없이 30억 대 아파트 매입, 구멍뚫인 대출규제」, 중앙일보, 2019.10.3; blog.naver.com. 지난 7월 초고층 고급 주상복합아파트의 대명사인 서울 강남구 타워팰리스 174m^{2}가 30억원에 거래됐다. 자기 돈 하나 없이 30억원 모두 남의 돈으로 샀다. 19억원이 전세보증금이고 나머지 11억원은 차입금이다. 국토교통부에 따르면 자치단체에 제출한 주택취득자금 조달계획서에 11억원이 '그 밖의 차입금'으로 적혀 있다. 이 계획서는 서울 등 투기과열지구에서 3억원 이상 주택 매매 거래를 할 때 작성한다. '자기자금'과 '차입금 등'으로 나눠 기재토록 돼 있다.

244) 경제정의실천연합(경실련, www.ccej.or.kr) 홈페이지 참조.

245) 1989년 12월 주택임대차보호법 개정으로 임차기간을 1년에서 2년으로 하자, 임대인들이 차임을 한꺼번에 몽땅 올리자 집 없는 서민들이 자살하는 사태가 벌어진 교훈을 얻지 못한 결과다. 그래도 앞서 본문에서 밝혔듯이 노태우 정권은, 1990년 초반부터는 집값을 안정시키기는 하였다. 이는 근 10년간 이어졌다. 철학의 빈곤인지, 영혼 없는 입안자들의 작태는 문재인 정권에서 끝이 없어, 한 세대 후 그러한 사태가 재연됐다. 이는 바로 폐기할 법률이다.

246) 토지거래허가구역에서 빠진 의왕역 인근 아파트 호가는 치솟고 있다. 경기도 의왕시 삼동 '파크푸르지오' 전용 84m^2 기준 호가는 12억원으로 하루사이 3억원이 올랐다고 볼멘소리다. 2021년 9월 2일자 보도에 따르면, 이는 지난 6월, GTX-C 노선 추가 정거장에 이름을 올리지 못한 이후 소폭 빠졌던 호가가 다시 치솟았다는 것이다. 이 면적대는 지난달 8월 21일 9억4,000만원에 손바꿈하면서, 종전 신고가인 8억1,000만원도 갈아치웠다. 의왕역 인근은 GTX-C 노선 정차 검토 이슈가 있는데도 불구하고 토지거래허가구역으로 지정되지 않은 정부의 부동산 대책의 끝없는 허점만 보여주고 있다.

247) 2021년 하반기 현재도, 그때 관료였던 문재인 정권의 대선 예비후보가 조지스트들이 마련해준 모범답안을 외우면서 토지공개념을 어설프게 설파한 적이 있다. 중요하지만, 그 실천 의지와 정권의 도덕성이 우선임을 간과하였다.

248) 심지어 지방자치를 분권국가로 하자는 위험한 발상까지 나왔다. 이에 두 헌법학자의 변은 다음과 같다. 이광윤은 헌법 제1조 변경은 국가형태 변경 및 국가정체성 변경에 해당되며 이는 헌법적 금기사항이다. "우리나라는 모든 정치적 권력이 중앙에만 있는 단일국가"라며 "지방분권 개헌안의 핵심은 지자체에 입법권을 부여하는 것으로 이는 연방국가의 지부 즉 국가 또는 준準국가를 만드는 것이기 때문에, 지방분권이 아니라 '정치적 분권'에 해당한다"면서 "대한민국을 연방 또는 준準연방 국가로 바꾸기 위해서는 헌법 제1조를 개정해야 하는데, 이러한 국가형태의 변경은 대한민국의 정체성을 변경시키는 것이기 때문에 헌법적 금기사항"이라며 "헌법 개정으로 헌법적 금기사항을 깨면서 국가형태를 바꾸는 것은 삼국통일 이래 세계에서 유례없는 동질성을 지닌 유구한 역사와 전통의 단일민족국가를 단순한 헌법 개정을 통해 분열시키겠다는 것으로 신봉건제를 채택해 국가를 해체하자는 주장이나 다름없다"고 비판했다.

최대권은 "지자체 권한 강화와 재정자립도 제고는 개헌이 아니라 지방자치법, 정당법, 선거법 등의 개정을 통해 충분히 해결할 수 있다. 헌법으로 광역지자체에 입법권, 재정권, 경찰권을 부여하게 된다면 시·도지사를 단지 '제왕적'으로 만드는 것뿐만 아니라, 시·도를 구성단위로 하는 연방국가를 만드는 것을 의미한다"고 지적한다. 또한 전문가들은 "지자단체장과 지방의회 의원에게 무소불위의 권력을 부여해 '제2의 안희정 사태'를 양산할 위험이 높다"며 "지역 부패를 조장과 지방공무원 증가와 세금증가를 불러올 것"이라고 지적했다. 중앙일보·미디어오늘, 2018.3.22; 김성달, 「토지공개념 어떻게 실현할 것인가」, 국회, 부동산시장 안정화를 위한 토론회, 2018. 10.5, 31~35쪽 참조.

249) 이는 찬성하기가 힘든 헌법의 몰이해에서 비롯된 군群에 속한 그들의 변을 문언에 맞게 재구성하여 게재한다. "이미 토지의 특별한 공공성을 인정해 용도규제, 사용규제 등을 하고 있는데, 이를 토지를 사유私有해선 안 된다는 식으로까지 강화하는 것은 자본주의의 기본질서를 위배하는 것이다. 일각에서는 소상공인 보호와 소비자 권리 보호가 모순될 수 있다는 지적도 제기됐다. "소상공인들을 먹고 살게 하려면 소비자가 손해를 봐야 하는데, 소비자 입장에서는 제일 싼 제품을 구입하는 게 바로 권리다"며 "소비자는 품질보호 등으로 보호해야 하는 것"이다. 이어 "헌법에 그런 걸 자세히 기록하는 나라는 없다"며 "헌법은 나라의 근간이 되는 가장 중요한 것만 얘기하는 건데, 개별법을 놔두고 헌법에 그런 권리를 넣는 것은 말이 안 된다". 그리고 "토지공개념은 사유재산권 보호를 명시한 헌법 제23조와 국민들의 행복추구권을 침해하면 안 된다는 헌법 제10조와 상충한다"면서 "이를 헌법에 도입하면 국가가 언제든 토지의 사용과 수익·처분을 제한할 수 있기 때문에 시장경제원칙이 무너지고 부동산투기를 잡겠다는 애초의 목적도 달성하기 어렵다"는 것이다. 「헌법에 실린 '토지공개념'… 靑 "불평등과 불공정 바로잡겠다"」, 중앙일보, 2018.9.14 등 참조.

250) 이 대책이 발표되던 다음날, SNS에 이런 글이 올랐다. "혹시나 했더니 역시나이다. 서울집값만 해도 집권 15개월 만에 224조원이 넘게 인상되었는데, 종합대책이라며

발표한 내용이 겨우 오른 가격의 0.2%도 안 되는 4,500억원 세금 걷는 종합부동산세 확대라니…, 집값 1,000원 인상에 아주 미미한 2원의 세금을 징수하겠다는 것이라면, 세금 내고도 훨씬 남는 장사다. 집값 더 오르겠고 이게 무슨 폭등하는 부동산가격 잡는 정책인가? 이렇게 세금 좀 내봤으면 소원이겠다"고. 실상, 그해 2018년 8월말부터 9월까지 부동산가격이 급상승했다. 이는 토지가의 급상승을 초래한다. 저자는, 이 기간 '290조원 인상설'도 있어 투기공화국임을 실감한 계절을 여의도 정가에서 맞았었다. 피케티의 불평등不平等, inequality을 논할 때의 예에서처럼, 돈이 돈을 벌고, 덜 가진 자가 그대로 세습화된 사회로는 공정은 없다. 이게 2018년 초부터 현란하게 토지공개념을 주장했었던 문재인 정부의 후반기까지의 상황이다. 종합부동산세 비율이 미국에 비하면 1/5~6 수준으로, 가진 자의 고약한 천국을 방불케 한다. 그런데도 소위 보수언론들은 마치 많은 사람들이 엄청난 세금을 내는 것처럼 호들갑인 세금폭탄 frame을 노래하기에 급급하다. 이러한 현상은 대부분의 언론을 대기업과 지방토호인 건설사가 경영자이거나 주주인 탓을 속이는 처사에 불과하다. 이로써 언론의 자유가 격감하기도 한다.

251) 김성달, 「토지공개념 어떻게 실현할 것인가」, 국회, 부동산시장 안정화를 위한 토론회, 2018.10.5, 31~35쪽 참조. 그러나 이듬해 12·16대책에서는 양도소득세(2021년 6월 1일까지 유예기간을 뒀었다)가 5억원에서 10억원 미만 구간에서는 42%(10억원 이상 구간에서는 45%)가 적용된다. 2021년부터 분양권도 포함되는 조정대상지역의 중과세율이 기본세율 6~45%에다 1세대 2주택은 20%, 3주택은 30%이다. 여기에는 1주택에다 분양권이 있을 시 1세대 비과세적용이 안 된다. 그리고 1~2년 미만의 단기양도차익은 70~60%이다.

252) '세금폭탄' 프레임이 부활했다. 「세금폭탄 내세운 반쪽 부동산 대책 성공할까」 사설에서 중앙일보는 "징벌적 세금폭탄만으로는 집값을 잡기 어렵다", 조선일보는 "조정대상지역 내 2~3주택 이상인 자는 세금폭탄을 피할 수 없게 된다", 매일경제는 "고가 다주택 22만 명에 대한 종부세 폭탄이다", 한국경제는 "메가톤급 대출규제와 세금폭탄을 동시에 쏟아내면 세금폭탄"라는 이구동성이었다. 누구에게 세금폭탄이 된 걸까. 보수언론은 이번 정책의 핵심대상을 빗겨가 평범한 사람들의 피해를 부각시켜 저돌적인 저항에 앞장선 꼴이다. 대표적인 게 1주택자의 피해다. 더 가관은 중앙일보의 1면 머리기사는 "1주택자도 집 더 살 땐 대출 못 받는다", "집 한 채 40대 투기꾼도 아닌데, 왜 세금 많이 내야 하나?'고 퍼부었다. 이 기사에서는 이렇게도 인용 보도했다. 즉 송파구 잠실에 사는 1가구 1주택자 Y씨는 "이젠 빚 내 세금을 내야 할 판"이라며 분통을 터뜨린다고까지 했다. 매일경제도 덩달아 "아크로리버파크 한 채만 있어도, 보유세가 40%나 늘어 1,138만원이다"고 침소봉대가 춤을 춘 격이다. 1주택자라 해도 시가 18억원 미만이면 변함이 없다. 시가 18억원인 '똘똘한 한 채'에는 현행보다 0.2%~0.7% 높은 세율이 매겨지고, 조세부담은 현재보다 10만원 가량 늘어나는 수준인데도 말이다. 이로써 한국 언론을 누가 경영하고 있는지를 알면, 이 말은 허풍이나 소득 있는 곳에도 세금은 못 내겠다는 '놀부심리'가 내재돼 있음에 불과하다. IM02 칼럼, 「문재인 정부의 '9·13부동산종합대책'이 '세금폭탄정책'이라고?」, ManNa: 중앙일보·조선일보·매일경제 등 2018.9.14, 2018.3.22 동 신문 기사 및 사설 참조.

253) 우리나라는 집값하락·거래절벽 등 주택시장이 침체기인 와중에도 땅값은 반대로 치솟고 있는 게 다반사다. 땅값이 결국 하락세인 집값을 다시 상승시키는 기폭제 역할을 할 거란 우려다. 토지는 공공이 보유하되 주택만 분양하는 식으로 개발방식이 바뀌어야 한다. 2019년 4월 한국감정원이 발표한 지가동향에 의하면, 2월 전국 토지가격은 전월대비 0.27% 상승하며, 100개월 연속 상승세다. 지난달 −0.07%로 하락세를 보이는 전국 아파트 매매가격 변동률과 상반된 모습이다. 신도시 조성, 광역교통망 확대 등 전국적으로 개발호재가 많아 당분간 토지가격 상승세가 지속될 것으로 전망하면서, 대규모 택지개발로 토지보상금이 대거 풀릴 것으로 예고되면서 지가상승은 더욱 클 것이라고 업계는 내다봤다. 문제는 이 같은 땅값 상승이 하락세에 접어든 집값을 다시 상승시킬 수 있는 요인이 될 수 있다는 점이다. 현재 집값 이상으로 땅값이 상승하였다. 집값 상승에 짓눌려 수면 아래에 있을 뿐이다. 실례로 2020년 땅값 상승률(6.7%)은 물가 상승률(0.5%)보다 13배에 달했다. 전체 토지공시지가 총액은 5,628조6,000억원이다. 토지소유가구는 61.2%로, 상위 10%의 가액기준 점유율은 22.3%이다. 더구나 토지소유 불평등도를 나타내는 지니계수가 0.811로, 가계소득이나 자산의 지니계수보다 훨씬 높아 자산과 소득의 불평등을 더욱 심화시키고 있다.

254) 남덕우, 『경제개발의 길목에서, 삼성경제연구소』, 2009, 359쪽 이하 참조.

255) 김남진, 「토지공개념의 사상적 기초」, 『사법행정』, 1991.11, 10쪽. "토지공개념이란 용어는 정부의 공식기구에까지 사용되기에 이르렀으나, 법률적 용어가 아니면, 그린벨트green-belt식의 신문적 용어의 성질을 띤 것이라 할 수 있다"고 하나, 30년이란 세월이 흐른 지금은 이러한 태도는 아닌 것 같다. 토지공개념을 뒷받침하는 법원리法源理, Gericht, Court, 예컨대 '사회국가원리' 같은 것은 규범적 의미를 가진다. 앞의 논문, 6쪽 참조.

256) 저자는 "토지공개념을 떠나서라도, 일몰제 만료가 되기 전에 국가(LH 포함)와 각 지자체는 가용자금을 총동원하여 그린벨트 내 저렴한 사유지를 대거 매입해야 한다"고 주장했었다. 지금도 크게 늦지는 않으나, 많은 예산 소요에 '도시자연공원구역'을 재지정하는 꼼수로 맞서고 있다. 아니나 다를까. 일몰제 시한인 2020년 7월 1일 후로 각 지자체와 소유자 간에 마찰이 곳곳에서 발생하고 있다. 항상 애용하던 등산로를 막는 등 폐해가 벌어지고 있다. 이는 행정소송 등을 넘어 한차례 헌법소원으로 가는 소용돌이가 일 것으로 예측된다.

257) 이태일·지대식, 『공적토지비축확대 및 관리개선방안연구』, 국토연구원, 1989, 5쪽.

258) 박헌주, 『공적토지비축 및 토지금융활성화 방안』, 한국토지공사, 1999, 114쪽.

259) 김해룡, 「토지비축제도의 법적 수단에 관한 연구」, 『토지공법연구』 42, 한국토지공법학회, 2008, 97~98쪽. 2004년 국토교통부 건설교통통계연감에 따르면, 물류의 원활한 유통을 위한 고속도로 건설에 드는 비용이 지가의 자연 상승분을 넘어서 급등하였음을 알 수 있다. 즉 고속도로 1km의 공사비가 약 30년 만에 무려 166배나 상승하였다. 토지비축사업은 토지비축제도를 토대로 하여 운영되는 사업이고, 동 제도가 사회간접시설의 확충 등 공공개발을 위하여 사전에 토지를 확보하려는 것이다. 김상겸, 「토지비축사업에 관한 헌법적 검토」, 『토지공법연구』 42, 한국토지공법학회, 2008, 85쪽.

260) 김용창, 『토지은행의 역할재조정과 기능재조정 방안연구』(용역), 한국토지주택공

사, 2014, 127~128쪽; 서순탁·정회근, 「저성장시대 토지은행제도의 문제점과 개편 방향」, 『토지공법연구』 75, 한국토지공법학회, 2016, 8~9쪽 재인용.

261) 박헌주, 앞의 보고서, 114쪽; 유해웅, 앞의 책, 605쪽.

262) 서순탁·정회근, 앞의 논문, 1~3쪽 참조.

263) 유해웅, 앞의 책, 606~609쪽 참조.

264) '비축'이란 이 법에 따라 공공 토지를 취득 및 관리하는 것이고(제2조 제2호), '토지 은행'은 공공토지의 비축 및 공급을 위하여 제9조 제1항에 따라 한국토지주택공사에 설치하는 토지은행계정을 말하며(동조 제3호). '토지은행사업'이란 동同공사가 토지 은행을 운용하여 수행하는 사업으로서 제11조 각 호의 사업을 말한다(동조 제4호). 그리고 '비축대상 토지'는 동 공사가 토지은행사업으로 취득할 공공 토지(동조 제5호) 로, '비축 토지'란 이를 취득하여 관리하는 공공 토지를 말한다(동조 제6호). 또한 '취득'은 비축대상 토지를 매입·수용·수탁·교환하거나 토지은행계정으로 전입하는 것(동조 제7호)이고, '관리'란 비축 토지를 유보전하거나 비축토지의 가치를 증대시키 는 것을 말한다(동조 제8호). 마지막으로 '공급'은 비축 토지를 임대·매각·교환·양여 등의 방법으로 공급대상자에게 제공하는 것(동조 제9호)을 일컫는다. 그리고 CJ방송 (헬로TV뉴스) 2019년 8월 29일자에 따르면 2019년 현재, 토지은행에 4조2천억원이 예치되어 있다고 한다. 즉 한국토지공사나 토지은행이 먼저 공원 내 사유지를 매입하 면 지자체는 이를 5년 동안 나누어 갚으면서 토지를 이전받는 방식이면, 이를 활용할 경우 전국 각 지자체가 별도의 지방채를 발행하지 않아도 된다. 그리고 적립금을 활용하면 공급가격이 인하될 수도 있어, 그동안 지지부진했던 공공토지비축제도를 활성화할 수도 있고, 또 무엇보다도 향후 5년간 2조4천억원 규모로 추정되는 지방채 발행 수요도 충분히 대체할 수 있다는 점이다.

265) 유해웅, 앞의 책, 616쪽; 방경식, 『부동산용어사전』, 부연사, 2011 참조.

266) 서순탁·정회근, 앞의 논문, 본문과 각주 8; 토지은행(http://landbank.go.kr). 2000년 토지비축제도 도입 당시에는 적립금이 7,917억원이었으나, 2012년 4,935억원, 2013년 2,982억원으로 감소했다. 2009년 4월 19일자 한겨레신문에 따르면, 2008년 한국토지 공사의 부채가 33조9,244억원이었다. 그리고 10월에 3,838억원, 2009년 2월 초에 3,504억원, 5월에 7,000억원을 써 건설사 토지를 사들이게 돼 자금사정이 나빠졌다. 이러한 공기업 부실은 결국에는 국민의 세금으로밖에 충당할 수 없다. 그런데도, LH 는 성과급 잔치에 고액연봉을 받고 있어 빈축을 사고 있다. 이들의 도덕불감증은 한술 더 떠 문재인 정부의 부동산정책(25번째)인 제3기 신도시 발표 예정지에 대한 임직원의 대규모 투기행각까지 자행되었다.

267) 우리말로는 통치(법), 지배(력), 권력을 뜻하기도 하나, 관리정부의 의미의 변화나 공적 업무의 수행방법의 변화를 지칭한다. 서울대학교 미국학연구소·미래인력연구 원 공편인 『21세기 미국의 거버넌스』(2004)에서 보면, 거버넌스는 오늘날 미국뿐 아 니라 여타 국가 내부에서, 그리고 세계적으로 인류가 정치·경제·사회·문화의 모든 분야에서 겪고 있는 변화에 대한 새로운 형태이다. 종래의 통치 개념은 국가중심으로 정부와 공식적인 권위당국이 주도하는 문제해결을 의미하는 반면에, 거버넌스는 이 보다 넓게 시민사회와 비공식기구들도 공동체적 삶의 관리와 운영에 참여하여 협력

하고 제휴하는 것을 강조한다.

268) 서순탁·정회근, 앞의 논문, 9·13쪽 참조.

269) 헌재 1999.10.21, 97헌바26(전원재판부).

270) 2021년 8월 26일자 경기도 용인시에 따르면, 장기미집행 공원정비계획의 일환으로 추진 중인 국토교통부의 공공토지비축(토지은행) 사업에 선정돼 LH와 업무협약체결 행정절차를 거쳤다. 공공토지비축사업은 공익사업에 필요한 토지를 미리 확보하여 수요에 따라 적기에 용지를 공급하는 사업이다. LH에서 미리 토지를 매입·공급함으로써 토지보상에 소요되는 시간과 비용을 절감하고, 매수 후 5년간 분할 상환할 수 있어 부족한 재정운영에 도움이 될 것으로 보인다.

271) 김상겸, 「토지비축사업에 관한 헌법적 검토」, 『토지공법연구』 42, 한국토지공법학회, 2008, 94쪽.

272) 2019년 10월 4일자 국회 국토교통위원회 국정감사 자료에 따르면, LH는 토지비축사업이 시작된 2009년, 국토부로부터 2,337만m²에 대한 비축승인을 받았는데, 이후 2010년에는 10분의 1 규모인 245m²로 줄더니, 급기야 2017년에는 100분의 1규모(23만m²)로 줄었다. 더욱이 2011년과 2014년, 2015년, 2016년에는 승인 실적 자체가 없었다. 이에 대해 LH 측은 2009년 공사 통합 이후 재무상황 악화로 공사채 발행 등에 어려움을 겪으면서 신규 사업선정 없이 기존 승인 사업에 주력해 저조했다는 입장이다. 그러나 토지은행제도는 2009년 법률제정 당시, 공공개발용 토지의 비축 및 공급을 지속적으로 추진함으로써 발생한 매각 수익이 수급조절용 토지 비축으로 이어지도록 하는 선순환 구조를 염두에 두고 설계됐다. 한 의원은 "인풋(공공개발용 토지 비축) 자체가 줄고 있으니, 아웃풋(비축토지의 관리 또는 공급으로 인한 수익금)은 물론 수급조절용 토지 비축으로 이어지는 선순환을 기대하기 어려운 상황"이라며 "한국토지주택공사법에 따라 LH 이익금의 10분의 4이상을 적립해 쌓인 4조2,000억원 규모의 토지은행 적립금을 활용할 수 있는 방법부터 찾아야 한다"고 지적했다. 한편 "법률상 토지은행의 비축대상 토지는 국가나 지방자치단체가 설치하는 공익 목적의 공원과 문화시설, 주차장, 도서관도 가능하지만, 실제로는 안정적인 대금회수가 가능한 도로나 산업단지 같은 정부 주도의 SOC 사업만 비축하고 있는 실정"이라며 "내년 7월 1일 도시공원 일몰제로 인해 사라질 위기에 놓인 장기미집행 공원부지 매입이 시급한 만큼, LH의 토지은행적립금을 활용해 선제적으로 비축하는 방안을 적극 검토해야 한다"고 강조했다.

273) '도시자연공원구역으로 다시 지정'해 위기를 모면했지만, 2020년 7월 1일 일몰제 해제를 대비한 국토교통부의 변은 이랬었다. 경남신문 2015년 3월 15일자에 따르면, 2007년 7월 기준으로 도시계획시설로 지정된 채 미집행된 공원은 2020년 7월까지 부지를 매입하지 않을 경우 공원지정이 일괄적으로 해제되는 것을 의미한다. 외견상 공원으로 조성된 경우에도 지자체가 부지를 매입하지 않을 경우 해제대상으로 취급된다. 특히 국공유지도 지자체가 매입하지 않으면 마찬가지로 공원자격을 상실하게 된다. 일몰제 도입 전에 취할 자치단체의 대응방안은, 지자체가 취할 절차 중 우선은 조기에 예산을 확보해 공원조성계획을 조기에 수립해 완료하는 것이 필요하다. 오는 6월 말까지 도시공원 조성계획을 수립하고, 2016년부터 미집행 면적의 매입자금 확보

방안도 마련해야 한다. 국토교통부 관계자는 "국토의 계획 및 이용에 관한 법률 제48조의 개정 취지는 재정사업이 힘든 지자체에서 공원개발 민간사업자를 적극 활용해 일몰제 시행 전, 도시난개발을 막자는 것"이라며 "따라서 지자체는 조기예산확보가 어려우면 공원개발에 민간사업자를 적극 활용할 필요가 있다"고 말했다. 또 "난개발 방지를 위해 개발행위허가 운영기준을 일부 조정하는 등 해당 자치단체별로 관리방안을 마련해야 한다"고 제시했다. 전국 시·도별 장기미집행 도시계획시설 현황은 경남의 경우, 도시계획시설 612km² 중 대략 70% 가량만 집행돼 있고 그 외는 미집행 면적으로 남아 있다는 지적이었다.

제5부

불평등 해소와 출발선의 공정

제14장 도둑이 들끓지 않는 나라로

사기꾼과 도둑놈이 잘 사는 나라, 그 사기꾼도 법 위에 군림하는 정치권의 고등사기꾼이다. 또한 도둑도 좀도둑이 아닌 기득권층의 큰 도둑大盜이다. 고등사기꾼과 대도들이 이익을 공유하는 카르텔을 형성하면서 나라를 뒤흔드는 사회가 되어 버렸다. 좀도둑은 피골상접 皮骨相接한 상태에서 법의 심판으로 교도소에 가고, 럭셔리luxury한 대도들은 탈취한 불공정의 휠체어를 타면서 애지중지한 휴대폰마저 절벽으로 던져버린다. 선량한 국민은 안중에도 없다. 국가는 있어도, 이를 통제할 정부는 없다.

국가의 주권은 국민에게 있다는 국민주권과 저항권을 체계적으로 정리하여 현대 민주주의의 기초를 닦은 루소의 사상적 기초는, 프랑스대혁명에 지대한 공을 세웠다. 이기적인 문명이 자연적인 인간생활을 왜곡시켜 사회적 불평등을 조장하고, 이것이 사회악을 잉태하기 때문에 자연으로 돌아갈 것을 설파했다. 이 외침이 현대사회의 인간들에게 최고의 행복을 선사할지도 모를 일이다. 그 자연 상태natural state란 온갖 벌레와 해충, 그리고 짐승들이 활보하는 그 자연이 아닌, 인류 태초의 전원이 있는 '무탐욕의 국가'이다. 그 자연으로 돌아가자 함은 '태초의 인간성'을 회복하자는 것이다. 자연 상태에서의 인간은 평등하였으나, 사회를 이루니 가진 자가 법을 만들고 권력자가 되고, 그것이 세습화되면서 빈부격차와 함께 불평등한 사회가 초래되었다. 그래서 이러한 사회가 생겨나기 전, 즉 악의 근원이 잉태하기 전의 원시사회였던 태초의 인간성이 회복되는 사회로의 지향이다.

그 자연은 문명화된 사회 이전으로 돌아가는, 즉 사람의 손을 타지 않은 태초의 상태인 자연 상태로 돌아가자는 것임에, 너무나도 인간적이고 인간적인 삶의 자세를 지향하고 갈구했다고 볼 수 있다. 자연 상태를 벗어난 사회 상태에 있는 우리 인간의 모순을 비판하고, 자연 상태에 있는 게 더 낫다는 삶의 자세인 자연으로 돌아가자고 한, 그는 프랑스대혁명 11년 전에 죽어서는 자연 속 호숫가에 묻혔다가, 그 혁명 5년 후인 1794년에 프랑스 영웅들의 묘지로 이장되기도 한다. 사실상 그는 말년에 지팡이에 의지한 채, 한적한 시골의 농장에서 곤충을 채집하고 산책으로 전원생활에 젖었다. 이기적인 문명사회와 세속적 권세를 멀리하고, 루소처럼 외칠 때 그게 가능할까. 타임머신을 타고 그러한 상태로 돌아갈 수도 없고, 인간은 현대사회에 충실할 만큼 학습화되었기에 불가능하다. 가능하다고 할 때, 루소와 동시대를 살다간 볼테르에게서처럼 '거지의 철학'이라고 조롱을 받을 지도 모른다. 그러나 분명, 전혀 불가능한 점은 아니다.

지배나 주종관계가 개입할 수 없는 천부적인 자유, 즉 자연적 자유를 인간 누구나 공히 부여받았지 아니한가. 이러함은 인간의 평등이다. 그러면 인류 태초의 인간성 회복은 어느 정도는 가능하다는 점이다. 성경에서 차용하지 않더라도 '궁휼의 자세'를 견지할 수도 있겠다. 또한 기득권층이 자신의 기득권을 조금이라도 내려놓는 자세가 필요하다. 내가 아닌 '우리'가 이 세상에 온 것도, 다 저 세상으로 가는 것도 찰나적인 여행길에 있어 '동지'임이다. 지위도, 부도, 애지중지한 처자식도, 그 아무 것도, 탐욕의 꾸러미를 안고 저 세상의 강은 건널 수 없다. 따라서 인류 태초의 인간성 회복으로 강자가 약자를 보듬는 자세로의 지향이다. 이러한 인류 태초의 보편적 진리를 외면할 수만은 없다. 무분별한 개발로 인한 환경악화 등으로 지구도 힘들다. 끝끝내 외면한다면 잠깐 쉬었다가 가는 여행지인 지구가 멸망할 수도 있다. 중국 역사인 당 현종 때 이백李白은 우리네 삶에 빗대 '春夜宴桃李園序춘야연도리원서'에서 이렇게 읊었다. "夫天地者 萬物之逆旅부천지자 만물지역려/ 光陰者 百代之過客광음자 백대지과객/ 而浮生若夢 爲歡幾何이부생약몽 위환기하." 즉, 무릇 천지란 잠시 쉬어가는 여관이고, 시간이란 긴 세월을 거쳐 지나가는 길손이다. 이 덧없는 인생은 꿈같이 허망하니, 즐긴다한들 얼마나 되겠는가?

창조주 하나님이 하사한 공유지를 부정의한 탐욕의 군상群像들이 박탈 내지 약탈하는 바람에 수저계급론이 탄생하지 않았는가. 21세기판 '대한민국만의 인클로저enclosue'에 가깝다. 근세 초기 영국과 유럽에서 힘쎈 자인 영주나 대지주가 공유지를 사유화하자, 이들과의 경쟁에서 도태된 채 자기 땅 경작을 포기한 노동자 계급이 탄생했듯이 말이다. 자연 상태에서는 탐욕의 도가니에 빠진 결과에 의한 불평등이 있을 수 없다. 그래서 자본주의가 낳은 폐해로 인해, 우월적 지위에 있는 자들의 약자에 대한 여러 행태의 착취와 지배를 일삼고도, 정당화시키고 있음에 불평등이 더욱더 심화되고 있다. 반대세력이 옳더라도, 국가권력의 지배층은 '자기들만의 정의관'에 의한 '자기들만의 이익집단화'가 한몫하고 있다. 이러함은 특히 문재인 정부에서는 더욱 심해 반대세력에 대한 포용은 없다. 우월적 지위에 있는 자들이 함께 더불어 산다는 지혜, 기득권을 내려놓는 자세가 더하면 불평등과 불공정을 어느 정도는 상쇄할 수가 있다. 가진 자들이 집값과 땅값 상승에 의한 불로소득에도 오른 시세에 대해선 말이 없고, 세금만 올린다고 볼멘소리의 몰염치가 만연된 사회가 되어 버렸다. 다시 말해 노동이 가해지지 않은 부동산값 상승으로 폭리에 대한 불로소득은 쟁취하되, 이에 따른 세금은 내지 않겠다는 약탈자인 신도적新盜賊, A new thief들이 양지陽地에서 똬리를 트는 뱀과 같은 사악한 도덕불감증에 빠져 있어도 제어가 안 된다. 이에 덩달아 춤추는 이 사회를 이끄는 중추세력과 정치권의 '추악한 이익'을 공유하는 게 문제를 더하기 때문이다. 개신교도가 많기로 유명한 오늘날 우리나라가, 그 기독교정신인 '성서 속 하나님의 가르침'조차 공염불에 불과해 타락상을 잠재우기가 힘들다. 따라서 우리 사회는 소득 불균형으로 개천에서 용이 나지 않는 사회로 변하였고, 천민자본주의가 팽배해 출발선부터 불공정하다. 모든 근원적인 문제는 토지소유의 불균형으로 인한 '토지 정의土地正義, Land justice'의 실종에 있다. 자연 상태로 회귀할 수 없는 상황에서 이를 어떻게 할 것인가. 출발선이 공정한 토대 구축이 앞서야 한다. 그 해법에 대해 본론에서 비판과 함께 많이도 설파했다. 더 이상 논할 것이 없다. 이제 미진한 부분과 함께 간략하게 정리한다.

제15장 출발선이 공정한 나라로

소위 상위 10%가 전체 토지의 57.6%를 차지하고, 최상위 1,000가구 소유액수 가구당 837억원을 차지하는 불균형이다.[1] 토지에서 발생하는 불로소득(임대소득＋자본이득)으로 인한 가구당 자산과 소득 불평등, 부의 세습화는 기본이고 그 지위와 권력까지 세습화되는 현실에서 누구나 함께한다는 문제의식을 가져야 한다. 창조주가 내린 땅(토지)에 대해 이전투구인 시대적 상황에 참담하기 그지없다. 성경적 평등인 토지제도에서부터 중세 교부들의 '공의', 왕토사상, 재산권에 대한 자연법 사상가들의 사상적 배경, 그리고 재산권으로 인한 불평등과 빈곤을 해소하려는 고전파경제학자들의 그 이념과 사상이 근대헌법으로 체화體化되었다. 이러한 토지관련 역사성과 토지사상을 섭렵한 공론화이면 토지공개념 실시에 있어 반발도 상쇄할 수 있다고 본다. 대한민국정부 수립 후 제헌헌법에서 가장 통제경제적이면서도,

토지에 대해서도 가장 '공의'적 관념으로 경자유전의 토지개혁을 가능케 했다. 박정희 정부의 정책입안자도 경제개발계획에서 이러한 공공성을 염두에 두지 않았음을 훗날 후회하기도 하였다. 이러함에서 토지공개념이 자본주의 시장경제와도 크게 배치되지 않았음을 보여준다. 따라서 이념상 좌우논쟁이 아닌, 그 당위성에 국민적 합의가 도출될 수 있다는 점이다.

헌법제정권력憲法制定權力이 신이나 왕에게 있었던 사회에서의 귀족 등 특권층에서, 그 주체가 인민(국민)으로 대체되는 과정이 근대법의 역사이다. 그 역사적 산물인 최상위의 법인 각 나라의 헌법, 그리고 계수된 우리의 헌법 및 관련된 법률에서도 토지재산권에 대하여 하나같이 출중하다. 그러한데도 왜 불평등이 자행되는가? 응용능력의 문제이고, 정치가 문제이다.

토지는 특정 개인이 소유할 수 없는 모든 인류의 공동소유여야 함에도, 로마법에서 태동한 현대적 소유권은 약자 보호보다는 부유한 특권층 보호에 있었다. 반면 교부들은 '공의'와 '정의'에 초점을 맞추고 소유권을 보호하고자 했다. 이들과 마찬가지로 토지공개념만이 최선이라는 신념 하에 헨리 조지의 토지철학을 신봉하는 조지스트들도 그러하다. 이러한 나머지 영국, 독일, 프랑스, 스웨덴 같은 경우에는 토지에 대해 소유권과 개발권을 분리하여 개인에게 소유권은 인정하되, 개발권은 공공에 귀속시키고 있다. 우리도 이를 분리할 필요성이 대두된다.

토지소유권은 독일 바이마르헌법 제153조 제1항을 차치하고라도, 우리 헌법도 제헌헌법에서부터 현행헌법에 이르기까지 재산권에 포함시키고 있으며, 공공성에 대해 제23조와 제122조에서 법률이 정하는 바에 따라 제한과 의무를 가할 수 있다. 삶의 유지에 있어 그 바탕이 토지임을 규정하며, 재산권에 대해 강한 사회적 구속성을 가진다. 이는 재산권을 행사함에 언제나 공공의 이익이 앞서며, 이기적인 목적만을 위한 남용은 허용하지 않는다는 것이다.

우리 헌법 제119조 제2항에서도 경제정의이자 사회정의를 실천원리로 천명하고 있다. 이에 덧붙여 한때 이른바 문재인 헌법안이 이 조항에다 '상생'이란 문구를 명시했으나, '조화'란 문구 속에 포섭된 것으로 의미가 유명무실하다는 점이다. 이러한다고 하여 경제정의가 실현되는 것도 아닌바, 정부와 기득권층인 정치엘리트나 고위공무원들의 청렴과 함께하는 의지가 먼저이다.

민주주의 정치질서는 평등을 전제로 하는데도, 토지재산권의 불균형으로 불평등이란 단어는 식상할 정도로 만연되어 있다. 자고 일어나면 수억 단위의 부동산투기로 인한 불로소득이 판친다. 또한 부와 스펙의 대물림으로 인하여 '21세기판 신노예제'가 도래한 상황에 처해 있다. 절반 가깝게 집을 가지지 못한 민중들은 거듭된 부동산정책의 실책과 '힘센 자들의 카르텔'에 희망마저 잃었다. 덩달아 개인의 자유를 최대한 보장하면서 사회 전체의 공존과 발전을 도모하는 자유민주주의가 배금주의에 따른 비인간성, 복지의 후진성, 빈부격차의 심화 등을 초래하는 '천민자본주의'[2]로 변했다. 따라서 부유층들에게 사회지도층으로서의 도덕적 의무와 책임감, 즉 노블레스 오블리주 Noblesse oblige를 기대하기조차 힘든 사회다. 자신의 노력에 대한 정당한 대가가 주어지는 것이 자본주의이며, 아무리 가난하더라도 "나도 일어설 수 있다"는 꿈이 있으면 이를 감내하면서 살아갈 수 있는 게 인간이다. 그러나 그 희망의 사다리마저 없어졌다.

사회적 약자에 대한 배려와 빈곤층에 대한 최소한의 생활을 보장하기 위한 관심과 제도적 해결책이 필요하다. 근대 서양의 사상가 토머스 모어Sir Thomas More를 비롯하여, 애덤 스미스Adam Smit, 데이비드 리카도David Ricardo, 존 스튜어트 밀John Stuart Mill, 헨리 조지Henry George, 그리고 최근에는 토마 피케티Thomas Piketty까지 공공성 강조로, 창조주가 내린 토지에 대한 사소유권을 비판함과 불로소득으로 인한 불평등에 대한 대안을 제시하기에 이르렀다. 본문에서 다 논하였기에, 미진한 부분과 함께 다음과 같이 간략한 해결책을 제안한다.

우리나라의 재산권 중 토지의 분배에 있어, 재산세·종합부동산세 등 부동산 소유자에게 매년 부과하는 세금인 보유세가 유럽 등의 선진국과 대비하면 현저히 낮다. 일례로 2020년 우리나라의 GDP 대비 보유세 비율은 0.87%인 반면 캐나다 3.13%, 영국 3.09%, 미국 2.69%, 프랑스 2.65% 등 선진국뿐만 아니라 OECD국가 평균인 1.06%보다도 낮다는 사실이다. 이러고도 지금 우리가 선진국 국민이라고 거들먹거릴 수 있겠는가. 부끄럽고 한심한 노릇이다. 그것도 창조주 하나님이 내린 땅, 그에다가 노동이 가해지거나 인위적이 아닌 사회간접자본 등에 의한 자연발생적인 세금까지 피하겠다고 함은 반인륜적 범죄에 준한다. 현행 공시지가 산정이 문제다. 즉 실거래가의 60~70% 수준에서 산정할 것이 아니라, 실거래가로 산정하여 조세를 징수하자는 것이다. 따라서 주택보유세인 재산세는 공시지가를 현실화하는 정책이 시급하다. 세제개편으로 보유세 비중을 높이되, 거래활성화를 위해 거래세 비중을 낮추는 방법도 대안이 될 수 있다. 부에 대한 세습화뿐만 아니라, 지위나 신분의 세습화에 따른 부유세 부과와 함께 조세피난처의 원천적 차단이 필요하다. 이러한 면에서는 피케티가 말하는 최상위 1%에겐 80%의 세금을 부과하는 것도 하나의 방법이다. 부유층이 반발할 수도 있겠지만, 그들이 현재의 위치까지 진입하기까지는 혼자가 아닌 국가와 이 사회의 구성원이 받쳐주었기에 가능한 면도 있었다는 점을 깨달아야 한다. 그리고 집값을 떨어뜨릴 하나의 방법이 있다. 즉 세금이 무서워서 팔지 못하는 부류 등을 위해 1년간 한시적限時的으로 거래세를 없애는 방안도 있겠다.

주거에 한해야 할 '주택 하나'만으로 인한 '백만장자'가 득실거리는 사회는 건전하지 못하다. 무모찬스가 없는 청년에게는 로또라도 당첨되지 않는 날에는 이러한 주택을 마련하지 못하는 사회로는 국론통합이 어렵다. 집값은 최소한 문재인 정부 이전대로 균형을 잡아야 한다. 또한 기업에 대한 규제완화와 부자감세는 신중을 기해야 한다. 이 또한 불평등의 원인이 되기 때문이다. 대기업의 중소기업에 대한 기술 탈취나 단가 후려치기는 더는 없애야 하며, 이 점은 공정거래위원회의 도덕적 우위가 앞서야 한다.

좀도둑이 아닌 큰 도둑大盜과 사기꾼 중에서도 정치를 쥐락펴락하는 고등사기꾼만이 잘 사는 우리나라는 예산 누수가 많고, 이의 운용의 묘가 전무한 실정이다. '지성知性의 부재'로 인한 타락상의 한 예를 보자. 2020년 국가재정운용예산 513조5,000억(2022년 607조7,000억)원은 그 중 유독 공무원, 정치인들을 위한 지출이 세계적으로 국가 규모에 비하여 국회의원 급여, 활동비용이 가장 많이 소모되는 나라다. 세계 경제력 규모 4위인 독일은 2022년 국가예산이 4,430억 유로(약 596조1,800억원)로, 10위인 우리나라보다 12조원이나 적다. 이러한데도 사교육 없는 공교육 강화로 진학률 30%대로, 대학까지 무상교육, 아동수당으로 만 15세까지 매월 일정 금액을 지급한다. 부득이한 사정으로 직업이 없는 사람, 노약자, 빈곤층에게 생계비, 주거비 등을 지급하기에 국민 모두가 큰 걱정 없이 생활할 수 있다. 즉, 병이 들어도 실직을 해도 국가가 책임을 진다는 것이다. 2020년 독일 인구는 8,390만명으로, 우리나라 총 인구수의 1.6배나 되지만, 예산이 더 적은데도 월등히 많은 복지를 두루두루 시행한다는 점이다. 인구가 1.6배나 많고 땅도 1.7배가 넓은 독일이 우리보다 12조원이나 더 적은 예산으로 빈곤층이 없는 1등 복지국가인 점을 통치자들, 즉 모든 정치인, 관료, 고위직공무원들은 참고하여 각성할 일이다. 또한 국민 모두는 방만한 국가예산에 대해 감시체계를 갖추어야 한다. 도둑놈과 허투루 쓰이는 예산 탈루가 많기 때문이다. 독일보다 공무원 수가 2배나 많은 우리나라, 그런데도 공무원은 부족하다고 계속 늘리는 공무원천국이다.[3] 따라서 이러한 예산 누수를 막고, 운용의 묘를 살려야 한다. 이러한 예산만 절약해도 노인복지에 있어 최저생활을 보장할 수 있지 않을까 싶다. 65세 이상 노인인구 65%가 국민연금이 한 푼도 없는, 이 중에서도 절반이 수령액이 월 50만원에도 미치지 못하고 있다. 이러한 상황에서 공무원은 고임금에다, 이들이 은퇴 후에도 고액연금으로 노인세대의 상위 10%대 귀족층으로 진입하였다는 통계도 있다. 박봉이었던 1960~70년대 운용방식의 공무원연금제도임에도, 이에 대한 개혁은 절체절명의 현실에 직면해 있다. 또한 태어나자마자 천문학적인 사교육비를 쏟아 붙는 사교육천국을 '공교육천국으로 전환'하여 빈자와 부자와 출발선이 같도록 바꾸어야 한다. 세계 역사상 강대국은 이러하지 않았다. 지금도 러시아는 아이가 태어나면 시집부터 읽힌다. 사교육은 인간의 자연 상태를 최대한으로 존중한 자율적이고 창의적인 교육에 중점을 두는 루소가 지향하는 교육관에도 반한다. 또한 돈만이 최고라는 그릇된 철학에 빠진 인문학 실종에서도 벗어나야 한다.

주택의 자가 비율이 우리나라가 56%인 반면, 싱가포르가 91%로 이 중 공공주택Public Housing 거주자가 80%이며, 토지는 국가가 소유하고 주택만 분양한다. 이를 두고도 사회주의 발상이라고 매도하거나, 우리나라와 조건과 배경이 다르다고 애써 외면할 수 있을까. 또한 독일의 베를린은 임대주택 비율이 80~85%다. 2021년 9월에 3,000채 이상 보유한 부동산회사의 주택 24만 채를 몰수해 공공임대로 하자는 투표에서 주민 56.4%가 찬성했다. 최근 10년 동안 월세가 2012년 1m² 당 6.6유로였던 게 평균 10.5유로로 약 85% 인상됐고, 2021년 상반기 평균 월세는 5년 전인 2016년보다 42%나 인상됐다. 우리는 문재인 정부 5년간 집값만 두 배나 뛰었다. 우리와 비교하면 약과임에도 임대료 인상에 대한 코로나-19를 날려버린 베를린 시민들의 세찬 저항권 행사는 차치하고라도, 우리가 눈여겨 볼 것은 바로 이것이 문제다. 즉 예시한 싱가포르나 독일은 경우는 주택을 우리처럼 투기·투자·소유욕과는 먼 인간으로서의 기본인 '주거'에 국한한다. 여기에다 자가나 임대 구분 없이 인프라infrastructure 등에 있어 혜택과 질이 떨어지지 않는다는 점이다. 더구나 우리나라와 달리, 임대주택에 거주한다고 하여 고약하게 낙인烙印도 찍히지 않는다. 이를 응용해야 한다. 인간의 존엄성마저 박탈하는 행위이기 때문이다. 또한 외국인의 부동산 매입에 있어서는 일정한 규모 이하로만 취득하게 하되 취득세율을 높이고, 마구잡이로 매입하는 비거주자에게는 고율의 세금을 부과하여야 한다. 특히 상호주의 이전에 사소유권을 인정하는 자유민주주의 국가인 우리나라에서는, 부동산 국유화정책인 사회주의 국가의 외국인에게는 같은 잣대를 들이대서는 안 된다. 이는 중국인 임대인 아래 우리 청년들이 임차해 사는 꼴인 MZ세대에겐 더욱 낙담하게 하는 요인이 되고 있다.

앞서 본 싱가포르와 독일의 주택정책을 답습할 필요가 있다. 따라서 토지를 현행법제 하에서의 공유화가 필요하다. 그 방법은 개인소유의 토지에 대한 매수나 몰수하자는 것은 아니다. 현재 토지소유자는 그대로 소유권을 가져도 된다. 단지 "지대만은 환수하자"는 것이다. 주변 여건, 즉 국가와 사회가 건설한 생활기반인 인프라가 받쳐주기에 지대가 상승한 것이다. 허허벌판에서 아무리 뛰어난 빌딩도 쓸모가 없다. 이에 대한 불로소득을 방치한다는 것은 공정한 조세원칙에도 반한다. 따라서 토지에서 발생하는 지대를 모두 국가의 세금으로 흡수하자는 것이다. 토지는 불변자원으로 경제적 지대地代는 경제성장의 과실果實일 뿐이지, 개인의 노력이 더한 과실이 아니기 때문이다. 토지에 대한 가치세인 단일세單一稅, single tax만 남기자는 것은, 토지에 대한 공공성 내지 공유화로 갈 수 있는 방법으로서의 핵심이다. 이러한 지대 징수로 공공경비에 충당하면 그뿐으로, 국가가 토지임대 문제에 신경 쓸 필요조차 없다. 이로써 토지 자체를 나누는 토지개혁이 아닌, 토지가치를 공유하자는 사상은 공공성 기여에도 적합한 지대개혁이다. 근로자의 생산의욕과 토지이용을 증대할 수 있고, 소득분배로 인한 불평등4)을 제거할 수 있는 헨리 조지의 방안을 도입할 필요가 있다.

빈부격차 및 불평등 문제를 고민한 토마 피케티가 『21세기 자본』 출간 후 6년 만에 펴낸 『자본과 이데올로기』에서 제시하는 불평등 해소책인 부자의 소득에 대한 최소 0.1%에서 최상류층은 최대 90%까지 차등별로 부유세(소득세)를 중과하는 방안을 도입할 필요성도 있다. 이는 일괄적인 징수가 아닌, 부의 높낮이에 따른 차등부과를 말한다. 따라서 사유재산에 대한 누진적 재산세 도입과 누진적 조세원칙을 법제화해야 한다. 이제 부富를 신성시하는 시대를 탈피해 자본주의를 넘어서자는 것이다. 토지 및 주택에서 발생하는 불로소득의 공유화로, 사회간접자본에 투자하거나 복지정책에 투입하자는 것이다. 이러한 토지를 제대로 사용하지 않고 방치할 경우에는, 국가가 나서서 회수해 사용료 없이 농업인에게 임차하거나 고율의 세금을 징수하는 방법에 의한 투기의 원천 차단이다. 토지소유에 관한 관념이 바뀌어야 한다. 즉 절대적 소유권 개념에서 상대적 소유권으로의 전환, 토지소유와 이용과의 관계에서 '소유우선보다 이용우선'에 두는 공론화가 필요하다. 따라서 투자나 투기의 관념이 아닌 '1가구 1주택만의 소유'에 한하게 하자. 창조주가 선사한 토지로 인한 불평등, 토지에 대한 부정의는 인간으로서의 원초적인 휴머니즘의 결여에서 문제가 발생하고 있기 때문이다. 인간은 모름지기 고등동물답게 약자 보호나 공익 내지 공공성에 있어 먼저 긍휼矜恤의 자세를 가지는 패러다임의 전환이다.

재산권에 있어 공공성 실현은 현행헌법 및 관계 법률로서도 법적 근거가 충분히 상존함으로, 누누이 강조하지만 굳이 헌법을 개정할 필요도 없다. 현 상태에서도 가능한바, 헌법 개정으로 혼란을 야기할 필요도 없다. 문제는 정부의 의지와 들끓는 도둑들이다. 즉 공공성이란 이름 뒤에 숨은 한국토지주택공사LH 임직원 투기와 성남 대장동 개발 특혜가 공분을 사지 않았는가. 정부가 이를 제어할 의지나 능력도 없는 거의 무정부 상태를 야기했다.

토지공개념이 자본주의 시장경제질서를 크게 해치지지도 않는다. 이념 문제도 아니다. 독일이나 싱가포르가 사회주의나 공산주의 국가도 아닌, 우리처럼 자유민주주의 국가이다. 토지공개념을 시행한 과거 이승만·노태우 정부가 이른바 좌파정권이었던가. 아니었다. 헨리 조지도 분명히 '토지의 공유화'를 부르짖었다. 혹여 이조차 왜곡하려는 천박함은 거두어야 한다. 더구나 박정희 정부의 관료들은 훗날 '토지를 공유화'를 못한 것을 엄청나게 후회했다. 따라서 좌·우를 넘나드는 문제이다. 또한 '토지공개념'이란 용어 앞에 용기 없는 비겁함에 잡힌 채, 잡다한 수식어를 떼다 붙일 필요도 없다. 과감성이 필요하다. 한낱 죄악도 아니다. 주눅들 필요도 없다. 인구밀도는 높고, 좁은 국토에서 토지의 공유화를 않고는 어쩌란 말인가. 토지공개념은 '토지공개념일 뿐'이다. 부동산정책의 실패로 국민의 인내는 한계에 왔다. 그러면 어느 정권이든 조속한 시일 내 여론수렴 하에, 토지공개념을 실시하여 '토지 정의'를 이루어야 한다. 그러기 위해서는 그린벨트 내 저렴한 개인소유 토지부터 우선 매입해 비축하면서 점진적인 진행이 필요하다는 점이다. 그리고 국가나 지방자치단체는 국공유지 매입 예산을 늘려야 한다. 이러함이 공정하고 정의로운 사회로 가는 첩경이다. 집값 급상승분에 대한 폭리의 탓함은 없고, 그 불로소득으로 인한 이익을 취하고도 세금부과만을 탓하는 몰염치가 득실거리지 않는 사회, 출발선이 공정한 사회를 기대한다. 또한 신도 수 늘리기나 궁전 같은 예배당 건축, 그리고 성경 공부만이 아닌 '성경대로 행하는 삶'의 자세인 사회여야 한다. 이러함은 크리스천에 한하지 않는다. 토지공유화, 성경 속에 답이 있기 때문이다. 진정한 기독교정신의 함양에, 이 땅의 목회자들이 앞장서는 자세도 필요하다. 우리들은 이 땅에 함께 왔고, 함께 이 땅을 떠난다. 그 떠남은 어느 누구도 피할 수 없다. '탐욕의 커넥션'은 중단하자. 100년도 못사는 우리네 삶, 함께 보듬자. 우리의 미래세대가 이 지구상에서 영원히 존재하는 대한민국호가 되는 데 있어, 각자가 함께하는 삶이었으면 한다.

註

1) 이 지표가 현재 토지 불균형에 대한 참담한 현실을 한마디로 잘 말해주고 있음을 재작성한 걸 보자. 토지자유연구소가 국토교통부 통계(2021.7)를 분석한 2000년 토지 소유현황보고서에 따르면, 국내 토지 공시지가 총액은 5,628조6,000억원이다. 한국은 행 통계를 기준으로 한 시가(9,679조4,000억원)의 58.2% 수준이다. 지난해 땅값 상승률(6.7%)은 같은 기간 소비자 물가 상승률(0.5%)의 13배를 웃돌았다. 특히 수도권 땅값이 전체의 63.3%를 차지했다. 상승률은 인천이 8.4%, 서울 7.7%, 부산·광주 7.5%, 경기 6.7% 순이다. 지난 4년간(2017~2020년) 가장 높은 지역은 55.9%(연평균 16.0%) 급등한 제주도로 조사됐다. 개인소유 3160조8000억원(56.2%), 법인소유가 1,254조 4,000억원(22.3%)이었다. 법인의 토지가액비율은 2017년 21.5%에서 지난해 22.3%로, 면적비율은 같은 기간 6.9%에서 7.2%로 매년 상승했다. 이에 비해 개인의 토지 가액·면적 비율은 하락세였다. 토지소유 가구는 지난해 기준 전체의 61.2%로, 전년보다 0.1% 줄었다. 다만, 이 가구 중 상위 1%의 점유율(가액 기준)은 2019년 22.1%에서 지난해 22.3%로 증가했다. 상위 10% 점유율도 2018년 57.1%에서 작년 57.6%로 0.5% 늘었다.

토지소유 불평등이 점차 심화되고 있다는 이진수 연구위원은 "국민 약 40%가 토지를 소유하지 못하고 있을 정도로 토지상황이 불평등하게 분배돼 있다"면서 "토지에서 발생하는 임대소득과 자본이득은 가구의 자산 불평등과 소득 불평등을 악화시키는 요인이 되고 있다"고 지적했다. 지난해 토지소유 불평등도를 나타내는 지니계수(0은 완전히 평등한 상태, 1은 완전히 불평등한 상태)는 0.811로, 일반적인 가계소득·자산 지니계수보다 훨씬 높았다. 한편, 토지를 소유한 법인은 작년 기준 23만6,135개로, 상위 1%(2,361개) 법인이 법인 토지 전체의 75.1% 가액을 소유하고 있다. 2017년 70.6%보다 4.5% 증가한 수치다. 법인의 주거지역 토지가액은 2017년 349조원에서 지난해 616조원(연평균 20.8% 상승)으로 급증했다. 법인의 주거지역 소유면적 연평균 상승률이 3.2%로 낮은 것을 감안할 때 면적증가보다는 가격상승에 기인한 것으로, 법인이 생산목적 외에 시세차익 등 투기 목적으로 토지를 구입하고 있다고 보고서는 분석했다. 「집값 상승은 애교 수준…물가 상승률보다 13배 뛴 땅값, 토지소유 불평등도 심각」, 매일경제, 2021.9.24.

2) "정부는 연일 담뱃값, 지방세 인상으로 실질적 증세다. 하필이면 서민들의 호주머니를 털려고 하느냐이다. 증세는 해야겠고, 직접세인 소득세 인상보다는 간접세로 재원을 마련하고자 선거가 없는 계절을 택한 꼼수다. 부자에게 공정한 과세가 없다. (…중략…) 서민만의 증세가 논란이 되는 이유는 정부가 부유층이나 법인에 대한 증세가 아닌, 서민 부담의 간접세 증세로 소득균형이 더 저하되었다는 점이다. 우리 역사에도 가혹한 세금문제로 민란이 발생했고, 영국의 식민지 미국도 과세문제로 독립혁명이 발생했단 사실이다. 조세의 형평성을 고려하지 않은 채, 저소득층에서 빼앗아 소득불

평등을 더욱 심화시키고 있다. (···중략···) 이러한 과세인상은 천민자본주의賤民資本主義, Pariakapitalismus를 더 가속화시켰다는 점에서 문제다. 프로테스탄트의 금욕주의에서 비롯된 자본주의정신이 그리운데도, 물질주의로 그들만이 살겠다는 탐욕이 팽배한 이때, 경제학자들은 "천민자본주의 현상이 심각해지면 배금주의가 심화되면서 정치·사회·경제의 속성적인 문화가 후퇴하기에 경제 이외의 문제인 정치 또는 사회, 그리고 인간성까지 후퇴시킬 수 있어 자본을 수단으로 하는 비인간적인 문화가 팽배하기 마련이다. 자본투기, 불공정거래가 늘어나고 시장경제가 타락하면서 경제생산력과 경제효율성이 동시에 떨어진다. 또한 직업 간 빈부격차가 심해지고 소시민의 틀 안에 들어가 있는 민생구조는 파탄이 난다"고 진단한다. 담뱃세만도 약 7조원에, 이 중 금연정책에 쓰는 비율이 0.03%란 사실이다. 아파트 19억 짜리 자산보유자만큼, 고액 담뱃세 부담으로 흡연자가 오히려 애국자인 셈이다. (···중략···) 빈자를 더욱 가난하게 만드는 셈이다. 소득세가 차지하는 비율은 OECD국 중 GDP대비 평균에도 훨씬 못 미치는 꼴찌 수준이다. 소득세가 부의 재분배에 가장 효과가 큰 세금인 점에서, 서민에게 세수를 부담시키는 것은 재정확충용이란 비판에서 자유로울 수 없다. 서민들에게는 용감한 일종의 죄악세罪惡稅 확충은 민초들의 조세저항을 불러일으켰다는 동서고금의 역사를 직시해야 한다. 건전한 자본주의가 아닌, 천민자본주의가 판치는 신노예제로 변질된 사회로서의 꿈과 희망마저 잃은 마당에 천민자본주의, '그들만의 천국' 대한민국에서는 안 된다."(졸고, 「꿈을 잃은 서민을 위하는 조세정책이었으면」, 신아일보, 2014.9.13) 그리고 세계일보 2021년 10월 3일자 보도에 따르면, 美 바이든은 "부자들은 공정한 몫 지불해야" 한다면서 개인소득세 최고세율 39.6% 인상 추진으로 유럽식복지 모델로의 전환을 궁극적 목표로 삼는다. 미국과 영국이 대표적으로 대규모 증세를 추진하는 반면, 스웨덴·프랑스 등은 팬데믹 영향 등으로 감세 기조를 유지하겠다는 것이다.

3) 강문석, 「17년간 독일생활을 해 본 자로서 한국과 독일의 재정상태를 말한다」, (사)한글세계화문화재단, 2021.01.21 참조; 「2022년 국가별 예산규모」, 한국경제연구원, 2021.10.28 참조.

4) 2019년 10월 13일 국세청에서 제출받은 2017년 귀속 종합소득자료를 분석한 결과, 서울의 상위 0.1%의 연소득은 35억6천만원으로 전국에서 가장 높았다. 상위 1%소득으로 따져도 서울이 9억1천만원으로 가장 높았다. 부산(6억7천만원), 광주(6억6천만원), 경기(6억4천만원), 인천(6억3천만원)이 뒤를 이었다. 상위 0.1%와 하위 10% 소득 격차가 가장 큰 곳은 서울로, 상위 0.1% 소득이 하위 10% 소득의 3천56배에 달했다. 광주(2천463배), 제주(2천449배)도 소득 격차가 컸다. 하위 10% 소득은 지역별 편차가 크지 않았다. 부산과 광주를 비롯한 10개 지역이 130만원, 서울과 경기를 비롯한 5개 지역이 120만원이었고 세종이 110만원, 제주가 100만원이었다. 민주당 강병원 의원실 제공.

참고문헌

1. 단행본

1) 국내

강경근, 『일반국법학』, 법문사, 2017.

강경근, 『일반헌법학』(신판), 법문사, 2018.

강만길, 『고쳐 쓴 한국현대사』, 창비, 2016.

강병두, 『신헌법』, 박영사, 1971.

권용우 외, 『도시와 환경』, 박영사, 2015.

권영성, 『헌법학원론』(신판), 법문사, 1999.

곽윤직, 『물권법』, 박영사, 2003.

김근주, 『복음의 공공성』, 비아토르, 2017.

김영용·김정호·전용덕, 『헌법재판소판례연구』, 자유기업원, 2003.

김상용, 『토지소유권 법사상』, 민음사, 1995.

김상용, 『토지정의론』, 피엔시미디어, 2017.

김상용·정우형, 『토지법』, 범론사, 2004.

김수행, 『자본론 공부』, 돌베개, 2014.

김종인, 『지금 왜 경제민주화인가』, 동화출판사, 2012.

김종인, 『결국 다시 경제민주화다』, 박영사, 2017.

김지은, 『포로와 토지 소유』, 한들출판사, 2005.

김정호, 『땅은 사유재산이다』, 나남, 2006.

김정호, 『사유재산권과 토지공개념』, 자유기업원, 2018.

김유향, 『헌법중요판례』, 월비스, 2014.

김윤태, 『복지국가의 변화와 빈곤정책』, 집문당, 2016.

김윤태, 『불평등이 문제다』, 휴머니스트, 2017.

김윤상, 『토지정책론』, 한국학술정보, 2003.

김윤상·박창수, 『진보와 빈곤: 땅은 누구의 것인가』, 살림, 2016.

김형배, 『민법학강의』, 신조사, 2001.

권오승, 『법과 토지』, 삼영사, 1982.

김철, 『한국법학의 철학적 기초: 역사적, 경제적, 사회·문화적 접근』, 한국 학술정보, 2007.

김철수, 『법과 사회정의』, 서울대학교 출판부, 1983.

김철수, 『헌법학원론』, 박영사, 1998.

대천덕, 『토지와 경제정의』, 홍성사, 2016.

문홍주, 『한국헌법』, 해암사, 1997.

박윤흔, 『행정법강의』(상), 박영사, 1996.

박균성, 『행정법강의』(상), 박영사, 2015.

박찬욱, 『21세기 미국의 거버넌스』, 서울대학교 미국학연구소, 2004.

이병석, 『제3세계 토지개혁과 정치발전』, 영광출판사, 1988.

이정전, 『두 경제학의 이야기: 주류경제학과 마르크스경제학』, 한길사, 1993.

이정전, 『토지경제학』, 박영사, 2011.

이정전, 『주적은 불평등이다: 금수저 흙수저의 정치경제학』, 개미고원, 2017.

이정전·서순탁 외 2인, 『토지문제의 올바른 이해』, 박영사, 2006.

이정우, 『약자를 위한 경제학』, 영신사, 2014.

안경환, 『법과 문학 사이』, 까치, 1995.

양형우, 『민법의 세계』, 피엔씨미디어, 2018.

유해웅, 『토지법제론』, 부연사, 2012.

윤진숙, 『소수자를 위한 법과 논리』, 탑북스, 2018.

윤철홍, 『소유권의 역사』, 법원사, 1995.

임의영, 『공공성의 이론적 기초』, 박영사, 2019.

양창수, 『독일민법전』, 박영사, 2005.

신용하, 『한국근대민족주의의 형성과 전개』, 서울대학교 출판부, 1987.

심재우, 『저항권』, 고려대학교 출판부, 2000.

석종현, 『신토지공법론』(제11판), 삼영사, 2016.

석종현, 『신토지공법론』(제12판), 박영사, 2019.

석종현·송동수, 『일반행정법』 상(제15판), 삼영사, 2015.

손병호, 『신들에게 불모된 인류구출』, 유앙게리온, 2010.

성낙인, 『헌법학원론』, 법문사, 2016.

성낙인, 『헌법소송론』, 법문사, 2012.

전강수, 『토지의 경제학』, 돌베개, 2017.

조강호·강정인, 『사회계약론연구: 홉스·로크·루소』, 서강대학교 출판부, 2012.

정권섭, 『토지소유권 제한에 관한 연구』, 해양출판사, 1975.

정문식, 『독일헌법: 기본권 일반론』, 전남대학교 출판부, 2009.

정승일, 『누가 가짜 경제민주화를 말하는가』, 책담, 2017.

정순훈, 『경제헌법』, 법문사, 1993.

정종섭, 『헌법학원론』, 박영사, 2007.

정종암, 『내가 사는 이 좋은 세상에: 쪽방촌의 밤』, 플라이디엔피, 2010.

정종암, 『보통사람들의 아름다운 도전』(정치평론), 종암, 2012.

정종암, 『갑을정변2015대한민국』, 삶의출판, 2015.

조한상, 『공공성이란 무엇인가』, 책세상, 2009.

장석준, 『사회주의』, 책세상, 2013.

장하성, 『왜 분노해야 하는가』, 헤이북스, 2016.

하승우, 『공공성』, 책세상, 2014.

허영, 『한국헌법론』(전정7판), 박영사, 2011.

허재영, 『토지정책론』, 법문사, 1993.

한수웅, 『헌법학입문』, 법문사, 2017.

한수웅, 『헌법학』(제7판), 법문사, 2017.

계희열 편역, 『헌법의 해석』, 고려대학교 출판부, 1993.

2) 외국문헌 번역서 및 원서

가또마사노부, 김상수 역, 『소유권의 탄생』, 법우사, 2005.

노만콘, 김승환 역, 『천년왕국사』, 한국신학연구소, 1993.

노암촘스키, 김시경 역, 『경제민주화를 말하다』, 위너스북, 2012.

니콜로 마키아벨리, 권혁 역, 『군주론』, 돋을새김, 2007.

데이비드 리카도, 권기철 역, 『정치경제학과 과세원리에 대하여』, 책세상, 2019.

레닌, 이정일 역, 『가난한 농민에게 바란다』, 범우사, 1990.

로버트 노직, 장동익 역, 『무정부·국가·유토피아』, 커뮤니케이션북스, 2017.

리처드 세넷, 조용 역, 『신자유주의와 인간성 파괴』, 문예출판사, 2002.

마셀 푸코, 심세광 외 2인 역, 『생명관리정치의 탄생: 콜레주드프랑스 강의 1978~79년』, 나장, 2012.

마키아벨리, 고산 역, 『마키아벨리 로마사이야기』, 동서문화사, 2016.

몽테스키외, 허재홍 역, 『법의 정신』, 동서문화사, 2016.

미즈시마 레오·하세베 야스오, 손형섭 역, 『헌법의 이성』, 박영사, 2014.

밀턴 프리드먼, 심준보·변동열 역, 『자본주의와 자유』, 청어람미디어, 2007.

밀턴 프리드먼, 민병균·서재명·한홍순 역, 『선택할 자유』, 자유기업원, 2021.

사이토 준이치, 윤대석·류수연·윤미란 역, 『민주적 공공성』, 이음, 2018.

세계환경발전위원회, 조형준·홍성태 역, 『우리 공동의 미래』, 새물결, 2005.

실비오 게젤, 『자연스러운 경제질서』, 퍼플, 2018.

아리스토텔레스, 라종일 역, 『정치학』, 올재, 2015.

애담스미스, 유인호 역, 『국부론』(I, II), 동서문화사, 2018.

앤서니 기든스·필립 W. 서튼, 김봉석 역, 『사회학의 핵심개념들』, 동녘, 2015.

앤소니 기든스, 김현옥 역, 『좌파와 우파를 넘어서』, 한울, 2003.

에두아르트 베른슈타인, 송병헌 역, 『사회주의란 무엇인가 외』, 책세상, 2002.

에릭 홉스봄, 이원기 역, 『폭력의 시대』, 민음사, 2008.

오노레 드 발자크, 박영근 역, 『고리오 영감』, 민음사, 2008.

장 자크 루소, 이태일 역, 『사회계약론 외』, 범우사, 2003.

장 조레스, 노서경 역, 『사회주의와 자유 외』, 책세상, 2008.

장하준, 이순희 역, 『나쁜 사마리아인들』, 부키, 2007.

제프리 삭스, 홍성완 역, 『지속가능한 발전의 시대』, 21세기북스, 2015.

조시라이언·로리맥팔렌, 김아영 역, 『땅값과 집값의 경제학』, 사이, 2017.

존 로크, 이극찬 역, 『시민정부론』, 연세대학교 출판부, 2007.

존 롤즈, 김민권·김기호 역, 『만민법』, 동명사, 2017.

존 롤즈, 황경식 역, 『정의론』, 이학사, 2011.

존 스튜어트 밀, 서병훈 역, 『공리주의』, 책세상, 2007.

존 스튜어트 밀, 서병훈 역, 『자유론』, 책세상, 2005.

찰스 아빌라, 김유준 역, 『소유권: 초대 교부들의 경제사상』, 기독교문서선
　　교회, 2008.

칼 마르크스, 김문수 역, 『경제학·철학초고·자본론』, 동서문화사, 2018.

콘드라 헷세, 계희열 역, 『통일독일헌법론』, 박영사, 2011.

크리스토프 데겐하르트, 홍일선 역, 『독일헌법총론』(28판), 피앤씨미디어,
　　2015.

토마 피케티, 안준범 역, 『자본과 이데올르기』, 문학동네, 2020.

토마 피케티, 장경덕 역, 『21세기 자본』, 글항아리, 2014.

토마스 모어, 권혁 역, 『유토피아』, 돋을새김, 2006.

토마스 홉스, 최공웅·최진원 역, 『리바이어던』, 동서문화사, 2018.

토머스 맬서스, 이서행 역, 『인구론』, 동서문화사, 2016.

토머스 페인, 이가형 역, 『상식·인권론』, 을유문화사, 1994.

풀루타르코스, 박광순 역, 『풀루타크 영웅전』(상·하), 을유문화사, 2006.

프리드리 A. 하이에크, 김이석 역, 『노예의 길』, 자유기업원, 2018.

프리드리 A. 하이에크, 신중섭 역, 『치명적 자만』, 자유기업원, 2016.

프리드리 A. 하이에크, 민경국·서병훈·박종운 역, 『법, 입법 그리고 자유』,
　　자유기업원, 2020.

플라톤, 이환 역, 『국가』, 돋을새김, 2006.

한나 아렌트, 이진우 역, 『인간의 조건』, 한길사, 2019.

해롤드 버만, 김철 역, 『법과 혁명』 I, 한국학술정보, 2013.

헤겔, 정대성 역, 『청년 헤겔의 신학론집』, 그린비, 2018.

헨리 조지, 김윤상 역, 『노동빈곤과 토지 정의』, 경북대학교 출판부, 2017.

헨리 조지, 김윤상 역, 『진보와 빈곤』, 비봉출판사, 2018.

Arendt, Hannah, *The Human Condition*, Chicago: The University of Chicago
　　Press, 1998.

Charles Avila, *Ownership: Early Christian Teaching*, 2004.

Christoph, Degenhart, *Staatsrecht I. Staatsorganisationsr*, Mit Bezugen zum Europarecht, 1984.

Foucault Michel, *Naissance de la biopolitique: cours au College de France, 1978~1979*, (Paris) Gallimard: Seuil, 2004.

Friedman, Milton, *Capitalism and Freedom*, University of Chicago Press, 2020.

George, Henry, *Progress and Poverty*, Createspace Independent Publishing Platform, 2017.

Guy Standing, *Plunder of the Commons: A Manifesto for Sharing Public Wealth*, A Pelican Book, 2019.

Piketty, Thomas, *Capital in the Twenty-First Century*, Belknap Press: An Imprint of Harvard University, 2017.

Sennett, Richard, *The Corrosion of Character*, W. W. Norton & Company, 2000.

Unger, Roberto Mangabeira, *The Left Alternative*, VERSO, 2009.

Walzer, Michael, *Spheres of Justice: A Defense of pluralism and Equality*, Basic Books, 1984.

加藤雅信, 『所有權の誕生』, 三省堂, 2004.

稲本洋之助・小柳春一郎・周藤利, 『日本の土地法歴史と現状』, 成文堂, 2004.

岩波書店, 『思考のフロンティア公共性』, 岩波書店, 2000.

川崎修, 『アレント公共性の復權』, 講談社, 2005.

2. 논문

강경근, 「토지공개념의 헌법상 문제」, 『사법행정』, 1991.11.

강태성, 「후고 그로티우스와 존 로크의 소유권 사상」, 『영남법학』 2(1), 영남 대학교 법학연구소, 1995.

김광수, 「헌법 개정과 토지공개념」, 『토지법학』 34(1), 한국토지법학회, 2018, 29~58쪽.

김남진, 「토지공개념의 사상적 기초」, 『사법행정』, 1991.11.

김문현, 「토지공개념의 헌법적합성」, 『법과 사회』 2, 창작과비평사, 1990, 6~25쪽.

김상진, 「토지재산권과 토지공개념에 관한 재론」, 『법학연구』 21(3), 2013, 1~21쪽.

김상용, 「전통적 재산권의 제한원리와 토지공개념과의 관계」, 『사법행정』, 1991.11.

김상용, 「한국의 토지소유권의 성립에 관한 연구」, 『한국지적학회지』 18(2 호), 2012.

김성배, 「지속 가능 발전과 토지공법의 과제」, 『토지공법연구』 75, 한국토 지공법학회, 2016, 67~99쪽.

김유환, 「영미에서의 공익개념과 공익의 법문제화」, 『법에 있어서의 공익』 47(3), 서울대학교 아시아태평양법연구소, 2006, 52~88쪽.

김윤상, 「시장친화적 토지공개념」, 『국토계획』 54(2), 대한국토·도시계획 학회, 2019, 160~169쪽

김웅희, 「헌법상 재산권과 조세법의 기본원칙에 관한 연구」, 『헌법학연구』 11(1), 2005, 359~393쪽.

김영추, 「현대법의 이론과 실체」, 『김철수 회갑기념논문집』, 1993.

김영추, 「헌법질서와 경제정의」, 『헌법학연구』 3(3), 한국헌법학회, 1997, 11~31쪽.

김춘환, 「주택공개념에 대한 헌법적 검토」, 『토지공법연구』 20, 한국토지공

법학회, 2003, 135~156쪽.

김형성·이창훈, 「대한민국헌법 경제조항의 제도적 정착에 관한 법제연구」, 법학연구소, 2012.1.

두성규, 「경제민주화와 토지공개념」, 국회헌법개정특별위원회토론회, 2017.3.

도성환, 「우리나라의 토지소유제도의 특징」, 토지개발공사, 1990.3.

박종근·김형수, 「토지공개념의 제도사적 고찰」, 『한국동북아논총』 80(3), 한국동북아학회, 2016, 221~244쪽.

백완기, 「한국행정과 공공성」, 서울행정학회 춘계학술대회발표논문, 2007.4.

서원우, 「토지공개념의 논리와 현실」, 『신동아』, 1985.1.

서원우, 「토지소유권과 재산권 보장」, 『월간부동산』 2, 1985.6.

서원우, 「토지공개념 도입이 위헌이 아니다」, 『신동아』, 1989.9.

서순탁, 「토지공개념 어떻게 실현할 것인가」, 부동산시장 안정화를 위한 토론회(국회 발표논문), 2018.10.

성낙인, 「재산권의 보장과 토지공개념의 실천법제」, 『행정법연구』 18, 2007, 513~541쪽.

성소미, 「토지에 대한 고충민원 사례연구: 토지에 관한 공익과 사익의 조정」, 『토지공법연구』 16(1), 한국토지공법학회, 2002, 1~43쪽.

조규창, 「사유재산제도의 위기: 공개념의 허구성과 위험성」, 법률신문, 1989.5.

조명래, 「부동산 패러다임의 변화와 주거정책 방향」, 박근혜 정권 부동산정책방향평가토론회(국회, 2013.3.26).

조천수, 「서독에 있어서의 소유권의 제한」, 『입법조사월보』, 1972.8.

조한상, 「헌법에 있어서 공공성의 의미」, 『공법학연구』 7(3), 한국비교공법학회, 2006.

전강수, 「토지공개념 헌법 명기의 필요성과 가능성, 그리고 방법」, 『사회과학논총』 16, 대구가톨릭대학교 사회과학연구소, 2017.

전병운, 「홉스 리바이어던」, 『철학사상』 별책 7(13), 서울대학교 철학사상
연구소, 2006.

정권섭, 「토지공개념의 비교법적 고찰」, 『토지법학』 1(1), 한국토지법학회,
1985, 7~17쪽.

정권섭, 「토지기본법 제정에 관한 소고」, 『법학연구』 3, 경상대학교 법학연
구소, 1992, 33~51쪽.

정종암, 「공정사회와 그 실천적 대안」, 공정사회 확산을 위한 토론회(국회
발표논문), 2011.6.30.

정종암, 「성서에 나타난 기본소득, 점진적으로 시행해야」, 한국교회법연구
학회 제1회 학술대회, 2021.8.12.

정종암, 「국가인권위원회의 도입·운영상 특징과 문제점: 외국과의 인권기
구와의 비교」, 『법학논총』 51, 숭실대학교 법학연구소, 2021.

정재황, 「재산권 보장에 관한 헌법재판소판례의 경향」, 『부동산법학』 3(3),
한국부동산법학회, 1995, 25~51쪽.

정연주, 「토지재산권의 범위와 손실보상」, 『연세법학연구』 2, 연세대학교
법학연구소, 1992.

정영화, 「토지공개념의 헌법적 쟁점과 전망」, 『토지법학』 34(1), 한국토지
법학회, 2018, 59~100쪽.

이동수, 「시장친화적 토지공개념」, 『토지공법연구』 38, 한국토지공법학회,
2007, 577~605쪽.

이부하, 「헌법상 경제질서와 재산권 보장」, 『공법학연구』 7(3), 한국비교공
법학회, 2006.

이태재, 「소유권 사상의 변천이 법률제도에 미치는 영향」, 『법학』 9(2), 서울
대학교, 1967.

윤태영, 「토지공개념에 대한 민법적 고찰」, 『토지법학』 34(1), 한국토지법
　　학회, 2018, 1~28쪽.

차진아, 「재산권 보장의 상대화와 입법자의 역할」, 『고려법학』 76, 고려대
　　학교 법학연구원, 2015, 149~192쪽.

차진아, 「사회국가의 실현구조와 토지공개념의 헌법상 의미」, 『공법학연구』
　　19(1), 한국비교공법학회, 2018, 3~41쪽.

허영, 「사유재산제도의 위기: 공개념의 허구성과 위험성」, 월간고시, 1989.8.

하성규, 「주거양극화 해소를 위한 정책방안」, 『부동산포커스』 105, 2017.2.

3. 기타 자료

국민은행홈페이지(www.scourt.go.kr/supreme/supreme)

국회홈페이지(www.assembly.go.kr)

경제정의실천시민연합홈페이지(www.ccej.or.k)

국토교통부 통계누리(stat.molit.go.kr)

법제처홈페이지(www.moleg.go.kr)

대법원홈페이지(www.scourt.go.kr/supreme/supreme)

서울대학교 철학사상연구소(http://philinst.snu.ac.kr)

통계청홈페이지(kostat.go.kr)

한국감정원홈페이지(www.kab.co.kr)

헌법재판소홈페이지(www.ccourt.go.kr)

위키백과(ko.wikipedia.org)

인터넷교보문고(www.kyobobook.co.kr)

정종암 기고문: 경향신문, 녹원환경신문, 시사코리아, 신아일보, 서울일보 등.

찾아보기

정종암(鄭鍾岩)

대한민국 평론가인 정종암 박사(헌법학)는 헌법상 토지재산권에 대한 깊은 연구는 물론, 또 다른 석·박사과정에서 주전공을 벗어나 부동산과 인문학적 문학비평론에 대한 연구도 하였다. 고대 그리스-로마사와 정치경제사상에 심취돼 독학으로 탐구하였으며, 한국교회법연구학회 부회장, 한국토지공법학회 이사, 한국법제발전연구소 연구위원과 공정사회실천국민연합 대표로 있다. 언론계 및 한국부동산정책법률연구소장과 서울특별시 임대차분쟁조정위원회 조정위원을 역임했고, 대학에 출강하고 있다. 저서로는 정치평론집『보통사람들의 아름다운 도전』, 비평에세이『갑을정변2015대한민국』 등이 있다.

부동산정의론
―출발선이 공정한 나라―

© 정종암, 2022

1판 1쇄 인쇄_2022년 02월 25일
1판 1쇄 발행_2022년 03월 04일

지은이_정종암
펴낸이_양정섭

펴낸곳_경진출판
　　　　등록_제2010-000004호
　　　　이메일_mykyungjin@daum.net
　　　　사업장주소_서울특별시 금천구 시흥대로 57길(시흥동) 영광빌딩 203호
　　　　전화_070-7550-7776　**팩스**_02-806-7282

값 27,000원
ISBN 978-89-5996-842-8 93320